U0670329

中国社会科学年鉴

中国辽夏金研究

THE YEARBOOK OF CHINESE LIAO, XIXIA AND JIN DYNASTY RESEARCH

史金波 宋德金 主编

中国社会科学出版社

图书在版编目（CIP）数据

中国辽夏金研究年鉴．2016／史金波，宋德金主编．—北京：中国社会科学出版社，2018．12
ISBN 978－7－5203－3662－8

Ⅰ．①中…　Ⅱ．①史…②宋…　Ⅲ．①中国历史—研究—辽宋金元时代—年鉴②中国历史—研究—西夏—年鉴　Ⅳ．①K246．07－54②K246．307－54

中国版本图书馆CIP数据核字（2018）第267165号

出版人　赵剑英
责任编辑　孙铁楠　王鸣迪
责任校对　林福国
责任印制　张雪娇

出　　版　中国社会科学出版社
社　　址　北京鼓楼西大街甲158号
邮　　编　100720
网　　址　http://www.csspw.cn
发 行 部　010－84083685
门 市 部　010－84029450
经　　销　新华书店及其他书店

印刷装订　三河市东方印刷有限公司
版　　次　2018年12月第1版
印　　次　2018年12月第1次印刷

开　　本　787×1092　1/16
印　　张　39．75
插　　页　2
字　　数　845千字
定　　价　258．00元

第十三届中国辽金契丹女真史学术研讨会暨中国绥滨首届完颜家族起源研讨会

（2016 年 8 月，黑龙江省绥滨县）

中国敦煌吐鲁番学会少数民族语言文字专业委员会学术年会

（2016 年 9 月，西北民族大学）

《西夏文物》编纂工作会议合影(2016 年 11 月,敦煌研究院)

中俄西夏学联合研究成果出版座谈会(2016 年 12 月,宁夏回族自治区银川市)

中国辽夏金研究年鉴 2016

目　　录

第一篇　特稿

第二篇　研究综述

第三篇　会议述评

第四篇　学术动态

第五篇　书评·书讯

第六篇　新书序跋

第七篇　学人・学林

第八篇　博士论文提要

第九篇　文摘·论点摘要

第十篇　重点课题研究报道

第十一篇　文物·考古新发现

附录

Contents

Chapter Ⅰ: Special Articles

Chapter Ⅱ: Research Review

Chapter Ⅲ: Conference Reviews

Chapter Ⅳ: Academic Trends

Chapter Ⅴ: Book Reviews and Book News

Chapter Ⅵ: Prefaces and Postscripts of New Books

Chapter Ⅶ: Scholars and Academic Collections

Chapter Ⅷ: Ph. D. Thesis Abstracts

Chapter Ⅸ: Abstract and Argument Summary

Chapter Ⅹ: Reports of Important Projects

Chapter Ⅺ: The New Discovery of Antiques and Archaeology

Appendix

第一篇

特　稿

辽朝"旧制"的命运抉择

张国庆*

检索《辽史》，常见"旧制"一词。所谓"旧制"，是指《辽史》记某事当下语境之前，辽朝政府制定并实施的某项规章制度。"旧制"在当下记事语境中被提及，一定是"旧制"与当下某事有了关联，"旧制"的命运，也必须因此做出抉择：或被继续保留延用，或被弃置而改行新制，或与新制展开博弈，争夺被使用权。这是辽史研究中一个较为有趣的话题。笔者就此试作爬梳与探考，所论若有错谬，恳望方家赐正。

一 延用"旧制"

如果昔日制定的"旧制"还能适应当下形势，或现行新制遭到时人抵制，那么，辽朝的统治者一般会审时度势，继续推行"旧制"，并摒弃此间衍生且与"旧制"相悖的一些内容，以确保"旧制"条例得以继续实施。如《辽史·太宗纪》即载：会同二年（939）闰七月"癸未，乙室大王坐赋调不均，以木剑背挞而释之；并罢南、北府民上供，及宰相、节度诸赋役非旧制者"①。此中所言之"旧制"，应指太宗会同之前实施的契丹南、北宰相府所属部民（契丹平民）和"世选"南北宰相、节度使之家（契丹贵族）的赋役制度。

遗憾的是，因传留后世的辽代文献史料太少，元修《辽史》记事又缺漏严重，太宗会同之前的这一"旧制"内容有哪些，已不得而知。武玉环教授根据《辽史》中有多处关于辽朝政府减免赋役的记载，认为辽朝的赋役与北宋相比是比较轻的。②笔者同意武教授的观点。但是，这种"轻"的程度也会随着社会形势的变化而有所变动。辽朝的赋役相对较轻，在契丹人身上表现得尤为明显，比如圣宗、兴宗和道宗时期经常出现的对契丹贵族及平民的免"役"活动，就颇能说明问题。如《辽史·

---

* 张国庆，男，辽宁北票人，辽宁大学历史文化学院教授，主要从事辽史、契丹史、东北地方史及北方民族史的研究和教学工作。

① 《辽史》卷4《太宗纪下》，中华书局1974年标点本，第46页。

② 武玉环：《辽制研究》，吉林大学出版社2001年版，第147—148页。

圣宗纪》即云：统和三年（985）“三月乙巳，枢密奏契丹诸役户多困乏，请以富户代之。上因阅诸部籍，涅剌、乌隗二部户少而役重，并量免之”①。同书《兴宗纪》亦载：重熙十年（1041）二月“甲申，北枢密院言，南北二王府及诸部节度侍卫祗候郎君，皆出族帐，既免与民戍边，其祗候事，请亦得以部曲代行。诏从其请”②。同书《道宗纪》亦云：清宁二年（1056）正月“己巳，诏二女古部与世预宰相、节度使之选者免皮室军（役）”③，等等。

大约从太宗统治中期开始，辽朝三北（西北、北部和东北）地区局势渐趋平稳，朝廷在与被征服的民族、部族陆续建立属国、属部等统属、朝贡关系的同时，为边疆地区永久安宁计，开始移民戍边，筑城屯垦，大量契丹人被迁徙到了边疆地区。如《辽史·太宗纪》即云：会同二年（939）“冬十月丁未，上以乌古部水草肥美，诏北南院徙三石烈户居之”④。同书《食货志》亦载：会同“三年，诏以谐里河、胪朐河近地，赐南院欧堇突吕、乙斯勃、北院温纳河剌三石烈人，以事耕种”⑤。辽朝政府移民戍边屯垦的后果之一，便是使留守内地和戍边屯垦的契丹人赋役负担同时加重。尤其是戍守边疆的契丹人，随着移民范围的扩大，因赋役加重而导致贫困的后果已相当严重。圣宗朝流放西北边地、曾任西北路招讨使萧挞凛幕僚的耶律昭对当地的民情多有了解，他说：“夫西北诸部，每当农时，一夫为侦候，一夫治公田，二夫给纠官之役，大率四丁无一室处。刍牧之事，仰给妻孥。一遭寇掠，贫穷立至。”⑥ 因此，才陆续有了上述圣宗、兴宗和道宗三帝免除契丹人赋役诏令的发布。笔者以为，太宗会同二年（939）“罢南、北府民上供，及宰相、节度诸赋役非旧制者”时，还没有免除二府宰相、节度使之家的赋役，只是诏令继续执行辽初制定的针对契丹人程度较轻的赋役制度（“旧制”），而免除赋役是在圣宗朝之后。

契丹人信奉原始宗教，有自然崇拜之习俗，比如“拜日”，并由此而形成一种常规的礼仪制度。《辽史·穆宗纪》云：应历二年（952）十一月“己巳，地震。己卯，日南至，始用旧制行拜日礼”⑦。这里提到的拜日“旧制”指什么？杨忠谦先生认为，穆宗执政之初，契丹人行拜日礼的仪式不是非常规范，不如“旧制”那样隆重，所以才发生了大地震。穆宗皇帝意识到这是大自然的惩罚，猛然警醒，才诏令继续沿用“辽朝立国前后至太祖、太宗时期”形成的拜日“旧制”，以规范拜日仪式。⑧ 杨先生的观点笔者不敢苟同。一是契丹人拜日“旧制”的形成及实施应不包括整个太宗

① 《辽史》卷10《圣宗纪一》，中华书局1974年标点本，第114页。
② 《辽史》卷19《兴宗纪二》，中华书局1974年标点本，第225页。
③ 《辽史》卷21《道宗纪一》，中华书局1974年标点本，第253页。
④ 《辽史》卷4《太宗纪下》，中华书局1974年标点本，第46页。
⑤ 《辽史》卷59《食货志上》，中华书局1974年标点本，第924页。
⑥ 《辽史》卷104《文学下·耶律昭传》，中华书局1974年标点本，第1454页。
⑦ 《辽史》卷6《穆宗纪上》，中华书局1974年标点本，第71页。
⑧ 杨忠谦：《辽代的拜日风俗及文化解读》，《民间文化论坛》2005年第2期。

时期；二是穆宗执政之初契丹人拜日仪式的问题也并非简单的“不隆重”。

笔者以为，辽朝契丹人拜日礼仪“旧制”的形成及实施当在太宗会同元年（938）石敬瑭献幽云十六州入辽之前。辽得幽云十六州后，中原“汉礼”多被援用，契丹人的拜日礼仪极有可能也受到了汉文化的影响。《辽史·礼制》有辽朝皇帝“拜日”程序的一段记载：“皇帝升露台，设褥，向日再拜，上香。门使通，阁使或副、应拜臣僚殿左右阶陪位，再拜。皇帝升坐。奏牓讫，北班起居毕，时相已下通名再拜，不出班，奏‘圣躬万福’，又再拜，各祇候。宣徽已下横班同。诸司、閤门、北面先奏事；余同。教坊与臣僚同。”[①] 从以上记载看，这应该是受中原汉礼影响后的拜日礼仪，因为其中已不见“东向”之字眼。《辽史·国语解》“祭东”条云：“国俗，凡祭皆东向，故曰祭东。”[②] 检索《新五代史·四夷附录》又见：“契丹好鬼而贵日，每月朔旦，东向而拜日。”这表明契丹人“旧制”中的拜日是有“东向”内容的。早期契丹人不仅仅“拜日”东向，就连辽初都城宫殿建筑及行宫毡帐等也都坐西朝东，门户“东向”。如《辽史·百官志》即载：“辽俗东向而尚左，御帐东向。”[③] 冯继钦先生认为，辽自得幽云十六州之后，“并依汉制”，扩建后的上京汉城及此后所建城郭，基本上已改为“南向”[④]。既然建筑物由“东向”改为“南向”，拜日礼仪亦不排除由“东向”改为了“南向”。由此，笔者以为，辽穆宗诏令以“旧制”行拜日礼，应是恢复“东向”拜日之故俗。需要说明的是，上引《辽史·穆宗纪》中的“日南至”并非指拜日之方向，而是指冬至前后太阳在天空的高度与轨迹。

契丹为草原游牧民族，契丹铁骑一直是辽朝军队的核心和主力，因而，养马便成了契丹人畜牧活动的重要内容之一。宋人苏颂使辽诗《契丹马》自注云：“契丹马群动以千数，每群牧者才二三人而已。纵其逐水草，不复羁雱，有役则旋驱策而用，终日驰骤而力不困乏。”[⑤] 辽朝契丹人牧马的场所有很多，其中一处即与“旧制”有关。《辽史·食货志》云：“祖宗旧制，常选南征马数万匹，牧于雄、霸、清、沧间，以备燕、云缓急。”[⑥] 契丹辽朝建立前后，直至圣宗统和二十二年（1004），百余年间，与中原五代各政权及后来的北宋战事不断。契丹铁骑经常在帝后或其他将领的统率下，南进中原，或行征伐，与邻邦军队交战；或行侵扰，掠夺人口与财物。根据上引《辽史·食货志》所记，辽朝军队“南征”时的骑兵用马，应选自“牧于雄、霸、清、沧间”的马群，并且，“于雄、霸、清、沧间”牧马，还属祖宗“旧制”。但此“旧制”到底形成于何时，《辽史》等传世文献并无记载。

---

① 《辽史》卷49《礼制一·吉仪》，中华书局1974年标点本，第836页。

② 《辽史》卷116《国语解》，中华书局1974年标点本，第1542页。

③ 《辽史》卷45《百官志一》，中华书局1974年标点本，第712页。

④ 冯继钦、孟古托力、黄凤岐：《契丹族文化史》，黑龙江人民出版社1994年版，第298页。

⑤ 赵永春编注：《奉使辽金行程录》，吉林文史出版社1995年版，第82页。

⑥ 《辽史》卷60《食货志下》，中华书局1974年标点本，第932页。

契丹立国之初，其与中原五代政权的边界，大致在幽州之北的燕山长城一线。太宗会同元年（938），后晋石敬瑭献幽云十六州入辽，辽朝的边界大大南移。至后周末期，辽朝的南部边界基本固定在了白沟河一线。这就是说，在辽太宗会同元年（938）之前，所谓的雄、霸、清、沧四州均在中原五代各政权的统辖区域内，契丹人是没办法到人家的地盘上牧马的。因而，可以确定，所谓祖宗“旧制”出现的最早时间不会早于会同元年（938）。那么，事实真的如《辽史·食货志》所云，会同元年（938）以后，契丹人“常选南征马数万匹，牧于雄、霸、清、沧间”吗？回答仍然是否定的。因为，石敬瑭献辽的幽云十六州之地，根本就不包括这四州。四州之地虽靠近辽朝边界，但一直是在后晋、后汉、后周及北宋的境内，契丹人是不可能越境牧马于这四州之间的。可见，《辽史·食货志》记载契丹人牧马的地点有误。事实上，幽云十六州入辽后契丹人牧马的场所，当在雄、霸、清、沧四州之北偏西的辽朝境内某处。① 《辽史·百官志》记载辽朝设有专门负责国营牧场管理的“群牧”机构，每一“群牧”机构管辖所属群牧牧场。其中“浑河北马群司”② 辖下的马群牧场，即大致位于辽朝西京道东南部靠近南京道的桑干河上游浑河流域。笔者以为，“浑河北马群司”所属之马群牧场所在，应该就是契丹人为“南征”骑兵备存战马的地方。

契丹人遵循祖宗“旧制”，在浑河流域设“群牧”牧场养马，到底坚持到了何时，《辽史》及相关文献亦不见记载。如果辽朝政府单单是为了骑兵“南征”而备马，那么，其截止时间应该是在圣宗统和二十二年（1004）之后。统和二十二年（1004），辽宋签订“澶渊之盟”，两国息兵停战，聘使交好。既已停战交好，辽朝政府便没有于此再设“群牧”马场放养战马的理由和必要了，因而，撤此“群牧”机构，停止牧养战马，应该是水到渠成。辽亡金兴，女真人接收并继承了辽朝契丹人的部分“群牧”机构和所属牧场。如《金史》卷44《兵志》即载：“金初，因辽诸抹而置群牧。抹之为言无蚊蚋、美水草之地也。天德间，置迪河斡朵、斡里保、蒲速斡、燕恩、兀者五群牧，皆仍辽旧名，各设官以治之。”但检索《金史》所记金代的“群牧”名称，已经不见“浑河北马群司”。因此，基本可证辽宋澶渊结盟之后不久，该“群牧”机构及所属马场，均已撤销。

二 弃“旧”更“新”

随着契丹辽朝社会的发展，先前遗留的一些“旧制”，可能已不再适应当下的形势，在君臣双方的沟通与努力之下，便开始了新规的制定与运行。比如契丹耶律姓皇

① 何天明：《试论辽代牧场的分布与群牧管理》，《内蒙古社会科学》1994 年第 5 期。

② 《辽史》卷 46《百官志二》，中华书局 1974 年标点本，第 733 页。

族宗室“世选”南府宰相制度的最终确立。《辽史·太祖纪》云：神册“六年春正月丙午，以皇弟苏为南府宰相，迭里为惕隐。南府宰相，自诸弟搆乱，府之名族多罹其祸，故其位久虚，以锄得部辖得里、只里古摄之。府中数请择任宗室，上以旧制不可辄变；请不已，乃告于宗庙而后授之。宗室为南府宰相自此始”①。辽朝北面官系统有南、北宰相府，设两府宰相以主其政。辽朝两府宰相设置于何时，学界意见不一。何天明先生认为，辽太祖耶律阿保机称帝之前，契丹官制中已有类似两府宰相的主管官员存在，但还没有形成制度；作为政权机构的正式组成部分，辽朝南、北宰相府的设立应在太祖元年（907）以后。②

如果是太祖元年（907）前后设置了两府宰相，那么，就必然要涉及与之相关的一些问题，比如两府宰相的人选出处等。笔者以为，耶律阿保机最初对南府宰相的人选，应该是指定由契丹耶律姓（后来的“皇族”）人士担任，北府宰相指定由契丹萧姓（后来的“后族”）人士担任。《辽史·太祖纪》载：太祖元年（907）正月“庚寅，命有司设坛于如迂王集会埚，燔柴告天，即皇帝位。尊母萧氏为皇太后，立皇后萧氏。北宰相萧辖剌、南宰相耶律欧里思率群臣上尊号曰天皇帝，后曰地皇后”③。严格来说，此时耶律阿保机虽然建立了契丹政权，但是还没有“建元”，因而，他所“即”者，应为契丹部落联盟的“可汗”之位，但南、北宰相应即后来的南、北府宰相，并且，北宰相为萧姓，南宰相为耶律姓。此后，爆发了长达三年多的“诸弟之乱”，耶律姓（后来的“皇族”）内已没有合适的南府宰相人选，耶律阿保机不得不诏命由契丹“锄得部”辖得里、只里古“摄之”。“锄得部”应为“楮特部”的同名异写，辽初太祖二十部之一。④

“诸弟之乱”平定两年后，耶律阿保机正式建元称帝，契丹耶律姓皇族亦提出由宗室成员出任南府宰相的请求。辽太祖耶律阿保机认为“旧制不可辄变”，并没有答应皇族宗室的奏请。这里所言之“旧制”，当指阿保机以锄得部人“摄”南府宰相的规定，时间当是在平定“诸弟之乱”前后。阿保机不同意改“制”，皇族宗室便三番五次奏请。阿保机在“请不已”的情况下，才最终同意由契丹耶律姓皇族宗室成员正式出任（“世选”）南府宰相，并作为一项制度确定下来，“宗室为南府宰相自此始”。

辽朝的法律制度比较健全和完善。有辽一代，好多法律条文都经历过弃旧更新或反复修订的过程。比如对盗窃犯罪的死刑处罚，新制与“旧制”相比，就有一个由重到轻的改变，体现了辽朝刑罚制度的人性化转变与法制文明程度的提高。《辽史·刑法志》载：道宗咸雍六年（1070），“帝以契丹、汉人风俗不同，国法

---

① 《辽史》卷2《太祖纪下》，中华书局1974年标点本，第16页。

② 何天明：《辽代政权机构史稿》，内蒙古大学出版社2004年版，第71页。

③ 《辽史》卷1《太祖纪上》，中华书局1974年标点本，第3页。

④ 《辽史》卷33《营卫志下》，中华书局1974年标点本，第385页。

不可异施，于是命惕隐苏、枢密使乙辛等更定《条制》。凡合于《律令》者，具载之；其不合者，别存之。时校定官即重熙旧制，更窃盗赃二十五贯处死一条，增至五十贯处死”①。由此可知，咸雍六年（1070）修订后的法规内容，一是规定了“国法”于国内各民族的普适与兼用；二是犯盗窃罪处死标准由二十五贯改为五十贯。

当然，道宗前期法律制度的修订与更新，还有一大变化，就是《条制》条目的增加。“又删其重复者二条，为五百四十五条；取《律》一百七十三条，又创增七十一条，凡七百八十九条，增重编者至千余条。皆分类列。以大康间所定，复以《律》及《条例》参校，续增三十六条。其后因事续校，至大安三年止，又增六十七条。”②也就是说，从道宗咸雍到大安的二十余年间，辽朝法律条文从原来的五百多条累增至一千多条。法制的不断完善是社会进步的表现。但法规的制定与律条的增长速度一定要与社会发展的步伐相一致，既不能停滞不前，也不能操之过急，与现实脱节。道宗时期的法律条文数目猛增，造成的弊端也是显而易见的。“条约既繁，典者不能遍习，愚民莫知所避，犯法者众，吏得因缘为奸。”③ 鉴于此，道宗皇帝不得不于大安五年（1089）诏令删削增加的律条，最终恢复到咸雍六年（1070）之前的重熙“旧制”条数。“自今复用旧法，余悉除之。”④ 由此可知，辽朝咸雍法律新规实施二十年后因故而废除。

辽朝有些“旧制”的最终废弃是经历了漫长而曲折的过程的。换言之，有些“旧制”被新规替代，竟是为形势所迫的不得已而为之。因而，新的制度刚刚被确立施行，辽朝的历史车轮即已停止了转动。比如准许汉官参与“军国大计”的制度。契丹辽朝从太祖、太宗时期开始施行“因俗而治”之国策，“以国制治契丹，以汉制待汉人”⑤，因此，辽初如韩知古、韩延徽、康默记等汉官陆续被重用。此后，以韩、刘、马、赵等汉人世家大族为代表的汉官集团，在契丹辽朝佐政及固权过程中，均起到了非常重要的作用。然而，直至天祚帝统治的辽代末期，除了圣宗朝被赐“耶律”国姓、与契丹后族萧氏世代通婚、逐渐“契丹化”的韩氏（韩德让）家族外，其他姓氏的汉官，均不能参与辽朝的“军国大计”。换言之，契丹辽从太祖朝到天祚帝统治中期，近二百年间，朝野高级汉官多为文职，统兵作战的将帅，基本上都是契丹人。即便是被差遣出使邻邦，“正使”也多是契丹人，汉官只能充任“副使”。辽朝汉官不能参与“军国大计”，也是一种“旧制”。而这一“旧制”到了天祚皇帝统治后期，在辽朝国祚处于危难之际，终于被新制所取代。《辽史·张琳传》云：“初，天祚之败于女直也，意谓萧奉先不知兵，乃召琳付以东征事。琳以旧制，凡军国大

---

① 《辽史》卷62《刑法志下》，中华书局1974年标点本，第945页。

② 同上。

③ 同上。

④ 同上。

⑤ 《辽史》卷45《百官志一》，中华书局1974年标点本，第685页。

计，汉人不与，辞之。上不允。”[①] 此时的汉官张琳是以南府宰相之任，不情愿而被迫参与辽朝“军国大计”的。尽管他提出的征讨女真出兵方案，天祚皇帝只是认同了一半，但终归是在辽朝末年开了汉官参与“军国大计”之先河。

女真军队进逼沈州，辽朝另一文职汉官孟初，亦被天祚皇帝重用，参与“军国大计”。天庆七年（1117）的《孟初墓志》即载：“天庆四年，挹娄渤海秽种（女真），首尾畔换，天子（天祚帝）赫怒，方议剪覆，□□□中，可与言兵者，得翰林孟公为副帅。师出不数月，捷问络绎不绝，赐御札嘉激。”[②] 辽朝末年，天祚皇帝临危更“制”，幻想以所谓“知兵”的汉官替代无能的契丹族将领，撑住即将倾覆的帝国大厦，避免亡国灭种。然为时已晚，准许汉官统兵的新制虽然被执行，但最终还是没能挽救腐朽的辽王朝。

三　博弈下的遴选

中国古代封建王朝的统治模式是君主臣辅。皇帝专权，辅臣谏诤，二者始终处于既对立又统一的状态。辽朝亦然。契丹皇帝主持制定的某项制度，在执行一段时间后，若遇时局变化，会有大臣认为已属“旧制”，不再适用于当下，即提议修改。但臣下的建议，不一定能得到皇帝的准许，于是，围绕守“旧”还是更“新”便会展开一番博弈。其结局，若是皇帝赢了，则继续执行“旧制”；若是大臣得胜，便弃旧更新，开始制定并执行“新制”。有辽一代，这样的事例还真不少。比如道宗朝关于契丹人“姓氏”数量是否增扩的论争，即牵涉新、旧制度的博弈。辽朝“旧制”规定，契丹人只有两大姓氏：皇族“耶律”姓与后族“萧”姓。契丹人的婚配，也主要在这两姓之间进行。至道宗朝，有人提议更改这一“旧制”，扩增契丹人姓氏数量。《辽史·耶律庶箴传》云：咸雍二年（1066），“（耶律庶箴）迁都林牙。上表乞广本国姓氏曰：‘我朝创业以来，法制修明，惟姓氏止分为二，耶律与萧而已。始太祖制契丹大字，取诸部乡里之名，续作一篇，著于卷末。臣请推广之，使诸部各立姓氏，庶男女婚媾有合典礼。’帝以旧制不可遽厘，不听”[③]。可见，耶律庶箴提议修改契丹人只有两姓的“旧制”，并没有得到道宗皇帝的认同，契丹人只有两姓的“旧制”得以延续，直至辽亡。到了金代，契丹人“两姓”现象才得以改变，契丹人的姓氏数量方有所增加。

当然，大臣们提出改制，也不全是弃旧更新。有时新制出现了问题，他们也可能提出弃新从旧，恢复“旧制”。比如圣宗朝奚人和朔奴即曾提议恢复“旧制”规定的

---

① 《辽史》卷102《张琳传》，中华书局1974年标点本，第1441页。

② 向南、张国庆、李宇峰辑注：《辽代石刻文续编》，辽宁人民出版社2010年版，第297页。

③ 《辽史》卷89《耶律庶箴传》，中华书局1974年标点本，第1350页。

奚人二常衮之职掌。《辽史·奚和朔奴传》载：统和八年（990），“（和朔奴）上表曰：‘臣窃见太宗之时，奚六部二宰相、二常衮，诰命大常衮班在酋长左右，副常衮总知酋长五房族属，二宰相匡辅酋长，建明善事。今宰相职如故，二常衮别无所掌，乞依旧制。’从之”①。“常衮”，辽朝契丹语职官名称。《辽史·国语解》：“常衮。官名，掌遥辇部族户籍等事；奚六部常衮掌奚之族属。”② 辽朝前期，“旧制”规定奚六部二常衮的职掌具体而明确，即“大常衮班在酋长左右，副常衮总知酋长五房族属”。但到了辽朝中期，二常衮的原职掌不见了。和朔奴，景宗朝为奚六部酋长，圣宗统和初年任南面行军副部署，曾随耶律休哥伐宋立有军功。和朔奴提议恢复太宗时“旧制”，使奚六部的二常衮职掌如前，得到了圣宗皇帝的准许。

辽朝新、旧制度之间的博弈，所代表的双方也并不一定都是“君”与“臣”，有时可能就是同朝为官的臣僚，而皇帝却成了博弈结局的最终裁判。比如太宗朝大臣们关于契丹皇族横帐官员与北、南两院官员上朝列班位置的争论，即牵涉是遵循“旧制”还是改用新规的问题。经过一番博弈，太宗皇帝最终裁决：仍用“旧制”。《辽史·耶律颇德传》载：“旧制，肃祖以下宗室称院，德祖宗室号三父房，称横帐，百官子弟及籍没人称著帐。耶律斜的言，横帐列班，不可与北、南院并。太宗诏在廷议，皆曰然，乃诏横帐班列居上。颇德奏曰：‘臣伏见官制，北、南院大王品在惕隐上。今横帐始图爵位之高，愿与北、南院参任，兹又耻与同列。夫横帐与诸族皆臣也，列班奚以异？’帝乃谕百官曰：‘朕所不知，卿等不宜面从。’诏仍旧制”③。

四 结语

辽朝“旧制”的命运抉择，足证某项制度的制定与运行，都不可能一成不变。有辽一代，不管是沿用“旧制”，还是弃旧更新，既有其适应形势需要的合理性，也存在大量的人为因素，即最高统治者个人好恶的影响。其实，无论“旧制”还是新规，只要经过科学论证，适应当下形势，就可以被实施、被执行，就会推动社会的发展与进步。比如辽太宗恢复“旧制”中对契丹人轻徭薄赋的做法，肯定对振兴契丹社会经济，维持良好社会秩序，巩固辽朝统治有利。相反，因统治者的个人好恶而被保留的“旧制”或草率制定的新规，一旦被强制实施，对辽朝社会发展产生的影响，可能就是“利”或“不利”的不同结局。

---

① 《辽史》卷 85《奚和朔奴传》，中华书局 1974 年标点本，第 1318 页。

② 《辽史》卷 116《国语解》，中华书局 1974 年标点本，第 1536 页。

③ 《辽史》卷 73《耶律颇德传》，中华书局 1974 年标点本，第 1225—1226 页。

第二篇

研究综述

2016年辽史研究综述

刘晓飞　田广林*

一　辽史研究及相关著作

2016年的辽史研究，在诸多领域都取得新的研究成果，数量可观，据不完全统计，出版各类著作30余部，与辽史相关的论文370余篇。就著作而言，中华书局点校本二十四史修订工程《辽史》的出版，参考价值重大。《辽史》成书自身存在缺略、讹误，学界早有共识，清代以来便有学者相继不断对其进行拾补，进入20世纪以来对《辽史》的校勘则进一步加强，并取得不俗的成绩，这些都为以后的缀拾考订打下了基础。除对原始文献进行点校取得可喜成绩外，相关碑刻、壁画、文物等考古方面也有佳作问世。刘凤翥《契丹寻踪：我的拓碑之路》（商务印书馆2016年版），是契丹小字初学者入门良选，更是契丹文字学学科史的重要参考。另有刘未《辽代墓葬的考古学研究》（科学出版社2016年版），江伟伟《大同东风里辽代壁画墓》（文物出版社2016年版）、《日本京都大学藏中国历代文字碑刻拓本·宋辽金碑刻》（新疆美术摄影出版社2016年版），吉林省文物考古研究所《白城永平辽金遗址2009—2010年度发掘报告》（科学出版社2016年版），北京辽金城垣博物馆《西京印迹——大同辽金文物》（北京联合出版公司2016年版），吉林大学边疆考古研究中心、河北省文物研究所、黄骅市博物馆编著《华瓷吉彩：黄骅市海丰镇遗址出土文物》（科学出版社2016年版）。专题专著5部，研究内容涉及政治、经济、思想、社会有关的王朝建构因素、商业发展、民族民众心理、女性群体以及城市研究，范围较广，具体包括郑毅《10世纪契丹王朝构建进程的中原因素》（东北大学出版社2016年版），程嘉静《辽代商业研究》（内蒙古大学出版社2016年版），符海朝《辽金元时期北方汉人上层民族心理研究》（中国社会科学出版社2016年版），黄兆宏等《辽夏金的女性社会群体研究》（甘肃人民出版社2016年版），诸葛净《辽金元时期北京城市研究》（东南大学出版社2016年版）。

韩世明、孔令海主编《辽金史论集》（第十四辑）（中国社会科学出版社2016年

---

* 刘晓飞，女，吉林临江人，辽宁师范大学讲师，主要从事辽金史研究。田广林，男，内蒙古林西人，辽宁师范大学教授，主要从事辽海历史与考古、契丹辽史、中国古代玉器研究。

版）依然是研究辽金史的重镇，代表了现今辽金史研究的水平。全书共 32 篇文章，分辽代契丹捺钵、辽史、金史三个部分，内容涉及辽金政治、经济、文化、地理、社会、民族古文字等方面。周峰《21 世纪辽金史论著目录（2001—2010 年）》（上下）（花木兰文化出版社 2016 年版），史金波、宋德金主编《中国辽夏金研究年鉴 2014》（中国社会科学出版社 2016 年版），两本编著对于 21 世纪以来辽夏金研究现状做一梳理，极大程度地方便了学界同人的工作，确为欣喜感激之事。另有研究论文集 4 部，日本学者丰田五郎《契丹文字研究论集》（松香堂书店 2016 年版），董新林主编《东亚都城和帝陵考古与契丹辽文化国际学术研讨会论文集》（科学出版社 2016 年版），孙国军、雷德荣主编《契丹辽文化论集（乙编）》（内蒙古大学出版社 2016 年版），杨一凡、［日］寺田浩明主编《日本学者中国法制史论著选・宋辽金元卷》（中华书局 2016 年版）。将宋辽西夏金元这一断代时期作为对象已是一个独立的研究方向，并不断有著作出现，主要在社会生活、文学方面表现突出。李修生《中国文学史纲：宋辽金元文学》（北京大学出版社 2016 年版），李甍《历代〈舆服志〉图释・辽金卷》（东华大学出版社 2016 年版），沈冬梅、黄纯艳、孙洪升《中华茶史・宋辽金元卷》（陕西师范大学出版社 2016 年版），滕新才、张华林《巫山诗文・辽金元部分：诗词戏曲部》（下）（重庆出版社 2016 年版）。日本学者高井康典行《渤海と藩鎮——遼代地方統治の研究》（汲古书院 2016 年版）是唯一一部国外学者著作。通史类著作中涉及辽史研究方面，有邓之诚《宋辽金夏元史》（北京理工大学出版社 2016 年版）、柴德赓《宋辽金元史讲稿》（商务印书馆 2016 年版）。另有 5 本著作性质更偏向通俗读物，配以彩绘注音插图，直观地展示与传播宋辽金元时期的文化，使得受众群体不再局限于专业领域。辛更儒《黄金时代——图说两宋辽金》（商务印书馆 2016 年版）、侯树槐编著《辽金故地轶事：拾遗黄龙府文化》（吉林文史出版社 2016 年版）、李燕改编《中华上下五千年・七・北宋辽金南宋元明：彩绘注音版》（二十一世纪出版集团 2016 年版）、龚勋《中华上下五千年・两宋辽金》（黑龙江少年儿童出版社 2016 年版）、张俊红主编《〈二十五史〉故事系列・4・契丹战神耶律休哥》（新疆美术摄影出版社 2016 年版）。

二　政治与政治制度研究

政治与政治制度研究侧重三个方面，皇族后族、职官管理以及祭祀礼俗，其他零星内容并不多见，较往年集中。

辽代政治研究始终围绕皇族、后族展开，内容涉及国号、继位、驸马以及后宫品级。陈晓伟《辽朝国号再考释》（《文史》2016 年第 4 辑）指出，辽朝一代国号变迁远比人们过去所知道的要复杂，更正以往太祖建立国号契丹的说法，证实国号为大契丹而非契丹。938 年建立大辽国号，而 947 年之后大辽国号适用于燕云汉地，大契丹国号适用于长城以北契丹本土，且大辽、大契丹并用。关于983年圣宗改号大契丹则是改晋国号，1066年道宗复号大辽则归咎于其个人自身的汉化。之后又从契丹文、女真文方面对辽朝国号进行考释，得知于契丹人而言，他们自称哈喇契丹，与汉文国号变迁并无关系。林鹄《辽太宗继位考》（《北方文物》2016年第3期），指出由太宗继位引出应天太后在此事件以及辽前期整个围绕皇位发生的争斗与谋逆中作用重大。林鹄《辽穆宗草原本位政策辨——兼评宋太祖“先南后北”战略》（《中国史研究》2016年第1期），主要通过穆宗耶律璟内政、“睡王”一称及其“汉地还汉”之言论三方面，辨析辽穆宗草原本位政策，指出此乃中原重趋统一之结果，并非出自所谓草原本位政策。郭康松《辽朝自居为正统的理据》［《辽金史论集》（第十四辑），中国社会科学出版社2016年版］指出，辽朝不单从中原获得正统象征的传国宝与仪仗法物，更从族源、历法、思想、制度、文化、对外关系方面证明和强调自身的正统性。高福顺、孙伟祥《辽朝废后问题考述》［《辽金史论集》（第十四辑），中国社会科学出版社2016年版］，按照废后生活年代一一列出并述其世系生平，对辽朝废后原因提出疑问。鞠贺《刍议辽朝后宫品级制度》［《辽宁工程技术大学学报》（社会科学版）2016年第6期］，就辽朝后宫品级制度的形成过程、特点以及影响进行说明分析。张功远《辽代驸马群体研究》（硕士学位论文，吉林大学，2016年）认为，北方民族政权驸马不同于中原汉族王朝，其政治地位、执掌权限、晋升空间都是其他王朝驸马不可比拟的。驸马作为后族的重要成员，在备受重用之后，更会繁荣本族，地位更加显赫。

对于历朝官吏的良好整治是古代社会向前推进的重要因素，也是古代国家治理有效与否的重要评价标准之一，所以职官管理制度的发展方向是逐渐完善与成熟的，如今而言，对于职官制度的探讨旨在以史为鉴。王玉亭《辽朝官员的本官、实职与阶及其关系——以辽代碑志文为中心》［《辽金史论集》（第十四辑），中国社会科学出版社2016年版］，归纳辽朝官员的结衔公式：官衔=功臣号+本官+实职+阶+检校官+宪+赠官+勋爵+食邑，指出标示辽朝官员身份的是其“本官”，职务的重要与否，要看其实职（使职、实授）。这对于大量石刻资料的阅读理解和史料的择取大有裨益。文中还通过对辽朝官员的“本官”、阶以及“本官”、实职、阶三者关系的分析，纠正了把辽人本官当实职、阶当本官和实职、检校官当作本官的习惯性错误。李忠芝《辽代封爵制度研究》（博士学位论文，吉林大学，2016年）认为，辽代封爵制度存在本民族特色，但在爵名、等级、食邑规定等各方面继承唐制的特点非常鲜明，此文创新之处在于是对郡王和五等爵的封授、辽代封爵九等等级、国号王分为三级等内容的补充。彭文慧《辽朝西南面招讨使研究》［《赤峰学院学报》（汉文哲学社会科学版）2016年第4期］，通过对辽朝西南面招讨使的设置、选任、职务梳理，指出这一职官在辽朝西南边疆事务方面重要作用不容忽视。陈天宇《辽代锦州临海军节度使研究》（硕士学位论文，渤海大学，2016年），依次论述锦州临海军节度使的设置与历任官员，出使外交活动和临海军节度使与辽代锦州地域发展，反映出辽代斡鲁朵、州县城市从建立、发展再到衰亡的变化过程，以期通过锦州的实例分析，对辽代其他城市的发展与政治、经济之间的关系等相关研究起到借鉴作用。近年从反面实例来佐证史实渐成趋势，鞠贺《辽“逆臣”与“奸臣”考略》[《宁夏大学学报》（人文社会科学版）2016 年第 5 期]，指出“逆”和“奸”并不相同，通过对时间分布、出身分析，进而指出辽太祖到辽景宗时期多逆臣，辽圣宗至天祚帝时期多奸臣。逆臣大多出自皇族，同党出身比较单一，奸臣多出自后族或在大臣中崛起，出身比较复杂。从“逆”到“奸”的特点变化，有两点原因，一是皇位继承秩序逐渐走向稳定，二是后族势力的崛起并最终走向分裂。崔莎莎《〈辽史〉所记贪官及其社会危害》[《辽宁工程技术大学学报》（社会科学版）2016 年第 5 期]，以《辽史》为中心，梳理辽代贪官并指出贪官对当朝政治、经济、社会风气存在的危害。贪官之所以存在，原因无外乎个人品行、皇帝纵容以及监管惩治相关制度的缺失和执行不利。法律的制定、司法机构的设立，一定程度上起到有效的制约作用。孙海虹、李玉君《文化认同视域下的辽代立法与司法实践》[《辽金史论集》（第十四辑），中国社会科学出版社 2016 年版] 一文认为，辽代统治者重视立法和司法，而且以民为本、忠君孝亲、贵贱有序是辽代司法实践中儒家观念的深刻体现，其法律的制定和修改带有鲜明的中原文化特征，汉化具有必然性。冀明武《辽朝藩汉分治法制模式略论》（《北方文物》2016 年第 3 期），藩汉分治法制模式是解决多民族法律适用冲突的一次成功尝试，辽朝二元法制体系形成存在主观和客观方面原因，二元的存在致使辽朝藩汉在政权组织法、犯罪刑罚法等方面存在明显区别。朱蕾《辽朝的录囚制度》[《辽金史论集》（第十四辑），中国社会科学出版社 2016 年版] 强调研究录囚制度，首先需溯源，即厘清其形成及发展的过程，然后再探讨在辽朝得以施行的具体概况，比如文中提到的录囚原因、范围，审决程序、机构以及与释、赦的关系。在文章最后，作者还对录囚制度在辽朝的历史作用给予评价。邓齐滨、李冲《辽代官吏赃罪考》（《北方文物》2016 年第 3 期）以辽代官吏赃罪为题，通过对赃罪三种类型，定罪不同情况等主要内容的研究，体现出辽代处刑严苛，官吏廉察体系监、刑合一，北方民族习惯法与中原唐律逐渐融合的特点。马天《浅议辽代司法中“南北面官”制度对高丽的影响》[《赤峰学院学报》（汉文哲学社会科学版）2016 年第 10 期]，辽代司法中“南北面官”制传入高丽是通过战争手段得以实现，这一制度对高丽的军事、司法以及行政人员选拔方面存在重要影响。葛志娇《辽朝旌表制度研究》（硕士学位论文，吉林大学，2016 年）对辽朝旌表制度形成、旌表对象、旌表方式、特点与作用进行分析，指出辽朝旌表制度兼具儒家文化，同时又不失本民族特性，在辽朝具有美化社会风气，缓和社会矛盾，维护社会和谐稳定的作用。另外还有其他相关文章：陈鸿彝《辽金元的警巡院制与巡警的组织建设》（《中国法治文化》2016 年第 11 期）。

“礼”源于先民祭神的习俗。在古人看来，鬼神无处不在，更无所不能，而他们对人间百姓生活、国家安危，起到重要的作用，对于鬼神祭祀也是关乎国家治乱兴亡的重大事情。李月新《辽朝“入閤礼”考论》（《史学集刊》2016 年第 4 期），以辽太宗时期两次行入閤礼的实践为基础，分析辽太宗引进“入閤礼”实践的政治意义，又探索太宗朝之后入閤礼不见于辽朝史文记载的原因。作者另一篇《辽朝的黑山祭祀探析》［《赤峰学院学报》（汉文哲学社会科学版）2016 年第 10 期］指出，契丹祭山上升为国家祭祀，黑山祭祀在进入辽朝时期之后，其意义和仪式在事实上已经发生变化，在意义上保留了契丹民族原始的宗教信仰，但同时也吸收、融合了中原传统祭祖的礼义，其文化面貌抛却单一而渐趋复杂。朱丹丹《辽代告庙仪与谒庙仪探微》［《辽宁工程技术大学学报》（社会科学版）2016 年第 6 期］一文认为，辽代相较于唐代，告庙仪和谒庙仪较为简单，举行重大政治活动都会告谒先祖陵庙，或者遣使奏告庙，祭拜御容成为告庙与谒庙的核心。郭晓东《契丹古老政治礼俗在辽代长期留存原因》［《辽宁工程技术大学学报》（社会科学版）2016 年第 5 期］认为，祭山仪、祭天仪、柴册仪等契丹古老政治礼俗在辽代的长期留存，与其自身所意味的政治功用、文化内涵和统治阶级的契丹本位原则、有限汉化密切相关，但不宜对辽朝汉化作用过高估计。杨钊、赵敏艳《契丹礼仪中的祭天现象》［《赤峰学院学报》（汉文哲学社会科学版）2016 年第 11 期］一文认为，契丹族祭天祀祖无非是祈求祖先的“护佑”，到契丹建国前后，吸收了中原王朝礼仪制度中以突出皇权为核心的诸多政治因素，并突出君权至上的思想。石森、姜维东《契丹民族再生仪浅析》（《长春师范大学学报》2016 年第 11 期）对再生仪的适用范围、举行时间、主要场所及道具、起源、意义五个问题进行探讨。《辽史》称皇帝举行再生礼是孝道的一部分，该文作者认为这是接受汉文化后的一种粉饰说法，再生礼本义其实是一种杀耄君古老习俗的演变，同时融入了本命信仰观念，拓宽了研究的角度和维度。马驰原《契丹巫术与辽朝政治研究》（硕士学位论文，河北大学，2016 年）主要论及从契丹建国前直至中后期，巫术与辽朝政治的演进，巫术既是契丹民族社会文化的最初成果，也是其后续发展的基础和出发点，认为它深刻地影响了契丹历史。靳运洁《辽代国家祭祀礼俗研究》（硕士学位论文，天津师范大学，2016 年）一文认为，国家祭祀经历创立、发展、衰落与全面衰亡四个阶段，祭祀对象分为自然神祇和人神人鬼。该文作者也认为萨满文化对国家祭祀礼俗形成所起作用重大，并对契丹族、辽王朝及中华文化的影响不可忽视。祭山仪所载的木叶山祭祀，实际是以天地为主、其他神祇为辅的祭祀活动，并结合现代考古研究成果，认为契丹族崇东拜日的实际方位是现在的东南方。对于颇具争议的“烧饭”之俗，该文认为“烧饭”习俗属于祭祀。

三 经济与经济制度研究

从地缘角度，围绕辽代区域经济，有 5 篇文章。王德忠《辽朝的资源、环境与区域经济特色》(《辽金史论集》第十四辑，中国社会科学出版社 2016 年版)，此文意在诠释辽朝经济的特色而非发展状况和水平；张国庆《考古资料反映的辽代沈北地区经济类型》[《朔方论丛》(第五辑)，内蒙古大学出版社 2016 年版]，作者近年以考古石刻资料为立论依据发表一系列文章，并细致考察了沈北地区四种不同的经济类型，主要包括生产工具与畜牧、渔猎经济，生产工具与农业经济，生活用品与手工业经济，金属货币与商贸经济。平启《简谈辽北地区的契丹经济》[《新西部》(理论版) 2016 年第 13 期]，简单介绍了古八部、大贺氏时期契丹经济以及建国后契丹农业发展、货币经济发展等情况。另外还有陈健《辽代以上京为中心西辽河地带农业发展状况》(《黑龙江科学》2016 年第 21 期)、《辽代上京地区农业发展评介》(《农技服务》2016 年第 14 期)。

张国庆《辽朝"仓""库"功能探略》(《北方文物》2016 年第 3 期) 提出"仓""库"在辽朝还具有政府置官管理、调配某类物资流转的特殊机构之职能。李月新《辽代中晚期契丹部落生业模式探析》(《绥化学院学报》2016 年第 3 期)，作者区分辽代前期与中晚期之后生业模式不同，中晚期之后形成农牧业并举，手工业、商业等多种经济参与的复合型经营模式。辽代经济发展，汉族、渤海族所起到的作用有目共睹，关于他们在辽代的来源历来多有研究。吴凤霞《五代辽初平州人口的北奔南迁》(《北方文物》2016 年第 4 期)，此篇文章题为辽初平州人口"北奔南迁"，实际更偏向于对于辽初平州人口流失问题的研究。经研究得知，从 907 年至 928 年，由于平州守将的归属、战争以及统治政策等原因，人口流失十几万。大规模的流失就有三次，主要包括两类人：一类是军事将领及其家属、士兵，另一类是农民、手工业者。孙炜冉、袁华《辽代"斡鲁朵"内的渤海人移民》(《通化师范学院学报》2016 年第 11 期) 一文认为，渤海灭国移民迁入辽诸州县，伴随州县被划入斡鲁朵内，渤海移民成为宫户，履行赋税徭役职责，受到宫主、辽廷双重压迫，但一直保持着浓厚的民族习性和强烈的反抗精神。刘羽佳《辽朝统治区内汉人的来源与重要作用》(硕士学位论文，内蒙古大学，2016 年) 认为，辽朝汉人来源方式主要包括战争中被俘和主动投靠，而契丹、汉人同一地域的融合必然带来物质、精神文化的交融。另外，彭文慧《辽代盐业经济与州县城市发展》[《赤峰学院学报》(汉文哲学社会科学版) 2016 年第 9 期] 一文认为，辽代五京都有盐产资源的分布，朝廷也拥有较为完备的盐业管理制度，所以各州县相关城市与盐业经济本身互相促进，带动彼此发展。关于经济思想方面，有赖宝成《辽朝契丹统治集团的重农思想与成效》[《辽宁工程技术大学学报》(社会科学版) 2016 年第 1 期]。

度量衡方面研究一直都比较薄弱，文章少见。仅有魏咏柏《辽钱重熙通宝》（《收藏》2016 年第 13 期），尹钊、李根、张继超《摩羯鱼镂空花钱》（《收藏》2016 年第21 期）。

四　民族问题与对外关系

在 2016 年度民族问题研究中，融合、多元一体是中心议题，研究多以此为主。孙炜冉《辽代对渤海人的统治政策及民族同化》（《博物馆研究》2016 年第 2 期）一文认为，辽代对渤海人的政策由最初的以抑制为主逐渐转变为中后期较为开明的温和态度，这表现在政治、经济、婚姻、教育等各个方面，通过一系列策略调整，以期做到民族同化。李玉君、张新朝《从民族融合视角看儒家文化对契丹族墓葬壁画的影响》［《渤海大学学报》（哲学社会科学版）2016 年第 1 期］从民族融合的视角来看儒家文化对契丹族墓葬壁画的影响，其主要体现在对儒生人物形象的描绘，二十四孝图的流行，以及对荷花、礼乐的欣赏等方面。彭文慧《辽代西京地区民族分布与民族交流》［《辽宁工程技术大学学报》（社会科学版）2016 年第 3 期］一文认为，辽代西京地区生活着汉族、契丹族、奚人、渤海族、党项族、突厥、乌古、敌烈、室韦以及吐谷浑等民族，民族交流不可避免，互相影响。洪嘉璐《辽朝民族意识探究——以汉人契丹人为中心》（硕士学位论文，渤海大学，2016 年），此篇硕士论文围绕汉人民族意识弱化、契丹人民族意识增强两个中心议题展开，以此印证各民族间交流往来、融合，对中国北部疆域的形成、中华民族多元一体发展格局建设做出贡献的传统理论观点。

军事方面，张国庆有三篇文章分别从不同视角对辽代军事予以论述。《辽朝“使臣”“驿馆”史事杂考——以石刻文字所见为主》（《浙江学刊》2016 年第 3 期）一文认为，辽朝遴选使臣的标准除学识素养、机敏善辩、仪态端严遵循礼法之外，还要严守本国各种机密，也正因为如此该文作者发现信使使命之外的另一项任务则是谍报。在使臣人选方面，正使基本上是由契丹族官员担任，副使由汉族官员担任，但“罚使绝域”者概除外。关于辽朝使路驿馆之设施及服务水平方面。《辽朝边铺探微》（《中国边疆史地研究》2016 年第 2 期）一文认为，辽朝的“边铺”主要有两种：“口铺”与“烽铺”，铺兵职责主要包括三个方面，“侦候”边境敌情，传牒报警，配合巡边军人于“边铺”附近缉捕盗贼阻截非法出入境者。铺兵“侦候”“巡马”徼边，二者合力，共同形成对境外之敌的有力威慑。关于其管理机构，该文作者推测属于北、南面边防诸司军事机构直接管理。《石刻文字所见辽朝战事考补》［《辽宁工程技术大学学报》（社会科学版）2016 年第 4 期］，主要以出土辽代石刻文字为基本史料，对辽朝战事诸如灭渤海之战、辽宋之战、辽丽之战、辽夏之战、北疆御敌之战以及国内平叛之战等对文献所记载进行补充或考证。另外相关文章，丛密林《契丹骑兵的界定及分类考》（《北方论丛》2016 年第 2 期），遵循逻辑学定义原则对“骑兵”的概念进行界定，指出契丹的骑兵以骑马为主，军队兵种主要有战骑、拦子马、打草谷骑和驿骑，分工明确但有时担任其他任务。汪妮《辽末沈州之战及其对辽方的影响》［《赤峰学院学报》（汉文哲学社会科学版）2016 年第 1 期］，按照战争发生时间顺序分别论述沈洲之战的背景、失败的原因以及影响。

对外关系中分别各有 1 篇涉及高丽、西夏。陈俊达《高丽遣使辽朝研究》（硕士学位论文，吉林大学，2016 年），重点考察高丽遣使辽朝的分期，高丽使辽使者的分类、选任与奖惩，以及从遣使看高丽人的“辽朝观”，并分析高丽遣使对辽朝的作用与影响。张少珊《辽金承认西夏帝位的原因分析》［《赤峰学院学报》（汉文哲学社会科学版）2016 年第 1 期］一文认为，辽金因承认方式、所面临的形势以及辽夏关系和金夏关系的不同，所以承认西夏帝位并不相同。但总而言之，辽与金同时在即将灭亡的前夕承认西夏的“皇帝地位”，本质是一样的，都是根据自己所处的境况权衡利弊后，从本国的利益出发对西夏进行册封。

五　社会史研究

2016 年度社会史研究内容主要集中在社会习俗、婚姻家庭、妇女、衣食住行四个方面。

社会习俗的研究以契丹族为主，力在展现其民族特有生活方式，并关注其中蕴含的宗教信仰、价值观念、思想意识等方面内容。秦博《辽代契丹妇女的“佛妆”》［《内蒙古民族大学学报》（社会科学版）2016 年第 2 期］，以佛妆为切入点，分析辽代契丹妇女这一行为与辽代医学发展、佛教崇信、原始萨满教遗留以及妇女地位较高的密切关系。另外还有关于发型、丧葬以及文娱习俗的文章，沙大禹《辽代凿冰捕鱼考述》（《文物鉴定与鉴赏》2016 年第 3 期），侯妍文《小议辽代髡发——以辽墓壁画为线索》（《工业设计》2016 年第 6 期），张懿燚《辽朝契丹族丧葬习俗探析》（《才智》2016 年第 26 期），康健、傅惟光《源于契丹的达斡尔族民俗》（《理论观察》2016 年第 1 期），林航《辽金时的休闲活动：双陆》（《文史天地》2016 年第 9 期）。

在姓氏婚姻与家庭家族方面，陈鹏、高云松《辽代契丹家庭浅论——以汉文石刻资料为中心》（《黑龙江民族丛刊》2016 年第 4 期），文中并无对契丹家庭形态中结构与类型的分析，而是力在寻找形成传统辽代家庭形态的原因，试图揭示辽代家庭兼有契丹民族固有习俗、汉族儒家文化和佛教文化三种文化要素的历史特性的原因。陶莎、孙伟祥《辽代后族与头下军州浅析》（《黑龙江民族丛刊》2016 年第 1 期），从皇族与后族头下军州地理位置入手，指出辽朝中央通过后族进行制衡宗室的用意。张敏《辽代的婚姻习俗及文化内涵探析》（《学理论》2016 年第 2 期）一文认为，辽代婚姻习俗具有父母之命媒妁之言、门当户对、拜奥、跨鞍的特点，这与其受到契丹本民族、汉民族以及萨满文化影响关系密切。张敏《辽朝的夫妇之道》[《辽宁工程技术大学学报》（社会科学版）2016 年第 1 期] 提出，辽朝社会所提倡的夫妇之道，不外乎夫妇齐体、夫尊妻卑、相敬如宾，这与辽朝深受儒家思想的影响密不可分。关于耶律倍及其医巫闾地区的研究，近年多有成果问世。李宇明《耶律倍家族及其文化对辽海地区的影响》[《辽宁工程技术大学学报》（社会科学版）2016 年第 1 期]，梳理耶律倍家族世系，总结其家族文化，并分析家族文化对其所在医巫闾以及辽阳地区诸如城市建设、牧业经济发展、佛教、教育的重要影响。家庭家族兴盛的因素众多，家族间的通婚，皇权政治的支持维护功不可没，但往往兴于此，亡于此。汪妮《辽代兴中府的世家大族——以朝阳地区纪年墓葬为中心》[《辽宁工程技术大学学报》（社会科学版）2016 年第 2 期]，兴中府共有六大家族：耿氏家族、刘氏家族、韩氏家族、赵氏家族、王氏家族、耶律家族，皆居高位，且很多家族间有通婚现象，尤以与皇族、后族通婚最为频繁。六大家族对兴中府地区的经济、文化等产生重要影响。洪嘉璐《皇权支配下辽代汉人权贵家族的命运演变——以韩知古家族为例》[《赤峰学院学报》（汉文哲学社会科学版）2016 年第 4 期]，意在说明皇权对辽代汉人权贵家族的支配作用，在辽朝的兴衰历程与皇权统治密切相关。

辽代家庭中女性群体的研究已然成为重要内容，近年来甚至有高过男性群体研究的势头，且逐渐由上层女性转移到平民阶层。张敏一直以来致力于这一课题有关研究，相继发表一系列文章，内容广泛。张敏《契丹文化中的母性崇拜探析》（《兰台世界》2016 年第 3 期）一文认为，契丹文化中的母性崇拜主要体现在宗教信仰、礼仪活动、社会事务、法律制度、契丹本民族神话传说等方面。产生母性崇拜的原因则与原始的母权文化影响、民族习俗观念的延续、契丹社会中女性地位较高、母亲角色的优势、儒家思想的影响有密切关系。另一篇《辽代女性的犯罪问题研究》[《赤峰学院学报》（汉文哲学社会科学版）2016 年第 8 期] 认为，辽代女性的犯罪可分为谋反、巫蛊、杀伤、诬告、无子、受牵连，犯罪原因各不相同，包括自身原因、家族利益驱使、被家族成员所牵连以及成为夫权社会的产物。辽金一脉相承，女性群体载于史籍的另一个方式，便是对于佛道的崇信，但辽金平民阶层的崇佛仍存在不同。吴琼《从石刻看辽代平民阶级女性崇佛情况》[《赤峰学院学报》（汉文哲学社会科学版）2016 年第 7 期] 指出，邑社才是辽代平民阶级女性参与佛事的主要组织形式，而且汉族女性明显多于契丹族，但原因并未做一说明。当然除此之外，仍然存在女性筹资修建佛塔、经幢，更甚者出家为尼的崇佛形式。在参与政治方面，鞠贺《论辽代契丹族后妃、公主的婚恋观》（《白城师范学院学报》2016 年第 7 期）认为，纵观整个辽代社会，契丹族后妃及公主的婚恋观始终保有开放、自由的特点，贞洁观念相对淡薄。《契丹后妃参政原因探析》（《黑河学院学报》2016 年第 4 期）认为，受自然环境、经济类型、政治结构和历史传统等因素综合影响，契丹后妃参政并发挥重大作用，后妃自身的政治才能也不容小觑。

辽代斡鲁朵、捺钵作为契丹传统政治以及社会制度，一直以来都是学界探讨的重点课题。杨军《辽代捺钵三题》（《史学集刊》2016 年第 3 期），试就捺钵随行人员、捺钵地物资供给、皇帝离开捺钵地独自回京城现象三个问题进行论述。随行人员包括皇族、官员及其家属、卫兵，但不皆与皇帝驻扎一处。中期以后，捺钵地出现宫殿，也存在官员私家建筑，非捺钵季节亦有一定人员留驻。同时，出现了将随从捺钵的队伍留在捺钵地而皇帝轻装简从返回五京的现象。陈晓伟《捺钵与行国政治中心论——辽初“四楼”问题真相发覆》（《历史研究》2016 年第 6 期），根据元朝朱思本《朔漠图》及陈桱《通鉴续编》，并使用新史料，力证“楼”实为建筑物之含义，且与捺钵关系密切，随即明确四楼含义，之后继续探讨与捺钵相关的四楼在辽代早期承担何种作用。最后将四楼与蒙元时期诸可汗四大营地制度两相比较，指出四楼即是北族王朝行国政治的鲜明体现，由此引出行国政治主题之下的国家政治中心问题。另外相关文章有康鹏《辽帝国的政治抉择——以中京的建立及其与捺钵之关系为例》（载《东亚都城和帝陵考古与契丹辽文化国际学术研讨会论文集》，科学出版社 2016 年版）。《辽金史论集》（第十四辑）特设专题专门探讨辽代契丹捺钵，一共发表了相关论文 7 篇，从政治、经济、地理、文化不同的面向讨论了捺钵制度。武玉环《春捺钵与辽朝政治——以长春州、鱼儿泊位视角的考察》、齐心《捺钵文化传承与发展——以金中都行宫建设试析捺钵文化的传承与发展》、肖爱民《辽朝的春捺钵与“贵主”借贷》、夏宇旭《地理环境与契丹人四时捺钵》、都兴智《辽代皇帝春捺钵与鳇鱼》、张富有《辽代春捺钵遗迹调查与思考》、宋德辉《吉林省白城境内辽代春捺钵地理位置考》。

具体到衣食住行方面，相关文章有：孙娟娟《辽代服饰研究：以东北地区辽墓壁画为中心》（硕士学位论文，东北师范大学，2016 年），李艾琳《辽代服饰制度下的契丹服饰》（硕士学位论文，哈尔滨师范大学，2016 年），林丽群《浅析辽代军戎服饰》（《长江丛刊 · 文学理论》2016 年第 10 期），孙兵《辽代带具研究——以陈国公主墓出土带具为中心》（硕士学位论文，中央美术学院，2016 年），周洁《辽朝帝王的宴饮活动》［《朔方论丛》（第五辑），内蒙古大学出版社 2016 年版］，张睿龙《辽代茶具初探》（硕士学位论文，内蒙古大学，2016 年），汤超、曾分良《辽代家具设计的特点及其对后世的影响》（《艺术工作》2016 年第 6 期），刘炜珏《契丹车舆史考论》（硕士学位论文，云南大学，2016 年），张海艳《辽代契丹车制研究》［《赤峰学院学报》（汉文哲学社会科学版）2016 年第 10 期］。

六　文化相关研究

教育与科举等相关问题长期以来为辽史学界密切关注，高福顺《辽代道学教育述论》（《黑龙江社会科学》2016 年第 5 期）认为，辽代道学教育得以发展原因众多且途径众多，道观教育、侍讲陪读与民间活动等多种途径并行，道教思想文化逐渐深入辽朝人的心中，并使尊奉四方之神、门神以及长生不老、炼丹成仙、驾鹤升天等道教信仰的世俗化观念广泛流行于辽代社会生活中。杨惠玲《论辽的礼部贡院及科举》（《社会科学战线》2016 年第 11 期）认为，随着辽朝科举制的规范化，辽代礼部贡院得以达到成熟阶段，并对辽代礼部贡院设置的时间及科举制的规范化、礼部贡院职掌范围的扩大、“知贡举”的人选等问题加以论述。另外相关文章还有，孙凌晨、罗丹丹《辽代伦理教化的方式及作用探析》（《学术交流》2016 年第 11 期），孙福轩、王士利《辽金科举试赋考述》（《广东第二师范学院学报》2016 年第 1 期），王昕《〈畿辅通志〉辽进士考辨与辑补》［《河北师范大学学报》（哲学社会科学版）2016 年第 4 期］。

关于宗教信仰方面。常峥嵘《辽代圆寂道场述论》（《宗教学研究》2016 年第 3 期）指出，辽代涿州一带“圆寂道场”是在佛涅槃日，模拟佛陀涅槃及荼毗得舍利的场景，并焚化画佛或纸佛而得舍利。辽代舍利崇拜依旧盛行，舍利崇拜与佛像崇拜在辽代相结合导致舍利泛化趋势，出现舍利崇拜的新形式。它借助“螺钹邑”的推动，将一些辽代民俗，如螺钹乐、火葬、纸扎、烧饭、牲祭等整合进去，使佛教仪轨民俗化。邱冬梅《契丹萨满信仰的基本形态及特点》［《内蒙古民族大学学报》（社会科学版）2016 年第 2 期］认为，生态环境、物质生产、生活实践中孕育出了属于契丹人独特的信仰内容，萨满祭祀、敬天拜日事鬼神、灵魂信奉、动物崇拜等在契丹社会生活中影响非常深远。邱冬梅《辽代契丹人萨满信仰研究述评》（《黑龙江民族丛刊》2016 年第 1 期）通过综述研究以及不同专题研究概括总结契丹人萨满信仰。杜成晖《辽代印经院考》（《北方文物》2016 年第 1 期）考证了辽代印经院的形成，通过对宋辽印经院设立、人员构成、印刷雕刻等方面对比，可知辽代印经院可与宋朝《开宝藏》相媲美。王贺《从现存辽代佛教古迹看辽代佛教信仰》［《辽宁工程技术大学学报》（社会科学版）2016 年第 5 期］通过表格形式总结辽代五京地区现存辽代佛塔、佛寺遗址，进一步分析各方促进辽代佛教信奉的原因，并从中总结出辽代佛教的汉文化和回鹘文化相交融的文化特色。

关于文学方面的研究。谭家健《辽代骈文述略》［《首都师范大学学报》（社会科学版）2016 年第 6 期］概括辽代骈文包括四种类型，并分别叙述契丹骈文作家、汉族骈文作家以及僧侣骈文作家的作品，进而证实辽代骈文在中国古代骈文历史长河中仍占有一定分量。另两篇为陈伟庆《辽代摩羯的兴起及构成》（《中国社会科学报》2016 年 9 月 5 日第 5 版）、和谈《论辽代契丹作家汉语创作的特色》［《新疆大学学报》（哲学・人文社会科学版）2016 年第 3 期］。还有两篇专题研究出自《辽金史论集》（第十四辑），杨春宇《“行国”“城国”兼备的契丹与“汉儿言语”》从语音、词汇和语法等几个方面，分析契丹对其后来因俗而治体制影响下的北方阿尔泰民族，从游牧行国发展到行国、城国兼备的特点。刘凤翥《赝品契丹文字墓志的“死穴”》指出，契丹语名字的规则和横帐与国舅的含义是当今赝品契丹文字墓志的死穴，同时立志实事求是不断地揭露赝品。另有苏航《乣音义新探》（《中国边疆史地研究》2016 年第 4 期）分别对乣的读音与释义进行了详细考证。

关于艺术方面的研究。4 篇皆是硕士论文，其中 3 篇来自内蒙古大学。孙俊峰《试析辽代墓葬壁画中表现的汉化与契丹化并行现象》（硕士学位论文，内蒙古大学，2016 年），王素云《下华严寺辽代佛教造像艺术——薄伽教藏殿佛菩萨造像研究》（硕士学位论文，内蒙古大学，2016 年），白洁《内蒙古地区北魏至辽金元时期瓦当纹饰造型艺术研究》（硕士学位论文，内蒙古大学，2016 年），王兴也《辽代佛教与墓室壁画艺术研究》（硕士学位论文，沈阳师范大学，2016 年）。

关于体育方面的研究。丛密林的 2 篇文章皆有关击鞠。《辽代击鞠考略》（《体育文化导刊》2016 年第 1 期）、《从契丹“击鞠”到达斡尔“贝阔”演变的历史考察》（《中华文化论坛》2016 年第 2 期）。另有张斌《辽朝统治者体育参与行为》[《辽宁工程技术大学学报》（社会科学版）2016 年第 6 期]、闫玲萍《辽代骑射体育活动探析》（《山西档案》2016 年第 5 期）。

医学研究相关论著较薄弱，李浩楠《辽代宫廷医事活动研究》（《衡水学院学报》2016 年第 6 期）首先归纳总结出辽代宫廷医事活动主要有四项，分别是对辽代帝后进行治疗，对贵族和官僚等进行治疗，药物管理，医书撰述。其次概括医事活动有两项特点，第一项是具有一定的民族特色，第二项是文献中对辽朝宫廷医官、医生的描写存在一定神化现象。李进欣《〈辽史〉所记“善医”官员及其仕进》[《辽宁工程技术大学学报》（社会科学版）2016 年第 4 期] 归纳《辽史》当中出现的“善医”并解析其仕进过程，但并未有对“善医”这一群体的概念进行界定。

七 历史地理与考古文物研究

关于地方行政建置方面的研究。孙建权《“辽兴府”存废钩沉》（《中国边疆史地研究》2016 年第 3 期），考证得知由于耶律淳政权的不被承认致使“辽兴府”当时不被记录在册，且存在的时间不满一年，因而长期默默无闻。但该文作者认为辽兴府确曾存在，其存在时间在辽末。康建国、张敏《辽代城市的类型、特征与变迁》[《辽宁工程技术大学学报》（社会科学版）2016 年第 4 期] 认为辽代城市功能不同，并类型各异，有京城、以汉族为主的安置外族人口的新建城市、头下州城三种，具有契丹文化下的多元文化交融、管理制度独特等城市特点，但伴随辽代统治的逐渐巩固发展，其城市功能也随即发生相应调整。任仲书、洪嘉璐《辽代宜州建置与其特殊地位》[《渤海大学学报》（哲学社会科学版）2016 年第 3 期] 探讨了辽代宜州建置的经过和作用，从地理交通、耶律倍家族领地、文化背景等方面分析了宜州建置在地方建制中地位的特殊性。

关于城址、都城方面的研究。孙伟祥、高福顺《辽朝奉陵邑初探》(《古代文明》2016 年第 1 期) 指出辽朝奉陵邑共有祖州、怀州、显州、乾州、庆州 5 个，通过奉陵户来源、奉陵邑官员设置方面的研究，认为辽代奉陵邑的出现是契丹族生产与生活方式转变的重要表现，也是统治者“因俗而治”治国理念的结果。李鹏《内蒙古通辽市科左中旗苏尼吐城址调查报告》(《东北史地》2016 年第 1 期) 认为，该城址是西辽河平原地区发现的保存最完整的城市，也是通过卫星影像分析法进行考古调查的首次发现。该文通过地理位置与环境、城址遗迹、地表遗物的初步分析，得知该城属于辽代小型城市，具有一定的军事防御功能。李鹏《辽代永州、王子城、龙化州与木叶山通考》[《内蒙古民族大学学报》(社会科学版) 2016 年第 6 期] 认为，二水合流是“两点合流”，“西段合流点”指老哈河与西拉木伦河交会，“东段合流点”指新开河与西辽河交汇。土河与潢河在“东段合流点”合流，地点在今通辽市科尔沁左翼中旗小瓦房村东南。周向永、胡荣繁《辽代荣州考》[《辽金史论集》(第十四辑)，中国社会科学出版社 2016 年版] 一文认为，《金史·地理志》中荣安县“东有辽河”记载是可信的，这基于具体的史料考证，也在于史源的辨析。另有徐光冀《辽上京和祖陵是中国古代都城帝陵的重要组成部分》(载《东亚都城和帝陵考古与契丹辽文化国际学术研讨会论文集》，科学出版社 2016 年版)，刘凤翥《辽上京和辽中京之政治地位》(载《东亚都城和帝陵考古与契丹辽文化国际学术研讨会论文集》，科学出版社 2016 年版)，李政《辽都城上京兴建的背景和历史地位》(《学理论》2016 年第 2 期)，水碧纹、张韵、殷志媛《辽上京遗址城墙夯土成分及性能研究》[《内蒙古农业大学学报》(自然科学版) 2016 年第 2 期]，孙危、戎天佑《辽中京建立原因探析》(《史志学刊》2016 年第 2 期)。

关于山川方面的研究。葛华廷《辽宗室郡望漆水郡之“漆水”考》[《辽金史论集》(第十四辑)，中国社会科学出版社 2016 年版] 考述得知辽宗室郡望漆水是指木叶山之黑水，对于辽朝最高统治集团具有重要的现实意义，但其始于何年、具体位置则有待进一步确证。

关于交通方面的研究。田广林、陈晓菲《辽朝南京地区的海疆、海口与港口》[《辽宁师范大学学报》(社会科学版) 2016 年第 6 期] 认为，辽朝南京地区海疆的形成是伴随着辽朝对该地区的争夺而逐步形成的，这一地区有海河等几大入海口，而且在平州、卢台、军粮城等地均设有转运港口，这一系列海事活动构成辽朝南京政治、经济以及文化生活的重要组成部分。吴凤霞《辽金时期辽西傍海道地位提升的原因》[《辽金史论集》(第十四辑)，中国社会科学出版社 2016 年版] 从自然环境变迁、军事争衡、移民与行政管理三个方面，来阐释东北通往中原的辽西傍海道作用明显提升。吴树国《辽代鹰路起点考辨》(《北方文物》2016 年第 3 期) 指出辽代鹰路起点研究现状，阐释学界较为通行的辽代鹰路起点在黄龙府，并在指陈其不足基础上，提出自己的见解，认为辽代鹰路起点当在宁江州。武文君《辽代医巫闾地区交通路线》[《渤海大学学报》(哲学社会科学版) 2016 年第 4 期]，文中对辽代医巫闾地区交通路线进行梳理，且明确指出有四条：947 年晋出帝北迁所经过的一段路线、《武经总要》所记辽东京至中京的馆驿设置路线、契丹贵族谒陵路线以及辽代对外征伐与之相关的行军路线。其意在强调医巫闾地区交通路线在辽代已经形成。

关于考古方面的研究。新墓葬的不断发掘与整理，是对辽史研究史料的一大有效补充。汪盈、董新林《从考古新发现看辽祖陵龟趺山基址的形制与营造》(《考古》2016 年第 10 期)，龟趺山基址是辽祖陵陵区的重要组成部分，作者从基址形制布局和营造做法对其进行了重新揭露和必要解剖。辽宁省文物考古研究所《辽宁北镇市辽代帝陵 2012～2013 年考古调查与试掘》(《考古》2016 年第 10 期)，综合考察 2012～2013 年考古调查和试掘所获成果，可以推定辽宁北镇市二道沟和三道沟是辽代显陵和乾陵兆域所在。这是近年来辽代考古的重要新发现，将在很大程度上推进辽代帝陵研究，并为下一步的考古发掘和遗址保护工作奠定良好基础。毕德广、魏坚《契丹早期墓葬研究》(《考古学报》2016 年第 2 期) 一文认为，契丹早期墓葬是指大体分布在契丹活动范围内的，辽建国以前的契丹人墓葬以及部分辽初仍沿用早期墓葬的形制契丹墓，文章从考古发现与研究，陶器的类型学分析，墓葬分期与文化特征，契丹早期葬俗及其演变四个方面进行详细论述。这些墓葬与辽建国之后的契丹墓葬有所区别，更多地显示出契丹族的传统文化因素和游牧文化色彩。内蒙古自治区文物考古研究所、锡林郭勒盟文物保护管理站、多伦县文物局《内蒙古多伦县小王力沟辽代墓葬》(《考古》2016 年第 10 期) 介绍小王力沟辽代墓葬的发掘情况。M2 号墓是辽代考古中首次发现的贵妃墓葬，内容极为丰富，为研究辽代后族的家族关系等提供了非常珍贵的资料。M1 墓主人身份和年代不详，应是身份显赫的大贵族，很可能是 M2 墓主萧氏贵妃家族的重要成员。林栋《再论辽代墓葬的棺尸床》(《东北史地》2016 年第 2 期) 是继作者《试论契丹墓葬棺尸床》对棺尸床的再探讨，由于新资料的补充，前文将砖土床在契丹大型贵族墓葬中最早出现的时间延后至 10 世纪后期，并由此引申出了一些有偏差的结论，在该文中对此做一修正。彭媛《北京地区辽金时期火葬墓的考古发现与研究综述》(《文物春秋》2016 年第 6 期) 通过对北京地区辽金时期火葬墓材料的梳理发现，火葬墓的研究较多围绕辽金火葬墓的墓葬特征、社会经济文化以及宗教信仰。虽然学界关于火墓盛行原因的探讨，研究成果较多，但是相关研究对北京地域特征关注不够，针对北京地区所做的专门研究更少，尤其是针对金代火葬墓的研究不足。整个辽代区域火葬墓所做的综合研究较多，而对各区之间的对比性研究较少。张利芳《北京晏家堡村壁画墓年代探讨》(《中国国家博物馆馆刊》2016 年第 10 期) 从墓葬形制、墓志盖纹饰、壁画人物形象及出土铜钱四个方面出发，意在对该墓葬的年代再做探讨，进而认为该壁画墓应该是辽代晚期的墓葬。赵杰、谢芳《乌兰察布市卓资县忽洞坝辽代墓葬》(《草原文物》2016 年第 1

期），乌兰察布市卓资县忽洞坝墓葬报告曾在《乌兰察布文物》1982 年第 2 期（内部刊物）发表过，此文是依据原报告及遗物重新整理而成。相关文章还有：内蒙古自治区文物考古研究所、内蒙古自治区博物院《内蒙古林西县刘家大院辽代墓地发掘简报》（《考古》2016 年第 2 期），朝阳市文物考古研究所《辽宁朝阳马场村辽墓发掘简报》（《文物春秋》2016 年第 6 期），赤峰市博物馆、巴林左旗辽上京博物馆、巴林左旗文物管理所《内蒙古巴林左旗盘羊沟辽代墓葬》（《考古》2016 年第 3 期），郭添刚、崔嵩、王义《阜新腰衙门平顶山辽墓》[《辽宁工程技术大学学报》（社会科学版）2016 年第 3 期]。

关于墓志碑刻考释方面的研究。韩世明、都兴智《辽梁国太妃墓志相关问题考》（《黑龙江社会科学》2016 年第 5 期），通过对辽宁阜新蒙古族自治县辽代墓葬出土的《梁国太妃墓志铭》进行研究和考证，厘清了辽代重臣耶律仁先一支的世系由于传世文献和墓志资料记载不一致所引起的歧义，对梁国太妃父母、兄弟姐妹及其丈夫子女的情况做了辨析，并指出了墓志记载的不实之处。陈晓伟、刘宪祯《辽代〈姚企晖墓志铭〉与蒙元姚枢、姚燧家族》[《中央民族大学学报》（哲学社会科学版）2016 年第 5 期]，将新见石刻资料乾统四年《姚企晖墓志铭》与《姚枢神道碑》、天庆七年《姚璹墓志铭》及相关辽金元历史文献相互印证，得出后周姚汉英到蒙元时期姚枢、姚燧的整个姚氏家族谱系，考证相关人物履历，梳理了一个汉人世家在北族王朝政治社会中的发展脉络。陈晓伟《〈东相王村董家庄双堠碑〉考释》[《辽宁工程技术大学学报》（社会科学版）2016 年第 4 期]围绕两个问题展开，一是“双堠碑”的创建年代，二是碑刻中“本州”的指称对象。经研究得知创制年代为贞元元年（1153）三月海陵王迁都燕京以后。而“本州”，就是河东北路的石州。李俊义、张梦雪《〈辽萧德顺墓志铭〉考释》（《中国国家博物馆馆刊》2016 年第 1 期）认为，《辽萧德顺墓志铭》内容丰富，为深入研究辽初鲁得部萧氏家族世系以及相应的部族、职官、地名、避讳、碑别字等，提供了弥足珍贵的新资料，对《辽史》多有补正。孙勐《北京密云大唐庄出土辽代墓志考释》（《中国国家博物馆馆刊》2016 年第 2 期），通过对墓主人生平概述，墓主人清宁五年科举中第、墓志中所记历史事件与人物，相关行政区划与地理的分析，对于我们了解当时的官制、人物、事件、地理等大有裨益。孙勐、胡传耸《北京出土辽代李熙墓志考释》（《北方文物》2016 年第 1 期）不仅考释了墓主人的生平和仕宦履历，更为珍贵的是还较为系统地分析了辽朝前期的职官设置情况。该文对辽朝前期枢密院、钱帛司的设置、燕京命名的时间等具体问题进行了探讨。齐香钧《辽代〈陈□妻曹氏墓志〉所见汉名“弘孝”驳议》（《北方文物》2016 年第 1 期）认为，“逆竖弘孝”与耶律乙辛无关，而是指参与重元之乱的涅鲁古。

关于佛经、经幢方面的研究。朱满良《辽代经幢的类型、内容及其对人生的终极关怀》（《西夏研究》2016 年第 4 期）认为，辽代经幢的主要类型为普通经幢、墓幢（是辽代经幢中最为重要的一类）、记事经幢、灯幢与香幢。所镌刻的文字主要是佛经经文、造幢记、造幢者的题名等内容，辽代部分经幢还刻有梵文。《佛顶尊胜陀罗尼经》能够迅速吸引信众并受教徒推崇，与《陀罗尼经》的内容兼济亡者与生灵，特别是具有“破地狱”功能有很大关系。

八 文献史料与研究综述

2016 年度文献史料研究只有 2 篇。戴磊《论冯家昇的〈辽史〉校勘》（《史学史研究》2016 年第 4 期）指出，冯家昇校订了《辽史》在文字、史实和编排等方面存在的错误，其校勘呈现出讲求方法、注重考史、强调史源、客观存疑、善于总结等特点，肯定冯家昇先生在《辽史》校勘史上不可或缺的作用。吴飞《〈辽史·兵卫志〉“属珊军”条辨析》（《读天下》2016 年第 21 期）。

2016 年《中国辽夏金研究年鉴 2014》出版。该年鉴中囊括研究综述专题，2016 年度大部分研究综述均出自该年鉴。辽代研究综述 2 篇，分别为杨军、陈俊达《2014 年辽史研究综述》，曹文瀚《21 世纪以来台湾辽金史研究概况》。专题性研究综述 4 篇，涉及 2000 年以来辽金考古发现、近八十年来契丹大字研究、辽朝“因俗而治”研究、波士顿美术博物馆辽朝银冠研究。除此之外，孙国军《契丹历史研究的现状与未来》[《赤峰学院学报》（汉文哲学社会科学版）2016 年第 2 期]，李玉君、谢环环《辽代司法机构研究综述》[《吉林师范大学学报》（人文社会科学版）2016 年第 3 期]，王凯《关山初度路犹长——20 世纪以降辽朝礼制研究综述》（《黑龙江民族丛刊》2016 年第 6 期），白刚《2013 年辽史研究综述》（《西部学刊》2016 年第 5 期），李华瑞《2014 年辽宋西夏金元经济史研究综述》（《中国史研究动态》2016 年第 1 期），周峰《2015 年辽金西夏史研究综述》（《中国史研究动态》2016 年第 6 期），林娜《辽金时期廉政建设研究综述》（《学问》2016 年第 3 期），王永、张晓东《辽金文学研究前沿成果综述（2010—2015 年）》[《江苏大学学报》（社会科学版）2016 年第 3 期]，王善军《辽宋西夏金元日常生活史研究概述》[《中国社会历史评论》（第 17 卷下），天津古籍出版社 2016 年版]，单颖文《徐文堪谈契丹语文的全球研究》（《文汇报》2016 年 8 月 26 日第 T15 版），王天姿、王禹浪《辽金元时期壁画研究综述概要》（《满族研究》2016 年第 1 期）。

有关书评、序、出版等相关内容方面。甘净《〈凌源小喇嘛沟辽墓〉简介》（《考古》2016 年第 7 期），孙昊《〈辽代女真族群与社会研究〉后记》（载《中国辽夏金研究年鉴 2014》，中国社会科学出版社 2016 年版），刚巴图《肖爱民〈辽朝政治中心研究〉评介》（载《中国辽夏金研究年鉴 2014》，中国社会科学出版社 2016 年版），张少珊《五十余年写一书，甘苦欣慰谁人知——刘凤翥与〈契丹文字研究类编〉的半世缘》（载《中国辽夏金研究年鉴 2014》，中国社会科学出版社 2016 年版），高福顺《辨证与求实：〈辽金黄龙府丛考〉评介》（载《中国辽夏金研究年鉴2014》，中国社会科学出版社2016年版），张博《“忠贞”视域下的10世纪中国——〈忠贞不贰？辽代的越境之举〉译介》（载《中国辽夏金研究年鉴2014》，中国社会科学出版社2016年版），杨军《〈辽代女真族群与社会研究〉序》（载《中国辽夏金研究年鉴2014》，中国社会科学出版社2016年版），郭玉春《寻契丹探绝学——评刘凤翥及其〈契丹寻踪——我的拓碑之路〉》（《博览群书》2016年第10期）。

综上而言，2016年度辽史研究并不涉及辽代方方面面，各领域成果均不多且较为分散，形成各自为战的态势。政治史作为传统研究重点并不十分突出，经济史一直属于辽史研究的薄弱课题，其中赋役、贸易商业手工业、救灾等竟无一成果。社会史、考古文物成果最为丰富，但相较于对其热衷的程度，社会史研究的成果与之并不相称，考古方面包括碑刻墓志则涌现一系列质量上乘之作。可喜的是，辽史研究不断有新鲜年轻力量注入，许多文章出自硕士论文，但研究课题的选取存在跟风问题，蹭热度现象严重。研究水平欠缺，研究深入程度有待提高，高质量文章并不多见。

2016年西夏学研究回顾与展望*

何伟凤**

近年来，随着各种西夏文献的陆续公布和西夏文字解读的日趋成熟，西夏学研究进入黄金时期。据不完全统计，2016年关于西夏学方面，立项国家社科基金年度项目9项，出版研究著作28部，发表学术论文280篇。内容主要包括社会历史、法律与制度、西夏文献、语言文字、民族与民族关系、文物考古、西夏遗民、黑水城汉文文献、硕博学位论文和书评综述十个方面。其中，社会制度、民族关系、文献与文物考古研究领域成果斐然。同时，各类专题研究的范围和深度有待继续拓展和深入。

一　国家社科基金项目

国家社科基金作为我国在哲学社会科学领域支持基础研究的主要渠道，自1991年设立以来，学科设置和项目设置不断拓展，其项目导向性、权威性和示范性作用越来越明显。在国家社科基金对青年社科研究工作者和边远、民族地区社会科学研究注重扶植的背景下，多年来广大西夏学研究者承担并完成了一批重要国家社科项目，出版了不少重点项目研究成果著作，体现了该研究领域的前沿水平。2016年度立项有关西夏研究的国家社科基金项目9项，其中重大项目2项，分别是梁松涛“出土西夏文涉医文献整理研究”和沙武田“敦煌西夏石窟研究”；青年项目3项，包括张笑峰“西夏驿传制度研究”、王荣飞“宏佛塔天宫装西夏文木雕版的整理与研究”和郑炜“宋辽夏金民族思想中的‘中国观’研究”；西部项目3项，安娅“西夏文《五部经》研究”、喻学忠“辽宋夏金元时期中国文化的认同与变异研究”及周国琴“辽夏金元对西部边疆的治理与国家安全研究”；一般项目1项，孙伯君“西夏文《大宝积经》整理研究集成”。从数量上看为历年之最，项目类型上一年获批两项重大项目，也是前所未有。项目研究的课题涉及西夏医药文献、石窟壁画、佛教文献、驿传交通，以及从中华民族多元一体理论出发探讨宋辽夏金时期少数民族政权的中国文化认

* 基金项目：本文受宁夏高等学校一流学科建设民族学学科资助（项目编号：NXYLXK2017A02），为宁夏大学西夏学研究院研究生创新项目阶段性成果。

** 何伟凤，女，江西新余人，宁夏大学西夏学研究院在读硕士研究生，主要研究方向为西夏历史与文献。

同与思想中的“中国观”等问题。不管是从文献与文物资料的整理研究，还是对西夏制度、精神文化等深层次问题的研究，课题成果都将对西夏学发展起到重要的促进作用。

二　著作

2016 年度学术界出版西夏学著作多达 28 部，其中既有大型的文献集成类著作，也有专题研究性著作，也不乏经典的西夏文化通俗读物。

20 世纪以来，俄、日、英、法各国所藏黑水城出土文献陆续公布，为学者深入的探索提供了机会和可能，学界对黑水城文献的关注程度几与敦煌文献相等。2016 年由俄罗斯科学院东方文献研究所、中国社会科学院民族学与人类学研究所以及上海古籍出版社联合出版的《俄藏黑水城文献 25：西夏文佛教部分》（上海古籍出版社 2016 年版）刊布了俄藏黑水城出土的西夏文佛教文献，主要包括《佛说佛母出生三法藏般若波罗蜜多经》等。对中国藏黑水城汉文文献的整理，相对于俄藏、英藏黑水城文献而言处于滞后状态，所以，对其的整理及研究成果的出版是非常必要的。杜建录《中国藏黑水城汉文文献整理研究》（人民出版社 2016 年版）系统整理中国藏黑水城汉文文献分布、种类、内容、质地、版本、出土地点、收藏单位等情况，进一步从整体上认识中国藏黑水城汉文文献的历史文献价值与版本价值，该成果入选 2015 年度国家哲学社会科学文库。杜建录主编的大型文献整理著作《中国藏黑水城汉文文献释录》（14 册）（中华书局 2016 年版），首次以彩色写真的形式刊布了中国藏黑水城汉文文献，同时着力于对文献校勘释录，是目前黑水城文献整理研究的标志性成果。孙继民等《中国藏黑水城汉文文献的整理与研究》（上中下）（中国社会科学出版社 2016 年版）也对《中国藏黑水城汉文文献》作了系统整理。

在对文献作系统整理的同时，还有各专题的研究著作。陈育宁、汤晓芳等《西夏建筑研究》（社会科学文献出版社 2016 年版）结合文献与历史遗址，对西夏建筑的时代和地域特性及其演变规律作了探究。黎大祥等《武威地区西夏遗址调查与研究》（社会科学文献出版社 2016 年版）则对武威市及其周边的西夏文化遗址进行了一次全面而系统的梳理与普查。李进兴《西夏瓷》（宁夏人民教育出版社 2016 年版）重点介绍了西夏瓷器的发现、西夏瓷窑遗址、西夏瓷器制作技术、西夏瓷器典型器型以及特点。李锡厚、白滨《辽金西夏史》（上海人民出版社 2016 年版）通过对出土文献的整理，系统论述辽、金、西夏王朝诸方面的发展。聂鸿音《西夏佛经序跋译注》（上海古籍出版社 2016 年版）利用出土的西夏佛教文献，对西夏文、汉文佛经中的序跋进行了汇集整理和译注，便于学术界对西夏佛经序跋进行专题性研究。韩小忙《西夏文的造字模式》（中国社会科学出版社 2016 年版）借鉴汉字的六书理论，提出“会意、形声、转注、反切”4 种主要西夏文造字方法，同时提出“藏式”西夏文造字模式的全新观点。潘洁《天盛律令农业门整理研究》（上海古籍出版社 2016 年版）对《俄藏黑水城文献》卷十五作了进一步校勘考释和相关问题的研究。任长幸《西夏盐业史论》（中国经济出版社 2016 年版）阐述西夏盐政的发展历史，分析食盐贸易在夏、宋、辽（金）关系中所发挥的重要作用。于熠《西夏法制的多元文化属性：地理和民族特性影响初探》（中国政法大学出版社 2016 年版）探讨西夏法制所独有的地理和民族特性。姜歆《西夏司法制度》（江苏古籍出版社 2016 年版）对西夏司法制度各方面内容及唐宋司法制度对西夏的影响等层面作了系统研究。

2016 年，西夏学界的几位前辈对自己多年从事西夏学研究的历程进行了阶段性总结，出版了几部较为经典的论文集。主要有史金波《瘠土耕耘——史金波论文选集》（中国社会科学出版社 2016 年版）汇集其近 10 年撰写的文章，包括译释、研究西夏文草书文献的论文，其中研究的创新成果与理论方法可供研究者参考。杜建录《西夏史论集》（上海古籍出版社 2016 年版）在总结前期成果的基础上，对唐宋时期的西夏历史作全面系统研究，基本还原了西夏历史生活的主要面貌。李华瑞《宋夏史探研集》（科学出版社 2016 年版），围绕宋夏历史，收录了近三年以来的最新研究成果。

此外，杜建录主编的以《神秘西夏》和《正说西夏系列》（《还原西夏》《解密西夏》《话说西夏》《西夏文明》，宁夏人民出版社 2016 年版）为代表的一批有关西夏历史的普及性著作，各有侧重，互为姊妹，以“正说”为定位，为读者奉献了一个真实而鲜活的西夏，既通俗易懂，又不失历史真实。这也是目前最科学、最有影响力的西夏历史文化普及类通俗读物。

三　论文

（一）西夏社会历史

西夏立国，疆域囊括夏、银、绥、宥、静、灵、会、胜、甘、凉、瓜、沙、肃数州之地，形成农牧并重的社会经济形态和以党项传统为基础的多元历史文化与宗教信仰。史金波《西夏时期的张掖》（《西夏学》2016 年第 2 期）论述甘州在经济、文化、宗教方面的特色以及其对西夏做出了重要贡献。陈育宁《地斤泽在何处?》（《西夏学》2016 年第 2 期）经过多次实地考察，考定地斤泽即内蒙古自治区乌审旗政府向北 70 千米处的胡同查干淖尔。郝振宇、许美惠《西夏疆域三分：治国理路与佛寺地理的交互视角考量》（《宁夏大学学报》2016 年第 3 期）以西夏佛寺地理分布特点为基础，将西夏疆域重新划为兴庆府——甘凉中心地区，瓜、沙中心地区和黑水城中心地区三区。孔祥辉《西夏时期的甘州马场》（《宁夏大学学报》2016 年第 4 期）研究西夏时期甘州马场的经营管理。张多勇《西夏绥州石州监军司治所与防御系统考察研究》(《西夏研究》2016 年第 3 期)通过野外考察，指出石州监军司的治所应是横山县波罗镇东古城遗址，古城地处无定河中游。沈一民、朱桂凤《中国古代地图中的西夏》(《西夏学》2016 年第 2 期)考证从辽、宋、金至元再到明清各朝代地图中的西夏信息，反映出中原王朝对西夏的关注程度日趋削减。史金波《黑水城出土西夏文雇工契研究》(《中国经济史研究》2016 年第 4 期)肯定该契约作为 11—13 世纪唯一的一件雇工契的研究价值，对其作了译释，并对其反映的西夏雇工情况和契约形式作初步研究。潘洁《西夏官粮窖藏》(《西夏学》2016 年第 2 期)分析西夏大型官粮仓储的特点和修建使用过程。陈玮《西夏佛王传统研究》(《中央民族大学学报》2016 年第 4 期)利用文献和文物相互印证西夏统治者有称“佛王”的历史传统。陈玮的另一篇《西夏龙信仰研究》(《西夏学》2016 年第 2 期)则论述了从西夏皇室到民间存在的龙信仰传统与内涵。杨翰卿《儒学在西夏党项羌族文化中的地位、特征和局限》(《西南民族大学学报》2016 年第 1 期)认为西夏党项羌族政权密切融合番汉文化，是我国历史上党项羌少数民族的文化代表，但儒学水平及精神不及中原。魏文《滂汀巴昆仲与上乐教法在藏地和西夏的早期弘传》(《中国藏学》2016 年第 2 期)通过藏文文献材料揭示出后弘期初期尼泊尔著名的上乐教法传承上师滂汀巴昆仲曾在甘青藏夏交界地带活动的历史，进一步讨论了其本身在早期印藏上乐传承体系中的核心地位及其与同时期西夏上乐教法初传的密切关系。任怀晟《西夏灶神像探疑》(《西夏学》2016 年第 2 期)从服饰等六方面判定俄藏黑水城图像 X－2467 主尊不是灶神，推测其或许为家祭祖先像。

（二）法律与制度研究

通过史料记载和文献证明，西夏拥有比较完备的司法体系，其中《天盛律令》是研究西夏政治、经济、军事、司法以及宗教等制度的重要文物典籍。梁松涛、李灵均《西夏晚期库局分磨勘、迁转及恩荫禁约制度》(《宁夏社会科学》2016 年第 5 期)讨论西夏晚期局库分磨勘、迁转及恩荫禁约制度。梁松涛、田晓霈《西夏“权官”问题初探》(《敦煌学辑刊》2016 年第 4 期)讨论西夏时期的权官主要有“权正”“权正统”“权小监”“权检校”“权都案”“权案头”“权正首领”“权首领”八种，且以武官体系为多，选派要遵守严格的资序。陈瑞青《西夏“统军官”研究》(《宁夏社会科学》2016 年第 1 期)分析西夏统兵官分为常设和战时两个系统，也对汉和回鹘等民族中有才能的将领加以擢任。骆详译、李天石《从〈天盛律令〉看西夏转运司与地方财政制——兼与宋代地方财政制度比较》(《中国经济史研究》2016 年第 3 期)发现西夏转运司兼有地方财政管理和审核权，在继承宋制的基础上作了一定改变。于光建《西夏典当借贷中的中间人职责述论》(《宁夏社会科学》2016 年第 4 期)论述了在西夏典当、借贷、买卖等经济活动中必须有第三方中间人和其担负相应的责任。潘洁《西夏税户家主考》(《宁夏社会科学》2016 年第 2 期)诠释了西夏税户家主的身份职责和不稳定性。许生根《英藏〈天盛律令〉残卷西夏制船条款考》(《宁夏社会科学》2016年第2期)在《英藏黑水城文献》中新发现俄藏《天盛律令》遗失的“造船及运行牢固等赏”条例，其对研究西夏工匠法、制船业具有重要的意义。许鹏《俄藏 Инв. № 8084 ё 和 8084 Ж 号〈天盛律令〉残片考释》(《宁夏社会科学》2016年第6期)对俄藏未刊 Инв. № 8084 ё 和 8084 Ж 号两则《天盛律令》残片作了考释与缀合，可以补充第四卷“敌军寇门”佚缺的三则律条。刘晔等《西夏档案保管制度再探索》(《档案学通讯》2016年第2期)探究西夏档案保管制度主要包括分类保管制度和从中央到地方完善的职能机构设置，分析具有合理性和实用性。戴羽《西夏换刑制度考述》(《西夏学》2016年第2期)论述西夏换刑制度种类主要有官当、罚金以及笞杖置换三种，借鉴了唐宋律的官当与赎刑制度，又表现出自己的特点。姜歆《论唐宋司法制度对西夏司法制度的影响》(《西夏研究》2016年第2期)认为西夏司法吸收了大部分唐宋司法制度内容，并融会其于自身司法体系当中。

（三）西夏文献研究

西夏学的开展，立足于西夏文献的研读，目前主要研究趋向包括对文献的释读、定名、缀合、源流及版本探究。史金波《凉州会盟与西夏藏传佛教——兼释新见西夏文〈大白伞盖陀罗尼经〉发愿文残叶》(《中国藏学》2016年第2期)通过对新发现的阔端时期的西夏文《大白伞盖陀罗尼经》发愿文残叶的研究，厘清西夏《大白伞盖陀罗尼经》由帝师菩提智得到梵文本或藏文本，李姓寂真国师译为西夏文本，在西夏灭亡后此经在凉州地区再刊印与流传的过程，并对之后的“凉州会盟”产生重要影响。索罗宁《〈金刚般若经颂科次纂要义解略记〉序及西夏汉藏佛教的一面》(《中国藏学》2016年第2期)对黑水城出土西夏文《金刚般若经颂科次纂要义解略记》的序文作了翻译，并指出其内容反映了西夏佛教曾经存在“佛教圆融”趋势。孙伯君《从两种西夏文卦书看河西地区“大唐三藏”形象的神化和占卜与佛教的交融》(《民族研究》2016年第4期)首次公布了俄藏黑水城出土西夏文《大唐三藏卦本》和《观世音菩萨造念诵卦本》的录文和汉译文，证明西夏境内民间占卜术与佛教信仰相互交融的现象。李若愚《〈喜金刚现证如意宝〉：元帝师八思巴著作的西夏译本》(《宁夏社会科学》2016年第5期)考定该佛经译自八思巴罗古罗斯监藏的藏文原著，还发现一批藏式佛教术语和一个新的西夏合体俗字。汤君《〈增壹阿含经〉的西夏摘译本》(《宁夏社会科学》2016年第2期)指出俄藏的 Инв. №3966 号西夏写本中有一部分内容是《增壹阿含经》的摘译，也是首见西夏时期的佛经摘抄本，可见当时民间摘译佛经有选择的删略风格。安娅《从西夏文〈守护大千国土经〉看西夏人译藏传佛经》(《宁夏社会科学》2016年第4期)指出西夏人译藏传佛经存在意译藏文、意译与音译藏文结合、音译梵文、音译藏文四种情况，并对其中出现的规律性错误进行了总结和分析。段玉泉《西夏文〈白伞盖佛母总持发愿文〉考释》（《宁夏社会科学》2016年第2期）肯定其作为由僧人舍财雕印的佛经具有特殊的史料价值，对其作了全面释录及汉注。景永时《西夏文〈同音〉版本问题综考》（《宁夏社会科学》2016年第5期）梳理《同音》出土以来已公布和未公布的文献资料和学界研究状况，并考证版本。赵阳《西夏佛教文学作品的特点与价值》（《甘肃社会科学》2016年第1期）研究了西夏佛教文学文献中记、颂、诗、语录等多种文学体裁，指出其在文化交流、版本流传、宗教史以及语言文字等方面的价值应该得到关注。《俄藏与中国藏两种西夏文曲辞〈五更转〉之探讨》（《民族文学研究》2016年第6期）探讨了俄罗斯与中国甘肃武威分藏的两组西夏文曲辞《五更转》的起源及内容风格演变。赵天英《甘肃新见瓜州县博物馆藏西夏藏文药方考》（《中国藏学》2016年第2期）考证该馆所藏三件藏文医药文献属于西夏时期，药方具有藏医药特色。段玉泉《出土西夏文献编目回顾及相关问题讨论》（《图书馆理论与实践》2016年第4期）通过回顾西夏文献自出土百多年来学术界对其进行编目所做的努力和取得的成果，指出编目过程存在的一些可以完善的问题。

（四）西夏语言文字研究

西夏语言文字作为解读文献的基础，也是学界最早涉足的研究领域之一，对西夏文字识读和词汇分类解析渐趋成熟，有关组词造字、语法和音韵方面的研究开始逐渐深入。孙伯君《12世纪河西方音中的党项式汉语成分》（《中国语文》2016年第1期）指出12世纪河西方音是“党项式汉语”，属于汉语西北方音的民族变体，不属于汉语演化。聂鸿音《党项诗歌的形式及其起源》（《西夏研究》2016年第4期）认为西夏基于民间格言的文学创作传统，受到汉文诗歌影响。王培培《夏译汉籍中的汉夏对音字研究》（《宁夏社会科学》2016年第1期）汇集来自夏译汉文典籍中的对音字，发现西夏声母本无舌上音一类，同一个西夏字可以用不同声调的汉字进行对音，频繁用于对音汉字的西夏字恰好位于索夫罗诺夫所说的大循环韵中。麻晓芳《“擦擦”的西夏译法小考》（《宁夏社会科学》2016年第5期）通过考证“擦擦”的译法源流，印证12世纪汉语河西方音中浊音从母字变为送气清音与入声韵尾失落等语音规律。梁松涛《浅析西夏文〈宫廷诗集〉对修辞的运用》（《西夏学》2016年第1期）分析《宫廷诗集》善于用典，工于比兴、对仗、比喻、拟人、夸张、借代、对比、反问、反复、顶真等修辞手法，形成了清新隽永的语言风格。贾常业《〈音同〉中的异体字与讹体字》（《西夏研究》2016年第1期）归纳了《俄藏黑水城文献》第7册刊布的甲、乙、丁三种版本《音同》异讹字共345个。孙伯君《西夏语“𗧓·ja”的用法及与之相关的惯用型》（《宁夏社会科学》2016年第1期）重新梳理了西夏语“𗧓·ja”在文献中的用法和与之相关的几种惯用型。段玉泉和彭向前也对特定的几个西夏文副词与连词的用法作了考察研究。唐均《西夏语的施受格问题》

（《西夏学》2016 年第 1 期）考察西夏语中存在的施受格句法类型和以显性标记的施事和受事共现特点。朱旭东《西夏语和缅甸语天气方面的词语比较》（《西夏学》2016 年第 1 期）比较了西夏语和缅甸语天气方面词语的同源词和非同源词。胡进杉《西夏文楷书书法略论》（《西夏学》2016 年第 1 期）肯定了西夏书法的艺术价值和作为书法创作素材的流行。

（五）民族与民族关系

西夏本身是由党项族建立的多民族的政权，同时，又与周边的宋、辽、金、吐蕃、回鹘等政权共同构成当时和平与对峙的政治局面。因此，研究西夏历史文化，离不开对西夏境内的各民族以及与周边政权关系的研究。佟建荣《汉文史料中的西夏番姓考辨》（《中央民族大学学报》2016 年第 4 期）甄别了一批长期隐埋在汉文典籍中的姓氏，对西夏姓氏与其他名词术语的研究有重要价值。李昌宪《浅攻进筑：范仲淹在北宋对西夏作战中的战略思想》（《河南大学学报》2016 年第 4 期）论述范仲淹在宋夏战争中对浅攻进筑战略战术的实践及影响。李华瑞《北宋东西陆路交通之经营》（《求索》2016 年第 2 期）指出北宋被动性经营东西陆路交通作为防御经略辽朝和西夏战略一环的两个阶段及其特点，并形成以海上丝路为主、陆路为辅的新格局。刘永刚《宋哲宗亲政后对西北蕃官换授汉官差遣的调整》（《西夏学》2016 年第 1 期）认为哲宗亲政后宋廷调整，蕃官可换授汉官序列差遣，南宋汉姓蕃官不分蕃汉，有利于民族融合。刘翠萍《隋唐民族政策与北宋“积弱”局面的形成——以陕北党项为中心》（《西夏研究》2016 年第 2 期）认为隋唐实施开明的民族政策，党项族大量内迁进入陕北，对北宋时局造成不利影响。方天建《辽夏和亲中的地缘安全因素考察》（《民族学刊》2016 年第 6 期）认为辽夏和亲是古代中国区际下，地缘政治与人缘政治有机结合的典型代表。周峰《金诗中的金夏关系》（《西夏学》2016 年第 2 期）从金诗记载，考察其中间接描绘的金夏关系。郑玲《河西回鹘与西夏关系研究综述》（《西夏研究》2016 年第 2 期）分别对河西回鹘与西夏之间的战和关系、贸易往来和文化交流等方面的研究成果作了系统梳理。

（六）文物考古

文物考古是获得地下材料的必要手段，随着对西夏王陵、遗址、塔寺、石窟进行考古研究的关注与重视，有关对出土的碑铭、钱币、瓷器、金银器、塑像等文物进行鉴赏研究的新近成果不断。郑炳林、朱晓峰《壁画音乐图像与社会文化变迁——榆林窟和东千佛洞壁画上的拉弦乐器再研究》（《甘肃社会科学》2016 年第 1 期）考察研究 5 件拉弦乐器图像所在壁画的时代和风格，反映西夏时期敦煌石窟的营建史以及壁画所蕴含的历史意义。贾维维《榆林窟第 3 窟不空羂索五尊组像研究》（《中国藏学》2016 年第 2 期）考证西夏不空羂索五尊组像是迄今所见依据巴哩译师一系成就法绘制的最早图像遗存，体现了西夏画师对新题材的敏感认知，以及西夏佛教艺术的强大包容力。彭向前、侯爱梅《〈凉州重修护国寺感通塔碑〉西夏文碑铭互文见义修辞法举隅》（《宁夏社会科学》2016 年第 6 期）通过考证西夏文碑铭在写作上与汉文碑铭一样采用了互文修辞法，完善碑铭翻译，也具有借鉴和启发意义。朱浒《西夏文银牌“内宿首领”考释》（《宁夏社会科学》2016 年第 3 期）初步断定 2013 年宁夏同心县发现的半块西夏文“内宿首领”金属牌属于西夏铲形宿卫牌，有重要的研究价值。任怀晟、魏雅丽《西夏武职服饰再议》（《北方文物》2016 年第 2 期）重新考证了武职冠服形制、比丘像中男供养人和内蒙古乌海黑龙贵地区出土拄剑盔甲武士身份以及西夏尖耳黑帽搭配。吴珩、杨浣《西夏“踏歌舞”源流考》（《民族艺林》2016 年第 3 期）探究西夏“踏歌舞”来源于新石器时代青海地区和贺兰山岩画舞蹈，到五代时期盛行，发展至今天的党项故地所跳“锅庄舞”与“洒朗舞”。马立群、李进兴《西夏瓷器胎釉原料与窑温关系探析》（《西夏学》2016 年第 2 期）分析西夏瓷以白色釉和黑青釉为主，胎土为西夏境内的瓷土，釉色、胎色主要与烧窑的温度有关。程丽君、赵天英《西夏金银器研究》（《西夏研究》2016 年第 4 期）分析了西夏金银器的类型、功用和独特的风格。高建国《神木县北宋徐德墓志铭补释》（《北方文物》2016 年第 4 期）考证陕西神木县曾出土《宋故秉义郎徐府君墓志铭》的墓主人的政治活动，反映了麟州的文风、宗教等问题。汤晓芳《阿拉善的西夏建筑遗址》（《西夏学》2016 年第 2 期）对第三次文物普查中阿拉善盟文物部门新发现的各类建筑遗存作了分类与分布研究。何晓燕《西夏陵区北端建筑遗址出土文物研究》（《西夏学》2016 年第 2 期）针对西夏陵区北端建筑遗址历次清理发掘出土的文物进行归类整理介绍。甄自明《鄂尔多斯地区的西夏窖藏》（《西夏学》2016 年第 2 期）分析西夏窖藏在这一地区分布特点和出土遗物的特色。赵生泉《俄藏武威西夏文灵骨匣题记解诂》（《宁夏社会科学》2016 年第 6 期）解读武威西郊出土的灵骨匣上 4 行西夏文题记，反映道教和佛教对武威乃至河西丧葬仪俗的影响。但是，该文有一处明显的错误就是在标题中将甘肃武威出土的西夏文灵骨匣误作俄藏。王艳云《西夏刻本中小装饰的类别及流变》（《西夏学》2016 年第 2 期）厘清西夏刻本文献小装饰之间的组合、构成及流变等关系。魏亚丽《西夏贵族妇女冠式研究》（《西夏学》2016 年第 2 期）研究了代表不同身份的西夏贵族妇女冠式样式和风格。

（七）西夏遗民研究

西夏遗民问题是西夏学研究的重要方面，关乎党项民族去了哪里，也对确认西夏文化是中华民族多元一体文化重要组成部分有重要意义。2016 年学界依据出土碑刻和实地调查，对西夏遗民分布、家族考证和文献整理等问题有了新进展。例如，邓文韬《元代西夏遗裔三旦八事迹考》（《宁夏社会科学》2016 年第 4 期）考证了西夏遗僧三旦八的事迹与政治影响。此外，邓文韬《金代与南宋府州折氏后裔汇考》（《西夏学》2016 年第 1 期）一文还考证了北宋灭亡后，府州党项折氏后裔分南北两支的流变。朱建路《元代唐兀人李爱鲁墓志释补》（《宁夏社会科学》2016 年第 1 期）从墓志撰写的角度分析唐兀昔李氏家族受理学影响之深的汉化新动向。张琰玲《昔李钤部家族研究述论》（《西夏研究》2016 年第 4 期）依据多种资料系统梳理了昔李钤部家族文献、研究动态，整理出《昔李钤部家族人物表》。吴玉梅等《略论元代河北境内的色目人》（《西夏研究》2016 年第 1 期）论述元代河北地区大量来自西域的色目人演变融合的历史，其中就包括了西夏遗民。刘志月、邓文韬《元代西夏遗民著述篇目考》（《西夏研究》2016 年第 2 期）收集整理出了 25 位元代唐兀人留下的文学作品，其中一部分甚至流传至今，是西夏遗裔留下的宝贵文化资源。

（八）黑水城汉文文献研究

黑水城文书是 20 世纪继甲骨文、汉晋简牍、敦煌文书以后的又一次重大出土文献发现，对于我国西夏、宋、元时期历史研究有着重要影响。20 世纪末中国和俄国等地所藏黑水城汉文文献陆续出版，这批文献的显著特点就是除了部分宗教文献，更包含大量社会文书，引起学界对黑水城汉文文献研究的重视。崔红芬《从〈父母恩重经〉看儒释融合——兼及敦煌、黑水城残本的比较》（《西夏学》2016 年第 1 期）确定黑水城版本来源于唐朝以来流行的《父母恩重经》的删减本，内容体现佛教中国化。陈瑞青《从黑水城文献看西夏榷场税率》（《西夏学》2016 年第 1 期）提出西夏榷场税率大致维持在 3%—5%，实行浮动税率，同时创造性地实行川绢、河北绢双系数税收登记体制。孔德翊、张红英《黑水城文书所见元代亦集乃路居民活动空间》（《宁夏社会科学》2016 年第 5 期）以黑水城文书考证元代亦集乃路居民农业生产、商业和宗教活动空间。杜立晖《黑水城文献所见元代付身考——兼论宋元付身制度的承袭与变化》（《内蒙古社会科学》2016 年第 2 期）考证元代付身制度的内容与沿袭。秦桦林《黑水城出土宋刻〈初学记〉残页版本考——兼论宋元时期江南至塞外的“书籍之路”》（《浙江大学学报》2016 年第 2 期）考证了黑水城出土《初学记》的版本，证明宋元时期形成由江南通往塞外的西北线“书籍之路”在西域华化的进程中发挥过重要的历史作用。陈柳晶、陈广恩《黑水城文书中的别（柏）奇帖木儿大王》（《西域研究》2016 年第 3 期）考证黑水城出土汉文文书中提到的“别奇帖木儿大王”和“柏奇帖木儿大王”同为必立杰帖木儿大王一人。崔玉谦、崔玉静《黑水城出土〈佛说竺兰陀心文经〉题记相关问题考释——以人物生平与疑伪经出版传播为中心》（《宋史研究论丛》2016 年第 2 期）考证其为一部宋代疑伪经，有特殊的刊印与传播过程。赵生泉《〈宋西北边境军政文书〉印记考释三则》（《西夏学》2016 年第 1 期）对《宋西北边境军政文书》中的百枚印记作了整理分类，并对以前的讹误作了纠正。倪彬《读〈中国藏黑水城汉文文献〉中所收柬帖文书札记》（《西夏学》2016 年第 1 期）考察《中国藏黑水城汉文文献》中八件柬帖文书的格式，其部分继承唐宋书仪并具时代特色，反映了当地社交礼仪。

（九）硕博学位论文

青年学生人才是推动绝学成为国际显学的生力军，以宁夏大学西夏学研究院为代表的各院校，培养了一批西夏学研究的青年学者。2016 年青年学者的硕博论文对西夏制度、经济、民族关系、文献、文物与宗教文化等重要问题都作了深入探讨和研究。魏淑霞《西夏职官制度若干问题研究》（博士学位论文，宁夏大学，2016 年）分专题研究了西夏职官制度与周边政权的关系、运行中各利益群体的协调以及西夏法律政令文本与实际执行之间的关系。高仁《西夏畜牧业研究》（博士学位论文，宁夏大学，2016 年）在考察西夏畜牧经济的生产方式、生产关系、生产制度及三者内在关系的基础上，讨论西夏畜牧业发展的区域特点。李玉峰《西夏农具考释》（硕士学位论文，宁夏大学，2016 年）探讨西夏的农具分为垦耕农具、播种农具、中耕农具、收割农具、谷物加工工具的类别与形制，得出当时西北地区的农业是经过耕垦、播种、锄草、收割、打碾等一系列程序的细作农业的结论。马洋《西夏文物上的牡丹纹与莲花纹研究》（硕士学位论文，兰州大学，2016 年）考察目前所见的西夏文物上的牡丹纹、莲花纹分为三个时期的演变发展过程，总结出西夏时期牡丹纹和莲花纹的风格特征。赵坤《纳甲筮法源流考——兼论黑水城易占文献的学术价值》（硕士学位论文，宁夏大学，2016 年）从文献体例、理论使用和占卜事项角度对不同时期的纳甲筮法文本进行解析，并试图揭示其形成的历史背景与时代特色。蒋静静《大蒙古国与金、西夏关系研究》（硕士学位论文，烟台大学，2016 年）比较了金、西夏两国对于大蒙古国的地位、战事和态度的差异。李彤《西夏〈天盛改旧新定律令〉研究》（硕士学位论文，内蒙古大学，2016 年）探究西夏法律在保留党项人本身的习惯法的同时，受到了中原法律思想的影响。阎成红《西夏〈亥年新法〉卷十六十七合本释读与研究》（硕士学位论文，宁夏大学，2016 年）在对《亥年新法》卷十六和十七合本进行录文、释读与对勘的基础上，就文献涉及的制度等问题作了初步探讨。母雅妮《西夏文〈大般若波罗蜜多经〉（卷三百三十八）考释》（硕士学位论文，陕西师范大学，2016 年）对俄藏西夏文写本《大般若波罗蜜多经》（卷三百三十八）采用“三行对译法”考释全经，并对涉及的版本、翻译风格和特殊的西夏字词句现象作了研究。多杰才让《论佛教在西夏王朝的传播》（硕士学位论文，青海民族大学，2016 年）分析西夏王朝时期的佛教传播的原因与状况。

综上所述，2016 年可以说是西夏学研究的一个丰收之年，无论是国家社科基金项目还是研究论著都取得了丰硕的成果。回顾 2016 年度取得的令人瞩目的成就，主要有以下几点原因：

一是第四届西夏学国际学术论坛的召开，汇集出版了一批较为优秀的论文。《西夏学》第 12、13 辑是第四届西夏学国际学术论坛的专辑，共精选收录论文 75 篇。二是国家社科基金特别委托项目“西夏文献与文物研究”的子课题的陆续结项，推出了一批重要项目研究成果。三是《西夏文物》甘肃编、内蒙古编等大型资料汇编的出版，为学术界提供了珍贵资料和研究便利。四是西夏学的转型发展与地方政府对西夏历史文化的重视，推出了以《神秘西夏》和《正说西夏系列》为代表的普及型读物，使得神秘的西夏文化不再神秘，逐步走出高校，走向社会，走进大众。

回顾西夏学研究，各领域研究如日方升，共同推动向“大西夏学”迈进。西夏语言文字研究基本解决了西夏文献解读疑难，随着对大量西夏文草书社会文书、宗教、世俗文献解读的深入，可以进一步还原和补充西夏社会历史；西夏社会历史研究与唐五代宋辽金元史、边疆史与民族学研究的结合，有利于对整个中国古代历史与民族问题的细致考察与准确把握；西夏文献与文物的整理研究同敦煌遗书与文物整理研究一道，促进对我国中古时期保存下来的最丰富文献与文物遗存进行保存与利用。国家的支持和重视与多年的研究积累，加上一支成长起来的研究队伍孜孜不倦的努力探索，才有了今天西夏学研究取得的成绩。

2016年金史研究综述

赵永春　白　刚*

2016年金史研究在研究内容和成果数量上均取得较为突出的成绩。据不完全统计，2016年共出版著作30余部，论文260多篇。在金代政治、经济、文化、社会生活、民族关系、文献史学、历史地理、文物考古与综述书评等诸多方面均有数量不等的成果问世。

2016年金史研究共出版著作30余部，其中专题研究著作有李玉君《金代宗室研究》（科学出版社2016年版），该书为国家社科基金后期资助项目成果。书中认为金代的宗室阶层是一个特殊的群体，既与皇帝有着特殊关系，又是金代社会一个重要的组成部分。理解金代宗室的历史，考察、评价宗室管理机构、教育科举、政治社会地位、婚姻关系、文化成就，不仅有利于加深我们对历史上宗室变迁的了解，有利于我们全面地认识金代社会，而且有助于我们从一个新的视角去看待金朝的兴衰史。王广超《金元词史论》（江苏人民出版社2016年版），以中原文化为本位，将金元词发展视为一体。在此基础上，该书描述了金元词嬗变过程，展示了金元词创作成就，诠释了金元词艺术风格。章节编排上，具有历时性与共时性相结合的特点，在厘清金元词发展脉络的同时，侧重于词坛宏观状况的概述和词家个案的研究。该书内容丰富，视野开阔，或梳理词史历程，或解读思想文化，或剖析艺术风格，或考释作家作品，或辑录散佚文献。凡此种种，皆言之有据，言之成理，且有新见。孙伯君《金代女真语》（中国社会科学出版社2016年版）采用音韵分析法，对金史、宋元史籍中一批女真语汉字记音资料进行严格的音韵分析，然后参照《蒙古字韵》《元朝秘史》这些经典的与女真语具有类型学和发生学关系的蒙古语写音资料，对汉字所代表的女真语音进行调整、归纳、分析，从而获得女真语的语音系统和音节搭配规律。符海朝《辽金元时期北方汉人上层民族心理研究》（中国社会科学出版社2016年版），辽、金、元时期，北方汉人上层的民族心理在少数民族执掌核心权力的近五百年时间内，有一个复杂的变化过程。在此过程中，辽国一度将其势力扩展到黄河流域；金国则在灭亡北宋之后，对南宋政权穷追不舍，海陵王时期，希图用战争手段统一中国；而蒙

* 赵永春，男，吉林榆树人，吉林大学教授，博士生导师，主要从事辽金史和北方民族史的研究。白刚，男，辽宁朝阳人，空军航空大学历史教研室助教，主要从事辽金元史和民族关系史研究。

古人实现了大规模的统一，但是统一之后，维系统一的时间却较为短暂。如果站在维护统一所需要的共同社会心理形成过程的角度来分析此期北方汉人上层的民族心理，则有利于对此时期历史的整体研究。吴梅《辽金元文学史》（河南人民出版社 2016 年版）分叙辽、金、元三个时代的作家与作品。辽代专论文与诗，金代和元代皆论文、诗、词、赋四种文体。体例明晰、文字通俗，尤其是叙辽金文学，时有创见。该书虽为文学断代史，却能注意到一个时期整体文学创作的全貌，是辽金元文学史中的有力之作。王永年编著《金上京史话》（东北林业大学出版社 2016 年版）是“讲述哈尔滨自己的故事系列丛书”之一。全书共分十四章，全面、系统地记述了金朝前期几位具有代表性人物（如完颜阿骨打、完颜吴乞买、完颜亮、完颜宗干等）及当时所发生的重大历史事件（如海上之盟、靖康之变、燕京之战等）。辛更儒《黄金时代：图说两宋辽金》（商务印书馆 2016 年版），该书从帝后、政治、军事、乡村、城市、产业、教育、学术、文学、艺术、科技、习俗、宗教和民族共 14 个方面全面概括了两宋辽金时期的辉煌和成就。王宏理《中国金石学史》（华东师范大学出版社 2016 年版），首先厘定了金石学的历史概念，随后按照先秦编、秦汉编、魏晋南北朝编、隋唐五代编、宋辽金元编、明清编六编，分礼乐器、兵器、杂器及铜镜、玺印、钱币等铜器和石望柱、石阙、石象，以及摩崖石刻、碑碣、墓志、镇墓文等石刻，还有石质的替代品如画像砖、瓦当等，全面介绍各时代的金石特色和特点。该书对墓志、碑碣、告地策等起源，石柱、墓阙、牌坊、买地券等在名实上的混乱，都有自创新说。杨一凡、［日］寺田浩明主编《日本学者中国法制史论著选：宋辽金元卷》（中华书局 2016 年版），收入了包括宫崎市定、仁井田陞、柳田节子等日本学者关于宋辽金元时期中国法制史的 13 篇重要研究论文中译本，具有较高的学术价值。

古籍整理方面的著作有：孙德华点校了金人赵秉文的《闲闲老人滏水文集》，作为中国东北边疆历史文献丛书的一种，由科学出版社出版。此外，中国医药科技出版社出版了金人李东垣的《内外伤辨惑论》《兰室秘藏》，金人李杲撰、沈劼校注的《脉诀指掌病式图》。辽宁科学技术出版社出版了余瀛鳌《医宗金鉴·儒门事亲》。

相关的论文集有：史金波、宋德金主编《中国辽夏金研究年鉴 2014》（中国社会科学出版社 2016 年版），总结了 2014 年度辽朝、西夏、金朝历史文献研究成果和学术动态。2014 年年鉴主要包括：研究综述、会议述评与论文提要、学术动态、书评·书讯、新书序跋、学人与学林、博士论文提要、博士后出站报告提要、重点课题研究报道、海外研究动态、文献·文物·考古新发现、附录等栏目。韩世明、孔令海《辽金史论集》（第十四辑）（中国社会科学出版社 2016 年版），是以 2014 年吉林省大安市第十二届中国辽金契丹女真史学术研讨会提交的 120 余篇论文为基础选编而成的，共 32 篇。全书分三个部分：辽代契丹捺钵部分、辽史部分、金史部分，内容涉及辽金政治、经济、文化、地理、社会、民族古文字等，比较全面地反映了辽金史研究的一般状况和动态，也代表了现今辽金史研究的水平。刘晓、雷闻主编《隋唐辽宋金元史论丛》（第六辑）（上海古籍出版社 2016 年版），与金史相关的文章是《五代辽宋金元的“指斥乘舆”罪》和《金代北京路地区的军事防御——兼论北京路地区与金界壕外的互动关系》等。

此外还有一些再版或重印的涉及金史研究的著作，如吕思勉《中国通史》（群言出版社 2016 年版），龚书铎主编《白话精编二十四史》第九卷为《辽史　金史　元史》（巴蜀书社 2016 年版），李锡厚、白滨《辽金西夏史》（上海人民出版社 2016 年版），柴德赓《宋辽金元史讲稿》（商务印书馆 2016 年版），邓之诚《宋辽金夏元史》（北京理工大学出版社 2016 年版）等。

2016 年度举办的学术会议有：8 月份在黑龙江省绥滨县举办的第十三届中国辽金契丹女真史学术研讨会暨中国·绥滨首届完颜家族起源研讨会，8 月份在银川市召开的北方民族文字数字化与西夏文献研究国际研讨会，12 月份在北京举办的第五届中国古文书学研讨会等。

2016 年度的发表的学术论文 260 多篇，现按照论文专题分类，择要述之，脱漏、不足敬请指正。

一　政治与法制研究

关于金朝的历史地位，陈元《台北故宫藏宋元明帝王画像与其隐喻的王朝正统性》（《中国文化》2016 年第 2 期）一文认为，金朝选取土德，生自宋朝的火德，是以此证明金亡北宋后已完成中华德运正统朝代更迭，而宣布南渡的南宋王朝是伪政权。赵永春、马溢澳《也论中国古代历史上的“双边疆”》（《陕西师范大学学报》2016 年第 3 期），认为中国古代存在着“各个政权的边疆”和“中国的边疆”两种边疆的“双边疆”，“中国的边疆”又存在中国内部的边疆（内边疆）和外部边疆（外边疆）的另一种形式的“双边疆”。中国古代“各个政权的边疆”与“中国的边疆”存在着背离与重合现象，各个政权的“内边疆”不是中国的边疆，各个政权分立时期的各个政权的“外边疆”只代表中国边疆的一部分，不代表中国边疆的全部，只有各个政权的“外边疆”合起来才能共同构成中国的边疆。各个政权的边疆在中国古代没有完全实现统一的情况下，与中国的边疆存在背离现象，只有实现大统一的元朝和清朝的边疆才与中国的边疆重合在一起。文章对如何认识辽宋夏金时期的中国边疆以及各个政权的边疆提出了自己的看法。

武玉环《金代职官致仕制度考述》（《吉林大学社会科学学报》2016 年第 1 期），对金代职官致仕制度进行了研究，认为金代职官致仕制度经历了形成、发展与完善的历史过程。金代官员的致仕年龄，基本上沿袭前代的制度，大约为 70 岁致仕，也有大于或者小于 70 岁致仕者。金代官员的致仕条件，包括正常致仕、超龄或年老致仕、主动申请提前致仕、因疾致仕、以罪致仕、不胜任者勒令致仕六方面。金代致仕官员的待遇，主要在俸禄与升迁官位两方面，凡致仕者都可得到朝廷给予的半俸，此外还根据政绩与致仕年龄，普遍给予迁官的待遇。

2016 年度发表了几篇有关封爵及封赠制度的文章，主要有孙红梅《金代汉制封爵的爵称与爵序——〈金史·百官志〉“封爵”条的勘误与补遗》（《北方文物》2016 年第 1 期），该文认为《金史·百官志》记载了金代汉制封爵的爵称与爵序，但其内容并不完整，亦有失准确。通过《金史》及碑刻资料对其进行补遗和勘误，得出有金一代汉制封爵有王，即以国号所封王爵，其内部又有两字国王、一字国王、一字王三种类型，王爵之下有郡王、国公、开国郡公、开国县公、开国郡侯、开国县侯、开国郡伯、开国县伯、开国郡子、开国县子、开国郡男、开国县男。虽然其中有的爵位名称并非与金代封爵制度相始终，但是其体现了金代汉制封爵制度发展的历程，这对全面认识和把握金代汉制封爵体系的完整形态具有重要意义。王姝《金代品官命妇封赠制度考》（《首都师范大学学报》2016 年第 1 期）认为，品官命妇封赠制度是金代职官制度的重要组成部分，主要指朝廷根据官员的爵级或官品封赠其母辈尊长和妻辈特定的封号。当品官的官品、勋级、爵位品级不同时，一般以参考爵位品级为主封赠品官命妇。金代一字王、亲王以下爵级正从三品以上官享有封赠三代尊长及妻辈资格，官至正从四品、五品一般仅封赠一代尊长及妻辈。纵向三代母辈尊长，横向母辈的嫡母、庶母、继母，妻辈的正室、次室、续弦，因官员品阶不同受封范围亦不相同。品官命妇制度通过对官僚系统里上层官员的推恩，达到激励品官忠实效命朝廷进而巩固统治的目的。

有关金代礼部及礼学、礼治方面的研究，2016 年度引起学者的重视，发表了几篇比较有影响的文章。孙久龙《金朝礼部官员民族构成初探》（《史学集刊》2016 年第 5 期）一文认为，金朝礼部官员的民族成分涵盖金朝境内女真、契丹、奚、汉等各族，但各族礼部官员的比例不尽相同，礼部长贰官整体上是以汉族为主体，但从时间上来看，金朝前期礼部长贰官以辽、宋降臣为主，中后期则以金朝自身培养的人才为主，尤其是后期礼部长贰官中女真族人数逐渐增多，是金朝礼部长贰官民族构成的最大特点。此种现象与金朝的用人政策、各族文化发展水平等有相当密切的关系。任文彪《金代社稷之礼再探》（《史学月刊》2016 年第 1 期）一文，在徐洁相关研究的基础之上，对金代社稷礼进行了再探讨，认为金代州县社稷制度以唐制为蓝本，兼采宋制，并结合本朝的实际情况加以损益而成，总体来说趋向简便易行。文章认为，金代民间社稷之祀，延续了晚唐以来的衰落趋势，政府也采取了放任不管的政策。只有少数地方如襄垣县立义坊，民众能够自发地倡行社稷之礼，但缺乏制度保障，难以长期延续，且不具有普遍意义。郭海霞《“礼治”在金朝社会秩序的确立》（《北方文物》2016 年第 1 期）认为，女真人入主中原后，生产方式的变化引起社会政治结构、经济结构和社会结构的深刻变革，儒家礼治思想很快成为官方指导思想，中原的政治制度、科举制度、经济发展和社会运转的模式同时被迅速移植为金所用。由于金朝并没有把女真族内部的奴隶制度强加于汉族人，因此，中原地区的封建制不但没有受到影响，反而将女真族特有的猛安谋克渐次改变并拉进其运行轨道，加速了中华一体化的进程。

有关金代中央和地方机构及其官员的研究，成为2016年度讨论的热门话题之一，相关文章主要有：宋卿《论金代宣徽使》（《史学集刊》2016年第5期）认为，金代宣徽使的官名出现于太宗时期，宣徽院设立于熙宗天眷元年。宣徽使作为宣徽院最高长官，职权在不同时期逐渐扩展，相继辖属26个司局，职掌国家诸礼仪，总领内廷诸事务，并具有参议朝政、出使邻国等职能。该文在搜检出的41位金代宣徽使中，统计出汉族人、契丹人、渤海外族人为22位，占居多数。该文认为宣徽使以荫补入仕为主，其次为归降与出职，亦有以科举或世袭入仕者。宣徽使出任前多曾在宣徽院或宣徽院辖属机构任职，离职后大多继续留任中央，有的甚至升任执政官，少数则转任地方官。赵鉴鸿《论金代宣抚使与金末时局》（《佳木斯大学社会科学学报》2016年第2期）认为，金代宣抚使在金代后期的时局中扮演了重要角色。其选任与职权的正确行使，以国家实力为依托，形成了宣抚使与金后期时局的轮动关系：当国家实力尚且能维系国家稳定之时，宣抚使能很好地起到应对局部战乱与安抚地方民众的作用。但到了国势倾颓之时，宣抚使的控制力就大为下降，很难再完成稳定地方的职责。王峤《金代护卫述论》（《河北师范大学学报》2016年第2期）认为，金代护卫是指设于熙宗朝、负责皇帝仪卫、服役期满可以出职为官之人。其选任有严格标准，门第、年龄、身形、武艺均有要求；作为皇帝近侍，其职能多与皇帝私人任命有关；服役期满，可以出职。金代中期，护卫出职起点较高，升迁较快；金代护卫整体素质不高，皇帝经常采取儒化教育等措施提高护卫的素质。姜宇《金代东京留守司初探》（《商丘师范学院学报》2016年第1期）认为，金代东京路地区民族成分复杂，多方势力汇聚，因此金政府在东京留守司官员的选任上也侧重考虑当地的民族问题。文章通过对东京留守司中非女真族和女真族两个官员群体的深入分析之后，发现金代统治者对他们的任用不仅是出于民族问题的考虑，像中央权力斗争、地方的平叛战争以及“女真化”的非女真族官员等因素都在考虑范围之中。孙建权《“辽兴府”存废钩沉》（《中国边疆史地研究》2016年第3期）认为，五代后唐时，平州被契丹占领，随即被升为节镇州，先后置卢龙军、辽兴军。但宋人记载契丹升平州为辽兴府。对此，学界皆认为宋人记载有误。作者认为辽兴府确曾存在，其存在时间可能不在辽初而在辽末，并认为辽末耶律淳政权出于捍卫燕京的考虑，将平州升级为辽兴府。天辅七年正月，金破燕京后，辽兴府守臣时立爱降金，金太祖旋即升辽兴府为南京兴平府。“辽兴府”是当时不为各方所承认的耶律淳政权所建，且存在的时间不满一年，因而长期默默无闻。孙文政《金泰州建置沿革简考》（《东北史地》2016年第2期）认为，金泰州是沿用辽泰州而置的，金初为泰州都统司，海陵王时期改制为北京路所辖的泰州节度使司，并在泰州治所设德昌军节度使，隶属于上京。东北路招讨司侨置泰州后，泰州节度使司于大定二十五年（1185）罢置，承安三年（1198）移置于长春县，遂有新旧泰州之分。该文作者与宛文君合作又发表了《金代曷苏馆路与乌古敌烈统军司设置沿革及其记在上京路之下的原因》（《理论观察》2016 年第 1 期）一文。该文认为，曷苏馆路与乌古敌烈统军司是金代初年设置的两个军政合一的地方建置机构。先后改制的原因是女真族逐渐封建化的结果。曷苏馆路作为孛堇类型的路，记在上京路之下，其原因是世居曷苏馆的胡十门家族，与阿骨打家族亲近的宗族关系分不开的。乌古敌烈统军司，后改东北路招讨司，最后亡于上京路管辖的肇州。颜祥林《关于金代肇州海西西陆路部分驿站的考证》（《大庆社会科学》2016 年第 4 期）认为，金代海西西陆路和海西东水陆城站、纳丹府东北陆路一起组成开原北陆路，与开原东陆路、开原西陆路构建出东北地区的交通路网，承担着东北地区与中原地区、中国与蒙古国、俄罗斯等北方国家之间的陆上交通，也是东北与中原，我国与蒙古国、俄罗斯，东方与西方之间政治、经济、文化交流的主要通道之一。康兆庆《宋金对河州的经略——以买地券为中心的考察》（《青海民族大学学报》2016 年第 3 期），通过对甘肃河州近年出土的宋、金三块买地券的考释，梳理了宋金两朝在河州置州、县、城、堡、寨，设官管理的情况。该文认为金代河州城市的坊制结构与管理城市的机构是司侯司，金代临洮十四将中的第十一将驻于河州，金代河州的宗教为佛道二教的融合。

有关金代法制研究，2016 年度又有多篇文章问世。李玉君近年来一直关注金朝法制史研究，尤其是关注金朝法制与中原法制体系交融研究。他与何博合作，发表了《从金朝法制伦理化构建看儒家文化的向心力》（《江汉论坛》2016 年第 3 期），该文认为金朝立国前仅有简陋的不成文习惯法，在占据中原地区、政权趋于稳固后，通过数次法制改革，继承了中原王朝法律的伦理化特征。在金朝法律中，“孝”成为法制建构的“根基”，“礼”为法制建构确立“秩序”，而“仁”则为“冰冷”的刑罚增添一丝“温情”。该文认为金朝法律这种对儒家伦理文化内涵的体现和传达，本质上是对中华历史文化的认同，彰显了儒家文化的向心力。李玉君还与崔健合作，发表了《金代法制变革与民族文化认同》（《学习与探索》2016 年第 5 期）。该文认为金朝所处时代是中国历史上民族融合的高峰期之一，其社会在政治、经济、文化等各个方面都受到民族融合潮流的影响，作为文化的较高层次内容的法律更不例外。在民族融合的历史背景下，金代法律变革与其民族文化认同趋势是一致的，金代法律一步步趋于汉化并最终达到与中原王朝相当水平所折射出的民族文化认同，再次印证了多民族统一与融合正是中华民族前进的方向。姜宇《法律儒家化与金朝法制演变》（《辽宁工程技术大学学报》2016 年第 3 期），通过对金朝统治者的法律意识、司法机构建制以及金朝法律条例等方面的探讨和研究，认为金朝法律文化在儒家化的过程中，最终与中原儒家法律文化相融合，成为中华法制文明的组成部分，促进了我国统一的多民族国家的形成、发展与融合。王家乐、于冬萃《金朝“诛首恶”历史演变探析》（《赤峰学院学报》2016 年第 6 期）认为，女真族在建立金朝以前，是以诛杀首恶、释放从犯的执法方式来团结力量、走向强大的。女真建国以后，女真族“诛首恶”习惯法与中原“诛首恶”的司法理念共存，成为完善中原汉法的重要参考，填补了中原“诛首恶”理念的不足，从而为中原法制文化的发展注入了一股新的活力。

有关金朝后妃参政、党争以及金朝末年史事，一直是金史研究的薄弱环节，十分可喜的是，2016 年度有几篇文章涉及这方面的内容。王姝《金代后妃政治参与研究》（《宁夏大学学报》2016 年第 5 期）认为，金朝建国之前，后妃参政主要以指挥军事活动、斡旋族内矛盾为主；金立国后的太祖至世宗时期，后妃参政主要表现为积极参政议政、辅佐成就帝业、推动女真封建化进程，后渐由前朝退居幕后，开始参与后宫内的党派之争；金中后期章宗至哀宗时期，后妃参政主要以参与宫廷党争、淫乱时局朝政为主，随着皇权逐步强化，后妃参政则逐步弱化。王峤《〈遗山文集〉与金朝党狱研究》（《史学集刊》2016 年第 1 期），以元好问《遗山文集》碑志文部分涉及的金朝三次党狱为讨论中心，认为《遗山文集》中有关田毂党狱的细节，当时人对田毂党狱发生原因的看法，贞祐党狱发生的原因、细节和涉案人员的记载，可补《金史》记载之不足，有助于厘清皇统党狱和贞祐党狱的前因后果。可惜的是，元好问出于对赵秉文的私人感情，对明昌党狱仅是简略涉及。文章认为金朝三次党狱的对象都是汉族官员，这不仅使金朝政府失去了数位学识渊博的优秀人才，更重要的是延缓甚至磨灭了部分汉族文人对金政权的认同。李秀莲《蒲鲜万奴及其东真国》（《黑河学院学报》2016 年第 5 期），宣宗南渡，金朝败亡之势已不可逆转，契丹千户耶律留哥称王、建号，开启金源内地割据一方的先河。继之，蒲鲜万奴由征讨军也蜕变成割据势力。文章认为蒲鲜万奴出于五国蒲聂部，自称 tūng-king-wāng，即大金王；立号东真，实是“大金”的别译；隅居“东土”，联合胡里改路、恤品路、曷懒路诸部落，捭阖于蒙古、高丽之间十余年，对金末政局以及蒙古、高丽都产生了重要影响。姜锡东《杨妙真新论——研究现状、基本事迹和评价问题》（《文史哲》2016 年第 1 期），对金朝末年红袄军（忠义军）领袖杨妙真进行再探讨，认为杨妙真虽迫于形势而率部投宋投蒙，但始终具有“山东本位”战略思想，寻求独立自主发展，是中国古代山东地区反抗民族压迫和阶级剥削的奇特女英雄，是妇女史上追求自保自立的杰出人物，但有严重历史局限和错误。杨珩《“金以儒亡”辨：兼论女真统治者的崇儒方略及其影响》（《贵州民族研究》2016 年第 6 期）一文对学界一直比较关注的“金以儒亡”问题进行再探讨，认为有关“金以儒亡”的问题，为张德辉及后代学人所否定。文章认为女真民族崇尚儒学，推动了金代宗教学、文学、医学、科技的发展，为女真民族政治的稳定和中原传统文化发展与继承作出了客观贡献。

二 经济与经济制度研究

2016 年该领域的成果不俗，一些成果的亮点多于 2015 年。

经济制度方面的研究成果主要有：周辰《金朝经济制度转型与政权兴衰》（《赤峰学院学报》2016 年第 2 期）认为，金朝经济制度由奴隶制转型为封建制。一方面，经济转型有助于民族融合，对政权的巩固与兴盛起到积极作用；另一方面，转型后统治阶层的迅速腐化，人口激增引发社会矛盾，加剧了金朝的衰落与灭亡。王明前《金朝国家经济统一体的形成与解体》（《河北民族师范学院学报》2016 年第 2 期）认为，海陵迁都中都为金朝国家经济区域整合奠定了基础。世宗、章宗致力于国家各经济区域的整合，根据中原商品货币经济发展的现状，进一步强化国家宏观管理经济，特别是货币工具的职能，注重各经济区域的平衡发展，通过开展边境榷场贸易和修筑边墙，为金朝国家经济统一体构筑外围屏障。但是世宗为安置南迁女真猛安谋克而括汉族农民土地的政策，使女真族和汉族的各自经济比较优势互损，损害了金朝国家经济区域整合的成果。陈志英《利益分配与制度选择——金元转运制度比较分析》（《阴山学刊》2016 年第 1 期）对金朝地方财政管理机构转运司及其转运制度进行了探讨，认为金朝和元朝虽同设转运司，但在数量规模、职能及官员任命方面却大相径庭，转运司规模变小，稳定性变差，行政职能消失，经济权力缩小，运司官员出身出现民族偏见等，总体走向式微。苗霖霖《金朝上京路生业环境考略》（《兰台世界》2016 年第 1 期）认为，金朝上京路不仅是金朝的农业主产区，更是畜牧业、渔业和盐业的重要产地，产品不仅可以自给更能供给全国，对金朝的稳定和发展做出了重要贡献。吴焕超《金初上京地区的经济危机——兼论金朝北部边境危机出现的真相》（《农业考古》2016 年第 1 期），金源内地会宁地区，受自然条件等因素的限制，经济情况较为落后，蓄养大量人口的能力严重不足。女真人为解决金朝初年上京地区的粮食问题，采取了迁都燕京的举措，是女真人无奈、被动寻求生路的选择。

有关货币政策和制度的研究成果主要有：裴铁军《论金代的短陌》（《天津大学学报》2016 年第 2 期）认为，短陌是中国古代社会经济领域中长期存在的一种货币现象。金代短陌的产生源于流通中的货币不足，而不是货币贬值。它是在金代无法解决货币短缺的情况下，货币运行机制实现商品交易的价格再发现过程，是货币运行规律自发调节下的产物。南宋铜钱北流入金，本质在于两国的货币购买力不同，而非金代短陌产生的成因和目的。短陌的比率与区域经济发展水平、货币短缺程度、货币购买力以及整体物价水平有着密切的关系。金代纸币交钞与白银也存在着短陌现象。金代的短陌是一种市场行为，而非金朝统治者为缩减财政支出或增加财政收入而采取的政府行为。王文成《金朝时期的白银货币化与货币白银化》（《思想战线》2016 年第 6 期）认为，金朝前期，北宋中叶以来的白银货币化持续推进。大定年间的商品—货币关系中，白银的社会身份从商品变成货币，白银货币化初步实现。金廷赋予白银征纳赋税的法偿地位，认可银钱兑换关系，形成了官方法定的银钱兑换价。金朝中期交钞贬值，银两全面成为官方法定货币，独立行使货币职能，铜钱的货币职能则日渐式微，银钱两种金属货币的地位形成均势。大安、贞祐以后，银两逐步代替铜钱成为钞本，开始决定交钞价值，成为基准定价货币；铜钱则由停铸、限藏、限用到废而不用，全面逃离市场。金末的银钱钞关系中，钱退银进，货币白银化取得重大进展。银两逐步成为交钞之本，并借助交钞等分价值、投入流通。蒙元时期以银为本、禁银行钞的“银钞相权”货币流通格局，在金朝末年已粗具雏形。王雷、赵少军《金代货币制度与政策研究综述》(《中国史研究动态》2016 年第 1 期）认为，金代在中国货币发展史上具有重要地位，金代货币制度与政策是中国古代货币制度与政策的重要组成部分，其不分“界分”交钞的印行和法定银币的流通是中国货币史上的创举。王启龙《浅议金代货币流通》(《世纪桥》2016 年第 1 期）也对金代货币流通进行了探讨。

盐业方面的研究成果主要有刘锦增《金代河东盐业经济》(《盐业史研究》2016 年第 2 期）一文，对金代河东地区的盐业经营与管理、盐业销售及私盐贩卖等问题进行了讨论和分析，认为金朝建立后，十分重视对河东盐业的管理与控制，并因地制宜采取了一系列措施，促进了河东地区盐业经济的发展，使得河东盐业成为金朝重要的财赋收入之一。但由于金代官盐盐价过高，河东地区私盐贩卖兴起，出现了一批以运销盐业为生的商人。金朝政府虽设置巡捕使等机构打击私盐贩卖，但收效甚微。

铜镜研究方面的成果主要有：关燕妮《金代铜镜主要特征管窥》(《大庆社会科学》2016 年第 4 期）认为，金代铜镜在中国古代铜镜史上占有重要的地位，其艺术创新、工艺水准、模仿铸制、刻款押记等方面均有自己的特征。郭学雷《“犀牛望月”镜小考》(《装饰》2016 年第 8 期）认为，主要流行于金世宗大定至章宗明昌、承安年间的被人称为“吴牛喘月”装饰题材的铜镜，应该称作“犀牛望月”或“坤牛望月”。

程民生《汴京对火药应用发展的贡献》(《军事历史研究》2016 年第 6 期）一文，对宋金汴京火药武器制造等问题进行了探讨，认为宋代汴京是当时最大的第一代火药武器制造基地和研发中心。金朝末期迁都汴京后，该地又成为第二代火药武器制造中心，火药武器从以往的燃烧性火药武器走向爆炸性火药武器，在抗击蒙古大军的汴京保卫战中一度扭转战局，在人类历史上第一次发挥巨大威力。

三　文化研究

金代文化研究仍是 2016 年度的热点，相关文章有 70 多篇，主要涉及教育与科学、地域文化、文学、宗教、绘画、音乐及舞蹈等方面的内容。

教育与科学：赵宇在2016年度发表了两篇颇有影响的有关金代科举方面的文章，《金朝前期的“南北选”问题——兼论金代汉地统治方略及北族政治文化之赓衍》（《中国社会科学》2016年第4期）一文认为，金朝前期的“南北选”制度创立于熙宗朝，南、北两选之间一直以黄河旧道为别，与宋、辽籍贯之分毫不相关；传统定义所据的《金史·选举志》相关内容实系误记，并不足取。在二元政治生态中，辽朝及金初长期奉行“以河为界”的北族本位疆域观，至金熙宗朝高度汉化改制之后，则转型为一种近似黄河南、北分治的汉地统治方略，涵盖金代民族、政治、经济等领域政策，而“南北选”即重要面向之一。内外分化的差别性统治引发黄河南、北汉地民众在国家认同上出现相应分歧，并深刻影响金源一朝的政治地理格局。另一篇文章《金朝中叶科举经义、词赋之争与泽潞经学源流》（《史学月刊》2016年第4期），对元儒郝经所记载的金代河东南路在北宋程颢牧晋之后一直保有理学遗脉，并促进该路在金朝取得诸路第一的科举成就等问题进行考辨分析。该文认为以泽、潞两州为代表的河东南路在视为科举主流的词赋科上表现平平，但在非主流的经义科上确实一枝独秀。然而，这一特殊科举优势的形成并非缘于程颢牧晋事件，而主要是由金朝中叶泽州儒士李晏推动“明昌经义复科”的科举体制变革造成的。金朝经义科考以大义，主试义理而非注疏，这大体构成了以经义之学比附理学的一种内在思想因由，同时也显现了元代科举理学化的北方学术渊源。兰婷、宫兰一《金代汉科举与汉族教育》（《黑龙江民族丛刊》2016年第5期），对金代汉科学与汉教育进行了探讨，认为金承唐宋，建立了汉、女真双元科举和教育体系。金代汉科举的创立与发展促进了汉族教育体系的形成与完善。金初汉进士科的设立，促使汉族中央官学教育体系的建立；金中期汉进士科的鼎盛，促进了汉族地方官学教育体系的形成；金汉经童科的设立，刺激了金代汉族儿童教育的发展。同时，私学教育兴盛，标志着金代汉族教育体系的完善和最终形成。孙莹莹《试论金代女真人的民族传统教育》（《赤子》2016年第20期）认为，自金代建立起来，虽然女真民族汉化现象十分普遍，但是女真民族一直不忘自己民族的传统，在多位皇帝在位期间都是大力提倡女真“旧俗”，保持和发扬本民族的传统。

图书出版与刻书、藏书：顾文若《金代山西平阳地区出版业兴盛的原因》（《编辑之友》2016年第12期），从地域文化视角对金代山西平阳地区出版业的兴盛及其原因进行了探讨，认为金代平阳出版业达到发展高峰主要是因为金代文化中心北移，山西地区成为内地，平阳府发展成为有重要战略地位的经济大府，交通便利、商业发达、教育领先，以及佛教信仰浓厚、民间戏曲发达等原因，促进了出版业的繁荣。侯秀林《金代山西刻书业概况及其兴盛原因再探讨》（《山西档案》2016年第3期）认为，金代山西刻书地点遍及河东北路、河东南路、西京路三个区域。所刻书目有据可查的约40部，绝大多数为私人坊刻，涉及宗教、医学、历史、诗文等11个类别。山西刻书业兴盛的原因，除学界既有的论述外，科举制度下所造就的商业市场和佛教思潮的影响也是不可或缺的原因。地域文化研究方面了成果还有董少辉《金源文化与旅游融合发展的对策思考》(《黑龙江省社会主义学院学报》2016 年第 3 期)。该文认为，金源文化是黑龙江省整个古代历史文化体系中的“高地”和“亮点”，与旅游融合发展具有良好基础、广阔前景和重要意义。黄桂凤《金代少数民族藏书家元好问》(《河南图书馆学刊》2016 年第 2 期）认为，元好问的藏书，是其家世代之积累。元好问在战火中冒着身家性命保存藏书，并依托所藏图书成就自身学问，将所藏之书嘉惠士林后学。

文学研究成果颇丰，涉及文学与文化地理的研究成果主要有：沈文雪《宋金对峙时期南北文学与文化地理》(《社会科学战线》2016 年第 3 期）认为，宋金对峙时期，因政治与地理的双重封闭，造成了南北地域上的文学差异，南方崇文，北方尚质，雅俗相见。与以往时期南北文学相比，异质成分丰富，表现出了新的面貌。这一现象的成因，不仅与自然环境与人文环境有关，更重要的是与这一时期地理疆域状况发生变化，文化中心南北重建以及由此引发的文人学士地域分布变化所产生的文化地理意义有着密切的关系。延保全、王琳《试论文学“流动空间”的建构——以金宋文学为例》(《民族文学研究》2016 年第 4 期）认为，金宋文学在交聘制度（空间情境）与使者（创作与接受主体）的主导下通过双方书籍传递、使者交游唱和及出使文学创作、相互的文学批评与接受活动以及异域文学融合，构建起具有特殊对话性质的不平衡文学流动空间。它不只为回应当下空间维度中华文学史研究热潮，更是在空间视域下探讨文学活动本质属性的一种新方法论与治学态度。张建伟、宋亚文《金元时期内蒙古的文学地理与文人分布》(《辽宁工程技术大学学报》2016 年第 4 期)认为，内蒙古地区在金代时期文化较为发达，有汉族、女真族进士 17 人，大定府出现了郑子聃、赵之杰等文人。元代有所倒退。

文风与文学理论：于东新《赵秉文与金末文风之变》(《民族文学研究》2016 年第 3 期）认为，金末文风转变是金源文学高潮形成的关键原因。首先，明昌后期的文坛弥漫着浮艳、艰险的轻浮软媚、格局死板的文风，偏离了诗歌正道。赵秉文引领、推进了文风转变。主张“文以意为主”“不执一体”，转益多师，回归风雅，形成了以雄奇放纵为主的多样风格。确立了关注现实，崇尚风雅，创新求变，豪迈壮大的文风，为元好问的成长提供了健康的文学环境，为金源文学高潮的到来做好了准备。章辉、殷亚林《“尚意”：王若虚创作论思想细析》(《河北科技师范学院学报》2016 年第 1 期)，王若虚的主要文学理论都可以视为围绕着“尚意”命题的系统化，从而成为金代文论的高峰。简言之，他发挥了前人“以意为主”的思想，主张贵“天然”，重“自得”，反对创作中外在成法的束缚，其目的就是避免以辞害意。其意义在于，从文学史的角度来看，他打破了儒家传统的文以载道的桎梏和江西诗派以来的形式束缚，为文学创作倡导更多的自由天地。

诗学与诗学批评：胡传志《论金代诗学批评形式的新变》(《安徽师范大学学报》

第2期）认为，金代诗学的几种批评形式出现了一些重要的新变化。诗话相对冷落，却体现出远离宋人诗话、独立发展的倾向；论诗诗逐渐兴盛，以七绝为主流形式，元好问、王若虚的论诗绝句是论诗诗史上的第一次高峰，影响深远；《中州集》等选本及其相关的诗人传记，完善了选本这一批评方式，发展了评传这一新型方式。金代诗学批评形式的这些新变化推动了中国古代诗学批评史的发展。王姝《金代女性作家及其诗作考略》（《通化师范学院学报》2016年第11期）认为，目前流传下来的金代妇女创作的作品有40余篇，可考的女性作家有15位。除几位皇室作家外，大多数女性作家并无传记，身份有的也并不明确，且生卒年大多失考。金代妇女创作的作品，有半数以上为道教相关内容；余者又多首为残句，主要是作家对其生活场景的真实写照。金代女性作家作品文学成就虽然有限，但却是金代多元文化的重要组成部分。裴兴荣《金代贺人登第诗的情感内涵》（《辽宁工程技术大学学报》2016年第5期）认为，金代贺人登第诗的内容可分为五个方面：一是友人的祝贺，二是老师的自豪，三是亲人的关爱，四是同年的戏谑，五是长辈的告诫。由此可见，金代文人对科举充满了深厚的情感。裴兴荣、冯喜梅《论金代的贡院唱和诗》（《山西大同大学学报》2016年第1期）认为，金代文人在科举考试的锁院期间，考官们亦有诗歌唱和活动，或是描写贡院生活的艰苦愁闷，或是抒发锁院期间的思亲念友之情。金代贡院唱和诗的活动规模较小，且情绪较为低沉，原因在于异族统治的政治高压给金代文人造成的内心隐忧。李翔《金代题画诗探析》（《内蒙古师范大学学报》2016年第1期），从金代题画诗模式、语言特点、“重意”特色三个方面对金人题画诗进行论述，认为金人题画诗存诗475题602首，使题画诗的内容得到了拓展、题画诗的艺术得到了提升，在中国题画诗的发展中占据着重要位置。王树茂《金代中期文化生态及对汉族士人的影响》［《赤子》（上中旬）2016年第3期］，金代中期由于女真政权实行民族歧视政策，导致汉族士人的仕途生存空间越来越小，而儒释道三教合一的文化形态则为汉族士人提供了多元的人生选择，汉族士人更重视内在道德心性的修养，而且在金代中期诗坛上的创作风气也变得自适隐逸。刘泽华《〈妾薄命叹〉作者及其成诗时代考辨》（《长春教育学院学报》2016年第12期）一文认为，少有学人问津的《妾薄命叹》一诗成诗于金代，作者为诗歌的抒情主人公“王氏女”，是金代文臣仕途遇挫所作，以抒发自己不平之志。梁琦《〈中州集〉朱自牧诗歌浅析》（《现代语文》2016年第5期）认为，朱之才秉持传承了北方地理的文化特质，将金初展露的雄健踔厉文风和北方士人粗放旷达的精神别致结合，他的诗作刚健豪迈，有性情，有才气，诗风在工稳洗练中见苍劲，风骨蕴藏于内，对金元诗歌的发展有一定的贡献。侯瑞《姚孝锡诗歌分类》（《现代语文》2016年第8期）认为，姚孝锡的诗歌地位虽然不能和同期的蔡珪相较，但是他情感中自得其乐的明达智慧给了同期深重激愤的诗坛吹入了清新之风，影响了金代中期的文学风格。狄宝心《宇文虚中诗中的人生价值取向及其死因索评》（《民族文学研究》2016年第1期），宇文虚中诗中宣示的人生价值取向，从共时看是层次复杂、多维相斥的；从历时看是轻重有变、有机统一的，可归结为由忠君忠国到只为生民及由夏夷之防到用夏变夷。许鹤《试析王寂纪行诗的特点》（《重庆科技学院学报》2016 年第 7 期）认为，王寂纪行诗具有描摹风物、搜奇猎异、吊亡怀旧、慨叹人生、天涯沦落、悲己嗟人等特点，拓展了传统纪行诗的题材和意义。崔佳佳《清淡闲适自悠然——金代党怀英诗歌分析》（《现代语文》2016 年第 11 期）认为党怀英的诗歌以其质朴自然的诗风、达观自适的心境，以及充满意趣的生活态度，在金代中期的文坛刮起了一股清丽自然之风。刘肃勇《完颜亮生平与其述志诗词》（《社会科学战线》2016 年第 3 期）认为，完颜亮诗词多以抒情述志为主旨，且意境深邃、语言明快、粗犷豪放，充满女真帝王之霸气，实是女真文学史上，乃至中国文学宝库中难得的佳作篇章。贺利《从完颜亮的诗词看女真族文化的审美特质》（《赤峰学院学报》2016 年第 12 期）认为，完颜亮的诗词作品充满了阳刚雄奇之美和粗犷亢爽的艺术风格，是女真族豪放不羁的文化心理和彪悍尚武的民族精神的典型再现，颇具独特的审美特色和创作个性，给当时文坛吹进了一股新风，为诗歌发展注入了新的生机。

词与绝句：胡传志《论词绝句的发源与中断》（《吉林师范大学学报》2016 年第 4 期）认为，绝句发源于金代，现存王中立《题裕之乐府后》和元好问《题山谷小艳诗》两首作品。王诗评论元好问成名作《摸鱼儿》（恨人间情是何物），是 16 岁的新人元好问的新作催生了词学批评的新样式；元诗表现出对山谷艳词的理解和宽容。王、元之后，论词绝句写作中断，实与元代诗学、词学衰落有关。张怀宇《由拙轩词看金词由俗入雅的发展趋向》（《陕西学前师范学院学报》2016 年第 9 期）认为，金词也具有由俗入雅的发展趋向，拙轩词便是明显的例证：在传播方式上由合乐之歌词转向案头之文辞，在思想意境上由浅俗轻艳转向清雅深情，在创作心态上由逸乐纵情转向言志写心。拙轩词雅俗兼综的状态正是词之由俗入雅这一过程在金代词坛的体现。时俊静《论元曲曲牌与金代道士词》（《浙江艺术职业学院学报》2016 年第 4 期）认为，金代道士词有一些新增牌调与元曲同名，还有一些牌调虽前代已有，但与元曲曲牌格律存在较大差异，金词才是这些曲牌的真正“近亲”。而其背后的民间歌唱才是元曲曲牌的渊薮。

音韵学：赵晓庆、郝茂《谈〈新修玉篇〉中的标调注音》（《辞书研究》2016 年第 6 期）认为，金代邢准《新修絫音引证群籍玉篇》（1188）中广泛地标注声调是该书不同于其他字韵书的突出特点，弥补了辞书反切注音的诸多缺陷，是汉语辞书注音发展史中的有益尝试和重要补充，其中不少标调还从侧面反映了金代实际语音，体现出了较高的语音史研究价值。张义《〈五音集韵〉引〈广韵〉〈集韵〉异文所见之金代若干语音现象》（《语言研究》2016 年第 2 期），《五音集韵》收字庞杂，其字头、音切及释文多承自《广韵》《集韵》，但有二百余例异文，体现了韩道昭口音中全浊声纽清化、晓非混同、知章合流、入声韵消变、闭口韵消失、重纽对立消失、浊上变去以及韵部间进一步并归等金代一系列重要音变现象。张建坤《金代诗用韵和“平水韵”比较研究》（《唐山师范学院学报》2016年第6期）认为，金代诗韵和“平水韵”之间存在着很大差别，“平水韵”在金代并没有成为文人用韵的根据。刘云憬《全金文韵》（《宁夏大学学报》2016年第3期）在综合考察金代文赋的基础上，把金代文韵分为16个韵部，其中阴声韵7部，阳声韵5部，入声韵4部，并认为金代文韵最大的特点是歌戈部与家车部的大量通押，侵寻部与真文部的合并。同时在一些韵部的内部也出现了新的变化，如支微部内部的支思组与齐微组分立的趋势逐渐明显，寒先部内部的细音先仙元组也已经显示出与洪音分化的趋势，同时阴入通押以及入声韵部之间互相混用的韵例也大量增加，显示出入声韵尾的进一步弱化甚至脱落。

宗教研究：王德朋《金代佛教寺院经济生活探析》（《中国农史》2016年第5期）认为，金代寺院的财产来源以继承前代和信众施舍为多，房舍、土地、树木园林是寺院的主要资产，部分寺院还依靠放贷取利。寺院田产经营主要采取自耕、佣耕以及由“二税户”耕种等方式。遇有土地纠纷，有的自行调解，有的通过诉讼渠道诉诸官府。田产石刻往往成为解决财产纠纷的重要证据。寺院需要缴纳赋税，一些有权势的寺院竭力利用自己的社会影响规避赋税。赵建勇《金元大道教史续考——从一宗著名公案说起》（《世界宗教研究》2016年第1期）认为，《至元辨伪录》所载全真丘处机去世时大道教四祖毛希琮所发讽刺之诗当为真实记载，其引发之直接原因与作为元初“新道教”代表的全真教团侵占作为金代“旧道教”代表的、已经进入皇家祭祀系统的大道教“玉虚观系”祖庭“玉虚观”等宫观、强行“外加”政治趋向不同的“异端”掌教等有直接关系。真大道十二祖张清志寿至84岁，直至其掌教时，真大道依然是以内道外法的“体用”之道同时并重，法术之用为其立教的两大基础之一。通过新发现碑刻题名分析可知，真大道暨“天宝宫系”“辈”字排列为：“德、成、清、进、天、忠”，此为目前元代道教唯一可以确认的辈字“字谱”。许昌天宝宫实是元中后期真大道根本重地，五任掌教出身于此。金恺文《〈重阳立教十五论〉思考与当代价值》（《中华文化论坛》2016年第3期），对《重阳立教十五论》中的思想观念进行了探讨，分析其产生的原因及其历史价值。马宁《辽、金、元时期伊斯兰教在蒙古地区传播初探》（《内蒙古统战理论研究》2016年第4期）认为，金代蒙古地区是接触中西亚穆斯林的前沿，因此当时在蒙古地区留居的穆斯林应不在少数。

绘画方面的成果：李秋红《吉县挂甲山金代浅浮雕佛教图像分析》（《文物世界》2016年第3期），以实地调查资料为基础，采用考古类型学与美术史样式论结合的方法对吉县挂甲山两幅金代浅浮雕佛教图像进行了具体分析。文章认为该图像明显受到绘画技法影响，与众不同的佛陀饰耳因素应来自罗汉画，人物造型呈现鲜明时代和民族特征。造像记准确地提供了施主和工匠信息，二偈赞则反映了歌颂释迦和崇尚胡风的意趣。两幅图像所见诸多中土创作的印度式文化因素，连同“碧眼胡僧”偈赞文字，反映了有意制造胡人风尚的情况。李翎《政治的隐喻：岩山寺金代鬼子母经变（下）》（《吐鲁番学研究》2016 年第 1 期）认为，岩山寺《鬼子母经变》的画师王逵依据的文本应该是宋代可能出现的“鬼子母浑经”或类似的说唱本，但因为之前没有人画过个故事的完整经变，所以王逵也没有系统的画本。蔡铁鹰、吴明忠《新见石刻画像〈唐僧师徒取经归程图〉辨识》（《淮海工学院学报》2016 年第 5 期）认为，《唐僧师徒取经归程图》是金代石刻画像，是现在所见最早的一幅四人一马取经图。李玉福《岩山寺与崇福寺金代壁画的审美取向比较研究》（《美术》2016 年第 11 期）认为，岩山寺文殊殿金代壁画和崇福寺弥陀殿金代壁画的空间营造各有千秋。董虹霞、王舒《岩山寺壁画的世俗化转型成因初探》（《五台山研究》2016 年第 4 期）认为，岩山寺壁画世俗化转型的原因主要是：画家的个人经历与绘画风格、宋金文化融合对金代绘画的影响、佛教图像的汉化与世俗化。方弘毅《王庭筠“墨竹”题材绘画创作思想考述》（《美与时代》2016 年第 4 期）认为，王庭筠“墨竹”题材绘画深受宋代“湖州竹派”的影响，力图恢复文、苏以来的竹画精神。苏翔《河南宋墓及山西金墓戏曲图像的综合认识》（《新疆艺术学院学报》2016 年第 1 期），对河南宋墓及山西金墓出土的戏曲文物图像进行了对比研究。陈博涵《北宋绘画观赏与金代中后期题画诗的审美倾向》（《故宫博物院院刊》2016 年第 6 期）认为，以苏轼、黄庭坚为代表的宋代观画传统对金代士人书画审美倾向的形成有着重要影响。不仅元好问品题黄华墨竹如此，金人对流传于金中后期 40 余年间《燕子图》的同题集咏，更是彰显了这种审美趣味。金人的观画与题画活动，将诗性思维融入绘画欣赏中，观画以观己，题画以题人生。

音乐、舞蹈方面的成果：薛瑞兆《金代神庙舞台碑记》（《江苏大学学报》2016 年第 3 期）认为，金代神庙演艺活动的实质是“名为酬神，实为娱人”。多为乐社承办，形式繁复多样。地方神庙虽不乏官府所置，但大多为民间集资营造，而神庙祈祝又多伴以盛大的集市贸易，从而使包括舞台演艺在内的庙会发挥出引聚人众的力量，这些活动刺激了神庙及其舞台的修建，并催生了一批神庙舞台碑记，开创了文人重视并参与民间通俗文艺活动的风气。周玥、李东静《辽金政权下的杂剧演出和从业伶人》（《辽宁工程技术大学学报》2016 年第 5 期），对金政权杂剧演出和从业伶人进行了探讨。杨挺《金院本“秀才家门”考》（《四川戏剧》2016 年第 7 期）对《南村辍耕录》所列“秀才家门”十种院本剧目进行了考证。龚天卓《金朝女真族民间音乐探究》（《艺术教育》2016 年第 5 期），介绍了女真族民间音乐的形成和发展，并分析了歌谣、恋歌、萨满乐舞、狩猎乐舞的形式和特征，指出我国少数民族音乐在漫长的发展过程中不断融合，具有强大的生命力。

医学方面的成果有李进欣《金代医者及其类型》（《辽宁工程技术大学学报》2016 年第 5 期）。该文认为金代熙宗朝以来，医者群体达到一定规模，且类型多样，主要有服务于宫廷的医人和济世救民的民间医者两大类。前者包括太医院的太医和医官，后者包括普通业医者、儒医、道医、巫医和医学研究者。

四 社会史研究

家庭、家族与婚姻礼俗：王姝《金代女真婚姻礼俗探源》（《东北史地》2016 年第 4 期）认为，金朝婚姻习俗特征体现在同姓不婚，禁止继父、继母子女间通婚，一夫一妻制与一夫多妻制并行，允许民族间通婚，允许良贱为婚等方面。金政权通过施行各种婚制政策，抑制婚丧过度消费的社会现象，促进了各民族间的融合。在婚姻缔结的程序和礼仪等方面具有女真族独有特色，并随着各民族间交往不断融合发展。该作者另一篇文章《金代奴婢来源与地位》（《辽宁工程技术大学学报》2016 年第 6 期），对金代奴婢进行了探讨，认为金代奴婢受宫廷、官府、贵族家庭杂役驱使，在金代社会从事着农业、畜牧业、手工业、服务业等底层繁重工作。奴婢主要源自受掳掠俘虏、贫困及负债者、罪犯及家属等。奴婢常被买卖、转让以及刺青标记，并作为随嫁妆奁与陪葬品随意处置。奴婢的数量更是衡量贫富程度的重要标志，因此奴婢常被皇帝作为财富赏赐给有功将士。金代中后期，国家在婚姻法、刑法的制定及科举方面皆对奴婢群体有所关照，但仍旧无法改变其低下的社会地位。王新英《金代临潢杨氏家族考述》（《内蒙古民族大学学报》2016 年第 4 期）认为，辽末金初，临潢杨氏家族通过科举起家入仕。入金后一度发展良好，至第九世时更有杨伯雄、杨伯仁等人在海陵、世宗两朝逐步跻身金权力中心。至第十世和十一世时，家族成员虽然仍有通过科举入仕者，但是仕履不达，未能如前代一样跻身于金权力中心。由于金末政局的动荡，临潢杨氏家族亦随之衰落。

丧葬：王姝《金代妇女丧葬礼俗考论——以夫妇合葬礼俗为研究中心》（《社会科学战线》2016 年第 10 期）认为，金朝皇后亡故后，除个别因宗教信仰与特殊遗命外，一般皆祔葬皇帝陵寝，妃嫔去世后祔葬皇后陵寝。宦门阶层家庭中，正室夫人、一位或者多位继室夫人卒后共同祔葬丈夫陵墓为宦门妇女丧葬的最主要形式，次室一般不能与丈夫合葬。平民阶层妇女卒后一般与丈夫合葬，葬式简单，随葬品少而粗糙。亡故夫妇的子、孙是合葬葬礼的主要主持者，亡故男性的同辈血亲兄弟、续娶夫人、女儿甚至是其夫人娘家人亦可为合葬、迁葬的主持者。党斌《金代墓葬、墓志与陕西社会考述》（《古籍整理研究学刊》2016 年第 5 期），对陕西境内历年来发现的金代墓葬和出土墓志进行全面考察，在此基础上，对金朝在陕西的辖区、陕西金代墓葬和墓志的区域性特征等问题进行论述。葛林杰《古代悬镜葬俗研究》（《考古》2016 年第 12 期），辽宋中晚期至金代中期、金代中期至元代，墓葬中流行的悬镜可分为顶镜、壁镜和顶、壁镜共用三大类，行用者有高等级贵族、官吏和普通人，使用者有信仰道教、佛教、佛道兼修及无明显宗教背景的普通人。梁娜《浅议女真萨满墓葬》（《东北史地》2016 年第 3 期）认为，目前发现的女真萨满墓葬分为三个类型，展示了辽代五国部时期至金建国之后百年间女真人萨满墓葬变化趋势。

衣食住行：王姝《金代社会习俗研究》（《吉林化工学院学报》2016 年第 10 期），对金代社会的居住、饮食、乐器和歌曲等习俗进行了探讨，认为金代女真人通过渔猎与畜牧获得日常生活食物所需，食物种类多样，加工方式简单。饮酒与饮茶为饮食风俗重要内容。女真早期居所简单，房屋材质以木质为主，内有火炕取暖，建国后，居所逐渐有等第之别，并由极简走向完善。女真早期乐器种类极少，歌曲贫乏且单调，至大定、明昌之际方粲然大备。金朝女真族与汉族、契丹族、渤海族等各民族生活方式与习俗风尚在不断的相互融合与影响中共同发展。李学成《女真姓名风俗考》（《黑龙江民族丛刊》2016 年第 3 期）认为，金代女真人的取名习俗深受汉文化影响，同时保留了本民族的特点。黄甜《金代墓葬壁画中的饮食文化研究》（《宁夏大学学报》第 5 期），金代墓葬壁画不仅出现了狩猎、畜牧、农耕等反映食物来源的场景，还有大量烹制食物的“庖厨图”，将庖厨烹饪、温酒煮茶、送食备宴和各类宴饮等环节表现得淋漓尽致。金代墓葬壁画宴饮图中的饮食生活，突出表现为三方面：一是金代社会的食物种类逐渐丰富多样。二是金代社会饮食逐渐具有礼仪、娱乐、情趣的特点。三是金代社会饮食受民族融合影响较大。张元锋、李真真《射柳运动变迁研究》（《体育文化导刊》2016 年第 2 期）认为，金朝时期，射柳演变成了一项拜天礼仪，并传入北京。

五　民族、民族关系、对外关系研究

金代民族：武文君《金代懿州的契丹人与女真人》（《辽宁工程技术大学学报》2016 年第 5 期），对金代懿州的契丹人与女真人进行探讨，认为金代懿州的契丹人因战争、统治需求、起义等原因有迁出也有迁入，同时女真人通过政策性移民、屯兵、入仕、婚姻等方式也迁居于懿州。从懿州长官的选任看，在金代女真人对懿州的统治呈现逐渐加强的态势，从懿州走出的契丹人的任职情况看，他们也有一定的政治影响。郝素娟《金代女真族移民生存状态探析》（《通化师范学院学报》2016 年第 7 期），对金代女真移民进行探讨，认为有金一代，女真人三次从东北地区大规模迁徙中原，移民后的女真人生活出现两极分化现象。一部分上层女真贵族攫取大量土地，迅速向地主阶级转化，过着奢侈腐化的生活。而大部分中下层女真移民走向了贫穷，甚至无以为生的地步。女真移民生活的不同变化是多种因素影响下的结果，而根本因素是经济文化较为落后的女真移民无法适应中原地区先进的生产方式。同时，政府因素在人口迁徙中的作用也无法忽视。符海朝《金世宗燕人上层“诡随”论探析》（《兰州学刊》2016 年第 7 期），对燕人上层，主要是汉族人进行探讨。文章认为金世宗对燕人上层“诡随”的评价，既不客观，也不全面，并认为金世宗这一评价的出台，既和辽、宋、金激烈争夺下幽云地区燕人上层的选择有关，又和海陵时期金朝恶劣政治生态所导致的燕人上层的表现有关，也与女真文化和汉文化的差异有关。为了纠正燕人的“诡随”行为，金世宗虽采取许多纠偏举措，但收效甚微。孙炜冉《金代渤海世家及其与金朝皇族的联姻》（《博物馆研究》2016 年第 4 期），对金代渤海世家大族及其与皇族的联姻进行了研究。文章认为金代具有代表性的渤海世族张浩家族、李石家族、王庭筠家族以及几位高氏家族等，皆为辽初迁徙至东京道地区的渤海贵族和右姓移民的后裔，在辽末投附于金，为金朝国家和制度的建立、完善贡献卓著，所以没有被迁往中原地区。同时，文章也认为这些世族在辽东地区形成了以辽阳、澄州及辰州为中心的渤海世族集团，是渤海移民后裔在金代以族群形式聚居的最后组织。金代中前期的皇室依然保持着与渤海移民上层的联姻传统，既有助于笼络渤海名门望族，又可以安抚渤海底层民众，有利于其统治。

民族关系与民族政策：程尼娜《金朝与北方游牧部落的羁縻关系》《吉林大学社会科学学报》2016 年第 1 期）认为，金朝与蒙古草原游牧部落的羁縻关系始于金太宗天会三年，其后逐步建构发展起北方游牧部落朝贡关系，直到金卫绍王大安三年蒙金全面开战为止，存续了 80 多年。金朝采用剿抚结合的手段经营对北方游牧部落的羁縻统辖关系，以北部缘边东北、西北、西南三路招讨司为主，管理游牧部落的朝贡活动，设立榷场进行互市，对蒙古、阻卜等部落酋长实行册封、宴赐制度，但不允许朝贡成员入内地朝贡，通常在界壕贡场对朝贡者进行回赐。金朝多次出动大军镇压草原游牧部落的反叛者，表现出具有强力色彩的羁縻关系。随着北方游牧部落日益强大，金朝直辖区与草原游牧部落朝贡区的分界线“界壕”一再向南内缩。成吉思汗对金开战，结束了北方游牧部落与金朝的羁縻朝贡关系。宁波《浅析金代对北京路契丹、奚族的民族政策》（《北方文物》2016 年第 2 期）认为，金代对北京路诸族的统治策略及统治手段差异较大。金初对契丹、奚人采取的是和平招抚与重用相结合的政策，加强对契丹、奚人利用与管理。中后期，女真统治者在极力笼络、安抚并利用契丹、奚人为其统治服务，同时亦采取强硬手段大力镇压北京路内不服从其统治的契丹、奚人。以世宗朝为分界，世宗前期在政治上对奚人较为信任和重用，后期则转为歧视和排斥。

金宋关系：2016 年度通过宋人出使金朝行记探讨宋人对金人和女真人认识的研究成果有了新的进展。阮怡《华夏与夷狄：关于女真族形象的文化想象》（《中央民族大学学报》2016 年第 6 期）认为，在尊华卑夷的观念和封建宗藩外交关系的双重影响下，宋朝使金文人对女真族形象的刻画充满否定性的描述。宋人自我形象与金国形象始终被设置在华夏与夷狄、文明与野蛮两端。对女真族的描述一方面是对女真族真实生活面貌的反映，一方面也是使金文人将自身的文化价值观投射到女真族身上而获得的意识形态化的形象，宋人不断地否定女真人以此来加强对自我文化大国身份的确认。该作者的另一篇文章《宋代域外行记形塑“他者”形象之策略——以使金行记为中心》（《西北民族大学学报》2016 年第 5 期）认为，宋代的使金行记在宋人关于金国“社会集体想象”的影响下，筛选出女真族粗疏无文、遗民人心思汉、金地荒凉破败等特点来塑造金国形象，总体呈现出负面、丑陋的形象，透过对金国形象的描述，宋人完成了对自身文化大国形象的塑造。王昊《汴京与燕京：南宋使金文人笔下的“双城记”》（《中国高校社会科学》2016年第2期）一文认为，南宋使金文人的语录和诗词创作聚焦于旧废都汴京与新帝都中都（燕京）之不同的“城市映像”。汴京与燕京双城城像书写的内涵落差，具有文化象征意义，即以华夷之辨的正统论为内核的“文化差等主义”。倪洪《论张毂势力的政治态度与宋、金的应对》（《烟台大学学报》2016年第3期）认为，张毂势力是金初平州地区的一股割据势力。张毂势力对北辽、奚国、天祚帝、宋、金所采取的政治态度，目的都是为了确保其割据。但宋、金都有控制平州的志向。北宋希望以承认张毂的利益为代价，换取平州的归附，从而恢复汉唐旧疆，但以失败告终。金则希望控制除燕京、西京以外的辽朝疆土。最终，金采取武力手段，消灭了张毂势力。张毂势力对时局的态度，以及宋、金对张毂势力的应对，是辽末金初燕山地区错综复杂政治军事形势的一个集中反映。吕变庭《略论岳飞与南宋及金朝政局变化的利害关系》（《河北大学学报》2016年第6期）认为，岳飞与南宋及金朝的政治关系比较复杂。南宋初期，由于宋金战争的客观需要，武将地位上升，与北宋所推行的文人政治策略发生严重冲突。在金朝一改与南宋的正面冲突战略，而为利用南宋文臣的政治力量来分化和瓦解其日益强大的武将势力的形势下，岳飞便成了当时南宋文人与武将之间争夺权力的一个政治牺牲品。朱洁《洪迈屈金及其原因探究》（《社会科学战线》2016年第5期）认为，洪迈“屈服”一说更接近事实真相。

金夏关系：张少珊《辽金承认西夏帝位的原因分析》（《赤峰学院学报》2016年第1期）认为，辽末和金末，分别以不同形式对西夏王的“皇帝”身份给予承认。辽金两国的这种做法是在各自末期，因所处内外环境复杂，统治危机加深，为保存自己共同应对外来敌人迫不得已而为之的举措。赵坤《辽、宋、金册封西夏“皇帝”始末考》（《河北北方学院学报》2016年第3期）认为，金朝也与辽宋一样视西夏为属国藩王，后来曾承认过西夏的皇帝称号，但因其政权很快灭亡而不了了之。王震《辽西夏金“天使”考》（《齐齐哈尔大学学报》2016年第8期）认为，辽朝“天使”是对皇帝使者的尊称；西夏、金朝的“天使”也是对使者的称呼，但可能不是专指皇帝的使者，也有可能是指将帅的使者。

金朝与高丽关系：马天、姜德鑫《金代“天眷新制”对高丽王朝司法体系的影响》（《北华大学学报》2016年第6期）认为，金朝天眷元年（1138）颁行的“天眷新制”，通过外交与战争的双重手段，对高丽王朝的司法体系产生了巨大的影响，使得高丽亦进入了金国“去辽法而兴汉律”的轨道之中，对其法律系统的发展具有重要意义。

六 史学与文献研究

史学方面的成果有：邱靖嘉《王鹗修金史及其〈金史稿〉》探赜》(《史学史研究》2016 年第 4 期)，围绕王鹗修史之经过，再论元翰林国史院的始置年代，总结王鹗之于金史编修的主要贡献，并寻找其所遗留《金史稿》的踪迹。文章认为蒙元时期纂修的《金史》，虽成书于元末，却实有赖于元初王鹗的修史成果。关儒茜、李德山《元好问与金史》(《北方论丛》2016 年第 2 期)，从元好问修史思想形成的原因和他主要的历史文献学贡献两方面论述了元好问的修史工作，认为元好问所修《金史》为元修《金史》提供了丰富的素材。李玉君、张新朝《金毓黻先生与辽金史研究》(《史学史研究》2016 年第 3 期）认为，金毓黻先生在辽金史研究上也做出了卓越贡献，是该领域的拓荒者和奠基人之一。金先生早年在“爱乡邦、御外侮”思想指导下涉足辽金史研究，首开宋、辽、金三史兼治之先河。他擅长史料考证，在辽金史研究中博考典籍、严密求证、广搜材料，体现了扎实的史学功底和求真的治学态度。金先生对辽金史料的整理、考订以及对一些相关社会历史问题的独到见解，填补了不少史学空白，更为后来的研究者打下了基础。

文献方面的主要成果有：邱靖嘉《晓山老人〈太乙统宗宝鉴〉所见金朝史料辑考》(《文史》2016 年第 2 期）认为，编纂于元大德七年的晓山老人《太乙统宗宝鉴》中有关金代历史的记载有 3000 余字，可视为一篇简明的金朝编年史，对于校补《金史》多有裨益。张云《孙德谦稿本〈金史艺文略〉考论》(《图书馆杂志》2016 年第 4 期）认为，民国时期目录学家孙德谦所著《金史艺文略》于诸家补志中最为晚出，征引详备，体例完善，考证精审，成就最大，可以对金朝一代著述之盛有完整而详明的了解。魏影《明代〈金史〉南北监本刊刻考述》(《古籍整理研究学刊》2016 年第 4 期)，明朝政府先后于嘉靖八年（1529）刊印了南京国子监本《金史》、万历三十四年（1607）刊印了北京国子监本《金史》，并颁行全国。这两种版本《金史》在清代都得以续修，虽然其所刊并非佳本，但是对后世学术仍有裨益。白刚《〈金史・粘哥荆山传〉勘误一则》(《兰台世界》2016 年第 20 期）认为，《金史・粘哥荆山传》中的“丁未，二邑皆降”前当脱“开兴元年正月”。该作者另外一篇《〈金史・爱申传〉勘误一则》(《黑河学院学报》2016 年第 4 期）认为，马肩龙是在德顺一战中与爱申一起战死了，而《金史・爱申传》的马肩龙“不知所终”的说法又没有其他史料的支持，故“不知所终”的说法当误。陈晓伟《〈东相王村董家庄双堠碑〉考释》(《辽宁工程技术大学学报》2016 年第 4 期）认为，碑文所称“中都”应指金中都，其创制年代为贞元元年（1153）三月海陵王迁都燕京以后。从该碑所载州县与《金史・地理志》相合，推知立碑地点东相王村董家庄“南至本州伍十里”之“本州”，就是河东北路的石州。马垒《金天眷元年〈谷积山院建佛顶尊胜陀罗尼幢〉考》(《文物春秋》2016 年第 2 期) 认为,《谷积山院建佛顶尊胜陀罗尼幢》是继昭大师门人长寿为报先师教诲之恩所建,属于密教陀罗尼经幢,所刻文字以佛经为主,用于传播赞颂《佛顶尊胜陀罗尼经》的神奇法力。何山《〈四耶耶骨棺盖墨书墓记〉新考》(《重庆第二师范学院学报》2016 年第 4 期) 认为,《四耶耶骨棺盖墨书墓记》棺盖所记年号非北魏“永安”,而应是金代之“承安”,即墓记产生时间为金代承安二年;“阆”不应解作“郎”的通假字,“三阆”实为墓主之名,即“四耶耶”名“蒋三阆”,碑文所谓“次孙蒋润”,系其侄孙,最末一字应是“题”,即侄孙蒋润为其四耶耶题写墓记,“耶耶”作祖称无疑。

七　历史地理与文物考古研究

历史地理方面的成果主要有:刘冠缨《金上京城历史沿革及形制特点》(《学问》2016 年第 5 期) 认为,金上京的形制特点,一改辽上京的南城为汉城、北城为皇城的特点,将皇城置于南城,北城则为官衙及汉城,体现出金代初期文化融合的特色。王禹浪、王天姿《哈尔滨城史纪元的再研究》(上)(《哈尔滨学院学报》2016 年第 1 期)、《哈尔滨城史纪元的再研究》(下)(《哈尔滨学院学报》2016 年第 2 期) 认为,哈尔滨早在金代就已经形成了具有古代城镇功能的城市。坐落在哈尔滨市阿城区的金上京会宁府遗址,就是哈尔滨古代都市文明的铁证。金上京城的建置年代就是哈尔滨古代城史纪元的标志。两位作者的另一篇文章《牡丹江流域辽金元及明清时期的民族文化遗存》(《黑河学院学报》2016 年第 2 期) 认为,金代胡里改路等行政机构的设置,将牡丹江流域纳入行政管辖体系之中。孙田《甘南阿伦河古城考》(《理论观察》2016 年第 11 期) 认为,黑龙江省甘南县兴隆乡境内的阿伦河古城是金代岭南长城、东北路防线上的军事堡垒,对金政权的边疆安定和屯田开垦具有重要意义。刘永海、武善忠《金世宗、章宗唐山地区“春水”小考》(《唐山师范学院学报》2016 年第 1 期) 认为,金世宗、章宗在唐山地区的春水集中在滦州石城县和蓟州玉田县,又以滦州为主。孙文政、祁丽《黑龙江省汤原县双河古城历史学研究与考古学观察》(《理论观察》2016 年第 12 期) 认为,黑龙江省汤原县香兰镇的双河古城,不是辽代五国部盆奴里治所,是金代屯河猛安治所和元代桃温万户府治所。

文物考古方面的成果主要有:李秀莲《〈大金得胜陀颂碑〉与出河店之战》(《北方文物》2016 年第 1 期) 认为,涞流水誓师发生在出河店之战前,《大金得胜陀颂碑》是为纪念出河店之战而立。张庆捷、白曙璋、冀保金、武德强、宋少红、畅红霞、杨小川、耿鹏《山西沁县上庄金墓发掘简报》(《文物》2016 年第 8 期),介绍了 2015 年 6 月山西省考古研究所会同沁县文物馆对位于山西省沁县淳源镇上庄村的一砖室墓进行抢救性发掘的情况。该文认为该墓为一座仿木结构砖室墓,由墓道、墓门、甬道、墓室及耳室组成,墓室平面呈八边形。墓室除北壁外,其余七壁上部均有一组三幅砖雕孝行图，共 21 幅，部分刻有榜题。根据墓葬结构、砖雕人物服饰和随葬器物等判断，此墓年代应为金代中晚期。上庄金墓的发现，丰富了沁县及长治等晋东南地区金代砖雕墓的发掘资料，其保存完整的砖雕孝行图，在一定程度上反映了金代的社会风尚，为晋东南及整个山西地区金墓的研究提供了新材料。

王晶《辽河东部地区金代遗址探析》（《辽宁工程技术大学学报》2016 年第 4 期）认为，金代在辽东地区的建置主要为威平路和东京路。该文通过收集整理了辽宁省辽河东部地区已发掘的金代城址和遗址，结合相关史料及出土遗物，对金代辽东部地区的经济发展状况进行了分析，认为辽东地区的经济发展水平处于东北前列。

郭明、肖新奇、梁振晶《辽宁辽阳市官屯窑址第一地点 2013 年发掘简报》（《考古》2016 年第 11 期），介绍在 2013 年于辽阳市江官屯窑址第一地点清理出了窑址、灰坑、房址等遗迹。出土的大量瓷器和少量陶器分为生活用具、娱乐用具、雕塑品、建筑材料、工具、窑具。不同时期窑炉叠压和后期修整利用现象明显，有助于了解该窑址窑炉结构及装烧方式的变化。通过器物形制和钱币等判断其主要使用时期为金代。陈良军、郭少飞、丁拴红、侯家贵、张鹏琦《济源市龙潭宋金墓葬发掘简报》（《中国国家博物馆馆刊》2016 年第 2 期），介绍了 2014 年在古四渎之一、济水的西源头龙潭发现了两座砖室墓的情况。M1 为四角攒尖顶，墓室的内壁经过了焚烧，出土墓志记载了墓主人坎坷的戎马人生，以及死后三次迁葬的事实。该墓是目前济源地区发现的第一座有明确纪年的金代墓葬。墓志对宋金时期中原地区的政治、军事、水利都有记载，丰富了宋金历史的研究。梁会丽、张迪、解峰、顾聆博《吉林白城城四家子城址建筑台基发掘简报》（《文物》2016 年第 9 期），介绍了 2013—2014 年吉林省白城市洮北区德顺蒙古族自治乡古城村北部城四家子城址建筑台基的发掘情况，出土了大量板瓦、筒瓦、瓦当等建筑构件。从建筑基址结构及出土器物来看，该城址应为辽代长春州、金代新泰州。肖新琦《江官屯遗址出土的铁锁》（《学问》2016 年第 6 期），位于辽阳市文圣区小龙镇江官村北侧的江官屯遗址是一处始于辽并沿用至元的窨址群，该遗址出土有 10 件铁锁，是目前辽宁地区出土铁锁最多的遗址，为铁锁研究提供了难得的实物资料。尚珩、金和天、王策《北京大兴区三合庄汉至元代遗址》（《大众考古》2016 年第 3 期），介绍北京大兴区黄村镇的三合庄遗址出土陶、瓷、石、铁等各类文物 600 余件（套）和大量炭化植物遗存，其中炭化高粱经 ^{14}C 测定属于金代早中期，是我国乃至东亚地区发现的最早的高粱遗存，为解释高粱传入我国的时间、途径，在农业中的角色等提供了强有力的证据。

八 研究回顾与书评

研究回顾的成果主要有：周峰《2015 年辽金西夏史研究综述》（《中国史研究动态》2016 年第 6 期）认为，2015 年辽金西夏史研究出版专著 80 余种，发表论文

1100余篇。尽管低水平及重复之作仍大量出现，但是在政治史等领域也出现了一些高水平的论著。由中国社会科学院西夏文化研究中心和中国民族史学会辽金契丹女真史分会主办，史金波、宋德金主编的《中国辽夏金研究年鉴2013》由中国社会科学出版社出版，这是本系列年鉴的第一部，为学术界全面了解辽金西夏史的年度进展提供了翔实的信息。孙红梅《金代汉制封爵研究综述》（《辽宁工程技术大学学报》2016年第3期），金代封爵分为两类：一是汉制爵位，即王、公、侯、伯、子、男爵；另一类是猛安谋克世爵。该文针对汉制封爵制度研究现状加以综述，将散见于古代文献和今人论著中有关金代汉制封爵的研究状况作系统梳理，对这一问题的深入研究大有裨益。王姝《20世纪以来金代妇女研究综述》（《妇女研究论丛》2016年第2期）认为，近百年间，金代妇女相关方面研究硕果累累，主要体现在金代妇女社会地位、婚姻家庭、社会习俗、教育与作品成就、宗教信仰等几个方面，但存在着学科化、理论化不强的特征，有待日后加强研究。何雪娜《金代节度使研究综述》（《博物馆研究》2016年第3期），全面介绍了金代节度使研究状况，认为尽管关于金代节度使的研究有待于进一步的加强和深化，但学界研究成果仍然有重要意义。建议未来在研究金代节度使的方面能拓宽范围，从历史大背景入手，有针对性地对其展开多方面的研究。林娜《辽金时期廉政建设研究综述》（《东北史地》2016年第3期），对金代廉政建设研究状况从廉政建设、廉政思想文化和廉政建设实践三个方面进行了介绍，认为辽金廉政建设研究是辽金史研究的薄弱环节，特别是对于辽金时期廉政建设整体研究的论著不多，且有些论著的观点失之偏颇。王雷、赵少军《金代货币制度与政策研究综述》（《中国史研究动态》2016年第1期），对金代货币制度与政策研究状况进行了介绍和评述，认为金代货币制度与政策中的不分“界分”交钞的印行和法定银币的流通是中国货币史上的创举，金代货币体系和通货膨胀等相关问题，长期以来为史学界密切关注，相关记载在金代及以后的文献史料、文人笔记、文集和碑刻中均有涉及。秦慧颖、陈祺、黄维、任文彪《2015年中国钱币学研究综述》（《中国钱币》2016年第4期），对2015年国内的钱币学、货币史研究状况进行了综述，文中对近年来发现的大量金代窖藏钱币实物和文献，对“贯”“五贯”等计量单位和“短钱”“足陌”现象的探讨，尤应关注。王永、张晓东《辽金文学研究前沿成果综述（2010—2015年）》（《江苏大学学报》2016年第3期）认为，2010年至2015年，辽金文学领域各种类型和体例的文学史研究成果不断增加，作家、作品、研究资料的文献整理工作有序推进，论文、项目、活动等领域不断涌现新的研究视角和学术话题。常小兰《金末文坛领袖赵秉文研究综述》（《忻州师范学院学报》2016年第3期）认为，历代学者对赵秉文的研究在生平、文学、史学以及思想方面均有涉及；生平综合类的研究数量较少，但涉及角度全面；文学研究主要从风格、原理、继承等方面把握其创作实践和理论；史学角度大多认为赵秉文以儒家华夷可变思想肯定金的正统地位；思想上侧重研究其三教合一的哲学思想。虽研究角度宽泛，但仍存在对赵秉文书法的研究屈指可数的不足。郭雅楠《金末文坛领袖李纯甫研究综述》(《忻州师范学院学报》2016 年第 3 期)认为，近 30 年来，学术界对李纯甫的研究主要集中在生平、学术思想、文学理论和文学创作方面，收获甚多。但同时也存在一些不足，如生平方面对李纯甫的文化活动、交游等缺乏细致分析。王天姿、王禹浪《辽金元时期壁画研究综述概要》(《满族研究》2016 年第 1 期)，通过综述辽金元时期壁画研究，总结了辽金元时期壁画特点与壁画中所反映的社会生活。

书评方面的文章主要有：孙瑞雪《系统研究全真教历史的新范式——读张广保教授的〈全真教的创立与历史传承〉》(《世界宗教研究》2016 年第 2 期)认为，张广保教授将全真教的研究称为“一门国际性的学问”无疑是十分贴切的。史地《整合力量　打通界限　推进研究——〈辽金西夏研究年鉴〉读后》(《东北史地》2016 年第 3 期)，对景爱遵从陈述先生遗愿主编《辽金西夏研究年鉴》进行了评论，认为辽金西夏都是少数民族国家，大体处于同一历史时期，彼此关系密切，应当一并加以研究。刘祖生《老钱是个茶诗迷（代序）——贺〈历代茶诗集成（唐代卷）(宋代卷)(金代卷）问世》(《茶叶》2016 年第 1 期)，介绍了《历代茶诗集成》金代卷的编撰及收诗情况。杨卫东《〈金代图书出版研究〉评介》(《长春师范大学学报》2016 年第 5 期)认为，李西亚《金代图书出版研究》一书的出版，有力地推进了中国古代出版史和金代历史文化的研究，具有较高的学术价值。该书从图书出版的角度来探讨历史文化认同问题，其突出的思想与理论价值跃然纸上。该书融会出版理论与史学理论，结合传播学与历史学的研究方法，对大量史料进行深入挖掘，对某些问题进行探索性研究，尽显作者深厚的考证功底和开拓精神。

综上所述，2016 年度金史研究有很大进展，成果丰硕，研究内容、研究方法、研究视角均有不同程度的进展。从研究内容上看，金代政治和制度研究仍是热门话题，经济史的研究虽然较弱，但是也很出色，有进一步研究的潜力。对金代文学的研究一直是近年来金代文化研究内容中的焦点，无论是在研究成果的数量上还是研究内容上都名列前茅。相比之下，民族关系方面的研究稍显薄弱，虽对金宋、金丽、金夏和金蒙关系有涉及，但尚有深入研究的空间，尤其是对金蒙关系的探讨尚需深入。对文献研究的文章数量比 2015 年多出很多，可见大家更加重视对原始文献准确性的把握。社会史研究方面焦点仍是衣食住行和风俗习惯，对家庭和宗族史的探讨有待深入。

辽史研究学术史回顾[*]

宋德金[**]

元修《辽史》从元顺帝至正五年（1345）刊刻至今已经670年了，辽朝史的修撰，如果从作为元修《辽史》基本依据的耶律俨《皇朝实录》、陈大任《辽史》算起，时间就更长了。值此中华书局点校本二十四史修订本之《辽史》出版之际，应出版社之约，对《辽史》及辽史研究历程作一简要的回顾，使这段对许多人来说颇觉陌生而又具有特色的历史引起更多关注，是很有必要的。有关这方面的综述已不乏见，很难写出新意，加之囿于笔者学识，又是限期完成的命题作文，很难达到预期目的是可以想见的了。本文所谈内容，对专业研究者来说多是常识性的，而对专业研究者以外的读者又不免觉得枯燥乏味，笔者也只好勉为其难了。

以下拟分几个阶段对《辽史》与辽史研究的历程略作梳理和回顾。

第一阶段：从《辽史》编撰刊行到19世纪末20世纪初

同我国历代一样，由契丹人建立的辽朝初年即设监修国史，后来正式设立国史院，置监修国史、史馆学士、史馆修撰、修国史等职官。辽朝国史有起居注、日历、实录等。金灭辽后，先后有萧永祺撰《辽史》和陈大任撰《辽史》，不过均未刊行。元朝中统二年（1261）和至元元年（1264）曾议修辽金二史。南宋灭亡后，又议修辽金宋三史，都因关于“正统”问题议而不决。直至元末至正三年（1343），脱脱任纂修三史都总裁，决定辽、金、宋“各与正统，各系其年号”，才解决了长期争论不休的正闰问题，并且仅用一年时间就修成《辽史》116卷。《辽史》主要依据耶律俨《皇朝实录》、陈大任《辽史》，并参考《资治通鉴》《契丹国志》及诸史《契丹传》等编排而成，当时能够见到的两宋笔记、野史、谱录及许多重要史书均未采用（参见冯家昇《〈辽史〉源流考》，收入《冯家昇论著辑粹》，中华书局1987年版）。《辽史》成书仓促，缺点甚多，受到后人的诟病，但它毕竟是研究有辽一代政治、经济、军事、科技、思想文化、社会风俗等最重要的基本史料。元修《辽史》的出现，为“正史”增添一史，在正史修撰和辽史研究

---

* 本文系应约为配合中华书局点校本二十四史修订本《辽史》的出版而作，原载2016年5月6日《文汇学人》专刊。

** 宋德金，男，辽宁新民人，中国社会科学杂志社编审，主要研究方向为辽金史和中国社会史。

史上具有十分重要的意义。

《辽史》完成后的约300年间，此书及辽朝历史并未引起史家的多大重视。明代仅有杨循吉撰《辽小史》1卷，不足万字，这是同明王朝以汉族为正统的传统观念相联系的。及至清代，陆续有相关著述问世。大致可分为五类：一是拾遗补阙，其中以厉鹗撰《辽史拾遗》24卷最为有名。梁启超说："辽金元三史最为世诟病。清儒治辽史者莫勤于厉樊榭（鹗）之《辽史拾遗》二十四卷。"（《中国近三百年学术史》，中国书店1985年版，第294页）不过罗继祖认为，严格说来，此书"只能算是一些有关史料的汇录而已，对《辽史》本身的裨补不大"。后有杨复吉撰《辽史拾遗补》5卷，采厉鹗未见书及散见其他书中有关辽史400条，与厉书相辅流行。二是史实考证，如钱大昕《廿二史考异》卷83"辽史"和《诸史拾遗》中有对《辽史》和史实的考证；赵翼《廿二史劄记》卷25—28是有关宋辽金三部正史和若干史实的考证。三是增补表志，如万斯同《辽大臣年表》、汪远孙《辽史纪年表》等，而补艺文志尤多，如倪灿、厉鹗、金门诏、缪荃孙等人都有补《辽史》艺文志、经籍志之作。四是纪事本末，有李有棠《辽史纪事本末》40卷，分正文与考异两部分。正文以《辽史》为主，参之以五代与宋、金诸史及各传记，"区别条流，各从其类"；考异占全书大半，凡与他史及各传记事有异同，词有详细，兼仿裴松之补注《三国志》及胡三省注《通鉴》，并取司马光所著《考异》30卷散入各条例，分载每条之下（《辽史纪事本末凡例》）。该书还对人名、地名、职官、年代等进行考证，征引书目达600多种，是历朝纪事本末体史书中价值较大的一种。五是诗文辑录，有周春撰《辽诗话》1卷，后来增补为2卷，定名为《增订辽诗话》（1797）。书中除收录辽人诗作外，还有宋人使辽诗以及后人咏辽代遗迹的诗；缪荃孙辑《辽文存》6卷，所收资料以金石碑刻居多。总之，从元修《辽史》问世直到19世纪末，有关辽史的著述不多。

第二阶段：从20世纪初到40年代末

这个时期的辽史学，一方面是继续就《辽史》进行补正、考订、校勘及辽文辑录，另一方面是开始采用近代史学方法研究辽史。

《辽史》补正、考订、校勘及辽人著作辑录。

《辽史》补正、考订撰述，有李慎儒《辽史地理志考》5卷（1901），丁谦《辽史各外国地理考证》1卷（1915），吴廷燮《辽方镇年表》（1901，为氏著《历代方镇年表》之一卷），黄任恒《辽代年表》1卷（1915），谭其骧《辽史地理志补正》、《辽史订补三种》（1942），罗继祖《辽汉臣世系年表》1卷（1937），张亮采《补辽史交聘表》5卷，傅乐焕《宋辽聘使表稿》（1949），王仁俊《辽史艺文志补证》1卷，黄任恒《补辽史艺文志》1卷等。这一时期《辽史》校勘成果颇丰，是辽史学取得重大进展的标志。有陈汉章《辽史索隐》8卷（1936），据作者自叙称书名系"蹈袭"（唐）司马贞《史记索隐》之旧名，该书在对《辽史》补正、考订、校勘上下了很大功夫。张元济《辽史校勘记》（稿本）也是这方面的著作。冯家昇、罗继祖、傅乐焕在《辽史》校勘和辽史研究上贡献尤大。

辽文辑录成果，有王仁俊辑《辽文萃》7 卷，黄任恒辑《辽文补录》1 卷，后来黄氏将此书与《辽代纪年表》1 卷、《补辽史艺文志》1 卷、《辽代文学考》2 卷、《辽代金石录》4 卷合为《辽痕五种》（1925），罗福颐辑《辽文续拾》2 卷、《辽文续拾补遗》1 卷（1935），金毓黻辑《辽陵石刻集录》6 卷，罗福颐辑《满洲金石志》3 卷（1937）亦著录有辽代石刻，陈衍辑《辽诗纪事》12 卷（1936），除收录辽代本事的诗歌外，还附以西夏、高丽两国之作。

以上有关《辽史》考证、校勘和辽文辑录等，均属史料整理的范畴，而用近代史学方法研究辽史，则是本时期辽史学取得进展的另一重要标志。

19 世纪末 20 世纪初，中国史学界出现了革新思潮，辽史研究同中国历史学总体发展一样，实现了从传统史学向近代史学的转变。王国维是新史学方法的倡导者之一，主张结合近代西方学术方法发展出新史学方法，提出“二重证据法”，即史学研究除了使用“纸上之材料”（文献）外，还要重视“地下之新材料”，“据以补正纸上之材料”（见《古史新证》第一章总论，《国学月报》1927 年第 2 卷第 8—10 期合刊《王静安先生专号》）。王国维利用新方法从事古史研究，涉及辽史者有《辽金时蒙古考》《鞑靼考》《西辽都城虎思斡耳朵考》等，分别就辽金部族、西辽地理等问题作了探索。

在此期间，出现了冯家昇、陈述、傅乐焕、罗继祖等辽史研究名家，其中前三位被称为“辽史三家”，连同罗继祖又被称为“辽史四家”。他们的生活年代和学术活动分别延续到 20 世纪 60—70 年代，乃至 21 世纪初，但是其辽史名家地位的确立是在这一时期。为了叙述方便，将他们毕生对《辽史》校勘和辽史研究的贡献在这里一并介绍。

冯家昇（字伯平，1904—1970），在《辽史》校勘、考订方面，著有《辽史初校》《〈辽史〉源流考》《〈辽史〉与〈金史〉〈新旧五代史〉互证举例》等。冯氏自 1931 年秋起，遍阅当时所能见到的《辽史》各种版本，凡 23 种，历时 2 年，撰成《辽史初校》。以同文书局本为底本，以“百衲”“南监”“北监”各本互校。此书后来收入《〈辽史〉误证三种》（1959）。《〈辽史〉源流考》论述历代修辽史之经过和未成之原因，以及今本《辽史》史源。罗继祖说，“全面研究《辽史》，并从校勘入手应该说冯书是第一部”（前引《辽史概述》）。冯家昇还在契丹研究方面撰文多篇，有《太阳契丹考释》（1931）、《契丹祀天之俗与其宗教神话风俗之关系》（1932）、《契丹名号考释》（1933）等，分别就契丹的信仰及契丹名号之起源、释义等进行考证与论述，从中可以看出作者广博的学识和深厚的功力。

论及冯家昇的辽史研究，这里还要说到在海外学界引起很大关注、署名他与美籍德裔学者魏特夫合著的英文版《中国社会史——辽（907—1125）》（1949），总论部分由魏特夫执笔；其余部分主要由冯家昇撰写，分成两大板块，先是分论，介绍相关主题（具有研究性质），后是注释，集中对史料、名物制度进行注解，内容广泛，涉及有辽一代政治、制度、经济、军事、宗教、风俗、物产乃至契丹文等。该书被评论为："毫无疑问是迄今为止用各种文字出版的辽史研究著作中最重要的一本。它不仅对辽代社会组织、经济生活、管理制度和机构设置等各方面进行了系统分析和详细论述，还提供了大量的原始资料的译文，并列出了至该书出版时用各种文字发表的研究成果的全部目录。""这部著作，是任何对辽史有兴趣的学者都应该读的基本书。"（［德］傅海波、［英］崔瑞德编：《剑桥中国辽西夏金元史》，中国社会科学出版社1998年版，第765页）该书还附有冯家昇对西辽史的研究。附录五《哈剌契丹》"不仅是集前人研究之大成，而且还补充了许多新的汉文史料，并对起儿漫哈剌契丹的史料也作了收集和研究。该附录除去对整个西辽政治史排出四个很详细的事件年表外，还对西辽的社会经济、政治体制、军事制度、文化宗教以及妇女婚姻等作了全面的探讨。这个附录代表了西方国家研究西辽史的最高水平。从那以后西辽史的研究长期处于停滞状态"（参见魏良弢《喀喇汗王朝史・西辽史》，人民出版社2010年版，第226—227页）。

《中国社会史——辽》总论提出的"征服王朝论"问世半个多世纪以来，在海外中国辽金元清史研究中已经成为主流理论和指导思想。对于这样一个在海外影响广泛的理论，而在中国大陆辽金元清史研究中，除得到有的研究者认同外，多数论者持否定和批判态度。对"征服王朝论"无论是否定，还是赞同，似乎都稍显有简单化的倾向，值得我们进行深入的思考和探讨。

陈述（字玉书，1911—1992），著有《契丹史论证稿》（1939），是第一部从多方面研究契丹政治制度的专著，论述了契丹民族之构成、选汗制度和帝位继承、统治政策以及西辽的建立等辽朝政治史上的重要问题。尤其是作者明确指出，"契丹为中华民族之一支，故契丹威名之广溢，亦吾中华民族之光荣"（杨家骆主编：《辽史汇编》第7册，鼎文书局1973版）。这一提法同那种视契丹等少数民族为"外族""异族"的传统观点相比，是一大进步。日本学者鸟居龙藏评价该书说："此书乃近代契丹史中之深具兴味者，读之对著者之高见不胜钦佩。此书乃庄重之出版品，系最有价值之一编政事史。"（《燕京学报》1951年第40期）陈述还发表专著、论文多部（篇），研究范围涉及契丹民族、政治、军事等重大问题。如《乣军考释初稿》（1949），就乣军问题同日本人箭内亘所撰《辽金乣军及金代兵制考》进行讨论，对"乣"的读音、释义、乣军等作了考辨，还有《乣军史实论证》（1950）、《契丹社会经济史稿》（1963）、《契丹政治史稿》（系据《契丹史论证稿》修改增补而成，1986）等。文献整理有《辽文汇》（1953）、《全辽文》（1982），前者是在清末、民初缪荃孙辑《辽文存》、王仁俊辑《辽文萃》、黄任恒辑《辽文补录》、罗福颐辑《辽文续拾》的基础上增益新得者汇编而成，而后者较《辽文汇》又有扩充。自乾嘉以来，清人先后集成《全唐文》《全上古三代秦汉三国六朝文》。《全辽文》则将历代全文延长了一段，汇集大量史料，为辽史研究提供了很大方便。如果能把所收资料与尚存的碑刻、拓片逐一对照、详加校勘，将对辽史研究发挥更大的作用。此外，陈述从 20 世纪三四十年代起即着手编纂《辽史补注》，陈寅恪为之撰写序言，此书卷帙浩繁，工程巨大，耗费作者大半生精力，直至晚年才得告竣，是辽史研究的里程碑式巨著，据悉问世之日可待。

傅乐焕（1913—1966），长期从事辽金元史，特别是辽史研究。《辽史》校勘、辑补方面，有《宋辽聘使表稿》《辽史复文举例》等。专题研究方面，有《宋人使辽语录行程考》《辽代四时捺钵考》等，尤其后文是这个时期辽史研究的重要成果，它不仅对了解辽朝疆域和地理极有价值，并且揭示了辽朝制度的特色及其对后来金、元、清三代的影响，至今仍是研究辽朝制度与文化的必读之经典。傅乐焕有关辽史研究论文收入《辽史丛考》（中华书局 1984 年版）。

罗继祖（字奉高、甘孺，1913—2002），著有《辽史校勘记》8 卷。作者在序中说，《辽史》"缪戾非偻指所可计"，撮其要者约为四端：一曰姓名之异，二曰名字互称而致歧误，三曰记事矛盾，四曰疏漏。于是依清武英殿本，而参以元刊及明南北监本校之。此书撰成于 1938 年（1958 年由上海人民出版社再版），由此奠定了作者的辽史名家地位。此外，还撰有《辽史拾遗续补》《辽史表订补》等。1963 年，被借调到中华书局参与点校《宋史》。罗继祖还发表不少辽史研究论文，如《辽承天后与韩德让》（《吉林大学人文科学学报》1962 年第 3 期）等，引起辽史界的关注。《枫窗三录》（大连出版社 2000 年版）是他晚年结集出版的一部读史随笔、札记，内容涉猎广泛，不乏真知灼见，得到许多学界名宿好评，甚至有评论称其价值不在宋人洪迈《容斋随笔》之下。

除了上述四大家外，还有张元济撰《辽史校勘记》（稿本），金毓黻著《东北通史》上编（东北大学 1941 年版），其中《契丹之统一东北》《东丹国及渤海遗族》和《宋使入辽金之行程》3 节述及辽史，有颇见功力的考证，金氏还著有《宋辽金史》（商务印书馆 1946 年版），其中有一半章节述及辽史，此书首开宋辽金史整体研究的先河。这一时期还有姚从吾、方壮猷，杨志久、朱子方、谷霁光、刘铭恕、傅衣凌、张亮采等人也撰有相关文章。辽代文学研究，有苏雪林《辽金元文学》（商务印书馆 1933 年版）、吴梅《辽金元文学史》（商务印书馆 1934 年版），是最早论述辽金元文学史的专著。

辽庆陵哀册的发现，极大地推动了契丹字的识别与研究。辽代契丹人先后创制了契丹大小字，行于辽金，直至元初尚偶有使用，以后废弃，也无契丹字书籍传世。明清以来，陆续发现若干契丹字碑刻等，引起中外学者的兴趣。1922 年在辽庆陵中发现哀册，从 20 世纪 30 年代起，国内一些学者如罗福成、王静如、厉鼎煃、罗福颐等人，开始从事契丹字研究，其中以罗福成的成就最大，撰有《辽宣懿皇后哀册释文》

（《满洲学报》1933 年第 2 期），还有罗福颐撰《契丹国书管窥》（《燕京学报》1949 年第 37 期），较全面地叙述契丹大小字历史，并汇录所能见到的契丹字，舍其重文，得 1040 余字，为后来的契丹字研究提供了方便。

第三阶段：20 世纪 50 年代至今

新中国成立以后，唯物史观在我国史学研究中确立了指导地位，推动了历史学研究的大发展，辽史研究也是如此。无论是专题研究、断代史编撰，还是文献整理、考订补正，都有许多成果问世，其数量超过以往任何时期，范围涉及各个领域，文物考古的收获更是令人瞩目。

辽朝断代史著作（含通史著作中以较多篇幅设置专章叙述辽史者），主要有蔡美彪等《中国通史》第 6 册（人民出版社 1979 年版），分 3 章叙述辽、西夏、金朝历史，是最早以较多篇幅（约 8 万字）把辽朝作为一个断代叙述的通史著作。断代史专著有张正明著《契丹史略》（中华书局 1979 年版），为第一部简明辽朝断代史。较为流行的还有杨树森《辽史简编》（辽宁人民出版社 1984 年版）、舒焚《辽史稿》（湖北人民出版社 1984 年版），前者叙述简明，后者资料翔实，但大段引文过多，两书对考古材料利用不多。进入 21 世纪后，有李锡厚《中国历史·辽史》（人民出版社 2006 年版）等。

20 世纪 50—70 年代，辽史专题研究同当时整体古代史研究一样，对社会性质、经济、政治的叙述和探讨较多。其中有关社会性质的认识分歧大、争议多，主要有如下几种说法：契丹建国是由原始公社制直接过渡到封建制；阿保机称帝前契丹的部落大酋长民主推选制早已破坏，国家制度的萌芽早已在发展，到阿保机时代正式建立起半汉化的封建国家制度；契丹是以奴隶占有制为基础的各部落联合；阿保机政权是在部落制度基础上建立的奴隶主国家；阿保机建国前契丹已进入奴隶制社会，而且已经包容了奴隶制和封建制两种经济成分；等等。关于与社会性质相联系的所谓宫户、头下户、蕃汉转户等问题也有热烈的讨论。关于政治与制度研究，对皇位继承、国体政体、职官、科举、法制、军事等都有涉及。

20 世纪七八十年代以来，随着改革开放新局面的形成和发展，史学研究的范围拓宽，理论方法也有进展，呈现出前所未有的活跃局面。

长期被冷落的文化史、社会史研究受到关注，并且形成热潮。辽代社会生活、文化、礼制研究等，也取得一些成果。这一时期契丹字研究成就突出。从 20 世纪 30 年代起，前辈学者开始从事契丹文字研究，直到七八十年代，由清格尔泰、刘凤翥、陈乃雄、于宝麟（于宝林）、邢苇里（邢复礼）等合著的《关于契丹小字研究》（《内蒙古大学学报》1977 年第 4 期）取得突破性的进展。后经作者修订，易名为《契丹小字研究》（中国社会科学出版社 1985 年版）。除上述作者外，贾敬颜、黄振华、沈汇、巴图（即实）及吴英喆等人也有契丹字研究论著发表，而近年刘凤翥《契丹文字研究类编》（中华书局 2014 年版）的出版，则是契丹文字研究史上一部集大成的里程碑式著作。

民族关系、辽宋关系研究，由于观念的变化，这一时期有很大进展。如 20 世纪 50 年代以来，在关于历史上民族关系大讨论中，对辽金在当时是中国还是外国的问题有两种相反的意见：一种观点认为，契丹、女真在当时是外族，辽金不是“中国”而是外国；另一种观点认为，契丹、女真在当时是国内民族，辽金属于中国。与此相联系的，在辽金与两宋战争的性质问题上存在三种意见：一是认为辽金与两宋的战争是侵略与反侵略的战争，是外族、外国对中国的侵略；二是认为辽金与两宋的战争是国内战争，不带有侵略与反侵略的性质，只有反动与进步、非正义与正义之分；三是认为辽金与两宋在当时作为敌对的民族与国家，经常进行战争，今天看来是兄弟阋于墙，家里打架。如今已经很少有人支持第一种观点了。又如，关于辽宋澶渊之盟，长期流行的观点，认为当时在宋朝本可获胜和收复燕云的情况下，却订了一个投降的和约，对北宋来说是屈辱的结局。有论者认为这一观点不符合我国多民族自古以来共同缔造祖国历史的事实，也不能正确反映历史上民族斗争与民族关系的本质。澶渊之盟沟通了宋辽双方的政治、经济、文化交流，对当时的社会发展起了积极作用，应予肯定。虽然还有论者认为不管怎么说，澶渊之盟对宋封建统治者来说也是一个城下之盟，但是都不再否认澶渊之盟在客观上的积极作用。

辽朝灭亡后契丹人的去向是许多人关心和感兴趣的问题，陈述《大辽瓦解以后的契丹人》（《中国民族问题研究集刊》1956 年第 5 期）是较早探讨这个问题的论文，认为辽亡后很多契丹人在不同时期、不同条件下分别融合于汉人、蒙古人、回鹘（维吾尔）人、女真（满）人、朝鲜人。而直接承袭契丹人的部分，是现在的达呼尔（达斡尔）。这一论断得到较广泛的认同。近年，传出在云南发现契丹人后裔的信息。达斡尔族学者孟志东（莫日根迪）《云南契丹后裔研究》（中国社会科学出版社 1995 年版）一书根据历史文献、族谱、碑文、传说、语言文字等，综合考察了元朝落籍云南契丹将士后裔的历史和现状，该书问世后引起契丹、辽史界的很大兴趣，推动了有关契丹后裔的关注。

历史地理与文物考古研究成果丰硕。谭其骧主编的《中国历史地图集》，为中国历史地图史上的空前巨著，其中第 6 册为宋辽金时期（中国地图出版社 1982 年版）。参与此图编撰的中央民族学院编辑组编辑出版了《〈中国历史地图集〉东北地区资料汇编》，后来公开发行，改名为《中国历史地图集释文汇编・东北卷》（中央民族学院出版社 1988 年版）。这一时期辽代文物考古有许多重大发现，有不少论著进行介绍。如《文物考古工作三十年（1949—1979 年）》（文物出版社 1979 年版）、《文物考古工作十年（1979—1989 年）》（文物出版社 1990 年版）、《新中国的考古发现和研究》（文物出版社 1984 年版）等。重要考古发现报告与研究，有王健群、陈相伟《库伦辽代壁画墓》（文物出版社 1989 年版）、史树青等《应县木塔的辽代秘藏》（文物出版社 1991 年版）、内蒙古自治区文物考古研究所等编《辽陈国公主墓》（文物出版社 1993 年版)、河北省文物研究所编《宣化辽墓》(文物出版社 2001 年版),等等。2011 年以来,有关考古部门对辽上京遗址进行有计划的考古工作,取得很大收获,对进一步了解皇城内大街的保存和使用状况有重要意义,为再现辽上京生活面貌提供了大量资料。

关于西辽史研究,从清代至 20 世纪 40 年代,我国学者在整理史料、考订史实、译注国外著作方面都作了一些工作。主要有梁园东《西辽史》,是将俄国布莱资须纳德《中世纪研究》中有关西辽部分摘译为中文,并详加注释,于 30 年代由商务印书馆出版,中华书局于 1955 年再版,增加了新版前言和附录。在此后的三四十年间,西辽史研究比较沉寂。20 世纪 70 年代末 80 年代初以来,陆续有论著就西辽史若干具体问题进行讨论。其中,魏良弢研究成就最大,著有《西辽史研究》(宁夏人民出版社 1987 年版)、《西辽史纲》(人民出版社 1991 年版)及作者据两书修订、补充而成的《西辽史》(《喀喇汗王朝史·西辽史》,人民出版社 2010 年版)。

这一时期,特别是近几十年来,对 10—13 世纪中国史进行整体研究取得一些成果,有漆侠、乔幼梅著《辽夏金经济史》(河北大学出版社 1994 年版),不仅依时间顺序论述各代经济史,而且综合论述辽夏金经济发展特点及其历史地位。漆侠主编《辽宋西夏金代通史》(人民出版社 2011 年版),是一部包括 10—13 世纪中国境内全部政权的断代通史。在内容上,全面展示这一时期中国的政治、军事、经济、文化等各个方面的历史,着力探索这一重要历史时期整体的发展演变;在体例上,打破以往按照历史纪年叙述的惯例,采取按照内容编排,分为政治军事、典章制度、社会经济、教育科学文化、宗教风俗、周边民族与政权、文物考古史料 7 卷。两书将同一时段的几个政权视作一个整体,并将其置于中华民族形成发展的大环境中进行考察,视野开阔,是 10—13 世纪中国史整体研究的重要成果。

最后谈谈辽史文献整理。

叶隆礼《契丹国志》是元修《辽史》之外仅存的一部纪传体辽史,尽管历来对其作者、成书年代及史料价值有许多争议,但它不失为辽史研究的重要资料。有贾敬颜、林荣贵点校本(1985)。李有棠《辽史纪事本末》,初由孟默闻点毕,继由崔文印复核、分段、校勘,并编《辽史人名清元异译对照表》附于书后,中华书局 1983 年出版。辽文辑录除前已述及的陈述《全辽文》外,向南(杨森)用力最勤,辑注《辽代石刻文编》(河北教育出版社 1995 年版),收文 300 余篇,其数量超出以往所有辽代文编;还与张国庆、李宇峰合编《辽代石刻文续编》(辽宁人民出版社 2010 年版),主要收录 20 世纪 90 年代至该书出版前新出土或新发现的汉文石刻。盖之庸编著《内蒙古辽代石刻文研究》增订本(内蒙古大学出版社 2007 年版)是在同书 2002 年版基础上重校、增订而成,为内蒙古地区已发现的辽代汉文石刻文汇编。几种石刻文编对辽史研究具有补缺、订误的重要史料价值。贾敬颜著《五代宋金元人边疆行记十三种疏证稿》(中华书局 2004 年版),收录《晋出帝北迁记》、胡峤《陷辽记》、路振《乘轺录》、王曾《上契丹事》、薛映《辽中境界》、宋绶《契丹风俗》、沈括《熙宁使契丹图抄》5 篇五代宋人使辽行记，是治辽史及东北史地、东北民族史者必读之书。

这一时期辽史文献整理的最重要成果当属中华书局点校本二十四史之《辽史》。

脱脱等撰《辽史》记载辽朝 200 年的历史，兼及辽以前契丹和辽亡后耶律大石所建西辽的历史。中华书局点校本《辽史》（1974）是 20 世纪中国古籍整理标志性成果二十四史之一种，初由冯家昇点校，继由陈述完成。据《辽史出版说明》载："这次点校，以百衲本为工作本，用乾隆殿本进行通校，以南、北监本和道光殿本进行参校。""对于前人校勘成果，主要参考了钱大昕《二十二史考异》、厉鹗《辽史拾遗》、陈汉章《辽史索隐》、张元济《辽史校勘记》（稿本）、冯家昇《辽史初校》、罗继祖《辽史校勘记》。"《辽史》的点校质量被学界公认为在二十四史点校本中堪称上乘，是目前通用的也是最好的版本，为辽史研究发挥了无可取代的重要作用。点校本《辽史》出版至今已有 40 多年，在此期间，辽史研究和考古发掘取得很大进展，特别是契丹文、汉文墓志大量出土，并有许多《辽史》校勘、勘误文章发表，为《辽史》点校本的修订提供了条件。此次修订由著名辽金史学者刘浦江（1961—2015）主持，携其弟子前后历时 7 年共同完成，使得原《辽史》点校本质量更上一层楼，是古文献整理和辽史学术史上的重大成果。

以上就《辽史》编撰至今六七百年的辽史研究学术史作了简要的回顾，这是一个漫长的过程，限于篇幅，本文只能粗略地勾勒出其脉络和轮廓。

辽契丹萨满教信仰研究综述

邱冬梅*

契丹是生活于我国北方草原地带的古老民族，生态环境、物质生活以及生产活动孕育出了属于契丹人独特的信仰内容。近百年来，对辽代宗教的研究出现了很多研究成果，其中有关萨满教信仰方面的内容也受到众多研究者的关注和研究。本文通过对前人成果分门别类的梳理，按照下面几个专题进行简要评述。

一　关于契丹萨满教的综论性研究

近百年来，辽金史研究者们通过对古籍整理、校勘为辽金史研究提供了丰富的文献资料。最近，依托考古出土的新发现，发表了很多高质量的研究报告以及墓志、石刻资料的研究著述，这些成果为辽代宗教文化的研究奠定了坚实的基础。

李申《辽代的宗教》（《世界宗教研究》1990 年第 4 期），从历史学、宗教学和政治学视角解析辽代宗教。该文认为唐朝末年，当耶律阿保机建立国家之时，辽国和汉族地区有着大致相同的宗教信仰：以敬天法祖为中心。后期则把儒教作为治国的指导思想，同时容许佛教和道教的发展。辽朝信奉佛教，政治目的非常明确，主要是为了国泰民安。邢康《从契丹宗教信仰变化看民族文化交流与融合的趋势》（《内蒙古电大学刊》1993 年第 5 期）一文则认为，契丹巫教是契丹民族文化重要组成部分。它源于契丹氏族、部落时代，带有北方游牧民族文明特色。直至契丹建国后相当长的时间内，巫教在辽朝宗教信仰上仍保持着权威地位。随着契丹社会发展和辽统治区域扩大，中原儒、佛、道三教在辽地广泛流传，反映了我国古代民族交流与融合的趋势。黄凤岐的《辽代契丹族宗教述略》（《社会科学辑刊》1994 年第 2 期）将辽代契丹族信仰概括为萨满教、佛教和道教。契丹族对萨满教的迷信，主要是对自然力和自然物的崇拜，灵魂不灭也是契丹人的一种宗教信仰。契丹贵族提倡佛教，用以作为对人民群众实行精神统治的有力工具。道教也受到契丹贵族的重视，但其影响不及萨满教、佛教。黄震云的《论辽代宗教文化》（《民族研究》1996 年第 2 期），按照辽代

* 邱冬梅，女，吉林长春人，长春中医药大学讲师，主要研究方向为北方民族史和古代民族萨满教研究等。

的原始宗教、辽代诸帝王对佛教的态度、辽代僧尼的来源和社会地位、辽代寺院的规模与社会影响、辽代佛教的宗派及其斗争、辽代经幢与佛经雕印、辽代的佛教与文学、辽代的儒教、辽代的道教等分类，对辽代宗教文化的信仰内容和基本特点进行了阐述。康建国、李月新在《辽朝宗教文化现象刍议》（《赤峰学院学报》2011 年第 1 期）中，论述了契丹人的宗教信仰，早期以原始的自然崇拜为主，兼有摩尼教、景教信仰。辽朝建立前后，佛教、道教等宗教形式先后传入契丹本土，并得到上层社会的支持，发展比较迅速，最终形成多种宗教形式并行传播、相互交融的局面，并对社会风俗产生深远影响，形成了独特的契丹宗教文化现象。

上述除辽代契丹人宗教信仰状况的整体性研究之外，也有部分学者专门针对萨满教进行了研究。朱子方在《辽代的萨满教》（《社会科学辑刊》1986 年第 6 期）中重点阐述了契丹萨满信仰的基本形态，探讨了巫师的性别与分层等问题。张碧波在《契丹族萨满文化论——中国北方民族萨满文化论之一》（《宗教与民族》2004 年第 1 期）中，阐述了契丹人的萨满文化现象，并进行了相应的整理和总结，采取文化人类学、宗教学、萨满文化等技术路线作了深入探讨，归纳出契丹人萨满信仰具有丰富性、多样性与神秘性等特征。

二　关于契丹萨满教信仰的专题性研究

近年来辽代契丹宗教信仰研究有了新的进路与态势，辽代契丹人萨满信仰研究的对象与内容愈加专门化，转而趋于对某一特定领域的专题性研究。

（一）契丹始祖传说与祖先崇拜的研究

关于始祖传说的研究，主要集中在以下几篇论著中，冯家昇在《契丹祀天之俗与其宗教神话风俗之关系》（《冯家昇论著辑粹》，中华书局 1987 年版）一书中从社会进化的角度展开阐述，认为《契丹国志》所记载的契丹始祖三主如同古代神话故事中伏羲、神农、女娲等传说无史实可考。第一所谓穹庐无非洞穴，所谓骷髅无蔽体者也。第二主戴猪头披猪皮，盖以皮为衣也。第三主养羊二十只，食十九留其一，表示已经知道积蓄。三主无非是表示契丹民族所经历过不同历史发展阶段。正如伏羲氏表示渔猎时期，神农氏表示农业时期，非实有其人。日本学者蒲田大作《释契丹古传说——萨满教研究之一》（《辽金契丹女真史译文集》，吉林文史出版社 1990 年版），将关于契丹三始祖放在广大北亚游牧文化传统的大背景下对各个时期的游牧民族的萨满传统进行比较研究，以游牧精神文化的重要因素——萨满教世界观解释了《契丹国志》所记载的契丹族祖传说。作者认为北方民族的古老传说的主要情节，大部分可以联系北方萨满教的要素而得到解释。陈述在《契丹政治史稿》中对三汗传说辟专节进行了讨论，认为史书所载并非荒诞无稽之谈，只有在深入理解契丹人独特的陵寝丧葬制度之后，才能得出近乎合理的解释。同时认为三汗皆契丹族内所传早期的酋长首领。

对契丹人祖先崇拜的研究中，席岫峰、宋志发在《试析契丹族人的祖先崇拜活动》（《社会科学辑刊》1994 年第 3 期）中论证了祭山、祭天地与祭祖的关系、杀牲祭祖、殉葬祭祖、人殉制度的演变，对祖先崇拜的社会功能从维系民族凝聚力与团结的作用、给契丹以强大的精神支持、树立皇权神圣观念等几个方面分别展开论述。张国庆在其文《契丹辽帝的造像与祭祖》（《黑龙江民族丛刊》1993 年第 3 期）中，根据史料记载梳理了契丹皇帝死后造像的质地结构和各地祖庙的兴起。契丹皇帝的祭祖活动分为定时祭和非定时祭（特殊场合）两类，祭祖之仪式又具体分为"谒庙"仪式和"告庙"仪式两种。辽代契丹皇帝死后的"造像"现象，与佛教文化在契丹辽地的传播与盛行有直接的关系，反映了契丹民族原始宗教——祖灵崇拜与中原儒家"孝道"思想的有机结合。

辽代帝王神异传说方面的研究内容，反映了契丹人的文化习俗和宗教心理，依据现有的文献记载，契丹政权好像很热衷于创造针对首领的造神运动和神圣化的工作，姜维东的《耶律阿保机托神改制与黄龙府名称的由来》（《长春师范学院学报》1996 年第 4 期）一文，叙述了阿保机取法黄帝托神改制的主要原因和动机，神化自己的目的是为了稳定统治地位。孟凡云在《耶律阿保机的神化活动及特点》（《北方文物》2005 年第 4 期）一文中认为，耶律阿保机在契丹族内外矛盾尖锐之际，以萨满教为基础，并利用萨满教引进新的宗教理论和实践规范，进行了一系列的神化活动，提高自己的威信和号召力，达到了化家为国的目的。其神化活动有步骤、有目的的进行，与其他阶段相比，显示了独特之处。王小甫《契丹建国与回鹘文化》（《中国社会科学》2004 年第 4 期）围绕阿保机生死的神异传说都根源于回鹘人汇入契丹而带来的摩尼教信仰，附会摩尼经典的神迹叙述，都是为了把阿保机塑造成与摩尼经典相合的宗教圣人。这个研究对阿保机一生一死的神秘表象第一次给出了理性和历史的解释。罗新在《耶律阿保机之死》（《黑毡上的北魏皇帝》，海豚出版社 2014 年版）中延续了王小甫的研究思路，并另辟蹊径，试图从内亚传统的约束力、契丹国家制度建设与阿保机所处的复杂政治环境等因素入手，对他何以不得不死甚至何以不得不承诺自己三年后会死等原因进行了深入的文化阐释。

（二）契丹人祭祀仪式

流行于契丹民间的祭祀仪式的种类和功能等问题，受限于文献材料等原因，已经无从探究，但作为政治制度重要组成部分的国家祭典则有很多记载。这方面内容主要有以下几种。

关于柴册仪的研究，陈述在其名著《契丹政治史稿》（人民出版社 1986 年版）专辟一节探讨了辽代的柴册仪，认为：所谓阻午可汗制定柴册仪，应当是阻午时期吸收旧有因素综合整理并仪式化了的。仪式所表达的情节，特别是皇帝与群臣的问答，肯定是在古老传统推选大汗的基础上加以文饰损益的。朱子方《论辽代柴册礼》（《社会科学辑刊》1985 年第 1 期）认为柴册礼在辽代《礼志》中是一个很重要的仪制，是王权的象征。文章首先考察关于柴册仪的起源和制定问题，进而论述了辽代诸帝建构和举行柴册仪的政治意图和文化背景。宋军在《契丹柴册制度考》（《北京教育学院学报》2007 年第 2 期）中认为，学界及辞书普遍释辽代柴册礼是辽代皇帝即位之仪，作者经过辨析辽代的柴册礼仪的史实，指出该礼仪并非都是辽帝登基即行之仪，也是契丹王公贵族加封求吉之仪。

对再生仪问题的研究，成果比较多，分歧也很大，关于它的意义问题，争议较大。刘铭恕《辽代帝后之再生仪》（《中国文化研究丛刊》1964 年第 6 期）将其看作是一种比较聪明而和缓的办法，用来代替废君或弑君。林瑞翰《契丹民族的再生礼》（《大陆杂志》1951 年第 2 期）则认为每次复诞“为国王对于国神民众，忏悔其即位十二年中之罪孽，其于一洗人神之往愤，除旧布新，再御帝位耳”。王民信《契丹的柴册仪与再生仪》（《契丹史论丛》，学海出版社 1974 年版）写道：“颇似欧洲的儿童十二岁受洗命名礼，中原汉俗的过生日祝春之外，也有纪念诞生的意思。”

朱子方《辽代复诞礼管窥》［《辽金史论集》（第 1 辑），上海古籍出版社 1987 年版］中搜求存世有关文献作了完全归纳、统计后，指出：“根据《辽史》本纪记载，帝、后、太子等举行复诞礼多不符合 12 年一次的规定，不但年数不符，月日亦多不符。”具体情况是：“在 20 次再生礼中，完全符合规定的仅 4 次。”朱子方先生还把不合定制的情况分 6 种作了透辟分析，指出礼制“起孝心”之说不足据。复诞礼最初只有单纯的个人纪念意义，后来发展得更富有浓厚的政治意义，已由单纯的个人纪念“再生”而发展为纪念或预示国家政权的“再生”。武玉环《契丹族〈再生仪〉刍议》（《史学集刊》1993 年第 2 期）根据史料记载概括再生仪的内容为：第一，再生仪是专门为皇帝举行的。第二，再生仪每十二年举行一次，即皇帝本命前一年季冬之月举行。第三，再生仪的意义，据《辽史》记载是：“岁一周星，使天子一行是礼，以起其孝心。”再生仪则是契丹社会尊重女性的最恰当而直接的体现，到后来，已演变成一种不定期的向神灵祈福的宗教仪式。艾荫范《反屠王：对辽代再生仪的重新解读》（《重庆三峡学院学报》2005 年第 4 期）参考了弗雷泽在《金枝》中展示的远古人类普遍存在的屠王现象，在借鉴朱子方先生研究成果的基础上，进一步论证了辽王朝的再生仪乃是一种反屠王仪式，同时列举了屠王现象在上古中国普遍存在，为我国古老民俗研究增加了一个思考的维度。刘黎明《辽代帝王再生仪的常例和变例》（《四川大学学报》2006 年第 5 期）认为，辽代帝王之再生仪是一种杀耄君古老宗教习俗的演变，同时融入了本命信仰观念。从常规上说应该是每隔十二年举行一次，提前或滞后则是一种非常规的情形；而我们正是可以通过非常规的情形，窥探到最高权力争夺中各方势力的消长。李月新在《辽代再生礼小考》（《北方文物》2014

年第 1 期）中认为，契丹民族特有的再生礼产生于遥辇汗国时代，当时具有彰显权力转移合法性的重大政治意义。随着契丹国家的发展、疆域的扩大、治理机构的完善及汉文化的影响，再生礼虽然在仪式上保存了其原始特征，但是礼的本质内涵却发生了深刻的变化，逐渐发展成为契丹国家带有庆祝、祈福色彩的庆典之一，并导致了再生礼与契丹民族覆诞习俗渐趋混同现象的出现。

在祭山仪的研究中，鸟居龙藏《契丹黑山黑岭考》[《契丹史论著汇编》（下），辽宁社会科学院历史研究所 1988 年编印] 认为，契丹人死魂归此山的传说，为信仰佛教以前之事，含有极浓厚的萨满教色彩。同时，该文批驳了松井等《契丹人的信仰》（《满族历史地理》1923 年）一文的观点："死者魂魄归黑山之信仰传说，乃自汉族传入，实非彼等固有者也。"并认为此种信仰、传说实为东胡民族最古之宗教也。通过史料记载、实地调查、出土文物考察了黑山、黑岭的地理位置。王承礼《契丹祭黑山的考察》（《社会科学战线》1990 年第 2 期）通过考古学的考察发现，认为巴林右旗赛汗山即古代契丹的黑山，至今当地蒙古族仍保留着祭祀山神活动，与契丹祭山仪有很多相似之处。祭黑山原是契丹人对山林的自然崇拜，随后演化为祭天，通过对山神的人格化，黑山被视为掌管契丹人灵魂的圣山。祭祀黑山仪式承袭自东胡系的乌桓、鲜卑祭山的习俗。张国庆《辽代契丹人祭木叶山考探》（《辽宁大学学报》1992 年第 2 期）通过史料记载，翔实考察木叶山的地理位置，认为契丹人祭祀木叶山的内容分为：其一，祭祀祖先；其二，祭拜天神地祇及木叶山神；其三，拜谒观音以及拜日的内容。到辽代中后期，兴宗皇帝又将"诣菩萨堂仪"放在了拜山仪式之前举行。这也是辽代佛教地位再度上升的一个重要标志。该文同时也对祭木叶山与祭黑山的异同进行了比较研究。契丹人祭木叶山主要是祭祖，通过神树，祭祖、拜日、拜观音和祭告天地山神，祭黑，主要是祭山神。契丹人祭山习俗，辽亡以后又被其后的女真人和蒙古人吸收和承袭。吕富华、杨福瑞《契丹祭山礼仪考论》（《北方文物》2014 年第 3 期）论述了契丹祭山仪的形成经历了一个相当长的过程，其形式和内容不断叠加、融入新的因素，形成了辽朝综合性的礼制形态。早期的祭山仪更接近于自然，祭祀过程突出了敬天祀祖和部族同源的特点，巫教祈禳在祭山仪式中有较多的体现。完善后的祭山仪，融入了其他礼仪内容，同时吸收了中原王朝的礼制内容和形式，原有的内涵已逐渐演变成外在的形式，而新增加的因素则更强调君臣关系的秩序和等次，主旨是突出君权神授和皇权至上的思想。

祭天仪的研究方面，冯家昇《契丹祀天之俗与其宗教神话风俗之关系》（《冯家昇论著辑粹》，中华书局 1987 年版）涉及关于辽圣宗以后杀牲祀天骤减现象的解释，以为是佛教在契丹发展所造成的结果，并有祀天活动次数的统计例示，及祀天使用祭品"青牛白马"的讨论，目的是通过祀天习俗考察契丹独特的宗教风俗、神话传说的含义。张国庆《古代北方民族对日、月的崇拜》（《满族研究》1990 年第 3 期）中重点探讨了辽代契丹人的日月崇拜，契丹人崇拜日、月，视日、月为人间帝、后的象征，并对契丹人对日、月祭拜的规制和仪式进行了详细的考述，还有建筑与日月崇拜关系的讨论。张国庆在《辽代契丹贵族的天灵信仰与祭天习俗》（《北方文物》1988年第4期）中论述了天体变化与契丹人迷信兆象之间的关系；贵族视天、地有灵，能主宰人间万事，能“兆”示吉、凶。所以，天灵信仰在契丹贵族人士之中，也自然地伴随着对“兆象”的迷信，而形成了对天地等自然物体的祭拜习俗，从而，也进一步增强了天灵信仰的政治功利意义。

（三）萨满教与习俗文化的研究

近几十年来，众多辽墓的考古发掘为深入了解契丹人丧葬制度提供了有效途径，其中也包含着殉葬和烧饭等内容，还有为死者覆面和穿佩铜丝网衣等文化习俗。研究者大多认为这些现象与契丹人信奉萨满教有密切的关联，主要从以下几个方面对此前的研究成果进行专题评述。

对丧葬习俗与墓葬制度问题的研究。由于考古新材料的不断出现，反映契丹人风俗习尚、宗教信仰和社会发展的丧葬、墓葬制度近些年受到人们的广泛关注。

贾洲杰《契丹丧葬制度研究》（《内蒙古大学学报》（哲学社会科学版）1978年第2期）根据历史文献集中考察了契丹人丧葬制度的变迁情况，以及契丹独特的丧葬风俗：保存着拜祭黑山这一公共墓地的礼仪；殉葬制度中保留了人殉；保存尸体及其方法；死不用棺材的问题；死覆铜面具、穿铜丝手、足和衣套等。张国庆《辽代丧葬文化考述》（《中央民族大学学报》1994年第5期）将契丹人丧葬形式的种类主要分为火葬和土葬，墓室中出现了装饰性结构，并出现了多墓室的复杂结构。随葬物品种类多样，一应俱全，墓室壁画内容丰富多彩，并详细介绍了干尸的处理方法，铜丝网络、金属面具的形制和使用方法。葛华廷《羊与辽代契丹人的葬俗》（《北方文物》2003年第3期）认为，契丹罪人“稿索自缚，牵羊望拜”是与死葬有关的礼俗。辽代公主下嫁时皇帝赐予的“送终车”上所载之羊与辽朝皇帝死后灵柩发往墓地的路上所刑之“羊”，是同一用途之羊，是送死者魂灵去辽代契丹人魂所归之所——黑山的灵物。辽代契丹人的这种葬俗，当是继承或吸收了乌桓人类似的礼俗。李逸友《辽代契丹人墓葬制度概说》（《内蒙古东部区考古学文化研究文集》，海洋出版社1991年版）根据考古及史料文献所记载探讨了契丹人的墓制、葬制以及墓葬制度的形成。一是墓制又分为若干小专题墓地、墓形、墓向、壁画、墓志、坟垄、墓园、墓仪作了翔实的阐述。二是葬制分为葬尸、葬具和葬式、葬服、殉人和俑、随葬物、葬仪等。三是契丹人墓葬制度的形成是契丹人保持民族传统的同时，创造性地吸收了汉人墓葬制度的结果。

对烧饭和抛盏习俗问题的研究。因为辽、金、元都留存着“烧饭”之俗，这为民族文化之间的比较研究提供了广阔的求索空间，可以从不同角度切入，不断深化研究内容，学者孜孜以求的探索精神在这一问题的研究中得到了充分体现。

陈述在《谈辽金元“烧饭”之俗》(《历史研究》1980 年第 5 期) 中认为尽焚祭祀酒食谓之烧饭，烧饭是祭祀不是殉葬，根据现在所能接触的材料看，抛盏和烧饭属于同一事实的两个名称，意义均是祭祀，但这两个词所代表的是祭祀中的一种，并不是所有的祭祀都可以称为“抛盏”或“烧饭”。贾敬颜《“烧饭”之俗小议》(《中央民族学院学报》1982 年第 1 期) 认为，“烧饭”之俗是许多北方古民族所共有的，所烧之物甚广，举凡死者生前所用之物几乎无一不在被烧之列。杀马（甚至杀奴婢）殉葬与“烧饭”祭祀是一回事，“殉”与“祭”并无绝对的差别。宋德金《“烧饭”琐议》(《中国史研究》1983 年第 2 期) 则强调了“烧饭”只用于祭祀死者而不用于祭天，并进一步提出“烧饭”不能等同于“抛盏”。“抛盏”无疑是设祭祀天而非“烧饭”祭祖。那木吉拉《“烧饭”、“抛盏”刍议》(《中央民族大学学报》1994 年第 6 期) 论证了“烧饭”与“抛盏”之间的关系问题，“烧饭”是契丹、女真、蒙古人以焚烧酒食、衣物等，祭祖、祭天、祭神灵的活动，祭仪多于朔、望、节、辰、忌日举行。“抛盏”同样是契丹、女真、蒙古人的祭祀活动，但与“烧饭”有完全不同的形式。“烧饭”与“抛盏”，虽然是两种不同的祭祀形式，但是两者间也有一些相同之处。首先，两者致祭的对象大致相同。其次，上述史料中的“饮福酒”之类的契丹、女真人之俗，在后来的蒙古人中也能看得见。李逸友《辽代契丹人墓葬制度概说》(《内蒙古东部区考古学文化研究文集》，海洋出版社 1990 年版) 中利用考古发现的新材料提出，“抛盏”和“烧饭”是北方民族的传统葬仪，但各族的“抛盏”和“烧饭”的形式和含义不尽相同，辽代契丹人葬仪中的“抛盏”与“烧饭”自有其方式和用意。从字面上看来，“抛盏”也就是打碎了供祭奠用的器皿，断绝了死者再回来食用人间烟火。这种毁坏器皿的葬仪，早已流传在北方各族之中，契丹人将此葬仪用在祭奠完毕，填封墓道之时，以示入葬仪式已告终结。“抛盏”与“烧饭”先后进行包含两种用意，所以称作“抛盏烧饭”。张军《契丹覆面、毁器、焚物葬俗小议》(《北方文物》2005 年第 4 期) 运用文化人类学的理论，探讨了契丹习俗的文化内涵，认为覆面葬俗与毁器葬俗、焚物葬俗是契丹族葬俗的三种文化形态，表现为对与人世间相对应的文化不完整性、个人物品通过焚烧转到死亡和终结生命、隔绝生死界限的复杂而神秘的文化内涵。这三种葬俗应用整体观察方可认识契丹族的生死观念。

(四) 关于巫师——萨满的研究

由于史料记载的匮乏，关于契丹萨满的研究并不多见。任爱君《神速姑暨原始宗教对契丹建国的影响》(《北方文物》2002 年第 3 期) 认为原始的宗教形态及宗教活动，对其国家的形成与发展，曾经产生了深刻的影响并发挥了巨大作用。同属游牧经济形态而又相隔很近的北方民族，往往会出现相似的历史际遇，这样就为对比研究提供了广阔的空间。冯恩学《吐尔基山辽墓墓主身份解读》(《民族研究》2006 年第

3 期）内蒙古吐尔基山辽墓墓主人戴的冠帽、缀挂的铜铃、佩戴的流苏与达斡尔族等的萨满相似，可以确定其身份是契丹萨满。墓主人使用金质神帽，肩上有日月图案的金牌，衣服上有天、朝等文字，其通神活动与国家命运相关，可能是服务于皇室的大萨满。从萨满在氏族内部继承、墓内有珍贵器物随葬分析，墓主可能来自皇族。

结　语

作为一种社会历史现象，宗教的本质是一种超自然、超人间的信仰和崇拜，一个民族的宗教往往就是这个民族文化的根源。随着契丹王朝的建立，根源于氏族、部落社会的萨满教已经很难适应契丹社会的发展需求。辽代中、后期，契丹统治者顺应时势采取兼收并蓄的宗教政策，积极倡导佛教信仰并身体力行参与其中，并兼容道教、摩尼教、景教、伊斯兰教、儒教的传播和发展，与此同时，依然固守着萨满信仰传统，形成了辽国境内多元并存的宗教格局。

宗教信仰属于精神文化的范畴，有其特殊性。在充分理解宗教活动所包含的宇宙观、道德观、价值观等精神范畴基础之上，才能深入探究契丹人的民族性以及政治、军事活动背后发挥作用的心理机制和文化内涵，由此凸显出该领域研究的重要性和学术价值。

以往的契丹萨满教研究成果涉及契丹礼制、丧葬制度、风俗习惯等诸多方面，研究内容广泛深入。如果按照时间序列作一归纳和总结，关于契丹萨满教研究可以分为前后两个阶段，前期的研究者受实物材料限制，只能依据史籍文献进行研究，由于辽代史料相对匮乏，因此这一时期的研究成果以概要性的阐述和研究居多。20 世纪 90 年代以来，随着契丹墓葬和石刻材料的大量涌现，这方面情况有所改善，为辽代契丹人宗教文化研究注入了新动力。

通过对前人研究成果的回顾和分析，关于契丹人萨满信仰领域还有不少问题存在继续拓展的学术空间。譬如导致契丹人宗教信仰转型的原因分析，这一领域的探讨涉及一系列重要的人口流动、产业结构、地理环境、政治军事制度等变量，多重维度综合考量，才能将社会现象背后发挥作用的各种因素加以整体性的分析和把握。再如萨满教信仰向佛教信仰过渡乃至于多元宗教格局最终形成的内在原因的探讨，辽朝时期契丹人信仰取向变化很大，如何将宗教变迁置于当时社会背景之下，探讨契丹宗教文化内容的诸多细节、转换、演变等问题，也是值得进一步深入探讨的研究内容。

以往研究工作中，形成考证学、考古学为主流的研究传统。如何突破前人已有的研究成果，获得新发现与新认识。除了继续保持优良传统之外，还应积极借鉴和吸收国内外心理学、文化人类学、宗教学、民俗学、语言学等方面的理论和方法，进行跨学科的综合性研究，多层次多视角地探究契丹宗教文化现象，才能不断推动契丹宗教文化研究更上一层楼。

辽宋西夏金元日常生活史研究概述*

王善军**

20世纪以来，随着新史学的产生和社会史研究的开展，学术界有关辽宋西夏金元日常生活史的研究不断累积。尽管明确以日常生活为题的成果并不多见，但是内容涉及生活史的某一方面，或主要以社会生活为研究对象的成果，百余年来已积累了相当数量。本文将这一学术历程划分为若干时段，并按论著所涉及的主要研究内容，分方面略加介绍，以期通过对该专题研究简史的梳理，昭示日常生活史研究的走向。

一

20世纪初期，随着新史学对群体历史的重视，社会史研究由此而起步。在20世纪前半期，伴随辽宋西夏金元社会史研究的开拓与发展，有关日常生活史的若干问题，陆续进入研究者的视野，被开辟为社会史研究的课题。

城市生活受到学者的较多关注，而且多侧重于都市生活。全汉昇《宋代都市的夜生活》（《食货》1934年第1卷第1期）比较全面地介绍了作为新生事物的夜生活，反映出经济发展和社会变革过程中日常生活的新动向。具体探讨北宋首都开封日常生活不同侧面的是徐嘉瑞《北宋汴京的民众生活及其艺术》（《语言文学专刊》1936年第1卷第1期）和丛治湘《北宋汴京集市庙会概况》（《工商半月刊》1945年第2期）等。相对而言，南宋首都杭州的日常生活更受学者关注。相关成果有全汉昇《南宋杭州的外来食料与食法》（《食货》1935年第2卷第2期）、岑家梧《南宋之都市生活》（《现代史学》1934年第2卷第1、2期）、张家驹《宋室南渡后的南方都市》（《食货》1935年第1卷第10期）、孙正容《南宋时代临安都市生活考》（《文澜学报》1935年第1卷第1期）等。

与中国学者一样，不少日本学者也对都市生活给予了特别关注。那波利贞《宋都汴京的繁华》（《历史与地理》1922年第10卷5号）、曾我部静雄《开封与杭州》

---

* 本文系教育部人文社会科学重点研究基地重大项目（南开大学中国社会史研究中心）“辽宋西夏金元日常生活”（项目编号：13JJD770018）的阶段性成果。

** 王善军，山东沂南人，西北大学教授，博士生导师，主要研究方向为辽金史、宋史、中国社会史等。

（《中国历史地理丛书》第 7 辑，富山书房 1940 年版）介绍了开封和杭州的城市风貌、传统节日等情况。[①] 加藤繁《宋代都市的发达》（《桑原博士还历纪念东洋史论丛》，1931 年版；中文本，陈望道译，《新中华》1934 年第 2 卷第 21、22 期）进一步关注宋代城市的商业布局和生活。

乡村生活方面也出现了一定数量的成果。畜邻室主《南宋诗人眼中的农民痛苦》（《国闻周报》1931 年第 8 卷第 24 期）利用诗歌作品，对官租私债压迫下农民的痛苦状况和程度，进行了初步描绘。黄毓甲《宋元农村经济与农民生活》（《金陵学报》1939 年第 9 卷第 1、2 期）也主要从经济角度论述农民生活。乡村生活中的灾荒救济问题，受到较多关注。如华文煜《宋代之荒政》（《经济统计季刊》1932 年第 1 卷第 4 期）、高迈《宋代的救济事业》（《文化建设》1936 年第 2 卷第 12 期）、徐益棠《宋代平时的社会救济行政》（《中国文化研究汇刊》1945 年第 5 卷上）、吴云瑞《宋代农荒豫防策——仓制（上、下）》（《中央日报》1946 年 12 月 28 日、1947 年 1 月 11 日）等。

除了在城市和乡村日常生活研究中较多涉及外，也有专门论述不同社会群体的成果出现。日本松井等《契丹人的衣食住》（《满鲜地理历史研究报告》9，1922 年）、田村实造《论契丹族的服饰》（《考古学杂志》1943 年第 33 卷第 12 号、1944 年第 34 卷第 7 号）、鸟山喜一《金初女真人的生活状态》（《小田先生颂寿纪念［朝鲜论集］》，京都，1934 年）以及程溯洛《女真辫发考》（《史学集刊》1947 年第 5 期）等，从族群角度论及契丹族和女真族的生活。全汉昇《宋代女子职业与生计》（《食货》1935 年第 1 卷第 9 期）、钱华《宋代妇女服饰考》（《中国文学会集刊》1936 年第 3 期）等，则从性别角度论述妇女的生活。

精神生活的研究，主要是关于辽代和宋代的成果，也涉及若干个方面。辽代主要有日本松井等《契丹人的信仰》（《满鲜地理历史研究报告》5，1918 年）、冯家昇《契丹祀天之俗与其宗教神话风俗之关系》（《史学年报》1932 年第 1 卷第 4 期）以及日本鸟居龙藏《契丹之角抵》（《燕京学报》1941 年第 29 期）等。宋代方面则有王遵海《宋代士风》（《励学》1936 年第 6 期）论述士大夫与风俗；林达祖《唐宋时代元宵看灯的盛况》（《论语》1937 年第 106 期）、子振《〈水浒传〉和宋代风习》（《文潮月刊》1947 年第 3 卷第 5 期）涉及节日风俗；烟桥《宋代的游艺》（《珊瑚》1934 年第 4 卷第 7 期）、泽甫《两宋游艺述考》（《东方文化》1942 年第Ⅰ卷第 4、5 期）涉及游艺。张亮采《中国风俗史》（商务印书馆 1926 年版）将宋和辽金元列入由浮靡而趋淳朴的时代。

婚姻家庭生活的研究，美国魏特夫（Karl August Wittfogel）和冯家昇合著的《中国社会史：辽》（美国哲学协会 1949 年版）一书，对辽代社会组织、经济生活、婚

---

① 梁建国：《日本学者关于宋代东京研究概况》，《中国史研究动态》2007 年第 4 期。

姻家庭等诸多方面进行了系统分析和详细论述，并提供了大量的原始资料的译文，是首部用西方语言写成的中国王朝断代史。陈东原《中国妇女生活史》（商务印书馆1937年版）一书，在宋元时期也有较多着墨。该书第六章为《宋代的妇女生活》，包括宋儒对于妇女的观念、社会对于离婚再嫁的态度、男性对于处女嗜好之产生、第一个女性同情论者——袁采、冥婚、旷世女文人李清照；第七章为《元代的妇女生活》，包括元代的妇女生活、提倡贞节之极致、几个女教的圣人、"无才是德"一语之产生、罚良为娼与娼妓生活、"妻不如妾"与妾的情形、皇帝之蹂躏女子、处女的检查与"陈毯"。论文主要有初白《宋代婚俗零考》（《燕大月刊》1929年第5卷第3期）、董家遵《唐宋时"七出"研究》（《文史汇刊》1935年第1卷第1期）、陶希圣《十一至十四世纪的各种婚姻制度》（《食货》1935年第1卷第12期、1936年第2卷第3期）、日本岛田正郎《论辽代契丹人的婚姻状况》（《史学杂志》1942年第53编第9号）等。

二

20世纪后半期的前半段，约相当于1949—1977年，整体上看日常生活史的研究受到一定程度的忽视，但在中国大陆与海外学者之间具有明显的差异。大陆学者由于过于强调以马克思主义理论（特别是阶级斗争理论）指导历史研究，对日常生活史的研究基本处于停顿状态。港台学者则基本延续前期的研究理路，对日常生活史的研究给予了一定的观照。国外学者的成果中则产生了代表性的著作。

城市生活方面的突出研究成果是法国谢和耐（Jacques Gernet）的《蒙元入侵前夜的中国日常生活》［桦榭出版公司1959年版；中译本，马德程译名《南宋社会生活史》，（台北）中国文化大学出版部1982年版；刘东译名《蒙元入侵前夜的中国日常生活》，江苏人民出版社1995年版］一书。该书从中西文明的比较视野出发，试图解释南宋剧烈的社会变迁，对于当时的社会各个阶层的影响如何，民众如何看待这些外来的压力，中国社会变迁的内在动力是什么。书中首先考察了杭州城市的状况，如人口、交通、火灾等，然后考察了各个阶层的民众，比如官吏、军官、贵族、皇帝、商人、普通百姓、农民、娼妓等。接着考察了各个阶层的衣、食、住及他们日常生活中的生命周期、四时节令、消闲时光等方面。在谢和耐揭示的杭州普通民众的生活图景中，可以看到南宋国库的空虚，农村当时的贫困和农民的不满，统治阶层内部的争斗。这些因素综合在一起，最终导致了中国社会内部的变迁，表现为南宋社会的各个阶层普遍性的道德松弛。对于一个以道德立国的政权来说，道德的松弛必然影响政权的稳定。[①] 庞德新《从话本及拟话本所见之宋代两京市民生活》（龙门书局1974

① 董敬畏：《一种日常生活史的视野——读〈蒙元入侵前夜的中国日常生活〉》，《中国图书评论》2011年第2期。

年版）、王拾遗《酒楼——从水浒看宋元风俗》（《光明日报》1954 年 8 月 8 日）等成果，则从文学作品中发掘开封和杭州市民生活的若干方面。费海玑《南宋临安生活简介》《元代上都人的生活》（《大陆杂志》1959 年第 19 卷第 1、11 期）则是专门介绍杭州和上都市民生活的论文。

乡村生活的研究，虽然专门性的成果并不多见，但是有所涉及的成果却有若干。姚从吾《契丹人的捺钵生活与若干特殊习俗》（《边疆文化论集》1 册，中华文化出版事业委员会 1954 年版）、《辽朝契丹族的捺钵文化与军事组织、世选习惯、两元政治及游牧社会中的礼俗生活》（《中山学术文化集刊》1968 年第 1 期）、林瑞翰《女真初起时期之寨居生活》（《大陆杂志》1956 年第 12 卷第 11 期）分别涉及契丹族和女真族的乡村生活。劳延煊《金朝帝王季节性的游猎生活（上下）》（《大陆杂志》1961 年第 23 卷第 11、12 期）、《元朝诸帝季节性的游猎生活》（《大陆杂志》1963 年第 26 卷第 3 期）、《金元诸帝游猎生活的行帐》（《大陆杂志》1963 年第 27 卷第 9 期）考述了金元帝王游猎的实况、地点、行帐等问题。王德毅《宋代灾荒的救济政策》（台湾中国学术著作奖助委员会，1970 年）、袁国藩《金元之际江北之人民生活》（《大陆杂志》1965 年第 30 卷第 5 期）则主要论及汉族民众在不同社会条件下的生活。

物质生活的研究也有一些值得珍视的成果。冯先铭《从文献看唐宋以来饮茶风尚及陶瓷茶具的演变》（《文物》1963 年第 1 期）从考古学角度涉及了饮茶问题。王德毅《宋代的养老与慈幼》（《庆祝蒋慰堂先生七十荣庆论文集》，台湾学生书局 1968 年版）则对老年和幼年群体的物质生活有所讨论。德国傅海波《释金朝的酒》（《中亚细亚研究》1974 年第 8 卷）论及金朝的饮酒。费海玑《元人生活管窥》《元人生活疏证》（《大陆杂志》1961 年第 22 卷第 12 期、1962 年第 24 卷第 8 期）主要利用法律史料探讨了元代的经济生活，特别是家庭成员间的经济关系。

精神生活的研究，也有若干篇论文发表。韩道诚对契丹礼俗进行了系列研究，发表《契丹礼俗考》（《幼狮学志》1958 年第 9 卷第 1 期）、《契丹礼俗研究》（《反攻》1968 年第 310 期）、《契丹礼俗与汉化》（《“国立”编译馆馆刊》1972 年第 1 卷第 2 期）等论文。吴晗《宋元以来老百姓的称呼》（《灯下集》，生活·读书·新知三联书店 1960 年版）、徐苹芳《宋元时代的火葬》（《文物参考资料》1956 年第 9 期），则是大陆学者颇为难得的成果。徐玉虎《女真建都上京时期的风俗（上下）》（《大陆杂志》1954 年第 9 卷第 10 期）、韩国黄钟东发表了《女真风俗考》（启明大学《东西文化》1968 年第 2 期）均对金代女真风俗有所考证。

婚姻家庭方面，日本岛田正郎《再谈契丹族的婚姻》（《法律论丛》1955 年第 29 卷 2、3 号）、《三论契丹族的婚姻》（《综合法学》1963 年第 55 号）是在此前对契丹人婚姻初步探讨基础上的更为全面的论述。桑秀云《金室完颜氏婚制之试释》（“中研院”《历史语言研究所集刊》第 39 本上册，1969 年）侧重探讨完颜氏一族的婚姻制度。袁国藩《十三世纪蒙人之婚姻制度及其有关问题》(《大陆杂志》1968 年第 41 卷第 10 期) 侧重论述蒙古婚姻习俗及与婚姻有关的重大事件。洪金富《元代汉人与非汉人通婚问题初探》(《食货月刊》1977 年复刊第 6 卷第 12 期、第 7 卷第 1 期) 通过对数百例的统计，说明元代汉族人与其他民族通婚是极为普遍的现象。

三

20 世纪后半期的后半段，约相当于 1978—2000 年，随着大陆地区的学术研究回归“百家争鸣，百花齐放”的正常化轨道与对外交流的逐步加强，生活史的研究日益受到学术界的重视。同时，港台学术界继续重视生活史的研究，国外学术界则因“汉学”的日益被重视而不断涌现出生活史论著。

社会史研究领域的扩大是这一时期的显著特点，有关生活史的断代综合性著作随之不断涌现。宋德金《金代社会生活》(陕西人民出版社 1988 年版) 是较早的一部专门著作，概括叙述了金代社会生活的各个层面，包括各阶级、阶层的社会地位和生活、衣食住行、婚丧礼俗、宗教信仰、伦理道德、文娱体育、岁时杂俗等，还考察了金代汉族与女真文化的相互影响和民族融合的历史趋势。王可宾《女真国俗》(吉林大学出版社 1988 年版) 探讨辽金时期女真族的婚姻、家庭形态、社会习俗及一些具有民族特色的社会制度如氏族制、军事民主制、勃极烈制、猛安谋克制等。随后，人民出版社 1994 年出版了柯大课《中国宋辽金夏习俗史》、那木吉拉《中国元代习俗史》，叙述了岁时节令、物质生活、人生仪礼、社会组织、婚姻家庭、民间信仰、生产贸易、娱乐等方面。中国社会科学出版社出版了史卫民《元代社会生活史》(1996 年)、朱瑞熙等《辽宋西夏金社会生活史》(1998 年)，比较系统地论述该时期的社会生活，具体分为饮食、服饰、居室、交通、妇女、婚姻、生育、丧葬、社会交谊、宗教信仰、鬼神崇拜、巫卜、文体娱乐、医疗保健、称谓、排行、避讳、押字、刺字文身、休假、语言文字、家族、节日、生态环境、民族分布等。林正秋《宋代生活风俗研究》(中国商业出版社 1997 年版) 对生活领域的各种风俗也作了论述，诸如饮食文化、社会风俗、保健养生、官民服饰、园林建筑、交通旅游、商贸娱乐、宫廷礼仪等。该书作者特别注意了对某些宋代具体饮食品种制作方法的发掘，力图为今天仿制宋菜、宋酒等提供可行性依据。

除这些总论性著作外，更多的则是具体论述社会生活中某一方面问题的论著。

(一) 置生活史于空间范围的研究

1. 城市生活

宋代城市生活的研究最为丰富。日本伊原弘《中国中世纪纪行——宋代都市和都市生活》(“中央公论社”1988 年版)、《中国开封的生活和岁时——描绘宋代都市生活》（山川出版社 1991 年版）等均是关于城市生活的专著。李春棠《坊墙倒塌以后——宋代城市生活长卷》（湖南出版社 1993 年版）立足于从商品经济的角度出发审视宋代城市生活的发展，提出了对宋代商业市场的新观点，认为商业市场的分工已较为复杂，分工水平远远超出了唐代以前的商业市场。其他专著主要有周宝珠《宋代东京研究》（河南大学出版社 1992 年版）、伊永文《宋代城市风情》（黑龙江人民出版社 1987 年版）和《宋代市民生活》（中国社会出版社 1999 年版）等，也都从各个侧面展现了城市生活的丰富多彩。梁庚尧连续发表《南宋官户与士人的城居》（《新史学》1990 年第 1 卷第 2 期）、《南宋城居官户与士人的经济来源》（《中国近世社会文化史论文集》，“中研院”史语所出版品编辑委员会编，1992 年）等文，对官户和士人群体做了系列探讨；《南宋城市的公共卫生问题》（“中研院”《历史语言研究所集刊》70 本 1 分，1999 年）对南宋城市的公共污染、环境恶化的情况及政府的解决办法作了详细的论述。吴涛《北宋东京的饮食生活》（《史学月刊》1994 年第 2 期）对东京的饮食生活作了概括：东京居民所食用的粮食有米、麦、粟、菽等；副食品有肉类、菜蔬、果类等；饮料主要有酒、茶、汤等。尤建国《宋代城市社会的享乐意识》（《天府新论》1993 年第 1 期）考述了城市社会的享乐意识。

金代主要有景爱《金上京女真贵族的社会生活》（《学习与探索》1986 年第 3 期）一文，考察了上京城女真贵族的生活，他还著有《金上京》（生活·读书·新知三联书店 1991 年版）一书。

系统考察元大都的宫廷生活、都市生活和社会风俗习惯的著作是陈高华《元大都》（北京出版社 1982 年版）。此后他又陆续发表《元大都的酒和社会生活探究》（《中央民族学院学报》1990 年第 4 期）、《元大都的饮食生活》（《中国史研究》1991 年第 4 期）等文，对元大都的主食、副食以及饮料等各类饮食品种进行了探析，指出空前规模的多民族国家的统一，国内各民族、各地区间的经济文化联系与中外经济文化交流，以及元大都的地理环境，都对其饮食结构产生了巨大影响。陈高华还和史卫民合著了《元上都》（吉林教育出版社 1988 年版）一书。

2. 乡村生活

乡村日常生活史的研究相对薄弱，相关的一些论著也多为经济生活方面。王成国《从契丹族俗看辽代经济生活》（《社会科学辑刊》1987 年第 3 期）从习俗角度观察契丹的经济生活。佟柱臣《辽墓壁画所反映的契丹人生活》（《辽金史论集》第 5 辑，文津出版社 1991 年版）以壁画内容来佐证辽代文献中的四时捺钵、游牧弋猎、毡庐宴饮、车马出行、衣冠服饰、散乐、骨朵、四神门神等，认为壁画反映了契丹人的生活实态。席岫峰《略论辽代契丹人“畜牧”“畋渔”生活方式及社会功能》（《东北师大学报》1993 年第 2 期）指出，辽代契丹人“畜牧”“畋渔”的生活方式，从形成的原初意义上说，是特定地理环境的产物；从文化的传承作用上看，是因袭了东胡族系的生活传统。刘素侠《从辽墓壁画看契丹人的社会生活》（《社会科学辑刊》

1997 年第 3 期）也属于同类的作品。贾丛江《西辽时期中亚契丹人的经济生活》《西辽契丹人生活方式考辨》（《西域研究》1994 年第 4 期、1997 年第 4 期）是仅有的关于西辽契丹人生活的论文。前文论述了契丹人的生产方式和衣食住行，认为西辽后期，大部分契丹人由畜牧经济转入定居农业，或半农半牧，或进入城市生活；但后文又考辨契丹人始终保持着游牧生活方式，并无部分契丹部民转入定居农业的情况发生，两文观点难免抵牾。傅宗文《宋代草市镇研究》（福建人民出版社 1989 年版）探讨了草市镇形成的环境条件、两宋草市镇的发展情况以及市容、市政、市民、市场等问题，分析了其社会影响和时代局限。梁庚尧《豪横与长者：南宋官户与士人居乡的两种形象》（《新史学》1993 年第 4 卷第 4 期）考察了官户与士人的乡居生活及其表现出来的社会形象。日本周藤吉之《宋代乡村店的分布与发展》（《中国历史地理论丛》1997 年第 1 期）考察了宋代乡村店的基本情况。

（二）置生活史于具体侧面的研究

1. 物质生活

涉及该时期物质生活各方面的总论性论文主要有武玉环《略论辽代契丹人的衣食住行》（《北方文物》1991 年第 3 期）、邓浩《从〈突厥语词典〉看喀喇汗王朝的物质文化》（《西北史地》1996 年第 4 期）和宋德金《金代的衣食住行》（《辽金史论集》第 3 辑，书目文献出版社 1987 年版）等文。但更多的成果是就物质生活的某一方面进行的研究。

服饰方面：周锡保《中国古代服饰史》（中国戏剧出版社 1984 年版）对该时期部分内容介绍较详，认为该时期商业发达、城市繁荣，人们对服饰的追求讲究多样化。李逸友《契丹的髡发习俗——从豪欠营辽墓契丹女尸的发式谈起》（《文物》1983 年第 9 期）谈及契丹人的髡发。朱筱新《契丹族的礼仪风俗与服饰》（《文史知识》1991 年第 6 期）涉及辽代的服饰。刘复生《宋代“衣服变古”及其时代特征——兼论“服妖”现象的社会意义》（《中国史研究》1998 年第 2 期）认为，由于宋代得到了较前代为多的人身“自由”，表现在服饰上就是“风俗狂慢，变节易度”的“服妖”现象的大量出现。吴旭霞《宋代的服饰与社会风气》（《江汉论坛》1998 年第 3 期）论述了宋代服饰与社会风气的关系。赵评春、迟本毅《金代服饰》（文物出版社 1998 年版）比较全面地论述了金代的服饰。

饮食方面：伊永文《辽金饮食生活漫述》（《北方文化研究》第 2 集，黑龙江教育出版社 1989 年版）、陈晓莉《辽、金、夏代饮食考述》（《民俗研究》1995 年第 2 期）概述了辽金西夏的饮食。程妮娜《辽代契丹族饮食习俗述略》（《博物馆研究》1991 年第 3 期）认为契丹族传统的饮食是食肉饮酪，建国后随着生产水平的提高，饮食的系列与品类随之由简至繁，但始终保持着本民族的特点。辽初契丹人的主食以肉为主，粮食为辅；中期以后，粮食在主食中的比重增大，但其嗜肉酪的习俗并没因此而改变。酒、茶的饮用较多；果品种类亦不少。张国庆《辽代契丹人饮食考述》（《中国社会经济史研究》1990 年第 1 期）、《辽代契丹人的饮酒习俗》（《黑龙江民族丛刊》1990 年第 1 期）也探讨了辽代契丹人的饮食特别是饮酒习俗。朱瑞熙《宋代的北食和南食》（《中国烹饪》1985 年第 11 期）论述了北食、南食各自的特点及其差别。伊永文《北宋“煎点汤茶药”》（《农业考古》1991 年第 4 期）对“点茶”“煎点茶”“汤药”作了解释，指出茶与汤药的提神作用。赵葆寓《宋代的汴京李和北宋的糖炒栗子》（《北京财贸学院学报》1982 年第 2 期）、王春瑜《宋人嘲淡酒》（《中国史研究》1993 年第 2 期）、朱瑞熙《宋代的“排档”》（《中国烹饪》1998 年第 11 期）则是对具体某一饮食习俗的探讨。陈伟明《唐宋饮食文化初探》（中国商业出版社 1993 年版）、《唐宋饮食文化发展史》（学生书局 1995 年版）主要涉及宋代饮食。戴建国《香料对宋代社会生活的影响》（《文史知识》2000 年第 4 期）论述了香料对宋代社会生活的影响。日本中村乔《宋代的菜肴和食品》（朋友书店 2000 年版）探讨了饮食生活中食的内容。苏冠文《西夏膳食述论》（《宁夏社会科学》1999 年第 2 期）从膳食原料、炊具和食品加工方法、食品种类和餐具、饮料和饮具等方面考察，认为西夏膳食兼有游牧民族和农耕民族的特点。吴正格《金代女真族食俗窥略》（《满族研究》1986 年第 3 期）简要探讨了女真族的食俗。李宾泓《金代上京地区女真人的饮食文化》（《北方文物》1991 年第 1 期）指出，上京地区女真人食制经历了由两餐制向三餐制的过渡；他们的主食原料有麦、稻、粟、黍等；菜肴原料有 6 大类：鱼肉类、油脂类、蔬菜类、蛋乳类、瓜果类、调味类。面食逐渐占主要地位，且种类繁多；菜肴以肉食为主；饮料主要是酒和茶。陈高华《舍儿别与舍儿别赤的再探讨》（《历史研究》1989 年第 2 期）考证了舍儿别的含义、词源，认为是解渴用的饮料，以水果、药物或加各种蜜（或糖）煎熬而成；《元代饮茶习俗》（《历史研究》1994 年第 1 期）专论饮茶。姚伟钧《〈饮膳正要〉与元代蒙古族饮食文化》（《中国典籍与文化》1993 年第 2 期）论及蒙古族的饮食。

住房方面：陈晓莉《辽夏金代居住风俗》（《民俗研究》1995 年第 4 期）对北方各政权统治区的居住作了简要探讨。张国庆《辽代契丹人的“住所”论略》（《辽宁师范大学学报》1990 年第 5 期）论述了游牧民族的住所。田中初《南宋临安房屋租赁述略》（《史林》1994 年第 3 期）就临安房屋租赁的具体情况进行了论述。吴以宁《宋代消防制度述论》（《学术月刊》1996 年第 1 期）、刘顺安《北宋东京旅馆的作用及特点》（《史学月刊》1996 年第 2 期）分别探讨了消防制度和城市旅馆问题。朱瑞熙《宋代的生活用具》（《上海师范大学学报》1996 年第 3 期）指出，宋代家庭的用具出现显著变化，不仅表现在数量的增加，而且表现在质量的提高和品种的增多等方面。

交通方面：张国庆《辽代契丹人的交通工具考述》（《北方文物》1991 年第 1 期）论述了契丹人的交通工具。朱家源与何高济《从几幅宋画上的车谈宋代的陆路交通》（《故宫博物院院刊》1981 年第 3 期）对车运及其在交通中的使用情况作了考述。程民生《略述宋代陆路交通》（《暨南学报》1992 年第 3 期）也对陆路交通情况进行了论述。崔广彬《金代的交通及其管理》（《学术交流》1996 年第 6 期）论述金代的交通状况及其管理制度。

医疗保健方面：朱建平《两宋时期的卫生保健》（《上海中医药杂志》1994 年第 2 期）从清洁卫生、灭蚊除害、推广火葬、开办商业性浴室、饮食卫生、制定卫生法规等方面作了探讨，在饮食卫生方面尤其强调宋人饮用开水的习惯。

2. 精神生活

社会风气与习俗文化方面：韩国金在满《契丹岁时风俗考》（《人文科学》9，成均馆大学人文科学研究所 1980 年版）考述了契丹族的岁时风俗。田广林《契丹礼俗考论》（哈尔滨出版社 1996 年版）考述了契丹祭祀、婚姻、丧葬、捺钵、舆仗、饮食、游艺等礼俗。程民生《论宋代北方习俗特点》（《中州学刊》1996 年第 4 期）、《论宋代南方习俗特点》（《中国历史地理论丛》1996 年第 1 期）认为宋代南北方习俗存在明显差别，习俗特点奠定了南方和北方文化的基础。雷家宏《宋初社会风气建设浅识》（《河南大学学报》1988 年第 1 期）、唐兆梅《力求撙节，不事繁侈——评宋初的清廉俭约之风》（《福建论坛》1994 年第 2 期）认为宋初的风气建设具有重要意义。黄时鉴《元代的礼俗》（《元史及北方民族史研究集刊》1987 年第 11 集）认为元代的祭祀、仪制、婚姻、丧葬和岁时节序等礼俗，一方面基本上是中国传统礼俗的继承和发展，另一方面又含有浓厚、鲜明的蒙古民族礼俗的因素。论述宋代岁时节令的专文，主要有朱瑞熙《宋代的节日》（《上海师范大学学报》1987 年第 3 期）和刘春迎《北宋东京三大节日及其习俗》（《史学月刊》1997 年第 1 期）等。有关丧葬祭祀礼俗的概述性文章有陈述《谈辽金元“烧饭”之俗》（《历史研究》1980 年第 5 期）、宋德金《烧饭琐议》（《中国史研究》1983 年第 2 期）、朱瑞熙《宋代的丧葬习俗》（《学术月刊》1997 年第 2 期）等。而火葬仍是讨论的重点，徐吉军《论宋代火葬的盛行及其原因》（《中国史研究》1992 年第 3 期）认为由于商品经济的发展给人们的意识观念和风俗习惯带来了重大变化，传统的“入土为安”习俗发生动摇，从而使宋代成为中国历史上火葬最为盛行的时期。张邦炜、张敏《两宋火葬何以蔚然成风》（《四川师范大学学报》1995 年第 3 期）则认为是由于地少人多火葬卫生节省等原因，促成火葬在宋代的盛行。美国韩森（Valerie Hansen）《传统中国日常生活中的协商：中古契约研究》（耶鲁大学出版社 1995 年版；中文本，鲁西奇译，江苏人民出版社 2008 年版）论述从唐至元时期官府、百姓、鬼神三者之间错综复杂的契约关系，力图从相关侧面展现社会关系的变迁。有关人生杂仪方面，朱瑞熙《宋代的避讳习俗》和《宋代官民的称谓》（《上海师范大学学报》1988 年第 4 期、1990 年第 3 期）、王曾瑜《略谈宋代的避讳、称呼和排行》（《文史知识》1983 年第 3 期）、陈高华《论元代的称谓习俗》（《浙江学刊》2000 年第 5 期）概述了宋元人日常生活中的避讳、称谓和排行习俗。

文体娱乐方面：谷世权《试论辽金两代体育的民族文化特征》（《体育科学》1992 年第 5 期）认为辽金的体育内容存在着注重民族传统、军事武艺和向中原先进民族学习与借鉴三种文化特征。郭康松《辽代娱乐文化之研究》（《北方文物》1995 年第 1 期）列举了棋艺、击鞠、角抵、百戏、双陆、叶格戏、渔猎等文体活动，认为辽代的文体是中原传统农业文化和草原游牧文化和谐融合发展的结果。王瑞明《宋儒风采》（岳麓书社 1997 年版）从十几个方面进行了解剖，力图多层次、多角度地说明宋儒文化素养的高超、精神风貌的非凡和思想情趣的卓越。刘子健《南宋中叶马球衰落和文化的变迁》（《历史研究》1980 年第 2 期）认为，儒臣们阻止宋孝宗及其太子击球，逐渐使马球从风尚降为恶习，趋于衰落。蒙古时代，马球反倒消失。陈高华《宋元和明初的马球》（《历史研究》1984 年第 4 期）则提出不同看法，认为南宋打马球不仅存在于军营之中，而且也在民间流行，元代马球更没有消失。施惠康《宋代的球鞠之戏》（《西安体育学院学报》1989 年第 4 期）按照击球方式将宋代的球类运动分为用杖击球、以足踢球、用手拍球 3 类，并对其场地、比赛规则也有所论述。张传玺《宋明时期的武术》（《中华武术》1990 年第 8 期）、王赛时《宋代的竞渡》（《成都体育学院学报》1991 年第 4 期）分别叙述了武术和竞渡项目。宋东侠《宋代士大夫的狎妓风》（《史学月刊》1997 年第 4 期）论述了士大夫不健康的娱乐活动——狎妓。刘菊湘《西夏人的娱乐生活》（《宁夏社会科学》1999 年第 3 期）认为，西夏人的娱乐活动主要有音乐、歌舞、骑射、相扑、狩猎、戏曲、饮酒、下棋等。境内汉乐、戏曲的盛行表明，西夏文化是中原文化与党项、回鹘、吐蕃等民族文化共同作用的结果。

宗教生活方面：汪圣铎讨论了礼与佛道二教的相互关系，认为宋代礼法中有相当一部分内容带有佛道色彩或与佛道直接关联。（《宋朝礼与佛教》，《学术月刊》1990 年第 5 期；《宋朝礼与道教》，《国际宋代文化研讨会论文集》，四川大学出版社 1991 年版）关于佛道对民间习俗的影响，范荧《宋代民间信仰中的佛教因素》［《宋史研究论文集》（1994 年年会编刊），河北大学出版社 1996 年版］认为，随着佛教的广泛传播，给传统的民间信仰注入了外来因素。这一方面表现在许多佛教神被“中国化”后纳入民间神谱；另一方面则是产生了许多佛教因素影响下的民间信仰习俗，如功德坟寺、火葬、佛教节日、放生、素食等。

有关民间信仰，日本今井秀周《金代女真人的信仰——以祭天为中心》（《森三树三郎博士颂寿纪念东洋学论集》，1979 年）探讨女真人的祭天习俗。程民生《神权与宋代社会——略论宋代祠庙》［《宋史研究论文集》（1987 年年会编刊），河北教育出版社 1989 年版］探讨了宋代祠庙和祠神崇拜习俗。李玉昆《试论宋元时期的祈风与祭海》（《海交史研究》1983 年第 5 期）探讨了宋元风神海神崇拜习俗。美国韩森《变迁之神——南宋时期的民间信仰》（普林斯顿大学出版社 1990 年版；中文本，包伟民译，浙江人民出版社 1999 年版）认为，12 世纪的中国人面对诸多神灵信仰，选择那些最为灵验有证的。佛、道、儒三教传统的信仰，并不能完全决定世俗信徒的神灵崇拜。大众宗教中的变化是伴随着 11—12 世纪的经济、社会及政治的变迁而出现的。沈宗宪《宋代民间的幽冥世界观》（商鼎文化出版社 1993 年版）则从信仰角度探讨基层社会的精神生活。

3. 婚姻家庭及宗族生活

婚姻方面：向南、杨若薇《论契丹族的婚姻制度》（《历史研究》1980 年第 5 期）认为契丹族是氏族外婚制、部落内婚制。席岫峰《关于契丹婚姻制度的商榷》（《历史研究》1993 年第 2 期）认为契丹族人实行的是两姓直接交换婚制。程妮娜《契丹婚制婚俗探析》（《社会科学战线》1992 年第 1 期）对契丹族的婚俗作了较全面的论述。张邦炜《婚姻与社会（宋代）》（四川人民出版社 1989 年版）采取与唐代相比较的方法，较全面地论述了唐宋之际婚姻制度、婚姻习俗和婚姻观念的变化及其原因。在婚姻观念方面，张邦炜《试论宋代“婚姻不问阀阅”》（《历史研究》1985 年第 6 期）指出，不问阀阅是宋代婚姻制度的一大特色。方建新《宋代婚姻论财》（《历史研究》1986 年第 3 期）认为，“不顾门户，直求资财”是宋代婚姻一种值得注意的社会倾向。在婚姻礼仪方面，方建新《宋代婚姻礼俗考述》（《文史》1985 年第 24 辑）认为，宋代婚姻的礼仪，基本上均通过朱熹《家礼》记载的纳采、纳币、亲迎三个阶段。彭利芸《宋代婚俗研究》（新文丰出版公司 1988 年版）从一般婚俗、皇族婚姻、民间婚俗等方面，探讨了婚俗问题。史金波《西夏党项人的亲属称谓和婚姻》（《民族研究》1992 年第 1 期）涉及党项人的婚姻习俗。唐长孺《金代收继婚》（《山居存稿》，中华书局 1989 年版）、邓荣臻《金代女真族“妻后母”说考辨——兼论女真族宗族接续婚》（《北方文物》1990 年第 1 期）对女真婚俗的收继婚作了考辨。都兴智《10—13 世纪蒙古人的婚俗特点》（《辽宁师范大学学报》1989 年第 3 期）对蒙古人的婚姻制度和习俗作了探讨。

家庭方面：孟古托力《契丹族家庭探讨》（《学习与探索》1994 年第 4 期）、韩世明《辽金女真家庭形态研究》（《史学集刊》1993 年第 2 期）分别探讨了辽金时期契丹族和女真族的家庭生活。宋代则主要集中在家庭财产继承及家庭经济生活方面。郭东旭《宋代财产继承法初探》（《河北大学学报》1986 年第 3 期）、魏天安《宋代〈户绝条贯〉考》（《中国经济史研究》1988 年第 3 期）等，均是财产继承方面的探讨。龙登高《略论宋代士大夫家庭的经济生活》（《史学月刊》1991 年第 4 期）、《宋代的小农家庭与农村市场》（《思想战线》1991 年第 6 期）考察了士大夫家庭和小农家庭的经济生活。

家庭中的妇女和儿童群体也受到较多的关注。张邦炜《辽宋西夏金时期少数民族妇女的生活》（《四川师范大学学报》1999 年第 3 期）专论少数民族妇女群体的生活。美国伊佩霞（Patricia Ebrey）《内闱：宋代的婚姻和妇女生活》（加利福尼亚大学出版社 1993 年版；中文本，胡志宏译，江苏人民出版社 2004 年版）对相关问题作了相当细致的数据统计和分析。刘静贞《不举子——宋人的生育问题》（稻乡出版社 1998 年版）从损子坏胎的报应传说、妇产医学、不举子的经济理由、亲子关系等方面，探讨了生育问题。张伟然《唐宋时期峡江女性的形象及日常生活》（《中国文化研究》1998 年第 2 期）将女性形象与日常生活相结合。游惠远《宋代民妇的角色与地位》（新文丰出版公司 1998 年版）也是关于妇女的专著。周愚文《宋代儿童的生活与教育》（师大书苑有限公司 1996 年版）则专论儿童群体。

宗族方面：都兴智《辽代契丹人姓氏及其相关问题考探》（《社会科学辑刊》2000 年第 5 期）从耶律氏封爵多以漆水为郡望、萧氏封爵多以兰陵为郡望及辽朝契丹人自称是黄帝后裔这一史实进行考察，改汉姓为“刘”“萧”是辽朝绍周、汉继统思想的反映。席岫峰和宋志发《试析契丹族人的祖先崇拜活动》（《社会科学辑刊》1994 年第 3 期）认为在契丹人意识当中，天地、神、人（祖先）是互渗的，即他们祖先既是神，又与天地合而为一。王善军《宋代宗族和宗族制度研究》（河北教育出版社 2000 年版）既对宋代宗族制度的形成及时代特点、宗族谱牒、宗族公产、族规家法、宗族祭祀、族塾义学、宗祧继承等进行了较全面的论述，还对几种重要的宗族组织类型如同居共财大家庭、世家大族、强宗豪族、皇族等进行了具体的解剖。日本学者论文集《柳田节子先生古稀纪念论集——中国的传统社会与家族》（汲古书院 1993 年版）、《宋代的规范与习俗》（汲古书院 1995 年版）对此也多有涉及。韩世明《女真姓氏及姓氏集团研究》（《辽金史论集》第 8 辑，吉林文史出版社 1994 年版）对女真姓氏演变作了探讨。冯继钦《金元时期契丹人姓名研究》（《黑龙江民族丛刊》1992 年第 4 期）认为，契丹人特定的姓氏和名字反映本民族特有的风俗习惯、时代风尚和伦理道德等，辽亡后契丹人姓名发生了重要变化。常建华《宋元时期徽州祠庙祭祖的形式及其变化》（《徽学》2000 年卷，安徽大学出版社 2001 年版）认为，宋元时期徽州宗族祭祖从依附或与地缘性社祭、宗教性寺观祭祖结合而逐渐分离并走向衰败，独立性祠堂祭祖渐兴。

四

在 20 世纪已取得成果的基础上，21 世纪的生活史研究问题不断细化，传统的研究领域也不断与日常生活史视角相结合，取得的学术成果也日益丰富多彩。综合性著作如韩世明《辽金生活掠影》（沈阳出版社 2002 年版），着重叙述契丹、女真族的社会生活状况，兼及其他的民族。韩国金渭显《契丹社会文化史论》（景仁文化社 2004 年版）一书单列一篇“生活习俗”，包括祭礼、仪礼等各种礼俗、狩猎习俗、服饰等。汪圣铎《宋代社会生活研究》（人民出版社 2007 年版）也涉及多个传统领域，如精神文化生活、官员等特殊群体生活、社会医疗卫生、教育、文化娱乐、经济生活等。

有关生活史的通史类编撰成果更为突出。如《中国风俗通史》[（辽金西夏卷）（宋德金等著）、（宋代卷）（徐吉军等著）、（元代卷）（陈高华等著），上海文艺出版社 2001 年版]，内容涉及衣食住行、生育、婚姻、医疗保健、丧葬、生产、宗教信仰、岁时节日、游艺、交际、社会组织等。游彪等《中国民俗史·宋辽金元卷》（人民出版社 2008 年版）全面论述了物质生产民俗、物质生活民俗、社会组织民俗、人生礼仪、岁时节日民俗、信仰民俗等。

（一）置生活史于空间范围的研究

1. 城市生活

日本久保田和男《宋代开封研究》（汲古书院 2007 年版；中文本，郭万平、董科译，上海人民出版社 2010 年版）一书的第三部为“都市空间构造与首都住民生活”，考察了宋代开封城市的夜禁制、城市东部与西部功能的形成、宋代时法与开封的早晨等问题，展示了开封城市构造与市民生活的多样性。徐吉军《南宋临安社会生活》（杭州出版社 2011 年版）一书包含饮食、服饰、住居、交通行旅、婚姻与生育、生日寿诞、丧葬、节日、体育竞技及文化娱乐等内容，分类相当细致。该书作者对不同社会阶层日常生活的差异进行了论述，体现出宋代都市生活的丰富多彩和等级性特征。成荫《日常生活视野下的唐宋都城变革——以节日游乐社会环境为中心》（《中国经济史研究》2009 年第 3 期）通过考察节日游乐社会环境主要因素的历史变迁、社会功能及历史意义，揭示出唐宋都城变革在日常生活领域中的某些表现及特征。王晓如《音乐与宋代城市生活》（《西安文理学院学报》2012 年第 5 期）指出，音乐的平民化转向，使宋代城市生活更加引人注目。城市音乐活动丰富了市民的精神文化生活。梁建国《北宋东京的士人拜谒——兼论门生关系的生成》（《中国史研究》2008 年第 3 期）考察了北宋东京的士人拜谒现象，进而探讨了拜谒活动所生成的三种门生关系。

2. 乡村生活

张国庆《辽代社会基层聚落组织及其功能考探》（《中国史研究》2002 年第 2 期）认为辽代社会基层聚落组织的形成与存在具有地域和民族的双重特征，各类社会基层聚落组织发挥着各自行政、生产、军事及宗教等不同方面的功能。刁培俊《宋代的富民与乡村治理》（《河北学刊》2005 年第 2 期）则论述了乡村富民在参与乡间基层社会的管理，尤其是在乡村税收、治安管理等方面的作用；《官治、民治规范下村民的“自在生活”——宋朝村民的生活世界初探》[《宋史研究论文集》（2012 年年会编刊），河南大学出版社 2014 年版] 通过对州县行政“官治”和乡役等体制下“民治”的考察，认为宋王朝权威以一种刚性形式向乡村渗透的趋势相当明显，来自王朝柔性的教化理念也深入民心。村民们只能在这一网络控制下“自在生活”。谭景玉《宋代乡村组织研究》（山东大学出版社 2010 年版）比较全面地论述了乡村行政组织、乡村民间组织以及乡村组织与社会控制的关系。谷更有《宋代乡村户之生活水平析议》（《经济史丛论（一）》，中国经济出版社 2005 年版）认为，虽然宋代经济取得了快速发展，但是依然没有摆脱“普遍贫穷”的前现代社会的特征。其中乡村中户的生活水平一般能自给自足。谷更有《宋代乡村户意识形态研究》（《思想战线》2003 年第 2 期）指出：由于五代时期的纷争，土地私有制的盛行，已使人们头脑中充满了利欲的观念，就乡村户而言，突出表现了“追末逐利，诚信孝悌朴素伦理逐渐势微”“富求贵，贫求贵”“重鬼神，轻法度”三种观念特征。耿元骊《北宋中期苏州农民的田租负担和生活水平》（《中国经济史研究》2007 年第 1 期）通过推算认为，同全国平均水平相比，苏州地区的农民的生活水平是比较高的。李瑾明《南宋时期福建地区的农村市场和农民生活》（《宋史研究论丛》第 7 辑，河北大学出版社 2006 年版）对福建地区的农民生活进行了论述。张文《宋朝社会救济研究》（西南师范大学出版社 2001 年版）、《宋朝民间慈善活动研究》（西南师范大学出版社 2005 年版）、郭文佳《宋代社会保障研究》（新华出版社 2005 年版）等是探讨宋代社会保障的专著。张文《社区慈善：两宋民间慈善活动的空间结构》（《中国社会经济史研究》2005 年第 4 期）指出，两宋民间慈善活动的空间结构特征呈现出两种不同类型：主要面向“熟人”的乡村社区慈善与主要面向“陌生人”的城市社区慈善。前者有开放性特征，后者具有封闭性特征。范立舟《元代白莲教的乡村生存及其与吃菜事魔和弥勒信仰的糅合》（《宗教学研究》2013 年第 4 期）认为白莲教原本是一种平和的世俗化佛教，但在元代与当时乡村中广泛存在的吃菜事魔现象及弥勒信仰发生了深度的融合，最终成为古代中国各种反叛势力的渊薮。

（二）置生活史于具体侧面的研究

1. 物质生活

程民生《宋代物价研究》（人民出版社 2008 年版）考证了宋代的土地、房屋、矿产、服饰、家畜、家禽、文房四宝以及日杂用品等的交换价格，并作了剖析，显示了同一物品由于质量差别、地区差别、时代差别而显示不同价格的动态变化，说明宋代社会经济生活的复杂性。徐永斌《宋代文人的治生与商化》（《社会科学辑刊》2005 年第 2 期）认为，成名文人的生活手段主要是卖文或撰写碑铭，具有一定的商业化特点；下层文人的生活手段则更加多样。费君清《南宋江湖诗人的谋生方式》（《文学遗产》2005 年第 6 期）指出，江湖诗人的谋生方式和经济来源主要有亲友周济、出卖诗文字画、教书授徒、代人撰述等。何辉《宋代消费史：消费与一个王朝的盛衰》（中华书局 2010 年版）、叶烨《北宋文人的经济生活》（百花洲文艺出版社 2008 年版）等专著，也均是在观照宋代社会的前提下研究经济生活和经济关系。

服饰方面：王青煜《辽代服饰》（辽宁画报出版社 2002 年版）介绍了服装、佩饰、化妆品以及发式等。王雪莉《宋代服饰制度研究》（杭州出版社 2007 年版）通过对宋代冕服、朝服、公服、胡服及奇装异服等方面的分析研究，提出宋代服饰文化四种创新模式，并据此说明宋代服饰保守论有失公正。孙昌盛《西夏服饰研究》（《民族研究》2001 年第 6 期）分析了唐、宋、辽、金和吐蕃服饰对西夏的影响，论述了西夏的服饰制度和男女服饰的特点。顾韵芬等《金代女真族服饰文化的整合性发展》（《纺织学报》2008 年第 2 期）认为，金代女真族服饰文化整合性发展具有不平衡性、跳跃性、渐进性和强势性等特性。

饮食方面：韩荣《有容乃大——辽宋金元时期饮食器具研究》（江苏大学出版社 2011 年版）是关于饮食器具的专著。张景明、马利清《契丹民族的饮食文化在礼俗中的反映》（《饮食文化研究》2004 年第 1 期）勾勒出契丹饮食文化的丰富内涵，并详析其在婚姻、丧葬、祭祀等礼俗礼仪中的表现。刘朴兵《唐宋饮食文化比较研究》（中国社会科学出版社 2010 年版）对唐宋两代的食品、饮品、饮食业、饮食习俗、饮食文化交流、饮食思想等进行了系统的比较，认为唐宋饮食文化有着许多显著的差异。沈冬梅《茶与宋代社会生活》（中国社会科学出版社 2007 年版）论述茶与宋代社会生活诸层面的关系及特征，涉及宋代茶叶生产制造、茶饮技巧和茶具，日常生活中客来敬茶、婚礼用茶等茶习俗，以及茶与宋代宗教生活的相互关系。日本石田雅彦《“茶道”前史研究——宋代片茶文化完成到日本的茶道——》（雄山阁 2003 年版）涉及宋代的饮茶。崔广彬《金代女真人饮食习俗考》（《学习与探索》2001 年第 2 期）认为金代女真人据有中原后，其饮食发生了很大变化。夏宇旭《金代女真人食用蔬菜瓜果刍议》（《满语研究》2013 年第 2 期）论述了金代女真人的野生蔬菜、种植蔬菜、储藏蔬菜，以及秋白梨、桃李、石榴、樱桃、西瓜等各种水果。

住房方面：谭刚毅《两宋时期的中国民居与居住形态》（东南大学出版社 2008 年版）总结了两宋及辽、金、西夏的居住形制、材料选择、构造技术和审美意向，勾勒出宋代民居的营建过程和仪式，阐释了两宋时期居住生活的变化及其影响。邵晓峰《中国宋代家具：研究与图像集成》（东南大学出版社 2010 年版）通过对大量图像、文献史料与实物资料的总结、归纳，并以图、史、物互证，展现了丰富多彩的宋代家具世界。夏时华《宋代香药与平民生活》（《淮北煤炭师范学院学报》2008 年第 5 期）、《宋代上层社会生活中的香药消费》（《云南社会科学》2010 年第 5 期）、《宋代平民社会生活中的香药消费述论》（《江西社会科学》2010 年第 12 期）对香药与日常生活的关系作了系统研究，认为宋代平民在医疗、饮食、佩香、化妆、建筑、婚育仪式、宗教活动、节日习俗等日常生活中广泛使用香药。在上层社会生活中，香药消费表现出广泛多样性、奢侈性、雅致性、部分市场化等特点。广大平民在日常社会生活中香药消费兴盛，并表现出其消费的广泛性和多样性、市场化、生存性与享受性并存等特点。

交通方面：曹家齐《宋代交通管理制度研究》（河南大学出版社 2002 年版）系统论述了交通制度的各个方面。王福鑫《宋代旅游研究》（河北大学出版社 2007 年版）通过旅游的三个要素探讨宋代的旅游文化，认为在宋代社会经济特别是商品经济发展的基础上，宋代的旅游也兴盛起来。

医疗保健方面：刘金柱《由黄庭坚〈宜州乙酉家乘〉对宋人沐浴观的考察》（《河北大学学报》2006 年第 6 期）通过考察黄庭坚的日记《宜州乙酉家乘》，发现黄庭坚在生命结束前夕，仍能按照当时士人约定俗成的频率洗浴，由此可见其生活的规律、严谨，也可想见其社会意识之自觉。袁冬梅《宋代江南地区疫疾成因分析》（《重庆工商大学学报》2007 年第 4 期）将疫疾与日常生活方式如城市环境卫生、日常生活习惯、丧葬习俗等联系在一起，说明一些大的疫疾的发生往往与日常生活中的细节有着密切的联系。姚海英《从洪迈〈夷坚志〉看宋代的医疗活动与民间行医群体》（《贵州文史丛刊》2011 年第 1 期）从医学的发展、巫医治病的存在、民间行医队伍的庞杂等方面展示了宋代医学的一些情况。朱德明《南宋时期浙江公共卫生治理及其卫生习俗》（《医学与社会》2005 年第 5 期）主要从环境卫生、饮水卫生、个人卫生、传统节日中的医药卫生习俗等方面讲述这一时期浙江的一些情况。

2. 精神生活

人际关系方面：陈戍国《中国礼制史·宋辽金夏卷》（湖南教育出版社 2001 年版）从礼俗礼制角度透视宋辽金夏时期的人际关系。王曾瑜《辽宋西夏金的避讳、称谓和排行》（《安徽师范大学学报》2005 年第 5 期）论述了辽宋西夏金时期的避讳、称谓和排行的基本情况及特点。程妮娜《辽金时期渤海族习俗研究》（《学习与探索》2001 年第 2 期）认为，渤海人长期与汉、契丹、女真诸族人杂居相处，社会风俗发生显著变异，形成了本族习俗与他族习俗杂糅共存的特征，一方面衣食住等物质习俗的变异十分活跃；另一方面恋爱婚嫁等习俗，却长期按照本族传统习俗发展变化，表现了独特的民俗风情。周扬波《宋代士绅结社研究》（中华书局 2008 年版）和方健《北宋士人交游录》（上海书店出版社 2013 年版）等对士人群体的人际关系有所揭示。郭东旭《宋代民间法律生活研究》（人民出版社 2012 年版）对宋代民间社会中的各种法律现象进行了考察，包括宋代民众生活的社会环境和法律环境、民众法律地位和法定权利的变化、民间讼学之兴与好讼之风、民间财产纷争的各种表现形态、官府诫争息讼措施及民众在司法活动中的实际境遇。方燕《巫术与人生礼俗——以宋代为例》（《四川大学学报》2005 年第 3 期）指出，尽管巫术掺杂了许多有悖礼制、荒谬和非理性的成分，却作为习俗融进了日常生活。游彪《建构和谐：宋儒理想状态的家庭邻里关系》（《上海大学学报》2008 年第 1 期）认为，宋朝士大夫逐渐形成了一套系统的“齐家”理念和“居家礼仪”，而单个的家庭又与宗族、邻里之间逐渐形成既存在矛盾又利害与共的某种共同体；《“礼”“俗”之际——宋代丧葬礼俗及其特征》（《云南社会科学》2005 年第 1 期）提出，宋代士大夫阶层提倡实施规范的丧葬礼节与民间丧葬之“俗”共生共存，是宋代丧葬民俗的总体特征。秦大树《宋代丧葬习俗的变革及其社会意义》（《唐研究》2005 年第 11 卷）比较了唐宋时期的丧葬制度与习俗，指出了诸多变化与社会政治、经济和文化变革的密切关联。日本平田茂树、远藤隆俊、冈元司《宋代社会的空间与交流》（河南大学出版社 2008 年版）在理解与地域社会相关史料的过程中，着眼于日常空间，该空间是多样的现实与意识相互关联的具有流动性并带有复杂性质的“场”。萧启庆《元代多族士人网络中的师生关系》（《历史研究》2005 年第 1 期）指出，师生关系为元代“多族士人圈”中具有重要意义的一环。由元初的汉族士人为师，蒙古、色目人为生，发展至出现蒙古人、色目人为师，汉族士人为生的变化，反映出汉文化传播的进展。虽然元代各族始终未能高度统合而达致长治久安，其症结在于政治，而不在于社会与文化。李玲珑《论元代爱情剧中的民俗生活相》（《青海师范大学学报》2012 年第 2 期）认为，元代爱情剧对民俗生活相的揭示和勾勒，是对民俗生活相的艺术概括和升华。

文体娱乐方面：王俊奇《宋代体育文化史》（北京体育大学出版社 2009 年版）从文化史视角对宋代体育的发展状况作了较详细的论述。郭学信《宋代士大夫生活世俗化探析》［《历史教学》（高校版）2007 年第 1 期］指出，有宋一代，士大夫无论是在生活方式还是在行为习惯上，都表现出鲜明的世俗化文化性格，体现出注重世俗生活的体验和官能感受的追求与满足。潘立勇和陆庆祥《宋代士人的休闲之境——宋代士人日常生活哲学描述》（《哲学分析》2013 年第 1 期）从日常生活哲学的角度分析士人群体，认为宋代士人日常生活哲学，突出表现在仕隐之间、政治出处的生存智慧和徜徉于林泉之乐、园林之境的休闲境趣。

宗教生活方面：张国庆《佛教文化与辽代社会》（辽宁民族出版社 2011 年版）较全面地考察了辽代佛教的发展状况，并论述了佛教对辽代政治、经济、文学、艺术、民俗等方面的影响。刘浦江《宋代宗教的世俗化与平民化》（《中国史研究》2003 年第 2 期）认为，自唐末五代以后，佛、道二教均趋于世俗化和平民化。佛教的变化主要表现在唐代义学宗派的衰落和新禅宗的崛起，以及佛教前所未有的社会影响。道教的变化主要表现为神仙信仰的动摇、内丹术取代外丹术，以及南宋金元时期新道教的兴盛，道教从上层社会走向民间社会，民众道教成为主流。日本蜂屋邦夫《金代道教研究》（中文本，钦伟刚译，中国社会科学出版社 2007 年版）研究了全真教的开祖王重阳和他的弟子（实际上的二祖）马丹阳的生涯和教说，是一部研究全真教的著述。

关于民间信仰，皮庆生《宋代民众祠神信仰研究》（上海古籍出版社 2008 年版）以张王、祠赛社会、祈雨、祠神信仰传播、正祀与淫祀 5 个个案为例，将宋代民众祠神信仰置于唐宋社会变革的背景下，全面考察了祠神活动存在、演变的状况及其复杂的社会、政治与文化背景。刘祥光《宋代日常生活中的卜算与鬼怪》（政大出版社

2013 年版）认为，宋朝卜算成了“全民运动”，上至皇帝任命官员，下至一心想发财的百姓与埋首啃书的读书人，都要借助算命。“风水”一词于宋代也应运而生，居所与墓地都要看风水，宋代出版了许多算命、风水书籍，让人可以自学卜算。鬼魂也常出现在宋人的日常生活中。美国韩明士（Robert Hymes）《道与庶道：宋代以来的道教、民间信仰和神灵模式》（加利福尼亚大学出版社 2002 年版；中文本，皮庆生译，江苏人民出版社 2007 年版）提出了关于中国人的神祇象征和人神关系象征的两种模式：其一是官僚模式，神祇如同官员，神祇和信众都是一个更大的组织机构中的一部分；其二是个人模式，神祇是“异人”，神灵和信众之间的关系独立于外在权威，扎根于本地，并且围绕神祇的固有神力而非外在委托的力量建构其模式。其他还有贾二强《唐宋民间信仰》（福建人民出版社 2002 年版）、王章伟《在国家与社会之间——宋代巫觋信仰研究》（香港中华书局 2005 年版）、王章伟《文明世界的魔法师——宋代的巫觋与巫术》（“三民书局”2006 年版）、李小红《宋代社会中的巫觋研究》（光明日报出版社 2012 年版）等专著。陈曦《宋代荆湖北路的水神信仰与生态环境》（《湖北社会科学》2009 年第 9 期）分析了宋代荆湖北路水神崇拜的对象、水神庙址的分布特点与职能，探讨了水神信仰所体现出的本区人地关系尤其是人与水环境之间关系的基本特征。

3. 婚姻家庭及宗族生活

婚姻方面：邵方《西夏党项社会的族际婚》（《西北民族研究》2004 年第 3 期）、王晓清《元代社会婚姻形态》（武汉出版社 2005 年版）讨论了西夏、元代的婚姻形态特别是不同民族间的通婚。林雅琴《西夏人的婚姻与丧葬》（《宁夏社会科学》2010 年第 6 期）认为党项族的婚姻形态早期流行群婚制度。迁入西北以后，随着社会生产的不断发展和汉族婚姻文化的日益侵染，发生了很大的变化。徐适端《元代平民妇女婚姻生活考》（《西南师范大学学报》2003 年第 2 期）认为，北方游牧民族论财购妻和收继婚俗使汉族平民妇女成了婚姻双方家庭的经济筹码。封建传统女性观、婚姻观的长期积淀强化了妇女自身的依附意识，使女性自觉不自觉地兼充着可悲的受害施暴双重角色。

家庭方面：邢铁《中国家庭史・辽宋金元卷》（广东人民出版社 2007 年版）是全面探讨家庭史的首部通史类著作。邢铁还著有《宋代家庭研究》（上海人民出版社 2005 年版）一书。柳立言《宋代的家庭和法律》（上海古籍出版社 2008 年版）涉及家庭与法律问题。张本顺《宋代家产争讼及解纷》（商务印书馆 2013 年版）论述了宋代家庭、家族成员之间财产利益纷争的状况和法律生活。邵方《西夏家庭研究》（《西北民族研究》2001 年第 4 期）探讨了西夏的家庭。

妇女群体受到广泛关注，取得了丰硕的成果。《中国妇女通史》（宋代卷）（方建新、徐吉军著）和（辽金西夏卷）（张国庆、韩志远、史金波著）（杭州出版社 2011 年版）是全面论述妇女群体的著作。其他专著有刘芳如《从绘本与文本的参照探索宋代几项女性议题》（台北文史哲出版社 2005 年版）、方燕《巫文化视域下的宋代女性——立足于女性生育、疾病的考察》（中华书局 2008 年版）、铁爱花《宋代士人阶层女性研究》（人民出版社 2011 年版）等。另有邓小南主编论文集《唐宋女性与社会》（上海辞书出版社 2003 年版）。日本柳田节子《宋代庶民的妇女们》（汲古书院 2003 年版）则专论社会中下层的妇女。美国费侠莉《繁盛之阴：中国医学史中的性（960—1665）》（中文本，甄橙等译，江苏人民出版社 2006 年版）有两章内容专论宋代妇科的发展和宋代医学中的怀孕和分娩。韩国崔碧茹《宋代女性的经济活动：以地产买卖与契约为中心》（《中国经济史研究》2010 年第 3 期）指出，宋代私人土地买卖发展以及对契约的重视，给当时女性的地产买卖活动提供了良好环境，并以寡妻和寡母为例，分析了宋代官方和社会对这两种不同身份女性在家庭财政处分权方面的不同要求。战秀梅《宋代妇女经济活动探析》（《中国社会经济史研究》2010 年第 1 期）认为，在实际生活中，宋代各个阶层的妇女都参加经济活动。陈高华《元代女性的文化生活》（《暨南史学》2007 年第 1 期）以元代女性的文化生活为研究对象，主要探讨了元代女性的教育、诗词散曲和书画艺术、舞台表演艺术、游戏等方面内容。

宗族方面：总论性专著有陶晋生《北宋士族——家族・婚姻・生活》（台北“中研院”历史语言研究所，2001 年）、黄宽重《宋代的家族与社会》（东大图书股份有限公司 2006 年版；国家图书馆出版社 2009 年版）等；区域性专著有朱开宇《科举社会、地域秩序与宗族发展——宋明间的徽州，1100—1644》（台湾大学出版委员会，2006 年）；论文集有张邦炜《宋代婚姻家族史论》（人民出版社 2003 年版）、邹重华和粟品孝主编《宋代四川家族与学术论集》（四川大学出版社 2005 年版）、日本井上彻和远藤隆俊编《宋—明宗族的研究》（汲古书院 2005 年版）等。远藤隆俊《宋元宗族的坟墓和祠堂》（《中国社会历史评论》2008 年第 9 卷）以苏州范氏为中心，从宋代士大夫的社会问题，特别是家族、宗族的侧面，论述了坟墓的分布和迁居，坟墓的择地和风水、阶层、夫妇合葬，坟寺和祖先祭祀，以及祠堂的管理、运营等问题。王善军《宋代世家大族消费述论》（《社会科学战线》2008 年第 7 期）认为，宋代世家大族的消费大体可分为生存性消费、享乐性消费、发展性消费和公益性消费四种类型。陆敏珍《宋代家礼与儒家日常生活的重构》（《文史》2013 年第 4 辑）通过家礼探讨宋代儒家日常生活问题。杜建录《论党项宗族》（《民族研究》2001 年第 4 期）认为宗族以血缘关系为纽带，派生出许多支系，一个强宗大族往往包括若干个乃至数十个中小家族。宗族首先是一个军事实体，同时还是一个经济实体。杨茂盛《试论女真人的宗族文化》（《北方文物》2001 年第 1、2 期）认为，长期以宗族谋克为本位的女真社会，形成了浓厚的宗族文化，并渗透到女真社会的各个方面。陈瑞《元代徽州的宗族建设》（《安徽师范大学学报》2009 年第 2 期）认为，元代徽州的宗族建设主要体现在族谱编纂、祠堂建设、祖茔建设、族田设置、宗族内部管理等方面。

五

综上所述可以看出，以往有关辽宋西夏金元生活史的研究，已经取得相当丰富的成果，但也存在明显不足。以往成果要么在宏大框架下热衷于描述生活现象，要么过分专注于具体生活事项的思索和叙述，而对日常生活方式所昭示的社会结构及其变迁缺乏全面认识。传统框架下对生活现象的描述，呈现出社会生活的若干功能和历史发展的丰富性。但是，对日常生活中的各种关系特别是个人与个人的关系、个人与群体的关系，以及人与自然的关系，还未能给予充分的重视。有些以社会生活为研究内容的著作，在大量借用其他社会科学特别是社会学的理论和概念时，套用痕迹不时显露，史料运用具有例证的倾向，既难以得出规律性的认识，又未能彰显出日常生活史生动与深刻的特性。

对具体生活事项的思索和叙述，揭示出越来越多的历史事实，并能在这些事实基础上得出越来越深刻的认识。只是以下两点颇值得注意，一是社会史的研究决不能像有人担心的那样走向琐碎和庸俗，而应当为历史学带来新的生机，要尽量避免完全新闻报道式的论文写作。二是如果过度使用以小见大的方法，正像近年有些论著所显示的那样，往往会拔高细微问题所具有的社会缩影意义，从而使史学研究出现失真现象。因而，在今后的辽宋西夏金元社会史研究实践中，多从日常生活史的角度，逐渐形成相对规范的范畴和方法，对相关问题进行深入研究，可以说是十分必要的。

（原载《中国社会历史评论》第 17 卷，天津古籍出版社 2016 年版，第 228—244 页）

辽金文学研究前沿成果综述（2010—2016）

王　永　张　桐*

当代学术界对金代文学的整体研究，发轫于20世纪80年代中期，姚奠中、米治国、周惠泉、李正民等老一辈学者对这一学术领域的探索和开掘具有意义深远的引领作用。自90年代起，张晶、詹杭伦、薛瑞兆、胡传志、刘达科、牛贵琥、狄宝心、方满锦、王树林、赵维江、黄震云、刘锋焘、陶然、王昊、贾秀云、于东新等金代文学研究专家的成果相继发表，刘扬忠、高人雄、李瑞卿、魏崇武等学者对辽金文学也时有涉足，金代文学研究进入一个繁荣的阶段。

2009年9月19日至20日，中国辽金文学学会第五届年会及学术研讨会在中国传媒大学举行，会后，胡传志教授撰写发表了综述文章①，自此以后，辽金文学研究领域又取得了可喜的进展。在文献整理、文学史编年、各体专论、文化背景考察等方面取得了丰硕的成果。杨忠谦、聂立申、李静、裴兴荣、邹春秀等青年学者的崛起也预示了辽金文学研究光明的前景。本文拟对2010以来出版、发表的辽金文学研究成果、项目、活动进行全面的梳理，以利于辽金文学研究领域的学术交流与发展，疏漏之处恳请方家指正。

一　专著

（一）断代文学史、编年史及专题文学史

辽金文学史的全面论述向来不多，近5年来，有了一些填补空白的作品，断代、编年、民族、地域等角度都有尝试。

1.《辽代文学史》

该书虽出版于2010年，但实际上是在中国政法大学黄震云教授在2000年完成的

---

* 王永，男，吉林农安人，中国传媒大学文法学部副教授，硕士生导师，主要研究方向为中国古代散文、辽金元文学。张桐，女，辽宁大连人，中国传媒大学文法学部研究生，主要研究方向为唐宋文学。

① 胡传志：《辽金文学研究的新进展——中国辽金文学学会第五届年会及学术研讨会综述》，《民族文学研究》2010年第1期。

博士学位论文基础上修改而成的，也是作者独立主持的同名国家社科规划项目的最终成果。《辽代文学史》是当代学术史上第一部全面论述辽代文学成就的学术著作，也是一部契丹民族文学史。对于该书的开拓性贡献，甚至有学者誉为“本世纪中国古代文学研究最突出的成果之一”①。在写作体例方面，该书作者对“文学关系呈现法”做了探索，侧重于文学的写作、发表、印刷、接受、交流这一链条，这是对文学史传统写法的重要突破，对多民族文学史研究具有启迪意义。

2. 《金代文学编年史》（王庆生版）

作者王庆生曾于 2005 年出版《金代文学家年谱》，在金代文史资料整理领域有较好的积累。该课题历时数年，在中国出版集团宣传文化专项发展资金和江苏大学社科出版基金共同资助下，其成果于 2013 年在中华书局出版。全书分上下两册，共有 120 万字。编年起自金太祖收国元年，讫至元世祖至元十九年，入元以后近 50 年仅限于关注遗民活动及其创作以及少数虽入元而仕，但生活年代主要在金的作家。该书在《全辽金诗》基础上又增编辑佚诗歌 30 余首，在《全辽金文》基础上又增编辑佚文 220 余篇。书后附有征引书目、金代纪元简表和人名索引。

3. 《金代文学编年史》（牛贵琥版）

该书是国家社科基金 2005 年批准、2009 年完成的项目。全书以金初建国至海陵王被弑为第一编（前期），以金世宗即位至卫绍王被弑为第二编（中期），以金宣宗南渡至金亡为第三编（后期），以金亡至元世祖忽必烈至元元年为第四编（余波）。项目完成过程中，又新发现金代诗文百余首（篇），其中一部分被编入该书。全书 97.8 万字，于 2011 年在安徽大学出版社出版。作者牛贵琥所作长篇《前言》颇富学术价值。

4. 《佛禅与金朝文学》

江苏大学人文社会科学学院刘达科教授著，2010 年出版。佛教与文学关系研究是近年来中国古代文学研究领域的重要课题，而佛禅对金朝文学的关系研究更是学术空白点之一。作者在“佛禅对金朝文学的影响”这一总论题的统摄之下，从佛禅对金朝文人作家、文学创作（又析分为文学思维、文学内涵和文学话语）和文学批评的影响三大视角切入，着重考察、阐析佛禅语境中金朝文学活动的各种现象。金代文学研究的开创者之一周惠泉先生在其生前最后一篇文章中称许道：“刘达科《佛禅与金朝文学》一书提出了许多新的见解，有填充空白的意义，并对扩展金文学研究的疆域和多视角多层面地揭示金文学的整体风貌发展规律有启迪性作用。”② 作者专注于金代文学研究多年，长于文献考辨，秉持“论从史出”的原则，以当代思维阐释

---

① 姚圣良、韩宏涛、林光华：《〈辽代文学史〉研究述评》，《学理论》2010 年第 12 期。

② 周惠泉：《拓展金文学研究疆域的思考——从〈佛禅与金朝文学〉谈起》，《社会科学战线》2011 年第 6 期。

了过去相对处在较为边缘位置的史料，从外部规律入手揭示了12世纪至13世纪初中国北方文学的某些特征。

5.《宋金文学的交融与演进》

安徽师范大学胡传志著，入选2012年《国家哲学社会科学成果文库》，北京大学出版社2013年出版。在第一章《宋辽金文学交融俯瞰》中，作者明确了北宋与辽、辽与金、北宋与金、南宋与金四个交流阶段。接下来逐次展开论题，作者本着“宁愿牺牲系统性，也不要稀释学术性”（见该书《后记》）的原则，大多数章节都是专题性论述。书后附有宋金文学交融简表。该书“厚积薄发，称得上是宋金文学关系研究中的一项代表性成果”①。

6.《金代泰山文士研究》

泰山学院学者聂立申著，吉林大学出版社2014年版。该书是一部地域性文学著作，着重考述了金代泰山文士的渊源、构成、类别、生活状况、价值取向和活动轨迹等内容，并对金代泰山文士所处的地域特色、整体特点和历史作用进行了深入研究，并选取党怀英和赵沨两位作家做了个案研究。该书对于深化金代文学的研究具有重要的参考价值。

7.《元好问传》

当代著名学者朱东润著，复旦大学陈尚君整理，上海古籍出版社2016年11月出版。该书是朱东润先生的最后一部著作，完稿于20世纪80年代末。该书对于元氏在金亡前后的从政为人，提出了一些新的看法，不仅写出元好问的一生，更写出从靖康之变到南宋灭亡之间150年间重要史事，也对元氏的文学成就有充分揭示。此次整理出版，采用了更为完整的底稿，更为接近原貌。

8.《金代科举与文学》

山西大同大学裴兴荣著，中国社会科学出版社2016年12月出版。该书是教育部人文社科青年基金项目“金代科举与文学”的最终成果、国家社科基金项目“金代科举与文学研究”的阶段性成果。该书主要从金代进士辨正与增补、进士地理分布状况、文人社会心态、科举考试题目与文体、科场事件与文风、状元的文学成就与社会影响以及科举诗词创作七个方面深入探讨金代科举与文学的关联。该书的研究“能体现金代特点而又富有新意”②。

（二）文学文献资料的全面整理

阎凤梧主编的《全辽金文》《全辽金诗》，王庆生撰写的《金代文学家年谱》

---

① 张晶、裴兴荣：《融通整合　推陈出新——读胡传志〈宋金文学的交融与演进〉》，《民族文学研究》2013年第6期。

② 胡传志：《金代科举与文学·序》，中国社会科学出版社2016年版，第3页。

等都已为研究者提供了极大的便利。这些工作进一步推进了金代文学研究体系的构建，凸显了金代文学研究的价值。下面就一些主要的文献整理成果分别介绍如下：

1.《金代艺文叙录》

薛瑞兆著，中华书局2014年版。该书是国家社科基金、教育部人文社科基金项目成果。作者多年研究金代文献，所列上千种涉金书目远超乾嘉学者的两百余种，是迄今著录金代文献最为详明的著作。著录分为女真著述、文人著述、医学著述、佛教著述、道教著述五部分，以作者为经、书目为纬，书后附有《金代艺文著者索引》和《金代艺文书名索引》。

2.《金代人物传记资料索引》

该书为高校古委会资助项目成果，被列为《山西大学建校110周年学术文库》之一，三晋出版社2012年版。主编为牛贵琥、杨镰，主要完成者为山西大学文学院的一批青年学者。全书定位为“资料翔实的工具书”，共收入金代各类人物9455人，全书85万字，采用资料计有总集、别集、史书、地方志等567种。该“索引”以姓氏笔画为序，每一人物名下作有简略小传，述及生卒年月、字号、籍贯、功名、事迹等。

3.《金诗纪事》（增订本）

民国时期陈衍辑有《辽诗纪事》《金诗纪事》和《元诗纪事》三书，江苏大学王庆生在原著基础上，又增补近250家。原书已采录的作家，也增补作品一倍左右。所增补的内容，包括存于先出的《元诗纪事》中一些金代遗民作家和作品，也包括郭元釪、薛瑞兆及王庆生本人一些辑佚的资料和作品。另附有陈衍和王庆生的按语。该书曾于2003年在上海古籍出版社出版增订本，2013年再版。

4.《中州集》

华东师范大学出版社《历代总集选刊》之一，萧和陶点校。该书以国家图书馆馆藏元至大三年曹氏进德斋刻本为底本，标点整理。另附有作者音序索引。

另悉：薛瑞兆继与郭明志重编《全金诗》之后，又将推出主持整理的《金代文学文献集成》；牛贵琥也已经完成合作开发的《金人资料与金代文献通检》，这些成果值得期待。

（三）作家文集整理及专论

作家文集整理方面，元好问是热点，对党怀英、赵秉文作品及文集的整理点校则有填补空白意义，在金代文学总集及作品辑佚工作成果迭出之际，王寂、李纯甫、李俊民等作家作品的整理工作还有较大的拓展空间。

1.《元好问诗编年校注》与《元好问文编年校注》

中国元好问学会会长、忻州师范学院狄宝心教授继2011年在中华书局出版《元好问诗编年校注》后，又于次年出版了《元好问文编年校注》，二书合璧，为学术界的元好问研究贡献了扎实的成果。《元好问诗编年校注》被称为“施国祁以来元好问诗歌研究最具标志性的整理成果”①。该书以明毛晋诗集系统本为底本，又以明代李瀚全集本、李瀚诗集本及清代施国祁本参校，以“求真不求善”的原则进行校勘，并对作品作了认真系年和考释。

文章编年方面，元好问大多作品附有明确作年。该书在注者前著《元好问年谱新编》基础上，对施国祁《元遗山先生年谱》、李光廷《广元遗山年谱》、缪钺《元遗山年谱汇纂》的文章编年成果进行了辨析和吸取，并结合自己的校勘和注释成果补充了一些编年的推考。校订方面，该书在汲取姚奠中本（1990 年山西人民出版社初版，2004 年山西古籍出版社增订）、李修生本《全元文・元好问》（江苏古籍出版社 1997 年版）成果的基础上，订正了一些标点和注释的错误和疏漏，力求“后出转精”。注释方面，元好问文集此前仅有郭绍虞先生《元好问文选》对极少的篇章做过简单的注释，作者对该项工作作了全面的推进。

2. 《元遗山文集校补》

该书为周孙烈、王斌校补，实为元好问诗赋、散文的合集，巴蜀书社 2013 年出版。周孙烈先生出生于 1925 年，现已有 90 岁高龄。作者曾研治《金史》，自 1987 年至 2010 年，完成了对《元遗山文集》的校补工作，文稿经由四川大学古典文献学博士王斌整理后问世。该书以明弘治年间李瀚刊本《遗山先生文集》为底本，以康熙年间华希闵刊本、乾隆年间文渊阁《四库全书》本《遗山集》、光绪年间张穆刊本、台湾 1986 年影印本、山西大学 1990 年整理本为参校本。诗歌方面又以明毛晋汲古阁本、清施国祁笺注本及其他存有遗山作品的选本参校。文章方面也以《金文最》《全元文》等进行参校。其他参考书目甚多，不一一列举。该书为使用者考虑较为周详，除文字上严谨的比勘校记外，还在诗赋唱和作品后附录了唱和原作，元好问诗文中所提到的文本也多附录了全文或节选，全书之末又附录了历代主要的元好问研究文献。

3. 《金代名士党怀英研究》

该书是山东高校人文社科研究项目“地方名人文化及遗产保护的应用研究”的阶段性成果，并得到泰山学院科研基金的资助，吉林大学出版社 2012 年出版。作者聂立申在其硕士学位论文《党怀英研究》基础上，对党怀英的史料（尤其是地方文献）进行了全面的发掘、整理和研究，增补在其最后出版的书中。全书 43 万字，书前附彩图 16 张，其第 17 章辑录了党怀英的诗词 73 首，文章 16 篇。首次为党怀英的研究提供了成规模的作品文献。

4. 《赵秉文集》

马振君整理，黑龙江大学出版社 2014 年版，50 余万字。底本使用《四部丛刊》

① 胡传志：《谁是诗中疏凿手——评狄宝心〈元好问诗编年校注〉》，《晋阳学刊》2012 年第 1 期。

影明汲古阁本《闲闲老人滏水文集》。对校本包括摛藻堂《钦定四库全书会要》本《滏水集》、《文渊阁四库全书》本《滏水集》、《畿辅丛书》本《闲闲老人滏水文集》。参校书目包括《中州集》《归潜志》《永乐大典》《四库全书考证》等。作品后往往附有唱和、评论等相关资料。书后附有“集外补遗”“传记资料”“题赠追悼”“评论杂记”“书目题跋”等研究资料。

（四）分体文学史著述

近期出版的两部分体文学通史著作均给予了金代诗文以较大的篇幅，散文方面有了填补空缺的专论，诗论、词、戏曲等领域也都有了深入的研究。

1.《中国诗歌通史·辽金元卷》

该书为赵敏俐、吴思敬主编《中国诗歌通史》的一部分，由张晶主编，张晶、胡传志、赵维江、查洪德、钟涛共同撰稿完成的一部 71 万字的著作，全书 17 章，辽代三章、金代六章，包含诗、词、民歌。该书也是国家社科基金重点项目、北京市哲学社科“十一五”规划项目、北京市教委重点项目及首都师范大学中国诗歌研究中心重大攻关项目的研究成果。该书于 2010 年在人民文学出版社出版，荣获教育部第七届高校科研优秀成果奖一等奖、北京市第十三届哲学社会科学优秀成果奖特等奖。

2.《中国散文通史·宋金元卷》

该书为郭预衡、郭英德主编《中国散文通史》的一部分，安徽教育出版社 2012 年出版，分卷主编为李真瑜，下卷金元部分撰稿者还有房春草、李业鹏、包蕾、徐甜田等。受《中国散文通史》全书体例的影响，金元散文部分也以分体叙述的方式呈现，成为第一部金元散文的分体文学史，并且内容上达到了 23 万字的规模。

3.《政权对立与文化融合——金代中期诗坛研究》

杨忠谦著，人民出版社 2010 年 8 月出版，该书是国家社科基金项目“金代家族与金代文学关系研究”阶段性成果。该书以金中期社会、经济、文化的发展为背景，以当时女真政权的治国政策、文化政策、教育政策等作为研究视角，重点从审美论、艺术论、因革论等几个方面，对金“国朝文派”形成时期的文学创作进行系统研究，尤其是这一时期诗歌内部特点及其发展变化，并对影响金代中期文学发展的走向做动态考察。

4.《金代散文研究》

王永著，中国社会科学出版社 2011 年版，该书是第一部系统研究金代散文的专著①，对金代散文的文献概貌、历史地位、发展历程、独特风格进行了全面的描述，

① 参见刘城《第一部全面深入研究金代散文的力作——评王永的〈金代散文研究〉》，《民族文学研究》2013 年第 3 期。

并就王若虚、元好问等代表性学者和作家的散文理论与散文创作及欧阳修对金代文坛的影响进行了专章论述，书后附有王若虚《文辨》整理及金代散文作品编年。该书所持的“散文”是广义散文概念，以散体文为主，兼容骈体文。

5.《金末遗臣李俊民与杨宏道诗学考察》

台湾学者林宜陵著，万卷楼图书股份有限公司 2011 年 8 月出版，该书通过考察金代遗臣李俊民与杨宏道的诗学表现，了解二人如何继承中原传统文化与诗学，为明清“复古”开启承前启后之门；通过了解二人的生平事迹及分析二人的诗学作品，考察二人对于传统文化的传承轨迹，并进行深入对比分析。

6.《元好问〈论诗三十首〉研究》

方满锦著，台北万卷楼图书股份有限公司 2013 年出版。该书包括绪言、近世《论诗》（《论诗三十首》之简称）之研究成果、《论诗》之专题探索、《论诗》之辨正探微、《论诗》对后世论诗绝句之影响、结论共六章。狄宝心先生认为该书虽有美中不足之处，但“在借鉴前人成果的基础上，创新体例，致力集成，是一部具有里程碑意义的力作”①。

7.《金词生成史研究》

李静著，中国社会科学出版社 2010 年版。全书分为上下两编，上编聚焦于政治对文学的深刻影响，着重考察历时 120 年的金朝政坛风云与词坛生态之间的关系。下编则从外交、民族、宗教等多个维度来探讨外部环境对词坛内生态的影响。

8.《金代河东南路戏剧研究》

李文著，中华书局 2014 年版，收入《中华文史新刊》专辑。该书以翔实、前沿的文物及文献资料对河东戏剧进行了多维考察，就现存两本诸宫调和侯马二水墓中墨书的四支诸宫调残曲，分析了诸宫调与元杂剧的关系，有力地佐证了河东戏剧“上承宋杂剧、下启元杂剧”的地位判断。

9.《辽金诗歌与诗人的心灵世界》

贾秀云著，山西人民出版社 2015 年 11 月出版。该书共分辽代诗歌与金代诗歌两大部分，在辽代诗歌部分，详细介绍了女诗人萧观音与寺公大师；在金代诗歌部分，选取了宇文虚中、朱弁、高士谈、蔡松年、吴激、蔡珪、党怀英、赵秉文、王庭筠、周昂、元好问等代表性人物，观照其内心世界，并对特殊时期如“借才异代”期、金亡前后期诗人群体的复杂情感予以探析。

另悉：中国社会科学院谭家健研究员即将推出的 2014 年度国家社科基金重点项目“中华古今骈文通史”研究成果中，对辽金骈文有了更大篇幅的论述。

① 狄宝心：《评方满锦〈元好问《论诗三十首》〉研究》，《民族文学研究》2015 年第 1 期。

二　论文

周惠泉先生曾对金代文学研究的课题增长点总结道：“诸如儒学科举道教佛教皇权官制、党争乃至文人生活、家族文化、地域文化以及宋金关系、正统观念和夷夏意识等，都理应引起我们足够的重视，以扩展研究的视野，加深对金代文学的认识。”① 从2010年至2016年，黄震云、蒋振华等人在辽代文学研究方面不断推进。在辽金代文学研究领域，又涌现出如下几个方面的新视角。（1）唐宋与辽金文学关系研究。包括唐辽文学关系、两宋使金文学、唐宋古文、江西诗派、苏轼等方面的个案性课题及论文成果，以胡传志、王永等人的研究为代表。（2）辽金宗教与文学关系研究，包括佛禅、全真教等具体课题，以刘达科、左洪涛、孙宏哲等人的研究为代表。（3）辽金家族文学、文学地理研究。以杨忠谦等人的研究为代表。（4）金代科举研究，以薛瑞兆、裴兴荣等人的研究为代表。（5）辽金文学文风传承与接受、文体文化学研究。如于东新、李静等人的研究。

具体论文发表情况列表如下，为便于量化分析，学科范围均设定为中国文学，加之检索词的限制，遗珠之憾在所难免，但还是可见大致规律和走向。

表1　辽金文学研究论文宏观检索结果

检索词	总计论文发表数量（篇）	2010年以来论文数量（篇）	《民族文学研究》总计刊发数量（篇）	2010年以来《民族文学研究》发表数量（篇）
辽代	65	17	5	1
辽金	71	17	24	9
金代	272	113	21	11
契丹	47	15	7	2
女真	71	27	9	3
元好问	453	136	27	9

注：《民族文学研究》《忻州师范学院学报》《江苏大学学报》《黑龙江民族丛刊》《晋阳学刊》《山西大同大学学报》《辽宁工程技术大学学报》等是发表辽金文学论文较多的期刊，山西大学成为辽金文学研究学位论文产出成果最为丰硕的单位。单篇论文以《民族文学研究》刊发最为集中。元好问成为最有代表性的研究对象，其余作家研究论文发表情况分列如下。

① 周惠泉：《拓展金文学研究疆域的思考——从〈佛禅与金朝文学〉谈起》，《社会科学战线》2011年第6期。

表 2　　辽金文学作家、作品研究论文检索结果

检索词	总计论文发表数量（篇）	2010 年以来论文数量（篇）	检索词	总计论文发表数量（篇）	2010 年以来论文数量（篇）
萧观音	20	10	王若虚	35	21
宇文虚中	16	5	李纯甫	11	4
蔡松年	21	10	刘祁	11	7
蔡珪	2	2	李俊民	15	9
王寂	22	14	中州集	34	14
党怀英	8	4	论诗三十首	41	8
王庭筠	13	9	董西厢	7	2
赵秉文	26	14	河汾诸老	14	0

表 3　　辽金文学重要议题研究论文检索结果

<table>
<tr><th>关键词</th><th>文化</th><th>民族</th><th colspan="2">佛禅</th><th colspan="2">全真</th><th>接受</th><th>科举</th><th>家族</th><th>地理</th></tr>
<tr><td>辽 +</td><td>11/30</td><td>18/28</td><td>0/2</td><td rowspan="2">辽金
1/3</td><td>0</td><td rowspan="2">金元
3/7</td><td>0/2</td><td>0</td><td>7/7</td><td>2/2</td></tr>
<tr><td>金 +</td><td>15/28</td><td>10/18</td><td>3/4</td><td>6/11</td><td>7/7</td><td>3/6</td><td>6/6</td><td>2/2</td></tr>
</table>

注：数字为 2010 年以来发表数量/总计论文发表数量。文体研究始终不断涌现成果，为节省篇幅，在这里没有列举。

从上面所列三个表可见，辽金文学研究领域总体保持强劲的成果增长势头，但增长比重上辽弱于金。作家个案研究往往是伴随文集、文献整理产生的衍生成果。辽金文学研究领域除了自身的民族、宗教、文化、研究视角外，对接受美学、家族文学、文学地理等学术界的新方法反应迅速。

三　课题立项及学术交流

下文仅统计了国家和教育部社科基金辽金文学研究课题立项情况，学科设定为“中国文学”。

表 4　　国家社科基金立项情况统计

项目编号	项目类型	项目名称	承担人
15XZW023	西部项目	金元全真诗词研究	郭中华
14BZW063	一般项目	金代文学地理与文人结社研究	杨忠谦

续表

项目编号	项目类型	项目名称	承担人
14BZW161	一般项目	契丹文学史	和谈
14BZW178	一般项目	金代文学史	王昊
13FZW015	后期资助项目	金元赋史	牛海蓉
13FZW016	后期资助项目	金代石刻文献汇编	薛瑞兆
13BZW072	一般项目	金代科举与文学研究	裴兴荣
12FZW037	后期资助项目	金词风貌研究	于东新
12XZW015	西部项目	草原文化视域下的金元词研究	李春丽
12KZW007	成果文库	东海女真史诗《乌布西奔妈妈》研究	郭淑云
12CZW033	青年项目	宋金之际重大政治事件的文学书写研究	邹春秀
12KZW005	成果文库	宋金文学的交融与演进	胡传志
11AZW004	重点项目	金代文物与金代文学研究	延保全
11BZW056	一般项目	金元明词集的编刻与传播研究	李静

从表中可以看出，文献整理和新方法介入始终是辽金文学立项的关键要素。在整个社科基金立项数据库中，辽金文学的立项比重相对不足，近年来的趋势不容乐观。

表 5　　　　教育部人文社科基金立项情况

年份	项目名称	项目类别	负责人
2015	宋辽金元时期民族大交融与词曲流变之关系研究	规划基金项目	陈平
	辽金元文学家族研究	青年基金项目	陈伟庆
	金末元初文人蒙古行迹考论	青年基金项目	樊运景
	蒙元对金、宋战争与13世纪汉语文学	青年基金项目	路元敦
2014	元好问《中州集》点校笺释	规划基金项目	张静
	金元时期道教词的渊源与演变研究	规划基金项目	左洪涛
2012	多民族文化背景下的金代词人群体研究	规划基金项目	于东新
	唐宋古文金元传播接受史	青年基金项目	王永
	金代文学理论与文学批评研究	规划基金项目（西部）	刘志中
2011	宋金文学流变史	规划基金项目	沈文雪
	辽金元三代契丹耶律氏家族文学与文化生态研究	规划基金项目	白显鹏
	金元文人雅集现象研究	规划基金项目	牛贵琥
	元好问文编年校注	规划基金项目	狄宝心
	金元赋史	青年基金项目	牛海蓉

续表

年份	项目名称	项目类别	负责人
2010	金代诗歌接受史	规划基金项目	张静
	金代科举与文学	青年基金项目	裴兴荣

在辽金文学研究界的学术活动方面，值得提及的是三届年会的召开。2011 年 7 月 14 日至 17 日，西北民族大学、中国辽金文学学会及《民族文学研究》编辑部在兰州共同主办了“辽金元文学研讨会暨中国辽金文学学会第六届年会”。会议论文集已于 2014 年以《辽金元文学研究论丛》为名在中国社会科学出版社出版。2013 年 10 月 16 日至 17 日，中国社会科学院《民族文学研究》编辑部、中国辽金文学学会及山西大学文学院在太原联合举办了“第十届中国多民族文学论坛暨中国辽金文学学会第七届年会”，会议主题强调了“多民族文学”的概念，这是对“少数民族文学”提法的重要突破。2015 年在大连召开的第八届年会增补改选了部分学会副会长及理事会成员，壮大了力量。2017 年 1 月起，《内江师范学院学报》（社会科学版）在薛瑞兆先生的主持下开设《金代文学与文化研究》特色栏目，也是一项值得肯定的拓展性工作。

综上所述，辽金文学研究领域应做好辽金文学核心价值的提炼、提升，处理好辽金文学与唐、宋、元代文学研究的互补关系，做好与金代史学的互动，以中华文化漫长的跨文化传播史为背景，推进这一时期多民族文学的交融与演进关系的研究。我们希望有更多的期刊设立辽金元文学或多民族文学研究的专栏，有更多严谨扎实的辽金文学研究项目成果落地出版，有更多勇挑重担或富有开拓精神的课题立项，有更频繁、高效的学术交流活动举办，共同促进辽金文学研究的跨越式发展。

西夏法律史研究回顾与展望*

闫强乐**

中国法律史作为法学和史学的交叉学科，是社会科学研究的重要内容。中国法律史的研究对我国法学、史学两大基础学科的发展有着“钩沉索隐、正本清源”的促进作用，对继承和弘扬优秀传统文化有着“扬弃传统、古为今用”的特殊贡献，对剖析总结中华法系与东方司法文明的智慧经验有着“明辨是非、创造转化”的巨大意义，对当前全面建设法治国家战略的实施也有着“推陈出新、鉴往知来”的积极影响。西夏在中国历史上曾经创造了不朽的业绩和灿烂的文化，西夏文化成为中华民族文化的重要组成部分，以《天盛律令》为代表的西夏法律文化是中华法系的重要内容，为及时了解学界关于西夏法律史研究的最新成果和前沿动态，本文将对以西夏法律史为研究对象的相关论著进行简要论述。

一　西夏法律文献整理与研究

西夏学是20世纪初兴起的一门新兴学科，其涵盖面广泛，涉及古代党项与西夏国历史、地理、语言、文字、宗教、文化等诸多领域。自20世纪初，由于外国探险家在黑水城遗址发掘出大量西夏遗书，从而使西夏学研究不仅在中国得到迅速发展，也成为国际化的学科。① 西夏法律史研究就是从黑水城出土西夏法律文书的整理与研究开始。

（一）《天盛律令》的整理与研究

西夏天盛（1149—1169）年间成文的一部西夏文法典，译为《天盛改旧新定律令》或《天盛革故鼎新律令》，简称《天盛律令》。由北王兼中书令嵬名地暴等19人编修。全书共20卷，卷下设门，每门又包括若干法条，共计150门，1461条。所存皆为刻本，有残缺，其中完整者9卷，部分残缺者10卷，第16卷全部缺失。该法典

---

* 本文系国家社科基金西部项目“宋代诉讼惯例研究”（项目编号：16XFX002）的阶段性成果。

** 闫强乐，男，陕西西安人，中国政法大学法学院博士研究生，主要研究方向为中国法律史。

① 刘建丽：《20世纪国内外西夏学研究综述》，《甘肃社会科学》2005年第1期。

内容涉及刑法、民法、行政法、经济法、军事法、宗教法等西夏社会的各个方面，为研究西夏政治、经济、军事、文化、民族、宗教、社会生活、风俗习惯等提供了重要资料。同时《天盛律令》也是中国历史上第一部用少数民族文字刊行的法典，是中华法系的重要内容。

最早对西夏文《天盛律令》进行研究的是俄国学者聂历山，1932 年，聂历山首次在《国立北平图书馆馆刊·西夏文专号》上披露《天盛律令》法典的消息。1987 年，著名西夏学学者克恰诺夫出版其所著四卷本《天盛改旧新定律令》①，将西夏文《天盛律令》翻译成俄文，为之后的研究打下坚实的基础。

中国学者史金波《西夏〈天盛律令〉略论》(《宁夏社会科学》1993 年第 1 期)、《西夏〈天盛律令〉及其法律文献价值》(韩延龙主编《法律史论集》第 1 卷，法律出版社 1998 年版）介绍了西夏文《天盛律令》的编修概况，以及对唐宋律的继承与发展、西夏刑法、诉讼法、民法、行政法、军事法的特点等，从而强调西夏文《天盛律令》的法律文献价值。此文为全面认识研究西夏文《天盛律令》提供了重要参考。

1994 年，史金波与聂洪音、白滨合作，参考俄译《天盛律令》，将西夏文《天盛律令》译为汉文，此举更加推动了国内学界对西夏法律的研究，该书收入刘海年、杨一凡主编的《中国珍稀法律典籍集成》甲编第五册（科学出版社）。但此丛书售价高昂，之后汉译《天盛律令》又由法律出版社单独出版（2000 年）。1999 年，《俄藏黑水城文献》第八、九册刊布，收录《天盛律令》原文，为进一步研究西夏法律提供了最为珍贵的原始资料。

西夏文《天盛律令》的汉译本、原文的问世，学界形成研究西夏法制、官制和社会经济史的热潮，出版一系列的研究专著。王天顺主编《西夏天盛律令研究》(甘肃文化出版社 1998 年版)，是书深入探讨了《天盛律令》的纂定年代，详细阐述了《天盛律令》的内容和编纂形式及其反映出来的刑事、经济、婚姻、宗教和军事行政方面的法规，并确定了《天盛律令》的文献特征及其价值。杨积堂《西夏〈天盛改旧新定律令〉研究》(法律出版社 2003 年版）通过八章的论述，详细介绍了西夏时期的法典概况，重点介绍了西夏法典与西夏文化、西夏法律文化的基本特征、西夏的刑法和诉讼制度、西夏的民事法律与民间交往关系等内容。姜歆《西夏法律制度研究：〈天盛改旧新定律令〉初探》(兰州大学出版社 2005 年版）着重于研究西夏王朝的实体法、程序法，内容包括：西夏政权概述、中国传统文化对西夏政治法律的影响、唐代律令对西夏法制的影响、宋代法制对西夏法制的影响、西夏法制的立法思想

① 第 1—7 卷有汉译本。参见［俄］克恰诺夫《西夏法典——天盛年改旧新定律令（1—7 章)》，李仲三汉译、罗矛昆校订，宁夏人民出版社 1988 年版；李温：《一部罕见的中世纪法典——〈西夏法典·天盛年改旧定新律令（1—7）章〉简介》，《法学研究》1990 年第 2 期。

等。杜建录《〈天盛律令〉与西夏法制研究》（宁夏人民出版社 2005 年版）分析《天盛律令》的成书年代，以现代部门法学的观点分析《天盛律令》中的刑法、民法、经济法、财政法、军事法、行政法、宗教法以及西夏的司法制度问题。

之后很多学者利用新发现的《天盛律令》残卷对其进行补缀，聂鸿音《俄藏6965 号〈天盛律令〉残卷考》（《宁夏大学学报》1998 年第 3 期）认为该残卷为《天盛律令》卷 14 的另一种写本，其中有 23 条可补通行本《天盛律令》之缺。日本学者佐藤贵保、刘宏梅《未刊俄藏西夏文〈天盛律令〉印本残片》（《西夏研究》2011 年第 3 期）对俄藏未刊西夏文《天盛改旧新定律令》的印本残片进行了研究，认为该残片与《天盛改旧新定律令》卷 19 第 4 条文第 9 页之内容相当。潘洁《〈天盛改旧新定律令·催缴租门〉一段西夏文缀合》（《宁夏社会科学》2012 年第 6 期）认为汉文译本卷 15《催缴租门》中一段关于土地税税额和缴纳时间的内容，错置在了《春开渠事门》，后将该内容经过缀合、互补后，增加了 9 行 107 个字。韩小忙《俄 Инв. No. 353 号〈天盛律令〉残片考》（《吴天墀教授百年诞辰纪念文集（1913—2013）》）对该残片作了录文和考释，指出可补《天盛律令》甲种本 5 处所缺的 7 个字。梁松涛、张昊堃《黑水城出土 Инв. No. 4794 号西夏文法典新译及考释》（《中国古代法律文献研究》2013 年第 7 辑）对 4794 号法典进行了全部录文、考释及翻译，并认为此法典内容为有关西夏礼仪的法律规定，主要涉及官员相见仪、坐次仪等，在一定程度上反映了西夏晚期的政治秩序及社会运转规范，体现了西夏以礼制法、以法护礼、以法行礼的原则，为进一步研究西夏法律及礼仪制度提供了新史料。高仁《一件英藏〈天盛律令〉印本残页译考》（《西夏学》2015 年第 11 辑）对英藏 Or. 12380—1959（K. K. Ⅱ. 0282. a）号文书为一律书残页进行翻译与考证，认为此为《天盛律令》卷 18《舟船门》下的“造船及行牢等赏”条目，为俄藏《天盛律令》未存内容。骆艳《俄藏未刊布西夏文献〈天盛律令〉残卷整理研究》（硕士学位论文，宁夏大学，2014 年）对俄藏西夏文《天盛律令》中的 Инв. №174、3810、4432、6741、785、2585 和 2586 等几个编号进行了初步整理和释读。

同时许多学者对《天盛律令》重要门类进行了专门研究，许伟伟《〈天盛律令·节亲门〉对译与考释》（《西夏学》2009 年第 4 辑）以《俄藏黑水城文献》第 8 册所载《天盛律令》甲种本为底本，参考克恰诺夫与史金波等翻译的《天盛律令》译本，对其中的《节亲门》进行逐字的对译，纠正以往翻译中的错误，同时对于其中的西夏语汇和内部构造作了一些补充性的说明。潘洁《〈天盛改旧新定律令〉农业卷研究》（博士学位论文，宁夏大学，2010 年）、于光建《〈天盛改旧新定律令〉典当借贷条文整理研究》（博士学位论文，宁夏大学，2014 年）对《天盛律令》农业部分、典当借贷条文部分进行细致的翻译、考证、注释，指出了学界以往的错误。

（二）《亥年新法》的整理与研究

西夏文《亥年新法》（又称《猪年新法》《新法》）是西夏继《天盛律令》之后制定、颁布的又一部重要的法典，出土于内蒙古自治区额济纳旗黑水城遗址，现藏俄罗斯科学院东方文献研究所，1999 年刊布于《俄藏黑水城文献》第九册。现存《亥年新法》都是手抄本，有甲、乙、丙、丁、戊、己、庚、辛诸种本。

贾常业《西夏法律文献〈新法〉第一译释》（《宁夏社会科学》2009 年第 4 期）对卷一进行译释。周峰《西夏文〈亥年新法·第三〉译释与研究》（博士学位论文，中国社会科学院研究生院，2013 年）对其中第三关于盗窃罪的法律条文进行了译释与研究。梁松涛、袁利《黑水城出土西夏文〈亥年新法〉卷十二考释》对卷十二进行了译释与研究，分析西夏内宿制度。梁松涛《黑水城出土西夏文〈亥年新法〉卷十三"隐逃人门"考释》（《宁夏师范学院学报》2015 年第 2 期）对卷十三"隐逃人门"条文进行了译释与研究。赵焕震《西夏文〈亥年新法〉卷十五"租地夫役"条文释读与研究》（硕士学位论文，宁夏大学，2014 年）对卷十五"租地夫役"条文进行了译释与研究。阎成红的《西夏文〈亥年新法〉卷十六十七合本释读与研究》（硕士学位论文，宁夏大学，2016 年）对卷十六、十七进行了译释与研究，分析了西夏磨勘制度。文志勇《俄藏黑水城文献〈亥年新法〉第 2549、5369 号残卷译释》（《宁夏师范学院学报》2009 年第 1 期）译释了俄藏黑水城文献《亥年新法》第 2549、5369 号残卷，对之前的译文错误作了修改。

（三）《法则》整理与研究

《法则》为西夏法律条例，成书于西夏神宗西夏光定申年（1212）。该法典体例仿照《天盛律令》，亦以"门、条"分例。各卷门数较《天盛律令》大为减少，内容是对《天盛律令》条文的补充及改定。《法则》是研究西夏后期法律制度的重要历史文献。克恰诺夫于 1963 年出版的《西夏文写本和刊本》著录有此文献，未将其作为一本著作单列，而是将其中一部分误入《新法》中，另一部分视为介于《新法》和《亥年新法》（当时他们将两者看成是两种不同的文献）之间的不确定文献。[①] 1999 年《俄藏黑水城文献》第九册刊布，将《法则》从上述文献中独立出来，并甄别出三个不同的版本，内容涉及卷 2—卷 9，共 8 卷。

国内关于《法则》研究方面，梁松涛、杜建录的《黑水城出土西夏文〈法则〉性质和颁定时间及价值考论》（《西夏学》2014 年第 9 辑）认为《法则》颁布于西夏光定申年（1212），前后共实施三年，是非常时期对《天盛律令》的临时补充修订法典，保存了"以例入法"的法典形态，是研究晚期西夏法律制度、基层社会

① 惠宏、段玉泉编：《西夏文献解题目录》，阳光出版社 2015 年版，第 42 页。

的重要史料。

于业勋《西夏文献〈法则〉卷六释读与研究》（硕士学位论文，宁夏大学，2013年），梁松涛《黑水城出土西夏文〈法则〉卷七考释》（四川大学历史文化学院编《吴天墀教授百年诞辰纪念文集（1913—2013）》，四川人民出版社2013年版），王龙《西夏文〈法则〉卷八"为婚门"考释》（《西夏研究》2013年第2期），梁松涛《黑水城出土西夏文〈法则〉卷八考释——兼论以例入法的西夏法典价值》（《宋史研究论丛》2013年），王龙《西夏文献〈法则〉卷九释读与研究》（硕士学位论文，宁夏大学，2013年），梁松涛、张玉海《黑水城出土西夏文〈法则〉卷九新译及其史料价值述论》（《西夏研究》2014年第2期）对西夏文《法则》卷六、卷七、卷八、卷九进行了全部录文、释读与翻译，并就其性质和颁布时间作了探讨。

（四）《贞观玉镜将》整理与研究

西夏文军事法典，亦译为《贞观玉镜统》，共4卷，编著者不详。成书当在西夏崇宁贞观年间（1102—1114）。全书包括序言、政令篇、赏功篇、罚罪篇和连胜篇五部分，内容涉及统兵体制、赏罚对象和物品、军事思想、兵书来源等诸多方面，是研究西夏兵制、军法、兵书及其源流的珍贵文献。该文献出土于内蒙古自治区额济纳旗黑水城遗址，现藏俄罗斯科学院东方文献研究所。最早对此文献进行研究的是俄国著名西夏学学者克恰诺夫，克氏于1969年发表了《西夏军事法典——1101至1113年的〈贞观玉镜统〉》对《贞观玉镜将》的主要内容进行介绍。1990年与德国学者傅海波①合作出版专著《11—13世纪的西夏与汉文法典军事法典》，将《贞观玉镜将》翻译成俄文，并对其进行研究，为西夏军事法律制度的研究打下坚实的基础。1999年出版《俄藏黑水城文献》第九册，收录《贞观玉镜将》原文，为进一步研究西夏军事法律制度提供了原始资料。国内方面，陈炳应《西夏兵书〈贞观玉境将〉》（《宁夏社会科学》1993年第1期）、《贞观玉境将研究》（宁夏人民出版社1995年版）对现存《贞观玉镜将》残篇进行译释，对版本名称进行探讨，对西夏军事体制、军政体制、军律与颂律进行比较研究，对西夏军事法律制度研究意义重大。

胡若飞《〈贞观玉镜将〉正文译考》（《宁夏大学学报》1995年第3期）、汤晓芳《西夏史研究的两部重要史料——〈圣立义海〉和〈贞观玉镜将〉简介〉》（《宁夏师范学院学报》1996年第10期）、李蔚《略论〈贞观玉镜统〉》（《宁夏社会科学》1997年第5期）都对西夏军事法典《贞观玉镜统》的主要内容、特点和实用价值等问题进行了分析研究。

---

① 参见［德］弗兰克《论11—13世纪西夏军法〈贞观玉镜统〉》，岳海湧译，《西夏研究》2012年第1期。

二 西夏的法律制度研究

关于西夏法律制度研究，有两本学术专著值得细读。陈永胜《西夏法律制度研究》（民族出版社2006年版）分别从西夏立法、行政法律制度、刑事法律制度、民事契约法律制度、经济法律制度、宗教法律制度、婚姻家庭法律制度、司法制度、军事法律制度九个方面对西夏法律制度从法学角度进行整体梳理，是比较全面了解西夏法律制度的重要专著。邵方《西夏法制研究》（人民出版社2009年版）探讨西夏法典的制定、编纂体例和主要内容，西夏的刑事法律制度、诉讼法律制度、亲属法律制度以及西夏的厩牧法、军事法、宗教法、民族习惯法、民间契约，又将西夏法典《天盛律令》与《唐律疏议》《宋刑统》进行比较，进一步探讨儒家法律思想对于西夏法制的影响以及西夏法律所体现的民族特点，从而论证西夏法制是中华法系的有机组成部分及其对于中华法系的创新。

在此基础上，还有一些重要的论文推动西夏法律史的研究。本文从西夏立法、刑法法律制度、经济法律制度、宗教法律制度、司法制度、亲属与婚姻法律制度、军事法律制度、西夏法律文化研究八个方面详细论述西夏法律制度的研究状况。

（一）西夏立法

关于西夏立法研究，赵江水《西夏的立法概况》（《宁夏大学学报》1999年第4期）对西夏立法的主要内容及特点进行了概括，认为西夏以儒家宗法制度为立法指导思想，具有诸法合体的结构方式以及较为鲜明的民族特点。陈永胜《试论西夏的立法》（《甘肃理论学刊》2004年第4期）从西夏立法的发展阶段、立法指导思想、立法特点三个方面对西夏立法问题进行了较为详细的分析，指出了西夏法律制度建设的得与失。

关于西夏立法的指导思想研究方面，陈旭《儒家的“礼”与西夏〈天盛律令〉》（《西北第二民族学院学报》2002年第3期）从法学原理和立法技术角度对西夏法典《天盛律令》的特征作了讨论，认为儒家“礼治”思想是西夏制定王朝法典的主导思想，“礼”和“律”的紧密结合是《天盛律令》的显著特点。

（二）刑法法律制度

在西夏刑事法律制度研究方面，史金波《西夏刑法试析》（《民大史学》1996年第1期）一文分析西夏刑法的特点、刑审制度及其与宋辽金的区别，认为西夏刑法体系比较细致、完备，有自己的特点。杨积堂《西夏刑罚体系初探》（《宁夏大学学报》1999年第4期）认为西夏的刑罚体系是以“笞、杖、徒、死”为主刑和以“罚、没、革、黥、戴铁枷”为附加刑构成，并对各种刑罚的具体适用范围进行了初步探讨。杜建录《西夏的刑罚制度》(《宋史研究论文集第十辑——中国宋史研究会第十届年会及唐末五代宋初西北史研讨会论文集》，2002 年）勾勒西夏刑罚制度的概貌，认为西夏刑种以“笞、杖、徒、流、死”为主刑，以“黥刺、戴枷、罚、没、革”为附加刑，西夏刑罚的适用原则为“十恶不赦、同罪异罚、累犯加重、数罪从重、老少残疾犯罪减免、以功抵罪、自首原罪、以造意为首”。姜歆《论西夏法典中的刑事法律制度》(《宁夏社会科学》2003 年第 6 期）论证西夏刑事法律体系的完备性，认为西夏刑事法律规范上的立法技术高超。

董昊宇《西夏法律中的盗窃罪及处罚原则——基于西夏〈天盛改旧新定律令〉的研究》(《西夏研究》2010 年第 4 期）对西夏法律中的盗窃罪及处罚原则进行了探研，内容包括西夏法律关于盗窃罪成立的规定、处罚盗窃罪的基本原则、盗窃罪的加重处罚因素和盗窃罪的减轻处罚因素等。董昊宇《论西夏的“以赃断盗”——以〈天盛律令〉为中心》(《西夏学》2011 年第 7 辑）指出以赃论罪原则是西夏《天盛律令》处断盗罪的一般性原则。刘双怡《西夏与宋盗法比较研究——以〈天盛改旧新定律令〉和〈庆元条法事类〉为例》(《首都师范大学学报》2013 年第 5 期）认为西夏在盗法的制定上，对于宋代既有沿袭，又根据自身国情做出了改变。董昊宇《〈天盛律令〉中的比附制度——以〈天盛律令〉“盗窃法”为例》(《宁夏社会科学》2011 年第 5 期）认为西夏的立法者将中原王朝的比附制度寓于本国法典之中，成为西夏法律重要的组成部分。戴羽《〈天盛律令〉杀人罪初探》(《西夏研究》2014 年第 4 期）认为西夏的杀人罪立法借鉴自宋律，包括故杀、斗杀、过失杀、戏杀四种类型，在宋律“六杀”的基础上适当地进行了简化。在借鉴宋律的过程中，主要移植操作性强的具体规则，主动忽略法理性强的概念及原则性规定，表现出显著的实用性。同时将故杀罪整体列入“十恶”，体现了重刑的特征。

戴羽《〈天盛律令〉的告赏立法探析》(《社会科学家》2013 年第 11 期）对告赏制度的情况作了介绍，认为西夏法典《天盛律令》中广设告赏法，与宋相比，有立法创新之处。戴羽《〈天盛律令〉中的连坐制度探析》(《学术探索》2013 年第 11 期）认为西夏连坐制度是在唐宋连坐制度的基础上结合本民族特点制定的，为西夏主要刑罚之一。戴羽《西夏换刑制度考述》(《西夏研究》2016 年第 2 期）考证西夏换刑制度，认为换刑包括官当、罚金刑以及笞杖置换三种类型，西夏仁孝时期罚金刑包括罚铁、罚钱、罚马，三者衔接有序，其中罚马为唐宋赎铜之变异，具有鲜明民族特点。

关于西夏狱政制度研究，姜歆《论西夏法典中的狱政管理制度——兼与唐、宋律令的比较研究》(《宁夏大学学报》2004 年第 5 期）对西夏法典《天盛律令》中有关囚人的法律地位、生活卫生、医疗、饮食、基本保障等进行了分析，认为《天盛律令》不但吸收了唐、宋律令中狱政的一些传统制度，同时还结合自身实际情况有所创新，形成了一套富有特色的狱政制度。

（三）经济法律制度

关于西夏经济法律制度研究，杜建录《西夏水利法初探》（《青海民族学院学报》1999 年第 1 期）认为西夏水利法主要由春开渠法、水利管理法和辅助设施建设与维护法三大部分组成。骆详译《从〈天盛律令〉看西夏水利法与中原法的制度渊源关系——兼论西夏计田出役的制度渊源》（《中国农史》2015 年第 5 期）认为，西夏水利法详细完备的原因是继承了中原法体系之内容，尤其与唐律、令、《水部式》等所规定的原则与制度高度相仿，其中部分条文也深受自中古以来河西制度的影响和传承。

姜歆《西夏〈天盛律令〉厩牧律考》（《宁夏社会科学》2005 年第 1 期）对西夏厩牧这部分的内容进行了认真的考证，发现西夏的厩牧制度不同于其他民族，这对研究西夏的畜牧法律制度，乃至研究中国的畜牧管理变革有一定的价值。邵方《西夏厩牧法简议》（《法学评论》2011 年第 4 期）通过探讨西夏以游牧为主的社会经济与西夏法典中大量独特的畜牧法律规定，分析比较西夏厩牧法与中原王朝法典厩库律的异同。从西夏法典中严格的牲畜保护规定和对于官私牧场的划分、官牧管理体制的规定等方面，论证西夏法律中的厩牧法对以唐宋律为核心的中华法系的丰富和发展。

姜歆《西夏法典〈天盛律令〉盐铁法考》（《宁夏社会科学》2007 年第 2 期）利用《天盛律令》中的盐铁立法规范，对西夏盐铁法从立法渊源、盐铁生产、管理机构及盐铁保护等方面进行了考证。姜莉《从〈天盛律令〉看西夏的税法》（《贵州民族学院学报》2009 年第 2 期）介绍西夏税法中涉及的税种和税法要素，并从中总结归纳出西夏税法的特点。该文认为作为西夏主要税种的农业税在税制的设计上比较合理，但西夏税收的实体法要素和程序法要素在条目中的具体安排显得比较凌乱，不利于实践操作。许光县《西夏耕地保护法律初探》（《宁夏社会科学》2013 年第 1 期）对西夏保护耕地的相关法律内容、作用、意义作了系统的分析，认为西夏耕地保护法律不仅体现为依法规范耕地所有权的取得、转移、恢复，而且包含促进耕地高效利用、实现地无遗利等内容，重视对水渠、田垄等耕地附属设施的保护。

戴羽《比较法视野下的西夏酒曲法》（《西夏研究》2014 年第 2 期）认为，西夏酒曲法是在唐宋酒榷制度的基础上结合本国实际情况制定的，西夏宋酒曲务均统属于三司，西夏踏曲库等机构设置与宋相仿，禁私造曲等法令也与宋较为接近，但用刑更为严苛。此外西夏以酒曲价格作为量刑基准，相较于宋以酒曲数量为基准更为合理严谨，体现了一定的立法水平。

（四）宗教法律制度

关于西夏宗教法律制度研究，邵方《西夏的宗教法》（《现代法学》2008 年第 4 期）分析西夏的宗教法内容，认为西夏法律对佛教、道教加以保护，对僧人的封号及对僧人道士的赐衣、试经度僧和度牒进行了规定，还规定了僧人道士所享有的权利及其应承担的义务。姜歆《西夏法典〈天盛律令〉佛道法考》（《宁夏师范学院学报》2009 年第 4 期）指出西夏在佛教道教法律地位的确认、管理体系的完善、僧侣道士的法律保护、主要犯罪及刑罚等方面进行了大量且细致的规定，反映出西夏运用法律手段对宗教的扶持与利用，体现出西夏时期佛道教在其政治、经济、文化等方面的影响。

（五）司法制度

关于西夏司法制度研究方面，杜建录《论西夏的司法制度》（《西北民族研究》2003 年第 4 期）勾勒西夏司法制度的概况，认为西夏的行政、军事机关一般都兼有案件审判和督察复核职责，司法诉讼主要为刑事诉讼，民事案件也是用刑事判断，对人犯的逮捕只需长官的指令而不履行法律手续。法律上只有对逮捕人的督察，防止其奸伪、贪纵、暴掠以及无故杀伤人犯，人犯拒捕反抗格杀勿论。此文为以后的西夏司法制度研究奠定了基础。李鸣《西夏司法制度述略》（《西南民族大学学报》2003 年第 6 期）认为西夏司法机构的设立与诉讼审判制度的形成，与同时期宋、辽、金有相似性，但也有羌族政权“因时立法、缘俗而治”的特殊方面。魏淑霞、孙颖慧《西夏官吏司法审判的职责权限及对其职务犯罪的惩处》（《西夏学》2010 年第 6 辑）就西夏对官吏在司法审判过程中的依法审理、依法刑讯、依法判决、应奏不奏而断、案件的限期督催、枉法及不枉法受贿、司法审判监督方面的规定与如何惩处司法审判中职务犯罪等问题进行了探讨。周永杰、李炜忠《论佛教戒律对西夏司法的影响》（《西夏研究》2014 年第 3 期）利用西夏出土佛教发愿文分析佛教戒律对西夏司法产生的影响，认为西夏法律在引入佛教戒律的同时对其进行了改造，呈现出彼此影响、相互适应的关系。

姜歆《论西夏司法官吏的法律责任》（《宁夏师范学院学报》2015 年第 4 期）将西夏有关司法官吏的法律责任与唐宋法律中关于司法官吏的法律责任加以比较，论证了西夏司法官吏法律责任的严密性与规范性。姜歆《论唐宋司法制度对西夏司法制度的影响》（《西夏研究》2016 年第 2 期）认为西夏司法受唐代和宋代司法制度影响较深，唐代司法机构、告发责任、回避制度等皆为西夏承袭，宋代司法中的审判管辖、诉讼与受理、证据、审判方式及申诉、复审和死刑复核方面，亦为西夏吸收。姜歆《西夏司法制度》（凤凰出版社 2016 年版），全书从司法观念、起诉制度、刑侦制度、审判制度、刑罚执行制度、狱政制度、法医制度、司法管理的法律责任、唐宋司法制度对西夏司法制度的影响八个方面详细地论述了西夏司法制度的内容和特点，勾勒出西夏司法制度的框架体系与内部特征，对进一步研究西夏法制史、西夏法律与中华法系的关系具有增砖添瓦之效。

宋国华《论西夏法典中的拘捕制度》（《宁夏社会科学》2011 年第 5 期）认为，西夏法典中的拘捕运行遵循效率原则、保护原则。既有对唐宋律拘捕制度的继承，也有“因时立法、缘俗而治”的特色，是中华法系的组成部分。

在西夏审判制度研究方面，杜建录《西夏的审判制度》（《宁夏社会科学》2003 年第 6 期）勾勒了西夏审判制度的概况，认为西夏的审判制度主要包括审判管辖、判案期限、取证、刑讯以及申诉与终审等。审判管辖主要是级别管辖，判案期限则根据案件轻重来定，人证与物证是判案的重要依据。重大案件的终审权掌握在皇帝的手中，如果有司未奏裁而擅自判断，将依律承罪。邵方《西夏的诉讼审判制度初探》（《法学评论》2009 年第 4 期）认为西夏设有相应的司法审判机构，有较为完备的诉讼制度、审判制度以及监狱管理制度。在刑事诉讼中，西夏法典明确规定对刑讯逼供加以一定的限制，规定人犯患病、怀孕可以申请保外就医。在狱政管理上，法典规定了人犯基本的生存条件。这些均反映出儒家慎刑德政法律思想对于西夏诉讼审判制度的影响。姜歆《论西夏的审判制度》（《西夏研究》2015 年第 2 期）认为西夏的审讯制度突出的是严格的规范性，对审判期限、证据认定等严加规范。对案件的判决上，以司法官吏的秉公判断为核心，其目的就在于彰显法律的公正性。

关于西夏监察制度研究，张翅、许光县《西夏监察制度探析》（《宁夏社会科学》2007 年第 2 期）利用《西夏书事》《天盛改旧新定律令》《宋史》等史料，对西夏监察法律、思想及法制建设等进行了探讨。魏淑霞《西夏的监察制度初探》（《西夏历史与文化：第三届西夏学国际学术研讨会论文集》，甘肃人民出版社 2010 年版）就西夏的中央、地方监察机构的设置及其职能作用等进行初步探讨。

（六）亲属与婚姻法律制度

关于西夏亲属法律制度研究，邵方《西夏亲属关系的法律效力及拟制》（《固原师专学报》1999 年第 4 期）主要以《天盛律令》中有关内容探讨了西夏社会中亲属间的容隐、连坐、荫庇、互犯等法律效力及亲属关系的拟制，认为亲属关系形成后，在法律上会发生一定的效力。邵方《西夏服制与亲属等级制度研究》（《法学评论》2004 年第 3 期）分析了西夏社会的亲属等级制度，认为西夏法典对于服制的规定基本源于唐宋法律制度，但是在模仿之中也体现出西夏党项社会自身的特征。韩小忙《从〈天盛改旧新定律令〉看西夏妇女的法律地位》（《宁夏大学学报》1997 第 3 期）根据《天盛律令》中的法律条文，讨论了西夏妇女在法律上的地位：在人身权利上得到保护，在婚姻关系中与汉族社会近似，同时西夏妇女的贞节观念比较淡薄。

关于西夏婚姻法律制度研究，韩小忙《〈天盛律令〉与西夏婚姻制度》（《宁夏大学学报》1999 年第 2 期）、邵方《试论西夏的婚姻制度：〈天盛律令〉》（《法学研究》1998 年第 4 期）、邵方《略论西夏法律对于党项社会婚姻制度的规定》（《法学评论》2003 年第 1 期）利用《天盛律令》对西夏婚姻制度概况进行介绍，并与唐宋婚姻制度相比较，重点分析西夏婚姻制度的礼制化、民族化特点。邵方《西夏婚姻家庭法律制度研究》（《河北法学》2003 年第 5 期）论述西夏的婚姻制度、西夏家庭形态的构成、西夏家庭对国家承担的责任和义务以及西夏亲属关系中的荫庇、连坐、容隐、亲属互犯、拟制制度。张永萍《唐与西夏婚姻制度之比较——以〈唐律〉和〈天盛改旧定新律令〉为中心》（《河北学刊》2009 年第 2 期）从主婚权、婚价和嫁妆的给取、等级婚姻方面对唐与西夏的婚姻制度作了比较研究，并对婚姻制度在不同民族与不同时代所发生的变化作了分析。

胡若飞《西夏“节亲”考》（《西夏研究》2013 年第 2 期）通过散落在西夏法律文献中“节亲”上下互文的分析，对“节亲”的法律概念的多重性及其在西夏《律令》中涉及的主要方面进行了探讨。

（七）军事法律制度

在西夏军事法律制度研究问题上，尤桦《西夏武器装备法律条文与唐宋法律条文比较研究》（《西夏研究》2016 年第 2 期）对西夏武器装备法律条文与唐宋法律条文进行对比，探讨各个政权对于武器装备管理之间的差异，以及西夏法律条文与唐宋律法之间的渊源。胡若飞《有关西夏军制“几种人”的范围考察》（《宁夏大学学报》1997 年第 2 期）充分利用了《天盛律令》中的有关材料，讨论了西夏军制中具有军籍、官品、庶人身份的 3 种人员的范围，认为西夏选任军职的程序当以册纳军籍为最基本的前提；以“宗族”为本位的伦理法在法律上占有主导地位；西夏立法者巧妙引入“有官品人”“庶人”这一虚指的概念，适用于全社会的各个阶层，淡化了阶级对立意识，掩盖了法律上阶级压迫的实质。

（八）西夏法律文化研究

关于西夏法律文化研究，学界主要关注于西夏法的民族、区域特点以及传统儒家思想的影响两个方面的研究。关于前者，杜建录《论西夏〈天盛律令〉的特点》（《宁夏社会科学》2005 年第 1 期）探讨了西夏国独特的地理位置与生存环境，认为地理环境决定了《天盛律令》在承袭唐宋律的同时，又有自己鲜明的特点。姜歆《自然人文地理意义下的西夏法典》（《固原师专学报》2005 年第 1 期）认为自然人文环境对法律模式的形成是至关重要的，并对构成西夏法律模式中文化气候土壤的四个方面进行了阐述。戴羽《〈天盛律令〉的法律移植与本土化》（《西夏研究》2015 年第 1 期）分析西夏法典的移植以及本土化问题，认为《天盛律令》仍具有鲜明的本土化特征，特别是以罚马代替赎铜、扩大籍没刑范围、加重量刑等都是西夏根据特殊国情做出的必要调整。于熠《西夏法律多元文化属性的特征及其演进方式》(《贵州民族研究》2015 年第 12 期) 认为西夏法典吸收儒家文化，进行“文明之法”的改革，同时利用党项民众普遍崇佛、崇道、信鬼的民族心理，为法典披上了宗教的外衣，将多元文化引入法典中，在“民族”和“地理”的影响下，通过“惯性”和“吸收”的方式，西夏法律呈现出多元文化的属性。2016 年，于熠出版专著《西夏法制的多元文化属性：地理和民族特性影响初探》(中国政法大学出版社 2016 年版)，系统研究了西夏法律文化的民族、地理特色问题，阐释了西夏法制的多元文化属性。

关于儒家思想对西夏法律的影响研究，姜歆《西夏法律思想定型化初探》(《固原师专学报》2004 年第 2 期) 通过对《天盛律令》中所反映出的西夏主流法律思想的分析，论述了西夏时期的主流法律思想的巩固发展及其成因。姜歆《经学在西夏的传承及对西夏法制的影响》(《宁夏师范学院学报》2010 年第 5 期) 认为西夏确立的以经学为内容的意识形态，一直影响和支配着社会生活的各个方面，法制也毫不例外地受其影响。

邵方《唐宋法律中儒家孝道思想对西夏法典的影响》(《法学研究》2007 年第 1 期) 认为唐宋法律中的儒家孝道思想对西夏法典的影响主要表现为同居共财、亲属相隐及依服制定刑三个方面。邵方《西夏法典对中华法系的传承与创新——以〈天盛律令〉为视角》(《政法论坛》2011 年第 1 期) 认为西夏法典《天盛律令》受《唐律疏议》的影响，在立法思想、立法模式上与中华法系的特征和基本精神是一致的，同时西夏法典中所包含的党项民族特有的内容，是西夏法律对于中华法系的发展和创新。邵方《儒家思想对西夏法制的影响》(《比较法研究》2013 年第 2 期) 认为，儒家思想对西夏法律在政策沿袭、思想基础、社会风尚等方面产生了影响，并作了介绍。

李华瑞《〈天盛律令〉修纂新探——〈天盛律令〉与〈庆元条法事类〉比较研究之一》(《西夏学》2016 年第 9 辑) 以《天盛律令》与《庆元条法事类》的比较为研究视角，否定之前认为西夏法典编撰受《唐律疏议》《宋刑统》编撰的影响的成说，认为西夏法典的编撰更多地受编敕、条法修纂的影响。

三 西夏法律史研究的展望

通过以上对于西夏法律史的主要著作和论文的梳理、归纳，可以使我们对西夏法律史研究现状有个全面深入的了解。目前学界对于西夏法律史的研究与其他方面的研究而言还是相对不足。但是近年来有关西夏法律史的研究已经有了很大的发展，在研究范围、方法和深度方面都有了新的扩展，在西夏法律文献整理、西夏立法、刑法法律制度、经济法律制度、宗教法律制度、司法制度、亲属与婚姻法律制度、军事法律制度、西夏法律文化研究九个方面揭橥了西夏法律史研究中的一些重要问题，奠定了西夏法律史研究的基础。

在西夏法律史的研究中，除了应当以考证为基础，根据法律本身的特性和规律，分析法律制度的演变，探析西夏文化内涵的特征、价值之外，还应该注意以下几个方面的问题：

（一）西夏法律文献的再研究

西夏法律史的研究是以西夏法律文献的整理、翻译、研究为开始，随着俄藏西夏文献、英藏西夏文献的刊布，学者有机会接触到最为原始的一手资料。但现在学界使用西夏法律文献最大的问题是直接使用之前的汉译本，如汉译本《天盛律令》等，将汉译本西夏法律文献作为一手历史资料直接使用。《天盛律令》汉译本主要翻译者聂鸿音先生曾认为汉译本《天盛律令》的错误很多，学者在利用汉译本的时候应该更多的参考西夏文原文，再与唐宋法典相对比，给出最为可信的汉译西夏法律条文。[①] 这也是今后西夏法律文献学的研究方向，即利用原始西夏文文献，参考之前的俄译本、汉译本以及唐宋法典，对于西夏法典法律条文逐条进行翻译、释读、研究，长此积累，争取能出版西夏法律文献最为精核的汉译本。

（二）研究方法的多样化

跨学科式的研究方法。西夏法律史研究，是一个多学科的研究问题，不仅是历史学、法学研究的热点，更是语言学、民族学、人类学学者关注的重要学术问题。由于西夏特殊的文化、民族环境，使得西夏法律文化具有更多的“地方性知识”（［美］吉尔兹：《地方性知识：阐释人类学论文集》，中央编译出版社 2004 年版）的特点，梁治平《法律文化解释》（上海三联书店 1994 年版）认为，应把法律作为一种复杂的文化现象，放在社会—文化的整体结构中去把握，“用文化来阐明法律”。对于西夏法律史的研究，我们更应该利用人类学的研究方法，将西夏法律放到西夏文化的背景中去考察，去更多地关注西夏法律文化的“地方性知识”特性。

（三）法学的问题意识

法律史研究者如果没有好的问题意识和新的观点提炼，其所做的研究其实并不能称为现代意义上的研究。一些完全偏于考据的传统研究，只是在叙述事实，缺乏问题提炼，而纯粹的事实描述往往很难获得广泛的交流，不像其他独到的看法、观点那样

① 笔者在 2016 年暑假参加北方民族大学西夏研究院举办的“第二届西夏文献解读研讨班”时，对于上述问题曾当面向聂鸿音先生请教。

能引起更多人们的思想碰撞。[①] 而对于西夏法律史研究来说，这一问题更为凸显。现阶段的西夏法律史研究还停留在文献整理、法律制度考证等传统考据研究上，所以更应该加强法学问题意识的认知，利用更多的部门法学知识、问题、观点去探讨西夏法律文化。

综上所述，今后的西夏法律史学者需要加强法律文献的整理，采用跨学科的研究方法，增加部门法学的问题意识。只有这样，我们才能继承和弘扬优秀传统文化，剖析总结中华法系与东方司法文明的智慧经验，对当前全面建设法治国家战略的实施提供历史镜鉴。这也是我们这一代法律史学者的责任和使命。

① 2016 年 10 月 30 日，尤陈俊在“法学研究的问题意识与多元格局——《法治及其本土资源》初版 20 周年”学术讨论会上的发言。

西夏寺院经济研究述论

安北江*

寺院经济，即古代宗教寺院的封建经济，是宗教存续、发展的物质基础。古代寺院经济以佛教寺院经济为主体，初步形成于魏晋南北朝时期，唐宋时期一度膨胀。与北宋同时期的西夏政权，崇尚佛教。佛寺一时风靡于塞北及河西，西夏的佛教寺院经济也随之兴起。

目前关于西夏佛教寺院经济的研究主要集中在佛教发展、佛寺制度、寺院法律法规、西夏佛教寺院经济来源、僧侣赋役、义务及西夏时期河西地区佛教等方面，以下作一简要概述。

一　关于西夏佛教发展及相关佛寺制度的研究

这一问题的探讨主要涉及西夏佛教信仰、寺院分布、佛经和宗派等情况。目前的研究成果，主要是史金波的相关论著。其著《西夏佛教史略》（宁夏人民出版社 1988 年版）从西夏早期的宗教信仰谈起，论述了佛教在西夏的发展、西夏的寺庙和僧人、西夏境内不同的佛教宗派和艺术、西夏汉藏佛经的翻译印刷和流传，以及西夏灭亡后党项人的佛教活动等。同时也对西夏佛教发展的历史背景和它在西夏文化中以及我国佛教史上的地位作了具体论述，最后对西夏碑碣铭文及其佛经序、跋、发愿文等作了附录，也对所藏西夏文佛经目录作了翻译。总览全书，其对西夏佛教的发展及相关制度的运行有一个比较清楚的概述。另外在《西夏社会》（上海人民出版社 2007 年版）第十三章《宗教信仰》中，史金波对西夏党项人原始信仰和西夏立国后不断崇佛作了详细介绍。该章节分别从西夏佛教政策、管理、僧人成分及数量、僧官、宗派、佛经、寺庙、法事等方面进行了论述，从而也看出西夏佛教的发展离不开官方政府的支持。西夏中后期藏传佛教对西夏佛教也起到重要作用，不仅在宗派、佛经方面，甚至是意识形态领域。当然西夏佛教文化的发展也离不开汉地中原及周围少数民族政权文化的影响。同时，史金波的相关论文《西夏的佛教》（上、下）（《法音》2005 年第

* 安北江，男，甘肃天水人，中央民族大学历史文化学院博士研究生，主要研究方向为宋夏历史文献与历史地理。

8 期)、《西夏佛教与儒学的地位》(《中国社会科学报》2010 年 7 月 15 日)、《西夏佛教新探》(《宁夏社会科学》2001 年第 5 期)等亦对西夏佛教的传播与发展，以及西夏不同时期的统治者对佛教经卷、管理、寺院建设、寺院僧官设置等问题作了具体说明与论述。另外，西夏时期并非专崇佛教为至上，相比之下儒学也是十分被推崇的，尤其在西夏仁宗李仁孝时期，尊孔子为“文宣帝”。如此，言其佛教为西夏之“国教”，实为绝对化。此外，日本学者野村博的长篇论文《西夏语译经史研究》(日本《佛教史研究》1977 年第 19 卷第 2 号)也勾勒出西夏佛教发展、传播、兴盛、衰亡的特点。

二 西夏法典对西夏寺院、僧侣规定问题的研究

《天盛改旧新定律令》(以下简称《天盛律令》)是夏仁宗天盛年间所刊印的一部重要法典，其中涉及寺院僧侣相关制度的主要有：第 1 卷第 1 门第 1 条，关于僧侣勿连坐；第 9 卷第 2 门第 17 条第 5 款，关于僧人官案办理；第 10 卷第 2 门第 6 条，关于国师、法师、禅师定师告变；第 10 卷第 3 门第 19 条，关于佛僧司印；第 10 卷第 4 门第 1、16、18 条，关于僧人、出家功德司职位换遣；第 11 卷第 9 门第 1、2、14 条，关于童子出家，其中第 2 条也关于僧侣再还道及其赐衣；第 11 卷第 9 门第 5 条，关于寺院职官升用；第 11 卷第 9 门第 16 条，关于僧人纳策；第 11 卷第 9 门第 17 条，关于僧侣还俗。法典中有关僧人举赏方面的主要是：第 7 卷第 3 门第 3、5 条，第 11 卷第 9 门第 16 条等。法典中有关涉及僧人犯罪惩罚的主要有：第 2 卷第 3 门第 1 条；第 3 卷第 2 门第 4 条；第 3 卷第 13 门第 1 条；第 7 卷第 3 门第 3、5、7 条；第 11 卷第 9 门第 1、3、7、8、12、14、15、16、18、20、21、22、23、24 条；第 12 卷第 3 门第 46 条；第 14 卷第 1 门第 39 条；第 15 卷第 1 门第 8 条、第 4 门第 4 条等。

基于此，E. И. 克恰诺夫先生的 *The State and the Buddhist Sangha*: *Xixia State* (*982—1227*) [The Journal of Oriental Studies, V. 10 (2000)] 一文通过对西夏法典《天盛律令》中有关西夏佛教的法律条令的考察，讨论了西夏对境内僧侣的管理情况。值得注意的是，西夏前期归属寺院的农、牧民是不用向国家缴纳税款和费用的，这种特权直到西夏中后期才被禁止。究其原因不外乎有三：其一，西夏中后期寺院所占耕地比例急剧增多。西夏一国，实际农耕区面积本来不多，庞大的寺院群体与政府所控耕区发生冲突。仅护国、圣容二寺，土地占有就达 835 亩，祐国寺、圣永寺依然如此。所属情形类似于唐中后期，使西夏统治者以此为鉴。其二，蒙古族入侵，国家更需人力物力财力。西夏寺院有自己内部的经济运行体系，就护国寺而言，其管辖的 327 亩土地仅税收就高达 584950 钱。国家征税御敌，理所当然。其三，为了更好地控制寺院经济的发展，防止社会性垄断。姜歆《西夏法典

〈天盛律令〉佛道法考》(《宁夏师范学院学报》2009 年第 4 期) 表明西夏法典《天盛律令》对佛教道教在法律上的地位的确认、管理体系的完善、僧侣道士的法律保护、主要犯罪及刑罚等方面进行了大量而细致的规定，进而对其归类分析国家如何运用法律手段扶持与利用佛教道教。崔红芬《〈天盛律令〉与西夏佛教》(《宗教学研究》2005 年第 2 期) 一文，又从国家法律的角度对西夏寺院经济活动的影响进行了阐述。

三　关于西夏佛教寺院经济来源、僧侣赋役和义务等问题

在这方面的论述，主要是崔红芬的论著。在《试论西夏寺院经济的来源》(《宁夏社会科学》2008 年第 1 期) 一文中，崔红芬初步探讨了西夏寺院经济收入的几个来源，主要源于政府的资助，不同阶层的施舍，寺院自身买卖与兼并土地，寺院自身的高利贷经营，宗教活动的纳助及纳钱度僧等。《西夏僧人赋役问题的初探》(《首都师范大学学报》2008 年第 1 期) 一文，从僧人赋役这一问题入手，讨论了西夏僧人在西夏社会负担的义务和在寺院经济活动中起到的作用。西夏僧人拥有大量土地、牧场以及一定数量的依附人口，寺院经济有了一定的发展，从而西夏政府把僧人的管理纳入世俗法律范畴。僧人有度牒、寺籍和户籍。在寺院的管理中，一些僧人在向国家纳税赋役的同时，还受寺院役使，成为寺院廉价的劳动力。

从解读文献来看，西夏寺院高利贷经营对象除贷粮外还有牲畜、土地和人口等。史金波曾对新出土的二十件西夏文草书卖畜契和雇畜契作过译释，涉及西夏寺院普渡寺贷畜情况。在农民缺乏粮食时，普渡寺低价购买大量牲畜，转手再高价租雇给缺乏畜力的农民，中间收取差利。《西夏文卖畜契和雇畜契研究》(《中华文史论丛》2014 年第 3 期) 指出，在西夏晚期，黑水城地区农民因生活困苦不得不出卖土地换取口粮，从而导致寺庙和地主兼并土地的现象，致使民众生活越来越困难。西夏出卖人口并非是任何人都可以买卖，一般是“使军”和“奴婢”。史金波《黑水城出土西夏文卖人口契研究》(《中国社会科学院研究生院学报》2014 年第 4 期) 对俄藏 Инв. No. 5949—29、Инв. No. 4597 和 Инв. No. 7903 号西夏文草书文契作了释读，从译释的买者姓名来看，疑似僧人。可见，西夏寺院也有买卖人口的交易。

赵焕震《西夏文〈亥年新法〉卷十五“租地夫役”条文释读与研究》(硕士学位论文，宁夏大学，2014 年) 发现西夏寺院有“以钱代役”“以钱代草”的役、草方式，并且有些寺院享有特权，譬如祐国寺、圣永寺等。然而，让人不解的是西夏法典《天盛律令》里并没有记述此类现象。《西夏僧人的管理及义务》(《宁夏社会科学》2006 年第 1 期) 具体分析了西夏僧人虽然享有一定的特权，但是西夏时期的僧人并非完全是社会的寄生阶层，他们为了减轻国家的财政负担，也相应地承担一定的赋役和社会义务。

此外，杜建录《论西夏的土地制度》（《中国农史》2000 年第 3 期）认为，西夏土地制度大致分为国家土地占有、贵族土地占有、寺院土地占有和小土地占有等形式。其中寺院土地的占有比较特殊，寺院土地关系是世俗土地关系的缩影，其生产者也主要由依附民组成。

四 关于西夏佛教寺院数量和帝师问题

寺院是传播宗教的主要场所，也是宗教活动的中心。关于西夏佛寺的数量，史金波《西夏佛教史略》中共列出 27 所，赵焕震的硕士论文通过对西夏文《亥年新法》前半部分的考释，又得出 50 多所。这也是首次对这 50 多所寺院作了释读，进而看出这些寺、庙并非单纯的佛教寺院。其后梁松涛《西夏时期的佛教寺院》（《西夏研究》2015 年第 2 期）一文重新对西夏时期的 45 所寺院名称进行了译释，认为西夏时期的寺院主要有官寺和家寺。家寺主要有皇家寺院及高僧大德所设立的私家寺院，官寺主要为帝王或国家举办全国性佛事活动、佛教法会，西夏时期的官寺享有特权，并且规模庞大。

在西夏帝师研究方面，上述史金波《西夏佛教史略》第六章第二节有专门的论述，其后崔红芬《再论西夏帝师》（《中国藏学》2008 年第 1 期）一文对其继续深入探讨，认为西夏政府效仿中原僧人的封号制度建立了自己较完备的僧人封号体系，任用吐蕃、天竺高僧担当帝师之职，总领全国佛教事务，充任功德司正，并参与佛经的校勘和译释等工作，为西夏佛教发展做出了巨大贡献。进而通过对西夏佛经和藏族史料的整理，对西夏帝师相关问题重新考证。西夏时期所封帝师多为噶举派下不同分派，这也表明西夏政权对藏传佛教不同教派一视同仁、兼收并蓄的态度。

五 西夏时期河西佛教寺院经济及藏传佛教问题

以党项民族为主体的西夏无论从族源信仰还是建国后的地理区位，都与佛教有着千丝万缕的联系。河西走廊及河西大部分地区对佛教东传的接收、融合、传播及文化保存起着不可替代的作用。西夏时期，佛教文化推及兴盛。河西地区悠久的文化底蕴，对西夏的佛教文化发展有着极其重要的影响。

在探讨西夏河西佛教兴盛缘由方面，主要有刘建丽《西夏时期河西走廊佛教的兴盛》（《宁夏大学学报》1992 年第 3 期）、崔红芬《浅析西夏河西佛教兴盛的原因》（《敦煌学辑刊》2005 年第 2 期）等。两文对西夏时期河西佛教兴盛之因有共同的见解，认为河西地区在历史上就有佛教传播基础，并且与西夏政权的大力支持以及区域民众的信仰分不开。刘文还对西夏河西地区，尤其甘州、凉州等地区佛寺石窟的分布、佛经及僧众礼佛等作了比较清晰的说明。崔红芬《西夏河西佛教研究》（民族出版社 2010 年版）是对西夏时期河西佛教研究比较详细的论著。作者对河西地区所存的西夏时期石窟、碑刻、出土佛教文献等进行系统梳理，结合传世文献的记载，重点论述西夏占领河西前的诸政权及夏政权对诸州的占领情况。对河西地区的寺院和佛事活动进行考证，说明西夏的佛事活动与归义军时期是一脉相承。同时对西夏时期河西寺院经济和寺院依附人口等问题作了尝试性探讨研究。利用黑水城、凉州和敦煌等地出土的佛教文献探讨了河西地区高僧及其相关佛事活动。对西夏僧尼管理机构、僧官设置、僧人师号和赐衣体系等予以关注，认为西夏帝师封号是受吐蕃僧人师号的影响而出现的。西夏实行"计亩输赋"政策，寺院和僧人占有土地也要纳税服役。这使我们对西夏时期河西佛教寺院经济发展有了比较清晰的认识。

在西夏藏传佛教方面，主要有史金波《西夏的藏传佛教》（《中国藏学》2002 年第 1 期）、梁继红《西夏时期藏传佛教在凉州传播的原因及其影响》（《西北民族大学学报》2007 年第 5 期）、王军涛《西夏时期藏传佛教在河西地区的传播与发展》（硕士学位论文，西北民族大学，2008 年）、郝振宇《西夏佛教区域差异比较研究》（《宁夏大学学报》2014 年第 6 期）等。上述文章从不同层面对西夏时期河西地区藏传佛教的传播与发展作了具体性论述，首先考虑到河西与吐蕃地理因素，进而推及藏传佛教对西夏中后期的僧官制度及寺院经济影响。

六　余论

综观目前研究，虽然在某些方面取得了一定的成果，但是也存在若干不足，主要表现在：第一，研究范围有待拓展。目前研究主要侧重于西夏佛教的发展传播以及西夏法典对佛寺的管理规定上，而在西夏佛教寺院所占土地的数量、经营模式、寺院农业经济领域生产诸关系、商业和高利贷、寺院经济的地域差异等方面着墨微略。第二，研究层次有待深入。譬如，佛教寺院的阶级结构及依附关系、寺院财产的占有性质、寺田的经营剥削方式、寺院经济内部的变化、僧尼赋役蠲免征纳等深层次问题，仍需加强。另外，缺乏对同时期北宋、辽、金等政权寺院经济的比较研究。第三，研究中的硬性问题有待解决。譬如，西夏境内寺院到底有多少，寺院僧众有多少，寺院所占耕地面积有多少，寺院所纳赋税比例为多少，僧人承担赋役和社会义务从何时开始，出现的以钱代役、以钱代草方式从何时开始、具体原因是什么，西夏佛教寺院经营是否和中原王朝佛教寺院经济一样存在各种手工业经营活动等一系列问题。第四，相关材料有待进一步考释。西夏佛教寺院经济研究离不开对西夏文文献的解读，尤其是涉及寺院经济社会契约文书的草书西夏文献，进度迟缓。目前已有的论述多数仍旧基于前人所释读的二手资料。第五，迄今还没有一部完整、系统的西夏佛教寺院经济研究专著出版。

西夏寺院经济研究不仅有助于我们对西夏佛教社会的全面认识与把握，同时也能相应地填补我国古代佛教史研究的不足。在今后的研究中，应该更多地发掘与释读相关西夏寺院经济文献，并且在一定程度上借鉴唐宋寺院经济的研究，综合把握西夏佛教寺院的经济研究。

［原载《山西大同大学学报》（社会科学版）2016 年第 5 期］

西夏塔寺研究现状及述评

魏淑霞　胡　明*

佛塔寺院是佛教传播的重要载体，西夏崇信佛教，统治者重视佛教塔寺的修建，《重修护国寺感通塔碑》记载，西夏“近自畿甸，远及荒要，山林溪谷，村落坊聚，佛宇遗址，只椽片瓦，但仿佛有存者，无不必葺”。这些塔寺有些是前朝遗留，有些是西夏修建的，在西夏灭亡后，它们或毁于战火，或被保留并得以修葺。有关西夏塔寺的文献或文物遗迹是我们了解和研究西夏佛教、民间文化交流和社会生活的重要资料，依据文献记载和考古发掘对西夏佛塔寺院的建造时间、建筑风格、承载的历史文化、出土文献文物等的探讨，不仅是西夏学界研究的重要课题，而且是中国塔寺文化研究的一个方向。

学界关于西夏塔寺的研究大体可分为以下几个方面：一是对西夏塔寺数量和名称的考定；二是对单独的个体展开研究；三是从整体上对西夏塔寺进行探讨；四是分区域对西夏塔寺进行研究。本文对此分类作一综述，以梳理总结学界对于西夏塔寺研究的成果及有待解决的问题，承前启后，或对以后的西夏塔寺、西夏佛教、民间宗教文化交流等有所裨益。

一　对西夏塔寺数量和名称的考定

西夏塔寺的具体数量不确定，学者们依据考古发掘和文献记载对西夏塔寺的数量和名称进行了考定。史金波《西夏佛教史略》（宁夏人民出版社 1988 年版）、《西夏社会》（上海古籍出版社 2007 年版）依据史料考定出较大的西夏寺院主要有：佛舍利塔、高台寺、大佛寺、承天寺、安庆寺、护国寺、卧佛寺、戒坛寺、海宝寺、大度民寺、贺兰山佛祖院、五台山寺、慈恩寺、大延寿寺、阿育王寺、田（定）州塔寺、康济寺、一百零八塔寺、圣容寺、崇圣寺、崇庆寺、诱生寺、十字寺、禅定寺、众圣普化寺、温家寺、仁王院、黑水城寺庙、圣劝寺等。并将这些寺院的分布概括为四个中心：兴庆府—贺兰山为中心、甘州—凉州为中心、敦煌—安西为中心及黑水城为中

---

* 魏淑霞，女，宁夏固原人，宁夏社会科学院副研究员，主要研究方向为西夏学和北方民族史。胡明，男，宁夏永宁人，银川市第十五中学教师。

心。这一观点的提出有着重要的学术意义，直到今天仍有不可代替的学术地位。

俄国克恰诺夫也对西夏佛经题记中所涉及的寺院进行了整理。他在《黑水城出土西夏文佛经文献叙录》（京都大学出版社 1999 年版）中提到的寺院有：圣容寺、天下庆报寺、妙喜寺、监国寺、大善盛寺、五明寺等。

前辈学人的研究成果无疑将西夏时期的寺院研究向前推进了一大步，但这些已知塔寺仅仅是西夏时期塔寺的一部分。近几年来，随着考古新发现和黑水城出土西夏文献的陆续解读，一些新的西夏塔寺名称得以面世。

崔红芬《试论西夏寺院经济的来源》（《宁夏社会科学》2008 年第 1 期）利用新发现的资料，考证出西夏时期还有圣永寺、天下报庆寺、普亥寺、亥母寺、榆林寺等。可视为对西夏时期塔寺数量的一个补充，也从另外一个视角反映出西夏时期这些寺院参与的社会经济生活状况、发挥的社会功能。

黑水城出土的西夏文《亥年新法》卷十五中保存了西夏晚期光定亥年（1215）间的 45 座寺院名称，西夏文《法则》卷九中还提到 4 座寺院。梁松涛《西夏时期的佛教寺院》（《西夏研究》2015 年第 2 期）对文献记载中的西夏时期的这些寺院进行了译释定名，并认为西夏时期的寺院主要有官寺及家寺，家寺主要有皇家寺院及高僧大德所设立的私家寺院。官寺主要为帝王或国家举办全国性佛事活动和佛教法会，且享有特权，规模庞大。虽然文章中有些寺院名称的译释还有待进一步探讨，但是这一研究成果对西夏时期佛教寺院的名称和数量进行了一个很大的补充。

二　对单独的个体展开研究

学界对西夏塔寺的研究不仅仅局限于数量、名称的考定，由于出土文书、文物的面世，使得我们对西夏部分塔寺的个体研究更深了一步，涉及塔寺的位置、建筑艺术、佛教文化的传承、历史变迁等。

（一）圣容寺

圣容寺多次出现于西夏文献记载及碑刻当中。根据文献记载反映，圣容寺是西夏时期较为重要的一座寺院，有关西夏时期圣容寺的位置一度成为学界多有争论的问题。彭向前《西夏圣容寺初探》（《民族研究》2005 年第 5 期）依据西夏陵残碑中的“圣容”、陵区北部的建筑遗址以及传统宗教文化对“圣容”的定义等，认为西夏的圣容寺并非甘肃永昌县西北方向的圣容寺，而是西夏陵区北端的建筑遗址，西夏圣容寺是模仿宋代在寺院宫观中普遍设置帝后神御、神御殿的做法，是吸取吐蕃民族“佛、祖合一”的思想而创建的，这种安放西夏帝后神御的专门寺庙为此前及同一时期其他王朝或民族政权所无，是西夏王朝的“专利”，它为中国佛寺研究提供了新的内容。随后，牛达生《西夏陵没有“圣容寺”》（《民族研究》2006 年第 6 期）就彭向前《西夏圣容寺初探》一文中的观点提出了不同看法。牛达生曾在宁夏考古部门工作，参与了对西夏王陵北部建筑遗址的多次调查和发掘，认为彭向前的论述尚缺乏充分的论据和证据。牛达生指出凉州碑中的圣容寺在凉州，而不在西夏王陵，王陵北端的建筑为佛寺，可能兼有陵园管理机构的职能，而与祖庙无关。彭向前又发文《"圣容寺"还是"圣劝寺"》(《民族研究》2007 年第 2 期) 专门就牛达生的质疑作出回应，认为牛达生的文章对原始资料的征引有所讹脱，以致在某些关键地方曲解了自己的本意。

随着黑水城出土文献的不断公布，又有学者对西夏圣容寺展开了研究，并提出了新的观点。张笑峰《圣容寺研究——以黑水城出土文书为中心》(《西夏研究》2011 年第 1 期) 在前人研究的基础上对黑水城出土的有关圣容寺的文书重新录文，也对黑水城地区的宗教信仰进行了梳理，再次讨论了圣容寺的地理位置及其世俗作用。其认为在亦集乃路也存在圣容寺，此圣容寺并非凉州的圣容寺，西夏时期不只存在一处圣容寺，这是一个值得注意的新观点。遗憾的是，文书的残缺和历史文献记载的不足都制约了学者们在这一问题上的继续深入探讨。与张笑峰持相同观点的还有党寿山《永昌圣容寺的历史变迁探赜》(《敦煌研究》2014 年第 4 期)，作者认为永昌县西夏千佛阁遗址中有"圣容佛至千佛阁"的题记，这里的"圣容佛"指的就是圣容寺佛。至于圣容寺，不仅西夏有，而且元代及其后也有，西夏《天盛改旧新定律令》中有关圣容寺的规定说明西夏时期的圣容寺不止一座。除对圣容寺的位置、来历作了阐述外，此文还对番和县圣容寺与凉州大云寺的关系、西夏时期的圣容寺作了比较和考证，并认为永昌圣容寺与凉州大云寺一样，都是皇家寺院，只是圣容寺的地位更为显赫。西夏时期的圣容寺规模宏大，盛况空前，圣容寺东面的花大门摩崖塔葬是西夏圣容寺盛况空前的实物见证。这是唯一一篇全面考察圣容寺历史的文章。

梁松涛、杨富学《西夏圣容寺及其相关问题考证》[《内蒙古社会科学》(汉文版) 2012 年第 5 期] 根据新译出的西夏文《宫廷诗集》第七首《御驾西行烧香歌》所记述的资料断定，西夏时期的圣容寺位于凉州盘禾瑞像所在的北御山，即今甘肃省永昌县瑞像所在地——圣容寺。西夏陵墓残碑中的"圣容寺"指的就是凉州盘禾瑞像所在的圣容寺，西巡皇帝为西夏仁宗李仁孝无疑。苏航《西夏文〈御驾西行烧香歌〉中西行皇帝身份再考》(《民族研究》2014 年第 4 期) 一文对梁松涛、杨富学文中的第一个观点予以认可，却对第二个观点提出了补充。其认为西夏宫廷诗集甲种本字迹漫漶，只依据它就得出西行皇帝为李仁孝的结论，有些牵强。作者在西夏文诗歌《御驾西行烧香歌》甲、乙合校本的基础上，结合相关汉、藏文资料，对其中西行皇帝的身份进行了再讨论，进一步指出诗歌中西行礼佛的西夏皇帝除了可能是仁宗以外，还有可能是桓宗。

（二）承天寺

承天寺是西夏王朝的主要佛寺，也是目前我国唯一有修建年代记载的西夏古塔。《夏国皇太后新建承天寺瘗佛顶骨舍利碑》载：西夏建国皇帝李元昊死后，皇太后没藏氏为了保佑小皇帝李谅祚“圣寿无疆”和西夏的江山延永坚固，于西夏毅宗李谅祚天祐垂圣元年（1050）“役兵数万”，修建承天寺和承天寺塔。为了表示她的诚心，在刚开始建塔的时候，没藏氏就亲手将西域僧人进献的佛骨舍利以及金棺银椁贮埋于塔基下。历时五年，到西夏福圣承道三年（1055），寺塔建成。皇太后亲自赐名此寺为“承天寺”，此塔为“承天寺塔”，又将宋朝所赐的《大藏经》置于寺内，作为镇寺之宝。塔寺建成后，延请回鹘高僧登座讲经，皇太后与皇帝经常即席聆听。寺内香火旺盛，僧人不绝，与当时凉州护国寺、甘州卧佛寺齐名，是西夏著名的佛教圣地之一。承天寺塔在元明清时期，曾遭兵火和地震的危害，现在看到的承天寺塔，为嘉庆二十五年（1820）重修，保留了原西夏佛塔的基本形制。但学界对于承天寺的研究略显不足，仅有赵涛《承天寺西夏断（残）碑新证》（《宁夏社会科学》2010 年第 5 期）通过对承天寺残碑铭考释，诠释了西夏残碑记载的一些历史问题，考证了承天寺内残断刻石称“轨”，还是称碑、称碣，认为残碑文中的宋“诏圣”实为西夏“福圣”纪年之误，从而也省去在有关承天寺塔修建诸问题多方考证之苦。断定“夏国皇太后新建承天寺瘗佛顶骨舍利碑”此句非西夏国人所为，实乃后世西夏以外的他人所加，并对承天寺残碑铭内容进行了考释。但文中认为西夏立国后佛教便成为“国教”，这一说法欠妥。

（三）拜寺沟方塔

贺兰山是西夏人心中的圣山，西夏统治时期，贺兰山一带应有多处佛塔寺院，拜寺沟是贺兰山东坡的山沟之一，距沟口约 10 千米的贺兰山腹地的方塔便是少有的西夏古塔，方塔在西夏时期的称谓不知，“拜寺沟方塔”是今人依据其所处地理位置及塔的形状而定名的。1991 年 8—9 月，宁夏回族自治区考古研究所和贺兰县文化局对方塔进行了全面的清理发掘，牛达生作为这一工作的主要负责人，通过清理发掘，结合原有照片，大体搞清了方塔的建筑结构和特点。他的《贺兰山拜寺沟方塔废墟考古散论》（《宁夏社会科学》1993 年第 4 期）对拜寺沟方塔作了初步的考证分析，认为方塔是西夏建筑的形象资料，与安西榆林窟壁画中西夏建筑的细腻写实的风格不同，这里更多显示的是简洁、浑厚、古朴、粗犷的风格。考古发掘纠正了方塔原高 11 层的错误说法，确认其为高 13 层的方形西夏古塔，从而为西夏古塔的研究，增加了新的类型。方塔比其他西夏塔所体现出更多的早期色彩，从一个侧面说明方塔很可能是西夏早期建筑。塔中出土的文献计有数十个品种，近 20 万字，内容十分丰富，具有重要的学术价值，并认为方塔区遗址有可能是史料中出现的西夏五台山寺区。

宁夏回族自治区文物考古研究所、贺兰县文化局共同发布的《宁夏贺兰县拜寺沟方塔废墟清理纪要》（《文物》1994 年第 9 期）对方塔残留塔体及原构进行了推定，对废墟中的方塔建筑材料进行了统计，并一一罗列了出土的西夏文物的类别、形制、数量等。在清理废砖后，对残留塔体和塔基进行了清理发掘，基本上搞清了方塔的建筑结构。纪要中表达了与牛达生相同的观点。

随着对方塔发掘文物和遗址的深入研究，学者们发现了更多有价值的内涵。1991 年在贺兰山拜寺沟方塔出土的《吉祥遍至口和本续》，其价值已得到学界公认，是一套未知的藏文经书的西夏译本。聂鸿音《贺兰山拜寺沟方塔所出〈吉祥遍至口和本续〉的译传者》（《宁夏社会科学》2004 年第 1 期）对其中一卷经文的卷首题记进行了解读，指出这部佛经是由伽耶达罗（Gayadhara）和库巴拉拶（Khug_ pa Lhas_ btsas）译成藏文，又由白菩提福译成西夏文的，白菩提福很有可能是长住西夏的回鹘僧人。目前只依据少量信息还不足以认定西夏文本《吉祥遍至口和本续》到底译自何种藏文本佛经。但学者们的研究为今后找到《吉祥遍至口和本续》的藏文原本打下了基础。孙昌盛《西夏文佛经〈吉祥遍至口和本续〉题记译考》（《西藏研究》2004 年第 2 期）也对西夏文《吉祥遍至口和本续》佛经卷首题记进行了详细的释读，并对题记中记载的这些佛经的著者、传者、译者及其称号进行了研究，认为西夏人在翻译吐蕃人名时采用音译或音译与意译相结合的方法，同时认为其中几册佛经为藏传佛教噶举派僧人的著作，它们均是西夏后期由吐蕃僧人传入西夏的。聂鸿音《拜寺沟方塔所出佚名诗集考》［《国家图书馆学刊》2002 年（西夏研究专号）］一文根据该佚名诗集现存部分，推测其写作时间在 12 世纪 80 年代前后，即西夏仁宗皇帝在位的最后几年。作者应为贺兰山下某村庄一位贫苦的私塾先生，十几年前从中原移居西夏，他可能在当地小有名气，所以才得以把自己的诗集随同大批佛经一起装入佛塔地宫。宁夏回族自治区文物考古所《拜寺沟西夏方塔》（文物出版社 2005 年版）全书分为上编（考古篇）、下编（研究篇），上编对方塔的发掘过程、方塔残体现状、出土文物的种类和数量等进行了详细的公布；下编对方塔的结构、建筑特点、出土的塔心柱汉文题记、《吉祥遍至口和本续》、汉文诗集、顶髻尊胜佛母像的艺术风格等进行了深入探讨，反映出当时西夏的佛教文化、世俗文化、手工业制作状况。这本书可谓是对拜寺沟方塔进行了全面的研究。孙颖新《贺兰山拜寺沟方塔所出佚名诗集用韵考》（《西夏学》2011 年第 7 辑）通过归纳贺兰山拜寺沟方塔所出佚名诗集的用韵来考察作者方言的韵母特征。作者录文时在前人录文的基础上进行了力所能及的纠误，并对遇到没有把握的韵字代以“□”号。该文对诗集所反映的韵母进行了构拟，认为佚名诗集作者的口语不属于学界习称的“宋代西北方音”系统，而可能代表了当时陕西某地的方言面貌。

这些对方塔出土文物文献的研究，更有利于我们了解西夏时期以方塔为中心而发生的民间宗教文化交流与传播。

（四）拜寺口双塔

雷润泽、于存海、何继英《宁夏拜寺口双塔发现的大朝通宝和中统元宝交钞》（《钱币学论坛》1989 年第 4 期）依据考古发掘的文物资料，对宁夏拜寺口双塔中发现的大朝通宝和中统元宝交钞进行了考证，认为大朝通宝钱的铸造上限在金大定十八年，其下限则是元初，是蒙古汗国时期铸造的货币。至于大朝通宝是流通货币还是供养钱，由于发现甚少，有待日后的文物考古发现和进一步探讨研究。双塔中的西塔塔刹内发现的两张中统元宝交钞，解决了中统钞面额长期争论的九等还是十等的问题，为中统元宝交钞十等说提供了实物证据，也弥补了《元史·食货志》的疏漏。

随着对拜寺口双塔考古发掘的深入和完成，宁夏回族自治区文物管理委员会办公室、贺兰县文化局发布了《宁夏贺兰县拜寺口双塔勘测维修简报》（《文物》1991 年第 8 期）对双塔的考古发掘情况进行了全面的公布，认定双塔同为十三级八角密檐式，由塔身和塔刹两大部分组成，不设基座。塔身表面均装饰影塑彩绘，但在细部处理上稍有不同。该文对双塔的构造、构件、装饰、出土文物等进行了详尽的介绍，同时附以图片，使我们对双塔有了更为细致的了解。简报还在此基础上得出了几点认识，一是对双塔的建筑年代进行了推测，根据双塔的建筑风格、构件特点、塔上的西夏文字、出土的文物认为其与西夏陵区、灵武西夏窑址、贺兰宏佛塔属同一时期遗物，应是西夏中晚期建筑，西塔最早建于西夏仁宗时期。二是西塔珍藏的绢质彩绘佛画，与宁夏贺兰县西夏宏佛塔新近发现的西夏绢绘佛画的题材、艺术风格都非常相似，时代也应大致相同，反映出西夏时期西藏佛教对宁夏地区的影响。双塔的装饰，从题材内容看，主要为藏传佛教的范畴，这在西藏地区以外的古代建筑中极为少见。三是关于“大朝通宝钱”和“中统元宝交钞”的认识与雷润泽、于存海等人的观点一致。

（五）宏佛塔

宏佛塔俗称“王澄塔”，位于宁夏回族自治区贺兰县境内，距贺兰县城约 9000 米。宁夏回族自治区文物管理委员会办公室、贺兰县文化局的《宁夏贺兰县宏佛塔清理简报》（《文物》1991 年第 8 期）详细说明了宏佛塔的建筑结构、特点和出土的文物，初步确定此塔为西夏时期建造的古塔。宏佛塔呈楼阁式塔与覆钵式塔相结合的造型，这在我国古塔中比较少见，既为研究我国古塔建筑提供了宝贵的实物例证，也为研究内地佛教与藏传佛教的关系提供了新的资料，但简报未对出土的文物进行探究性考察。后来不断有学者对宏佛塔出土的文物展开研究。

孙继民《宁夏宏佛塔所出幡带汉文题记考释》（《西夏研究》2010 年第 1 期）一文首次对出土于宏佛塔的幡带汉文题记进行了考释，认为幡带汉文题记的完整内容应是“镇戎州张义堡第壹佰柒指挥第壹社赵仲，本家人等，同启心愿，自办清财，施幡一合，谨奉献上”。并对幡带题记的上、下限时间进行了推测，即在金大定二十二年（1182）至西夏乾祐二十一年（1190）前后。此幡应是金朝人赵仲赴西夏宏佛塔参与宗教活动时所奉，反映了夏金两国民间的宗教活动与交流。幡带也反映了金代边境地方武装力量体制构成，以及镇戎州、张义堡、第壹佰柒指挥、第壹社四个实体之间的关系。此幡带题记的解读不仅加深了我们对宏佛塔的认知，也为研究金代军事制度提供了帮助。王瑞《宏佛塔建筑成就及出土文物价值探论》（《宁夏大学学报》2010 年第 6 期）首次从民族文化交流的视角对宏佛塔的建筑、出土文物等进行探讨，认为宏佛塔“奇”就奇在它是由从上而下两种截然不同风格的古塔建筑复合而成。下半部分是三层八角阁楼式塔身，其营造法式是宋制；上半部分是覆钵形喇嘛式塔体，是接近印度窣堵坡的藏传佛教建筑形制，而塔身粉装彩绘的图案色调，也是藏密艺术的反映，体现了西夏境内各民族文化相互交流的特点。该塔出土了大量的西夏佛经、佛骨、泥塑、小罗汉等文物，填补了我国西夏文物的许多空白，为研究西夏的历史和文化提供了重要的史料。宏佛塔天宫发现的藏密佛画，为研究藏传佛教在北方地区的普及流传提供了珍贵资料。宏佛塔出土的西夏绘画，其绘画风格在承袭中原传统的同时，吸取高昌回鹘的画法，同时还受到了吐蕃佛教密宗绘画的影响，并融会贯通，从而在构图、造型、线条、敷彩等方面，发展形成自己的特色和风格。宏佛塔天宫发现的《玄武大帝图》，应是国内发现最早的道家玄武大帝神像图。

（六）凉州护国寺

凉州护国寺，即今凉州大云寺，它是西夏的皇家寺院之一。著名的《凉州重修护国寺感通塔碑》就发现于该寺院。1804 年，清人张澍无意之中从大云寺一座封闭的碑亭内发现了西夏碑，开启了学者们对西夏碑及护国寺的关注和研究。

1898 年，法国人戴维理亚发表了《凉州西夏碑考》和《西夏或唐古特王国的文字》两篇论文（［法］戴维理亚《凉州西夏碑考》，载孙伯君编《国外早期西夏学论集》，民族出版社 2005 年版）。他根据凉州西夏碑正面的文字，认定了居庸关石刻上那种不能解读的文字是西夏文。他还正确地指出了凉州西夏碑的西夏文铭文和汉文铭文不是简单的对译关系。1932 年，罗福成《重修护国寺感通塔碑》［《国立北平图书馆馆刊》1932 年第四卷第三号（西夏文专号）］对西夏碑上的西夏文和汉文进行了抄录，根据已公布的俄藏黑水城文献《番汉合时掌中珠》，首次全文发表了西夏碑的汉文和西夏文，以及西夏文译文。西田龙雄《西夏国语研究》（李范文主编《西夏研究》第 7 辑，中国社会科学出版社 2008 年版）上卷中对西夏碑的西夏文也进行了翻译，并对罗氏译文多有纠正。史金波《西夏佛教史略》（宁夏人民出版社 1988 年版）对西夏碑铭文作了系统全面的录文、翻译、考释，对前人研究中的错误进行了纠正。陈炳应《西夏文物研究》（宁夏人民出版社 1985 年版）在史金波译释的基础上纠正了录文和译释文的部分错误，并从社会历史、官阶制度、语言文字、土地制度、民族关系、宗教信仰等诸方面对西夏碑进行了最为全面的研究。黎大祥《武威西夏碑的发现对西夏学研究的重大意义》（《发展》2008 年第 9 期）对西夏碑发现的重要价值进行了论述。

以上关于西夏碑的研究源于学者对西夏文字的解读，20 世纪 80 年代以来，随着西夏学研究的深入，西夏碑所蕴含的丰富信息开始被学术界所重视。但是，西夏碑是由碑身和碑座构成，对碑座的研究还仅限于新闻报道，而且对碑座图像等问题的认识还有诸多误区，西夏碑碑座独特的浮雕艺术和构图意境目前还没有专门的解读和研究。谭黛丽、于光建《论凉州西夏碑碑座图像的构图意境》（《西夏研究》2014 年第 2 期）首次对西夏碑碑座内容、碑座图像的意境进行了探讨，认为西夏碑碑座浮雕构图意境也正是碑文内容的艺术表现形式，它的四幅图画“双狮舞绣球”“缠枝莲花”“天马”“麒麟”都是祥瑞之兆，这些祥瑞图案与碑文所言的护国寺感通塔的神通灵瑞相呼应，与西夏崇信佛教的情况一致，与西夏第二、三、四代皇帝幼冲即位，外戚专权、皇权危机的政治现实吻合。这种将碑文与碑座，政治历史与文化艺术有机结合的碑刻文化，不仅是当时独特而神秘的西夏文化的写照，更体现了古人的艺术创造性和中华文化的多样性。

学界对护国寺的探讨侧重于从文字、历史角度对西夏碑进行考察，而对于护国寺的历史等相关问题的探讨还比较欠缺。黎大祥的《西夏凉州护国寺历史变迁述论》（《西夏学》2013 年第 10 辑）依据文献和碑刻资料全面梳理了护国寺及感通塔的历史沿革发展及寺院建筑概况，为学术界全面了解西夏护国寺历史提供了重要资料。

（七）青铜峡市一百零八塔

宁夏回族自治区文物管理委员会办公室、青铜峡市文物管理所《宁夏青铜峡市一百零八塔清理维修简报》（《文物》1991 年第 8 期）对塔的形制、结构、构件进行了详细说明，对在清理维修过程中，于塔内发现泥塑彩绘造像、砖雕佛像等文物，进行了择要介绍。初步断定一百零八塔似始建于西夏，始建的土坯塔，其十字折角形基座、圆肚式塔身，为较早的藏传佛教覆钵塔的形制，这种形制的塔，宋元之际已流行于北方和西北地区。该文指出一百零八塔山坡下河滩地上还有两座古代喇嘛塔，其中 2 号塔内发现 2 幅西夏时期的绢绘佛画，为典型的藏传佛教艺术品。画的内容、布局及色彩运用、装裱方法与拜寺口双塔及宏佛塔出的绢绘佛画非常相像。为我们以后对西夏塔寺进行比较研究提供了一个视角。

哈彦成、韩志刚《一百零八塔考略》（《固原师专学报》1998 年第 5 期）在参照前人考古发掘报告的基础上对塔群布局及其结构特征进行了更为细致的探讨，认为一百零八塔的单体结构略有差异，基座有十字折角形和八角形束腰须弥座两种，塔身有覆钵式，葫芦形，圆、筒状和折腹式四种，塔刹通为相轮伞盖宝珠顶，并对不同形制的塔的数量进行了统计，十分详细。一百零八塔属于典型的佛教喇嘛塔，普遍采用楼阁式建筑形式与喇嘛塔建筑形式相结合的构筑方法，体现了西夏时期佛教与喇嘛教并存而又彼此渗透的特点。文章还参照凉州白塔寺佛教建筑的有关资料对一百零八塔的断代进行了佐证，并认为青铜峡一百零八塔这种布局形式在历史上很可能不是唯一的，凉州白塔寺土坯塔与青铜峡一百零八塔始建土坯塔应属同一时期建造。这一观点的提出，为我们对一百零八塔与凉州白塔寺进行比较性研究提供了思路。

（八）凉州金刚亥母洞寺

亥母洞遗址位于武威城南 15 千米处的新华乡缠山村，“窟中有寺，寺中有窟”佛教建筑造型独特，是武威西夏时期的藏传佛教空行母圣地，金刚亥母洞中发掘出大量珍贵的西夏文物。专家们认为金刚亥母洞寺窟应建于西夏崇宗正德四年（1130），此后又在洞窟外逐步修建了规模宏大的佛殿佛塔。学者们对金刚亥母洞寺的研究也多集中在出土文书方面，而对石窟中塔寺建筑鲜有涉及。

李才仁加在《神奇瑰丽的传说，西夏文化的宝库——凉州金刚亥母寺》（《中国宗教》2010 年第 11 期）以小篇幅的文字概说了凉州金刚亥母洞寺。崔红芬《武威博物馆藏西夏文〈金刚经〉及赞颂残经译释研究》（《西夏学》2011 年第 8 辑）对亥母洞寺遗址出土的定名为《金刚般若波罗蜜经》的西夏文刻本佛经残叶 G31·009［6735］、G31·010［6736］、G31·011［6737］、G31·012［6739］、G31·013［6742］、G31·014［6743］、G31·015［6744］、G31·016［6748］进行了考证，认为甘肃省武威市博物馆藏西夏文《金刚般若波罗蜜经》残经内容比较丰富，既有《金刚般若波罗蜜经》，也有《金刚经疏颂》，根据其内容不应一概定名为《金刚般若波罗蜜经》。但限于材料，文章对此仅作了初步研究。

于光建《西夏文〈乾定戌年罨斡善典驴契约草稿〉初探》（《西夏学》2013 年第 10 辑）对出土于亥母洞寺的该件文书进行了研究，认为该件文书反映了西夏寺院借贷经济。同时出土的还有乾定申年典麋契约和乾定酉年卖牛契约。这些出土的契约反映了西夏时期武威亥母洞寺是规模较大的一座寺院，其经济实力也非常雄厚，亥母洞寺除进行正常的佛事活动外，还向百姓借贷谷物、高利贷借贷、典当业务和买卖牲畜。借贷经济已成为西夏寺院经济收入的重要来源之一，这一点与唐代敦煌寺院经济活动非常相似。学者们通过对该寺出土文书的研究，使我们能够更客观地认识西夏时期亥母洞寺的社会地位和发挥的社会功能。

（九）康济寺塔

宁夏回族自治区文物管理委员会办公室、同心县文物管理所发布的《宁夏同心康济寺塔及出土文物》（《文物》1992 年第 8 期）介绍了康济寺塔的建筑特征、出土文物。康济寺塔是一座八角十三层密檐式空心砖塔。维修时发现了一批重要的文物：铜造像 27 尊、木雕像尊、银造像尊、泥塑像 1 尊、木塔模 1 座、经书百余册、汉文题记砖块。根据塔身建筑及出土文物得知此塔九层以下为西夏时期建造，明代有过两次修葺。其他方面的研究还未展开。

（十）大度民寺

聂鸿音《大度民寺考》（《民族研究》2003 年第 4 期）认为，大度民寺是西夏京畿的一所皇家寺院，今天宁夏银川市郊的高台寺遗址可能和它有关。在西夏仁宗执政的乾祐年间，这所寺院中汉传佛教和藏传佛教兼习，党项国师与吐蕃国师并存，可以视为 12 世纪末期西夏佛教状况的一个缩影。

（十一）花大门藏传佛教石刻塔群

于光建、张振华、黎大祥《甘肃永昌县花大门藏传佛教石刻塔群遗址考论》（《西藏研究》2014 年第 1 期），通过两次实地考察测量，认为甘肃省永昌县花大门石刻塔群遗址是一处西夏、元、明时期的藏传佛教摩崖石刻塔群遗址，纠正了最初各报刊报道的“该类型遗址是国内首次发现的，国内唯一的塔龛悬葬遗址，并将其时代属性定在西夏时期”的认识。该处石刻塔群时间跨度长，形制功能多样独特，按照功能可分为安置僧侣骨灰的石刻舍利塔、瘗埋僧人遗骨的瘗窟和信徒刻画的功德塔。同类遗址在宁夏、内蒙古、青海以及甘肃其他地区都有发现，学者们认为该石刻塔群遗址对于研究藏传佛教在河西地区的发展具有重要价值。

（十二）千佛阁遗址

1978 年 8 月，武威地区文物工作队对永昌县圣容寺旁所谓的元高昌王墓作了勘探清理。从出土的残垣断壁以及壁画、题记，证明它是一处被焚毁了的西夏千佛阁遗址。党寿山《被埋没的西夏千佛阁遗址》（《西夏学》2011 年第 7 辑）对千佛阁遗址进行了详细介绍，认为这种阁中有塔、专门供奉“千佛”的楼阁建筑，在西夏以及其他时代也是不多见的，是研究西夏建筑、绘画艺术、宗教信仰、民族交往的重要资料。千佛阁遗址中的佛塔是西夏佛塔中已知的唯一一座单层叠涩尖锥顶佛塔的实物例证。

三 从整体上对西夏塔寺进行探讨

西夏佛教早期主要受汉传佛教影响，中后期藏传佛教在西夏的影响力逐渐增强，这种变化也体现在西夏塔寺文化之中。学界对西夏塔寺从整体上进行探讨的研究成果以雷润泽、于存海、何继英编著的《西夏佛塔》（文物出版社 1995 年版）为代表。

该书主要分为研究篇和维修篇对西夏佛塔进行了探讨，涉及西夏佛塔的类型、构造特点、传承关系、形制结构和部分塔的维修情况，图文并茂。将西夏佛塔依建造形制分类划归不同的历史阶段，并阐述了西夏佛教发展变化与佛塔建造之间的关系，西夏佛塔对中原佛塔和藏传佛塔建造艺术的传承等。此书是作者从事考古工作多年的集大成之作，是唯一一部分历史时期研究西夏佛塔的著作，在西夏佛塔研究领域中具有里程碑式的意义。

其他的研究论文，有的是依建筑形式的不同、文化交流的视角从整体上对西夏塔寺进行分类，李银霞《西夏佛塔的特点》（《阿坝师范高等专科学校学报》2008 年第 4 期），李伯杉、周毅《消逝族群的历史建构与文化想象——基于对西夏佛塔的历史民族志解读》（《宁夏社会科学》2014 年第 6 期），都认为西夏佛塔建筑艺术是对周边宋、辽、金、回鹘和吐蕃佛教艺术的兼容并包，同时有自己的民族特色，呈现出形制复杂的特点，是一种多元宗教文化相互融合的文化景观。

有的则是探讨佛教的传播与西夏塔寺建造之关系，如布加《浅析西夏宗教与西夏佛塔》（《文化论坛》2013 年第 12 期）；有的是通过塔寺出土的文物文书来反映塔寺在西夏时期的社会地位和功能，如崔红芬《试论西夏寺院经济的来源》（《宁夏社会科学》2008 年第 1 期）主要从不同阶层的施舍、寺院买卖兼并土地、高利贷经营、宗教活动、纳钱度僧和亡故僧尼的部分财产施入寺院等方面对西夏寺院经济来源作了简要论述。这为我们了解西夏时期寺院在经济生活中的地位提供了重要参考。

四　分区域对西夏塔寺进行研究

涉及今宁夏境内的研究成果有：许成、汪一鸣《论西夏京畿的皇家寺院》（《中国古都研究（第五、六合辑）——中国古都学会第五、六届年会论文集》，1987 年）一文依据史料记载和文物遗迹对西夏京畿地区的皇家寺院进行了考察，主要涉及戒坛院、高台寺、承天寺、拜寺口双塔、五台山寺、宏佛塔等。该文认为西夏的佛教建筑大体上经历了两个发展时期。前期为继承仿效阶段，主要是承袭唐宋传统的佛教建筑风格；后期为西夏晚期，经过长期的吸收融会，形成了在继承唐宋建筑特点基础上兼收并蓄，融合了其他民族的佛教建筑风格，构成别具一格的建筑特点。该文首次把西夏的塔寺建筑特点与佛教在西夏的传播相结合进行考察，整体上对西夏塔寺建筑风格进行了阶段性划分。此外，杨富学《西夏五台山信仰斟议》（《西夏研究》2010 年第 1 期）依据黑水城出土文献及传世其他文献，认为五台山信仰在西夏立国之前就已存在，立国之后，由于宋夏关系的恶化，使西夏无法朝拜五台山，于是，西夏仿辽等国将五台山移入本境的做法，依据五台山的样式，在贺兰山中新建北五台山寺，成为西夏的皇家寺院。牛达生《宁夏境内的西夏古塔建筑》（《寻根》2010 年第 6 期）一文中对宁夏境内现存西夏古塔建筑的现状作了介绍，但他的研究是仅就数处古塔的发现情况、建筑特点等略加陈述。

涉及甘肃境内的研究成果有：李翎《西北地区藏传佛教遗迹调查》（《西藏研究》2003 年第 2 期）在对西北地区藏传佛教遗迹调查过程中涉及了部分西夏时期的塔寺遗迹考察，通过佛教遗迹调查与文献记载相结合的方法，相互佐证，进一步认为，藏传佛教对于西夏来说是迟到的，主要是在西夏的晚期。西夏的盛期文化是中原文化，西夏佛教美术的主流与内地一致，藏传佛教造像在西夏只是末期自救的表现。西夏对于藏传佛教的作用应是蒙藏、汉藏之间的桥梁，这也正是西夏对于藏传佛教在元以后所起的主要作用。2012 年 9 月，国家社科基金重大委托项目子课题“武威地区境内西夏遗址调查研究”项目组先后对古浪县寺洼寺院遗址和天祝县百灵寺遗址进行了全面调查。在调查中发现大量残存遗物，进一步证实了这两处遗址为西夏时期重要的寺院遗址。张振华、黎树科《甘肃武威境内新发现的西夏时期寺庙遗址》（《西夏学》2013 年第 10 辑）对调查情况进行了简介，并对寺洼寺院遗址和位于天祝县大红沟乡下西顶村西北 10 千米处山坡上的百灵寺进行了介绍，涉及遗址地理位置、周围环境、出土文物等。该文传递了一些重要考古信息：此次在古浪寺洼山寺院遗址出土的佛像瓦当尽管残缺不全，但是这种一佛二弟子瓦当，造型别致，尚属首次发现。从遗址残留遗物可以看出，百灵寺在西夏时期香火很盛，是西夏时期这一地区一座重要的寺院。根据百灵寺附近的天梯山石窟、修行洞遗址、亥母洞石窟等发现的大量的西夏文、藏文佛经及藏传佛教遗物等，说明藏传佛教在这一地区的兴盛与发展。极有可能在这一时期，百灵寺受周围佛教寺院的影响，逐渐成为藏传佛教寺院。这些都为研究西夏时期佛教在武威的传播和发展提供了新的实物资料。

结束语

综观学界对西夏塔寺的研究成果，以考古发掘、考察报告为主，涉及塔寺的建筑构造、风格、出土文物、承载的文化等研究，许多研究都是具有奠基性的，从整体上勾勒了西夏塔寺的概况，使我们能有一个基本的把握。西夏塔寺的研究由最初的考古发掘报告开始，到逐渐展开对佛塔寺院出土文物文书的研究，再到通过对塔寺出土文物文献的研究来探讨这些塔寺所承载的汉藏及西夏佛教文化交流、社会功能、建筑文化等，表明研究越来越向纵深发展。

但由于史料记载的不足以及西夏塔寺残存程度不一，使学界对西夏塔寺的研究还较零散，除对拜寺沟方塔、圣容寺、宏佛塔等有较集中的研究外，其他都略显不足，很难较完整和全面地反映出这些塔寺在西夏统治时期的具体状况。通过这些残存的塔寺遗迹和点滴文献记载也不足以全面反映藏传、汉传佛教在西夏的流布。另外，有关西夏塔寺之间及其与同时代的宋、辽、金塔寺建筑艺术的比较性研究、塔寺分布区域与佛教在西夏传播的关系、塔寺社会功能等方面的研究还有待深入。最后，目前的研究成果大多是依据考古发掘资料和传世西夏文献资料进行探讨，而对中国佛教资料和藏文佛教资料引用较少。相信随着大量的西夏文文献资料的公布和跨学科研究的深入，学界对于西夏塔寺的研究会更加深入。

西夏与河西回鹘关系研究综述*

郑　玲**

回鹘，Uighur 的古代译名，本为“凝固、凝结”之义，是今天维吾尔族和裕固族的共同祖先。究其族源，学界普遍接受的观点为，早在秦汉时代便活跃于漠北乃至西域的丁零，后演变为铁勒、高车等，发展至隋代始有乌护、袁纥之谓，唐代始称回纥或回鹘。这个“居无恒所，随水草流移”① 的游牧民族在天灾频仍和黠戛斯的强势攻击之下，于公元 840 年走向灭亡，其余部众则分为数支，在各部首领的统帅之下分别向南、向西撤离漠北高原。其中在西迁回鹘的力量中，一支投奔居于河西走廊的吐蕃，“是时吐蕃已陷河西、陇右，乃以回鹘散处之”。对于这支内迁的外来者，依其所占据区域的不同，分别被称为“秦州回鹘”（位于今甘肃省天水市一带）、“贺兰山回鹘”（今宁夏回族自治区西北和内蒙古自治区交界处，因“回鹘都督石仁政、么啰王子、邈拏王子、越黜黄水州巡检四族，并居贺兰山下”而得名）、“合罗川回鹘”［位于今甘肃省西北部和内蒙古自治区西部弱水（额济纳河）流域］、“沙州回鹘”（位于今甘肃省敦煌市、瓜州县一带）、“河西回鹘”［位于甘肃省中部武威县（凉州）、张掖市（甘州）、酒泉市（肃州）］，因甘州是河西回鹘的政治经济文化中心，故河西回鹘又称甘州回鹘。

同样作为西北历史中影响甚大的民族政权——西夏（1038—1227），是党项人于 1038 年建立的一个地方割据政权，在其统治的 190 年间，因其独具特色的地理位置，先后与宋、辽、金等政权并存且成掎角之势，同时又与回鹘等势力摩擦不断，经济往来频繁。

针对河西回鹘的研究，一直以来深受国内外学界的关注，研究视角多集中于河西回鹘的族源、立国时间、可汗世系、地理疆域、政权灭亡原因、与周边政权关系、宗教文化等诸多方面。无论是针对河西回鹘还是西夏开展的专题研究，其研究成果可谓

---

* 本文系国家社科基金青年项目“回鹘文哈密本《弥勒会见记》研究”（项目编号：14CYY039）的阶段性成果。

** 郑玲，女，河北石家庄人，宁夏社会科学院西夏研究院助理研究员，主要研究领域是少数民族文献及文化研究。

① 《旧唐书》卷一九五《回纥传》，中华书局 1975 年标点本，第 5195 页。

丰富。近年来，有关学者依托汉文文献资料，将坐落在河西走廊中部区域的河西回鹘与丝绸之路东段的西夏作为两个主体研究对象，以地缘关系的视角参之，并致力于西夏与河西回鹘二者在历史、文化、宗教、语言等方面的关系研究，这已然成为中亚研究诸领域的重要对象，梳理二者之间的战和关系、贸易往来、语言接触与文化影响诸方面的研究成果，有利于推动西夏与回鹘关系史的研究。

一　西夏与河西回鹘之战和关系研究

早在西夏政权正式成立之前，关于河西回鹘与党项民族的接触交往在《旧五代史·党项传》中便已有文字记载，后唐长兴三年（932），“河西回鹘朝贡‘中国’，道其部落，辄邀劫之，执其使者，卖之他族，以易牛马”。这样以劫掠形式呈现的民族接触，拉开了河西回鹘与西夏为争夺河西走廊乃至丝绸之路的经年累月战争序幕。对丝绸之路河西段贸易主角的回鹘而言，势力逐渐强大起来的西夏，此时的触角已经延伸到丝绸之路的东端重镇——灵州，并对朝贡中原的回鹘实施劫掠，一方面打击了河西回鹘的经济贸易活动，另一方面西夏的经济掠夺行为也受到了后唐明宗的严厉打击。此后随着西夏政权的建立，河西回鹘与西夏之间的摩擦不断升级，二者的民族关系问题凸显，河西回鹘与西夏的战和关系便成为二者关系研究的主要方面。

作为诸民族交汇之地，西北地区的民族关系最为错综复杂。对于西夏与河西回鹘在历史上的几次交战，《宋会要辑稿》（蕃夷四之二）、《宋史·回鹘传》、《西夏书事校正》、《西夏纪》、《宋史》卷四八五《夏国传上》中均有详细的记载，在此不再赘述。而对于西夏与回鹘二者历史关系的研究，最早可参看王国维所著《黑鞑事略笺证》（《观堂集林》）一文，文章以甘州回鹘为研究对象，主要论述与西夏的关系及其后向沙州西南迁徙的历史。此外，汤开建《甘州回鹘余部的迁徙与西州回鹘之关系》（《新疆社会科学》1984 年第 3 期）中分别探讨甘州回鹘与西夏和高昌回鹘王国之间的关系。王天顺《西夏与周边各族地缘关系述论》［《宁夏大学学报》（人文社会科学版）2003 年第 1 期］中首先概述西夏与其四周邻国的地缘关系，继之讨论西夏政权的强大以及占据河西及河、湟数州实与回鹘势力衰微直至退出上述地区有直接关系。而对于河西回鹘与西夏的战争关系及其历史影响，高自厚在其《甘州回鹘与西夏》（《甘肃民族研究》1989 年第 1 期）一文中做出了全面深入的阐述。

随着国内敦煌学的迅猛发展和相关文献资料的不断被解读出来，学界对于河西回鹘与西夏两者战和关系研究逐步升温，研究成果有单篇论文逐步转向研究专著，诸如彭向前《试论辽宋西夏金时期西北民族关系的主要矛盾》［《内蒙古社会科学》（汉文版）2004 年第 2 期］，文中以历史发展各阶段的主要矛盾为线索，依其阶段性特征，分三个主要时期纵观辽宋西夏金时期西北民族关系的发展演变。其中在第一阶段的主要矛盾——宋辽矛盾的论述中，作者论及了西夏与回鹘之间的动态矛盾关系。李并成、朱悦梅所撰写的《西夏与甘州回鹘》（《西夏研究》第3辑，中国社会科学出版社2006年版）和朱悦梅《甘州回鹘与周边政权的关系及其特点》（《敦煌研究》2007年第1期）一文中认为甘州回鹘地处河西走廊的主要农业区——黑河流域，自古为“胡汉交往”的繁华之地，而这一特殊的地理区域相对中原王朝而言又为边缘地带，沙州政权、吐蕃、党项、契丹等政权分列其东西。甘州回鹘落脚于此，要生存和发展，必须建立一套有利于自身强国的政治秩序，东联西压、南北争锋是其处理与周边政权关系的主要特点和基本外交政策。

刘全波在《甘州回鹘、凉州吐蕃诸部与党项的战争及其影响》（《西夏研究》2010年第1期）一文中就甘州回鹘与党项等民族之间的战争及其影响问题进行了研究。文章认为甘州回鹘与党项的战争对整个河西地区乃至中国产生了巨大影响，甘州回鹘地处河西咽喉之地，加之与北宋的政治联盟，使得党项背腹受敌，在历经30多年的战争后，党项最终击败甘州回鹘，收回鹘精兵，渐次控制河西陇右，从而拥有辽阔的地域、丰富的物产，国力大增，才最终使得元昊有足够的实力建立西夏政权，并与北宋、辽共分天下，与南宋、金鼎立中国。

刘晓芳的硕士学位论文《甘州回鹘与北宋、西夏的关系》（2012年）分别从政治敌对、经济贸易和文化交流三大方面对甘州回鹘与西夏关系作出详细分析，认为长期的战争对抗使得甘州回鹘和西夏的实力此消彼长，最终形成了甘州回鹘亡于西夏的史实。河西回鹘亡于西夏的历史事实，学界论者颇多，而对于河西回鹘最终灭亡的社会历史原因，高自厚在《甘州回鹘失守甘州的社会原因——兼论甘州回鹘的社会制度》（《甘肃社会科学》1983年第1期）中认为，甘州回鹘的社会积弊直接导致了其在与西夏的斗争中失败。杨建新在《中国西北少数民族史》① 中论及该问题时指出，甘州回鹘是在西夏与辽的夹击下失败的，二者夹击甘州回鹘的原因主要在于该政权长期与宋保持密切的交往。

除此之外，诸如杜建录所著《西夏与周边民族关系史》（甘肃文化出版社1995年版）和杨富学所著《回鹘文献与回鹘文化》（民族出版社2003年版）均专门辟立章节，对二者间的历史文化关系做出专题讨论。

二　西夏与河西回鹘之经济贸易关系研究

回鹘历史上就是一个擅长贸易往来的民族，在西迁之前，河西走廊一带作为中西交通的津梁，长期以来便承载着沟通东西方政治、经济和文化等方面联系的重任，已然为经济繁荣、贸易发达之地。回鹘民族的迁入，频繁的丝路贸易，成为回鹘民族的

① 杨建新：《中国西北少数民族史》，宁夏人民出版社1988年版，第367—386页。

经济命脉。此外，对中原王朝的朝贡一定程度上有赖于丝绸之路的畅通，史载“路出灵州，交易于市”① 即是如此。但是觊觎丝路贸易的丰厚利润，灵州被西夏李继迁所占，朝贡之路被阻，河西回鹘与西夏之间的贸易摩擦与日俱增，扰劫贡路，重税政策之下的经济盘剥便成客观的历史写照。洪皓在其《松漠纪闻》中便有如下记载：“［回鹘］多为商贾于燕，载以橐之，过夏地，夏人率十而指一，必得其最上品者，贾人苦之。后以物美恶杂贮毛连中，染所征亦不赀。其来浸热，密识其中下品，俾指之。”②

随着西夏势力的逐步增强，频繁的劫掠行为使得“回鹘贡路，悉为断绝”，这严重威胁着东西方贸易的正常发展。河西回鹘与西夏之间的贸易关系的核心体现在对丝绸之路的路权斗争中，谁占据有利的区域，使得丝路畅通无阻，谁就会在其中获得更大的利润。除此之外，经济的往来与政治外交的和谐与否息息相关，二者的经济贸易呈现出早期萧条晚期繁盛的发展趋势。

河西回鹘视丝绸之路为生命线，在维护和保证其畅通等方面做出了贡献，而学界对此论述较多，所持认识基本一致，比如樊保良《回鹘与吐蕃及西夏在丝路上的关系》（《民族研究》1987 年第 4 期）在文中经过大量翔实资料的分析，认为回鹘视丝绸之路为生命线，在丝绸之路的地位和作用问题上，显然是回鹘维护疏通了丝路，而西夏则干扰破坏了它。

对于西夏在丝绸之路沟通东西方贸易的地位和作用的问题，可参见诸如钱伯泉《西夏对丝绸之路的经营及其强盛》（《西北民族研究》1993 年第 2 期）、罗丰《五代、宋初灵州与丝绸之路》（《西北民族研究》1998 年第 1 期）、杨蕤《关于西夏丝路研究中几个问题的再探讨》（《中国历史地理论丛》2003 年第 4 期）、［日］长泽和俊、钟美珠译《西夏之侵入河西与东西交通》③ 等文章。

其中，陈炳应的《西夏丝绸之路贸易与货币》（《中国钱币》1991 年第 3 期）一文利用《天盛改旧新定律令》等新材料，得出了“西夏的存在并未阻隔东西方的丝路贸易，相反，在某种程度上，还起着维系和中继的作用，做出过一定的贡献”结论。此外，李学江的《西夏时期的丝绸之路》（《宁夏社会科学》2002 年第 1 期）分列三条史料对西夏阻断丝绸之路的说法进行辩证分析，指出西夏建国之前与甘州回鹘争夺河西，多次掠劫回鹘贡使，不能说明西夏阻碍了丝路贸易。较为全面论述西夏与丝绸之路问题的当属陈爱峰、赵学东等人，在其《西夏与丝绸之路研究综述》［《西北第二民族学院学报》（哲学社会科学版）2007 年第 2 期］一文中，他们从西夏在丝绸之路上的地位与作用、西夏时期的丝绸之路交通、西夏与丝绸之路贸易、西夏对

① 《宋史》卷二七〇《段思恭传》，中华书局 1977 年标点本，第 9272 页。

② （宋）洪皓：《松漠纪闻》，翟立伟标注，吉林文史出版社 1986 年标点本，第 15 页。

③ ［日］长泽和俊：《西夏之侵入河西与东西交通》，钟美珠译，天津古籍出版社 1990 年版，第402 页。

丝绸之路的经营等方面回顾、分析20世纪初至今国内外学者关于西夏与丝绸之路的研究。吴天墀的《西夏史稿》一书指出，西夏在丝绸之路贸易的热点问题即中继贸易，同时也讨论了西夏与辽、回鹘的贸易。①

对于西夏与回鹘经济贸易往来进行翔实考证和细致梳理的当属陈爱峰、杨富学的《西夏与回鹘贸易关系考》（《敦煌研究》2009年第2期）一文，该文以传世文献记载为基本线索，结合新疆、敦煌及黑水城等地的考古资料，梳理出西夏与回鹘间的贸易关系。文章认为，北宋时期，受到宋夏矛盾的制约，西夏与回鹘贸易受到了很大的制约，直至南宋时期，宋夏矛盾消亡，加之西夏推行诸多优惠的贸易政策，西夏与回鹘间的商业贸易和贡使贸易呈现出繁荣趋势。

河西回鹘与西夏的积极贸易活动，促进了丝绸之路的经济文化交流。同时，丝绸之路的畅通，使得回鹘摩尼教徒、佛教徒等在中原及沙州诸地的活动，从而促进了河西走廊的宗教文化交流。

三　西夏与河西回鹘之文化交流关系研究

频繁的贸易往来使得西夏与河西回鹘两者之间保持着长期密切的文化交流。尽管在战争中西夏最终征服了河西回鹘，但是回鹘民族的文化特质及其文化元素却在西夏中的传播呈现出了从回鹘文字的使用，到佛教经典的翻译再世俗文化的潜移默化的历史文化现象。

（一）回鹘文字的使用

迨至西夏立国，回鹘人在西夏的对外贸易中，仍然起着非常独特的作用。回鹘语一度为西夏与周边民族进行商业贸易的交际语，更有一些回鹘的商贾“因入贡，往往散行陕西诸路，公然贸易，久留不归”②。而回鹘文字在河西地区得到了相当广泛的使用，这从清人吴广成所著的《西夏书事》卷十二中可以得到印证：“元昊既制蕃书，遵为国字，凡国中艺文诰牒尽易蕃书。于是立蕃字、汉字二院，汉习正、草，蕃兼篆、隶，其秩与唐翰林等。汉字掌中国往来表奏，中书汉字，旁以蕃书并列。蕃字掌西蕃、回鹘、张掖、交河一切文字，并用新制国字，仍以各国蕃字副之。以国字在诸字之右，古蕃字院特重。”上述史料至少可以给我们提供这样的信息：回鹘文字在西夏境内不但得到了广泛的使用，而且还受到官方的认可与保护。在西夏蕃字院所掌管的所有文字中，回鹘文是官方指定使用的文字之一，除了史书记载之外，在敦煌文物考古中，西夏时代绘制的经变画中，伴有回鹘文书写的榜题；在黑城遗址中发现了

① 吴天墀：《西夏史稿》，四川人民出版社1980年版，第181页。

② 《宋会要辑稿》蕃夷四之九。

用回鹘文福音体书写的文字残卷，更加有力地证明了回鹘文及其他行于回鹘境内的文字诸如摩尼文、福音体文在西夏的通行。

（二）佛教经典的翻译

回鹘西迁之前尊摩尼教为其国教，西迁至河西走廊之后受到当地盛久不衰的佛教的影响，大约自10世纪初开始，已有相当数量的回鹘民族放弃原来的宗教信仰而改奉佛教。佛教信仰在河西回鹘处理与周边民族政权关系中扮演了重要的角色，而在河西回鹘的对外关系中，作为使者的佛教僧侣成了联结河西回鹘和西夏佛教交流的枢纽之一。回鹘僧侣在沟通河西回鹘与西夏政权的关系方面作用不可低估①，在促进古代丝绸之路沿线地区及周边国家、地区、民族间的宗教文化交流中发挥了积极作用。其中最主要地体现在西夏文《大藏经》的翻译中。众所周知，西夏统治者在立国之前就非常注重学习中原王朝的先进文化，有的甚至皈依了佛教，在多部史料的记载中，均可体现出西夏统治者对回鹘僧人的尊崇。在国家图书馆所收藏的西夏文《过去庄严劫千佛名经》《现在贤劫千佛名经》等多部文献中均有提及回鹘文译师等信息，可见发达的回鹘佛教文化对西夏文化的影响。回鹘僧人为西夏人演经、译经的善举一方面显示了回鹘佛僧在西夏佛教初兴时期的重要地位，另一方面无疑对西夏的译经事业产生了促进作用。西夏佛教主要受汉传佛教和藏传佛教的双重影响，流行大乘佛教，且兼有小乘佛教，这一点和河西回鹘佛教的特点几无二致，体现了河西回鹘佛教对西夏的深刻影响。

陈广恩《试论西夏文化的多元性》[《西北师大学报》（社会科学版）2005年第3期］中认为，除了中原佛教和吐蕃佛教之外，西夏对回鹘佛教文化也大加吸收，邀请回鹘僧人演绎经文、翻译佛经，并且西夏的最高统治者如谅祚及其母亲没藏氏，经常聆听回鹘僧人演经。正是在综合吸收了中原佛教、吐蕃佛教、回鹘佛教乃至辽金佛教等多种佛教文化的基础上，西夏佛教才得以形成了独具特色而又极具包容性的一种佛教，从而成就了一度辉煌灿烂的西夏佛教文明。杨富学《回鹘佛教对北方诸族的影响》[《昭乌达蒙族师专学报》（汉文哲学社会科学版）1998年第3期］一文中通过援引丰富的史料，详细指出西夏佛教深受回鹘佛教的影响。

学界长期以来形成“回鹘僧译经”的说法基本来自传统汉文文献的支持，在《辽史》卷二十二《道宗本纪》和卷一一五的《西夏外纪》中记载了回鹘僧人来到了西夏，并受到王室的极大尊崇，“夏国遣使进回鹘僧、金佛、梵觉经”②。而以佛经对译中的语言现象为切入点，捕捉西夏文佛经翻译中特殊的对音规律，可谓“回鹘僧译经”研究的一个突破点和新的学术尝试。聂鸿音在《西夏“回鹘僧译经”补证》

---

① 杨富学、杜斗城：《河西回鹘之佛教》，《世界宗教研究》1997年第3期。

② 《辽史》，中华书局1974年标点本。

(《西夏研究》2014 年第 3 期）一文中以俄藏西夏译《无垢净光总持》的一个抄本为例，举例说明该文献中出现的“西夏的不送气清声母字既可以用来对译汉语的不送气清声母字，也可以用来对译汉语的浊声母字”的特殊现象，从上述文献中总结得出的对音规律正好符合回鹘文音译汉语的特点，这一新的语言现象的发现一定程度上可以为“回鹘僧译经”的这一学术猜想特供有力的佐证。

除此之外，对于在西夏译经中做出重要贡献的白法信、白智光两位译经大师的民族属性，在冯承钧《再说龟兹白姓》(《西域南海史地考证论著汇辑》，中华书局 1963 年版）、杜建录《试论西夏与周边民族的文化交流》(《固原师专学报》1995 年第 4 期）和杨富学《回鹘僧与〈西夏文大藏经〉的翻译》(《敦煌吐鲁番研究》2004 年第 7 期）中均有论述。

《敦煌出土西夏语佛典夹杂之回鹘文杂记》[①] 中认为，自 10 世纪以来，直至 13—14 世纪的蒙古帝国时代，操突厥语的回鹘人与西夏人（党项）在历史、文化、宗教、语言等方面的关系，已然成为中亚研究诸领域的重要对象，已有的研究成果多局限于汉文资料的使用，在该文中作者对出土于敦煌的夹杂有回鹘文的西夏语佛经残片（现藏美国普林斯顿大学东亚图书馆，馆藏编号为 Peald 6f)，进行初步解读和翻译，可视为回鹘教徒与西夏佛教交流的具体鲜活的材料，有利于推动回鹘与西夏关系史的研究进程。

（三）民俗艺术的影响

西夏佛教艺术的发展过程是一个不断吸收各民族艺术成分以充实自身的积累转化的过程，“吞吐有方，善化己用”，开放和兼容是其主要特征。河西回鹘的佛教艺术深刻影响了西夏，在散布于河西走廊的诸多石窟，如敦煌莫高窟、东千佛洞、西千佛洞、瓜州榆林窟、酒泉文殊山石窟的壁画、雕塑中都可以看到回鹘佛教艺术的影子。对这一问题的探讨可参见刘玉权《关于沙州回鹘洞窟的划分》[②]、尚世东《佛教与西夏文化论述》[《西北第二民族学院学报》(哲学社会科学版) 1996 年第 2 期]、杨富学《回鹘文化对西夏的影响》《回鹘佛教对北方诸族的影响》、杜建录《试论西夏与周边民族的文化交流》等文章。

除此之外，河西回鹘与西夏地域相连，回鹘的装束同样传到了西夏，回鹘式发髻在一定程度上反映了回鹘习俗对西夏民众的影响。[③]

综上所述，由于研究者自身研究兴趣和优势的缘故，大多将河西回鹘与西夏两者

---

① ［日］松井太：《敦煌出土西夏语佛典夹杂之回鹘文杂记》，陈爱峰、周欣译，载《回鹘学译文集新编》，甘肃教育出版社 2015 年版，第 136—141 页。

② 刘玉权：《关于沙州回鹘洞窟的划分》，载《1987 年敦煌石窟研究国际讨论会文集石窟考古编》，辽宁美术出版社 1990 年版，第 1—29 页。

③ 陈炳应：《西夏文物研究》，宁夏人民出版社 1985 年版，第 196—204 页。

关系的研究，置于民族史的研究范畴和视域之下考察，这无疑是深入了解并阐发两者文化关系、经济关系以及民族社会演进的基础。但就目前所见的研究成果来看，研究的比重多局限于两者关系的历史研究，虽已有部分著述触及河西回鹘与西夏的语言接触、经济往来、文化影响等方面，但数量偏少。在此笔者认为，在开展汉文史料的发掘收集研究与少数民族古籍文献的整理研究并重的路径之下，对河西回鹘与西夏两者的社会、历史、地理、经济、文化、语言、宗教、民族等学科开展多角度、多层次的整合研究，不失为一个潜在的学术增长点。

（原载《西夏研究》2016 年第 2 期）

近二十年来西夏时期藏传佛教研究综述

魏　文*

近二十年来，作为一门方兴未艾的学科，西夏佛教史的研究逐渐得到了学术界广泛关注，成了21世纪初中国古代佛教史研究最具活力和创新性的一个领域。作为交叉学科的西夏藏传佛教史研究则是其最为重要的分支之一，取得了一系列异常丰硕的研究成果。这首先得益于20世纪90年代以来国家开始重视古代文献的整理和出版工作，使得保存在国内外公私收藏中的那些此前被束之高阁、尚未公布的多语种西夏佛教文献陆续得到了系统整理和出版，使学术界能够全面而直接地获得研究材料。海外藏者，如中国社会科学院民族学与人类学研究所和俄罗斯科学院东方研究所合编的《俄藏黑水城文献》（上海古籍出版社1996年迄今），目前已出至第26册，其中第1—6册公布了几乎全部俄藏黑水城涉及藏传佛教的汉文材料。另外，第27册以后将陆续出版涉及藏传佛教的西夏文文献材料。这部系统公布科兹洛夫发掘自黑水城西夏文献的丛书，系由中国社会科学院民族学与人类学研究所资深西夏学学者史金波先生与上海古籍出版社同人一道克服了种种困难，于20世纪90年代初远赴俄罗斯科学院东方研究所圣彼得堡分所全部拍摄制成胶卷带回国内，使国内学者有史以来第一次直接看到了内容如此丰富的西夏文献。此后，国内学术界愈加重视原始文献的出版工作，又陆续出版了《英藏黑水城文献》（共4册，西北第二民族学院、上海古籍出版社和英国国家图书馆联合编纂，上海古籍出版社2005年版），即斯坦因于1914年在黑水城考察时收集的西夏写本残片；《法藏敦煌西夏文文献》，系伯希和于1908年在敦煌莫高窟第181、182两窟中发掘所得。同时，国内历年发掘出土的西夏文献则散存各地，藏量巨大，然集中影印公布的仅有宁夏拜寺沟方塔、山嘴沟西夏石窟出土的佛教文献和以考古报告的形式发表（宁夏回族自治区文物考古研究所编《拜寺沟西夏方塔》，文物出版社2005年版；宁夏回族自治区文物考古研究所编《山嘴沟西夏石窟（上下）》，文物出版社2007年版），故此在2005年由宁夏大学西夏学研究中心、国家图书馆、甘肃五凉古籍整理研究中心主持编辑了《中国藏西夏文献》（甘肃人民出版社、敦煌文艺出版社

* 魏文，男，天津人，中国人民大学国学院历史学博士，现供职中国藏学研究中心历史所，主要研究方向为后弘期初期西藏及其周边地区佛教史。

2005 年版)，将北京、宁夏、陕西、甘肃、内蒙古等地收藏的几乎全部西夏文献尽行搜集，影印集成为 20 巨册。这是学术界对中国境内所收藏的西夏文献的一次最为全面的总结和公开。

西藏学与西夏学的交叉互动对西夏藏传佛教研究的展开产生了至关重要的影响，极大地推进了学术研究的深度和广度。首先，从文本研究的角度看，如果我们无法对那些历史留存下来的西夏文、汉文等佛教文本内容进行切实可行的正确解读，那么对这一历史时期里西夏境内流行藏传佛教的历史和内涵的认知和理解自然则无从谈起。而正确的解读无疑需要通过将西夏文本与其对应的藏文原本或是同一属性的藏文典籍进行对读才能真正地理解文本本身的含义，进而对文本背后反映的教法源流有一深入的认识。因此，从西藏学角度出发，运用藏文文献和佛教学的双重方法对涉及藏传佛教的西夏文献进行解读就成为不可或缺的学术门径。其次，西夏藏传佛教作为后弘期初期西藏佛教发展的外延和边界，反过来也为后弘期早期藏传佛教历史的研究提供了最为真实可靠的文献材料，同时也作为河西佛教传统的一种延续，对大朝、元、明时期汉藏佛教在内地的继续发展奠定了基础。因此，从西藏学角度对西夏的藏传佛教展开深入探究，其学术方法和意义的重要性不言而喻。

国内运用藏文文献对西夏藏传佛教史的探讨起步很早，而打开这一领域研究的门径就是针对汉译密教文献的语文学研究。在这方面最早受到学界关注、充分反映汉藏佛教历史及其内涵的研究对象就是传八思巴帝师所传《大乘要道密集》，实际上其中有相当一部分反映道果和大手印修法的藏传密法为西夏时期由河西僧人所传、译。早在 1942 年，著名佛学家吕澄先生就出版了至今仍为当下学人所津津乐道的《汉藏佛教关系史料集》(《华西协合大学中国文化研究所专刊》乙种第一册，华西协合大学 1942 年)，其中的第一部分《汉译藏密三书》就对《大乘要道密集》的结构和主要内容进行了介绍，并以十分严谨规范的语文学方法对其中的《解释道果金刚句》《大手印金璎珞要门》和《成就八十五师祷祝》之汉藏文详加对勘，并对其宗承进行了研究。可惜的是，自从吕澄先生以后数十年，西夏以来汉译密教文书的研究却一直乏人问津，能传其衣钵者寥寥无几。

直到 20 世纪 80 年代初期，中国著名藏学家王尧先生和美国学者克里斯托弗·白桂思（Christopher Beckwith）才重新注意到了《大乘要道密集》的重要性①。同时，20 世纪 90 年代以来俄藏黑水城出土文献和艺术品逐步公布，甘肃、宁夏、内蒙古等地考古工作亦取得的一系列重大的进展。因此，西夏以来的藏传汉译密教文书开始重新为藏学和西夏学界所关注。此外，西夏学大家史金波在 80 年代末出版了《西夏佛

① Beckwith, Christopher I, "A Hitherto Unnoticed Yüan-Period Collection Attributed to'Phagspa", *Tibetan and Buddhist Studies Commemorating the 200th Anniversary of the Birth of Alexander Csoma de Cörös*, edited by Louis Ligeti, I. Budapest: Akadémiai Kiadó, 1984, pp. 9–16.

教史略》（宁夏人民出版社 1988 年版；台湾商务印书馆股份有限公司再版两次，1993 年和 1995 年）是西夏佛教史研究的奠基之作，系史金波积数十年之功从事西夏佛教文献整理和研究工作的一个系统性的总结。此书中的第三章《西夏佛教发展概述》中对藏传佛教在西夏时期发展的讨论、第四章《西夏佛经》第七节对西夏存世佛经数量和类别的综述、第六章《西夏的僧人》中对西夏帝师、国师和僧人民族成分的考证都是对西夏藏传佛教发展史研究的开创性成果，至今仍是有志于西夏藏传佛教研究的学者案头最为基本和常用的参考书籍。

以文本学和语文学的方法从具体的文本本身入手对西夏藏传佛教史展开系统性的深入研究，是到 21 世纪初才开始蓬勃发展起来的。迄今十余年来，这一领域的研究取得了长足的进展，使得我们对于西夏以来藏传密法在汉土流传的历史及其内涵获得了前所未有的全新认识。中国藏学研究中心的陈庆英研究员作为中国西藏学领域的权威，率先发表了一系列的文章，如 2000 年陈庆英发表了《西夏及元代藏传佛教经典的汉译本——简论〈大乘要道密集〉》（《萨迦道果新编》）［《西藏大学学报》（汉文版）2000 年第 2 期］一文，真正拉开了系统研究西夏以来汉译密教文献的序幕。此后陈先生又发表了《大乘玄密帝师考》（《佛学研究》2000 年第 9 期）、《〈大乘要道密集〉与西夏王朝的藏传佛教》（《中国藏学》2003 年第 3 期），对《大乘要道密集》中属于西夏时期的作品如《解释道果语录金刚句》《解释道果逐难记》以及数篇大手印修法的译传情况进行了全面考证。同时，史金波在前述的基础上继续发表了《西夏的藏传佛教》（《中国藏学》2002 年第 1 期）、《西夏学和藏学的关系》［《西藏民族学院学报》（哲学社会科学版）2006 年第 1 期］和《西夏学和藏学的关系（续）》［《西藏民族学院学报》（哲学社会科学版）2006 年第 2 期］，旨在大力倡导藏学和西夏学两者跨学科的研究思路。

在此之后，涉及西夏藏传佛教的研究成果如雨后春笋，而其中之翘楚当属中国人民大学国学院沈卫荣教授及其领导的研究团队。沈卫荣自 2006 年回国后即加盟新成立的中国人民大学国学院，参与创建了以汉藏佛教和满蒙历史为主要研究方向的西域历史语言研究所。十余年来，在沈教授的领导下，西域所在藏学领域一直秉持冯其庸先生倡导的大国学理念，在西夏、元时期汉藏佛教研究方面产出了一批以语文学或文本学为基本方法的研究成果。此前，沈卫荣即已开始关注新公布的西夏佛教写本中涉及藏传佛教的材料，并完成了他涉及西夏藏传密教研究的发轫之作《西夏黑水城所见藏传佛教瑜伽修习仪轨文书研究Ⅰ.：梦幻身要门》（载《当代藏学学术研讨会论文集》，台北“蒙藏委员会”，2003 年），对黑水城出土的汉译那若六法修习文书《梦幻身要门》进行了细致的文本研究，揭示出了其与冈波巴所造《幻身要门》之间存在着密切的关系。2006 年，沈卫荣回国之际即发表了一篇奠定汉藏佛学研究基本学术意义、汉藏佛教研究领域导论性质的重要论文《重构十一至十四世纪的西域佛教史——基于俄藏黑水城汉文佛教文书的探讨》（《历史研究》2006 年第 5 期），将西夏、元代汉藏佛教置于一个更广阔而宏观的佛教史脉络中，并将其基本材料梳理出来，继而构建起了一个汉藏佛教学的基本学术框架。继而在2007年发表论文《初探蒙古接受藏传佛教的西夏背景》（《西域历史语言研究集刊》第1辑，科学出版社2007年版）中，沈卫荣以坚实的史料为依据，论证了元代蒙古人迅速认知、接受和热衷藏传佛教最初的缘起是作为中间媒介的西夏藏传佛教。《〈大乘要道密集〉与西夏、元朝所传西藏密法——〈大乘要道密集〉系列研究导论》（台北《中华佛学报》2007年第20期），对《大乘要道密集》的全部83篇密法文书的内容进行了解题，其中对西夏时期译造之《依吉祥上乐轮方便智慧双运道玄义卷》《解释道果语录金刚句记》《解释道果逐难记》等进行了深入阐释。《重构十一至十四世纪的西域佛教史——基于俄藏黑水城汉文佛教文书的探讨》（《历史研究》2006年第5期）以及《序说有关西夏、元朝所传西藏密法之汉文文献——以黑水城所见汉译藏传佛教仪轨文书为中心》（《欧亚学刊》第7辑，中华书局2007年版）不但系统地梳理出了如《大乘要道密集》、黑水城出土西夏文、汉文、回鹘文等多语种藏传佛教文献的整体面貌，并且将其初步反映出藏传佛教在后弘初期向东传播的历史纳入一个更加宏观的佛教学术史框架，充分体现出作者从理论角度努力构建一个全新学科的宏愿与雄心。以此作为理论基础，沈卫荣及其领导的学术团队陆续发表了一系列利用语文学方法和思路针对具体的某一文本展开的汉藏对勘和研究。其中，沈卫荣本人涉及西夏藏传佛教的论文如《西夏义藏传续典〈吉祥遍至口和本续〉源流、密意考述（上）》（《西夏学》第2辑，宁夏人民出版社2007年版）、《汉藏文版〈圣观自在大悲心总持功能依经录〉之比较研究》（载黄绛勋等编《第五届中华国际佛学会议中文论文集——观世音菩萨与现代社会》，法鼓文化，2007年）、《西夏、蒙元时代的大黑天神崇拜与黑水城文献——以汉译龙树圣师造〈吉祥大黑八足赞〉为中心》（载《贤者新宴》第5辑，上海古籍出版社2007年版）、《汉藏译〈圣大乘胜意菩萨经〉研究——以俄藏黑水城汉文文献TK145文书为中心》（《中国边疆民族研究》第1辑，中央民族大学出版社2008年版）、《汉藏译〈佛说圣大乘三皈依经〉对勘——俄藏黑水城文书TK121、122号研究》（《西域历史语言研究集刊》第2辑，科学出版社2009年版）、《西夏汉文藏传密教仪轨〈依吉祥上乐轮方便智慧双运道玄义卷〉读解——以依“四手印”修“欲乐定”为中心》（载中国人民大学国学院编《国学的传承与创新：冯其庸先生从事教学与科研六十周年庆贺学术文集》，上海古籍出版社2013年版）等。此外，沈卫荣《清〈宫廷瑜伽〉、西夏“道果机轮”及元代“演揲儿法”考证》一文也对《演揲儿法残卷三种》中西夏所译之道果机轮法，及其与元代宫廷所谓“演揲儿法”和清宫旧藏所谓《究竟定》图文修习密法之间一脉相承的关系展开了深入的探析。

2012年在沈卫荣的倡导下，北京大学出版社再次影印出版《大乘要道密集》一书，其中在第一卷里沈卫荣根据几年来对与《大乘要道密集》和新近发现的一系列汉译密教文书的文本研究所取得的进展，修订、扩充完成了《〈大乘要道密集〉与西夏、元、明三代藏传密教史研究》一文，作为《大乘要道密集》影印版之导读，是为这一领域最新阶段性成果的说明［载中国人民大学国学院汉藏佛学研究中心编《大乘要道密集》（套装共5册），《多语种佛教古籍整理和研究丛书》，北京大学出版社 2012 年版］。

沈卫荣以上的这些论文均被收入其论文集《西藏历史和佛教的语文学研究》（上海古籍出版社 2010 年版）和《藏传佛教在西域和中原的传播：〈大乘要道密集〉研究初编》（北京师范大学出版社 2017 年版）中，集中展现了沈卫荣十余年来在这一领域取得的杰出成就。

除此以外，沈卫荣在近几年还主编出版了数本以汉藏佛学研究为主题的论文集，结集的论文来自当今国内一批致力于运用语文学或文本学的方法从事汉藏佛学研究的优秀学者和青年才俊，例如，2012 年出版的《文本中的历史：藏传佛教在西域和中原的传播》（中国藏学出版社 2012 年版），其中涉及西夏藏传佛教的论文有哈佛大学博士候选人孙鹏浩的《有关帕当巴桑杰的西夏汉文密教文献四篇》，创建性地揭示出俄藏黑水城佛教文献中《四字空行母记文》等四篇汉文材料都传自同一时期西藏著名的传奇上师、希结派祖师帕当巴桑杰。弗吉尼亚大学博士候选人梁珏的《十一至十四世纪西域与内地的胜乐修持文献：拜寺沟方塔出土〈吉祥上乐轮略文等虚空本续〉之注释〈无垢……〉研究》则对拜寺沟出土的一部西夏时期汉译的颇为残破的上乐修习密续文书进行了初步研究。

2013 年出版的《汉藏佛学研究：文本、人物、图像和历史》（中国藏学出版社 2013 年版）中，涉及西夏藏传佛教的有沈卫荣的《宋、西夏、明三种汉译〈吉祥喜金刚本续〉的比较研究》。该文对三个历史时期所翻译的无上瑜伽密母续根本文献《喜金刚本续》进行了对勘比较，认为三种译本中宋译本难称精良，而西夏和明译本则相当忠实于藏文本，且语言上前者朴素而后者雅致，皆为善本。中国人民大学国学院教授索罗宁的《西夏文"大手印"文献杂考》重点详解了西夏时期大手印相关文本的传承次第，以及颇为流行的西夏文《大印究竟要集》之传承师传，及德慧上师所传承的地方性的大手印教法传入西藏的时代。中国藏学研究中心历史所魏文的《〈最胜上乐集本续显释记〉译传源流考——兼论西夏上乐付法上师》，以国家图书馆所藏西夏末期汉译的这部上乐根本续释论残本为研究切入点，通过对其集、传、译、定人物的考释，辅以藏文文献中的史料，对藏传佛教在西夏早期弘传的历史进行了深入探究。

2014 年出版的《大喜乐与大圆满：庆祝谈锡永先生八十华诞汉藏佛学研究论集》中涉及西夏藏传佛教的论文包括孙伯君研究员的《〈西夏文亥母耳传记〉考释》，将此长篇西夏文亥母修习文书结合同出之汉译别本《四字空行母记文》进行了对勘和译解，并对该修法之传承上师进行了同定和梳理。魏文的《西夏文上乐系密法文献叙录（一）》对目前所知的俄藏黑水城西夏文文献和贺兰山石窟出土文献残片中有关上乐修习的密法文书进行了全面的解说和初步的研究。

除这些论文集发表的论文之外，在其他学术书刊中也有不少涉及西夏藏传佛教研究的优秀论文，如原台湾佛光大学刘国威教授的《巴绒噶举以及它在青海的发展》一文利用《洛绒教法史》等藏文史料集中讨论了巴绒噶举在朵康地区的兴衰历程，其中也重点探讨了西夏末代帝师惹巴在西夏境内弘传藏传密法的史实（载“蒙藏委员会”编《藏学二十一世纪西藏议题学术研讨会论文集》，2004 年）。陕西师范大学曾汉辰的《西夏大黑天传承初探——以黑水城文书〈大黑求修并作法〉为中心》（《中国藏学》2014 年第 1 期）利用帕木竹巴多杰嘉波文集中的文献《吉祥智慧怙主的历史》，初步探讨了黑水城文书《大黑求修并作法》中记载的上师传承，指出西夏时期流行的大黑天与帕木竹巴所传承的大黑天法有共同来源。王尧先生的学生、香港中文大学的黄杰华在 2011 年完成对博士论文《汉藏宝鬘：护法大黑天（Mahākāla）信仰研究》的第六章和第八章中对西夏时期大黑天信仰的传播，以及俄藏黑水城大黑天修法要门《慈乌大黑要门》《大黑根本命呪》《黑色天母求修次第仪》《大黑求修并做法》《圣大黑天女陀罗尼》等文献进行了讨论和解读。

西夏学家在探索西夏藏传佛教的文本和历史方面也是成果丰硕，成绩斐然。其中最为重要的几位学者除了上文已经提到的史金波，还有几位值得关注的重要学者。如中国人民大学国学院的索罗宁，多年来一直专注于西夏汉传佛教文献的解读及其佛教思想的阐释，近年来也逐渐涉足西夏藏传佛教文献的研究。除了上文已揭示的论文以外，他还有一篇研究西夏大手印文献的重要论文《西夏佛教中的大手印文献和“无念”思想》（*Mahāmudra Texts in the Tangut Buddhism and the Doctrine of* “*No-thought*”），依德慧所集西夏文《大印究竟要集》以同时代盛行之“圆教思想”对西夏大手印师承系统进行了深入讨论，认为《大印究竟要集》与同时代流行的其他传自马尔巴、米拉日巴等大师的实修大手印修法不同，具有西夏禅宗佛教“无念”的思想（《西域历史语言研究集刊》第 2 辑，科学出版社 2009 年版）。另外，索罗宁还在他的长篇论文《一行慧觉及其〈大方广佛华严经海印道场十重行愿常徧礼忏仪〉》（《台大佛学研究》2012 年第 23 期）中专门讨论了这部忏仪中浓重的藏传佛教成分，以及作者一行慧觉的佛学思想背景中西夏故地流行的藏传佛教对他的深刻影响。索罗宁最近的一篇关于藏传佛教的西夏学论文是《〈金刚般若经颂科次纂要义解略记〉序及西夏汉藏佛教的一面》（《中国藏学》2016 年第 2 期），对这部西夏文文本的序篇进行了解读，证明西夏佛教曾经存在“汉藏佛教圆融”趋势。西夏佛学界概念中不存在“汉藏”二元对立。由此，西夏佛学界把印度因明大师陈那、汉文译师鸠摩罗什、藏传佛教中的小黑足、帕当巴桑杰视为同一人。《西夏佛教之“系统性”初探》（《世界宗教研究》2013 年第 4 期）则将西夏佛教分为官民两种系统，藏传佛教传入西夏较晚，最初归结为后者。

中国社会科学院民族学与人类学研究所的资深学者聂鸿音研究员和他的学生、同为社科院研究员的孙伯君女士在中国少数民族文献学和语言学方面的研究做出了相当卓越的贡献。其中，对于西夏佛教文献的整理和研究占有很大比重。其中聂鸿音涉及藏传佛教内容的讨论大多都散落在他对某一西夏佛教文本和主题讨论的论文中，聂先生大部分涉及西夏的论文已结集为《西夏文献论稿》（上海古籍出版社2012 年版），其中内容和西夏藏传佛教密切相关的论文如《西夏帝师考辨》，认为“帝师”称号在西夏时期并非如元朝帝师制度那样规范，可以随意赐予某位德行高妙的上师。《西夏佛教术语的来源》将西夏时期分别依据汉、藏、梵文翻译形成的不同术语体系一一列举，对于我们辨析西夏佛教文献的内容和源流大有裨益。《吐蕃经师的西夏译名考》分析了西夏文佛经中出现的一些西藏译师名。《贺兰山拜寺沟方塔所出〈吉祥遍至口和本续〉的译传者》译解出这部出自贺兰山拜寺沟方塔的藏传密续的译者和传者。《西夏文藏传〈般若心经〉研究》则全文公布并解读了广本的西夏文《心经》。

孙伯君研究员近年来笔耕不辍，取得了很多重要的成果。其业已发表的大部分涉及西夏藏传佛教论文，特别是涉及大手印修法的西夏文文献的研究分章结集出版为《西夏文藏传佛教史料——“大手印”法经典研究》（中国藏学出版社 2018 年版）一书。书中绪论主要对西夏佛教文本中反映的西夏时期藏传佛教传承世系以及《大乘要道密集》中西夏时期文本与出土西夏佛教文献之间的关系进行了全面阐述。第一章主要对作者认定的系列拙火修习文本，即《除念定碍剂门》《对治定相剂门》《十六种要义》《能照无明》等西夏文文本进行了汉译和注释。第二章利用文献题记的译释考证出西夏文藏传佛教文献中频繁出现的一位传法上师雅砻巴法狮子（Chos kyi seng ge）系蔡巴噶举的祥仁波切（Zhang rin po che）和萨迦初祖贡噶宁波（Kun dga' snying po）的弟子，曾把两位上师所传的多种经典传至西夏。同时对有关那若六法修习的《中有身要门》进行了全文汉译和注释。第三章和第四章是全书重点，通过对西夏文文献中传自卫藏的五种大手印要门和俄藏 2841 号所收录的十四篇大手印修习要门的汉译和注释，以及黑水城出土西夏文献的记载，梳理了藏传“大手印”法在西夏的传行情况。其指出西夏所传“大手印”法多为 12 世纪藏传佛教著名经师所传授，这些文献不仅反映了藏传佛教在西夏的传行情况，还是西藏本土各个宗派所传早期教法的一个缩影，从而可以弥补藏文佛教史料记载的缺失。第五章是对上乐系的重要修法亥母耳传的一个西夏文本进行了译释。最后，第六章则对西夏境内本土创作的显教大手印本文《大印究竟要集》集中进行了译解和考察。此书是目前西夏文大手印法研究的第一部学术专著，为进一步考释黑水城出土西夏文献提供了参考，对研究藏传佛教特别是“大手印”法在西夏和中原的传播具有重要意义。

宁夏大学西夏学研究院段玉泉研究员的博士学位论文《语言背后的文化流传：一组西夏藏传佛教文献解读》选取了一组周慧海翻译的西夏文文献作为研究对象，

即《圣胜慧到彼岸功德宝集偈》《圣观自在大悲心总持功能依经录》以及《胜相顶尊总持功能依经录》。以西夏文献解读为重心，充分利用藏学界、梵文学者已有的研究成果，开展汉、藏、西夏文本对勘研究。其中对于《圣胜慧到彼岸功德宝集偈》的藏汉夏对勘已经重新修订单行出版，即《西夏〈功德宝集偈〉跨语言对勘研究》（上海古籍出版社 2014 年版）。

北方民族大学孙昌盛教授原供职于宁夏回族自治区考古所，参与了 1991 年拜寺沟方塔的抢救性发掘，获得了难得的第一手文献材料，其中最为完整、内容最为丰富的就是西夏文无上瑜伽密续《吉祥遍至口和本续》及其释论，孙昌盛即以此为博士学位论文的研究对象，通过此续的藏文本《真实相应大本续》对这部西夏文密法文书的第四卷进行了藏夏对勘和汉译。其后，又陆续完成了卷三和卷五的对勘和汉译工作，并结合其本人发表的有关于此的数篇论文，结为一编，以《西夏文〈吉祥遍至口和本续〉整理研究》为题于 2015 年由社会科学文献出版社正式出版，可以说是迄今为止西夏藏传佛教研究领域里仅见的一部完全运用夏藏文这样对勘的方法进行文本研究的著作。

河北师范大学崔红芬教授也是一位著作颇丰的西夏学家，其的博士学位论文即以西夏时期的河西佛教为研究方向，并以《西夏河西佛教研究》为题于 2010 年由民族出版社出版。此书第六章即专门探讨了西夏时期藏传佛教在河西走廊传播的历史。崔红芬笔耕不辍，在自己一系列涉及西夏藏传佛教的论文基础上，出版了迄今为止唯一的一部全面而系统论说西夏藏传佛教历史的专著《文化融合与延续：11—13 世纪藏传佛教在西夏的传播与发展》（民族出版社 2014 年版）。全书分为六章，分别从藏传佛教传入西夏的条件及年代、西夏藏传佛教寺院与僧人、藏传佛教宗派与经籍在西夏的传播与影响、藏传佛教信仰的大众化、西夏藏传佛教艺术、西夏藏传佛教对后世的影响等几大方面展开论述。令读者对藏传佛教在西夏流传的历史源流和形态面貌有了较为全面的认识和理解。

综上所述，大量汉文、西夏文、回鹘文和藏文新材料的发现和公布，以及学界同人的一系列研究突破，使得我们对藏传佛教向西域和西夏播迁、汉藏佛教的接触与交融，乃至 10 世纪以后中亚佛教历史的认知和理解不断地得到更新与充实中亚佛教历史得以有机会进行全新的考察和认知。

敦煌西夏石窟研究综述

张世奇　沙武田*

作为学术史综述，敦煌西夏石窟的研究，以现有的成果分别从综合研究、洞窟分期研究、洞窟营建、专题研究、洞窟个案研究（包括莫高窟第3窟、第465窟，榆林窟第3窟）、藏传佛教图像研究、艺术特征、西夏供养人题经、服饰及图像研究、经变画研究、彩塑等方面的研究入手，对敦煌西夏石窟研究进行了回顾，并作了简单的展望。

西夏时期的敦煌石窟，是一个较以前各时期迥然不同的艺术发展阶段，纯正藏传佛教图像的传入，藏传“秘密寺”洞窟的开凿，汉传显教千佛图像的流行，独特而又单一净土变的表现，一窟中杂糅藏传、汉传、显教、密教、敦煌、中原等多种内容题材和艺术特色的图像，以及带有南宋文人山水水墨画风格的经变画、标准建筑画和水月观音图像的流行，均构成西夏时期敦煌石窟的重要课题，彰显这一时期石窟在佛教艺术发展史上的重要地位，而其中诸多富于时代特色的经变画与图像的出现，则在中国绘画艺术史上占有重要的地位。因此，敦煌西夏石窟的研究，不仅是敦煌学、敦煌石窟艺术史研究的重要方向，同时也是中国艺术史研究的重要方向。

敦煌石窟群中的西夏石窟（包括敦煌莫高窟、西千佛洞，瓜州榆林窟、东千佛洞窟、万佛峡、肃北五个庙和一个庙等），是信仰佛教的西夏人留给我们最丰富的考古、历史、文献资料库，是西夏学研究的重要对象，是西夏王国留给后人的形象历史，是研究和了解西夏历史、西夏佛教、西夏绘画、西夏社会生活等不可多得的资料，因此从这个意义而言也可反映敦煌西夏石窟研究的重要意义。

西夏统治者大力支持佛教，在其统治的近200年间，西夏人在佛教文化已有很深积淀的敦煌地区，开凿洞窟和修缮前期洞窟达40余窟，数量颇丰。虽然敦煌莫高窟与安西榆林窟的西夏早期壁画酷似归义军后期的“绿壁画”，中期接近甘州和西州柏孜克里克式的回鹘风格，晚期则分别受到金、蒙古、南宋的影响，但是藏传佛教艺术在这一时期独树一帜，使得敦煌西夏艺术内容丰富而成分复杂，表现出独特的时代和

* 张世奇，男，河北尉县人，新疆维吾尔自治区博物馆馆员，主要从事佛教考古、西域历史文化研究。沙武田，男，甘肃会宁人，陕西师范大学历史文化学院教授，博士生导师，主要研究领域为佛教石窟考古、敦煌学、图像学、佛教美术史、丝绸之路文化交流。

民族特色，大大丰富了敦煌艺术。因此，从这个意义上讲，敦煌西夏石窟的研究，不仅要解决洞窟分期、营建史、壁画造像内容考证等基本问题，还要涉及新的艺术题材的传入与创作，新的佛教思潮对洞窟图像选择的影响，不同艺术题材与艺术风格同时流行的现象与原因等重要的佛教石窟发展史和艺术史课题。可以说西夏石窟的研究还有很多的空间，鉴于此，本文就学术界对敦煌西夏石窟研究的主要成果及其解决的主要问题，分类作一综述，承前启后，或可推动敦煌西夏石窟的研究，为敦煌学、西夏学、佛教研究、石窟寺研究、艺术史的研究提供再思考的视角。

一 综合研究

白滨、史金波《莫高窟、榆林窟西夏资料概述》（《兰州大学学报》1980 年第 2 期）一文，将 1964 年对敦煌西夏石窟专题考察资料首次作了公布，此文对莫高窟、榆林窟西夏壁画的题材、洞窟形制、佛教人物、世俗供养人、造像风格、西夏文题记、西夏纪年、地名、管制、封号、姓氏等方面作了初步研究，可认为是敦煌西夏石窟综合研究的开端，同时在资料上有集大成之意义，有非常重要的学术史意义，直到今天仍是敦煌西夏石窟和西夏学研究的重要作品，有不可替代的学术史地位。

同为 1964 年调查资料的一部分，刘玉权《瓜、沙西夏石窟概论》［载敦煌文物研究所编《中国石窟·敦煌莫高窟》（五），文物出版社、日本平凡社 1987 年版，第 175—185 页］一文，从洞窟分布、形制、壁画的题材布局、造像、壁画艺术、装饰图案等方面对西夏石窟进行了详细的论述。该文从整个敦煌佛教艺术发展的历史出发，认为西夏时期的敦煌石窟营建处于衰落阶段，但仍有一些新的成就和发展，又注意到西夏石窟中流行的密教题材的独特性。文章同时指出，西夏留下的大量艺术品，是我们研究西夏社会、经济、宗教等方面不可多得的参考资料，肯定和提升了西夏石窟的学术意义。

段文杰《晚期的莫高窟艺术》［载敦煌文物研究所编《中国石窟·敦煌莫高窟》（五），文物出版社、日本平凡社 1987 年版；又载《段文杰敦煌艺术论文集》，甘肃人民出版社 1994 年版；又载《敦煌石窟艺术研究》，甘肃人民出版社 2007 年版］一文，阐述了在莫高窟晚期艺术中西夏人在佛教艺术方面所取得的突出成就和显著特点，指出其人物造型在受到高昌回鹘壁画和中原风格的影响下，形成了兼有中原风格和党项民族特征的人物造型。该文又指出西夏艺术最显著的特征是密教艺术的引入及其艺术成就，并认为这种新风格打破了莫高窟晚期艺术的沉寂气氛，为敦煌艺术提供了新的血液。

牛达生《西夏石窟艺术浅述》（《宁夏社会科学》2007 年第 2 期），对莫高、榆林和东千佛洞中的西夏石窟，从洞窟形制、造像风格和壁画艺术三部分作了较为全面的介绍与研究，又对内蒙古鄂托克旗百眼窑、宁夏山嘴沟、景泰五佛寺等西夏石窟进行了介绍，扩大了西夏石窟的研究范围，比前人更进了一步。

陈炳应《莫高窟、榆林窟西夏专题考察述论》（《丝绸之路》2011 年第 18 期），将 1964 年考察的丰硕成果作了高度概括，同时从建筑、塑像、壁画等方面，就西夏石窟艺术进行了探究，并集中对敦煌地区西夏石窟中出现的我国较早的唐僧取经图、乐舞图和天象图等问题作了归纳和详细的研究。

上述文章主要从石窟研究的三方面（建筑、造像、壁画）出发，对西夏石窟的形制、壁画题材、造像特点进行了详细的研究，但很少有从艺术或美术史角度对西夏石窟的探究，下面两部作品即是从这一角度研究的代表性成果。

韩小忙、孙昌盛和陈悦新《西夏美术史》（文物出版社 2001 年版），依据西夏考古资料，将敦煌西夏石窟的艺术品分为绘画、雕塑、建筑三大类进行了分析归纳；并对西夏美术史的诸多特点进行了总结，指出西夏石窟壁画所具有的独特画风可以概括为浓郁的混合风格，既有中原画风的影响，又有藏传佛教艺术的特征，也可以找到印度—尼泊尔风格以及中亚回鹘艺术的影子；而西夏雕塑品则反映出了一个新兴民族政权崇实尚武和蓬勃向上的风貌。该书又从宏观角度出发，把西夏美术与宋、辽和金美术作了比较，认为西夏艺术总体成就比较薄弱，没有形成明显的本民族风格；西夏佛教艺术作品所占比重较大。此书提供大量翔实的西夏石窟的考古资料，并对其进行了美术学角度的阐述，使我们对西夏美术史有了更清晰的认识，实为一部西夏美术断代史。

陈育宁、汤晓芳《西夏艺术史》（上海三联书店 2010 年版）一书，通过对西夏石窟壁画分布、题材与艺术风格、题记、彩塑和建筑等进行详细研究，尝试构建西夏艺术体系，再次提出西夏艺术具有的多样性特性——多民族艺术元素的交流与融合。书中也提炼了西夏艺术中所包含丰富的民族个性内涵，因此被史金波认为是当前关于西夏艺术研究最全面、最系统的集大成之作。

二　洞窟分期研究

对于西夏洞窟的分期研究，学术界一直有比较多的关注，研究成果亦较为丰富。最早对敦煌西夏时期洞窟进行分期研究的是西方那些探险家们，如斯坦因、伯希和等人，他们对敦煌西夏石窟的分期显然是粗线条的，当然也不失一定的科学性依据。1940—1942 年，张大千在莫高窟临摹调查，在他的《莫高窟记》（台北“故宫博物院”1985 年版）中对洞窟年代作了初步的判断，其中包括西夏洞窟的简单分期。1943 年，何正璜《敦煌莫高窟现存佛窟概况调查》（《说文月刊》1943 年第 10 期）是国内学者第一次公布的洞窟内容总录，简单记载西夏洞窟的情况。1944 年李浴完成了《莫高窟各窟内容之调查》［《榆林窟佛教艺术内容调查》（手抄稿）、《安西榆林窟（万佛峡）志略》（手抄稿），现均藏于敦煌研究院资料中心］，是对洞窟内容更为详细的记录，西夏洞窟内容亦在其中。美术史家谢稚柳则把随张大千一同考察的洞窟记录资料整理成《敦煌艺术叙录》（上海出版公司 1955 年版）一书，此书对各期洞窟的形制与壁画和彩塑内容题材作了详细的记录，其中也包括西夏时期洞窟资料。像这种以时代分期为线索而对洞窟内容进行总录式记录，其集大成者是敦煌文物研究所编《敦煌莫高窟内容总录》（文物出版社 1982 年版）和敦煌研究院编《敦煌石窟内容总录》（文物出版社 1996 年版）二书。但经笔者将《敦煌莫高窟内容总录》与《敦煌石窟内容总录》对比后，发现两者对很多窟的描述是不一致的。如莫高窟第 16 窟前者列其为西夏重修，后者却在时代词条中未写西夏重修。再如莫高窟第 29 窟前者明确列其为西夏窟，而后者在时代词条中却写的是西夏重修，诸如此类的问题，需要我们在使用时引起注意。

现阶段研究分期参考较多的较早学术成果当推史苇湘《关于莫高窟内容总录》（载敦煌文物研究所编《敦煌莫高窟内容总录》，文物出版社 1982 年版；另载敦煌研究院编《敦煌石窟内容总录》，文物出版社 1996 年版），此文列出了莫高窟 66 个西夏洞窟，但只是将西夏洞窟按窟号进行罗列，并没有说明西夏洞窟的特征，也没有进行准确的分期。

敦煌研究院刘玉权可谓是对西夏洞窟分期所作工作较多的一位学者，他对西夏洞窟先后进行了三次划分，成果如下：

刘玉权《敦煌莫高窟、安西榆林窟西夏洞窟分期》（载敦煌文物研究所编《敦煌研究文集》，甘肃人民出版社 1982 年版；又载敦煌研究院编《敦煌研究文集·敦煌石窟考古篇》，甘肃民族出版社 2000 年版）一文，对西夏洞窟首次以考古学的方法进行了划分，把莫高窟、榆林窟西夏洞窟的壁画题材、佛菩萨面部造型、装饰图案这三方面作为类型分析的对象和分期的主要依据，将莫高窟、榆林窟的 88 个西夏洞窟分为三期。此文因为属严格的考古学分期成果，成为此后敦煌西夏石窟研究的主要依据资料，在学术界产生很大的影响，甚至这种影响到今天仍存在着。但此分期的结果并非一锤定音，更非学术定论，事实上存在较大的问题，即使作者本人也随着时间的推移而有不断的新认识。

随着研究的深入，刘玉权对西夏石窟的分期问题提出了新的看法，主要成果有：《关于沙州回鹘洞窟的划分》（《敦煌研究》1988 年第 2 期；又载敦煌研究院编《1987 年敦煌石窟国际讨论会文集·石窟考古编》，辽宁美术出版社 1990 年版），该文总结并提出了沙州回鹘洞窟的特点，并根据其特点将西千佛洞的 5 个洞窟和他此前将莫高窟、榆林窟中列为西夏洞窟的十余个洞窟又划为沙州回鹘洞窟。而《敦煌西夏洞窟分期再议》（《敦煌研究》1998 年第 3 期）一文认为，应该将西夏洞窟壁画分为早、晚两期；并将东千佛洞第 2、5 窟和五个庙第 1、3、4 窟等石窟中的一些洞窟归为西夏洞窟；还就莫高窟第 237、409 窟中北方民族首领供养人画像的民族归属、莫高窟第 130 窟表层壁画的时代等问题进行了探讨；最后，说明了西夏洞窟的主要壁画题材和主要装饰图案的分类问题（并对因洞窟调整引起的壁画题材和装饰图案种类上的增减略加说明）。应该说此二文的观点，使得学术界对敦煌西夏洞窟的分期有了全新的认识。

总体而言，对于西夏洞窟分期问题，刘玉权功不可没，但因为后来变动比较大，使得学术界对此问题的认识产生疑问，不断有新认识的文章出现。王惠民《敦煌西夏洞窟分期及存在的问题》（《西夏研究》2011 年第 1 期），就学术界对西夏洞窟分期作了回顾，主要就刘玉权对敦煌西夏洞窟的三次分期研究进行了详细的梳理；并提出了西夏洞窟分期需要注意的问题，即石窟分期应找出尽量多的代表性洞窟，对有明确修建年代的洞窟要依据其修建年代，无具体修建年代的洞窟要从洞窟的内容、风格等方面进行石窟排年，归纳并总结出此时期的石窟特点；同时石窟排年涉及史学、宗教、美术、摄影、测绘等多个领域，工作量大，应该依靠强大的团队力量来进行。

同样对西夏洞窟分期进行思考的代表性成果为沙武田《敦煌西夏石窟分期研究之思考》（《西夏研究》2011 年第 2 期）一文认为，学术界对敦煌西夏石窟艺术的介绍和研究，大多仍坚持的是敦煌文物研究所时期以刘玉权分期成果为代表的对敦煌西夏期石窟的最初分期意见，没有注意到刘玉权的修改意见，更没有注意近年来学术界诸多新的研究成果，因此使用的仍是传统的分期标准，当然结果是有问题的。鉴于此，文中就敦煌西夏艺术分期的相关问题作了梳理，把近年来学术界新的分期结果融合进来，去除沙州回鹘洞窟和归义军晚期洞窟，同时又把一些原不属于西夏时期的洞窟重新归于此时期，最后罗列出敦煌石窟中的西夏洞窟，即莫高窟第 3、6、34、61、140、164、169、206、252、281、285、351、355、356、368、408、432、460、464、465、491 窟，北 77 窟及第 464、465 窟周围的卫星式小窟群，4 号塔；榆林窟第 2、3、10、13、14、15、17、21、22、26、29 窟；东千佛洞第 2、4、5、7 窟；五个庙第 1、3、4 窟。在涉及莫高窟洞窟分期时特别提示，具体洞窟需具体分析，不可一概而论。此文是作者长年在莫高窟观察洞窟的思考，对敦煌西夏洞窟窟号的罗列，虽无科学的分期依据，却有相关的学术支持，或可供学术界参考。

三　洞窟营建

对于西夏时期洞窟而言，因为属于西夏人新修的“原创性”洞窟在莫高窟仅是有限的几个，多为重修洞窟，又几乎不画供养人画像，加上西夏洞窟的营建重修时间是在藏经洞文献资料之后，因此受可依据资料的关系严重影响了对这一时期洞窟营建史的研究。贺世哲《从供养人题记看莫高窟部分洞窟的营建年代》（载敦煌研究院编《莫高窟供养人题记》，文物出版社 1986 年版），在对莫高窟整体营建史研究的同时，分别就属于西夏时期的莫高窟第 65、285 窟等窟的重修营建年代作了考证。马德《敦煌莫高窟史研究》（甘肃教育出版社 1996 年版），简单地介绍了西夏时期莫高窟的营造概况。而榆林窟第 29 窟因为有国师像，又有供养人画像及题记，因此在西夏洞窟营建方面具有代表性。刘玉权《榆林窟第 29 窟窟主及其营建年代考论》（载敦煌研究院编《段文杰敦煌研究文集五十年纪念文集》，世界图书出版公司 1996 年版）对榆林窟第 29 窟的营建作了考察，主要是对该窟营建的确切年代及该窟的窟主问题作了探究，认为此窟窟主应是西夏沙州监军司的官吏赵麻玉，而此窟也应是赵麻玉的家窟（包括祖孙三代人）；并对宿白提出的此窟建于西夏乾祐二十四年这一结论，用充分的证据进行了论证支持。榆林窟第 29 窟作为有明确营建年代和供养功德主的洞窟，可说是敦煌石窟西夏洞窟中的标志性石窟，对研究西夏洞窟有重要的参考意义，因此值得重视。

四　专题研究

所谓专题研究，即是对敦煌西夏洞窟具体问题的专门研究，涉及较多的方面，主要包括西夏洞窟壁画中的具体单一画面的解读，以及对敦煌西夏密教遗迹及壁画装饰等的研究。

（一）取经图研究

对取经图最早进行研究的应为王静如《敦煌莫高窟和安西榆林窟中的西夏壁画》（《文物》1980 年第 9 期）一文，文中首次对榆林窟三处《唐僧取经图》及以唐僧取经为题材的文学作品和扬州寿宁寺壁画作了简单介绍；同文中还对榆林窟第 3 窟千手千眼观音经变中反映西夏农业和手工业状况的《犁耕图》《踏碓图》《酿酒图》《锻铁图》，榆林窟第 29 窟人物画的发式和服饰，以及榆林窟第 29 窟《国师像》等壁画进行了详细研究，并进一步探讨了西夏的经济和文化的发展状况。

此后，段文杰对西夏现存的 6 幅取经图进行了进一步的研究，其成果体现在《玄奘取经图研究》（载敦煌研究院编《1990 敦煌学国际研讨会文集 · 石窟艺术编》，辽宁美术出版社 1995 年版；又载《敦煌石窟艺术研究》，甘肃人民出版社 2007 年版）认为分别出现于榆林窟第 2、3、29 窟、东千佛洞第 2 窟的 6 幅取经图内容大同小异，经考证作者认为图中的猴行者是淮水神猿与佛教经典中猕猴故事相融合的产物，玄奘出现在观音变图是为了表现观音菩萨是玄奘意念中的保护神，玄奘取经图是以《大唐三藏取经诗话》为蓝本创作的。

除段先生外，对以上西夏洞窟中取经图的研究，学术成果还有：

杨国学《河西走廊三处取经图画与〈西游记〉故事演变的关系》［《西北师范大学学报》（社会科学版）2000 年第 4 期］对榆林窟取经图与《大唐三藏取经诗话》的关系进行了探讨，认为榆林窟取经图当早于《大唐三藏取经诗话》。杨先生另一篇《安西东千佛洞取经壁画新探》（《南亚研究》2002 年第 2 期），通过对东千佛洞和榆林窟中取经图的解读和对比，认为榆林窟取经图壁画是以东千佛洞取经壁画为参照物绘制的。

郑怡楠《瓜州石窟群唐玄奘取经图研究》（《敦煌学辑刊》2009 年第 4 期），以瓜州石窟群玄奘取经图为中心，结合前人研究成果及历史文献记载，对瓜州石窟群西夏洞窟现存 6 幅取经图的绘图依据和图像特点进行了研究，认为此 6 幅取经图是根据唐玄奘途经瓜州地区的真实故事所绘制，多作为观音经变的配图；并认为这种构图形式与观音菩萨的功用及唐玄奘西行取经途中对观音菩萨信仰及精神依赖有很大关系。

于硕《唐僧取经图研究——以寺窟图像为研究》（博士学位论文，首都师范大学，2011 年），对西夏至清代寺窟道观中的唐僧取经图进行了专题研究，其中对东千佛洞第 2 窟和榆林窟第 2、3 窟的 5 幅取经图进行了横向对比，认为东千佛洞第 2 窟南壁取经图中的行者绘制时间可能早于榆林窟 3 窟西壁取经图的猴行者，榆林窟第 2 窟取经图早于榆林窟第 3 窟，榆林窟第 2、3 窟的人物形象差异较大，但榆林第 2 窟与东千佛洞第 2 窟人物形象却有相似之处；又对取经图出现在水月观音中的原因进行了探讨，认为其原因应归为观音的法力即救苦救难，多保佑旅行者。作者另一篇《山西青龙寺取经壁画与榆林窟取经图像关系的初步分析》（《艺术设计研究》2010 年第 3 期（载樊锦诗主编《敦煌吐蕃统治时期石窟与藏传佛教艺术研究》，甘肃教育出版社 2012 年版）一文，将青龙寺的取经壁画与榆林窟西夏时期的取经图像进行对比，通过对比两者的异同点，探析了早期玄奘取经题材壁画的演变过程。此外，作者猜想青龙寺取经图，这唯一一幅存在于山西地区的玄奘取经图应源于河西地区早期的取经图像。

上述涉及取经图的论文，王静如对取经图的研究当为之后研究之基础，段文杰第一次较为全面地对取经图进行了研究，不仅对 6 幅取经图进行了详细的介绍，还对猴行者身份，取经图出现在观音、普贤经变中的原因进行了研究；而杨国学则对榆林窟取经图与《大唐三藏取经诗话》和东千佛洞取经图的早晚关系进行了探讨；郑怡楠主要研究了瓜州取经图的历史依据及其与主体图像的构图关系；于硕更进一步对西夏现存的 5 幅取经图进行了横向对比，探寻其异同点。

（二）图案研究

敦煌西夏洞窟图案纹样丰富，极具研究价值，长期以来为学界所关注。关友惠曾对西夏石窟中的图案纹样作过详细研究，其成果主要见于敦煌研究院编《敦煌石窟全集 14 · 图案卷（下）》（香港商务印书馆 2003 年版）一书和《敦煌宋西夏石窟壁画装饰风格及其相关的问题》（载敦煌研究院编《2004 年石窟研究国际学术会议论文集（下）》，上海古籍出版社 2006 年版）一文，此文从壁画装饰纹样方面对那些被认为是“西夏早期和中期”洞窟的壁画艺术风格与北宋曹氏时期洞窟时代风格进行了对比，认为前者属于北宋曹氏晚期；又通过对莫高窟第 65 窟西夏文题记与壁画关系，莫高窟第 3、61 窟甬道壁画时代等问题的探讨，认为第 65 窟壁画风格应属曹氏晚期、第 3、61 窟甬道壁画应为西夏所绘。

对敦煌西夏图案研究较全面的著作应为欧阳琳《敦煌图案解析》（甘肃人民出版社 2007 年版），该书对敦煌石窟图案进行了专题研究，包括藻井图案、平棋图案、忍冬图案、莲花图案、垂角幔帷图案和图案中的火纹、云纹、水纹、团花等纹饰。而李路珂《甘肃安西榆林窟西夏后期石窟装饰及其与宋〈营造法式〉之关系初探（上）》（《敦煌研究》2008 年第 3 期）一文以一种全新的视角对西夏石窟装饰图案进行了研究，该文对安西榆林窟西夏后期的石窟装饰作了专题研究，认为安西榆林窟西夏后期的石窟装饰，融合了多种文化，其中北宋中原地区的装饰特色多有体现。此外，还结合《营造法式》的相关记载，将榆林窟第 2、3、10 窟的装饰纹样分为仿木构件纹样及藻井纹样两类与《营造法式》对应纹样进行对比分析，并配有大量的对比图表，形象直观。

（三）酿酒图研究

敦煌西夏壁画中出现的《酿酒图》是之前未有过的画面，对中国的酿酒工艺的研究有非常重要的意义，因此为学界所重视，前述王静如文章首次介绍，在《敦煌莫高窟和安西榆林窟中的西夏壁画》（《文物》1980 年第 9 期）一文中首次对榆林窟第 3 窟千手千眼观音经变中反映西夏农业和手工业状况的《犁耕图》《踏碓图》《酿酒图》《锻铁图》，榆林窟第 29 窟人物画的发式和服饰，以及榆林窟第 29 窟《国师像》等壁画进行了详细研究，并由此进一步探讨了西夏的经济和文化的发展状况。

之后王进玉对敦煌西夏石窟壁画中的《酿酒图》进行过系列研究：《敦煌石窟西夏壁画〈酿酒图〉新解》（《广西民族大学学报》2010 年第 3 期），通过对认为榆林窟第 3 窟千手观音经变中《酿酒图》为蒸馏图已有成果的分析，进而质疑其为蒸馏图，认为榆林窟第 3 窟的《酿酒图》绝不是蒸馏器或蒸馏酒的装置。随后又发表《再论敦煌石窟西夏壁画〈酿酒图〉》（《广西民族大学学报》2010 年第 4 期）一文，对榆林窟第 3 窟“千手观音经变”的定名史进行了梳理，并对《酿酒图》中塔式建筑是蒸馏酒器的各种说法进行了列举和分析。上述王先生两篇研究《酿酒图》的文章，是目前所见对《酿酒图》是否为蒸馏图已有学术成果进行评论的唯一之作，为《酿酒图》的深入研究提供了一份重要的参考资料。

（四）背光及人物妆饰研究

背光和人物妆饰是西夏壁画中的特色图像，因此引起了有关学者的关注。

卢秀文《敦煌石窟晚期背光研究》（《敦煌研究》1997 年第 2 期）对敦煌西夏洞窟中背光类型、纹饰、风格、题材及其特色进行了详细的研究，认为此时期背光多受周边民族影响，具有典型的少数民族文化特性。

之后或卢秀文个人或与于倩合作相继发表《中国古代妇女眉妆与敦煌妇女眉妆——妆饰文化研究之一》(《敦煌研究》2000 年第 3 期)、《敦煌壁画中的古代妇女饰唇——妆饰文化研究之二》(《敦煌研究》2004 年第 6 期)、《敦煌壁画中的妇女红粉妆——妆饰文化研究之三》(《敦煌研究》2005 年第 6 期)、《敦煌壁画中的妇女面靥妆——妆饰文化研究之四》(载《佛教艺术与文化国际学术研讨会论文集》，三秦出版社 2004 年版)、《敦煌壁画中的妇女花钿妆——妆饰文化研究之五》(《敦煌研究》2006 年第 5 期)、《敦煌壁画中的妇女首饰簪花——妆饰文化研究之六》(《敦煌研究》2007 年第 6 期) 等文，对敦煌壁画中的妆饰文化进行过系列研究，其中包括敦煌壁画中妇女眉妆、饰唇、红粉妆、面靥妆、花钿妆和首饰簪花，对前述妆饰的研究，均涉及西夏妆饰，此时期妆饰往往能较直观地反映出当时社会的审美及流行趋势，为研究我国妆饰文化发展历史提供了珍贵的历史资料。

（五）其他

宿白《敦煌莫高窟密教遗迹札记》(下)(《文物》1989 年第 10 期) 一文，为我们提供了一个新的视角，其对西夏统治时期遗留在瓜、沙地区，即莫高窟和安西境内的密教遗迹作了较详细的研究，发现西夏洞窟遗迹出现较多新的东方因素与密教在东方传播的历史背景是分不开的；并推知榆林窟和东千佛洞的藏传密迹为西夏晚期。该文是其后敦煌藏传密教研究的重要参考资料，有重要的学术史意义。

杨森《漫谈西夏家具》(载《丝绸之路民族古文字与文化学术研讨会论文集》，三秦出版社 2007 年版)，通过敦煌西夏石窟壁画和出土文物中的家具图像和实物对比分析，探析了西夏与中原及其周围民族文化的关系，指出西夏对中原及其周围民族文化，是以积极的态度去模仿、学习并加以创新，影响到西夏家具的发展变化。

庄壮《西夏的胡琴与花盆鼓》(《敦煌研究》1997 年第 4 期)，对东千佛洞第 7 窟壁画中出现的西夏胡琴和花盆鼓进行了详细的研究，认为此两种乐器的发现为敦煌壁画乐器增添了新品种，反映了西夏音乐文化艺术创新精神，同时也为研究中国古代音乐史、乐器史提供了重要依据，具有很高的历史价值。

以图版介绍不同的专题为主要形式，涵盖最全面的《敦煌石窟全集》(敦煌研究院编，香港商务印书馆 1999—2005 年版) 各卷均有对西夏洞窟的研究，如图案卷(下)、塑像卷、音乐画卷、舞蹈画卷、山水画卷、密教画卷等卷，其中不仅有文字资料，还配有大量的彩色图版。该系列图册为此时期的敦煌石窟（包括西夏石窟）研究，特别为专题研究提供了难得的资料。

五　洞窟个案研究

洞窟个案即对单个洞窟的研究，是现阶段敦煌石窟研究的主要方向之一，作为西夏洞窟，个案的研究同样是学术界关注的重要研究方向。早年敦煌研究院联合江苏美术出版社，以单个洞窟的形式，以图版介绍为主，出版了 22 册《敦煌石窟艺术》，其中涉及西夏洞窟的有莫高窟第 3、464、465 等窟。

综观西夏洞窟的个案研究成果，学术界的研究主要集中在莫高窟第 3、465 窟，榆林窟第 3 窟的专题研究上，主要成果如下。

（一）敦煌莫高窟第 3 窟研究

作为"特窟"的莫高窟第 3 窟因为独特的壁画地位与线描艺术一直受到学术界广泛关注，但研究成果较少，深度不够。现阶段主要研究成果集中在以下几个方面。

1. 断代研究

以敦煌研究院为代表，传统意见认为第 3 窟为元代窟，梁尉英《敦煌石窟艺术·莫高窟第四六四、三、九五、一四九窟（元）》（江苏美术出版社 1997 年版）亦持此观点。而霍熙亮《莫高窟回鹘和西夏窟的新划分》（载敦煌研究院编《1994 年敦煌学国际学术研讨会论文提要》，敦煌研究院 1994 年版）明确提出第 3 窟为西夏窟，认为其与安西东千佛洞第 7 窟的西夏壁画艺术十分接近。同样认为莫高窟第 3 窟为西夏窟的还有关友惠《敦煌宋西夏石窟壁画装饰风格及其相关的问题》（载敦煌研究院编《2004 年石窟研究国际学术会议论文集（下）》，上海古籍出版社 2006 年版）一文，其在研究"敦煌宋西夏石窟壁画装饰风格及其相关问题"课题时，对第 3 窟壁画的时代问题作了讨论，认为第 3 窟为西夏诸窟中较早的一窟。

后对莫高窟第 3 窟为西夏窟进行详细考证的是沙武田、李国《敦煌莫高窟第 3 窟为西夏洞窟考》（《敦煌研究》2013 年第 4 期）一文，该文就敦煌第 3 窟为西夏洞窟进行了详细的考证，对长期以来判断第 3 窟为元代窟的主要证据"甘州史小玉笔"墨书题记作了辨析，用反证法证明史小玉非本窟画师，只是一游人；又从元代莫高窟的营建、艺术特征和供养人画像三个视角，说明第 3 窟不大可能是元代的洞窟；再结合西夏时期敦煌石窟的营建、佛教艺术和观音信仰等相关问题说明第 3 窟是西夏窟。

2. 壁画研究

金忠群《敦煌千佛洞三号窟元代壁画艺术初探》（《美术》1992 年第 2 期）对 3 号窟最为精美的北壁壁画，从壁画制作工艺、壁画人物、壁画艺术风格等方面进行了探讨，认为此窟所使用的壁画制作工艺乃是湿壁画法，壁画人物更加世俗化且壁画艺术拥有不同于前代的审美境界。

李月伯《从莫高窟第 3 窟壁画看中国画线描的艺术成就》（《敦煌研究》2001 年第 2 期）分析了莫高窟第 3 窟密宗壁画具有浓厚文人画风格的原因；并对第 3 窟的形制、布局及窟内内容等基本情况和壁画的线条和描法进行了介绍和研究，认为此窟壁画的制作方法为中国传统方法中的湿画法。遗憾的是，李月伯对上述问题的研究是以元代社会历史背景及敦煌地理位置、自然环境为依据的。

上述文章均从壁画艺术方面进行研究，对洞窟整体布局结构、造像及图像选择、洞窟功能义理等方面未展开讨论。

（二）敦煌莫高窟第465窟研究

莫高窟第465窟是敦煌西夏洞窟中的代表窟，也是非常特殊的一所洞窟，在西夏洞窟和西夏佛教艺术发展史上占有极其重要的地位，当属敦煌洞窟个案研究的重点，也是近年来学术界研究的热点之一。对此洞窟，虽然学术界传统认为是元代的洞窟，但是近年来随着研究的不断深入，大多学者的讨论倾向于其为西夏洞窟。因为在断代上存在争议，又因洞窟内藏密题材内容丰富，造像独特，艺术风格变化大，因此一直以来受到学术界的关注，研究成果也较丰富。可归纳为两个方面。

1. 断代研究

对于莫高窟465窟的断代，大体有四种说法。

第一种，唐代吐蕃窟说。持此说者有谢稚柳和金维诺。

第二种，蒙元窟或元窟说。敦煌研究院编《敦煌石窟内容总录》将此窟定为元窟；宿白《敦煌莫高窟密教遗迹札记（下）》（《文物》1989年第10期）不仅推断此窟为元窟，而且认为此窟的壁画内容兼有萨迦、噶举两派之风格；杨雄《敦煌藏传密教艺术的珍贵遗存——莫高窟第四六五窟附榆林窟第四窟的内容与形式》（载《敦煌石窟艺术·莫高窟第465窟》，江苏美术出版社1996年版）对金维诺的吐蕃说提出异议，通过对第465窟的壁画内容、所属宗派、藏密内传线索及其风格进行较为详细的分析，认为以无上瑜伽密乐空双运法的曼陀罗为内容且具有成熟藏传密教艺术的莫高窟第465窟的建窟年代，不会在西藏传教前弘期，并认定此窟为噶玛噶举派二世噶玛拔希建立的蒙元窟。

第三种，西夏窟说。针对第465窟时代问题，谢继胜先后发表《关于敦煌第465窟断代的几个问题》及《关于敦煌第465窟断代的几个问题（续）》（《中国藏学》2000年第3期；《中国藏学》2000年第4期）二文，前文首先从萨迦派的教义说明此窟非尊奉萨迦而建，进而结合此窟现存的题记，对噶玛拔希与此窟的建立可能存在的历史联系进行了梳理，认为噶玛拔希建立此窟的可能性是不存在的；其次又探讨了此窟西夏文题记和此窟壁画与西夏藏传风格绘画的关系，认为465窟壁画年代不会晚于黑水城等西夏故地所出藏传风格唐卡的创作年代，且应在榆林窟第29窟年代之前。后文又对该窟双身图像、东壁供养人及其装束、藏文题记和坛城构图等方面进行了详细的研究，认为该窟不可能建于蒙元时期，一定建于其前，诸多因素表明它是西夏洞窟。后谢继胜在《莫高窟第465窟壁画绘于西夏考》（《中国藏学》2000年第3期）一文中，首先对莫高窟第464窟游人题记年代进行了分析，认为该窟壁画绘于西夏前期；进而比较了第464和465窟的花卉图案，认为两窟的壁画大致绘于同一时代；后又将两窟出现的上师像冠帽样式与榆林窟及河西石窟所见的西夏上师冠帽样式作了对比分析，认为此类帽式源于藏传佛教宁玛派的莲花帽，是西夏上师的典型冠帽；最后对该窟壁画大成就者像贴附纸条与该窟之年代进行了探讨，并综上所述，认为该窟壁画是西夏时期的作品。

第四种，同时保存吐蕃、西夏、蒙元各时期的因素，非同一时代形成说。霍巍《敦煌莫高窟第 465 窟建窟史迹再探》（《中国藏学》2009 年第 3 期），根据考古和文献两方面材料，结合石窟的题记、本身各窟室之间关系、周围石窟相互间的关系和石窟壁画题材，认为此窟并非为同一时代形成，而是兼有唐代吐蕃、西夏、蒙元各时期的因素。另外，黄英杰《从藏传佛教看敦煌莫高窟第 465 窟佛教艺术》（载樊锦诗主编《敦煌吐蕃统治时期石窟与藏传佛教艺术研究》，甘肃教育出版社 2012 年版）也持有同样观点，下文有述。

近来第四种观点又一力作，张铁山、彭金章《敦煌莫高窟 B465 窟题记调研报告》（《敦煌研究》2017 年第 1 期）一文，从“至大二年四月十五日”“元统三年……八日到此秘密寺”等其中几条对 B465 窟的断代有一定帮助的重要题记出发，对莫高窟第 465 窟年代进行了再探讨，认为该窟修建年代至迟为唐 839 年，废弃年代为元代 1309 年之前。

2. 壁画艺术研究

莫高窟第 465 窟的壁画以纯藏密题材为主，且是除藏区之外，唯一以藏密艺术来表现佛教密宗思想和修习过程的佛教遗迹，对藏传佛教绘画史、西夏藏传佛教的研究具有重要意义。因此，对于莫高窟 465 窟藏传佛教壁画图像的研究，学术界关注较多，研究成果颇为丰富，现将代表性成果介绍如下。

张伯元《莫高窟 465 窟藏传佛教壁画浅识》（《西藏研究》1993 年第 2 期），通过对该窟藏传佛教密宗壁画、前室东壁两条题记、壁画绘制技法等研究，确定该窟开凿于 13 世纪后半期，并指出该窟男女合抱双尊修密像是依“大瑜珈怛特罗法”所绘制。

奥山直司《敦煌第四六五窟の壁画について（Ⅰ）》（《密教図像》1994 年第 13 号）和《敦煌第四六五窟の壁画について（Ⅱ）》（《密教学研究》1995 年通号 27）对莫高窟第 465 窟内几铺本尊像的辨识已作研究，认为南壁西铺主尊是三面六臂上乐金刚像，南壁中铺是三面六臂黑阎摩敌像；并对南壁中铺上方四身空行母像作过比定，认为上方四空行母的第一身是梅粹空行母；并以图像学的方法初步确定了此窟壁画中的上师——印度八十四大成就者中的 6 位大成就者的身份。

谢继胜《敦煌莫高窟第 465 窟壁画双身图像辨识》（《敦煌研究》2001 年第 3 期），据《敦煌艺术叙录》的藏文记音和藏传佛教造像学描述，对第 465 窟壁画中未被损毁的 5 幅双身主尊像进行了初步的图像辨识；并认为第 465 窟双身壁画与黑水城等西夏故地佛塔出土的双身图像唐卡有直接的继承关系，但与拉达克阿尔奇寺拉康索玛殿出现的唯一一幅绘于 12—13 世纪的双身壁画的风格迥然不同。

赵晓星《莫高窟第465窟八十四大成就者图像考释》（载谢继胜、罗文华、石岩刚主编《汉藏佛教美术研究——第四届西藏考古与艺术国际学术讨论会论文集》，上海古籍出版社2014年版）一文，结合伯希和、奥登堡探险队、奥山直司、杨雄和谢继胜等人对莫高窟第465窟的研究成果及对洞窟的调查情况，以大成就者图像的特征和其所代表的人物背景及传记文本等资料为依据，纠正了前人若干错误，并新考释出30多位大成就者的身份。

黄英杰《从藏传佛教看敦煌莫高窟第465窟佛教艺术》（载樊锦诗主编《敦煌吐蕃统治时期石窟与藏传佛教艺术研究》，甘肃教育出版社2012年版）一文，结合前人研究，从藏传佛教的角度对此窟的壁画进行了探讨，主要以旧译宁玛派与新译噶举派、萨迦派与相关教法的传承作为探讨的切入点，从藏传佛教密宗的上师、本尊、空行与护法这三根本，结合各种教法传承的历史、经典文献与图像，对莫高窟第465窟的部分壁画进行了研究；对于此窟的开凿、改建、整修等问题，作者认为霍巍提出的此窟开凿于吐蕃统治时期，主室相关壁画绘于西夏时期，蒙元时期新绘前室壁画并对通廊加以整修这一观点值得重视。

林怡蕙《敦煌莫高窟第465窟图像结构之分析》（载樊锦诗主编《敦煌吐蕃统治时期石窟与藏传佛教艺术研究》，甘肃教育出版社2012年版），结合伯希和的考察笔记及谢稚柳记录的当时石窟的坛城内容，通过呈现此窟平剖面图及文字的描述，对主室东西南北四壁的图像结构进行了分析，其目的旨在探索此窟的内容全貌、整体图像结构和主尊之名号及表征义。

阮丽《莫高窟第465窟曼荼罗再考》（《故宫博物院院刊》2013年第4期）认为莫高窟第465窟还有一些尚未解决的问题，并从以下五个方面进行了探讨：一是对南、北壁壁画中的三铺双身像的身份进行了确认，认为三铺中两尊为上乐金刚，一尊是黑阎摩敌；二是壁画主题，通过对本尊像及其周围眷属尊的辨识，认为洞窟的主题应是上乐金刚，中心五层圆轮结构的土坛应是上乐金刚坛城，其主尊以上乐金刚或金刚亥母中的金刚亥母可能性最大；三是该窟图像传承问题，认为应与噶举派关系更为密切；四是对窟室壁画的尊神布局与观想次第进行了深入的研究，认为应与尼泊尔的教派传承有着某种十分密切的关系；五是对中心主坛进行了推测，认为主坛主尊很可能是金刚亥母。

此外，勘措吉《莫高窟第465窟藏文题记再释读》（载樊锦诗主编《敦煌吐蕃统治时期石窟与藏传佛教艺术研究》，甘肃教育出版社2012年版；又发表于《敦煌学辑刊》2011年第4期），对莫高窟第465窟东壁门上的藏文题记进行了再释读，认为此条题记应释读为“腊月二十五日全部（完整）尸林建成（绘成）”，而腊月二十五日恰为金刚亥母的生日，所以建窟者或画师于此日竣工并留下题记，实为功德一件；并认为该题记无论是当时所记还是后人所写，都与洞窟内容有一定的关系。

综上所述，目前为止，学界对莫高窟第465窟的研究，多集中于此窟开凿年代断定、壁画内容解读和藏文题记释读等方面，虽然成果颇丰，但是未对前揭内容达成共识。鉴于此，我们仍需对该窟进行更深入的研究，或许可换一种角度，试着在藏区寻找与之类似的寺庙壁画，并与之进行对比。

（三）安西榆林窟第3窟研究

榆林窟第3窟是西夏开凿的代表性洞窟，内容丰富，和莫高窟西夏洞窟千篇一律，构图布局拘谨刻板，壁画基调为青绿色，缺乏生气风格不同，其更具有审美思想和艺术技法。因此一直以来受到学界的重视，研究成果也较为丰富，可归纳为两个方面。

1. 断代研究

《安西榆林窟》《安西榆林窟内容总录》及《敦煌学大辞典》等学术成果均认为此窟开凿于西夏时期，但有些学者据该窟壁画的画风，认为该窟应开凿元代。随着研究的深入，刘永增在《瓜州榆林窟第3窟的年代问题》（《艺术设计研究》2014年第4期）一文中，通过对该窟窟内遗留下的遗迹及壁画内容的分析，提出了一种新的观点，即该窟开凿在西夏，续修于元代，光复在明代，再兴于清代，换句话说，此窟自开凿到最终完成历经了西夏、元、明、清四个时代，跨越六百余年。

2. 壁画研究

榆林窟壁画内容丰富，不仅有经变画，还有山水画、建筑画。绘画题材上也是多种多样，既有汉传佛教题材，亦有藏传佛教题材。艺术风格不仅受到中原汉族文化艺术、吐蕃艺术、中亚回鹘艺术和藏传佛教艺术的影响，还受到印度、尼泊尔及波罗艺术风格的影响。因此，学界也对该窟关注较多，主要成果如下：

（1）千手观音经变研究

位于洞窟主室东壁的千手千眼观音经变，绘有各种“手”，前揭专题研究之酿酒图即为其一“手”——“酿酒手”，还绘有“踏碓手”“锻铁手”“犁耕手”等，各种手绘有各种法器、法物、人物、动物、交通工具、生产工具和乐器等，其内容五花八门，包罗万象，俨然为一社会之缩影，为我们研究西夏社会的经济、文化、农业各方面提供了不可多得的资料。正因为其规模之宏伟，内容之繁复，历史价值之高而备受关注，所以研究成果颇多。

刘玉权《榆林窟第3窟〈千手观音〉研究》（《敦煌研究》1987年第4期），重点对榆林窟第3窟的千手观音图从画面内容布局、表现技法和艺术风格等方面进行了研究，认为该图像所绘的西夏社会的生产工具、劳动状况、商旅生活等特写画面，对西夏史研究来说，是极其珍贵的资料。

郑汝中《榆林第3窟千手观音经变乐器图》（载敦煌研究院编《敦煌学国际研讨会文集》，辽宁美术出版社1990年版），介绍了观音经变的起源和在中国的发展，并指出此幅画与一般经变画不同之处，即此画所描绘的是社会生活的场景；同时归纳和介绍了该幅乐器图的特点和几种独特的乐器。

（2）山水画研究

敦煌壁画中，以山水画作为文殊普贤变的背景始于唐代，但仅作为一种点缀，而作为第 3 窟西壁门两侧文殊变、普贤变背景的水墨山水画却占了壁面的一半，为敦煌壁画中山水风景表现的特殊案例。

赵声良《榆林窟第三窟山水画初探》（《艺术史研究》第 1 辑，中山大学出版社 1999 年版），对此窟的山水画作了全景描述；并从山势构成（五代、北宋山水画的特征）、树法（江南山水画的因素）和小景图等方面，探讨了两宋画院画风对边远地区石窟绘画的影响；同时还涉及此窟的时代问题，认为此窟的山水画很可能作于 13 世纪初、中叶或者以后。随后又发表《榆林窟第 3 窟壁画中的亭、草堂、园石》（《敦煌研究》2004 年第 1 期），基于榆林窟第 3 窟山水风景画中的亭、草堂、园石，对古典文学作品、中国古代园林艺术和唐宋时代绘画作品中的亭、草堂、园石进行了调查，认为亭、草堂、园石是一种充满文人意识的符号，并反映出中国传统的文人思想。

李月伯《从榆林窟第 3 窟文殊变普贤变看中原文人画对敦煌壁画的影响》［载敦煌研究院编《2000 年敦煌学国际学术讨论会文集 · 石窟艺术卷》，甘肃民族出版社 2000 年版；又载敦煌研究院编《榆林窟研究论文集》（上下册），上海辞书出版社 2011 年版］，结合中国绘画发展史，对榆林窟第 3 窟的文殊变和普贤变两幅经变画进行了研究；并将两幅经变画与中原山水画的代表之作进行对比，认为两幅经变画的表现手法是基于六朝以来中原文人以线条表现释道人物的白描法以及两宋以纸绢为底本的卷轴水墨山水画技法。

罗延焱《安西榆林窟第 3 窟壁画艺术初探》（《美术向导》2011 年第 5 期）和《安西榆林窟第三窟壁画的渊源与形成》（《大舞台》2012 年第 5 期）对榆林窟第 3 窟壁画的内容特征、艺术风格及壁画的渊源与形成作了探讨，认为此窟壁画不仅有无可取代的艺术性，更包含了深厚的宗教文化；同时将写实与装饰相结合、具体与抽象相调和、象征与寓意相统一，展现了其自身文化与其他优秀文化相融合的艺术风格。

（3）曼荼罗图像研究

对于榆林窟第 3 窟南壁西侧的恶趣清净曼荼罗图像的研究，敦煌研究院编《安西榆林窟》将该图像定名为"胎藏界曼荼罗"，学界无人提出异议，也无人对其进行图像学上的解说。2009 年，［日］田中公明《安西榆林窟第 3 窟的胎藏界曼荼罗》（*On the So called Garboardātu—mandala in Cave No. 3 of Anxi Yulin cave*）（载谢继胜、罗文华、石岩刚主编《汉藏佛教美术研究——第四届西藏考古与艺术国际学术讨论会论文集》，上海古籍出版社 2014 年版）一文，将榆林窟第 3 窟南壁西侧原被认为是胎藏界曼荼罗的壁画，判定为恶趣清净系的九佛顶曼荼罗，但由于与该曼荼罗有关的图片资料未曾系统的发表过，田中公明只对其按照常规曼荼罗作了结构上的说明，而未对其各尊像进行图像学上的解说。

随后刘永增《瓜州榆林窟第 3 窟恶趣清净曼荼罗及相关问题》（载樊锦诗主编《敦煌吐蕃统治时期石窟与藏传佛教艺术研究》，甘肃教育出版社 2012 年版）一文，在田中公明研究的基础上，对榆林第 3 窟绘于南壁西侧的恶趣清净曼荼罗进行了图像学上的进一步解说，认为绘于西夏榆林第 3 窟的恶趣清净曼荼罗与拉达克阿尔奇寺第一堂西壁的恶趣清净曼荼罗绘制时间与图像构成大体一致，说明此类恶趣清净曼荼罗在这一时期是相当流行的。另外，王瑞雷《敦煌、西藏西部早期恶趣清净曼荼罗图像探析》（《故宫博物院院刊》2014 年第 5 期）一文，对榆林窟第 3 窟南壁西侧的恶趣清净曼荼罗图像，从其被绘于该窟之寓意及思想角度进行了探析，认为该图像主要发挥着引导亡故之人脱离恶趣，护持其顺利往生善趣天界或净土世界之作用。

除上述图像研究之外，学界亦有对瓜州榆林窟第 3 窟五守护佛母曼荼罗图像、释迦八相图的图像学解说，也有对该窟整窟壁画之研究。刘永增《瓜州榆林窟第 3 窟五守护佛母曼荼罗图像解说》（《敦煌研究》2015 年第 1 期）一文，对榆林窟第 3 窟南壁西侧恶趣清净曼荼罗上方绘制之五守护佛母曼荼罗进行了图像学解读，并根据其经典来源、《元代画塑记》和《送司徒沙罗巴法师归秦州》诗中的相关记载，认为该窟开凿年代可能是元代。刘永增《瓜州榆林窟第 3 窟释迦八相图图像解说》（《敦煌研究》2014 年第 4 期）一文，通过对印度贵霜、笈多、波罗三朝和中国敦煌西夏洞窟中释迦八相图的分析解读，认为敦煌西夏洞窟中之释迦八相图很可能在内容和表现形式上受到了中印度佛教的影响。贾维维《榆林窟第窟壁画研究》（博士学位论文，首都师范大学，2014 年）一文，运用图像学、艺术史和历史文献学方法，对榆林第 3 窟壁画的题材内容特征、文本依据、配置内涵、图像来源和传播路径等问题进行了研究，认为该窟包含显密两种体系，并呈相间配置特点，显密题材细化之即为中原内地传统佛教观念（辽代华严“圆教”“净土”信仰）和 10 世纪末以降的新译密续两大主题。这两大主题是西夏在遵循敦煌本地造像传统和信仰模式基础上吸收回鹘、辽等少数民族政权佛教传统，以《巴哩成就百法》为代表的东印度波罗佛教艺术造像传统，11 世纪梵藏文密续经典中所记之造像风格和其本民族净土信仰等宗教信仰而形成的全新佛教图像形式。同时，通过对该窟某些密教类壁画图像来源和传播路径的分析，认为这批图像是宋代从印度传入西夏的，传播路径大致为藏西—西域—河西一线。

上述对榆林窟第 3 窟进行研究的文章多从壁画艺术和绘制意涵角度出发，对该窟营建史研究的文章不是很多，此方面应加强。因一洞窟准确之年代是进行其他研究之基础，同时类似莫高窟第 3 窟，学界很少对图像对应，组合关系、洞窟整体布局结构、造像及图像选择、洞窟功能义理等方面进行研究。对于这方面之研究，应加强佛教经典的研读，并与其他地区的西夏洞窟进行对比。

除上述三个洞窟研究之外，另有常红红对东千佛洞第 2、5 窟进行的洞窟个案研究，分别体现在常红红《甘肃瓜州东千佛洞第五窟研究》（硕士学位论文，首都师范大学，2011 年）、《甘肃瓜州东千佛洞第二窟研究》（博士学位论文，首都师范大学，2015 年），前文运用考古学和图像学、宗教学等方法，对东千佛洞第五窟窟内壁画配置和各壁图像内容进行了分析和辨识，并在此基础上对其壁画布置体现意涵、图像风格及渊源进行了探讨，认为该窟壁画艺术是在西夏多宗教思想影响下形成的具有独具本民族特色的汉藏风格壁画。同时，其也对该窟洞窟形制进行了探讨，认为该窟样式是在龟兹中心柱式窟形影响下，杂糅河西其他洞窟样式而形成的一种龟兹式的变异窟形。

六　藏传佛教图像研究

西夏王朝在对待佛教的态度上采取的是兼容并包的政策，不仅吸收了汉传佛教，同时大力发展藏传佛教，所以保留下了大量的藏传佛教图像。因此，对于藏传佛教图像的研究，成为敦煌西夏石窟研究的重要内容。

刘永增对一系列藏传曼荼罗图像进行了解说，包括《安西东千佛洞第 5 窟毗沙门天王与八大夜叉曼荼罗解说》（《敦煌研究》2006 年第 3 期）、《敦煌石窟八大菩萨曼荼罗图像解说》（上）（《敦煌研究》2009 年第 4 期）、《敦煌石窟八大菩萨曼荼罗图像解说》（下）（《敦煌研究》2009 年第 5 期）、《敦煌石窟尊胜佛母曼荼罗图像解说》（《故宫博物院院刊》2013 年第 4 期）、《敦煌石窟摩利支天曼荼罗图像解说》（《敦煌研究》2013 年第 5 期），其中对安西东千佛洞第 5 窟毗沙门天王与八大夜叉曼荼罗的解说，指出该题材未出现于敦煌地区其他石窟，其经典依据也在汉译经典中无从查找，应为西夏时代受藏传密教影响的一种新题材。敦煌石窟摩利支天曼荼罗图像解说，对榆林窟第 3 窟北壁东侧、东千佛洞第 5 窟南壁、莫高窟第 3 窟西龛内的摩利支天曼荼罗和造像，结合汉译经典及《成就法鬘》中的相关记述，从图像学上进行了讨论。敦煌石窟尊胜佛母曼荼罗图像解说，依据宋代法天译《佛说一切如来乌瑟腻沙最胜总持经》及《成就法鬘》中的相关记述，对敦煌石窟中榆林窟第 3 窟南壁东侧、榆林窟第 10 窟甬道、东千佛洞第 2 窟东壁北侧、东千佛洞第 7 窟中心柱东向面以及莫高窟第 465 窟西天井的尊胜佛母曼荼罗作了图像学上的解说。敦煌石窟八大菩萨曼荼罗图像解说，对八大曼荼罗所依据的经典及印度、西藏地区和敦煌石窟现存的三例（榆林窟第 25 窟和第 20 窟东壁及莫高窟第 14 窟南壁）八大曼荼罗进行了研究。随后又在敦煌石窟进一步考察中，对新确认的榆林窟 35、38 窟，莫高窟第 170、234 窟及瓜州东千佛洞第 7 窟的八大菩萨曼荼罗的图像进行了解说，认为只有东千佛洞第 7 窟是受中原佛教影响的产物，其他 7 幅均是印度后期密教影响西藏进而影响敦煌的结果。

此外，常红红《论瓜州东千佛洞第二窟施宝度母图像源流及相关问题》（《故宫博物院院刊》2014 年第 2 期）一文，在与国内外现存印度波罗艺术风格佛教造像对比的基础上，对东千佛洞第 2 窟中心柱南北两侧两铺对称的尊像进行了探讨，认为此两窟尊像是经过西夏人改造的女尊施宝度母，而非纯粹的印度波罗样式。同时作者对出现在施宝度母图像中的“甘露施饿鬼”和“七宝施贫儿”图像进行了考证，认为其与 8—13 世纪流行于敦煌、四川等地的密教千手千眼观音经变中的“甘露施饿鬼”和“七宝施贫儿”有关。

对其他藏传佛教图像的研究，前揭莫高窟第 465 窟壁画研究、榆林窟第 3 窟曼荼罗图像研究均有涉及，此处不再赘言。另敦煌研究院主编《敦煌石窟全集·密教画卷》（香港商务印书馆 1999—2005 年版）收集了敦煌西夏石窟中与密教相关的图像资料及图像解释和相关论文。

七　西夏壁画艺术特征

西夏是一个善于吸收先进文化并加以创新的民族，西夏前期多直接继承和吸收前代艺术，晚期不仅吸收中原先进的艺术，还多借鉴回鹘艺术和吐蕃藏传佛教艺术，甚至有印度—尼泊尔风格及波罗艺术风格，并进而创造出了独具党项本民族特色的艺术风格。

刘玉权《略论西夏壁画艺术》（载《西夏文物》，文物出版社 1988 年版）一文对莫高窟、榆林窟中西夏壁画的题材及其布局方面的特点和构图、造型、线描、敷彩等方面进行了探讨，认为西夏壁画具有“远宗唐法，近承宋风；气宇虽小，情味虽少，而妙能自创，俨然成一家”的艺术特点；并把西夏壁画分为早、中、晚三期：早期模仿继承北宋，中期吸收回鹘佛教壁画艺术，探索民族化道路，晚期在继续学习吸收中原绘画的同时，又接受了来自西藏佛教绘画艺术的影响，逐渐形成了本民族的风格特点。

段文杰《榆林窟党项蒙古政权时期的壁画艺术》（《敦煌研究》1989 年第 4 期），把西夏壁画从艺术风格上大体分了 3 种：继承中原线画风格；西藏画派，表现密教内容多用藏画手法；综合画派，既重线也重色而形象多变，并认为榆林窟西夏壁画，应属一个独立的体系，内容上显密同在，汉藏并存，风格上以中原和西藏风格为主，兼有回鹘风格。西夏在佛教艺术上的高深造诣，刺激了衰落时期的敦煌艺术的发展。

张宝玺《东千佛洞西夏石窟艺术》（《文物》1992 年第 2 期）认为，东千佛洞为历史上唯一由西夏人创建的洞窟，东千佛洞第 2 窟西夏壁画的供养人服饰大体和榆林窟第 29 窟相仿，涅槃变的构图、窟内位置安排以及石窟形制与 4、5 世纪的龟兹石窟相仿；并指出东千佛洞的第 2、5、7 窟中的涅槃变和说法图是这一石窟群中的杰作。

万庚育《莫高窟、榆林窟的西夏艺术》（载敦煌文物研究所编《敦煌研究文集》，甘肃人民出版社 1982 年版），将莫高窟、榆林窟的西夏壁画各分为早、中、晚三期进行了内容和艺术风格上的研究，认为西夏艺术具有承前启后的桥梁作用，是我国美术史上不可或缺的组成部分。

前揭文章表明学界对西夏艺术已作较多的工作，为总结学界成果，促进西夏艺术发展，王晓玲《跨世纪西夏佛教美术研究述略》（《大众文艺》2011 年第 23 期）一文，从西夏佛教美术价值、渊源、艺术风格、特色、洞窟个案、佛塔、建筑等研究方面，对学术界近百年来关于西夏佛教美术研究所取得的成果进行了回顾；并指出了西夏佛教美术研究未来的发展趋势，即西夏佛教美术研究应以美术考古为依托，借助图像学、符号学、美学、人类文化学等学科的研究方法，综合中原、吐蕃、中亚的文化因素和宗教信仰，对其展开跨国度、跨地区、立体式、多角度、跨学科交叉研究。这一建议或可为西夏佛教艺术未来研究提供一个新视角，同时该文也是对西夏佛教美术研究较全面的学术成果总结。

八　西夏供养人题记、服饰及图像研究

莫高窟西夏石窟壁画中罕见有供养人画像，但其姊妹窟——榆林窟和东千佛洞中存有较多的供养人画像，除供养人画像，敦煌西夏洞窟中西夏时期遗留下来的题记和服饰资料非常丰富，所以对题记和服饰的研究成果也颇为丰富。

对于西夏石窟中供养人题记的研究，以史岩《莫高窟供养人画像题识》（手抄本，现藏敦煌研究院资料室）、谢稚柳《敦煌艺术叙录》（上海出版公司 1955 年版）和敦煌研究院《敦煌莫高窟供养人题记》（文物出版社 1986 年版）为资料代表，为以后研究打下了基础。但以上只是对题记作了简单的记录，并未深入研究。

对敦煌石窟西夏文供养人题记进行较早研究的当为史金波和白滨《莫高窟、榆林窟西夏文题记研究》（《考古学报》1982 年第 3 期；《西夏学》2007 年第 2 辑）一文以表格的形式记录了敦煌莫高窟、安西榆林窟的西夏文题记分布情况，进而分析了莫高、榆林二窟群西夏洞窟和西夏文题记众多的原因——西夏对瓜、沙的统治时间较长，达二百余年，同时西夏统治者又极其重视佛教；最后，将莫高、榆林两窟西夏文题记的内容分为七个方面进行了释读和研究。

随后王静如和陈炳应对莫高窟、榆林窟的西夏文供养人题记进行了研究。王静如《新见西夏文石刻和敦煌安西洞窟夏汉文题记考释》（载《王国维学术研究论集》第一辑，华东师范大学出版社 1983 年版），对包括供养人题记在内的敦煌莫高窟和榆林窟内的西夏文、汉文题记进行了整理译释，因为这些题记中有西夏纪年，亦有反映西夏时期瓜沙地区历史的相关记载，所以颇显重要。陈炳应《西夏文物研究》（宁夏人民出版社 1985 年版），对莫高窟、榆林窟现存大量的汉文、西夏文题记进行了抄录、翻译和解读，认为这些题记是研究西夏社会各方面极其珍贵的资料，不仅给我们提供了史籍没有记载的一些重要资料，而且可为解决西夏历史的某些重要环节提供重要的

线索。

近年来日本东京外国语大学荒川慎太郎、新潟大学佐藤贵保两位学者又先后对莫高窟、榆林窟进行了4次考察，并取得了新收获。荒川慎太郎、佐藤贵保《莫高窟、榆林窟西夏文题记再考》[2013年12月兰州大学法藏敦煌文献轮读会（15），未刊稿]，重新对敦煌莫高窟和瓜州榆林窟西夏时期的题记进行了调查（他们发现了一些新的西夏文题记，并且认为在已发表的录文中也有需要修改的地方），在所得数据的基础上发表了关于这些题记西夏史、西夏语研究方面的新见解；并在文中列出了新发现题记的洞窟，即莫高窟第98、444、454窟。

西夏壁画具有浓郁的混合风格，西夏的服饰也是吸取“百家之长”，因此，其服饰也是极富有特点。

段文杰《敦煌壁画中的衣冠服饰》（载段文杰编《敦煌石窟艺术研究》，甘肃人民出版社2007年版）一文，是笔者所知对敦煌西夏石窟中西夏服饰较早的研究成果，文中把西夏壁画中的服饰分为两种：一种是中原汉装，另一种是西夏装；并简单介绍了壁画中各种人物的服饰特点，如武士、奴仆和贵族妇女等。

谢静对敦煌西夏石窟壁画中的西夏服饰进行了长期的研究，发表过一系列论文，《敦煌石窟中西夏供养人服饰研究》（《敦煌研究》2007年第3期），文中把敦煌石窟中的西夏供养人服饰图像和其他西夏艺术品中的西夏服饰图像作了对比；并对西夏各个阶层不同人物的服饰作了分类论述，认为西夏服饰既保留了本民族服饰特点，又积极学习中原服饰制度和服饰样式，从而形成了独具特色的民族服饰。之后，谢静和谢生保《敦煌石窟中回鹘、西夏供养人服饰辨析》（《敦煌研究》2007年第4期），通过将西夏服饰和回鹘服饰作比较，纠正了学术界长期以来将沙州回鹘供养人服饰当作西夏供养人服饰研究这一错误观点；同时也指出了沙州回鹘供养人服饰与西夏供养人服饰的区别。随后又相继发表《敦煌石窟中的西夏服饰研究之二——中原汉族服饰对西夏服饰的影响》（《艺术设计研究》2009年第3期）、《西夏服饰研究之三——北方各少数民族对西夏服饰的影响》（《艺术设计研究》2010年第1期），以图文并茂的方式，探讨了中原汉族服饰文化及北方各少数民族对西夏社会各阶层服饰的影响，认为西夏虽然吸收中原汉族及北方各少数民族的服饰制度和样式，但是也保持了自己的传统服饰特点。谢静上述所有成果集中体现在其博士学位论文《敦煌石窟中的少数民族服饰文化研究》（博士学位论文，兰州大学，2007年）。

另有其他学者对敦煌西夏石窟壁画中西夏服饰的研究，代表性成果有：

陈建辉、贾玺增《莫高窟第409窟东壁西夏国王像之服饰研究》（《敦煌研究》2005年特刊），在考证历史文献及图像资料的基础上，对莫高窟第409窟东壁西夏国王像所穿服饰进行分析研究，认为西夏王所穿龙袍是我国现存最早的龙袍图像之一，属缺胯衫类型的缺胯袍，对确定我国古代袍服装饰龙纹图案的起始时间提供了一定依据；并认为西夏王所戴尖顶毡冠之白色是西夏王朝依据五行学说以“西朝”自居，且崇尚白色。

徐庄《敦煌壁画与西夏服饰》(《敦煌研究》2005 年特刊) 对西夏服饰进行了研究，涉及榆林窟第 2、3、29 窟壁画中武官、文官、僧人等供养人服饰，认为西夏服饰主要受中原王朝的影响，但也吸收了周边少数民族服饰的特点，从而形成了有自己特色的、丰富多彩的西夏服饰。

曲小萌《榆林窟第 29 窟西夏武官服饰考》(《敦煌研究》2011 年第 3 期)，首先简单介绍了西夏历史背景及佛教发展，又总结了西夏服饰特点，进而引入主题，详细探究了榆林窟第 29 窟武官服饰，认为西夏武官服饰既保留本民族的服饰特色，又吸收了中原服饰的诸多元素。

除上述题记和服饰的研究外，还有学者对敦煌西夏石窟壁画中供养人、家具和乐器等的研究。

张先堂对敦煌西夏石窟中的供养人作了专题研究，成果有《瓜州东千佛洞第 2 窟供养人身份新探》(《敦煌学辑刊》2006 年第 4 期)、《瓜州东千佛洞第 5 窟西夏供养人初探》(《敦煌学辑刊》2011 年第 4 期)、《敦煌莫高窟第 148 窟西夏供养人图像新探——以佛教史考察为核心》(《西夏学》第 11 辑)、《莫高窟供养人画像的发展演变——以佛教史考察为中心》(《敦煌学辑刊》2008 年第 4 期)，运用图像学的方法，分别对第 2 窟、第 5 窟和第 148 窟的供养人图像和题记进行了新的探索，其中作者对第 2 窟和第 5 窟新发现的供养人题记进行了解读，并得出结论：第 2 窟为西夏时期瓜州一地方中级武官捐资建造的功德窟，第 5 窟是由名叫智远的和尚监造、不同人共同出资营造的功德窟；对第 148 窟的 48 身供养人图像的身份和年代进行了探讨，认为这些供养人既有回鹘族高官或贵族及其女眷，也有僧人和重修 148 窟的发起人及参与者，同时作者也对这些画像的具体时代进行了考察，认为他们当属西夏时期回鹘族或回鹘化之汉族供养人。除此之外，还就莫高窟供养人画像的发展演变分阶段进行了梳理，认为西夏时期是莫高窟供养人画像的尾声，但是榆林窟、东千佛洞中保存的供养人画像却成为此阶段的一抹亮色。

另外，以上文章并没有探讨对于西夏供养人画像罕见于莫高窟、多见于榆林窟和东千佛洞这一奇特现象的研究。近来沙武田《西夏时期莫高窟的营建——以供养人画像缺席现象为中心》[载《第五届西夏学国际学术论坛暨黑水城历史文化研讨会论文集》(上册)，2017 年 8 月 12—16 日，未出版] 一文，在作者对莫高窟西夏洞窟多年研究观察的基础上，联系西夏时期敦煌所处环境，从洞窟营建史和石窟供养功德观念等角度，对莫高窟西夏洞窟中供养人缺失现象进行了讨论，认为此时期洞窟中供养人的缺席可能受以下四方面原因影响，一是佛教末法思潮；二是回鹘势力；三是沙州佛教的衰败；四是瓜、沙两地对汉藏佛教艺术不同选择。该文虽对此种现象进行了探讨，但仍有进一步探讨的空间，这一问题或可成为日后西夏供养人研究的一个重要课题。

九 经变画研究

敦煌西夏石窟壁画中，经变画题材广泛，其中既有藏传佛教的观音、金刚和五方等曼荼罗，又有汉传佛教的千手千眼观音经变、涅槃经变、弥勒经变等经变，总体来说，西夏时期经变画表现的内容和情节较为简单。而有些经变无论在内容上还是艺术风格上，都较前期有了新的变化，如弥勒经变和药师经变。

对于药师经变的研究，罗华庆《敦煌壁画中的〈东方药师净土变〉》（《敦煌研究》1989 年第 2 期）对敦煌壁画中西夏时期《东方药师净土变》艺术特点进行了研究，指出此时期《药师经变》在构成形式上基本上继承了前代的格局，但也出现了一些与当时流行的曼荼罗构图形式相近的《药师经变》；并对不同于莫高窟西夏时期《药师经变》的肃北五个庙石窟第 3 窟中的《药师经变》作了简单描述，认为此经变人物造型准确细腻，线条豪放，刚劲流畅，形成了一种新的风格。

彭金章《敦煌石窟十一面观音经变研究——敦煌密教经变研究之四》（载敦煌研究院编《段文杰敦煌研究五十年纪念文集》，世界图书出版公司 1996 年版），指出西夏有 5 幅此类图像，并对姿势，十一面面相及其排列，十一面观音的臂数及手中所持法器、宝物和所结手印，眷属和主尊是否面向西方等问题进行了探究。

上述文章虽对敦煌西夏石窟中的药师经变和十一面观音经变有研究，但只是在对历代两种经变的研究的过程中，对西夏期的两种经变进行了略微谈及，未对西夏期的两种经变进行详细的专题研究。

王艳云对敦煌西夏壁画中的经变画进行过专题研究，包括弥勒经变、涅槃经变、药师经变。其成果如下：

王艳云《西夏壁画中的药师经变与药师佛形象》[《宁夏大学学报》（人文社会科学版）2003 年第 1 期]，认为西夏时期医药水平低下，人们寄希望通过对药师佛的信仰和礼拜，能祛病消灾、延年益寿，死后到达东方净土极乐世界，是大量绘制药师经变的原因。《河西石窟西夏壁画中的弥勒经变》[《宁夏大学学报》（人文社会科学版）2003 年第 4 期]，对现存肃北五个庙石窟第 1、3 窟和文殊山万佛洞西夏壁画中的弥勒经变内容进行了解读，也将其与唐五代宋的弥勒经变，从内容、构图布局、艺术手法作了对比，认为生活得不到基本保障的西夏人民对弥勒经所描绘的兜率天宫与弥勒净土种种幸福美好生活的向往和憧憬是西夏出现弥勒信仰的原因。《河西石窟西夏壁画中的涅槃经变》（《敦煌学辑刊》2007 年第 1 期）将榆林窟第 2 窟和东千佛洞第 2、5、7 窟涅槃经变的艺术特点与莫高窟的涅槃经变进行对比，认为在具体的艺术表现上，东千佛洞较榆林窟的艺术成就更高，同时认为西夏统治者对涅槃经变的大力扶持与普及和涅槃经变本身内容对广大西夏百姓的吸引和诱惑是西夏出现涅槃经变的原因。概括其研究，虽然着力于探讨西夏经变画出现的原因，但是其过分强调社会民间生活的好坏程度与佛教信仰强盛的关系，似乎需要重新审视。

十 彩塑

由于敦煌西夏洞窟中留下的彩塑较少，较其他专题，学界对于西夏彩塑的研究成果亦较少，代表成果有：

刘玉权《敦煌彩塑的特点与风格》（载敦煌研究院编《中国美术全集·雕塑编·七·敦煌彩塑》，上海人民美术出版社 1985 年版），讨论了西夏时期彩塑的特点与风格，认为此时期彩塑虽然追随唐宋彩塑的模式与风范，但是神情体态却反映了党项民族的信仰、想象力和审美意识。

段文杰《敦煌彩塑艺术》（载段文杰编《敦煌石窟艺术研究》，甘肃人民出版社 2007 年版；原载《敦煌彩塑》，文物出版社 1978 年版），就彩塑艺术的发展、演变过程，大体分为早、中、晚三个时期，认为作为处于晚期阶段的西夏，虽然统治者竭力倡导佛教，但是由于佛教本身的衰落，佛教艺术日趋没落，现存的塑像较少，只有释迦多宝并坐像、说法像等。

结 语

综观学界对敦煌西夏石窟的研究成果，可以说涉及方方面面的问题，学者们从历史、考古、佛教、民族、艺术、绘画等不同的视角出发，或从宏观的或从微观入手，就各自感兴趣的话题分别展开讨论，成果颇为丰硕。因此，从整体上而言，可以说对敦煌西夏石窟有基本的把握，西夏敦煌石窟的主要问题点或者说存在问题，已被不同程度地有所解决。从这方面来讲，这是值得肯定的。

另外，因为西夏民族政治、宗教、文化的特点，西夏的佛教石窟及其壁画艺术呈现出极其复杂的一面，正如大家所认同的那样，西夏的绘画艺术融合了中原宋代文人画、汉地佛教艺术、回鹘艺术、西夏本民族的艺术、藏传佛教艺术的营养成分，同时在敦煌地区又继承了曹氏画院的地方区域传统艺术特征，最终形成在敦煌各石窟中呈现出来的多种艺术特征的西夏石窟艺术。因此，从这个意义上来讲，西夏洞窟的研究，还远没有结束，不同文化背景因素特征的艺术发展流变关系、洞窟中反映出来的不同信仰题材的背景、完全不同表现形式的洞窟艺术，诸如此类的研究仍未展开。

同时，我们知道，西夏统治期间，在莫高窟基本上以重修前期洞窟为西夏建窟功德的特色，则成为我们理解敦煌西夏洞窟发展史的又一不解之谜。西夏在如此长的时间内，为什么没有在莫高窟这样的佛教圣地有属于自己的功德窟，而仅仅是重绘在前期别人的功德窟之中？这一行为反映的是西夏人怎样的功德观念？归义军之后的敦煌本地人是以什么样的方式延续敦煌传承了几百年的佛教洞窟功德行为？西夏人为什么在莫高窟缺失了对功德主而言非常重要的供养人画像？诸如此类的问题，也当是敦煌西夏石窟研究的重要课题。

事实上，作为特殊历史背景下的敦煌石窟，需要研究的问题还很多，有大问题，像洞窟分期排年，藏传密教曼荼罗图像的解读，以及藏传题材洞窟的实践功能和仪轨表现形式等；也有小问题，如唐僧取经图是如何进入到瓜州地区的西夏洞窟中？为什么西夏洞窟中 6 幅唐僧取经图，主要出现在水月观音、普贤变等图像中？西夏壁画中的界画和以建筑界画为突出特征的经变画的粉本传承关系，都是悬而未解的话题。而被称为“秘密寺”的莫高窟第 465 窟内整体图像表现出来的宗教义理、教派传承、艺术风格和创作年代的研究；西夏时期出现的壁画新题材的研究，如国师画像；对西夏洞窟中流行的千佛图像的研究，以及经变画内容锐减原因，西夏时期形式简单、结构单一净土变的研究等问题，均属日后敦煌西夏洞窟研究的新问题。

相信在国际显学敦煌学和西夏学持续繁荣的大背景下，敦煌西夏洞窟的研究，因其资料本身表现出来的重要性、复杂性、前沿性，必然会促使新老学者再接再厉，不断开拓新的研究方向，强化研究深度，为敦煌学、西夏学、佛教石窟考古、中国绘画艺术史做出新的贡献。

金代封爵制度研究综述

孙红梅*

封爵制度是中国古代一项重要的典章制度，在古代社会的统治秩序中发挥着重要作用，为历朝所重视。金代封爵分为两类：一类是汉制爵位，即王、公、侯、伯、子、男爵；另一类是猛安谋克世爵。目前学界对金代封爵制度专门研究的成果并不多见，本文试对散见于古代文献以及今人相关著述中的研究情况进行梳理，以期有助于学界对此问题的深入了解和研究。

一　古代文献对金代封爵制度的记述与研究

有关金代封爵制度较为详细的记述最早见于金人张暐所著《大金集礼》（商务印书馆 1936 年版），《大金集礼》卷九《亲王公主》记载了金代天眷和大定时期的大、次、小三等封国之号，并对亲王、郡王、国公等封爵的礼仪制度作了相关交代，是研究金代封爵制度的重要史料。佚名编、金少英校补的《大金吊伐录校补》（中华书局 2001 年版）记载了金朝在天会初就有了某县开国公、某县开国侯的爵位。开国县公、开国县侯封爵不仅在《金史》无载，而且石刻资料也不见有封县公、县侯者，这对研究金代汉制封爵的发展演变历史具有重要意义。刘祁《归潜志》（中华书局 1983 年版）主要论及金末的文人和诸事，其中对金宣宗、哀宗两朝的国公封爵有所涉及。元好问《遗山先生文集》（四部丛刊初编本）记载了金代一些封五等爵者的信息，如封爵者的姓名、出身以及仕宦等情况，尤其是对封侯、伯、子、男爵者有较多记载。范成大《揽辔录》（见赵永春辑注《奉使辽金行程录》增订本，商务印书馆 2017 年版）对大定二年（1162）官制有较为详细的记载，其中涉及金代封爵制度，如提及封爵食邑“王食邑止一万户，实封止千户，其下降杀皆准此”；其封国亦由大、次、小之别。程卓《使金录》、楼钥《北行日录》、倪思《重明节馆伴语录》（均参见赵永春辑注《奉使辽金行程录》增订本，商务印书馆 2017 年版）等宋人使金或陪同金使活动的语录中，记载有接待宋使或出使宋朝的金朝使者的职、阶、勋、爵以及食邑

* 孙红梅，女，吉林桦甸人，渤海大学政治与历史学院副教授，硕士生导师，主要从事辽金史的教学与研究。

等情况，其中多为侯、伯、子爵。

宇文懋昭撰、崔文印校证《大金国志》（中华书局 1986 年版）虽被认为是托伪之作，但该书是记载金朝始末第一部较为系统的史书。其中涉及金代王爵的记载，虽有舛误，但与《金史》互校，也可作为研究金代汉制封爵的参考资料。尤其是《大金国志》中有关于猛安谋克“除授”史料的记载，对研究史籍中没有明确记载的猛安谋克世爵问题仍具有重要价值。

元人脱脱等所作《金史》（中华书局 1975 年版）是研究金代封爵的基本资料。《金史·百官志》对金代汉制封爵的爵称与爵序有明确记载，虽未能全面完整地反映金代汉制封爵体系的全貌，但仍为研究金代封爵制度提供了最基本的线索。《金史·百官志》还明确记载了金代封王之国号以及封王之郡号。封王的大国号二十、次国号三十、小国号三十的具体国号之名记载明确，其中不同时期的国号名称与《大金集礼》的记载存在互异之处，结合金代相关封爵史料，对两书中的封国名号进行对比分析，发现《金史》与《大金集礼》的内容各有缺漏，将两者的内容进行互校，可以厘清金代不同时期不同等级封国之号的名称。《金史》的《本纪》《表》《列传》中对封爵为王、郡王、国公的人员、时间等情况均有详略不等的记载，尤其是对王爵的记载较为详细，为我们研究金代汉制封爵制度提供了重要史料。《金史》还是研究猛安谋克世爵最重要的资料。如上所述，由于作为爵位的猛安谋克世爵史籍中并没有对其作出明确的记载，因此，对猛安谋克世爵问题的解读就只能从史料的记述中挖掘、梳理。《金史》中所记载的“世袭猛安”“世袭谋克”“世袭千户”等资料，就是研究猛安谋克世爵最主要、最基本的史料。

明人王圻《续文献通考》（明万历三十年刻本）对金代封爵的记载虽然主要取材于《金史》，分为同姓封爵、异姓封爵、外戚封爵，涉及王、郡王、国公爵位的封授，但是与《金史》比对，仍有一些《金史》不载之处，可作为研究金代封爵的参考资料。

清人张金吾《金文最》（中华书局 1990 年版）中的诏令、册文、墓碑等留下了大量关于金代五等封爵者的信息。胡聘之《山右石刻丛编》（清光绪二十七年刻本），陆增祥《八琼室金石补正》（文物出版社 1985 年版），王昶辑《金石萃编》（中国书店 1985 年版），毕沅撰、阮元辑《山左金石志》（清嘉庆二年刻本），沈涛《常山贞石志》（清道光二十二年刻本）等金石文献，保存有大量关于公（主要是郡公）、侯、伯、子、男等封爵者的信息。关于金代五等爵，《金史》除了记载国公爵封，其他爵位的封授屈指可数。因此，金代的金石文献以及金、宋两朝的传世文集则成为研究金代五等封爵的宝贵资料。

此外，清人赵翼撰、王树民校证《廿二史札记校证》（中华书局 1984 年版）记载了金末宣宗、哀宗两朝迫于形势所封授的“九公十郡王”。所载“十郡王”受封者姓名与《金史》稍有出入，如李德明、张左，《金史》为李明德、张友，当是记载时的疏忽所致。赵翼指出："盖此十郡王本哀宗发空名宣敕，听用安于同盟中有功者赐之，是又用安部曲，非朝命所封，无大功绩可纪，故无传也。"李有棠《金史纪事本末》（中华书局 1980 年版）对金代人物、史实进行考订，其中散见有金代封某人为王或郡王的记载。顾炎武《日知录》（上海古籍出版社影印文渊阁四库全书本）提及金代章宗时期对宗室的防范与打击政策，称章宗"防制刻削兄弟，而其祸卒至于此，岂非后王之永鉴哉"。顾炎武的评论虽有些夸大了章宗打击宗室对金朝统治所产生的影响，却客观地指出了金章宗统治时期对宗亲诸王的限制与防范。施国祁《金史详校》（中华书局 1991 年版）对金代封爵也有涉及，其中有对《金史》资料的补充。如《金史》只载天眷二年"诛宗磐等诏中外"，其诏书内容则纪传皆不载，施氏则详细记录了洪皓《松漠纪闻》"宋、兖诸王之诛，韩昉作诏"的内容。其诏书中涉及宗英、宗伟的王爵爵称问题，与《金史》互校又纠正了洪皓之误。

上述古籍文献是研究金代封爵制度最基本和重要的资料，但应该看到其中对金代封爵的记载多为对史料的编纂整理或零散记述。《金史·百官志》虽详载了金代汉制封爵的爵称与等级，但并未能反映金代封爵体系的全貌。后世文献中虽对金代封爵有所涉及，但多以《金史》为参考，缺乏考证与研究。因此，在利用上述古籍文献资料的同时，需对其多加甄别和考证，使其能够准确地用于金代汉制封爵制度问题的研究当中。

二 今人著述与研究

关于封爵制度的研究目前学界主要聚焦于对先秦、秦汉、魏晋、隋唐以及元、清等历史时期进行讨论，并均有数量不等的研究论著问世。相较而言，金代封爵制度的研究则相对薄弱，金代封爵分为汉制封爵和猛安谋克世爵，现就目前学界对此问题的相关成果进行梳理，分述如下。

（一）金代汉制封爵研究

1. 金代汉制封爵发展、演变阶段的研究

在金代汉制封爵制度发展阶段的研究成果中，均认为海陵正隆二年（1157）是金代前期封爵制度变革的一个重要节点。周峰《完颜亮评传》（民族出版社 2002 年版）指出，海陵正隆二年（1157）下令"改定亲王以下封爵等第"，以此来削夺宗室、贵族的权力。这项政策涉及面相当广，在世和已故的封王之人都在其列。王爵降封可分为两类，一类是虽降封，但仍保留王爵；另一类则由王爵降封为国公爵位。同时作者指出，除王爵外，国公、郡公也要降为郡公、郡侯。宋中楠《金代前期汉官封爵制度研究》（硕士学位论文，吉林大学，2006 年）一文，对熙宗、海陵、世宗三朝封爵制度的研究进行了梳理，认为金代前期的封爵制度以正隆二年为分水岭，之前

为大规模封爵时期，之后为严格限制高等爵位封授时期，体现了金代封爵制度逐渐封建化、制度化的演变过程和皇权逐渐加强的过程。

金末滥封爵赏有“九公封建”与“十郡王”，这是汉制封爵制度在金朝后期重要变化，对此问题目前也有了一定的关注。王曾瑜在《金朝后期的军事机构与军区设置》（《河北学刊》1993 年第 5 期）和《金朝军制》（河北大学出版社 2004 年版）两篇论著中指出金朝封爵有王、郡王、国公、郡公等，九公之名称，实为破例。九公辖区各有若干州县，实际上是特殊的军区划分，他们本人即是金末之军阀。张博泉《金史简编》（辽宁人民出版社 1984 年版）认为兴定四年（1220）二月，宣宗封建九公，各有疆域，标志着金政权中央集权的崩溃和瓦解，封建地方割据的形成。宋德金《中国历史——金史》（人民出版社 2006 年版）依据《金史·苗道润传》阐述了宣宗南迁后所封“九公”的名号和封地，并指出九公之后，又有十郡王，但十郡王不过是哀宗“发空名宣敕”，实际是国“用安部曲，非朝命所封”。

2. 金代汉制封爵的爵称与爵序

关于金代封爵的爵称与爵序问题，目前学界有了相对较多的关注，并校正了《金史·百官志》封爵记载的缺漏。张博泉指出《金史·百官志》记载有误，认为金代封爵的等级为：王、郡王、国公、郡公、郡侯、郡伯、郡子、郡男（白寿彝主编《中国通史·五代辽宋夏金时期》第七册，上海人民出版社 1999 年版）。程妮娜《金代政治制度研究》（吉林大学出版社 1999 年版）将封爵制度作为一个问题进行了专门论述，认为金代汉官职的封爵可分为两种：一是女真族世爵，即猛安谋克；二是汉族爵位，即王、公、侯、伯、子、男。日本学者松浦茂《金代女真氏族的构成》（中国社会科学院民族研究所历史资料室资料组编译《民族史译文集》第 10 集，1981 年印行）指出《金史·百官志》中关于爵，只载郡王、国公、郡公、郡侯、郡伯、县子、县男七个等级，实际上加上王是八个等级。储考山《中国政治制度史》（上海三联书店 1993 年版）指出金宗室封爵有国王、郡王、公三等。左言东《中国古代官制》（浙江古籍出版社 1985 年版）认为金代封爵、勋官、官品、阶官都略如唐制。李锡厚、白滨《中国政治制度通史》（人民出版社 1996 年版）中指出金朝的封爵制度与唐制不完全相同，金朝末等爵位虽然也称县男，并且也相当于从五品，但是总共只分为五等，取消了唐朝的第一等爵位，不再封王。这种说法显然是不正确的，只要翻开《金史》就会发现金代以国号封王者屡见不鲜。臧云浦《中国历代官制、兵制、科举制表释》（江苏古籍出版社 1987 年版）则肯定了《金史·百官志》中对金代封爵等级的记载，指出金朝的封爵有郡王、国公、郡公、郡侯、郡伯、县子、县男，而忽略了郡王之上的王爵等级。孙红梅《金代五等封爵的爵称与爵序》（《渤海大学学报》2014 年第 2 期）和《金代汉制封爵的爵称与爵序——〈金史·百官志〉“封爵”条的勘误与补遗》（《北方文物》2016 年第 1 期）两篇文章对金代王爵及五等爵的爵称、爵序作了进一步系统的阐述，认为金代以国号所封王爵有两字国王、一字国王、一字王三种类型，王爵之下有郡王、国公、开国郡公、开国县公、开国郡侯、开国县侯、开国郡伯、开国县伯、开国郡子、开国县子、开国郡男、开国县男。

金代封爵的爵称与爵序涉及一个重要内容是关于金代封国之号与国号王爵的封授问题。王可宾《女真公主述要》(《北方文物》1990 年第 3 期）一文对《大金集礼》与《金史・百官志》中所载大国、次国、小国的国号记载有出入之处作了考证。俞鹿年《历代官制概略》（黑龙江人民出版社 1978 年版）对金代一字王封授问题有所涉及，指出辽有一字王，如赵王、魏王之类，位最专，至于郡王，则用两字，位次于一字王，金元则唯亲王得封一字王。实则不然，金代封爵“一字王”者不仅包括作为皇子、皇兄弟的亲王，其他宗室、异姓封爵一字王的情况也大有人在，这种情况在金代前期更为常见。宋中楠《金代前期汉官封爵制度研究》（硕士学位论文，吉林大学，2006 年）对金代的封爵等级认同张博泉和程妮娜两位的观点，并对金代封爵中的“王”与“国王”爵位的关系进行探讨，认为“‘某王’与‘某国王’只是对‘王’这一等级爵位的不同称谓方式，二者均为“一字王”。李治安《元代分封制度研究》（中华书局 2007 年版）在论述元代诸王王爵等级时，提及辽金的“一字王”“两字王”问题。该文作者认为“一字王”“两字王”，实乃辽金两朝诸王王爵俗称，指出辽金诸王王爵分为两大等级，第一等级是王号中的国邑全为一字，故称为“一字王”；而国号中的国邑全为两字，“国邑后又缀郡王”，故称“两字王”。这种以国邑的一字和两字来定义王爵并以此划定等级的说法值得商榷。孙红梅《金代封国之号与国号王爵类型》(《史学月刊》2015 年第 2 期）在前人研究的基础上对金代天眷、大定和明昌时期的封国之号进行了考证，厘清了金代不同时期不同等级封国之号的名称，并提出了辽金两朝以国号封王有“一字王”“一字国王”和“两字国王”三种类型，其中“一字国王”高于“一字王”，而“两字国王”又是封爵的最高等级。

3. 金代汉制封爵封授的研究

金代继承了唐代将封爵与郡望联系，依郡望封爵的传统。张博泉在《中国通史・五代辽宋夏金时期》（上海人民出版社 1999 年版）一书中指出，金代封爵按照位次等级以国郡县名称表示，但不是金朝当时行政区域的名称，如封郡王不管本人的原籍如何，把本人的姓与历代郡望著姓结合加以封赐，金朝同样仿此精神封契丹、渤海及本族人。这表明代表不同族的封爵已统一起来，形成金代的封爵制度。同时作者还对金朝白姓之号、黑姓之号与封爵制结合的问题进行了阐述。王可宾《女真国俗》（吉林大学出版社 1988 年版）对郡望与女真人的四大支系和部姓的关系进行了分析，认为金人使用郡望作为郡王的封号，应是从熙宗时开始向封建化演变的过程中，效法唐制的产物。《金史・百官志》姓氏谱中的郡望，基本是效法汉人的一种比附，但这种比附，也不可能是随意性的、毫无根据的。各系所用之郡号，应具有等级的差别。日本学者松浦茂《金代女真氏族的构成》（中国社会科学院民族研究所历史资料室资料组编译《民族史译文集》第10集，1981年印行）认为把女真姓分为黑、白两号起源于金建国前女真族氏族组织的分类，指出唐代开始试图使封号和郡望一致起来，金封爵制便在此基础上延续下来。金代封号仅仅是一种符号而已，冠汉姓者，封号用郡望而与民族无关，对特殊的耶律氏和大氏，则分别授予漆水和神麓的特别封号。但女真人除了金源外，广平、陇西、彭城三个封号是“随意选择的，和三群姓没有任何关系”，姓的分类与封爵制完全无关，封号是后来随意授予的。孙红梅《金代郡号封号研究》（《社会科学辑刊》2014年第2期）指出金代郡王封号除了《金史·百官志》所记载的10个之外，还有8个郡名不同时期作为封王郡号使用，并对郡号与郡望封爵问题进行了论述。此外，金宝丽《论“金源郡王”群体的构成及其影响》（《哈尔滨学院学报》2007年第5期）和《从金源郡王看女真族的民族精神》（《黑龙江史志》2005年第5期）两篇文章对“金源郡王”群体相关问题进行了阐述，认为金代所封授的“金源郡王”群体是女真民族精神的代表，对金代封授的“金源郡王”参政时间、出身和主要功绩进行了阐述。该文指出“金源郡王”这一群体是以完颜阿骨打家族和完颜部族为主体构成的，除了哀宗时期的汉人夏全外，他们基本是因“军事或行政管理”而受封的。

4. 金代汉制封爵管理研究

金代汉封爵制度的管理涉及封爵的食邑、印绶以及对诸王的防范与限制等方面。张博泉在《中国通史·五代辽宋夏金时期》（上海人民出版社1999年版）一书对封爵的食邑、等级等问题有所涉及，认为《金史》记载的封爵，属于章宗明昌、承安年间的官制体系，它已失去最初的实封意义，但只要封建制还存在，它就与封建官制相结合；封爵与食邑、等级制都是联系的；金代的实封也不是就国，而是实食其户；非实封则是名义的，不真食其户。作者进一步指出金代封爵是以实封和无实封作为基础的，王、郡王、国公、郡公、郡侯为实封（实封为一千户至一百户五等）；郡伯、郡子、郡男为非实封，而在食邑户数上则与县伯、县子、县男相等，其品级也是相同的。日本学者松浦茂《金代女真氏族的构成》（中国社会科学院民族研究所历史资料室资料组编译《民族史译文集》第10集，1981年印行）则认为金朝所封的爵已丧失了作为封爵制度的实际意义，“而应取而代之的食封制或食实封制也同样如此”。李锡厚、白滨《中国政治制度通史》（人民出版社1996年版）中指出金代关于食邑的规定，是根据唐制演变而来的。宋德金《中国历史——金史》（人民出版社2006年版）指出熙宗改制的内容之一即为颁行新官制，制定封国制度，所授国王封号，形同勋爵，并非就治其地。有些封国实际上并不在金朝管辖之内。

林秀贞《金代官印的分期》（《北方文物1996年第3期》）一文中论及皇统元年（1141）追封金初开国功臣完颜娄室的诜王印，认为“此印的大小、纽制均与相应品级的实用印相同，它为研究金代追封王位所授印鉴提供了一个实例”。任万平《金代官印制度述论》（《故宫博物院院刊》1998年第2期）涉及金代亲王、一字王、郡王印绶的材质、尺寸、纽式的等级使用情况。

金代对诸王的防范主要在金章宗时期。都兴智《金章宗时期的宗室之祸》[徐振清主编《辽金史论集》(第9辑),中州古籍出版社1996年版]一文论及金章宗时期对诸王的控制,指出金章宗以皇太孙身份即位,世宗诸子对此心怀不满,故章宗与诸皇伯、皇叔之间的矛盾日益激化,于是发生了郑王永蹈和镐王永中谋反案,两人先后被诛,而章宗也相继制定了一些新的规定,加强对诸王的限制和防范。关树东《金朝明昌党事考实》[姜维东、李华瑞主编《宋史研究论丛》(第7辑),河北大学出版社2006年版]指出明昌党事背后联系着的是章宗与宗室的斗争,以及朝廷大臣之间的权力斗争,并对章宗即位后对亲王的防范与猜忌作了阐述。

(二)猛安谋克世爵研究

金代猛安谋克具有军队编制、行政组织、封号等多种含义,目前对其进行研究的成果较多,但将其作为“世爵”进行研究的成果非常有限。日本学者三上次男《金代女真研究》(黑龙江人民出版社1984年版)对金代猛安谋克进行了较为系统详尽的研究,阐述了作为世爵的猛安谋克。作者指出,皇统末年以后除授的猛安谋克特称为世袭猛安谋克,成为一种荣誉爵位,而熙宗以后史籍上常见的世袭猛安谋克和太祖、太宗时除授的猛安谋克有些不同,熙宗以前的猛安谋克已经各有一定的驻地,员额达到饱和状态,所以猛安谋克一职,改为仅授予宗室或对国家有特别大功的人物,并被列入贵族。因此,熙宗以后所除授的猛安谋克特冠上世袭名称,以与从前的猛安谋克有所区别。荣誉爵位的猛安谋克有除授、追授。程妮娜《女真人与汉官制》(《吉林大学社会科学学报》1990年第6期)指出袭世爵是女真人入仕汉官的途径之一,金初猛安谋克世袭贵族须立战功才能除授各级汉官,熙宗皇统年以后战事较少,始在世袭谋克中选充、除授汉官;对于袭世爵入仕的女真贵族子弟,朝廷一般视其世爵高低而授汉官,谋克低,猛安高,其后则靠个人奋斗。由于受身份、环境和机遇的限制,以此入仕汉官的女真人数量不多。程妮娜《金代政治制度研究》(吉林大学出版社1999年版)一书在《封建汉官制中的女真族特点》一章中对“猛安谋克世爵”进行了论述,指出太祖、太宗时期,受封猛安谋克世爵的任汉官职的官吏,既有女真人,也有契丹人、渤海人、汉人。受封猛安谋克世爵必须具备一定的条件:其一,各级汉官制中文武官员以战功受封猛安谋克世爵;其二,以女真氏族贵族或奴隶主贵族出身,由猛安谋克地方官出任汉官职,原有猛安,或谋克成为世爵;其三,率部降附金朝的各族首领和官员,女真统治者视其归降人数的多少授以世袭猛安或谋克爵位,并委以汉官职。不具备上述条件的汉官,即使居高官显位也未必能得到世袭猛安谋克的封授。熙宗实行封建官制改革后,女真皇帝极少再将猛安谋克世爵新封授外族人。同时,对汉官任职者封授猛安谋克世爵也逐渐制度化,其途径主要有宗室、世戚出身的女真贵族任汉官者;父祖对国家有大功者,后人得封或承袭猛安谋克;汉官任职者中功劳卓越的女真人。宋德金《中国历史——金史》（人民出版社 2006 年版）和《一本书读懂辽金》（中华书局 2011 年版）中均指出猛安谋克具有军队编制、行政组织、封号等多种意义。金代以猛安谋克作为对诸王及致仕重臣的封号。李锡厚、白滨《中国政治制度通史》（人民出版社 1996 年版）中对猛安谋克的世袭制度也有所涉及。

另外，箭内亘著，陈捷、陈清泉译《辽金乣军及金代兵制考》（商务印书馆 1932 年版），张博泉《金史论稿》第一卷（吉林文史出版社 1986 年版），王曾瑜《金朝军制》（河北大学出版社 2004 年版），张博泉《论猛安谋克在女真族发展中的作用》（《吉林大学社会科学学报》1963 年第 1 期）和《论金代猛安谋克制度的形成、发展及其破坏的原因》（《文史哲》1963 年第 1 期），程妮娜《论猛安谋克官制中的汉制影响》（《北方文物》1993 年第 2 期），李薇《关于金代猛安谋克的分布和名称问题——对三上次男考证的补订》（《黑龙江文物丛刊》1984 年第 2 期），胡顺利《金代猛安谋克名称与分布考订的商榷》（《北方文物》1987 年第 3 期），刘浦江《金代猛安谋克人口状况研究》（《民族研究》1994 年第 2 期），关亚新《论金代女真族的村社组织——谋克》（《社会科学辑刊》1997 年第 2 期），费国庆《猛安谋克的起源及其与氏族部落的关系》（《铁道师院学报》1987 年第 3 期），焦慧《猛安谋克的兴衰》（《社会科学辑刊》1990 年第 3 期），周峰《略论完颜亮时期猛安谋克的南迁》（《内蒙古民族大学学报》2002 年第 1 期）等论著也都从不同角度对金代猛安谋克制度进行了分析、探讨和考证，其中虽多未直接论及猛安谋克“世爵”，但金代猛安谋克作为具有多种含义的复杂制度，对其进行综合全面考察，对于厘清“世爵”概念，并深入研究猛安谋克世爵具有重要意义。

此外，对有爵位者的个案研究也可作为金代封爵的研究成果之一，我们从有爵者的活动事迹中可以窥探金代爵位封授原则以及封爵的意义和作用，如陶晋生《金完颜宗弼论》（《国史释论》，食货出版社 1987 年版），张博泉《略论完颜宗弼》（《学习与探索》1983 年第 5 期），陈国良《金代杰出的政治家军事家——完颜宗翰》（《东北地方史研究》1988 年第 4 期），赵永春《金初女真名将银术可》（《北方民族》1995 年第 2 期），于国石等《女真族杰出的政治家宗干》[《辽金史论集》（第 7 辑），中州古籍出版社 1996 年版]，王世莲《完颜晏及其家世考述》（《学术交流》1989 年第 2 期），刘肃勇《金代窝鲁欢墓志所记事实考探》（《社会科学辑刊》1996 年第 3 期）等。

三 结语

通过对国内外有关金代封爵制度相关研究成果的梳理，可见学界对这一问题已有了一定程度的关注，尤其是金代汉制封爵在研究内容和研究角度上作了一些有益的探索和研究，但仍存在着一定问题和不足。

一是研究成果的不均衡，已有成果中尚存诸多未臻完善或需要进一步研究的问题。目前研究成果中对金代汉制封爵的关注相对较多，某些问题的研究也得以推进，但专题研究仍显不足，多只在通史、制度史或其他相关著述中有所提及，缺乏深入研究。而猛安谋克世爵的研究仍显薄弱，对于其作为爵位的发展变化过程、具体运作等内容仍有待深入挖掘。

二是缺乏综合比较研究，金代汉制封爵与猛安谋克世爵作为两种不同的爵位体系，虽具有不尽相同的内容和特点，但其作为金代政治制度的重要内容，在金代国家统治中应起到互为补充的作用。因此，对金代汉制封爵和猛安谋克世爵制度进行综合比较研究，剖析其共性和不同，从而有助于从整体上把握金代封爵制度的内容和特点，亦有利于对封爵制度与政治体制发展演变的关系及其对金代政治的影响等问题的深入探讨。

金代货币制度与政策研究综述

王　雷　赵少军*

金代在中国货币发展史上具有重要地位，金代货币制度与政策是中国古代货币制度与政策的重要组成部分和发展环节，其不分“界分”交钞的印行和法定银币的流通是中国货币史上的创举。金代货币体系和通货膨胀等相关问题，长期以来为史学界密切关注，相关记载在金代及以后的文献史料、文人笔记、文集和碑刻中均有涉及。

广义的金代货币制度与政策的研究，包括两个方面：一是对货币本身的研究，一般按照铜币、纸币（交钞）、银币等不同材质区分货币种类，研究涵盖货币铸造、发行、流通、储藏等各个环节；二是从货币制度和政策等方面进行研究，主要围绕制度的演变、政策的影响等为中心进行探讨。其中，货币种类的研究对于货币制度和政策等的研究，具有重要意义。

一　对货币自身的研究

金代货币的研究，除彭信威《中国货币史》（上海人民出版社 1965 年版）等著作外，秦佩珩《金代货币史论略》（《郑州大学学报》1982 年第 2 期）、叶世昌《金朝货币：银、钱、绢》（《国际金融报》2002 年 4 月 22 日）等对金代货币的材质、种类、版别等都有简略论述，但学者往往选取某一类材质货币进行专门研究。以下分铜钱、交钞、银币三类予以介绍。

（一）铜钱

窖藏铜钱方面的研究成果非常丰富，较早对金代窖藏铜钱问题进行专门研究的是景爱，其撰写《金代窖藏铜钱小识》（《求是学刊》1980 年第 3 期）一文。其后，随着各地不断发现窖藏铜钱，相关研究也逐步深入，大体可分两大类。

第一类，对某一地区的金代铜钱窖藏和窖藏铜钱进行专门研究，涉及金代窖藏铜钱

---

* 王雷，女，河南登封人，历史学博士，内蒙古民族大学政法与历史学院讲师，主要研究方向为辽金史。赵少军，男，河南登封人，中央民族大学历史学硕士，辽宁省文物局馆员，主要从事东北地区考古、历史、文物保护研究。

的历史背景、原因及与之相关的问题。黄一义《吉林金代窖藏铜钱的几个问题》(《中国钱币》1985 年第 4 期)对吉林地区金代窖藏铜钱问题进行了探讨。其后李东《从吉林境内的金代窖藏铜钱谈当时的货币经济》(《北方文物》1997 年第 3 期)提出金代大量铜钱转入窖藏是由于当时货币经济乏力所致，其直接原因是政府推行限钱法。唐国文《大庆地区金代窖藏铜钱的几个问题》(《大庆社会科学》2011 年第 2 期)提出，由于金朝政权无计划大量地滥发交钞和实施限钱法及铜与钱的比价悬殊，使人们更加轻钞而重钱，再加上战争等诸多不安定因素，致使人们重钱而窖藏之。相关文章还有刘肃勇《辽宁出土金代窖藏铜钱浅议》(《辽宁师院学报》1983 年第 3 期)，吴振强和吕文利《赤峰郊区出土金代窖藏铜钱》(《昭乌达蒙族师专学报》1988 年第 2 期)，李献奇和侯鸿钧《临汝县出土一批金代窖藏铜钱》(《中原文物》1984 年第 3 期)等。

第二类，对金朝铜钱窖藏在制度、政策层面的探讨。较早有王禹浪《浅谈金代的窖藏铜钱及其货币制度》(《求是学刊》1984 年第 6 期)对金代窖藏特点和金代大量铜钱转入窖藏的原因进行了探讨。其后刘韫《金朝铜钱窖藏现象探析》(《辽宁大学学报》2001 年第 2 期)进一步认为，金朝钱币窖藏现象表明了当时民族关系、政治形势的特殊性及民族间经贸往来的普遍性。张崴、王德朋《金代窖藏铜钱研究》[《辽金历史与考古》(第 3 辑)，辽宁教育出版社 2011 年版] 在对金代窖藏的区域分布及窖藏方式、窖藏铜钱的种类进行了整理、分析，更进一步提出铜钱转入窖藏受到铜禁政策、通检推排、限钱法、交钞膨胀等因素的影响。相关文章还有徐红月《浅谈金代货币窖藏》(《辽金史研究》，中国文化出版社 2003 年版)、贾素娟等《从吉林省金代窖藏铜钱看宋金货币发展状况》(《东北史地》2012 年第 4 期)等。

近年来新的考古发现不断，以上两类研究日益增多，第一类研究丰富了学界对金代铜钱窖藏地点和铜钱种类的认识，并对一定区域范围内的窖藏铜钱问题进行了探讨，但与第二类研究相比在研究深度上要稍逊一筹。

(二)交钞

金代交钞研究历来为学界研究重点，相关研究也最为深入，有的专著中花费大量篇幅对金代交钞进行探讨，如刘森《宋金纸币史》(中国金融出版社 1993 年版)重点对金代交钞的种类、钞版及形制、铸造、流通、发行、回笼与币值等进行了研究。李埏、林文勋《宋金楮币史系年》(云南民族出版社 1996 年版)下篇对于金代交钞各个环节及其原因、影响等均有论述，资料翔实，观点新颖，可谓一家之言。黄纯燕《详搜精析存史立说——〈宋金楮币史系年〉评介》(《云南社会科学》1998 年第 3 期)评价该书“不愧为一部存史立说的佳作”。

交钞形制、版别方面的研究成果也颇为丰富，如杨富斗《山西新绛出土“贞祐宝券”铜版略述》(《考古与文物》1981 年第 2 期)、刘森《金代小钞钞版初探》(《中国钱币》2006 年第 3 期)、姚朔民《金“圣旨回易交钞”版考》(《文物》2006

年第6期)、张秀夫《平泉出土金代伍拾贯交钞铜版》(《中国钱币》1993年第1期)等，通过对交钞形制、钞版等研究，尤其是新考古学材料的发现，使金代纸币的研究进一步深入。

（三）银币

周祥《略谈金代银铤》(《钱币博览》1999年第3期)将金代银锭分为贡银、税银、盐司税、地金银四种。王雪农《有关宋金官铸银铤（锭）形制特点和等级标准的问题》(《中国钱币》2000年第1期)认为，金代银铤形制及等级制度基本同于南宋银铤。刘浦江《金代“使司”银铤考释》(《中国历史文物》2005年第2期)提出“使司”银铤皆为“院务税”“院务课程”，性质为征榷税银。王文成《金朝时期的白银货币化与货币白银化》(《思想战线》2016年第6期)与王雷、赵少军《试论金代白银的货币化》(《中国钱币》2015年第1期)两文，对金代白银的货币化问题进行了探讨，前者还讨论了金代货币的白银化问题。同类文章还有金德平《金代银铤考》(《中国钱币》2011年第2期)、李逸友《巴林左旗出土金代银铤浅释——兼论金代银铤形制》(《中国钱币》1986年第1期)、陈娟《金代解盐使司银铤浅析》(《中原文物》2006年第2期)、赵康民等《关于陕西临潼出土的金代税银的几个问题》(《文物》1975年第8期)、郝思德《“大定路课”银锭小考》(《求是学刊》1985年第1期)、蔡运章和李运兴《洛阳新发现的南宋出门税银铤考略》(《中国钱币》1986年第3期)等。

“承安宝货”作为中国货币发展史上第一次以白银为币材正式颁行的法定货币，学界对其有专文研究。董玉魁《承安宝货五个档次划分的探讨》(《中国钱币》1986年第2期)对承安宝货的档次进行了划分。

金代银币研究围绕银铤分类、版别的研究，尤其是“承安宝货”的研究，取得了一系列可喜成果，但金代白银的货币化作为中国古代白银货币化进程中的重要环节，有关其表现、地位、作用、影响等的研究仍稍显薄弱。

二 金代货币制度与政策研究动态

近代以来的研究，最早可见彭信威《中国货币史》，其宋金部分着重对金代的货币源流及通货膨胀问题进行了深入分析。之后一些学者相继把金代货币制度的演变同金代经济发展联系起来，不断拓展了金代货币史的研究。张博泉《金代经济史略》(辽宁人民出版社1981年版)作为专门研究金代经济史的著作，对金代的货币和币制以及金代交钞通货膨胀的情况进行了论述，并指出金朝钱币制度的紊乱和恶性通货膨胀是由金政府限钱重钞、滥发纸币的政策直接导致的。其后，张博泉等《金史论稿》(第2卷)(吉林文史出版社1992年版)中也有专门章节对金代币制问题进行考察。漆侠、乔幼梅《辽夏金经济史》（河北大学出版社 1994 年版）和乔幼梅《宋辽夏金经济史研究》（齐鲁书社 1995 年版）中，也都有专门章节对金代货币制度演变及其影响进行阐释。

（一）金代货币制度研究

梁淑琴《试论金代的货币经济》（《社会科学辑刊》1988 年第 1 期）划分了金代货币的发展阶段，探讨了作为金代货币的样式、形制，以及其产生、发展和消亡的过程，并提出金代后期币制紊乱导致经济的崩溃，加速了金朝的灭亡。王禹浪还著有《金代黑龙江地区的货币制度》（《金代黑龙江述略》，哈尔滨出版社 1993 年版）以地域为中心研究了金代货币制度以及流通环境。

关于金代各个时期货币制度及其演变问题，黄澄先后撰写《金代前期货币制度研究》（《黑龙江史志》2005 年第 4 期）和《金代后期货币制度研究》（《学理论》2009 年第 21 期）系列论文，将金代前期货币制度分为两个阶段，并对两个阶段的货币制度进行了深入分析，提出金初货币制度不完善和海陵时期逐步建立与完善了金代货币制度的观点，认为金代货币制度从金宣宗开始走向衰落，货币的流通与使用发生了极为严重的问题，货币制度的缺陷又反过来加重了经济社会严峻形势的恶化。黄澄还撰文《金章宗时期货币制度研究》（《黑龙江史志》2006 年第 11 期），专门对章宗朝的货币制度进行了研究。这些著作、文章对金代某一时期的货币制度进行了深入探讨，但和系统性的论述尚有一定差距。

还有学者进一步对金代货币制度及其演变进行了评议，并尝试探析货币制度改革失败的原因。黄金东《金章宗时期货币制度改革失败原因探析》（《史学集刊》2011 年第 4 期）着重对金章宗时期的货币制度进行了研究，指出造成改革失败的原因，除了金章宗个人的原因外，很大程度上是由前代制度的弊病造成的。潘无惧《由“承安宝货”银币看金代货币制度的沿革》（《中国钱币》1991 年第 3 期）探讨了金代币制，以承安宝货为界，将金代币制划分为四个阶段，认为“承安宝货”的发行是金代货币制度衰落的开始，并对金代货币制度的特点进行了总结。王德朋《金代交钞制度新议》（《河南大学学报》2011 年第 6 期）认为，交钞以其繁复的变化深刻地影响了金代的社会经济与国运兴衰，交钞的问世是缺少铜矿等客观因素制约的结果，并提出朝廷一方面以国家力量强制推行交钞，另一方面为应对纸币危机屡屡强制改变钞法而无视货币规律，最终导致了金代交钞制度崩溃的观点。陈瑞台《金代纸币制度探析》（《内蒙古大学学报》1986 年第 3 期）通过金代发行纸币的历史条件、过程，以及纸币膨胀的情况来探讨金代的纸币制度，将交钞的演变划分为基本稳定期、膨胀初期和极度恶性通货膨胀期三个阶段，并肯定了金代在纸币制度方面的一些创举。这类探讨进一步阐明了金代货币制度在中国古代货币制度史上的地位，但对货币制度本质的认识仍有进一步深入的空间。

关于金代货币制度的演变及其影响，以乔幼梅《金代货币制度的演变及其对社会经济的影响》（《中国史研究》1983 年第 3 期）一文为代表，该文将金代的货币制度分为三个阶段，并对金代货币制度的演变及其对当时社会经济的影响进行了探索。王德朋《近三十年来金代商业经济研究述评》（《中国史研究动态》2009 年第 2 期）认为乔文以翔实的史料和严密的逻辑研究了金朝货币制度的演变过程，深入分析了货币制度对金代经济发展造成的影响，堪称这一时期金代货币制度研究的代表作。但也有学者表示质疑，如汪圣铎在《两宋货币史》（社会科学文献出版社 2003 年版）一书中以“关于铜钱争夺战”为题作了辨析，认为所谓金朝争夺宋钱，大约主要是一些宋朝士大夫的主观猜测，并非客观存在的事实。

另有学者在总结金代币制特征的基础上对其进行了评析。穆鸿利《关于金代交钞的产生和演变的初步探讨》（《中国钱币》1985 年第 1 期）对海陵王贞元年间产生交钞的原因进行了分析，并阐述了金代交钞的形制及演变。李世龙《试析金代币制特征》（《黑龙江民族丛刊》1999 年第 3 期）认为金代交钞（纸币）的普遍使用和法定银币的流通，堪为中国古代货币史上之创举，金代钱币制度是金代女真族对中华民族发展的一大贡献。王德朋《金代商业经济研究》（社会科学文献出版社 2011 年版）一书，从交钞制度及其演变，铜钱及铜钱制度的演变，白银、货币制度与金代窖藏铜钱问题四个部分系统研究了金代的货币体系的形成及其演变。

（二）金代货币政策研究

学术界有关金代货币政策方面的研究，主要是围绕金代货币发行、流通过程中凸显的通货膨胀和“钱荒”等问题。

钱荒问题在乔幼梅《宋金贸易中争夺铜币的斗争》（《历史研究》1982 年第 4 期）有所涉及，但该文关注重点在于宋金铜币争夺战，围绕宋金对峙时期双方展开的铜币争夺战中，金代如何有计划地吸收江南的铜钱，从而造成铜钱的北流，以及金亡以前的二十年间北方的铜钱为什么又向南流等问题进行探讨。同类文章还有裴铁军《“钱荒”与金代交钞制度变迁》（《社会科学辑刊》2015 年第 1 期）。学界有关金朝钱荒问题的产生、对策及其实质等方面的研究均有进一步探讨的空间。

金代通货膨胀问题虽为学界所关注，但自彭信威《中国货币史》之后，较为深入的研究当为吴剑华《金代通货膨胀略论》（《安庆师范学院学报》1989 年第 4 期），文章提出稳定的币制是发展经济的重要保证，并就金代通货膨胀的原因、过程及教训进行了分析。

金代货币流通过程中的相关政策也为学界所关注。毛宏跃《金代纸币流通探析》（《黑龙江史志》2010 年第 5 期）提出金代纸币的发行在一定程度上适应了金代商品经济发展的需要，是高度集权的金代统治者利用政治、行政手段强制推行的结果。李跃《对金朝流通纸币的一些看法》（《南方文物》2004 年第 1 期）认为，交钞携带方便、流通灵活的特征促进了金代商品经济的发展，对元朝纸币的产生起到不可估量的影响。王雷、赵少军《金代限钱法及相关问题研究》（《中国经济发展道路的历史探索——首届中国经济史博士后论坛论文精选集》，九州出版社 2015 年版）提出，自章宗明昌五年到宣宗贞祐三年，有金一代共推行五次限钱法，对金代限钱法的政策背景、内容、推行结果等进行了考释和阐述，同时结合考古发掘材料和社会学理论，对限钱法与金代铜钱窖藏、金代窖藏铜钱现象之间的关系、与金末加速败亡的关系等相关问题进行了探讨。同类文章还有陈振斌《金朝货币交钞管理措施与成效》[《辽宁工程技术大学学报》（社会科学版）2015 年第 2 期]、杨君《金朝铜钱货币流通贮藏形态管窥——以出土金朝钱币实物为中心》（《中国钱币》2015 年第 6 期）。

还有学者从法律角度考察金代货币政策，如曾代伟《金朝金融立法述论》（《民族研究》1996 年第 5 期）对金朝货币金融律令的颁布、修订、施行及其得失进行了系统考察和评介。

三 存在的问题及研究展望

前辈学人在金代货币制度与政策方面的探索，为进一步的研究提供了重要借鉴。但是，早期的相关研究，往往散布于某些通史性著作的章节中，货币制度与政策的研究依附于经济史、货币史研究，缺乏专门的、系统性的研究，目前尚无专著出版。笔者认为这与金史研究地域性较强，研究群体相对较小，研究成果相对较少不无关系。目前研究方面主要存在以下三个方面的问题：

第一，宏观方面，经济史学科作为交叉学科，相关研究尚未形成合力。经济史是一门介于历史学与经济学、社会学之间的交叉学科，由于研究方法的不同，又分为历史学中的经济史学派与经济学中的经济史学派两大学派。经济史作为历史学的一支，是构建完整历史知识不可或缺的一环，从历史学角度的经济史研究，侧重于历史文献和史实考证，研究的目的是说明人类社会历史的进程。经济学角度的经济史研究，是为了解经济的整体结构与运行机制，因此在研究方法上，从经济理论上解释经济发展的原因与后果，抽象出经济学理论观点。经济史学跨学科的特点，必然要求在两个学科的经济史之间交流研究方法，并在交流中融合为一种经济史学方法。这一点，在目前的研究中恰恰非常缺乏。

第二，微观方面，有关金代货币制度和政策的理论研究不足。金代货币制度与政策的研究，必须放到整体经济结构的背景中去考察。不仅要关注金代货币制度与政策，而且不能忽略金朝前后的辽、元王朝及与之同时期的宋王朝的货币制度与政策。此外，一个王朝的货币制度与政策，与这个王朝的社会发展进程有密切关系，所以经济基础与上层建筑的关系，应该予以特别考虑。就目前情况来看，金代货币制度和政策的理论研究有自身的特点，偏重于史实性的叙述和现象的观察，而缺乏系统的理论体系，亦缺少可以借鉴的经济学模型。与之相对应的是，西方经济学的理论框架和模型很难适用与金代货币制度和政策的研究，从而导致这一课题难以有所突破。

第三，客观方面，中国古代往往重视政治史而疏于对经济史的记载，史料中关于金代货币制度与政策的记载并不集中、充分。货币制度层面的记载散见于《金史》的《本纪》《食货志》和人物传记中，《归潜志》《中州集》《遗山先生文集》等金代文人笔记、文集中也有零星记载，另外一些墓志、碑刻中也有少量记载，从中辑录出金代货币制度与政策的相关材料，并将这些零散的信息串联起来，还原金代货币制度与政策的真实情况，则需要花费大量时间和精力，较金代其他方面的研究付出的辛苦更多，且研究前景并不明朗，客观上阻碍了这一课题的深入。

要深化对金代货币制度与政策的研究，正确的研究方法非常重要。为更好地开展这方面的探索，在研究方法上应注意以下三个方面：其一，跨学科和史论相结合的方法。以历史学的研究方法为主，借鉴经济学、社会学的研究方法。把研究方向扩展到经济史与社会生活史等领域，结合金代特有的政治和社会文化，放在特定的历史背景下加以归纳、分析、推理。其二，文献与考古资料相结合的方法。史料匮乏是辽金史研究不容回避的问题。单纯依靠金代文献远远不够，可以借助唐、辽、宋、元等朝代的文献进行比较研究。同时，要重视考古资料对文献记载的印证和补充，文献与考古资料相结合的“二重证据”可以加强研究结果的信度。其三，个案分析与整体分析相结合的方法。既要将金代货币制度与政策作为一个整体的个案进行研究，同时又要将金代的货币制度与政策作为一个整体放置于大的时代背景中进行研究。金代的货币制度与政策上承唐、宋，下启元，恰是宋—元这一大的时代变革的缩影，因此，个案分析与整体分析相结合，对于取得系统性的认识至关重要。

金代货币制度与政策是中国古代货币政策的一个重要节点，与自汉代以来的前代诸朝之间有着深厚的渊源并对后世产生了一系列深远影响。金代货币制度与政策的研究，有助于理解金朝经济运行中的政府干预因素对政治、经济的影响，这对探析中国北方少数民族政权的货币制度与政策的发展过程和政策惯性，揭示中国古代经济发展的规律具有重要意义。同时，这一研究具有重要的现实意义，历史必然会影响现在，现实经济生活中的某些弊端是历史文化的积淀与惯性的继承，研究其发展规律对于指导现代货币制度与政策乃至经济的发展具有不可估量的作用。

笔者认为，金代货币制度与政策的研究可以在以下几方面予以加强：一是理论研究亟须加强，此课题的研究需要理论体系的支撑，是提出新理论，还是用西方经济学的理论框架和模型加以比附，这是需要走出的困惑；二是制度与政策实施的过程中，如何应对“钱荒”和通货膨胀问题，仍有进一步探索的必要；三是制度与政策的影响研究不足，对当时政治、经济、文化、社会等横向影响，对前代继承和对后世影响等，都有进一步研究的必要；四是相关拓展研究有进一步探讨的空间，如金代货币体系、限钱法、白银货币化等相关问题。

金代礼部研究综述

孙久龙*

学术界目前关于礼部的研究，多集中于隋、唐、两宋等朝代，金代礼部的研究还相当薄弱，尚未见到专门研究金代礼部的著作和论文。尽管如此，前贤的学术成果仍为本课题的研究提供了宽厚的研究背景。现将与本课题相关领域的已有成果，作如下梳理。

一　礼部渊源研究

刘军《北朝尚书祠部考略》[《吉林师范大学学报》（人文社会科学版）2010 年第 5 期] 一文认为，北朝的尚书祠部是隋唐礼部的前身，它仿自魏晋南朝，经过自身整合改造后又为后世所沿袭。北魏时期尚书省中由祠部和仪曹共同掌管仪礼，并且祠部尚书通常由尚书右仆射兼领。北齐时祠部成为尚书省唯一的仪礼机关，仪曹则并入殿中。北齐的祠部机构扩大，下设祠部、主客、虞曹、屯田、起部五曹，其涵盖了后世尚书礼部除学校和科举外的其他基本职能。石冬梅《论西魏尚书省的改革》（《许昌学院学报》2008 年第 1 期）一文认为，西魏在大统十二年（546）对尚书省制度进行了改革，将六尚书三十六曹制改成了六尚书十二部制，吏、民、礼、兵、刑、工最后被确定为尚书六部，这次改革确立了隋唐至明清六部的名称。其中的礼部由改革以前的祠部改称。雷闻《隋与唐前期的尚书省》（载吴宗国主编《盛唐政治制度研究》，上海辞书出版社 2003 年版）认为“隋唐六部中，除了吏部为魏晋南北朝以来尚书曹的旧名外，其他五部的名称均来源于北周的典制”。阎步克《品位与职位——秦汉魏晋南北朝官阶制度研究》（中华书局 2002 年版）在谈北周制度对隋唐制度影响时指出：“礼部之名，始于北周春官礼部中大夫、礼部上士。”

二　唐、五代礼部研究

学界关于唐、五代礼部的研究，主要围绕着礼部贡举。唐雯《由吏部到礼

* 孙久龙，男，吉林松原人，吉林大学《史学集刊》编辑部副编审，主要从事金史研究。

部——试探开元二十四年贡举考试改革的深层原因》（《兰州学刊》2006 年第 1 期）一文对唐玄宗开元二十四年（736）贡举权由吏部转归礼部的原因进行了分析，认为太宗朝以后唐朝在选士宗旨和标准等方面都发生了变化，由实转虚，由过去主要选拔官吏到希望通过贡举选拔文人，所以贡举由吏部掌管显然已不合适。玄宗朝将举子视为宾从，从而促成了礼部执掌贡举考试。转变的真正原因是整个社会对贡举的认识和对它的要求的变化。闫廷亮《唐开元二十四年贡举归礼部刍议》（《河西学院学报》2008 年第 4 期）、王志东《略论唐玄宗开元二十四年的科举变革》（上、中、下）（《广西社会科学》2005 年第 3、4、5 期）、于俊利《从礼官知贡举看初盛唐时期取士导向的变化》（《作家》2011 年第 6 期）等文章也对贡举考试由吏部转归礼部的原因进行了比较清楚的分析。

刘海峰《唐玄宗朝科举管理改革剖析》（《晋阳学刊》1989 年第 5 期）一文认为，唐玄宗开元二十四年，原来归吏部掌管的科举考试改由礼部掌管后，礼部的地位尤其是礼部侍郎的地位得到了大大的提高，科举考试成为其真正意义上最重要的职掌。王孙盈政博士学位论文《唐代后期的尚书省研究》（博士学位论文，浙江大学，2011 年）第三章第二节《唐代后期尚书省六部二十四曹的职掌》涉及礼部问题，作者对以往学术界认为唐代后期尚书省处于空虚状态的认识提出反驳，认为唐代后期尚书省礼部因获得了贡举权，其职掌并没有受到严重削弱，但贡举权受到中书门下更强有力的掌控，导致贡院相对于尚书省和本部的独立倾向较强。张景臣《唐代科举铨选考试的资格审查》[《河南大学学报》（社会科学版）2011 年第 4 期] 一文认为，开元二十四年（736）以后，礼部需要对参加省试的乡贡举子进行资格审查，称为“礼部纳家状”。资格审查主要是对乡贡举子的籍贯、家庭出身、体貌特征和参加乡试的相关材料进行审核和检查。张超《唐代教育管理制度研究——基于中央政府角度的分析》（硕士学位论文，山东大学，2010 年）一文认为，唐代礼部主要职责是管理礼仪、祭祀、贡举等，其中管理教育和科举是最主要的。礼部对教育的管理主要表现为：其一，贯彻和实施“崇圣尊儒”“兼重佛道”的文教政策；其二，对国家教育体系的综合管理；其三，对教育与科举的协调管理。邓小泉《略论科举在唐代六部侍郎选举中的作用》（《青海社会科学》2004 年第 3 期）一文认为，唐代礼部是文教、外交、礼仪等方面的政务机关，“掌礼仪、祭享、贡举之政”。贡举考试是其最重要的职掌，法定的贡举考官是礼部侍郎。唐代礼部侍郎中科举出身者的比例逐年提高，可见礼部侍郎之职的担任对科举出身者有所崇重。金滢坤《论中晚唐五代科举考试的复核、复试及监察制度》[《首都师范大学学报》（社会科学版）2008 年第 5 期] 一文认为中晚唐五代礼部贡院在科举考试中的权威性降低，主要是因为翰林院频繁复试以及中书舍人复核制度和御史台监督制度的实施，礼部贡举的权限被分割，出现了举子轻视礼部知贡举，频繁诉讼贡院考试的状况，进一步促进了“殿试”的诞生。

张咏梅《五代科举制度考》（硕士学位论文，东北师范大学，2004 年）一文认为，后唐时举人需要自己准备试纸，在考试前五日交到礼部贡院，加盖礼部印后，然后还需要加盖中书省印，最后送回礼部。考试当日，再将试纸发给应试的举子。后由于往来中书省不便，只加盖礼部印。王志勇《五代科举制度研究》（硕士学位论文，福建师范大学，2010 年）一文认为，五代时期君主为了取消礼部侍郎专任礼部贡举的特权，实行了知贡举的差遣化和详覆制度。五代开科 47 次，有明确记载的知贡举官 39 次，其中由礼部侍郎知贡举 15 次，其余都是他官权知贡举，礼部侍郎只占 38% 的比例。同时皇帝对科举考试中知贡举选拔的人才不满意，可以对这批人重新考试，这就削弱了知贡举的权威，加强了君主的权威。五代共出现过 3 次复试。

除贡举外，学界关于礼部建制、职掌等方面的研究亦有一定成果。张超《唐代教育管理制度研究——基于中央政府角度的分析》（硕士学位论文，山东大学，2010 年）一文认为唐代礼部的建制，“其属有四：一曰礼部，二曰祠部，三曰膳部，四曰主客”。礼部设礼部郎中和员外郎各一人，“掌礼乐、学校、衣冠、符印、表疏、图书、册命、祥瑞、铺设及百官、宫人丧葬赠赙之数，为尚书、侍郎之贰”。祠部设祠部郎中和员外郎各一人，“掌祠祀、享祭、天文、漏刻、国忌、庙讳、卜筮、医药、僧尼之事”。膳部设膳部郎中、员外郎各一人，“掌邦之牲豆、酒膳，辨其品数”。主客设主客郎中、员外郎各一人，“掌二王后及诸蕃朝聘之事”。武德年间，设置了由太常寺领导的国子寺。贞观元年（627），国子寺从太常寺中分离，改为国子监，成为唐的一个重要行政职能部门。从行政权限上来说，国子监隶属于礼部领导，礼部负责制定教育管理的政策法规，国子监则肩负着教育政策的执行和对中央官学进行管理的职责。任爽《唐代礼制研究》（东北师范大学出版社 2000 年版）一书第十章对唐代礼部及其与礼部相关的太常寺等机构进行了论述。唐制，礼部掌礼仪、祭享、贡举之政令。高宗、武后时期曾改称司礼、春官。其下设礼部、祠部、主客、膳部四司。太常寺掌礼乐、郊庙、社稷之事，是与礼部相对应的事务性机构。太常寺下设机构有：两京郊社署、大乐署、鼓吹署、太仆署、廪牺署、汾祠署、四院（天府院、御衣院、乐悬院、神厨院）。除太常寺外，与礼乐事务相关的诸机构还有宗正寺、鸿胪寺、光禄寺、卫尉寺、太仆寺等。从礼部与太常寺的关系来看，礼部执掌礼制的制定、修改与解释，太常寺依据礼部的意见，负责具体的、事务性的工作。

杨汝林《唐代服饰礼服管理机构与官员设置》［《东华大学学报》（社会科学版）2011 年第 3 期］一文认为，唐代建立了细密的服饰礼仪管理体系，由礼部主管服饰礼仪。礼部制定舆服等礼仪制度。礼部下属礼部、祠部、膳部和主客四司，服饰礼仪具体由礼部司分管。礼部司设有郎中一人、员外郎一人、主事二人，管理包括皇帝、太子、百官、外命妇、庶人女等在礼仪中的服饰制度。祠部司设郎中一人、员外郎一人、主事二人，掌管祭祀等事务。佛道服饰由祠部掌管。唐代服饰制度的制定，由宰相统领尚书礼部来具体完成，同时管理从皇帝到庶人的服饰礼仪。唐代服饰礼仪的变更需要经过一定的程序，一般是先由大臣上奏建议，请示皇帝，皇帝做出批示后，再由礼部和吏部等相关部门发布执行。程义《隋唐官印研究》（硕士学位论文，西北大学，2002 年）一文认为，礼部具有掌符印的职能，但礼部并不铸造官印，其只是制定官印的相关制度，如尺寸、材质、纽式、文字等，具体铸造工作由少府监来负责。刘晓筝《探析唐代中央官学的教育管理》（《开封大学学报》2012 年第 3 期）一文认为，唐代的礼部负责贯彻实行崇圣尊儒的文教政策，并制定相应的教育政令和措施、规划，国子监根据礼部颁布的政令法规来具体管理中央六学，但教育政策、教育体制等最终决定权掌握在皇帝手中。这些研究成果对于理解金代礼部机构、职能的历史渊源具有重要的学术价值。

三 宋、辽礼部研究

学界对于宋、辽两朝礼部的研究，同样也多集中于贡举方面。穆朝庆《论宋代的殿试制度》［《许昌师专学报》（社会科学版）1984 年第 1 期］一文认为，唐五代年间的科举取士，最高级别的选拔为礼部贡院考试。唐代由中书“详覆”礼部所取举人的质量，但这并非常制。除礼部侍郎知举外，唐五代间也以别官任事，称“权知贡举”。为了进一步削弱礼部侍郎的权重，宋初开贡举后，均以他官主持。礼部侍郎在宋代殿试确立前的 13 次贡举中，无一人任知举官，并且知举官中无一人连任。太祖开宝八年（975），宋代增设“权同知贡举官”，从而进一步分割了知举官的权力。北宋于太祖开宝六年（973）确立殿试制度以后，礼部贡院的考试就变为殿试的预试，取士权被剥夺，由皇帝直接控制。太宗雍熙二年（985），礼部开始负责考场排座的事宜。张希清《宋代科举省试制度述论》［载朱瑞熙等主编《宋史研究论文集》（第 10 辑），兰州大学出版社 2004 年版］一文认为，宋代承袭唐及五代的制度，省试的有关事务由礼部贡院掌管。礼部贡院设置于北宋前期，元丰改制后，礼部掌“科举发解、省试”等事。宋代贡举考试只是一些事务性工作由礼部贡院掌管。每开科举，朝廷则另设知贡举、同知贡举等官，主持省试，负责出题、考试、阅卷、录取及奏名等。知贡举在唐代是考功郎中或礼部侍郎的固定职务，而在宋代则是一种临时性的差遣。何忠礼《北宋礼部贡院场所考略》［《河南大学学报》（社会科学版）1993 年第 4 期］一文从太祖朝、太宗至哲宗朝、徽宗朝这三个时期对北宋礼部贡院的场所进行了考察，从而得出北宋礼部贡院的场所，经历了一个由尚书省（朱温旧居）、武成王庙、尚书省（孟昶故第）、开宝寺、太学、辟雍的变迁过程，但其绝大部分时间是设置在尚书省内。到南宋时期礼部贡院才成为一个独立部门。龚延明《论宋代皇帝与科举》（《浙江学刊》2013 年第 3 期）一文认为，宋代皇帝亲掌科举取士大权，从而使礼部的科举考试的部分职能受到了限制。宋太宗时，亲掌发榜权，皇帝御殿临轩唱名公布，剥夺了礼部贡院的张榜公布权。为了加强监督和控制礼部贡院在科举考试过程中发生徇私的行为，宋仁宗时期剥夺了礼部贡院的部分考试权，而由内廷亲信机构——御药院分管。殿试试题的雕印与发放，传宣殿试公文，呈奏殿试前十名给皇帝以便定名次高下等均改由御药院负责。张仙女《宋代太学学官研究》（硕士学位论文，南昌大学，2014年）一文认为，礼部在宋代主要职能是统管全国的文化教育，作为礼部职能部门的国子监实际上负责管理中央官学教育。二者关系为礼部主要负责教育的宏观方面，对贡举的实施、学校教育大政方针的制定等从整体上进行宏观操控，而国子监主要负责教育的微观方面，具体负责管理具体事项。曾广庆《宋代官印制度略论》（《中原文物》2000 年第 5 期）一文认为，宋代的官印由礼部管理，主要体现在对新印的颁发、废印的收缴和销毁。

唐统天《辽代尚书省研究》（《北方文物》1989 年第 1 期）一文认为，辽尚书省礼部实际上是虚有其职的，因为辽礼部之职在敌烈麻都司。凡冠有尚书礼部官衔而又有政绩可查者，均与礼部的事务无关。礼部贡院有试士之权，与唐制相同。礼部设贡院，并设贡举、知贡举之职。但是，试士虽在礼部贡院，而功名授予权却在南枢密院。所以作者认为辽代礼部贡院只不过是个学术性机构而已。高福顺《辽朝礼部贡院与知贡举考论》（《考试研究》2011 年第 2 期）一文认为，礼部贡院是职掌辽朝科举事务的常设机构，辽太宗会同元年（938）获取燕云后沿袭唐五代制度，于南京置礼部贡院岁开贡举，以收汉族士人。知贡举为主持礼部贡院考试的主考官，这个职位不是固定，由朝廷临时差遣。知贡举常由既有较高的儒学水准、深受辽朝统治者信任，又在辽朝担当高级官职的官员来充任。这些研究成果对我们探讨金代礼部贡举方面的职能渊源，具有重要的学术价值。

四 与金代礼部相关问题的研究

学界关于金代礼部的专门研究相当有限，成果主要体现在与之相关的尚书省、文教科举及宗教、官印、人物等方面的研究，现分别加以介绍。

（一）金代尚书省与礼部相关问题的研究

金代尚书省目前可见的专门研究仅有日本学者三上次男《金初的三省制度（上下）》（《歴史と文化》1961 年、1963 年第 5、6 号）、《金朝尚书省研究（上下）》（《歴史と文化》1964 年、1965 年第 7、8 号），杨树藩《金代的尚书省》（《政治大学学报》1970 年第 22 期），张博泉《金天会四年“建尚书省”微议》（《社会科学辑刊》1987 年第 4 期），程妮娜《论金代的三省制度》（《社会科学辑刊》1998 年第 6 期），武玉环《金朝中央官制的改革》（《北方文物》1987 年第 2

期)，吴本祥《金代初期的官制》(《黑龙江农垦师专学报》1997 年第 4 期)、孟宪军《试论金代尚书省的建立和发展》[《辽宁师范大学学报》(社会科学版) 2000 年第 3 期] 等几篇文章，现将金代尚书省研究情况作一简单概括。

关于金代尚书省建立时间的研究，学术界还没有形成一致的意见，一些学者根据《金史·百官志一》“天会四年，建尚书省，遂有三省之制”的记载而认为金代尚书省的建立时间应为太宗天会四年（1126)。张博泉在《金天会四年“建尚书省”微议》一文中认为尚书省初建时间是天会四年，但尚书省执其事时间是天会八年(1130)。程妮娜在《论金代的三省制度》一文中持不同意见，认为尚书省的建立应分为中原地区与金代中央政权两个方面来具体分析。天会四年，金朝颁布官制改革诏令，改革的对象为女真旧制和原辽汉人枢密院制，改革目的是建立以尚书省为中心的三省制。此次官制改革是中央与中原同步，并且是自下而上，基层机构建立后，再建立最高机构。太宗天会八年（1130)，中原地区因封建基础雄厚首先完成改革。中央官制是由奴隶制向封建制变革，困难、阻力较大，太宗于天会十二年（1134）正月，“甲子，初改定制度，诏中外”，但尚未及全面实行，太宗病重身亡，推行新官制的重任落到熙宗身上。天会十三年（1135）正月，熙宗即位，从而全面实行封建三省六部制改革。孟宪军《试论金代尚书省的建立和发展》一文也认为金代在太宗天会四年于燕京建立了尚书省，天会十二年在中央建立了尚书省，太宗皇帝病死后改革中止，熙宗在天会十三年即位后，才开始全面实行官制改革。

关于金代尚书省的渊源研究，张博泉在《金天会四年“建尚书省”微议》一文中认为，金代“天会四年‘建尚书省’时，还未最后征服两河地区，尚书省的机构、官制的制定承袭辽制”。武玉环《金朝中央官制的改革》一文认为，金朝政治制度的重要组成部分的官僚机构，是仿照中原的汉官制度而设立的，并且基本上仿唐、宋之制而成。程妮娜《论金代的三省制度》一文认为“金代三省制是兼采唐、宋、辽制度并融入女真特点而形成的”。孟宪军《试论金代尚书省的建立和发展》一文认为金代尚书省的建立是承袭辽宋官制，兼采唐制。

关于六部建立的时间，张博泉在《金天会四年“建尚书省”微议》一文中认为金代天会四年“建立尚书省”，六部随之建立，并根据《金史·张通古传》“天会四年，初建尚书省，除工部侍郎，兼六部事”的记载和刘筈于天会七年（1129）为礼部侍郎的史实，得出太宗天会时“建尚书省”，六部之官已设的结论。武玉环《金朝中央官制的改革》一文也认为天会四年建尚书省时，六部中的吏、礼两部也随之建立。“天会年间的三省制，其机构的设置还很不成系统。尚书省职官，只见到尚书左仆射、尚书省令史。中书省、门下省职官只有中书令、门下侍中等职，六部官职，则仅见到吏、礼二部尚书完颜宴。”孟宪军《试论金代尚书省的建立和发展》一文认为金代于天会四年在燕京建置尚书省，六部也随之建立。程妮娜教授《论金代的三省制度》一文认为“太宗末年尚书省、六部及属下机构已基本健全”。

关于天会四年初建尚书省时的职官设置，有的学者认为是实职，有的学者认为是虚职。张博泉在《金天会四年“建尚书省”微议》一文中认为天会四年建立尚书省，长官为尚书省左仆射，为实职。武玉环《金朝中央官制的改革》一文认为天会四年尚书省建立的职官为实职。她认为“天会年间的三省制，其机构的设置还很不成系统。尚书省职官，只见到尚书左仆射、尚书省令史。中书省、门下省职官只有中书令、门下侍中等职，六部官职，则仅见到吏、礼二部尚书完颜宴。其他官职还未见设立，这些官职大都由辽宋降官担任、并且都是治理汉地事宜的”。王曾瑜在《金熙宗“颁行官制”考辨》［载姜锡东、李华瑞主编《宋史研究论丛》（第 6 辑），河北大学出版社 2005 年版］一文中认为，金太宗到金熙宗时的“天会官制”主要是机构的创设和调整，金熙宗时的“天眷官制”则是新定“官号、品秩、职守”。因此他认为熙宗官制改革以前的尚书省很多官名都是虚衔，而不是实职。

关于天会四年初建尚书省的统辖区域研究，张博泉在《金天会四年“建尚书省”微议》一文中认为天会四年建立尚书省，主要实行于黄河以北原辽、北宋的汉人地区，天会四年“建尚书省”不是建在中央，也不是把金统治的地区全部进行改革，中央和北面的官制基本上没有变化。赵冬晖《论金熙宗时期国家政体的转变》［载陈述主编《辽金史论集》（第 2 辑），书目文献出版社 1987 年版］、孟宪军《试论金代尚书省的建立和发展》皆赞成这一观点。程妮娜《论金代的三省制度》一文认为天会四年建立尚书省是在中原地区与金代中央政权两个层面同时展开。这一领域的成果对于本课题关于金代中央官制中礼部的设立过程的研究具有重要意义。

（二）金代文教科举与礼部相关问题研究

张博泉《金代教育史论》（《史学集刊》1989 年第 1 期）将金代教育发展过程分为发展变化的五个阶段，提出金代教育远承唐而近袭辽宋，具有多民族同轨、重视小学教育和民族教育等特点。宋德金《金代的学校考试和铨选考试》（《社会科学战线》1995 年第 2 期）对金代学校考试和铨选考试制度进行了考察。都兴智《金朝教育述论》［《辽宁师范大学学报》（社会科学版）1988 年第 2 期］对金代教育制度的类别、特色及其在中国教育史上的历史地位进行了探讨。王崇时《论金代女真族文化教育的发展》［《延边大学学报》（社会科学版）1995 年第 2 期］对金代女真官学教育的设立与发展进行了专门论述。都兴智《金代科举制度的特点》（《北方文物》1988 年第 2 期）将金代科举制度与前代进行比较，总结金代科举的特点并更正了史料记载中的错误。兰婷《金代教育研究》（吉林大学出版社 2010 年版）对金朝的文教政策、中央官学、地方官学、女真学和私学教育进行了系统的研究。刘海峰《贡院——千年科举的背影》（《社会科学战线》2009 年第 5 期）一文介绍了目前所存在的贡院遗存，认为金元两朝称考试场所为考试院。金朝设有“词赋考试院”和“经义考试院”，各有“考试官”“同考试官”负责试务。薛瑞兆《金代科举》（中国社会科学出版社 2004 年版）论述了金代科举制度发展的过程，并对金代的进士进行了全面的统计。武玉环等《中国科举制度通史：辽金元卷》（上海人民出版社 2015 年版）对辽金科举制度进行了系统研究，其中关于考试程序的内容涉及礼部。这些成果为笔者对金代文教科举与礼部人才培养的关系、礼部官员在教育、科举方面职能的研究提供了基础和借鉴。

（三）其他金史专题与礼部相关问题研究

关于金史的一些专题研究或多或少也涉及金代礼部，主要在金代礼部祭礼、官员、敕牒和官印方面。徐洁《金代祭礼研究》（博士学位论文，吉林大学，2012 年）一文认为，礼部和太常寺是金代祭祀的专门管理机构，其中礼部负责祭礼的制定、修改与解释，太常寺则按照礼部的意见，负责具体的事务性工作。关于金代礼部职官的研究，散见于金代人物研究。主要有王昕《赵秉文研究》（博士学位论文，黑龙江大学，2011 年）、周春健《试论金人赵秉文的孟子学》（《学术研究》2014 年第 2 期）、仉惟嘉《浅议金代名臣张浩》（《长春教育学院学报》2014 年第 22 期）等文章，这些文章对金代礼部职官赵秉文和张浩进行了总体的分析和论述。任万平《金代官印制度述论》（《故宫博物院院刊》1998 年第 2 期）认为金代礼部具有管理官印的职能，但其只是详细制定官印的质料、尺寸、重量、纽式等各种制度，制造工作却是由少府监来负责。官印各种制度的登记造册工作归属礼部，官印的发放也属礼部的职权。白文固《金代官卖寺观名额和僧道官政策探究》（《中国史研究》2002 年第 1 期）一文认为金代鬻卖寺院名额的敕牒全部由礼部颁出，这不同于宋代，从而反映出金代礼部在宗教管理方面事权的加重。冯大北《金代官卖寺观名额考》（《史学月刊》2009 年第 10 期）一文在白文固一文基础上进一步认为，在金代由尚书省的礼部负责颁发给寺院敕额牒。金代敕牒从格式上看，同唐宋相比没有根本的不同，主要包括申状、议定的名额、发牒时间和签署人等内容。金代敕额牒虽称“尚书礼部牒”，但在敕牒末尾的列衔者均为礼部尚书、侍郎、郎中、员外郎以及主事、令史等礼部官员。按照以往的唐宋惯例，宰相、副相即尚书省的主要官员签署尚书礼部牒，但金朝只有礼部的令史、主事、员外郎或郎中署押敕额牒，其他的礼部官员并不亲押。同时，敕牒钤印加盖的是尚书礼部印并不是尚书省之印。这些领域的成果虽然较为零散，但对于本课题在金代礼部礼仪职能、宗教管理职能、职官群体等方面的研究都颇有帮助。

纵观学界已往研究，以唐、宋礼部研究为多，这为金代礼部制度渊源的研究奠定了基础。关于金代礼部的研究相当有限，成果多集中于与礼部稍有涉及的尚书省、文教科举方面，以及少量关于宗教、官印、人物等方面的学术论文。学界尚未形成对金代礼部系统性的专门研究。

金代妇女研究综述

王　姝*

中国古代妇女史研究从20世纪上半叶、80年代中期至21世纪初，分别经历了两次热潮并逐步走向学科化建设阶段（杜芳琴《发现妇女的历史——中国妇女史论集》，天津社会科学院出版社1996年版；杜芳琴《中国妇女史：从研究走向学科化》，《山西师大学报》2002年第7期；臧健《民国以来中国妇女史研究的反思》，《北大史学》2009年第14期）。这一时期涌现出了大批优秀的学术论文和著作，尤其是唐宋、明清妇女史研究更是在海内外学界引起了广泛的关注。20世纪以来，金代妇女史研究主要集中于中国大陆、中国香港、中国台湾，以及日本、韩国等东亚地区，欧美地区尚未有代表性论著涉猎这一研究领域。学者们针对金代妇女相关问题展开了深入的探讨，取得了丰富的成果。

20世纪20年代中期开始，中国台湾和日本学者在探讨金代女真人的发式、服饰、婚姻形态等问题时，曾较早涉及金代妇女相关方面问题，但是这些探讨并非以妇女为主体研究对象，也不是从妇女的视角切入。此后，金代妇女及相关问题逐步进入学界视野，部分通史、断代史及妇女史著作中均出现了专论金代妇女的章节。这些研究加深了我们对金代妇女问题的了解，但是部分研究成果仍旧以宏观概述与片段性介绍为主。20世纪80年代至20世纪末，关于金代妇女社会地位、婚姻家庭与社会生活方面涌现出了一批非常重要的学术论文。近年来，随着学科的交叉融合及出土文物的重新整理，已有研究者试图突破旧有框架，在多学科交叉的基础上，从不同角度对金代妇女史研究进行整体考察（陈高华主编《中国妇女通史》，杭州出版社2010年版）与专题研究（王姝《金代女性研究》，博士学位论文，吉林大学，2014年）。本文在梳理相关著作、论文的基础上，从社会地位、婚姻家庭、生活习俗、教育与作品成就、宗教信仰等方面，综述20世纪以来学者们对金代妇女研究的成果，并就此提出反思与展望，希冀见微知著，推动学界对金代妇女研究的认识更进一步。

---

* 王姝，女，吉林长春人，吉林省社会科学院历史所副研究员，主要从事宋辽金史、北方民族妇女史研究。

一　金代妇女社会地位研究

妇女社会地位问题是妇女研究领域中居于核心的论题，其与社会政治、经济、教育、法律、婚姻家庭等各方面紧密相连，考察群体的范围上至后妃、公主下至女婢、倡优，广至社会各个阶层。11—13 世纪是中国社会历史发生重大变革的时期，金王朝作为北方少数民族女真族建立的政权，其统治区域内女性社会地位问题错综复杂。

（一）金代妇女社会地位综论

关于金代妇女社会地位问题，学界基本认同女真族妇女社会地位较汉族妇女社会地位要高；金建国前母权制时期妇女社会地位较高，建国后随着母权制向父权制转化与中原汉文化的影响，妇女社会地位日趋下降。目前宏观综论的研究成果也主要是从以上两个方面展开。

一是从比较研究角度综论辽、宋、西夏、金妇女社会地位问题，尤其是比较女真族妇女与汉族妇女社会地位问题。宋德金《辽金妇女的社会地位》（《中国史研究》1995 年第 3 期）认为，辽金妇女在婚姻和家庭生活中有较大的自由和较高的地位，离婚再嫁从贵族到平民都很常见，一般不受社会舆论的非议。但是，金代前后期也有变化，海陵、世宗朝前较以后明显，女真族比汉族突出。随着社会发展，辽金妇女在婚姻、家庭中的地位逐渐下降，所受封建礼教约束越来越多。张邦炜《辽宋西夏金时期少数民族妇女的生活》（《四川师范大学学报》1999 年第 3 期）认为妇女社会地位的高低除取决于社会制度外，还深受民族传统制约。少数民族妇女有权参与一切社会事务，其社会地位高于宋辖区汉族妇女。金建国后开始提倡贞烈、限制后权、建立命妇制度。在中原汉族文化的影响下，各少数民族母权制痕迹逐渐消退，妇女的社会地位呈下降趋势。

二是从家庭形态研究角度探讨金代不同时期妇女地位变化情况。王可宾《女真国俗》（吉林大学出版社 1988 年版）认为，女真人的家庭在建国前保留着某些母权制的残余，建国后一般女真人家的妇女仍具有一定的地位，具体表现在婚姻自主权、舅权及兼有父系和母系两个族姓的复姓。韩世明《辽金时期女真家庭形态研究》（《史学集刊》1993 年第 2 期）认为金建国前，始祖时期妇女在社会上占有一定的社会地位。献祖时，女家长在家庭公社中还有很高的地位，其权力是由妇女在社会生活中的经济地位所决定的，同时也是父权的补充。穆宗时，随着父权制的确立，女家长虽然相对保留了尊者的地位，但是基本退出了社会政治生活，一般妇女的地位更为低下。金代后期，侧室和非正式婚配的掠夺婚地位相差无几，与封建社会中妾的地位基本相同。此外，王文卓《金朝女性社会地位探析》（硕士学位论文，黑龙江大学，

2010 年)、范歆玥《辽金贵族女性社会地位比较研究》(硕士学位论文，辽宁大学，2011 年)、刘晓飞《金代汉族家庭形态研究》(博士学位论文，吉林大学，2013 年)对金代妇女社会地位问题亦曾有相关探讨。

(二) 金代妇女政治地位研究

金代妇女政治地位问题主要集中于对三个妇女群体地位的考察，即后妃群体、公主群体与官宦家庭妇女群体。对后妃群体政治地位研究的成果较多，主要集中在后妃族属与地位变迁、后妃制度体系发展脉络、后妃政治参与等问题。对公主群体、官宦家庭妇女群体的研究则略显薄弱。

一是后妃群体地位研究。20 世纪 60 年代，台湾学者桑秀云《金室完颜氏婚姻之试释》(《历史语言研究所集刊》1969 年第 39 期上) 率先开启了对金朝后妃族属与地位的详细梳理与考略，认为完颜帝王的婚配对象可以分为三个时期：自昭祖至太祖全无汉人为妃时期；自太宗至章宗，与契丹、渤海的婚姻关系密切时期；自章宗以下，以汉人为妃的趋势增加时期。王世莲《金代非女真族后妃刍议》(《求是学刊》1992 年第 2 期) 进一步认为，金太祖至太宗年间，非女真族后妃被俘或应召入宫，地位几与奴仆无异。熙宗至世宗年间，非女真族后妃社会地位的提高，大批渤海、奚、契丹族女子入宫为妃嫔。章宗至哀宗年间，非女真族后妃的地位进一步提高，几与女真族相当。特别是汉族女子入宫为后妃者多于其他族人，而且汉族后妃还不同程度地参与了金代的政治斗争。非女真族后妃在加速女真社会封建化及促进北方民族融合中起到了不可忽视的作用。刘浦江《渤海世家与女真皇室的联姻——兼论金代渤海人的政治地位》(《大陆杂志》1995 年第 1 期) 则以渤海世家与女真皇室联姻为视角，考察金代渤海人的政治地位，认为双方的政治联姻始于金初，联姻的渤海世家主要是大氏、李氏和张氏三支望族，累世联姻提升了渤海人在金朝的政治地位。同时，该文认为金代渤海人政治势力最强盛的时期是在海陵和世宗两朝，而金代前期和后期则显得相当低落。另外，李锡厚、白滨《中国政治制度通史》(第 7 卷) (人民出版社 1996 年版) 一书的金朝政治制度部分，概述了金朝后妃的整体发展面貌。

关于金朝后宫制度发展脉络问题，董四礼《金朝后妃制度初探》(《黑龙江档案》2006 年第 2 期) 认为，金朝后妃制度实缘起于女真旧制，太祖、太宗时期草创，熙宗朝及其以后渐趋完备，海陵朝至世宗朝逐渐完善和发展，章宗朝得以确立，卫绍王至哀宗朝后妃制度开始破败。其后，张宏《金代后宫制度研究》(博士学位论文，吉林大学，2010 年) 和《金代后宫制度初探》(《社会科学战线》2012 年第 7 期)，杨雪《金代后妃研究》(硕士学位论文，山东大学，2013 年)，王姝《金朝后妃封号与选纳制度探析》(《辽宁工程技术大学学报》2015 年第 5 期) 具体梳理了金代后宫制度发展脉络，后妃的选纳制度、礼仪制度、名位制度。吴垚《金朝后妃家族徒单氏研究》(硕士学位论文，哈尔滨师范大学，2013 年)、彭赞超《金朝后妃家族蒲察氏研究》（硕士学位论文，哈尔滨师范大学，2014 年）分别以金朝后妃徒单氏、蒲察氏家族为着眼点，探究后妃家族与统治者的关系、后妃家族的崛起与兴衰，认为金代以姻亲关系兴起的官宦世家很难长盛不衰。

关于金代妇女政治参与问题，孟古托力《古代北方民族女性参政的若干问题——兼南北女性参政之对比》（《学习与探索》1996 年第 6 期）在宏观上对上自汉魏、下迄元明的南方后妃与北方后妃参政情况进行对比，认为北方后妃参政程度在广度、深度和业绩等方面均高于南方后妃。王对萍《论金代女性的政治作为》（《内蒙古农业大学学报》2011 年第 1 期）、范歆玥《金朝贵族女性涉政问题初探》（《东北史地》2011 年第 1 期）探讨了金朝贵族妇女的参政概况。此外，学者们对金朝历史上有影响力的悼平皇后、贞懿皇后、昭德皇后、元妃李师儿等几位著名后妃参政及相关问题展开详细探讨。于国石《熙宗皇后裴满氏干政小考》（《辽金契丹女真史研究》1990 年第 1 期）认为熙宗悼平皇后裴满氏干政，不仅反映了金代皇权与后权之间的矛盾与斗争，同时也展现了皇权的强化和金代社会的发展。景爱《贞懿皇后与清安寺之变》（《文物天地》1985 年第 6 期）、鲁任《金代渤海族女政治家贞懿皇后》（《北方民族》1993 年第 1 期）、树林娜《金代贞懿皇后述略》（《辽东史地》2006 年创刊号）、刘肃勇《李洪愿出宫回归辽阳当尼姑史事考述》[《沈阳故宫博物院院刊》（第 12 辑），现代出版社 2013 年版]、张君弘《论贞懿皇后、金世宗与辽阳政变》[《辽金历史与考古》（第 4 辑），辽宁教育出版社 2013 年版]、邸海林《"圆明大师"李洪愿与金世宗登基的关联性》（《齐齐哈尔大学学报》2013 年第 6 期）详细探讨了贞懿皇后在金代初、中期政治舞台上大有作为的一生，尤其肯定了她在教育完颜雍、联络各大族、清安寺之变、辅助完颜雍成就帝业的过程中所起的历史作用。另外，针对辽阳出土的《通慧圆明大师塔铭》刻石，邹宝库《辽阳市发现金代〈通慧圆明大师塔铭〉》（《考古》1984 年第 2 期）、刘肃勇《金代贞懿皇后年谱新证》（《社会科学辑刊》1987 年第 1 期）、张博泉《辽阳市发现金代〈通慧圆明大师塔铭〉补证》（《考古》1987 年第 1 期）、方殿春《金代〈通慧圆明大师塔铭〉再证》（《北方文物》2007 年第 1 期）先后进行了系列研究，考辨贞懿皇后的生平及相关史实。此外，外山军治《金章宗与李妃》（《大阪外国语大学学报》1973 年第 2 期）、李锡厚等《辽金西夏史》（上海人民出版社 2003 年版）、连群《小议金世宗昭德皇后》（《黑龙江农垦师专学报》2002 年第 4 期）等对章宗元妃李师儿干预朝政被杀与昭德皇后乌林答氏生平进行研究。除此以外，《东北历史名人传》（古代卷）（吉林文史出版社 1986 年版）、《金帝后妃全传》（哈尔滨出版社 1998 年版）、《中国北方各族人物传》（金代卷）（辽海出版社 2002 年版）等人物传记书籍中亦有对金朝后妃的简论。

二是公主群体地位研究。目前对金朝公主群体政治地位研究的成果不多，且研究侧重点各有不同。王可宾《女真公主述要》（《北方文物》1990 年第 3 期）详细考察了金朝的女真公主、郡县主，叙及其中 59 位，并逐一拾掇事略，考释封国封号变更缘由及公主获封特点。该文认为公主、郡县主的封号，至世宗时始有严格定制；男女异长，封号等第也有差别；公主身世地位不同，封国之号也有等第差别；女真公主有时另有惯称。此后，王民信《辽金元的契丹女真蒙古公主》（《历史月刊》1997年第10期）对辽金元的契丹女真蒙古公主亦有探讨。王孝华《论金与蒙元的和亲》（《黑龙江民族丛刊》2010年第5期）则主要从金朝公主作为政治联姻工具的角度进行探讨，认为金朝献岐国公主和亲是当时历史条件下的必然产物，双方均有和亲的意愿，和亲在金蒙关系史中有重要意义。王姝《金朝公主社会地位研究》（《大庆师范学院学报》2015年第5期）从宏观角度综探金朝公主的政治地位、经济来源、婚姻概况、文学成就，进一步认为金朝公主封号遵照等第有别与长幼有序的原则，依据礼制封授。公主政治地位颇高，受到皇帝宠信，个别公主依仗权势插手时政，公主婚姻政治属性强烈。

三是官宦家庭妇女群体地位研究。现有对这一阶层妇女研究的成果虽少，但指向性明确，专论士族阶层女性形象、政治地位获得等问题。例如，杨果《墓志所见金代士族女性形象——以〈遗山集〉墓志为重点》（《10—13世纪中国文化的碰撞与融合》，上海人民出版社2006年版）以墓志文本为主，探讨金代官宦士族阶层女性形象。该文总结金人墓志中的规范士族女性特点，认为金代社会的性别制度总体上因袭唐宋社会的特色，金朝后期表现尤其突出，并体现在性别分工、婚姻制度、道德规范等方面的金人墓志中的女性形象呈现出与宋人大同小异的相近模式。针对金代官宦家庭妇女政治上获封赠命妇问题，赵永春、王姝《金代品官命妇获封赠途径研究》（《西南大学学报》2014年第2期）认为当品官达到推恩封赠资格时，正室、继室均可从夫荣而受封赠，次室受封赠，其夫至少为一字王或爵级正从一品以上；嫡母可凭子贵而受封赠，庶母、继母若受封赠，其子至少为一字王或正从三品以上爵。金代妇女同样可凭孙、曾孙辈贵而受封，但其孙、曾孙至少或为一字王，或为正从三品以上爵。同时，金代少部分妇女亦可通过自身功绩荣而受封为品官命妇。关于命妇封授制度与旌表问题，王姝《金代品官命妇封赠制度考》（《首都师范大学学报》2016年第1期）进一步考证了金代品官命妇封号与等级制度、品官命妇获封赠依据、品官命妇纵向与横向封赠范围、品官母辈尊长与妻辈封号区别等问题。王对萍《金代女性政治生活研究》（硕士学位论文，西北师范大学，2011年）对命妇旌表问题亦曾简略述及。

（三）金代妇女经济与法律地位研究

目前，学界对金代妇女经济地位的研究尤为不足，仅有的成果主要是探讨女真族早期的经济生活，以及后妃、公主的经济待遇问题，对建国后官宦阶层、平民阶层妇女经济地位的研究则几乎为空白。杨果在《辽金俸禄制度研究》（《大陆杂志》1997年第5期）中分层级论述辽金官员的俸禄制度时，对宫闱、宗室俸给情况曾做概要总结。宋立恒《金代社会等级结构研究》（博士学位论文，中央民族大学，2005年）

从社会等级结构的角度，表述了后妃享有物质待遇和礼仪方面的特权。王姝《金朝公主社会地位研究》（《大庆师范学院学报》2015 年第 5 期）认为，金朝公主主要通过朝廷的常规俸给、皇帝的赏赉、非法手段获取经济来源。刘肃勇《从“放偷日”习俗看女真族早期婚制与经济生活》（《满族研究》2009 年第 1 期）研究了女真族早期婚制与经济生活问题，认为“放偷日”习俗标志着女真族的母权制在崩溃，父权制在逐渐发展。女真族私有制发展，个体小家庭及其独立经济普遍存在，原始公有制将最终被个体小家庭的私有制所取代，女子也退回到家庭劳动中，母权制下的社会或生产地位皆被男子取代。当时按出虎水地区及其以远的女真族，已经进入原始社会末期，较为发达的父系氏族社会时代。

金代妇女法律地位的研究成果主要聚焦于民事法律地位上，但着眼点与研究重点却有很大差异。成果旨在比较唐宋汉族妇女与金朝女真族妇女的法律地位问题，探讨金朝家庭中夫妻间法律关系问题，研究金朝婚姻法与继承法问题。台湾学者游惠远《从婚姻法比较宋金妇女地位的差异》［《中国历史学会史学集刊》（台湾第 33 卷）2001 年第 7 期］主要通过婚姻法比较宋、金妇女地位的差异，认为汉族妇女地位下滑不始于宋，而始于金元开始统治中国之际，同时以列表的形式比较唐宋金元四朝在婚姻法与财产继承制度上的异同。不管是在聘财观念上，还是订婚、离婚及守节与再嫁的相关规定上，金元妇女均较宋代妇女受到更多的约束。而在妇女的财产方面，金朝有别于南宋，大为降低儿女继绝的额度；妻子虽可在丈夫亡殁后继续保管家族财产，但再嫁却连自己的嫁妆也不能带走，使其再嫁的筹码大为降低，再嫁妇逐渐被污名化。曾代伟《试论金朝婚姻制度的二元制特色》（《西南民族学院学报》1995 年第 5 期）认为，金代妇女的法律地位，较唐宋有所下降，处境确如时人所说的比奴婢都不如。金朝推行民族间通婚的动因是为了社会长久安宁。汉文化与女真文化的交接、碰撞和转型性融合，导致了金朝婚姻制度的二元制。王姝《金朝家庭中夫妻间法律关系考论》（《黑龙江民族丛刊》2014 年第 1 期）则主要探讨金朝家庭中丈夫与妻、妾间法律关系问题，认为金朝律文大多是对家庭中妻、妾之于丈夫所尽义务的要求，或是对家庭中妻、妾伦理秩序的规定，妻、妾之于夫所承担的是较片面的义务。家庭中妻、妾与丈夫犯同等罪行时，量刑不仅不对等而且要明显繁重。就犯奸淫罪之惩处来看，女真人对犯“奸”有从重惩罚之习俗。金律在金朝社会上中层执行效果与力度要明显优越于下层平民中，底层妇女基本权益很难获得法律上的相应保障。芮素平《金朝立法研究》（硕士学位论文，中国社会科学院研究生院，2003 年）从女真习惯法的沿用、法律的初创、发展完善、地位作用等方面论述了金代法律问题。虽然该文并不是从女性的视角出发，但是对涉及金代女真女性的婚姻制度、继承制度、刑事法规等内容均有相关论述。此外，香港学者黄嫣梨《中国传统社会的法律与妇女地位》（《北京大学学报》1997 年第 3 期）从宏观上述略中国古代法律与妇女地位问题，认为在刑法的构成原理中“孝”与“长幼有序”的“例外条规”冲淡甚至排除了“男尊女卑”原则的适用。中国社会和法律上出现了一种可以名之为“母权”的现象，而妇女的地位就不能一概以“卑下”视之。

（四）金代奴婢、姬妾与娼妓地位研究

目前对奴婢、驱口的研究较多且较为深入，集中于对奴婢的来源、数量、身份地位、其与户籍制度关系等问题的研究。绝大多数成果将男奴与女婢作为同一群体整体考察，少有将婢女从奴婢阶层中剥离出来，单独对其生存状态进行研究。涉及奴婢人身问题的研究主要是对平民女子与奴婢通婚及婚后所生子女身份问题的探讨。王曾瑜《宋朝的奴婢、人力、女使和金朝奴隶制》（《文史》1988 年第 29 辑）认为金代平民女子若非家境贫寒，一般无下嫁奴隶之理，而在平民女子嫁给奴隶后，其身份自然不同程度的降低，与奴隶所生子女“为良”，也是有条件的。刘庆《金代女婢赎身制度初探》（《吉林大学研究生论文集刊》1985 年）、《金代赎身制度初探》［《辽金史论集》（第 3 辑），书目文献出版社 1987 年版］认为金代奴隶与良人女通婚，良人女沦落为婢，丈夫恢复良人身份，妻子仍需通过赎身获得自由。婢女还常常成为非法奴役饥民的诱饵。良人与婢生女为婢，生子为良。还有韩国学者李铉《金代户口问题研究（1）——关于奴婢产生过程的分析》（《丁仲焕博士还历纪念论文集》1974 年）、《金代户口问题研究（2）——奴婢赎良形态分析》［《釜山女大论文集》（第 4 辑）1974 年］、《金代户口问题研究（3）——关于金代女婢妻所生子女的身份归属》［《釜山女大论文集》（第 5 辑）1977 年］对金代户口问题的系列研究与奴婢来源、赎良及奴婢所生子女身份问题进行了相关研究。

金代姬妾与娼妓问题，宋德金《辽金妇女的社会地位》（《中国史研究》1995 年第 3 期）认为金代奴婢、姬妾与娼妓虽名分不同，但来源与社会地位相近，地位微贱、受人驱使，毫无真正尊严可言。王书奴《中国娼妓史》（团结出版社 2004 年版）认为，金代所谓“监户”“官户”，犹如唐代罪人家属没入掖庭的一样，亦即唐代之宫妓。金代官吏狎妓饮酒是一件很平常的事，京内外都有娼妓，娼妓的盛衰与奴隶制度有很大关系。

（五）金代的辽、北宋被掳宗室妇女地位研究

辽、北宋被掳宗室女性在金朝的生存状态，以及辽、北宋、金三政权间的碰撞互动问题，张明华分别从北宋妇女遭遇金朝掳掠过程、掳掠抵金后生存状态、金廷生活方式礼仪汉化趋势三个角度，进行系列性研究。《“靖康之难”被掳北宋宫廷及宗室女性研究》（《史学月刊》2004 年第 5 期）认为北宋末年，金兵第二次包围汴京，宋徽宗、宋钦宗将上万名宫廷、宗室和京城妇女，明码标价抵押给金军，这些妇女在金军营寨中惨遭强暴与蹂躏。北宋灭亡后，这些妇女随金军北迁，在途中历经磨难、大批死亡。抵达金上京后，这些妇女被遣送至洗衣院、皇帝御寨，赏赐给金国将领，甚至流落民间，被

迫为奴、娼。《宋徽宗宋钦宗金国攀亲考》（《南京林业大学学报》2005 年第 1 期）认为当徽钦二帝被押解抵金后，幻想通过与金朝统治者攀亲改变自己的困窘处境，最终招致金人的嘲讽和侮辱。同时，《战争、战俘、文化碰撞——金国宫廷生活方式及宫廷礼仪汉化趋势研究》（《河南大学学报》2008 年第 4 期）认为，金国在进行政治、经济变革时，大量吸收了北宋宫廷礼仪制度。金初被俘契丹贵族妇女对金国宫廷生活方式影响不大，真正影响女真贵族生活的是封建化程度较高的燕故地汉族女性。熙宗时金国宫廷和礼仪制度发生了从无到有的根本性转变，而金国的宫廷礼仪制度基本脱胎于北宋。金朝中后期，后妃中再无干政之人，其价值观念也呈现出明显的汉化趋势。

二　金代妇女婚姻家庭研究

目前学界对金代婚姻制度与妇女贞节观问题的研究较为丰富。婚姻制度方面，着重研究了金代具有代表性的收继婚与世婚制。但部分成果以研究制度本身为主，对婚姻中的女性参与者仍缺乏关注。妇女贞节观方面，主要涉及对妇女守节与再婚，贞节观在金朝发展、演变历程，女真族与汉族贞节观的相互影响等问题的探讨。

（一）收继婚、世婚制的研究

关于金代收继婚问题，多位学者展开探讨并形成争鸣。20 世纪 30 年代，徐炳昶撰专文《金俗兄弟死其妇当嫁于其弟兄考》（《史学集刊》1937 年第 3 期）考述金代收继婚问题，认为女真妇人丈夫死后，对于再嫁给其夫之兄或弟，妇人有不可回避的义务。唐长孺《金代收继婚》（《山居存稿》，中华书局 1989 年版）则与徐氏观点不同，认为收继之制一般都是夫之弟侄接续。兄收弟妻或者是女真习俗，或者仅是特例。针对女真族是否存在“妻后母”问题，学者们则有完全相悖的认识。邓荣臻《金代女真族“妻后母”说考辨——兼论女真族宗族接续婚》（《北方文物》1990 年第 1 期）详细考辨诸史料，认为女真族妇女在丈夫死后，只嫁给与她丈夫同出一祖的兄弟，不嫁她丈夫的儿子，不存在“妻后母”和不同辈接续婚。王叔言撰文《女真“妻后母”复议》（《北方文物》1991 年第 2 期）通过例证分析驳邓荣臻文章的观点，认为女真人确曾有“妻后母”之俗。另外，董家遵《中国古代婚姻史研究》（广东人民出版社 1995 年版）、李衡眉《“妻后母、执嫂”原因探析》（《东岳论丛》1991 年第 3 期）等文亦曾简要述及金代收继婚问题。

对金代世婚制的研究，学界起步也较早，主要是对“天子娶后”与“公主下嫁”世婚的探讨。20 世纪 30 年代中期，陶希圣《十一世纪至十四世纪的各种婚姻制度·上下》（《食货》1935 年第 1 卷第 12 期、第 2 卷第 3 期）指出女真族为徒单、拏懒、唐括、蒲察、裴满、纥石烈、仆散、乌林答、乌古论、完颜，这十部互相世婚，此外便不得通婚。收宁江州以前，施行过同姓为婚。日本学者三上次男《辽末金室完颜家族的通婚形态》(《东洋学报》1940 年第 27 期)、《金史研究》(第 3 卷)(中央公论美术出版社 1973 年版)认为《金史》记载中出现的金朝外戚共有九姓，但其中拏懒氏并非外戚之族，传统的外戚之家只有八姓。台湾学者桑秀云《金室完颜氏婚姻之试释》(《历史语言研究所集刊》1969 年第 39 期上)则通过极为详尽的梳理与研究，认为女真的婚姻从纵的方面，有世婚及中表婚的现象；从横的方面，有类似婚级制的现象，即金代完颜氏与世婚家有分组隔代结婚倾向。徒单、仆散、蒲察三氏与金室奇数代次诸帝通婚；唐括、乌古论、裴满三氏偶数代次诸帝通婚。娶后偏向婚级制，而尚主则偏向于世婚。王可宾《女真公主述要》(《北方文物》1990 年第 3 期)总结了金代公主、县主婚嫁特征：完颜宗室与某几个异姓部族长和贵族之家，世为婚姻；残存群婚、收继婚等较多的遗风旧俗；在世宗前后女真婚俗发生了较大的变化，公主的婚仪变化尤为显著。张邦炜《辽宋西夏金时期少数民族的婚姻制度与习俗》(《社会科学研究》1998 年第 6 期)归纳了女真族婚姻习俗，以及出于政治需要而在婚姻方面施行的举措。李玉君《金代宗室研究》(博士学位论文，吉林大学，2010 年)认为金朝公主所嫁多为功臣子孙、与宗室有重亲关系的家族子孙；公主死后，有以其他公主接续的情况。除此以外，李建勋《金海陵王婚姻之分析》(《农垦师专学报》1994 年第 4 期)，李忠芝《金代完颜氏世婚制研究——以皇室、宗室为中心》(硕士研究生论文，吉林大学，2007 年)和《金代世婚制度与萨满文化》(《长春大学学报》2008 年第 11 期)，孙志刚《浅析女真完颜氏世婚制的原因》(《宿州教育学院学报》2009 年第 4 期)，刘筝筝《金代女真的婚姻形式和习俗》(《内蒙古农业大学学报》2009 年第 1 期)，陈恩虎《中国封建社会皇帝后妃问题初探》(《安徽大学学报》1996 年第 3 期)等简述了金代世婚制度的起源、施行的原因，以及世婚制度由盛至衰的发展过程。另外，汪玢玲《中国婚姻史》(上海人民出版社 2001 年版)一书对金代女真婚俗种类及汉化情况有着较为详细的分类。

(二)贞节观问题的研究

金代妇女贞节观问题，台湾学者研究的比较早，且较多采用计量方法，力图使所得研究结论更加客观。但其中部分文章研究主体时间跨度大，多在列表中综合统计金代节烈妇女数据，对统计结果仍缺少深入探讨。同时，所举史料多为金代汉族事例，对女真妇女论述较少。目前学界绝大多数学者认同，金代女真人的贞节观念，经历了由无贞节观到贞节观日益加深的发展过程。

较早对这一问题进行探讨的是台湾学者董家遵《历代节烈妇女的统计》(《现代史学》1937 年第 3 期)。该文通过《古今图书集成》等资料整理出金代烈女 28 人，统计占周至清历代烈女总数的 0.23%。该文认为守节或殉节的行为是礼教森严的时期里才开始受到重视。对于妇女再嫁问题，董家遵《从汉到宋寡妇再嫁习俗考》(《文史月刊》1934 年第 3 期)分析了从汉到宋时期中国汉族寡妇再嫁问题的历史发展脉络，认为宋朝是中国婚姻史上一个转型期，宋以前寡妇再嫁并非可耻之事，也不为世人所鄙，宋中叶以后贞操观念说已被普遍奉行。聂崇岐《女子再嫁问题之历史的演变》（《辛巳文录初集》，文奎堂书庄 1941 年版）认为蒙元以前女子再嫁并不为社会所轻视。贾淑荣《金代女真人的贞节观》（《内蒙古民族大学学报》2009 年第 5 期）、夏宇旭等《辽金契丹女真婚制婚俗之比较》（《吉林师范大学学报》2007 年第 3 期）认为，随着民族杂居与通婚，中原地区的贞操节烈的观念逐渐渗透，金朝社会开始崇尚贞节，反对再嫁。

关于贞节观在金朝发展与演变历程问题，徐秉愉《辽金元三代妇女节烈事迹与贞节观念之发展》（《食货》1980 年第 10 期）认为，女真妇女在社会地位方面拥有相当的自由，金代汉化较深，受到宋代理学家倡导贞节的影响可能更多，使贞节观念在金朝和南宋统治下逐渐加强，并且有殉夫的事迹出现。陈素贞《史家笔下辽金元女性节烈观综探》（《东海中文学报》2001 年第 7 期）则首先从现实生活与经济因素，探讨辽金元时期女性如何走向汉人“从一而终”的贞节观与礼教中；其次观察史籍中节烈观如何由贵族命妇流衍到广大的民间妇女身上；同时探讨以经史为主的女教，如何促成女性的自我期许，乃至形成家庭典范与贞烈门风；最后讨论以说明男性主导的史材与史论如何直接影响正史上的女性形象。高世瑜《历代〈列女传〉演变透视》[《中国社会历史评论》（第 1 卷），天津古籍出版社 1999 年版] 认为以宋金为过渡、以元代为转折点，女性的社会角色日益淡化，从双重角色向单纯家庭角色转变；女性价值从多元向单一演变；贞节观念日益强化，至明清时代达到极致。除了上述研究外，也有研究者探讨了女真族对汉族贞节观的影响。刘代霞《从〈董西厢〉看女真婚俗对金代婚姻观念的影响》（《黑龙江民族丛刊》2009 年第 4 期）认为，随着女真族入主中原，北方少数民族婚俗对中原汉族产生了极大的影响。在婚恋活动中，金代汉族女性主体意识开始出现，主动性有所增强，贞节观念明显淡化。

学界除了对上述金代婚姻制度与妇女贞节观问题的探讨外，还有对妇女婚龄、平均年龄和生子数量的统计。王新英《金代家庭人口数量考略——以金代石刻文献为中心》（《黑龙江民族丛刊》2014 年第 6 期）以石刻文献为研究中心，统计金代女性初婚年龄为 18—23 岁，女性平均死亡年龄为 59. 34 岁。在一夫一妻和一夫多妻家庭中，子女平均数在 4. 1—4. 6 人，统计认为金代家庭人口数量不超过 6. 1 人。这与以往学界统计金朝家庭人口数量平均为 6. 5 人以上、5. 96—6. 71 人的结果略有不同 [袁祖亮《西汉至明清家庭人口数量规模研究》，《中州学刊》1991 年第 2 期；吴松弟《中国人口史》（第 3 卷），复旦大学出版社 2000 年版]。

三　金代妇女社会生活习俗研究

金代妇女社会生活习俗的研究成果，概括起来主要有妇女服饰习俗、发饰习俗、生活习俗等几方面内容。这部分研究中，服饰与发饰习俗方面是以整体概述为主，注重对女真族与汉族服饰的比较研究，尤其着重考察服饰与发饰发展流变过程中的文化因素。在生活习俗方面，则探讨得较为深入，更多以金朝社会整体作为考察对象，研究了金人的饮食起居、文娱体育与岁时风俗等内容，较少从性别角度细化区分妇女的生活状况。

（一）金代妇女服饰研究

金代妇女服饰方面的研究成果，大致可划归为整体研究与具体研究两个部分。整体研究方面，首先是对中国古代服饰发展流变的探讨，如周锡保《中国古代服饰史》（中国戏剧出版社 1984 年版）、周汛等《中国古代服饰风俗》（陕西人民出版社 2002 年版）；其次是对先古肃慎至明清时期女真族服饰发展整体概况的研究，如郭殿忱《女真服饰史论》（《黑龙江民族丛刊》1993 年第 2 期）、曾慧《满族服饰文化的变迁》（上、中、下）（《辽东学院学报》2009 年第 4 期、2009 年第 5 期、2010 年第 1 期）。这些研究成果中，部分涉及对金代妇女服饰简况的概述。具体研究方面，则主要针对金代女真族服饰发展与文化内涵展开。赵评春《金代女真服饰研究》（《黑龙江民族丛刊》1995 年第 1 期）考察了女真服饰的龙纹年代与丝织品来源，服饰中左衽与尚白习俗的源流，认为吊敦为妇人之服略失偏颇，辽金所服吊敦应类同于中原膝裤。韩世明《辽金生活掠影》（沈阳出版社 2002 年版）概述了朝服中皇后的冠服、常服中一般妇女的衣着。曾慧《民族学视野下的金代女真服饰研究》（《满族研究》2007 年第 2 期）分析了金代女真社会发展过程中所形成的具有本民族特色的服饰，以及女真服饰所体现出的历史文化内涵。顾韵芬等《金代女真族服饰文化的涵化》（《纺织学报》2009 年第 1 期）认为，金代女真族服饰文化涵化可以概括为推行汉化；实现舆服制度；由简到奢；舆服制度的完善；服饰等级观念确立，提倡节约、淳朴、质直的旧风；限制汉化，强制实施女真化等特征阶段。罗继祖《枫窗脞语·金李元妃画像》（中华书局 1984 年版）认为元妃所着小领窄袖，乃金人国服。除此以外，还有顾韵芬《金代女真族服装结构处理技术的探讨》（《东华大学学报》2007 年第 4 期）、苗苹《黑龙江省金代女真族服饰装饰图案的研究》（硕士学位论文，哈尔滨理工大学，2014 年）、王姝《金朝妇女服饰述略》（《兰台世界》2015 年第 27 期）等对金代女真族服饰结构、图案相关问题的述略。

另外，1988 年 5 月黑龙江省阿城市巨源乡城子村出土了金代太尉齐国王墓，多篇专文针对其中出土的服饰和名物展开探讨。赵评春、迟本毅《金代服饰——金齐国王墓出土服饰研究》（文物出版社 1998 年版）从考古学的角度出发，在第四章专论女服及用具，最后章节考订墓内女性为殉葬人，身份为齐国王生前所宠姬妾。顾韵芬等《金代女真族服饰文化的传承性发展》（《纺织学报》2007 年第 11 期）就齐国王墓葬的服饰和同时期南宋的服饰比较，从民族间服饰文化的差异，探讨少数民族服饰文化的特征。戴洪霞《金代齐国王墓服饰出土整体提取的技术问题》(《边疆经济与文化》2007 年第 7 期) 则研究了齐国王墓服饰出土整体提取的技术问题。

总体来看,目前对金代女真族服饰的研究成果较为丰富,这些成果注重对女真族服饰特色及流变的整体探讨,少有对金代妇女服饰的深入专论。

(二) 金代妇女发饰研究

早在 20 世纪 20 年代末,日本学者桑园隲藏《中国人辫发的演变》(《东洋史说苑》,弘文堂书房 1929 年版;《民族学研究》新 114 号) 曾对中国人的辫发的发展与演变情况做过概述。程溯洛《女真辫发考》(《史学集刊》1947 年第 5 期) 则是国内较早考察女真辫发特点的文章,认为女真人辫发式样为满族人式样。邓荣臻《女真发辫式样管窥》(《北方文物》1987 年第 4 期) 则具体研究女真人辫发的式样,认为其既不是满族式的秃顶一条大辫子,也不是元朝蒙古人的"三搭辫",而是带有女真族自己特点的辫发式样:剃去前额头顶发,脑后两条发辫垂落后背或前胸。向景安《从现存文物中探讨中国古代妇女发式的演变》(《文博》1995 年第 4 期) 根据目前出土的玉器、陶瓷、壁画等文物及文献记载,分析总结从史前至明清的发式演变过程,进一步认为金代的妇女多辫发盘髻,一般女子一律禁止在发髻上插珠翠钿子等。由上述成果来看,目前对金代妇女发饰的研究仍不够充分。

(三) 金代妇女生活习俗研究

此方面研究成果较为集中,通史及断代史著作中对金代社会各阶层生活习俗整体概述比较多。宋德金《金代的社会生活》(陕西人民出版社 1988 年版) 一书是全面概述金代社会各阶层饮食衣着、住所交通、婚丧礼俗、宗教信仰、道德教育、文娱体育、岁时风俗等方方面面的著作。《中国社会通史》(山西教育出版社 1993 年版)、《辽宋西夏金社会生活史》(中国社会科学出版社 1998 年版)、《辽金简史》(福建人民出版社 1996 年版) 等通论性质的著作从宏观上概述了辽宋西夏金社会生活各个方面内容,其中部分问题不乏对妇女生活习俗的探讨。

涉及金代妇女社会生活习俗问题,宋德金《金代女真族俗述论》(《历史研究》1982 年第 3 期)、《金代的衣食住行》[《辽金史论集》(第 3 辑),书目文献出版社 1987 年版] 探讨了金代女真族俗与金代的衣食住行问题,认为女真族俗的形成和来源有三个方面:一是带有浓厚的本民族和邻族色彩的风俗,二是北方民族处于相同历史发展阶段时曾经共有的风俗,三是"汉化"的结果。同时该文作者全面阐述和深入研究了金代社会各民族、各阶层的饮食、服饰发式、住所和交通工具状况。景爱《金上京女真贵族的社会生活》(《学习与探索》1986 年第 3 期) 则以金上京女真贵族作为整体的考察对象,且以研究帝王生活为主,描述了金上京女真贵族狩猎活动、寝居饮食、文化生活与宗教信仰情况。另外,王姝《金代妇女丧葬礼俗考论——以夫妇合葬礼俗为研究中心》(《社会科学战线》2016 年第 10 期)详细考略了金朝各阶层妇女丧葬礼俗。该文认为金朝皇后亡故后，除个别因宗教信仰与特殊遗命外，一般皆祔葬皇帝陵寝，妃嫔去世后祔葬皇后陵寝。官宦阶层家庭中，正室夫人、一位或者多为继室夫人卒后共同祔葬丈夫陵墓，次室一般不能与丈夫合葬。平民阶层妇女卒后一般与丈夫合葬，葬式简单，随葬品少而粗糙。亡故夫妇的子、孙是合葬葬礼的主要主持者，亡故男性的同辈血亲兄弟、续娶夫人、女儿甚至是其夫人娘家人亦可成为合葬、迁葬的主持者。

四　金代妇女教育与作品成就研究

(一) 金代妇女教育研究

目前出版的教育类通史和断代史著作，虽然涉及对金代教育问题的研究，但是大部分是宏观上概述，而对于金代女性教育绝大多数是一笔带过甚至没有提及。专论金代教育的论文较多且较为深入，主要围绕金代教育思想、教育制度、教育结构、教育方式、教育内容等问题展开，如兰婷《金代教育研究》(博士学位论文，吉林大学，2008 年)、都兴智《金代教育述论》(《辽宁师范大学学报》1988 年第 2 期)、张博泉《金代教育史论》(《史学集刊》1989 年第 1 期)、王德朋《论金代女真人的民族传统教育》(《辽宁大学学报》2010 年第 2 期)、王崇时《论金代女真族文化教育的发展》(《延边大学学报》1995 年第 2 期)。限于史籍记载缺失、碑刻信息零散等现状，目前学界对金代女性教育问题的探讨仍十分薄弱。

杜学元《中国女子教育通史》(贵州教育出版社 1995 年版)简要介绍了金代女子教育内容，包括女子婚姻教育、宗教教育、伦理道德教育、乐舞教育。兰婷等《金代女真教育制度》(《黑龙江民族丛刊》2005 年第 6 期)在探讨金代女真教育制度、女真私学类型时，曾举多条金代女性史例。兰婷《金代私学教育》(《史学集刊》2010 年第 3 期)认为家庭启蒙教育和专业知识教育在私学教育中较为普遍。同时，在论及金代宫女教育时，兰婷《金代宫廷教育》(《东北史地》2007 年第 6 期)认为金代宫女教育有一定规模，推断教育内容为女子礼仪、识字、简单的问候知识及孝悌等道德观念。

(二) 金代妇女作品成就研究

无论是历史学界还是文学界，目前对金代女性作家及作品研究的成果都极少。导致这种现状有三点原因：首先，目前流传下来的金代女性作品十分有限，而其中三分之二又为释道词作。其次，这些作品的作者身份大多晦暗不明，生卒年失考，这给深入研究带来极大困难。最后，这一研究领域还尚未得到学界足够的重视与进一步的探讨。

王荣华《辽金女性作家及作品考论》（硕士学位论文，陕西师范大学，2008年）、李艺《金代词人群体研究》（博士学位论文，中国社会科学院研究生院，2002年）从中国古代文学的视角，整理研究了金代十余位女性作家，五十余篇作品，按作者的身份、经历以及作品的内容、风格、艺术成就等分类加以论述。李素平《女冠元严考述》（《中国道教》2006 年第 4 期）则具体考述了金代著名女冠元严的出身及因失亲之痛、身处乱世、出于信仰之由而出家的过程，分析其所做诗歌《补天花板》的内容真伪，赞扬了其对先夫爱情的坚贞不二和对权贵荣华之不屑一顾。

五　金代妇女宗教信仰研究

金代宗教信仰主要有佛教、道教、儒学、萨满教，尤盛儒释道三教兼崇（宋德金《金代宗教简述》，《社会科学战线》1986 年第 1 期；武玉环《论金代女真的宗教信仰与宗教政策》，《史学集刊》1992 年第 2 期）。目前学界研究金代妇女宗教信仰问题的成果主要是从宗教学角度展开，集中于对全真教女冠孙不二及女丹思想的研究。金代全真教所倡导的教义有益于社会两性平等，宗教在金代妇女群体中除具基本信仰功能外，更成为后妃争权夺利与国家社会控制的工具。

杨兆华《从女性主义视角看金代全真教的男女平等思想及影响》（《社会科学辑刊》2009 年第 2 期）以金代全真教为研究对象，从女性主义视角探讨两性关系。主要阐明金代全真教重视女性，使之具有与男性平等的尊严和价值，并且赋予平等的权利、机会和责任，这种男女平等的处世原则，对当时社会的发展颇有积极的意义。金代全真教女性用实际行动证明了自身的价值，为社会的发展做出贡献。杨兆华《马钰女性观试探》（《宗教学研究》2009 年第 2 期）认为，马钰劝导女性出家入道，有利于女性部分打破社会束缚。胡碧玲《全真道女冠孙不二与女丹思想》（博士学位论文，中国社会科学院研究生院，2006 年）、戴桢《孙不二女丹功法浅述》（《宗教学研究》2009 年第 1 期）、常珊珊《孙不二夫妇对全真道的贡献》（硕士学位论文，安徽大学，2010 年）、白如祥《孙不二女丹思想简论》（《经济与社会发展》2012 年第 12 期）研究了全真教女冠孙不二与女丹功法，考证了马钰与孙不二夫妇的生平、著述及其修道经历，分析其弘教特色和修道思想，探究二人在全真教早期发展、壮大过程中的积极作用。刘通《金元全真教女冠研究》（硕士学位论文，渤海大学，2014 年）研究了金元全真教女冠的出现与发展、修行方式与生活及其对宗教的影响。

金代上层社会中贞懿皇后和章宗元妃是崇信佛道的代表性后妃。贞懿皇后出家是金代佛教史上的一个重要的事件，大多数学者认为其出家是为了反抗女真收继旧俗。王德朋《金代贞懿皇后出家原因新议》（《辽宁大学学报》2014 年第 3 期）就贞懿皇后出家原因撰专文考释，认为应当是民族佛教信仰、社会现实、个人际遇等多种因素共同作用致其遁入空门。金代后妃与全真教的关系问题，郭武《金章宗元妃与早期全真道》（《宗教学研究》2009 年第 4 期）认为章宗元妃李师儿大力崇信、优宠全真教道士，主要是想利用全真教道士来帮助她在“皇嗣”问题上战胜对手。这种“优宠”对于早期全真道之发展，有着重大的意义。关于金代汉族家庭宗教信仰问题，刘晓飞《吾以尘缘事梵刹——试析金代汉族家庭的宗教信仰》（《社会科学辑刊》2012 年第 1 期）认为儒、释、道三者兼尊在金代汉族家庭中普遍存在，信仰宗教世俗功利色彩极为突出。尊崇佛道对金朝巩固多民族的政权统治亦有一定裨益。

六　对已有研究的反思与展望

由上述国内外学界论文和著作研究现状可以看出，20 世纪以来学者们对金代妇女社会地位、婚姻家庭、社会习俗、教育与作品成就、宗教信仰等方面的研究都取得了不少成绩，这些成果有助于我们对这一课题进一步深入探索。但是学者们的这些研究成果仍呈现出一些问题，主要有以下几个方面。

第一，选题相对集中，部分研究仍属于空白。目前对金代妇女的研究大多依附于社会制度体系研究之中，将妇女单独作为一个群体来考察的研究仍旧不多，忽略了对妇女生存状态的探究。大量成果仍集中于对后妃制度体系发展脉络、金代妇女婚姻家庭和对少数知名女性的重复性研究上。对官宦阶层妇女、平民与奴婢阶层妇女的政治地位、宗教信仰、丧葬习俗、妇女教育等问题的关注仍十分欠缺，部分研究领域甚至是空白。对金代妇女经济领域的研究仍需加强，尤其是缺少金代妇女对家族和家庭的财产继承、经济管理等具体问题的考略。金代妇女在社会中、家庭中法律上的角色与地位等问题仍可继续推进探索。这些研究空白领域或者仍有研究空间的领域，有待学者们进一步深入探索研究。

第二，研究角度仍相对单一。除了从传统的历史学角度出发，可进一步充分结合社会学、人类学、民族学、法学、医学等多学科交叉研究。笔者认为在这方面，唐宋妇女研究为金代妇女研究新角度的展开提供了有益的借鉴。如台湾学者陈弱水先生《试探唐代妇女与本家的关系》（《“中央研究院”历史语言研究所集刊》1997 年第 3 期）一文从研究出嫁女与娘家关系的角度，借以探讨唐代妇女在家庭中的地位问题。还有夫妻关系、母子关系，这些探索妇女在家庭生活中的不同角色关系及转变，也许也可以引入对金代妇女的研究中。同时，唐宋妇女研究中关于妇女生育、妇女医疗、妇女人身权益等问题的研究，可以更好地了解妇女生前卒后及社会生活情况，这些也许都可以成为金代妇女研究的新课题。

第三，研究成果对史料的利用还不够充分。现今流传下来的金代史料确实比较少，其中涉及金代女性的史料更是匮乏及零散，所以出现上述研究角度难以展开的困境。笔者认为近年不断出土的考古碑刻、谱牒、诗文、行程录及地方志、宋元人笔记、文集等方面的材料，均可以作为重要参考资料和对《金史》的有益补充。尤其是考古材料，根据笔者不完全统计，目前流传下来的金代有利用价值的石刻、墓铭、碑幢有两千余篇，如能认真梳理、整理这些材料，比对相关金代史籍，进行细致考辨研究，仍能获得许多有益甚至十分重要的信息。

第四，多样的研究方法对拓宽及深入研究专题也十分重要。目前台湾学者对计量方法的运用相对多一些，通过仔细统计、整合可见的各种材料中出现的数据，力图使所得结论更加客观、直观。如统计妇女的婚龄、生育情况、出生与死亡年龄等，统计所得数据可作为人口及社会发展研究的参考。同时，比较研究方法可以更鲜活地呈现当时的社会面貌。如金代同一时期不同阶层妇女的横向比较，不同时期同一类女性的纵向比较，可以进一步探究妇女的阶层差异与不同时期妇女在社会、家庭中权益与地位的变化情况。针对金代的女真族、汉族、契丹族、渤海族、奚族、高丽等不同民族妇女的比较研究，进一步探索民族差异与民族融合问题。

第五，仍需进一步加强研究理论的构建。国内妇女史研究起步较晚，相关理论仍处于探索架构阶段，无论是金代妇女史研究，还是整个中国古代妇女史研究，都需要进一步加强学科化与理论化建设。正如妇女史理论研究学者杜芳琴在《中国妇女史构建初探》（《妇女研究论丛》1992 年第 4 期）中所言："妇女史，具体到中国妇女史，不仅仅是中国历史学的一个分支，它更是建立对传统史学、国外妇女史学借鉴吸收的基础上，从有性人切入历史，以妇女为研究的主体对象，考察两性历史活动过程、关系及其规律的一门新的综合性学科。它以填补历史上的女性缺憾，进而为构建完整的两性共创、共享的中华史为己任。"

20世纪80年代以来金宋交聘研究述评

姚　喆*

交聘在金宋关系史中占有重要地位，是研究金宋关系的一个重要组成部分。20世纪80年代以来，学界从不同角度探讨了金宋交聘问题，取得了丰硕的成果。本文拟从交聘制度和礼仪、交聘文献、交聘使节三个方面，对这一时期有关金宋交聘的研究加以述评。

10—13世纪是中国历史上剧烈变革的时期，传统的中原政权面对北方先后崛起的契丹、女真、蒙古政权，已不具有优势。这一时期，先有北宋与辽、西夏的鼎立，后有南宋与金、西夏的对峙。在此情势下，当时的诸政权之间发展出了一套不同于传统朝贡关系的对等外交关系。虽然此时期的辽宋、金宋关系历来为学界所重视，但与辽宋关系研究相比，金宋关系的研究则稍显薄弱。即便如此，对金宋关系研究也多侧重于金宋和战的研究，对其他问题则关注较少。这让人误以为金宋关系即简单的和战二元对立关系。事实上，金宋关系中很重要的一个部分就是双方和与战之间的交聘往来。金宋交往的112年间，约84年双方皆聘使不断，因而元撰《金史》中专列《交聘》一表，《宋史》中"交聘"二字也频繁出现，这说明"交聘"在双方的政治生活中占有重要的地位。20世纪80年代以来学界对金宋交聘的研究日趋重视，也已取得丰硕成果，如陶晋生《对等：辽宋金时期外交的问题》（"中央研究院"历史语言研究所2013年版）、赵永春《金宋关系史研究》（吉林教育出版社1999年版）和《金宋关系史》（人民出版社2005年版）、李辉《宋金交聘制度研究（1127—1234）》（上海古籍出版社2014年版）。现将以金宋交聘为主题的相关研究论著分从交聘制度和礼仪、交聘文献、交聘使节三方面加以简要评述。

一　交聘制度和礼仪的研究

（一）交聘制度研究

20世纪80年代以来，赵永春较为系统地对金宋交聘制度作了专门研究，其在

* 姚喆，男，山西晋城人，长治学院教师，主要研究方向为辽金史。

《宋金交聘制度述论》(《辽金史论集》1989 年第 4 辑，收于氏著《金宋关系史研究》，吉林教育出版社 1999 年版）一文中就金宋交聘制度的确立和发展、交聘使节的名目和使命以及聘使往来的贡献等作了综合论述，对金宋交聘制度的研究颇具开创之功。随后，吴晓萍《宋代外交制度研究》(安徽人民出版社 2006 年版）以宋朝的外交为视角，对宋朝的外交机构、使节的选派及管理制度、外交礼仪等作了较全面论述，其中部分涉及宋交聘的内容，惜该书论述的范围仅限于宋朝。李辉《宋金交聘制度研究（1127—1234)》(上海古籍出版社 2014 年版）就双方的聘使管理制度、选派、接待等问题作了详细探讨。在史料利用上，该书对前人鲜有关注的《宋会要辑稿》、《全宋诗》、宋人文集等作了系统梳理，同时还对《金史·交聘表》作了补正，并对金使借官制度作了初步研究。

（二）交聘礼仪研究

对于金宋交聘礼仪问题的关注最早可追溯至乾嘉之际的史家赵翼，其《廿二史札记》卷二五《宋辽夏金交际仪》(王树民校证，中华书局 2013 年版）注意到了金宋之间的“礼仪之争”。其后，赵永春先生的三篇文章对金宋交聘“礼仪之争”作了进一步的探讨。《宋金关于交聘“国书”的斗争》(《北方文物》1992 年第 2 期，收于氏著《金宋关系史研究》，吉林教育出版社 1999 年版）一文就金宋关于交聘文书和受书仪的斗争过程及经验教训进行了较详细的论述。该文把金宋“礼仪之争”分为三个阶段：第一阶段从 1118 年金宋初次交往开始到 1125 年金宋战争爆发为止；第二阶段从 1125 年金宋战争爆发到 1164 年隆兴和议前为止；第三阶段从 1164 年隆兴和议到金朝末年为止。《宋金关于“受书礼”的斗争》(《民族研究》1993 年第 6 期，收于氏著《金宋关系史研究》，吉林教育出版社 1999 年版）一文就金宋双方接受国书的“受书礼”之争作了更详细的探讨。《宋金关于交聘礼仪的斗争》(《昭乌达蒙族师专学报》1996 年第 3 期，收于氏著《辽宋金元史论》，吉林人民出版社 2004 年版）在金宋“礼仪之争”阶段的划分上稍有改变，其认为：前两阶段与之前划分一致；第三阶段为 1164 年隆兴和议前开始到 1208 年嘉定和议前为止；第四阶段为 1208 年嘉定和议前开始到金朝末年。总的来看，赵永春先生的三篇文章是目前关于金宋交聘“礼仪之争”较为详细、系统的研究，颇具参考价值。此外，范有芳《宋孝宗为改革不平等“受书礼”的斗争》(《松辽学刊》1997 年第 1 期）就宋孝宗时期为改变不平等“受书礼”的斗争作了专门探讨。吴晓萍《宋代外交制度研究》(安徽人民出版社 2006 年版）第三章《外交礼仪制度》以及李辉《宋金交聘制度研究（1127—1234)》(上海古籍出版社 2014 年版）第二章第六节《国书与交聘礼仪》对宋朝交聘礼仪的具体内容作了专门研究，可以视作对赵永春先生三篇文章的补充，但二人的研究均未涉及金朝的交聘礼仪。

目前专门对金宋交聘礼仪作研究的，还有王大鹏《宋金交聘礼仪研究》(硕士学位论文，辽宁大学，2013 年）和张申《金朝外交礼仪制度研究》（硕士学位论文，安徽师范大学，2013 年）。王大鹏《宋金交聘礼仪研究》主要对金宋交聘礼仪的确立过程、金宋交聘的接待礼仪、金宋交聘礼仪中的礼物问题作了探讨，其注意到了金宋关系对交聘礼仪的影响，也对金国赠宋使礼物作了专门论述。张申《金朝外交礼仪制度研究》专门以金朝的外交礼仪为研究对象，对金朝的外交礼仪机构及职能、使节派遣制度、外交礼仪制度及其作用进行了较全面论述，对于了解金朝的外交礼仪颇有帮助。

二 交聘文献的研究

（一）使金语录、行记研究

宋人出使辽、金归来按惯例会向朝廷呈交一份报告，俗称“语录”。自傅乐焕先生《宋人使辽语录行程考》（《辽史丛考》，中华书局 1984 年版）对宋人使辽语录进行初步研究以来，学界对“语录”的研究日益深入。这方面的主要成果集中在三方面：

一是语录的种类。赵永春《宋人出使辽金语录研究》（《史学史研究》1996 年第 3 期，收于氏著《金宋关系史研究》，吉林教育出版社 1999 年版）一文对“语录”的释义及残存至今的语录作了考察，认为不仅宋朝使者要提交“语录”，而且接送伴使和馆伴使也要作“语录”。该文涉及宋人使金语录 13 种。刘浦江《宋代使臣语录考》（张希清主编《10—13 世纪中国文化的碰撞与融合》，上海人民出版社 2006 年版）对“语录”的含义作了进一步辨析，并将宋人出使辽、金的语录分为三类：行程录、泛使专题报告和私人笔记。该文对见于文献记载和著录的宋人出使辽金的语录也作了全面考察，其中宋人使金语录 24 种。李辉《宋金交聘制度研究（1127—1234）》（上海古籍出版社 2014 年版）第五章第一节“宋人使金国信‘语录’叙录”对见于文献记载和著录的宋人使金语录作了较全面梳理，共计语录 25 种。此外，黄玲《宋代使金行记文献研究》（硕士学位论文，陕西师范大学，2011 年）对宋人使金行记的由来及价值作了较详细的分析，可资参考。

二是语录的辑校。贾敬颜《五代宋金元人边疆行记十三种疏证稿》（中华书局 2004 年版）收录了宋人出使东北边疆的行记 13 种，并作了精深的疏证和校勘，惜宋人使金语录仅有 1 种。赵永春《奉使辽金行程录》（商务印书馆 2017 年版）辑注了宋人出使辽金的语录 47 篇，在每篇语录前作有“题解”，对语录的基本情况作了介绍。其中宋人使金语录 21 篇。

三是对单个“语录”的深入研究，尤以《揽辔录》和《松漠纪闻》最为突出。孔凡礼先生点校、整理《范成大佚著辑存》（中华书局 1983 年版）时，发现《揽辔录》诸多佚文。其《范成大笔记六种》（中华书局2003年版）辑录并点校了《揽辔录》佚文，甚便使用。其后，陈学霖发表《范成大〈揽辔录〉传本探索》（《宋史论集》，东大图书股份有限公司1993年版）一文，就《揽辔录》的版本流传及佚文作了全面考索，认为李心传征引的《揽辔录》佚文实见于《三朝北盟会编》卷245《族帐部曲录》中，而《族帐部曲录》也是范成大《揽辔录》的一部分。刘浦江《范成大〈揽辔录〉"佚文"真伪辨析》（《北方论丛》1993年第5期）经考证则认为《族帐部曲录》并非《揽辔录》佚文，辨清了《族帐部曲录》是否为《揽辔录》佚文的问题。此外，赵永春《范成大使金与〈揽辔录〉一书的史料价值》（《金宋关系史研究》吉林教育出版社1999年版）就范成大《揽辔录》对金史研究的史料价值作了介绍。

关于《松漠纪闻》的研究，王全兴《洪皓与〈松漠纪闻〉》（《黑龙江文物丛刊》1982年第1期）就《松漠纪闻》撰写的由来、版本和内容作了介绍。王可宾《读长白丛书〈松漠纪闻〉标注》（《辽金契丹女真史研究》1989年第1期）对长白丛书《松漠纪闻》的几处标注提出质疑。范立舟《〈松漠纪闻〉史料价值举例》（《史学史研究》2002年第1期）从四个方面对《松漠纪闻》的史料价值作了分析：一是在民族关系、历史事件及历史人物记载上有重要价值；二是关于金朝科举、职官制度等方面的记载很有价值；三是对女真民族与大金统治区的风土人情的记录很有价值；四是关于金廷内部权力斗争的一些记载可补正史之缺，纠正史之谬。潘瑞国《〈松漠纪闻〉若干问题探讨》（《中国边疆民族研究》2009年第2辑）用文献史料比勘法探研《松漠纪闻》，认为该书虽篇幅不大，但真实性很高，是研究金史的必备史料。康鹏《〈松漠记闻〉版本源流考》[《辽金历史与考古国际学术研讨会论文集》（下）2011年版]就《松漠纪闻》的作者洪皓、书名及成书情况、版本源流作了全面详细的考述，认为从南宋初到明中期该书的书名大多是《松漠记闻》，从明朝中后期开始，《松漠纪闻》和《松漠记闻》两种书名才被普遍混用，清朝乾隆年间纂修《四库全书》时，《松漠记闻》的书名开始转变为《松漠纪闻》，从而辨清了《松漠纪闻》的书名问题。

除《揽辔录》和《松漠纪闻》外，陈乐素《宣和乙巳奉使行程录校补》（《求是集》，广东人民出版社1986年版）一文经考证认为，该行程录作者并非许亢宗，而是钟邦直。陈学霖《楼钥使金所见之华北城镇——〈北行日录〉史料举隅》（《宋史论集》，东大图书股份有限公司1993年版）就楼钥使金所作《北行日录》中关于华北城镇的记录作了详细的考证分析，其文虽主要探讨金朝统治下的华北城镇，但却展现了使金语录在研究金朝社会史中的重要价值。仝相卿《宋金交聘中"翻译"活动初探：倪思〈重明节馆伴语录〉考察》（《北方民族大学学报》2013年第2期）就《重明节馆伴语录》中有关金宋交聘的翻译活动作了详细考索，对其史料价值提出了新的认识。娄雨亭《〈宣和乙巳奉使金国行程录〉的一个被人忽略的抄本》（《中国历史地理论丛》1990 年第 1 期）关注了前人少有问津的明末清初顾炎武《天下郡国利病书》中所收的《宣和乙巳奉使金国行程录》，认为《天下郡国利病书》中所收该行程录可以看作是《大金国志》所收版本的一个较早抄本，可以用来校勘其他版本。

（二）使金诗研究

宋人出使北国，除了有呈交朝廷的语录外，也多有诗作，此亦受到治辽宋金史者的关注。王灿炽《谈范成大使金及其纪行之作》（《北京文物与考古》1991 年第 2 辑）就范成大使金始末及其途中所作诗词作了较详细的介绍。景宏业《范成大出使金国所作诗艺术蠡测》（《晋阳学刊》1997 年第 6 期）对范成大使金期间 72 首诗作的艺术价值作了分析。台湾学者张高平《南宋使金诗与边塞诗之转折》（莫砺锋主编《第二届宋代文学国际研讨会文集》，江苏教育出版社 2003 年版）一文从诗词发展的角度对南宋使臣近二百余首使金诗作了细致分析，指出了南宋使金诗与边塞诗转折之特点和表现。黄奕珍《范成大使金绝句中以"时间之对比"形塑"蛮北之地"之修辞策略》（莫砺锋主编《第二届宋代文学国际研讨会文集》，江苏教育出版社 2003 年版）通过对范成大使金绝句的细致分析，揭示了范成大是如何巧妙地使用修辞策略来凸显金宋差异，以达到丑化、矮化金朝的目的。彭国忠《弱势外交下的宋代使金词》（《安徽师范大学学报》2012 年第 6 期）通过对南宋使金词的通盘考察，认为弱势外交下的宋代使金词，缺少宏大叙事，而多个人书写，主要抒发羁旅孤寂、佳节客愁、岁月流逝之情，与居者和作、送行词相比，使金词整体缺失慷慨意气。陈大远《两宋出使辽金诗阐论》（《北方论丛》2012 年第 6 期）对两宋出使辽金诗作进行了简要分析，认为两宋出使诗更真实地反映了两宋内外交困的局势，更接近于山河破碎的历史事实。以上诸文皆从文学艺术的角度对宋人使金诗作进行了研究，对了解金宋对峙时期宋人诗作的艺术价值裨益良多。

近来也出现了几篇专门以宋人使金诗作为研究对象的硕士论文。成少波《南宋使金诗考论》（硕士学位论文，安徽大学，2006 年）就南宋使金诗的形成、内容、类别、价值作了探讨。李自豪《南宋使金诗研究》（硕士学位论文，广西师范大学，2008 年）对南宋使金诗的创作背景、思想内容及艺术特色进行了探究。李冰鑫《宋人使金文献研究》（硕士学位论文，吉林大学，2014 年）以宋人使金文献为研究对象，就使金文献产生的背景、记载及著录、史学价值作了较全面的论述。综合来看，以上论文多是从文学艺术价值的角度去研究使金诗，较少关注其史学价值。

此外，周立志近年发表《宋金交聘的新文献〈使金复命表〉研究》（《北方文物》2013 年第 1 期）一文，就南宋使者宋之才出使金朝后所撰的《使金复命表》进行了细致考索和分析，指出《使金复命表》内容丰富，包括在金朝境内的见闻、礼仪秩序、交接对话、经由行程、官名制度等，具有极高的文献价值，理应受到重视。该文发现了前人尚未注意的金宋交聘新文献，值得参考。其《二卷被忽视的宋金交聘图文研究》（《中国历史地理论丛》2012 年第 4 期）对日本元禄十二年（1699）刻本《事林广记》乙集卷一、卷二图文作了详细考论，对这二卷图文的史料价值作了评述，可资参考。

三　交聘使节的研究

（一）使臣个人研究

目前关于使臣个人的研究尤以洪皓、洪迈、洪适父子三人以及范成大和朱弁等南宋使臣最为突出。日本学者外山军治《〈松漠纪闻〉的作者洪皓》（《金朝史研究》，李东源译，黑龙江朝鲜民族出版社 1988 年版）较早地对洪皓的生平进行了细致考察，开创了洪浩个人研究的先河。其后，赵鸣岐《论洪皓使金》（《北方论丛》1982 年第 1 期）一文也对洪皓使金的经历作了简要论述。赵永春《洪皓使金及其对文化交流的贡献》（《松辽学刊》1997 年第 1 期）通过对洪皓使金及归宋经历的考察，认为洪皓使金期间将汉文化传至女真，归宋后又将女真文化传至宋朝，对宋金文化交流做出了贡献。沈如泉《宋人洪迈使金事迹考论》（《史学月刊》2006 年第 7 期）通过对洪迈使金经历的考察，认为洪迈归国后遭到弹劾的原因在于宋孝宗即位后对金政策发生改变，罢斥洪迈是对宋高宗妥协投降外交路线的否定。李明明《“洪氏父子”使金述论》（《长江大学学报》2014 年第 3 期）对洪皓、洪迈、洪适父子三人的使金事迹作了论述，认为“洪氏父子”先后三次使金，为宋金和议建立功勋，弘扬了“忠义”之气。张代亲《南宋范成大使金研究》（硕士学位论文，东吴大学，2012 年）以范成大使金为出发点，认为范成大出使有两大目的：一是索求归还河南宋帝陵寝地；二是更改不对等受书礼。范成大虽未达成这两项任务，归国后却仍然得到宋孝宗的赞许，这暗示范成大出使并非简单的定期外交派遣，其背后负有更重大的政治任务。陈学霖《朱弁使金事迹及其纪行资料》（《邓广铭教授百年诞辰纪念论文集：1907—2007》，中华书局 2008 年版）对朱弁使金前夕的金宋关系、朱弁家世及使金事迹、著作与纪行资料作了详细考索，可资参考。

（二）使臣群体研究

关于使臣群体的研究，拟从使臣名目及分类、使臣派遣及管理、使臣作用三方面简要回顾。

关于使臣的名目及分类。20 世纪 40 年代，聂崇岐《宋辽交聘考》（《宋使丛考》，中华书局 1980 年版）将辽宋交聘的使节名目分为贺正使、生辰使、告哀使、遗留使、告登位使等 12 种，其中，普通聘问，或有所报告要求于邻邦者，曰国信使，俗称泛使。其后，傅乐焕在《宋辽聘使表稿》《宋辽泛使表》（《辽史丛考》，中华书局 1984 年版）中对泛使的概念提出了自己的见解，认为辽宋通好期间有特殊事故所遣专使为泛使。聂崇岐和傅乐焕的研究虽未涉及金宋交聘的使臣，但其关于使臣名目分类的研究深深地影响了金宋交聘使臣的研究，以后的学者们基本因袭了聂、傅二位之说。近来，吴晓萍《宋代外交制度研究》（安徽人民出版社 2006 年版）又将辽宋、金宋交聘使节分为国信使和泛使两类：国信使为正旦使、生辰使；泛使为告使、贺使、会盟使等。李辉《宋金交聘制度研究（1127—1234）》（上海古籍出版社 2014 年版）则将金宋交聘的使节分为礼仪使和泛使两类，礼仪使如生辰使、正旦使、告哀使、遗留使等，泛使如通问使、祈请使、通谢使等。李辉还注意到了金宋交聘与辽宋之不同，如吊祭使、贺上尊号使、江南诏谕使。此外，美国学者赖大卫（David Curtis Wright）《从战争到对等外交：11 世纪中国的宋辽关系》（*From War to Diplomatic Parity in Eleventh-Century China*：*Sung's Foreign Relations with Kitan Liao*）（Brill，2005）将辽宋交聘使节分为礼仪性使节和政治性使节（如泛使、回谢使）两类，礼仪性使节又分为定期使节（正旦使、生辰使）和不定期使节（如告哀使、吊慰使等）。曹显征《辽宋交聘制度研究》（博士学位论文，中央民族大学，2006 年）又提出泛使应有广义与狭义之分，狭义的泛使特指两国因利益争端所遣之使，或称“横使”。日本学者西尾尚也《金の外交使節とその人選：内政問題の観点から》（《史泉》2000 年第 91 号）对金朝的外交使节也作了研究，将使节分为定期派遣和临时派遣两类。

关于使臣的派遣及管理。金毓黻《宋代国信使节之三节人》（《文史杂志》1941 年第 1 卷第 12 期）对《宋会要辑稿》中有关宋与辽金所遣使节之上、中、下三节人的史料作了梳理，详细考证了何谓三节、三节的人数、等级、职名演变等问题，对宋代使臣团体中三节人的研究颇有开创之功。德国汉学家傅海波（Herbert Frank）《宋使：一些基本的考察》（“Sung Embassies：Some General Observations”，Morris Rossabi edited，*China among Equals*：*The Middle Kingdom and Its Neighbors*，*10—14 Centuries*. London：University of California Press，1983）对宋使的类型、行程、外交礼仪、礼物交易等作了详细探讨。高金枝《宋金外交使节出使任务初探》（《松辽学刊》1991 年第 1 期）对金宋外交使节的出使任务作了专门探究，该文将金宋外交使节分为不定期和定期遣使两种，认为金宋外交使节的任务，在战争时期主要是为了解决两国争端，以期建立和好关系，和平时期则是为了保持和发展和好关系。刘春霞《宋金交聘中南宋泛使之遣的历史演变论略》（《天中学刊》2012 年第 1 期）就金宋交聘中南宋在不同时期向金朝派遣泛使的变化作了探讨，认为在不同的历史时期，南宋所遣泛使的频率与目的各不相同，体现了执政者不同时期对金朝军事、外交政策的变化。吴晓萍《宋代外交使节的选派》（《安徽师范大学学报》2005 年第 5 期）认为，宋代的外交使节包括入国和接送馆伴使节，其实质是由外交使、副使、三节人从组成的外交使团，宋代外交使节不仅有严格的选派制度，在实践中也形成了选任的惯例和标准，这是宋代外交制度完善的重要表现。苗书梅、刘秀荣《宋代外交使节的选任制度》

（张希清主编《10—13 世纪中国文化的碰撞与融合》，上海人民出版社 2006 年版）对宋代外交使节选任条件、资格与资序、选任方式、回避制度、历史地位等进行了详细探究。相较吴文，该文对宋代外交使节的选任方式和回避制度作了专门探讨，利于加深对宋代外交使节选任制度的理解。黄书梅、刘秀荣《宋朝外交使节管理制度初论》（张希清主编《澶渊之盟新论》，上海人民出版社 2007 年版）一文就宋代派遣外交使节的条令法规、奖惩、监督机制作了初步研究。

此外，林小异《"主管往来国信"？——浅探宋代的国信所》（张希清主编《澶渊之盟新论》，上海人民出版社 2007 年版）和吴晓萍《宋代国信所考论》（《南京大学学报》2005 年第 2 期）对宋代的外交机构——国信所进行了专门研究。林文对国信所的创设、组织机构及成员等作了详细考索，认为国信所是应对宋代所面临的特殊外交形势而产生的，交聘事宜的重要性决定了君主必须对其完全掌控，而外交的外在事务性和内在特殊性决定了国信所的性质是内侍提举外朝机构。该文对理解宋代国信所的性质颇有启发。吴文就宋代国信所的机构设置、职掌和作用作了探讨，认为国信所的设置说明两宋时期外交事务及管理出现了专门化趋势，这是宋代外交及其管理制度的重要特点。该文对国信所的职掌和作用作了更明晰的界定，可资参考。

关于使臣的作用。赵永春《宋金聘使对文化交流的贡献》（《北方文物》1995 年第 3 期）一文从三方面论述了金宋聘使对文化交流的贡献：金宋聘使是双方赠索书籍的传送人，为双方文化交流作了一定贡献；被金拘留的宋使授徒讲学，为汉文化在金的传播立下功勋；金宋聘使每次出使都通过讲究礼仪、谈经说史等传播了各种文化知识。王德朋《靖康建炎前后宋朝赴金使节述论》（《辽宁大学学报》2003 年第 6 期）对靖康、建炎年间宋朝赴金使节的出使任务、经历及结局、历史贡献等作了较详细考察，认为多数宋使能不畏金人的利诱，坚守民族气节，并以自己的言传身教，向女真传播儒家思想，促进了女真文化的发展。霍明琨《宋代赴金使节对金代文化教育的影响》（《满语研究》2006 年第 2 期）就宋代赴金使节对女真文化教育发展的影响问题作了简要探讨，认为赴金使节团体滞留金朝期间传播了儒家观念。刘春霞、戴伟华《宋金交聘中的南宋泛使考略》（《求索》2009 年第 7 期）考察了南宋向金所遣泛使的名目及目的，探讨了不同时期南宋遣使的情况与文人的态度。韩利琴《宋高宗时期赴金使节的变化》（《绵阳师范学院学报》2012 年第 3 期）认为宋金局势、权力斗争是导致宋高宗时期赴金使节变化的主要原因，而且这些变化一方面是对南宋外交制度的完善，但另一方面却也为南宋使臣和官员带来消极影响。夏宇旭在《金代契丹人研究》（中国社会科学出版社 2014 年版）第二章第三节及《论金代契丹族官员的外交活动及作用》（《史学集刊》2013 年第 3 期）一文中对金朝契丹官员在金宋外交中的活动及作用进行了详细探讨。其关注了前人少有问津的金朝外交使臣，对了解金宋交聘中契丹人的活动及影响具有启发意义。

关于使臣群体的研究，还有李辉《宋金交聘制度研究（1127—1234）》（上海古籍出版社2014年版）第三章《南宋国信使群体研究》专门对南宋的国信使群体作了研究，其关注到了南宋赴金使臣布衣出使、宰执出使或出使后升至宰执的现象，并就南宋初使金的使臣与秦桧之关系作了详细探究，惜限于史料未能对金朝的使臣进行考察。刘秀荣《宋代外交使节略论》（硕士学位论文，河南大学，2001年）就宋代外交使节的名目、选任、礼仪、管理及历史影响作了较全面论述，其中部分涉及宋代赴金的使节。张婕《北宋国信使群体研究》（硕士学位论文，上海师范大学，2009年）运用了统计分析的方法对北宋国信使的出使情况、官职特点、群体素质、出使效应等作了详细探讨，其中部分涉及使金的北宋国信使群体。此外，李浩楠《金朝出使南宋汉族正、副使研究》（《宋史研究论丛》2017年第19辑）对金朝熙宗、海陵、世宗、章宗四朝出使南宋的汉族正、副使臣作了详细探讨，认为汉族使臣总的变迁是："南人"的数量越来越多，比例越来越高；在选派上，文治的色彩越来越强；在交聘活动中，基本上维护了金朝的尊严；在民族感情上，对金朝的认同感越来越高。该文对前人少有关注的金朝遣宋使臣作了初步研究，颇具启发意义。

关于金宋交聘的研究，除了上述论著成果外，还有其他一些论著：张云筝《宋代外交思想研究》（中国社会科学出版社2012年版）就宋代外交思想产生的历史背景、发展过程、主要特点及类型作了全面考论。冒志祥《宋朝的对外交往格局：论宋朝外交文书形态》（广陵书社2012年版）对宋代的外交文书作了详细全面的探究，其中部分涉及金宋外交文书。此外，董克昌《宋金外交往来初探》（《学习与探索》1990年第2期）对金宋外交往来的过程、争端、性质、使者的表现及作用等作了较全面论述。范家全、吴晓萍《两宋与辽金外交之比较——以盟约和国书为中心》（《安徽师范大学学报》2008年第3期）从盟约和国书的角度对辽宋、金宋外交的异同进行了比较。周立志的几篇文章也详细探讨了金宋交聘的有关问题，立论和视角都颇有新意。其《关于南宋与金交聘的几个问题》（《宋史研究论丛》2009年第10辑）就学界关于金宋交聘中的使节名目、使团人数与选派、私觌等问题提出了自己新的看法。《南宋与金交聘研究》（硕士学位论文，河北大学，2010年）以南宋与金交聘为视角，重点探讨了绍兴十二年体制对金宋交聘的影响，以及南宋与金交聘的费用等问题，对宋与辽金交聘"语录"的史学价值也有新的认识。《宋朝外交运作研究》（博士学位论文，河北大学，2013年）对宋朝外交运作的模式、演变、外交运作中的蕃国秩序等问题作了探讨。《宋朝对辽金交聘使节的入境运作》（《宋史研究论丛》2017年第19辑）详细考察了宋朝对辽金交聘使节入境的运作问题，认为辽、金使节入宋境有着较为复杂的内容，宋朝对辽、金使节的入境鲜有人为设定的限制，虽然宋朝的运作效率极高，但是在与辽、金的入境外交博弈中，宋朝处在下风，较为被动。李辉《试论宋金交聘中的走私贸易》［《国际社会科学杂志》（中文版）2014 年第 2 期］对宋金交聘中使节走私的方式、走私物品及对走私行为的惩戒作了详细探讨。

结 语

通过以上对金宋交聘相关研究论著的回顾和梳理，我们得以对 20 世纪 80 年代以来学界关于金宋交聘的研究有了较全面的了解。总的来看，学界关于金宋交聘的相关研究已经取得较多成果，在金宋交聘制度、交聘文献、交聘使节等方面的研究都有显著推进。不过，就目前来看，学界关于金宋交聘的研究还存在些许不足，在一些具体问题上还有继续研究的空间和必要。

第一，对金宋交聘双方的研究明显不平衡。不论是交聘制度、交聘文献，还是交聘使节，目前的研究都主要是关于宋朝或是以宋朝的立场来考察的。关于金朝的对外交聘制度、交聘礼仪、使臣群体则少有人关注，也少有经典的学术论著问世。

第二，在史料利用上仍未充分。目前学界在研究金宋交聘时，往往对正史、文集、笔记等传统文献有所偏重，但即便如此，在利用使金诗、交聘文书等来研究金宋交聘方面还尚显欠缺。此外，对石刻材料、民族语文材料的利用则更少。

第三，在金宋交聘的一些问题上还有待厘清和深入。首先，对金宋交聘的历史定位、交聘制度的传承与发展以及交聘对双方乃至东亚政局的影响等宏观层面仍缺乏广泛深入的探讨。其次，在一些具体问题上仍有继续探究的必要。在交聘制度方面，学界已对宋朝的交聘制度、交聘礼仪作了较多研究，但总的来看，多是就制度论制度，而不同时期交聘制度的发展变化，金宋政局对双方交聘的影响等方面仍待深入的研究。在交聘使节方面，目前学界对宋朝国信使群体研究较多，对金朝使节尚待投入更多的研究。在具体内容上，学界对诸如使节的选任、任务、管理等都有涉及，但对诸如三节人从、接送、馆伴使等问题仍未达成一致意见。

有鉴于此，今后的金宋交聘研究可以从以下几方面有所突破：

第一，要注意转换立场，应对金朝的对外交聘予以更多的关注。相比宋朝，学界关于金朝的交聘制度、交聘礼仪以及交聘使节都鲜有人涉及，这一方面是由于史料的缺乏，另一方面也是受到传统中原史观的束缚，对金朝的对外交聘不够重视。因此，今后除了要继续深化宋朝对外交聘的研究，也要对金朝的对外交聘予以更多关注。

第二，注意史料的拓展和利用。史料是制约金宋交聘研究的一大瓶颈，尤其是关于金朝对外交聘的研究。在今后的研究中，首先，要充分利用正史、文集、语录等传统文献，同时也要充分挖掘使金诗、交聘文书中有关金宋交聘的史料。其次，也应注意在石刻、民族语文等材料中搜求金宋交聘的新史料。

第三，要注意研究视角的扩展，进一步厘清和深化对具体问题的研究。在今后的研究中，除了要对前人已关注的交聘制度、交聘礼仪等作进一步细化的探究外，还应力求在前人少有问津的金代使臣、接送、馆伴使臣等具体问题上有所进益。同时，也要注意把金宋交聘与双方的政局发展结合起来，避免就制度论制度，以期进而对金宋交聘的历史定位、交聘对双方的影响等宏观层面有所认识。此外，在金朝对外交聘的研究中要注意不同族属的使臣在金宋交聘中的活动及发挥的作用。

第三篇

会议述评

契丹辽文化暨第三届契丹学国际学术研讨会综述

陈德洋*

2016年8月2—3日，契丹辽文化暨第三届契丹学国际学术研讨会在赤峰市巴林左旗召开。此次研讨会由内蒙古自治区文化厅、内蒙古自治区文物局、赤峰市人民政府、中国社会科学院历史研究所、赤峰学院、内蒙古契丹辽文化研究会联合主办。会上，我国著名契丹文字专家、中国社会科学院民族学与人类学研究所研究员、北京大学中国古代史研究中心客座研究员刘凤翥先生，以及来自韩国、日本等国家和国内30余所高校、科研院所的专家学者们分别展示了自己在契丹辽文化研究领域众多独到、创新、精彩的研究成果。此次国际学术研讨会的主题是“世界历史中的契丹辽文化”，专家学者们主要围绕契丹历史与文化，契丹考古新发现，契丹语言文字，契丹辽文化在世界历史和草原丝路中的历史贡献、地位及影响，契丹辽文化产业与旅游深度融合发展研究等题目展开研讨。下面就此次论坛中所交流的问题分为契丹历史研究、契丹考古新发现与研究、契丹语言与文字研究、契丹文化及其世界地位和利用研究四个专题进行论述。

一　契丹历史研究

在此次研讨会上，研究契丹历史的文章共有23篇，内容主要包括政治历史、地理交通、宗教信仰、契丹与周边关系等。其中政治历史、地理交通研究的比重较大。

政治历史方面，关树东《辽道宗时期汉族士大夫官僚群体的崛起》主要以道宗时期汉族士大夫官僚群体的崛起为视角，探索道宗时期汉族士大夫群体的成长和地位。该文作者首先将辽代的官员分为五个阶层：皇族和后族为代表的契丹贵族官僚；地位显赫汉族、奚族、渤海族的世家大族官僚；各族军功地主官僚；科举出身的儒臣；中小地主出身的官僚。然后作者通过统计道宗时期南面官宰执的数量和出身，得出汉族士大夫群体的政治地位提高的结论。孙伟祥《浅析辽朝中后期后族的政治作

---

* 陈德洋，山东临沭人，内蒙古大学讲师，硕士生导师，主要研究方向为辽金史、北方民族史。

为》认为辽朝后族作为仅次于皇族的贵族政治集团，在有辽一代的历史发展过程中起到了不容忽视的作用。该文作者认为在辽朝中后期，睿智皇后家族参政时期，虽然后族权力强盛，但是整个后族还是以维护皇族和维护辽朝政权稳定为基点，同皇族反叛势力和对峙政权做斗争。但到钦哀皇后之时，后族一直争权夺利甚至阴谋篡取皇位，对皇权产生威胁，致使辽朝政局不稳，对辽朝产生极坏的影响，甚至导致辽朝由盛到衰。

地理交通方面，陈永志《关于辽代“白马山”的几个问题》认为在巴林左旗辽太祖陵园对面山坡发现带“白马”字样的石碑碎片，是探讨契丹圣山“白马山”的重要依据。该文作者提出白马山的具体位置就在太祖陵园对面。陈晓伟《契丹木叶山地方新探——兼谈辽太祖阿保机葬所传闻》认为，辽朝木叶山与契丹民族发源及宗教信仰密切相关，但由于各种文献记载的抵牾，其问题有很大的争议，主要有永州说、祖州说。该文作者利用新出土的重熙七年《萧绍宗墓志》并结合辽朝文化和舆地文献，最终探明木叶山应位于永州，绝非祖州。永州木叶山是辽太祖冬捺钵之所在。作者还辨析辽太祖葬所的传闻，并探究木叶山祖州说的来龙去脉。李俊义、孙国军《〈辽史〉中“潢河”“土河”名称沿革考》充分利用语音文字学、地理学、历史学、民族学、方志学、社会学、民俗学、档案学等方面的知识，通过文献考证、比较分析，厘清了《辽史》中的“潢水”“土河”各自名称的沿革，并从语源学、语义学、翻译学的视角考察各自的关系。

宗教信仰方面，高福顺《辽代佛学教育运行机制述论》认为辽代的佛学教育在辽朝统治者的重视与倡导下形成了不同层次的多种教育途径。寺院教育是最为普遍的教育方式，出家僧尼首先要“礼”大师学习佛教经典，等待“遇恩受具”，再通过考试，获得经、律、论三学的“学術”，成为令人敬仰的高僧。侍讲教育是皇亲国戚接受佛教教育的主要途径，知名大师常常被召至皇朝内庭讲授佛法。千人邑、佛顶邑等宗教邑社是契丹基层社会自发组织的佛学教育场所，是普及佛学教育最为有效的途径。此外，居家修佛也是契丹上下不可或缺的佛教教育组成部分，通过不同层次的佛学教育，契丹社会逐渐形成崇佛佞佛的心态。高井康典行《辽朝僧人授官制度考》首先概述了辽代僧人授官的基本概况，通过列表的方式把辽代僧官进行了基本罗列，然后作者探讨僧官所被授予的官爵在辽代官制系统中的地位，得出辽代对僧人的授官基本上有规定，其规定以俗人官僚的规定为标准。魏聪聪《出土物与后族密宗信仰——以章圣皇太后家族为中心》认为庆州白塔修建于崇佛兴盛的兴宗朝，主持兴修为章圣皇太后，其出土遗物表现出很强的密宗信仰，说明辽代密宗信仰的兴盛。

契丹与周边关系，曹流《辽晋交聘诸问题》通过梳理辽晋的交聘史料，主要探讨了“儿皇帝”的诞生、“燕云十六州”的地理范围、辽晋交恶的问题。孙昊《〈宋史·高丽传〉契丹伐高丽事辩证》认为11世纪初辽朝加强对东北地区的经略，多次进攻高丽，迫使后者向其称臣，引发东北地缘关系的种种变化，通过对《宋史·高丽传》契丹征讨高丽的辩证与探讨，揭示了当时辽、高丽、宋三方关系格局细部问题。辛蔚《五代安重荣〈德政碑〉残存碑铭及图像研究——兼论父子背盟下契丹与沙陀的政治角力》认为契丹与沙陀在父子背盟之下，迎来了短暂的和平，契丹得到了梦寐以求的幽州，沙陀则建立其中央集权的国家。虽然和平共处符合双方的战略利益，但是双方都在各自积蓄力量以期突破，安重荣集团的崛起与覆灭则是这一时代特征的缩影。韩国学者洪性珉《从辽宋增币交涉看辽朝中亚国家性》认为辽与宋在澶渊之盟后，保持了长达百余年的和平，公元 1012 年两国间开始进行增币交涉。作者从辽朝内部政治形势和政局的变化入手，详细阐述了辽宋间政治交涉的过程和结果，从而认为辽朝作为游牧国家的自我定位，具有中亚国家的特色。陈德洋《辽朝对蒙古高原的经略及统辖研究》认为，蒙古高原是指东抵大兴安岭，西及阿尔泰山脉，北至萨彦岭、肯特山、雅布洛诺夫山脉，南界阴山山脉，包括蒙古国全部、俄罗斯南部和中国内蒙古部分地区的内陆高原。辽朝基于地缘和国家安全的需要，从太祖阿保机开始就积极经略蒙古高原，采取武力征讨、设置行政机构、移民等措施保障国家对蒙古高原的控制，而对蒙古高原的控制也使得辽朝北部边疆得以安定，是辽朝享国 200 余年的重要保障，同时也是辽末耶律大石西迁的重要条件之一。

二　契丹考古新发现与研究

近年契丹考古发现与研究呈现勃兴趋势，此次研讨会涉及考古发现与研究的论文 9 篇。论文主要涉及两个方面：契丹考古新发现、契丹考古研究。

契丹考古新发现方面，董新林《辽上京遗址考古新发现》在 2015 年度考古发掘中，辽上京考古队确认了辽上京宫城东门的形制结构及营建次序。虽然晚期破坏严重，但是夯土基台上仍保存了以磉墩承重的柱网结构。在此次考古发掘中，考古人员对辽上京皇城东门的规模形制和保存情况也有所了解。皇城东门门道为一门三道格局，中门道破坏严重。两侧门道保存较好，尚存门道基础及大量火烧倒塌的砖木构件。此外，考古人员根据地面踏查和考古勘探的线索，结合考古发掘，首次发现并确认了从辽上京皇城东门、宫城东门到宫城内大型院落的轴线布局，填补了辽上京皇城内东向建筑在考古发现中的空白。辽上京皇城和宫城东门规模大，等级高，体现了帝都规制。结合文献记载，辽上京城营建之初可能朝东，太宗时期可能改为南向。此次考古发掘，从考古学上首次证明辽上京城曾存在东向为尊的情况，是研究城址布局的重要基础材料。盖之庸《多伦辽代贵妃墓的发掘》主要介绍内蒙古自治区文物考古研究所会同锡林郭勒盟文物站、多伦县文物局对锡林郭勒盟多伦县蔡木山乡铁公泡子村小王力沟辽代墓葬进行了抢救性发掘，两座墓葬位于一个东、西、北三面环山的巨大簸箕形山谷中，山谷中部有一山梁，将其分隔成高低错落的两个簸箕形山洼，北面山势高峻，向南渐开阔，并形成缓坡，两座墓葬就分别坐落于这两个山洼的缓坡上。

墓葬多经盗扰，墓主人尸骨无存，位于墓室北部，现存一木质棺箱，箱盖四边用青铜包裹，并饰以铜泡，角部装饰如意纹，箱底部四角也用青铜包裹，制作考究，其内殉一完整马匹。该墓虽经多次盗扰，但仍出土了大量的随葬遗物，主要有铜、铁、瓷、琥珀、银等几大类，其中鎏金铜渣斗、三节莲花形铜灯、手持柄式莲花香炉，皆为铸造，造型精美，为不可多得的辽代文物精品。此次还出土了大量的随葬瓷器，以影青瓷为主，纹饰华丽，胎质细腻，器形主要为瓶、罐等。还出土有定窑白瓷，釉色光洁，器形以碗、盘为主。特别是墓葬中还发现墓志一合，墓志为汉白玉质，略呈方形，边长 89 厘米。阴刻篆书“故贵妃萧氏玄堂志铭”几字；志石阴刻正书，首行撰“大契丹故妃兰陵萧氏玄堂志铭并序”，其上详细记载了墓主人的生平、身世等情况，洋洋洒洒千余言。据墓志及结合相关史料，该贵妃为圣宗妃，出自辽代后族最为显赫的萧阿古只一系。

契丹考古研究方面，曹铁娃、曹铁铮、王一建《以〈庆陵〉为中心的日本学者对辽皇陵的调查与研究》通过日本学者田村实造等人所著的《庆陵》为中心，通过分析日本学者对辽代皇陵的调查与研究的史迹和成果分析，为我国的辽代墓葬制度研究提供了重要的文献参考。王丽媛《辽代契丹官服中的中原因素探析》认为辽朝官服是辽代舆服中的重要组成部分，集中体现了契丹民族特色与中原文化的融合。作者通过对《辽史》《辽史纪事本末》等辽代史料中关于契丹官服的记载，以及结合考古中出土的实物和壁画的研究，探析出契丹官服中配饰、纹饰、形制及材料等具有中原文化的因素。聂定《耶律羽之墓出土“镐型器”的用途及意义研究》对耶律羽之墓出土“镐型器”的材质、形状、工艺及同时期辽代墓葬出土器物、壁画进行了研究，指出这是代表特殊军事权力和荣誉的信物。李明华《巴彦塔拉辽代遗址出土铁器及相关问题》通过对巴彦塔拉辽代遗址出土的铁器类型学研究和金相学分析，初步确定遗址的年代和铁器的制作技术，为研究辽代冶金提供了资料。马会宇《试论辽代臂鞲对盾形戒指的影响》认为，臂鞲为契丹贵族架鹰捕猎的物品，而同样具有契丹族特色的盾形戒指在辽墓中也多有出土，并探讨了二者的关系。李思齐《东部地区出土辽代八角形印章考释》以出土的八角官印为研究对象，通过对辽代八角印的考释，认为这些八角印为兀惹国仿制契丹文官印制成的产物。

三 契丹语言与文字研究

契丹语言与文字一直都是契丹学重要的研究课题之一，此次研讨会共收到论文 7 篇，主要涉及契丹字的语音、语义及释读问题。刘凤翥《契丹文字中的“横帐”》认为“横帐”是《辽史》中表示皇族的专有名词。作者从 30 个契丹小字墓志中和 2 个契丹大字的墓志对横帐进行了解读和释义。吴英喆《若干契丹小字原字的字音》对若干个契丹小字原字进行了字音拟定的初步探索。孙伯君《契丹语与女真语同词源的语音对应关系》根据史籍和相关文献的记载，考证出契丹语与女真语的同源词以及具有同源关系的部分语法形态，并在此基础上归纳了同源词语音及对应关系，为契丹语系属的确定和阿尔泰古代语言的研究提供资料。傅林《契丹小字墓志词语汇释》通过语音对应和文本对照，从契丹小字中识别出一些词语："步行""烟火""东头供奉官"等，这些词语的识别对于更加深入了解契丹语的性质和辽代汉语音系有参考价值。康丹《契丹字的罗马字的使用及优点》指出中国的契丹语专家在引用某个字或短语的时候，通常采用的做法是提供契丹文字，然后文中翻译，但是不会提供改字的发音，然而西方学者在研究非罗马系统的语言时会用罗马字来转写。吉如何《关于若干契丹字的解读》在前人研究的基础上，从大、小字的对应关系入手，结合契丹文字组合规律以及词语中所处语境，对若干契丹字的音、义提出自己的看法，构拟或修正了一些契丹字的字音。

四　契丹文化及其世界地位和利用研究

契丹文化及其世界地位和利用是此次研讨会的重要议题之一，共收到论文 11 篇，主要涉及契丹文化研究、契丹文化的世界地位问题、契丹文化的利用研究。

契丹文化研究方面，李玉君《儒学与历史上北方民族政权的治国理念》认为由春秋时期孔子所创立的儒学，自汉代开始被大多数王朝奉为国家的正统思想。作为游牧民族契丹族所建立的辽王朝，对于儒家文化积极吸取，并应用于治国理政方面。彭小燕《中亚的契丹文化：哈喇契丹统治下的学术与科学（1124—1218）》主要探索契丹族所建立的西辽在中亚地区的学术和科学，以及对中亚地区的影响。

契丹文化的世界地位问题方面，任爱君《契丹、沙子里、托克马克与怒江——历史上的契丹及契丹人》认为，契丹不仅是一个古代曾经存在的民族名称，也是中古史曾经存在的一个强大的割据政权，同时还是一个迄今仍在发挥独特作用的专门称古代民族的特有名词。在文章中，作者谈到了契丹族的历史贡献以及对周边地区造成的影响。作者还从沙子里、托克马克、怒江等地方契丹人的迁入地探讨契丹人的影响。最后作者还指出契丹在俄罗斯的贝加尔地区、欧亚草原、乌拉尔地区都产生的重大影响。唐均《契丹系中国称谓嬗变考述》梳理了族称"契丹"从有记录的最早形式（汉文、鄂尔浑突厥文、契丹大字、契丹小字），历经中古内迁民族文献记载（女真文、西夏文、波斯文、蒙古文）后来的种种演变，侧重从文献流传和语音演变的角度，剖析契丹的文化影响力。王一丹《从"契丹"到"起儿漫哈喇契丹"——10—14 世纪波斯文献中 Khitay 之称》认为早在 10 世纪上半叶波斯语诗歌中就已经出现称为北方之"契丹"的 Khitay 一词，后来开始见于诸史地文献，并演变为对北部中国的称号。随着耶律大石西辽政权在中亚的崛起，哈喇契丹开始出现在 13 世纪的波斯文献中，西辽灭亡后，八剌·哈尔卜建立了"起儿漫哈喇契丹"。这些契丹词汇的传播正是体现了契丹文化的世界影响力。钟焓《从非汉文史料所见“秦”与“契丹”的地理范围看西域与祖国的联系》考察了10—19世纪非汉文文献中所见“秦”与“契丹”的地理范围，论述西域地区始终部分或者全部在二者的范围之内，揭示了新疆地区历史上与祖国的不可分割。

契丹文化的利用研究方面，任爱君《巴林左旗契丹辽文化资源开发中的思维创新与对策研究》认为，巴林左旗拥有丰富的契丹辽文化资源积淀，需要品牌创新，把契丹辽文化纳入国家文化战略视野中进行观察、思考以及研究的文化现象。杨福瑞《以辽上京为中心的契丹文化遗产的开发与利用》从上京城建成对契丹辽民族文化的意义谈起，认为辽王朝200年的文化积淀，构成巴林左旗历史文化资源的主要部分。巴林左旗契丹辽文化资源种类繁多，既有大量的不可移动的契丹辽文化的遗址遗存，也有不可胜数的可移动的文物，同时还有流传至今的风俗习惯。对于丰富辽文化资源，作者提出11条建议，从不同层面、不同角度打造契丹辽文化。吕富华《赤峰地区契丹辽文化受众研究》认为赤峰是契丹辽文化的发祥地，在契丹辽文化的旅游上取得了较大成就。作者结合赤峰市契丹辽文化旅游景区目前的发展状况和当前旅游消费者的主要需求进行了调研，从旅游消费者需求的角度提出相关对策建议。阚凯、任君宇《巴林左旗非物质文化遗产的保护与开发——以辽上京皮影戏为例》以巴林左旗的皮影戏入选2011年国家级非物质文化遗产名录为由头，提出对皮影戏国家级非物质文化遗产开发利用的建议。

总之，研讨会围绕现有的契丹辽文化开发成果，中外专家学者共同切磋，全面展示了契丹辽文化研究的最新成果，聚焦探索了契丹辽文化研究的许多热点和现实问题，对于提高契丹辽文化的研究水平和影响力，加强契丹辽文化研究的深度和广度起到了积极作用。同时，研讨会还进一步发掘了契丹辽文化的历史价值和现实意义，对加快契丹辽文化研究成果转化，在把契丹辽文化的宝贵资源优势转化为加快巴林左旗科学发展的项目优势、产业优势上，发挥了积极的推动作用。

"北方民族文字数字化与西夏文献研究国际研讨会"会议综述

魏淑霞*

由中国民族古文字研究会、北方民族大学联合举办，北方民族大学西夏研究所承办的"北方民族文字数字化与西夏文献研究国际研讨会"于2016年8月21—23日在银川召开。来自美国、英国、爱尔兰、俄罗斯、法国、日本、澳大利亚以及中国大陆和中国台湾地区的专家学者及在校研究生参加了研讨会。此次会议共分三个部分，第一部分：北方民族文字数字化讨论；第二部分：西夏文献研究；第三部分：西夏文字文献研修班学习。会议共收论文20余篇，涉及西夏语言文字、西夏文献的整理与研究、契丹文研究等，本文对会议收到论文所探讨的内容进行分类概述。

一 西夏语言文字

林英津《论西夏语的"供养"，从〈金光明经〉西夏译本谈起》对西夏文献中的"供养"词意进行了探讨，通过对不同的西夏文佛经、《孙子兵法》《六韬》等文献中"供养"的含义分析，认为西夏语的"供养"与汉译佛经的"供养"不是对等的语汇。西夏语中的"供养"并非直接翻译汉语的"供养"，西夏语中的"供养"更像是来自梵文，不仅可以表达以具体的资生之具"奉施"佛法僧，还可以用来表达"礼敬、承事、祈求护佑"的语义。西夏语中的"供养"可能只有汉语"供"的语义，而没有"养"的语义。

麻晓芳《西夏语动词的命令式》通过对《大宝积经》等西夏文佛经文献中趋向前缀的用法进行考察，联系羌语支乃至藏缅语族诸语言趋向范畴与命令范畴的表现形式，提出西夏语趋向前缀与动词的式范畴关系密切。西夏语动词命令式的表现形式与羌语支其他诸语言颇为一致，西夏语命令式的形式有三点标记性特征。

张佩琪《西夏语的补语句》针对西夏语的动词补语句进行了系统性的探讨，并认为西夏语的补语句包括四种类型及一种策略。四种类型包括S-like子句、限定名物

* 魏淑霞，女，宁夏固原人，宁夏社会科学院副研究员，主要研究方向为西夏学和北方民族史。

化句、非已然句及不定式句。策略则为助词结构。

二　西夏文献的整理与研究

关于回鹘僧人的记录在西夏文献中很少看到，聂鸿音《西夏文献中反映的回鹘语语音特征》通过西夏佛经陀罗尼对音的整理，指出了其中有受回鹘语影响的迹象，这似乎可以为回鹘僧人在西夏早期承担过佛经翻译工作提供一些佐证。

荒川慎太郎《西夏文献学与语言学：关于大英图书馆所藏西夏文佛典残片》一文对西夏文献和西夏语言文字进行了回顾；从语法规则方面对西夏语中的三个指示代词、西夏语前辍等进行了探讨；介绍了在英藏西夏文献中新发现的西夏文佛典残片，认为其在内容和题目上都与俄藏本有相似之处，虽然还缺乏相应的证据，但是至少它们都反映了阿弥陀佛信仰在黑水城地区的流行。

孙伯君《裴休〈发菩提心文〉的西夏译本考释》确认黑水城出土的西夏文 Инв. № 6172 号文献译自裴休所撰《发菩提心文》，并根据汉文本翻译了残存的内容。这是裴休所撰作品在西夏文文献中第一次得到确认，对研究《发菩提心文》文本的流传以及唐代兴盛的华严禅在西夏的传行具有参考价值。

景永时《20 世纪〈番汉合时掌中珠〉刊印史考述》在收集《番汉合时掌中珠》全部原件资料的基础上，对其刊布和整理的经过以及各家的缺失进行了考补。该文对罗氏父子影印、写印《番汉合时掌中珠》经过及版本钩沉，指出了中外学者对《番汉合时掌中珠》原件照片的整理、刊布及缺漏情况。该文也分析出现版本混乱的原因及部分内容重复的原因。

孙昌盛《西夏文本〈广义文〉所见印度大成就者黑行师事迹译考》通过对西夏文藏传佛经《吉祥遍至口合本续之广义文》记载的印度大成就者黑行师违越师命、不信道友所言、与外道空行母斗法身亡等事迹的考证，认为黑行师的事迹被译成西夏文并在西夏流传，表明他在西夏也受到推崇，在一定程度上反映了黑行师所传胜乐教法在西夏的流行。

彭向前《〈天盛律令〉译文勘误数则》选取了《天盛律令》卷一一《为僧道修寺庙门》、卷七《敕禁门》、卷一《谋逆门》、卷三《杂盗门》中几条内容进行了重新考释，对前人译文中漏译或误译的字词进行了纠误，以期学界能通过此种方式使《天盛律令》的汉译本日臻完善。

段玉泉《新见的英藏西夏文〈杂字〉考释》介绍的西夏文《杂字》是《英藏黑水城文献》漏刊的部分，但在“国际敦煌项目”数据库中却被发现。该件文献编号 Or. 12380/1843（K. K. III. 019. b），共 37 个图版，是目前出土西夏文文献《杂字》的又一个新刻本。该文对这一文献的版本特征、文献价值进行了分析。

西夏本《佛说延寿命经》于 1909 年出土于内蒙古额济纳旗的黑水城遗址，今藏俄罗斯科学院东方文献研究所。张九玲《西夏本〈佛说延寿命经〉释读》首次刊布了《佛说延寿命经》的西夏文录文，对版本及刊布情况进行了回顾梳理，并主要参照敦煌汉文本 Pel. chin. 2289 对西夏本进行了翻译和校注，通过比对得知西夏本和俄藏黑水城文献中的编号为 TK 257 的《佛说延寿命经》汉文本内容最为接近。

王培培《西夏谚语中的佛教因素》通过对流传下来的西夏文《新集锦成对谚语》等的考察，认为西夏谚语无论从文字形式，还是思想内容方面都渗透了佛教的内容，西夏谚语的某些词条也来源于佛教，并选摘若干条进行了诠释。

西夏佛教文献中，律部文献资料目前所知甚少，王龙《黑水城出土西夏佛教律部文献探考》介绍了俄罗斯科学院东方文献研究所收藏的西夏文本“根本说一切有部律”，梳理了现存三卷四个编号的西夏文本，指出存世的两个抄件 Инв. № 357 和 Инв. № 2737 可以缀合为完整的卷十，这一点是前人在著录中没有注意到的，并对西夏文《根本说一切有部毘奈耶杂事》（卷十三）作全文的解读。

对于黑水城文献中的宋代刻本文献中的避讳字，学界一般是针对某一文献进行过单独研究，但尚未有人进行总体的整理与研究。马振颖《黑水城文献中所见的宋代避讳字研究》通过对黑水城文献中所见的宋代避讳字研究，分析了流入西夏的宋代文献的版本及来源。最后，结合黑水城文献的实例，联系史籍记载，举出一些宋夏互相避讳的例子。通过分析认为，黑水城宋代刻本文献中避讳字的避讳方式有两种：一种为缺笔避讳，另一种为改字避讳，其中又以第一种方式应用较多。

三 契丹文研究

吉如何《关于若干契丹字的解读》在前人研究基础上，从大、小字的对应关系入手，结合契丹文字组合规律以及词语中所处语境，对若干契丹字的音、义提出自己的看法，构拟或修正了一些契丹字的字音。

吉如何、吴英喆《契丹博物馆藏契丹小字碑刻残石》介绍了作者于 2016 年 4 月 26—30 日，赴巴林左旗实地考察契丹辽文化遗迹时获得的若干张契丹小字碑刻残石的拓片，并对有关语词的音义提出自己的看法。通过分析认为，这几块残石可能来源于两个不同石刻，其内容与韩氏家族之《迪》和《韩》等碑刻内容有所关联。然而限于契丹小字的解读水平，仅凭现有解读内容尚难确定碑刻主人的身份。

彭鞑茹罕、吴英喆《契丹小字（契丹语）的规范》依据迄今为止的契丹语、契丹文字的研究，对契丹小字及契丹语的规范作了梳理总结，展示出了契丹小字和契丹语的规范情况。

唐均《契丹文“午马”为“弥里”说检讨——兼说契丹文“巳蛇”》认为，契丹小字释读工作的进展似乎提醒我们，契丹语中的情形可能还有更为微妙的因素需要具体考察。文章通过例证得出，契丹语对阿尔泰语原始展唇前元音的坚持，进而推知，以契丹大字形式记录的“午马”至少在作为十二地支之一出现时也当维持这一内在语音形式，而在社会生活用途方面的“马匹”，或许才是“抹里”“末里”“墨离”等汉字记音所对应的语音。

阿依努热·牙生《纳瓦依名著〈伊斯坎德尔城堡〉研究》介绍了尼扎米·艾利希尔·纳瓦依的生平，对其作品进行了分类梳理。同时还对学界对《伊斯坎德尔城堡》的国内外研究状况进行了总结。

四 其他研究

通常我们都是用部首或者四角号码检字法来寻找要查的西夏字，唐阿伦《递归部首法和西夏文字的结构》开发了一个新的方法叫作“递归部首法”，以此来寻找西夏文字。通过这种方法可以描述文字的全部，也可以用文字的任意部分来找字，可以弥补部首检字法和四角号码检字法的不足。

赵世金、臧存燕《庆阳地区佛教古塔考述》详细论述了庆阳地区的 15 座佛塔，阐述了其构造结构，以及修建的时间和在现在保存中所存在的问题。该文认为，在庆阳境内共有 15 座比较重要的古塔，其年代集中于唐五代至明代，其中宋代的古塔数量相对较多，当然还有数座古塔其年代至今无法判定。砖塔有：环县宋塔、普照寺砖塔、彭原宝塔寺、东华池砖塔、湘乐宋塔、塔儿庄砖塔、八卦寺塔群；红砂石料塔有：塔儿湾造像塔、豹子川双塔、盘龙寺石造像塔、白马石造像塔、脚扎川万佛塔、塔儿洼石塔；砖与黄泥土构造的有：肖金寺塔、政平砖塔。庆阳地区砖塔的主要结构为楼阁式和密檐式两种，其中华池县境内分布较多。但是塔的保护并不完善，并且有的古塔已经遭到严重破损，所以如何完善地保存这些古塔，是当前必须解决的问题。

此次会议讨论问题皆是民族历史文化和西夏学研究领域内的前沿及热点问题，通过热烈的讨论既增进了不同领域研究成果的交流，也有利于推进西夏语言文字文献研究的发展。

“教育部高校人文社科重点研究基地宁夏大学西夏学研究院建设15周年学术研讨会”会议综述

张笑峰　于光建*

2016年9月17—21日，由宁夏大学西夏学研究院主办的“教育部高校人文社科重点研究基地宁夏大学西夏学研究院建设15周年学术研讨会”在宁夏银川召开。此次学术研讨会分为两部分，一是教育部高校人文社科重点研究基地宁夏大学西夏学研究院建设15周年纪念，二是西夏学学术研讨会。来自中国社会科学院、陕西师范大学、暨南大学、宁夏大学等20余家高校、科研院所及文管单位的70多位专家和青年学者出席了会议。

一

此次学术研讨会开幕式由宁夏大学西夏学研究院院长杜建录教授主持。宁夏回族自治区教育厅副厅长王春秀在致辞中指出，宁夏大学西夏学研究院是我区唯一的教育部人文社科重点研究基地。经过15年的发展，西夏学研究院学科建设取得长足发展，“长江学者”实现了自治区零的突破，推出了一系列优秀的标志性成果。服务地方能力也明显增强，完成大型史诗纪录片《神秘的西夏》史学稿本，成为国内外著名的研究机构，她表示教育厅将一如既往地支持西夏学基地建设。宁夏大学副校长许兴代表宁夏大学向参加研讨会的专家学者表示欢迎，指出2001年，在教育部和自治区教育厅的大力支持下，西夏学研究中心获批教育部高校人文社科重点研究基地，经过15年的发展，成为宁夏大学人文社会科学研究的“领头羊”。

中国社会科学院学部委员史金波指出，宁夏大学西夏学研究院和中国社会科学院西夏文化研究中心在人才培养、项目研究中相互支撑，推出一系列有重大影响力的学术著作。作为宁夏大学西夏学研究院15年发展的参与者，国内外还没有一家像西夏

* 张笑峰，男，河南漯河人，宁夏大学西夏学研究院讲师，主要从事西夏历史文化的教学与研究。于光建，男，甘肃武威人，宁夏大学西夏学研究院副教授，硕士生导师，主要从事西夏历史文化的教学与研究。

学研究院这样整齐的科研团队，希望今后进一步加强合作，共同推动西夏学的发展，使之成为真正意义上的国际“显学”。

原宁夏大学校长、著名民族史学专家陈育宁教授发来贺信，指出15年来，在杜建录院长及一批老专家的带领下，以学科建设为中心，通过重点项目带学科、带人才，开展学术交流，积极服务社会，使西夏学学科建设方向明确，形成了自己的特色，体现了作为教育部重点研究基地应有的学术担当和社会责任，这15年是西夏学研究院全面提升的15年。“十三五”期间要发挥优势，补好短板，以国家社科基金重大项目和教育部基地重大项目为抓手，推进基地建设再上台阶，开创新的局面。

开幕式上，教师代表佟建荣副教授、校友代表侯爱梅副教授先后发言，校友向研究院赠送了纪念品，银川市收藏家协会米向军先生无偿捐赠了17件西夏文物。

二

在两天的学术研讨会中，70多位专家和青年学子围绕西夏历史文化研究、西夏语言文字研究、西夏与黑水城文献研究、宋元历史文化研究、西夏文物考古研究及校友回忆六个方面展开了讨论交流。

西夏历史文化研究文章共有11篇，内容涉及西夏的政治、经济、法律、文化等方面。史金波《西夏时期的灵州》对西夏时期的灵州历史，特别是重要事件进行了梳理，分析了灵州在西夏突出的政治、军事地位，指出其具有西夏陪都、辅郡的性质。张多勇《左厢神勇——年斜（宁西）监军司考察研究》通过野外考察，认为常乐古城为西夏左厢神勇监军司，即《天盛律令》中的年斜（宁西）监军司。张永富《浅析西夏正统地位的塑造》从元昊溯源北魏、颁行官制、创立文字等方面分析了西夏塑造自身正统地位的措施。缪喜平《北宋清远军及其在御西夏战争中的作用探讨》分析了清远军在御西夏战争中的重要作用、失陷及其影响。潘洁《西夏的官地和私地》通过对《天盛律令》与西夏土地契约的梳理，明确了西夏官地、私地的范围，认为官地包括农业用地、畜牧业用地、可用闲地，私地除了包括以上三项内容外，还包括私人田宅，官、私土地通过买卖契约、生地垦辟、户绝归官等方式转化。高仁《西夏游牧经济探研》梳理了文献中所见西夏的“游牧”，结合人类学有关游牧人群经济形态、生活方式、组织形式的理论及调查案例，讨论了西夏“游牧”的季节移动模式、地界划分。安北江《西夏法典的演变及缘由综论》认为西夏法制经历了建国前的部落习惯法、建国初期的行政法、鼎盛时期的成文法和衰落期的补充法，并对每个阶段的特点进行了分析。牛达生《藏传佛教是夏仁宗时期传入西夏的——〈西夏佛教三论〉之三》讨论了藏传佛教宗派的形成、安多与西藏佛教的不同、藏传佛教传入西夏的时间、藏密区别于无上瑜伽密教。陈玮《西夏天崇拜研究》分析了西夏各种辞书、类书中对天主宰万物的定义，认为天在西夏社会中神性显著。王荣亮

《试论宋对西夏的政治制度和文化艺术发展的影响》分别从西夏中央机构、官职制度、法律制度、社会风俗与宗教、绘画书法、文学与音乐舞蹈等方面谈了宋朝对西夏的影响。李晓凤《姓名学视域下的西夏学研究——〈西夏姓名研究〉述评》从学术意义与特点两个方面分析了《西夏姓名研究》一书。

西夏语言文字研究文章共有 4 篇，内容涉及西夏文佛经、夏译汉籍中的词语。段玉泉《西夏文献〈功德宝集偈〉中的两组程度副词——以夏、汉、藏文对勘为例》通过夏、汉、藏三种文本的对勘，以“次始—次”（实、真实）、“籄袭—籄”（最、极）两组相对应的程度副词为研究对象，认为前者强调程度的完全和彻底，后者强调程度的极致和加深。杨志高《西夏文〈经律异相〉中的佛、俗时间概念》以西夏文《经律异相》为材料来源，梳理了其中有关佛、俗两方面几组夏译汉文时间概念。王培培《夏译汉籍中的音译误字》补正了夏译《类林》《十二国》《孙子兵法》《黄石公三略》《新集慈孝记》《经史杂抄》《贞观政要》中的部分误译字。和智《〈圣立义海研究〉译文勘误数则》对《圣立义海》部分译文中涉及的存在动词、人称呼应、部分词句的语义和动词前置助词等问题进行了校勘和补充。

西夏与黑水城文献研究文章共有 14 篇，内容涉及西夏法典、佛经、契约、题涉西夏文献等。彭向前《关于西夏圣容寺研究的几个问题》认为《天盛律令》中并无“圣容寺”，西夏文献中的“圣容寺”所指为永昌圣容寺。庞倩《西夏〈天盛律令〉里的“盐池”初探》梳理了《天盛律令》对“盐池”的记载，简要讨论了西夏盐池管理制度。王龙《西夏写本〈阿毗达磨顺正理论〉考释》探讨了俄罗斯科学院东方文献研究所所藏西夏写本《阿毗达磨顺正理论》，认为克恰诺夫在《西夏佛典目录》中误将其勘同于《阿毗达磨顺正理论》卷三，实际上这两件抄本同为卷十内容。佟建荣《黑水城出土诸宋刊单行本〈妙法莲华经观世音菩萨普门品第二十五〉考述》通过对十种宋刊本《佛说观世音经》版式和内容的分析，认为这些不同刊本存在“同版本特征”，并进一步将其产生原因归结为翻刻。赵生泉《俄藏黑水城西夏人庆三年〈妙法莲华经〉刊印考》分析了人庆年间《妙法莲华经》的刊刻缘由、版式、刻工等内容，认为该印本与西夏仁宗即位后大力提高汉文化地位有关。马振颖《英藏黑水城文献〈天地八阳神咒经〉拼接及研究》对英藏黑水城文献中的《八阳经》残片进行了拼接、录文，通过与敦煌本、中原本的比较，考证了西夏境内《八阳经》的来源。赵天英《黑水城出土一组（5870 号）西夏文借贷契译释研究》对 19 件黑水城 5870 号西夏文草书借贷契进行转录并翻译，分析了契约中的出贷人、贷粮种类与数量、利率、借贷期限、违约赔付等信息，并对其与法律条文互应、规避风险的特点进行了讨论。罗海山《“嵬名法宝达卖地文书”年代考》从文书中立契时间、账目、市斗、立契原因、嵬名法宝达身份、夏元亲邻法律以及籍贯身份内容缺失等因素综合考虑，认为其年代为蒙元时期。王晓晖《黑城所出北元文书及其相关考察》探讨了黑城出土北元文书所反映的亦集乃、肃州分省问题和亦集乃路统治衰微的表现，还分析了北元与明军在河西的争夺。刘志月《黑城出土的北元 M1·033［F277：W55 反］典人契初探》结合黑水城出土的两件典卖亲属的文契，与敦煌所出《癸卯年吴庆顺典身契》比较，认为元代典卖亲属文契的内容和格式与敦煌出土的唐末五代的典身契是一脉相传的。徐秀玲《吐蕃统治时期雇佣契约研究》从吐蕃时期雇佣契约格式入手，分析了契约产生的原因、雇价、违约处罚、雇佣双方的身份地位及社会生产生活等。王颖《中国西夏契约文书研究的现状、问题与展望》分析了西夏契约文书在整理、考释、研究方法和视域等方面存在的问题，认为应加强西夏契约文书的考释、汇编工作，研究方法上要静动结合、个案和总体结合、注重比较研究，研究视域上要多元交叉。问王刚《明代题涉西夏文献概貌》概述了明代冠名“西夏”的专书文献、方志中西夏史编纂、新编宋史中的西夏历史记载、明人文集奏议中有关西夏的论述及小说话本中有关西夏的描述五类，认为明代题涉西夏文献承继宋元、兼具发展。胡守静《〈青史演义〉中“唐古特”事迹的史料来源探析》通过分析古尔布勒金高娃、希都尔固汗的三则故事，认为较之《蒙古黄金史纲》《罗黄金史》，《青史演义》对“唐古特”的描写与《蒙古源流》更加接近。

宋元历史文化研究文章 7 篇，内容涉及宋元历史人物考辨、元代亦集乃路地方经济等。刘永刚、田卫丽《北宋“郭子彦墓志”再考》分析了撰铭相关者、墓主官职，对碑铭所见熙宁年间西北入中制度、粮食补给、宋夏沿边修城筑堡也多有讨论。巴晓峰《勖实戴非“回回”辨》结合勖实戴“回回砲手军总管”的记载及《敕赐伊川书院碑》内容，考证勖实戴为蒙古克烈氏，学界误认为其为“回回”源自对钱大昕“此勖实戴殆回回人，而屯戍河南者欤”的错误理解。邓文韬、贺亭《元代东迁不花剌人买述丁事迹补考》梳理了买述丁的籍贯、族属、家事，描述了该家族从第一代东迁中原、安家大同到第四代为官江浙的全过程。邓文韬、杜维民《临海西郊大岭石窟元代造像题名记所见人物考——兼商榷大岭石窟造像的始建年代》推定大岭石窟造像的始建年代为至元四年到至元五年间，并考证了题名中秃坚董阿、歪头、杨不花、顺昌、杜秉彝、老老六人的生平。陈广恩、陈柳晶《关于元代亦集乃路粮食运输的几个相关问题》讨论了亦集乃路粮食转运过程中的攒运、宁夏府路至亦集乃路的运粮路线以及亦集乃路的驻军问题等。周永杰《元代亦集乃城的商业——基于出土文书、文物的考察》以黑城元代涉商文书为基础，探讨了亦集乃城商业的城乡互动形态和商业地缘性。余军、米向军《新见一件元代“宁夏路”铜权——兼谈“宁夏路”建制废罢的政治背景》介绍了宁夏路铜权的规制与价值，并讨论了宁夏路的建制历程。

西夏文物考古研究文章共有 10 篇，内容涉及西夏的烽堠遗址、金器、农具、唐卡、木版画等。蒋超年《甘肃武威亥母洞石窟 2016 年考古新发现》介绍了甘肃武威亥母洞西夏石窟保存现状、考古发掘计划、2016 年发掘出土的擦擦、碑刻残件，以及西夏文、藏文、汉文文献等。尤桦《西夏军事通讯体系初探——以烽堠为例》以甘肃、内蒙古地区烽堠为例分析了烽堠的军事通信、侦察、防御职能。蔡彤华《内蒙古出土西夏金器研究》介绍了内蒙古出土西夏金器的出土概况及种类，并对西夏金器的特点进行了讨论。胡源、刘鸿强、孟德伟《中卫西夏金冠饰品初探》分析了西夏冶金技术的传承及历史渊源、西夏时期金器的特点及价值，并对中卫发现的西夏时期的金银器进行了介绍。李玉峰《河西走廊所见西夏农具述论》根据河西走廊所见西夏农具的图像和出土实物，分析了其形制、材质，以及与中原汉地和河陇地区历代农具的关系。王艳玲《藏传佛教与西夏〈千佛图〉唐卡》讨论了藏传佛教在西夏的流行及唐卡艺术。于光建《西夏太阳和太阴墓葬神煞考证——基于西夏墓木版画与河西魏晋墓图像比较》认为武威西夏墓木版画中除“太阳”外，还应该有“太阴”木版画，其形象应是有蟾蜍的月轮。魏亚丽、陈永耕《〈西夏文物·宁夏编〉塑像绘画和织物卷概述》分别介绍了宁夏境内西夏塑像、绘画和织物遗存。张海娟《西夏星神图像研究综述》对国内外西夏星神图像分类整理，分析了国内外相关研究，总结了星神图像研究的特点。

校友回忆文章5篇。王亚莉《我的西夏学情怀》跳出西夏看西夏，抒发从求学西夏到成长为一名中国近现代史研究者的感慨及祝福。侯子罡《人生梦想的起点——怀念在西夏学研究中心求学的日子》生动地回忆了感恩的老师、论文写作及学术精神的传承。陈玮《难忘恩师，倾仰情深——记我在西夏学研究院的三年学习时光》回顾了在西夏学研究院学习期间的师生情谊及学术之路。贺亭《印象·额济纳旗》回忆了在校期间学院组织的黑水城考察活动。王巍《西夏学研究院随感》回顾了自己的西夏学情缘及求学历程，并赋诗一首祝贺教育部西夏学重点研究基地十五年纪念，“十五春秋谱华章，致力编研堪榜样。精勤学海仍磨砺，贺兰山下铸辉煌。”

在此次研讨会中，近年来西夏历史、文献、文物考古及黑水城宋元文献等方面的研究得到了很好的展示，尤以西夏历史文献解读方面解决了许多实际问题，达成了许多共识，如潘洁对西夏土地制度的研究、赵天英对西夏文借贷契的译释研究等。但是，研讨会还存在一些不足，比如学术史的缺失、研究不够深入等。总之，此次研讨会很好地展示了十五年来宁夏大学西夏学研究院教育部高校人文社科重点研究基地建设取得的丰硕成果。尤其是西夏学研究院在杜院长及众多老专家的带领下，以学科建设为中心，力抓科研、教学，培养了一大批西夏学骨干力量，同时积极服务社会，完成了大型史诗纪录片《神秘的西夏》史学稿本，体现了作为重点研究基地应有的学术担当和社会责任，得到了与会专家的一致认可。

第四篇

学术动态

“契丹帝国与欧亚丝路文明”工作坊综述*

陈俊达**

“契丹帝国与欧亚丝路文明”工作坊于2016年10月29—30日在浙江大学之江校区举办，并作为浙江大学人文高等研究院2016年秋季学术活动的一部分。工作坊的召集人为中山大学国际关系学院执行院长、博士生导师魏志江教授。参加此次工作坊的有来自浙江大学、中山大学、厦门大学、吉林大学、辽宁师范大学、中国社会科学院民族学与人类学研究所、中国社会科学院历史研究所、吉首大学、江苏省社会科学院等高校、科研单位的十余名学者，共提交论文十余篇。与会专家学者经过两天的报告和讨论，就辽代丝绸之路、对外关系、民族史、制度史等方面展开了广泛交流。现据论文内容和讨论情况作一简要论述。

一　辽代丝绸之路与对外关系研究

辽代丝绸之路与对外关系是近年来学界研究的热点，亦是此次工作坊的核心议题，与会学者从不同角度对此做出相关研究。其中在丝绸之路研究方面，魏志江先生的《论辽帝国对漠北蒙古的经略及其对丝绸之路的影响》一文，首先运用审音勘同的研究方法，对魏特夫在《中国社会史——辽》中提出的辽太祖西征未能抵达西域的论点进行了辩驳，并对辽朝经略漠北蒙古的过程进行了论述。该文指出辽帝国先后通过三次大规模军事征伐，并伴之以设立城池、屯田移民等方式展开对漠北蒙古和西域的经略，从而控制了草原丝绸之路的交通线，保障了欧亚商旅要道的畅通。周运中《王延德的使程与辽金丝绸之路再考》一文，以王延德出使高昌的使程为切入点，考察了茅女族、大虫、拽利等古族的居住地，以及楼子山、可敦城、都督军山等地的具体位置。该文认为王延德的使程涉及阴山居延之路，所谓西夏的居延路实际上就是辽的阴山居延路，亦即阿保机西征的回路。辽通漠北再到西

* 本文在写作过程中承蒙中山大学国际关系学院执行院长魏志江教授指导，谨此致谢。

** 陈俊达，男，江苏徐州人，吉林大学文学院中国史系在读博士研究生，主要从事辽金史研究。

域的路程过于绕道，阴山居延之路最为重要。杨蕤的《略论辽代的丝路交通及其相关问题》一文，立足辽代蒙古高原的自然、人文状况，分析了辽代蒙古高原城池修筑的一个重要目的就是实现对东西商路的控制，同时这些城池也是丝路贸易的据点，是从西域进入辽朝的重要联结点。与唐代回鹘路比较，宋辽时期的回鹘路具有两点明显的变化：一是经夏州、高阙北上的回鹘路主道在宋辽时代部分衰落，但是蒙古高原的回鹘路尚在利用；二是由于吐蕃（唃厮啰）和辽代等政权的兴起，途经甘州、黑水城抵达辽代上京的道路尚未废止。

对外关系研究方面，乌云高娃的《契丹及蒙丽早期关系》一文，认为蒙古西征中亚及东征高丽，均与契丹部族在中亚、辽东存在的政权与蒙古相抗衡有关。陈俊达《试论高丽人的“辽朝观”》一文，指出在早期高丽人的观念中，辽朝是“禽兽之国”“强恶之国”。受此观念影响，高丽在立国之初，积极发展与中原汉族政权的关系，排斥甚至拒绝与游牧民族出身的契丹辽朝往来。太平二年（1022）后，高丽人的“辽朝观”开始发生转变，最迟在景福元年（1031）完成转变，将辽朝视为“正统”，接受辽朝的宗主国身份。在此观念的影响下，高丽采取各种措施巩固与辽朝的宗藩关系，同时与北宋在政治臣属关系上明确划清界限，断交长达43年。引起高丽人“辽朝观”转变的根本原因在于高丽人由来已久的保邦意识，此外还有经济利益的推动、辽朝文化的发展，以及高丽自身经济文化的发展等原因。这种以北方民族建立的王朝为正统的观念，应该是高丽在女真人建立金朝后，没有发生像辽丽间那样大规模的战争，就迅速加入金朝构建的封贡体系之内的一个重要原因。

二 民族史与制度史研究

民族史与制度史研究一直是辽史研究的重点，此次会议亦不例外。在民族史研究方面，高福顺的《术不姑的驻牧地与辽初的经略》一文，考证术不姑的驻牧地当在金山即戈壁阿尔泰山脉北之近地，认为术不姑的部族势力在太祖朝的三次强力打击下，由五代初期的强盛部族开始走向衰败，导致其被辽朝由属国调整为属部，此乃术不姑实力弱化使然，这或许是辽朝后期术不姑逐渐融入阻卜、鞑靼部族之主因。辽太祖经略术不姑的目的在于控制西北边鄙部族，剪除西北边鄙部族对契丹立足于大漠南北以及太祖南下经略中原的钳制影响。辽太祖对西北边鄙的经略客观上打通了辽上京通过西域诸国的交通道路，尤其是南线受阻的情况下，经由古可敦城的北线，更显得具有战略意义。孙昊的《辽朝在东北地区的属部体制与女真政治社会》一文，从动态角度对辽代属部体制与女真社会双重体制的互动进行探讨。该文指出在辽强势控制时期，不同流域的女真部族政治性互动完全受辽控制，这一时期生女真区域政治结构的基本框架为：辽东京统军司/东北路统军司—女真部族官—女真部族，其中对女真社会而言，辽代封官系统比女真酋长的孛堇身份更为强势。所谓景祖时期的“生女真部落联盟”，在辽强势经略时期是不可能存在的。直至辽后期，对生女真地区控制力度减弱，按出虎水完颜部逐渐利用其掌控鹰路的特殊地位，游走于辽人与其他区域的女真部族之间，兼并各区域的女真势力，最终在11世纪末形成统一的政治体。

需要特别指出的是，李玉君、赵永春的《辽人“中国”意识的觉醒》一文，从观念史的角度讨论了辽人的“中国观”及“中国意识”。该文指出辽人“中国意识的觉醒”，并非到了辽兴宗以后才出现，而是早在契丹建国之初，由于契丹人受其先祖鲜卑人以及隋唐契丹“化内人”的影响，就已经因袭鲜卑人附会“炎黄子孙”自称“中国”的观念，开始以“炎黄子孙”自诩，并站在“中国”人的立场上以“中国”自居了。到了辽圣宗时期，由于契丹人正统意识觉醒，又在自称“中国”的基础上，开始自称正统。辽兴宗以后，中国正统意识进一步增强，公开向国人及宋、高丽等国宣称辽朝是中国正统。辽人自始至终自称“中国”，主要是利用和发挥历史上比较宽泛的“中国”概念，以为自己居于“天下之中”的缘故。

制度史研究方面，周峰的《辽代倒塌岭节度使探微》一文，从倒塌岭节度使设置的背景、建置与沿革、作用三个方面对辽代倒塌岭节度使进行论述。该文指出在辽兴宗重熙年间第二次对西夏之役的关键时刻，为了防遏党项与阻卜的相互勾结以及保卫西疆群牧，辽朝在西部边疆设置分别主要针对党项与阻卜的西南面招讨司、西北路招讨司之后，又专门设置了倒塌岭都监，之后更名为倒塌岭节度使司这一新的治边机构。魏志江、李策的《西辽帝国的民族政策与区域宗教文化变迁》一文，指出耶律大石建立的西辽帝国是契丹“因俗而治”在中亚和西域地区的一次成功实践。西辽的建立不仅阻遏了伊斯兰教向中亚、西域地区的扩张，而且由于西辽实现多元化、兼容并存的民族宗教政策，在帝国境内形成了伊斯兰教、佛教、景教和其他民族宗教和平共存的区域民族宗教文明的新格局，结束了该地区政权割据、宗教战争频发的状态，实现了契丹治下的和平，有助于中亚和西域等丝路区域多民族宗教文明的融合和发展，并为蒙元帝国时代欧亚丝绸之路的繁荣和发展奠定了文明基础。

三 小结

此次工作坊有三个特点：其一，提交的论文涉及辽代丝绸之路、民族史、政治制度史、对外关系史、观念史、历史地理等各个方面，具有广泛性和丰富性，同时体现出了学界研究热点与前沿问题。其二，参会学者利用各自的研究特点、知识体系，对契丹辽史相关问题展开多角度研究，极大开拓了辽史的研究视角与领域，研究更为细致。其三，参加工作坊的既有成名已久的教授、研究员，也有各研究领域中青年专家，还有初出茅庐的研究生，体现了契丹辽史研究的良好传承。

总之，此次工作坊展示了当前国内契丹史研究的最新情况，为国内专家学者提供了交流与互动的平台，总结了学术研究的经验与心得，促进了不同领域的沟通，对进一步推动契丹辽史的深入研究起到重要作用。相信随着学术活动的积极开展、新资料的陆续发掘以及学术研究的不断深入，契丹辽史的研究必然会取得更多、更好的成就。

中国民族史学会辽金契丹女真史分会第十三届代表大会暨中国·绥滨首届完颜家族起源研讨会学术研讨和换届情况报告

中国民族史学会：

由中国民族史学会辽金契丹女真史分会主办，黑龙江省绥滨县完颜家族研究会承办的中国民族史学会辽金契丹女真史分会第十三届代表大会暨中国·绥滨首届完颜家族起源研讨会于2016年8月9—13日在黑龙江省绥滨县绥滨宾馆召开。来自北京、上海、内蒙古、河北、河南、云南、台湾、辽宁、吉林、黑龙江等地的100余名学者参加了会议。

8月9日，首先召开了理事会会议，总结近年来学会工作，研究了本届会议日程及理事会改选事宜。会议在坦诚、公开、务实的气氛中进行，对本届学会工作成绩和存在的问题以及下一步如何改进向理事会进行了汇报说明。

理事会研究了在本次大会期间理事会改选事宜。在对选举新一届理事会问题上，提出了理事会选举应该按照辽金史学会章程，继承以往换届选举优良传统，并注意理事会工作的连续性，着重培养选拔一批思想品德好、学术上有建树、有组织领导能力并愿意为大家服务的中青年学者充实到理事会。精简理事会领导班子，为学会健康、持续的发展打好基础。

会议在进行充分讨论协商的基础上，选出了新一届理事会和领导机构。换届选举首先经无记名投票，选出新一届理事39名。经理事无记名投票，分别选出新一届会长、副会长、秘书长；又经提名协商，通过了聘请学会名誉会长和顾问人选。选举结果为：名誉会长刘凤翥、宋德金、齐心；顾问：王明荪、张福有、武玉环、程妮娜、都兴智、塔拉；会长：韩世明；副会长：李大龙、刘宁、郭康松、任爱君、盖之庸、赵永军；秘书长：关树东；副秘书长：田淑华、周峰、孔令海。

10日全天和11日下午，在绥滨宾馆举行的第十三届辽史契丹史学术研讨会，此次会议采取边考察边研讨的方式，9日、11日上午、12日和13日，对涉及此次研讨会重点议题的女真完颜家族起源问题的相关遗迹进行了重点考察，并在考察的基础上对相关问题进行充分研讨。

11 日下午闭幕式结束以后，举行换届选举。新任中国民族史学会辽金暨契丹女真史分会会长韩世明和秘书长关树东作了简短发言，对今后的工作提出了希望和设想。

中国民族史学会辽金暨契丹女真史分会

2016 年 9 月 19 日

主题词：学术年会　换届选举

另报：民政部社会组织管理局　中国社会科学院　中国社会科学院民族研究所

附：会议纪要与中国民族史学会辽金契丹女真史分会理事会及领导成员名单各四份

附件一　中国民族史学会辽金契丹女真史分会第十三届代表大会暨中国·绥滨首届完颜家族起源研讨会

会议纪要

由中国民族史学会辽金契丹女真史分会主办，黑龙江省绥滨县完颜家族研究会承办的中国民族史学会辽金契丹女真史分会第十三届代表大会暨中国·绥滨首届完颜家族起源研讨会于 2016 年 8 月 9—13 日在黑龙江省绥滨县绥滨宾馆召开。来自北京、上海、内蒙古、河北、河南、云南、台湾、辽宁、吉林、黑龙江等地的 100 余名学者参加了会议。本次年会共有三个议题：学术研讨、学术考察、换届选举。

8 月 9 日，首先召开了上届理事会会议，总结近年来学会工作，研究了本届会议日程及新理事会改选事宜。会议在坦诚、公开、务实的气氛中进行，对本届学会工作成绩和存在的问题以及下一步如何改进向理事会进行了汇报说明。

理事会研究了在本次大会期间理事会改选事宜。在对选举新一届理事会问题上，提出了理事会选举应该按照辽金史学会章程，继承以往换届选举优良传统，并注意理事会工作的连续性，着重培养选拔一批思想品德好、学术上有建树、有组织领导能力并愿意为大家服务的中青年学者充实到理事会。精简理事会领导班子，为学会健康、持续的发展打好基础。

8 月 11 日下午 4 时，举行了中国民族史学会辽金暨契丹女真史分会的换届选举大会，会议在进行充分讨论协商的基础上，选出了新一届理事会和领导机构。全体与会会员以无记名投票的方式选举产生了新一届理事 39 名；新一届理事会又以无记名投票的方式选举产生新一届会长、副会长、秘书长；又经提名协商，通过了聘请学会名誉会长和顾问人选。选举结果为：名誉会长：刘凤翥、宋德金、齐心；顾问：王明荪、张福有、武玉环、程妮娜、都兴智、塔拉；会长：韩世明；副会长：李大龙、刘宁、郭康松、任爱君、盖之庸、赵永军；秘书长：关树东；副秘书长：田淑华、周峰、孔令海。

第十三届中国辽金契丹女真史学术讨论会暨中国·绥滨首届完颜家族起源研讨会于8月9日上午在黑龙江省绥滨县绥滨宾馆召开，绥滨县完颜家族起源研究会名誉会长黄云国主持开幕式。会议首先由绥滨县完颜家族起源研究会会长林效致开幕词，介绍了绥滨的历史文化概貌和多年以来的研究概况。继而由中国民族史学会辽金暨契丹女真史分会会长宋德金介绍了学会多年以来、特别是这一周期四年来的工作状况，指出：辽金史学会从1982年至今，在团结国内外辽金契丹女真史研究者，推动辽金史研究方面发挥了很大的作用。在2012—2016年这一任期内，算上这一次会议，共召开了第十二届和第十三届年会，在2013年阜新和2015年康平又召开了两次专题会议。出版了《辽金史论集》第十四辑，第十五辑马上也要出版了。同时还出版了《辽夏金研究年鉴》（2013）、《辽金研究通讯》（2012—2013）合集等杂志。这些定期举行的学术活动、出版研究书刊等，保证了学会工作的正常运转，对促进辽金史学会健康持续发展起到了一定的促进作用。当然学会在对外交流、会议组织、会议议题拟定等方面还存在一定的问题，需要在今后的工作中加强。

开幕式结束以后，进行了大会发言。首先由辽金史学会的名誉会长齐心先生做了“契丹女真族在古都北京城市发展史的地位和作用”的主旨演讲，指出辽金王朝都非常重视北京，辽在现在的北京设立五京之一的南京，而金在海陵时更是迁都中都，对北京的发展起到了至关重要的作用。随后，绥滨县完颜家族起源研究会会长林效做了“绥滨完颜祖源探秘”的主题发言，对绥滨范围内的历史文化进行了概要性的介绍，着重介绍了绥滨的历史沿革，特别是辽金时期的绥滨历史文化以及对完颜家族起源问题进行了深入的阐述。接着，内蒙古文物考古研究所的盖之庸先生对内蒙古多伦县王力沟辽代贵妃墓发掘情况和研究情况进行了报告，指出通过对多伦县王力沟辽代贵妃墓发掘，解决了长期困扰学术界的一系列问题，比如契丹姓氏来源问题等。沈阳市考古所的付永平先生对沈阳康平张家窑林场10号辽墓的考古发现暨成果进行了报告，这个新发现的辽墓不仅出土了银丝网络、鎏金面具等一批珍贵文物，而且对辽墓出土木棺运用多种科技手段进行考察研究，多种技术提取的信息对出土文物本体以及现场保护都有重要价值。云南宝山施甸县契丹后裔文化研究会的蒋开磊先生对云南契丹后裔文化研究的进展和成果进行了报告，系统讲述了云南保山施甸县契丹后裔现状和研究情况，对了解契丹后裔迁徙、落籍、变迁、改姓以及20世纪80年代发现与研究状况进行了详细说明和阐述。黑龙江省文物考古研究所的赵永军先生对金上京的考古发现与研究作了报告。指出金上京遗址是我国古代兼具渔猎文明和农业文明特征的一处重要的大型遗址，为加强金上京考古工作力度，黑龙江省文物考古研究所制订了《金上京遗址考古工作计划》。该考古计划于2013年启动实施，目前已取得阶段性成果。2013年度工作重点是对城址进行测绘，对城墙遗迹进行解剖发掘；2014年对南城南垣西门址进行考古发掘；2015 年重点对皇城内西部建筑址进行考古发掘，了解皇城布局和范围。新开展的考古工作，拓展了对金上京城址形制结构特征和历史沿革的认识。台湾中文大学的王明荪先生作了“金代的德政去思碑”的报告，对德政去思碑的书写、作者对德政的认识以及德政立碑与考课法等问题进行了报告。这些学者的发言受到与会学者的欢迎。

8 月 10 日下午分小组进行学术讨论，分三个小组：辽史组、金史组和女真完颜家族起源问题组。

辽史组与会代表提交的论文，对辽史涉及的政治、经济环境、民族、地理、契丹文字等方面的问题进行了研讨。在政治制度方面，耿涛探讨了辽太宗二次即位问题，指出太宗为了证明继位的正统性做了大量工作，反映出契丹后族干预政治的特点。肖爱民探讨了辽圣宗的尊号和谥号问题，指出契丹政权虽然借鉴汉制，但又不完全等同汉制，从辽圣宗的尊号与圣号呈现的蕃汉杂糅现象也体现了“因俗而治”的统治政策。武玉环的《辽代职官俸禄制度考述》一文，厘清了辽代职官俸禄制度的初设、发展到没落的过程。而任仲书的《辽代使职述论》一文，对辽代使职问题进行了梳理，使职是辽朝官制中重要的组成部分，也是维护疆域稳定的重要力量。张国庆在《石刻所见辽朝汉人世家大族间的联姻》一文中利用碑刻等资料，对辽朝汉人世家大族通婚问题进行了进一步论述，指出辽代汉人世家大族间的相互联姻，即形成了以韩、刘、马、赵四姓九大家族为骨干，联合其他姓氏家族，世代相传、比较稳固的汉族官僚群体，为辽朝契丹统治者制定的“因俗而治”国策能够一以贯之的顺利执行，营造了合适的政治环境。符海潮的《辽宋金鼎革时期燕人及渤海人上层的民族心理探析》一文，指出这些人在社会变革时期，如何维护自己及家族的利益才是首要考虑的问题。这次会议提交的辽代经济方面的论文不多，仅有夏宇旭的《辽代西辽河流域农田开发与环境变迁》一文，指出辽代西辽河流域的过度开发，致使生态环境恶化，不得不迁出农业人口以恢复生态平衡。在契丹文字方面，有刘凤翥的《大安出土的契丹小字铜镜介绍》，都兴智的《也谈〈萧旼墓志铭〉真伪问题》。李俊义和胡延荣的《王安石使辽与使辽新试考》一文，对王安石使辽的时间、地点、所作的诗句做了考订。考古方面的研究成果是近几次年会的亮点之一，这次年会亦不例外，本次年会除了大会宣读的几个成果以外，还有大量的研究文章，如：林栋的《试论辽代墓志的类型和演变》，杨福瑞的《说契丹的毡帐建筑》，周向永的《辽代兴州考》，孙文政的《辽金时期唐括部古城考》，沈军山和田淑华的《河北承德地区近年来辽金元时期考古新发现》，吴晓林的《坐落于承德县的辽驿馆》，葛华庭的《试探辽墓中木枋构筑的屋室的名称及其源头》，魏孔的《内蒙古地区馆藏辽瓷研究》等文章。

金史组与会代表提交的论文，主要有关金完颜始祖起源问题、金代制度问题、金末政治、金代社会以及历史地理问题等。有关金初完颜家族相关史实进行研究的文章有綦岩的《传说与历史之间——浅谈金代始祖函普》一文，对金完颜始祖生卒、家室、族属、事迹以及函普传说所反映的历史观问题进行了考述。霍晓东和傅维光《女真完颜部和早期的五国都文化》一文则对完颜部与五国部进行梳理。有关金朝制度方面，孙昊在《金代勃极烈制考论之一——勃极烈体制的部族渊源》一文中指出，金代勃极烈制是延续突厥等游牧民族的政治传统，维系了女真的贵族身份制，还适应国家统治的需要，成为结合传统贵族身份制与政务职守之间的有效载体。女真入主中原后，将勃极烈发展为一套多面向的政治体制。闫兴潘在《金代“词赋状元即授应奉翰林文字”制度的形成及其对后世的影响》一文中指出，翰林制度在唐宋时期的中枢政治体系中发挥了举足轻重的作用，而到了元明清时期，却已成为一个普通的文翰机构，翰林制度产生的这一重要转折发生在女真人建立的金朝。孙红梅的《金代王府官署机构的设置与职能》，郭威的《金代户部机构初探》，宋卿的《论金代宣徽使》，孙佳的《金熙宗以后路的司法职能考述》，王峤的《金代军事后勤制度探微》等文章都对相关问题进行了梳理。在金末政治研究方面，李秀莲的《正隆南征的原因与历史意义》一文，针对海陵南征的原因指出，猛安谋克是金朝与南宋对抗的资本，只要南宋存在，必须保留猛安谋克，要解决猛安谋克问题，必须灭掉南宋，这才是海陵南征的用意。吴凤霞和边昊在《金末的政乱与兵败》一文中指出，金末的政乱与兵败是金朝衰亡阶段的重要历史现象，与金朝自身发展过程中积聚的矛盾、弊病有关，更主要的是腐化的官、兵不仅无法应对来自内部的社会问题和来自外部的军事进攻，使金朝在内外交困中灭亡。金代社会史研究一直是近些年来研究的热点之一，这次年会也提交多篇相关论文。苗琳琳在《试析金朝的官护丧事》一文中指出，官护丧事是一种常礼之外的重要的特殊丧礼活动，金朝可以获得护丧资格的只有嫔妃、皇太子以及三品以上的官员，但并非达到这一资格的所有人都可以获得官护丧事，只有在国家中有着特殊地位或有着特殊意义的人才能够获得这一殊荣，是金朝等级制度日益分明的一个直接反映。张双双在《金代致仕官员生活初探》一文中指出，金代致仕官员从官场谢事后有两种安置办法，回乡或是徙居他乡。他们致仕后宴乐交游、放松身心，读书斋居、修身养性，教育子孙、关心国事，生活丰富多彩。郝素娟在《金代女真族移民生存状态探析》一文中认为，中下层女真移民贫困的根本原因是生产技术和生产方式落后。进入中原后，继续其粗放的耕种方式。政府所给予女真人的特权与待遇，使女真移民骄奢淫溺，不愿稼穑，为解决贫困而进行的括地运动又加重了女真移民与汉民的矛盾。其他相关文章还有王耘的《金末士人的金朝认同与道学北传》，王德鹏的《论金代科举之弊》等文章，从不同角度对相关问题进行了论述。在文献资料研究整理方面，李浩楠在《〈儒门事亲〉史料价值研究》一文中指出，《儒门事亲》的史料价值绝不仅仅体现在中医史和金代医学史方面，还记载了金代的杖刑、官制、制度、经济、社会生活及其他史料，大部分可补史籍记载之阙。由此可以看出，不仅《儒门事亲》，很多中医古籍，恐怕亦有一定的史料价值。李智裕与苗霖霖的《〈高夫人葬记〉考释》一文认为，《高夫人葬记》收录于袁桷《清容居士集》中，虽然《葬记》内容文字不多略显简略，但言简意赅客观反映了高昉家族历史信息，为研究辽金时期渤海遗民高桢家族群体历史活动提供了不可多得的史料，而且部分内容可与《金史》《元史》《新元史》互补，显得非常重要。其他文献整理方面文章还有綦岩的《永宁寺记碑的女真文碑文》等。在历史地理研究方面有《金代顺化营、新市地望考》等文章，张翠敏在文章中指出，辽金时期除了苏州、复州这样比较大的州城外，还有县城和其他小规模城址。顺化营位置是普兰店马屯北土城或金州的西马圈子和石城子城址可能性比较大。有学者认为新市在碧流河口附近，推测有可能为庄河的马庙屯土城。其他历史地理方面考述文章还有郭长海和那海州的《五国城、行宫与宋哥屯考》，于永奎的《五国城址新探》，田守一的《五国城是完颜氏族发祥肇基之地》，廖怀志的《北宋徽、钦二帝在金国幽禁之地新考》等文章。

有关女真完颜家族起源问题是辽金史学界关心的重要课题之一，也是此次学术研讨会的重要议题。为了更好地研究探讨这个问题，此次会议采取边考察边研讨的方式，会议在9日、11日上午、12日和13日，对涉及女真完颜家族起源的相关遗迹进行了重点考察，在考察的基础上结合文献记载，对相关问题进行了充分研讨。

绥滨是我国古代靺鞨黑水部和女真人的早期活动主要区域，早在20个世纪70年代，中国社会科学院考古研究所和黑龙江省文物考古工作队就在这一带进行过多次考古调查和发掘，取得了一批重要成果。同时，苏联的一批考古资料，特别是俄罗斯黑瞎子岛（俄方一侧）科尔萨科沃墓地资料也在20世纪80年代公布，从考古类型学的角度进一步认证了文献记载的女真来源于靺鞨黑水部。在此基础上，干志耿和孙秀仁提出了女真“完颜”部的名称来源得自绥滨境内的蜿蜒河，是同音之转，以地为氏，得姓完颜（蜿蜒）氏的观点。近些年，我国在黑瞎子岛的考古调查也取得重要进展，在黑瞎子岛我方一侧也发现了类似科尔萨科沃遗址的文物，新的考古发现进一步证明了女真来源及其迁徙途径。韩世明又在前人研究和新资料发现的基础上，从考古类型学、女真部落迁徙、氏族组织分化等多个角度进行了进一步的深入研究，肯定了女真完颜部得姓于绥滨的蜿蜒河，起源于此的结论。在此次会议上，王久宇提交的《关于金朝建国前生女真“完颜部”名称的几个问题》论文，和霍晓东、傅惟光提交的《女真完颜部和早期的五国都文化》等文章中也认为完颜得名绥滨蜿蜒河的说法，与会的大多数专家也认同这个观点。但同时指出，受材料限制，很多问题还需进一步的研究和探讨，并希望在专家学者研究的基础上，加强文化产业开发，做到相辅相成。

8月11日下午先进行各小组推荐代表发言，杨雨舒代表辽史组作了关于“简述辽金时期吉林社会史的几个问题”的报告。王久宇代表金史组作了“关于金朝建国前生女真完颜部名称的几个问题”的报告。然后，吴凤霞代表辽史组总结了辽史组研讨情况，王耘代表金史组总结了金史组研讨情况。

大会发言结束以后举行了闭幕式，闭幕式由秘书长韩世明主持，辽金史分会副会长都兴智代表学会作了学术总结，完颜家族起源问题研究会名誉会长黄云国代表会议承办方致闭幕词。继而举行换届选举，新任中国民族史学会辽金暨契丹女真史分会会长韩世明和秘书长关树东作了简短发言，对今后的工作提出了希望和设想。

附件二 第十三届中国民族史学会辽金契丹女真史分会理事名单

名誉会长：刘凤翥 宋德金 齐 心

顾 问：王明荪 张福有 武玉环 程妮娜 都兴智 塔 拉

会 长：韩世明

副 会 长：李大龙 刘 宁 任爱君 盖之庸 赵永军 郭康松

秘 书 长：关树东

副秘书长：田淑华 周 峰 孔令海

理 事：共39名（以姓氏笔画为序）

万雄飞 王永年 王孝华 王德朋 孔令海 史凤春 田淑华
刘 宁 任仲书 任爱君 关树东 何天明 李大龙 李玉君
李旭光 李秀莲 吴凤霞 沈军山 张 力 张志勇 肖爱民
周 峰 赵永军 赵晓刚 宋立恒 杨 军 杨雨舒 杨海鹏
杨福瑞 胡 健 夏连保 黄 信 郭康松 顾宏义 盖之庸
符海朝 韩世明 蒋开磊 霍明琨

中国民族史学会辽金契丹女真史分会
理事会领导成员名单及工作单位

名誉会长：

刘凤翥：中国社会科学院民族学与人类学研究所 研究员

宋德金：中国社会科学院《中国社会科学》杂志社 编审

齐 心：北京市文物考古研究所 研究员

顾 问：

王明荪：台湾中文大学 教授

张福有：吉林省宣传部 副部长 研究员

武玉环：吉林大学文学院 教授

程妮娜：吉林大学文学院 教授

都兴智：辽宁师范大学历史文化旅游学院 教授

塔 拉：内蒙古博物院 研究员

会　　长：

韩世明：吉林大学文学院　教授

副 会 长：

李大龙：中国社会科学院《中国边疆史地研究》杂志社　编审

刘　宁：辽宁省博物馆　研究员

任爱君：赤峰学院　教授

盖之庸：内蒙古自治区文物考古研究所　研究员

赵永军：黑龙江省文物考古研究所　研究员

郭康松：湖北大学文学院　教授

秘 书 长：

关树东：中国社会科学院历史所　研究员

副秘书长：

田淑华：承德文物局　研究员

周　峰：中国社会科学院民族学与人类学研究所　副研究员

孔令海：大安市春捺钵历史文化研究会　会长

国家社科基金特别委托项目
“西夏文献文物研究”

——重大课题《西夏文物》编纂工作会议召开

大型文物丛书《西夏文物》是国家社科基金特别委托项目“西夏文献文物研究”的重大子课题，对存世西夏文物开展全面调查、整理和研究，首次建立完整的西夏文物资料体系并公之于世，是一项具有开创性和基础性的重要学术工程。包括《甘肃编》《内蒙古编》《宁夏编》《石窟编》和《综合编》共5编。其中《甘肃编》（4册）、《内蒙古编》（6册）已经出版，《宁夏编》（12册）即将出版。

2016年11月27日，《西夏文物》编纂工作会议在敦煌研究院举行，讨论《石窟编》和《综合编》的编纂工作问题。与会者有中国社会科学院学部委员、《西夏文物》总主编史金波研究员，敦煌研究院名誉院长、《石窟编》主编樊锦诗研究员，原宁夏大学校长、丛书顾问陈育宁教授，敦煌研究院副院长张先堂研究员，副总主编、《石窟编》顾问、敦煌研究院彭金章研究员，副总主编、甘肃古籍编译中心高国祥主任，宁夏人民出版社汤晓芳编审，敦煌研究院刘永增研究员，以及来自敦煌研究院、宁夏大学、国家图书馆、甘肃古籍编译中心和中国社会科学院民族学与人类学研究所等单位的共26位专家和研究人员。

会议由史金波主持。他首先介绍国家社科基金特别委托项目“西夏文献文物研究”的重大子课题《西夏文物》丛书编辑、出版工作的总体进展情况。该丛书的编写工作自2011年启动以来，全部5编中有3编已经出版。此次会议就是听取最后两编《石窟编》和《综合编》的编纂工作进展情况，存在哪些问题，并讨论如何解决，期望通过这次会议使正在编纂中的两编按照编纂计划确保质量、按时完成。

在讨论《石窟编》时，敦煌研究院张先堂副院长、刘永增研究员、考古研究所张小刚所长、文献研究所赵晓星研究员分别介绍了《石窟编》各卷的编写情况。

受《西夏文物》副总主编、《综合编》主编、宁夏大学西夏学研究院院长杜建录院长的委托，宁夏大学的邓文韬和于光建分别介绍了《综合编》的编纂工作情况。

会上对《石窟编》中的西夏洞窟分期问题,《综合编》部分文物系属未明、文物真伪鉴定以及与各单位理顺关系进行了认真讨论。

《西夏文物》编纂工作会议现场

最后,陈育宁教授、樊锦诗院长和史金波研究员作总结发言。陈育宁教授指出,这次会议有重要的意义。《西夏文物》丛书对于西夏学的发展来说,是一个奠基性的工程。通过《西夏文物》的编纂,团结、联系了国内一批机构和专家,研究的风气渐盛。虽然项目的进度紧迫,但是要以质量为主,要让书立得住。《西夏文物》一定会如期推进,取得成果。樊锦诗院长认为,这次会议对与会者和项目组都是积极的推动,也推动了敦煌研究院相关研究工作的进展。敦煌研究院应大力支持这项工作。敦煌的西夏研究不能停,《石窟编》的编写要抓紧进度,趁热打铁,进一步落实好。史金波研究员指出,西夏陵、黑水城遗址、莫高窟和榆林窟是西夏的最重要遗址。对这些遗址的调查、研究,是本项目的重要内容。这次与敦煌研究院、宁夏大学西夏学研究院密切合作,将调查研究成果出版,向学界和读者展示,是西夏学术研究的重要进展。会议上解决了多项重要的问题,达成了共识,对保证今后工作的进度和质量具有重要意义。

会后第二天,樊锦诗院长主持召开了《石窟编》编纂工作会议,张先堂副院长、彭金章副总主编、刘永增研究员等敦煌研究院参与此项目的专家们出席会议,会上进一步从人员和时间安排上落实了《石窟编》的编纂工作。会议决定由张先堂、刘永增任《石窟编》副主编。

中俄西夏学联合研究成果出版座谈会在宁夏银川举行

2016年12月10日，由宁夏大学西夏学研究院、中俄西夏学联合研究所举办的中俄西夏学联合研究成果出版座谈会在宁夏银川举行。俄罗斯科学院东方文献研究所所长、中俄西夏学联合研究所俄方所长波波娃教授，教育部国际司欧亚处副处长毕欢欢，宁夏大学原党委书记、校长，博士生导师陈育宁教授，中国社会科学院学部委员史金波研究员，宁夏大学副校长、博士生导师许兴教授，吉林大学博士生导师程妮娜教授等40余位专家学者出席了会议，共同见证中俄西夏学联合研究首批成果推出。座谈会由宁夏大学西夏学研究院院长中俄西夏学联合研究所中方所长杜建录教授主持。

由中俄西夏学联合研究所中方所长杜建录教授和俄方所长波波娃教授共同主编、上海古籍出版社出版的“西夏文献研究丛刊”，陆续推出《〈天盛律令〉研究》《西夏佛典探微》《西夏文〈孟子〉整理研究》《西夏〈功德宝集偈〉跨语言对勘研究》《党项西夏碑石整理研究》《〈天盛律令〉农业门整理研究》等系列著作。由宁夏大学西夏学研究院、俄罗斯科学院东方文献研究所、中国社会科学院西夏文化研究中心、甘肃省古籍文献整理编译中心等多家单位联合整理编纂，前后历时七年的大型文献研究著作《中国藏黑水城汉文文献释录》，堪称中国藏黑水城汉文文献整理研究的集大成之作和标志性成果，2016年12月由中华书局出版发行。

俄罗斯科学院东方文献研究所所长、中俄西夏学联合研究所俄方所长波波娃教授称，过去列宁格勒是西夏学的“首都”，现在宁夏是西夏学的“首都”。俄罗斯学者非常重视西夏学研究，我所在研究所收藏了一些西夏学文献资料，这也成为中俄双方合作的重要资料来源。但目前来说还是中国学者参与联合研究更多，希望以后双方合作更加紧密，更多俄罗斯西夏学学者参与其中。

教育部国际司欧亚处副处长毕欢欢在发言中指出，中俄两国合作关系离不开人文合作，推动人文合作就要依托科研合作平台。中俄西夏学联合研究所就是人文合作的成果范例，此次联合研究成果的出版就是人文合作成功的证明。

许兴副校长在座谈会上说，宁夏大学非常重视西夏学研究，也取得了较大的成就，具有一定的影响力。中俄西夏学联合研究所成立后，双方学者们开展了一系列有效的工作，取得了丰硕的成果，为西夏学研究奠定了坚实基础。宁夏大学正在进行

“双一流”建设，在人文社科领域，重点打造民族学人文社科基地，希望西夏学研究拓宽研究领域，把重大现实和历史问题结合起来进行研究，加强国际合作交流，加大引进人才，加强研究团队建设，形成学科、平台、人才三位一体，取得更大的成果。

著名西夏学专家、中国社会科学院学部委员史金波认为，《中国藏黑水城汉文文献释录》堪称中国藏黑水城汉文文献整理研究的集大成之作，可以说是西夏学研究的“百科全书”。史金波先生指出：“这本书的出版，今后将极大方便西夏学专家学者查阅、使用，进而对书中收录的数千件文献作史学上的深层次研究。”

宁夏大学原党委书记陈育宁教授则说，中俄西夏学联合研究所的成立使中俄西夏学研究进入了新的阶段，不仅形成了合作实体，且双方专家学者围绕黑水城文献开展了专题性研究，完成了多部具有一定学术价值的成果，这在以前很难实现。程妮娜、李进增、汤晓芳等专家作了交流发言，认为中俄西夏学联合研究所自 2010 年在宁夏大学成立后，中俄文化合作研究进入了新的阶段，双方西夏学学者们围绕西夏法律文献、社会文书、佛教典籍等领域开展实质性的合作研究，形成了一系列具有较高学术价值的研究成果，希望进一步加强双方文化交流合作，将西夏学研究推向新的高度。

中俄西夏学联合研究源远流长，进入新世纪，西夏研究更是中俄两国共同关注的学术领域。2009 年在国家领导人的亲切关怀下，中俄人文合作委员会秘书处（教育部）将“西夏文化研究”列入两国语言年活动项目，由宁夏回族自治区教育厅和宁夏大学承担。在教育部的指导下，宁夏大学西夏学研究院和俄罗斯科学院东方文献研究所成立中俄人文合作交流机制下研究机构——中俄西夏学联合研究所，于 2010 年 10 月在宁夏大学揭牌，宁夏大学西夏学研究院院长杜建录教授任中方所长，俄罗斯科学院东方文献研究所所长波波娃教授任俄方所长。研究所成立后，连续召开了四届西夏学国际学术论坛。《中国藏黑水城汉文文献释录》在原始文献整理的基础上，着力文献的解读研究，对《中国藏黑水城汉文文献》所收录的 4000 余件文书，逐一进行录文、叙录、校勘和注释。其共分为农政文书卷，钱粮文书卷，俸禄与分例文书卷等九卷，既是珍贵的文献资料集刊，又是深入的文献研究著作。

国家社科基金重大项目“中国古代的‘中国’认同与中华民族形成研究”开题论证会纪要

马溢澳　刘　月*

2016年4月20日上午，赵永春教授主持的国家社科基金重大项目“中国古代的‘中国’认同与中华民族形成研究”开题论证会在吉林大学召开。来自北京师范大学、中国政法大学、东北师范大学、辽宁师范大学、长春师范大学、吉林省社会科学院等多家机构的30余名专家、学者参加了此次会议。

开幕式上霍志刚处长对研究团队中标国家社科基金重大项目表示祝贺，充分肯定了课题的研究意义，同时希望课题组能够按照预定期限开展研究工作，取得有理论价值和实践意义的标志性成果。吉林大学副校长吴振武教授在会上致辞，对莅临开题论证会的各位专家表示热烈欢迎，并且对各位专家长年支持吉林大学历史学科表示感谢。在会上，吴振武教授高度评价了国家社科基金重大项目的研究内容与研究意义，指出“中国”认同研究对中国的稳定与发展有重要意义，并且要做到研究与宣传并行。吴振武教授认为历史学家在研究中需要很高的智慧，在民族问题上，要慎重考虑，作为历史学家要根据特殊情况来看待问题。在研究“认同”问题上要秉承实事求是的态度，得出合理而科学的结论。随后吴振武教授对研究中可能出现的问题提出，如果与主流相抵触，可分开讨论，研究归研究，但是在宣传方面也要守住底线，在政策性与原则性问题上要坚定立场，绝不马虎。最后吴振武教授表示，希望本项目在首席专家赵永春教授的带领下，众多科研机构和专家学者的合作中取得令学界瞩目的成果，并表示校领导将会为项目的研究提供最大的支持。

陈其泰教授主持此次论证会。项目首席专家赵永春教授对选题内容进行简要说明，指出这一课题是要通过中国古代“中国”认同问题的探讨，解决少数民族的“中国性”以及各民族从多元走向一体即中华民族的形成问题。课题拟在对中国古代的“中国”“中国认同”“民族”“中华民族形成”“汉化”“中国化”等一系列问题

---

* 马溢澳，女，黑龙江哈尔滨人，吉林大学在读博士研究生，主要从事魏晋南北朝时期北方民族问题、金代民族问题研究。刘月，女，辽宁大连人，吉林大学在读博士研究生，主要从事北方民族史研究。

进行全新解读。赵永春教授对研究的内容进行了简要的概述，课题研究内容主要有两大方面：一方面是少数民族及其政权的“中国”认同问题，另一方面是华夏、汉族及其政权的“中国”认同问题。在中国古代少数民族及其政权的“中国”认同问题研究之下又分为九点：一是对中国古代有些少数民族和政权自称“炎黄子孙”等问题进行探讨。二是对少数民族建立的政权自称“北朝”问题进行探讨。三是对少数民族及其政权的政治认同等问题进行探讨。四是对少数民族及其政权对“中国”文化认同问题进行探讨。五是对中国古代少数民族历史认同问题进行探讨。六是对各少数民族及其政权自称“中国”问题进行探讨。七是对少数民族建立的政权自称“正统”问题进行研究。八是对少数民族及其政权在自称“中国”的同时，是否反对汉族和中原政权称“中国”的问题进行探讨。九是少数民族的“中国”认同在清统一自称“中国”的正统塑造后走向定型，少数民族的中外分野开始清晰，但也存在“中国”认同的发展变化问题。在中国古代华夏、汉族及其政权的“中国”认同问题上，分为两点进行研究：一是华夏、汉族及其政权对少数民族及其政权的认识与认同。二是华夏、汉族及其政权对其历史（中国历史）的认同。此后就选题研究状况和选题价值、主体框架和预期目标、研究思路和研究方法、重点难点和创新之处、子课题结构和主要内容、参考问题和研究资料、研究进度和任务分工七个方面向专家组作了详细的陈述。最后，专家组成员围绕着研究内容、团队架构等方面进行了评议。

吉林省社会科学院邵汉明研究员首先表示对项目充满乐观和期待，为能参加该项目而欣喜。他提出课题组成员要对项目的意义和价值有更深刻的认识，中国古代的“中国”认同既是历史的也是现实的，要把历史梳理清楚，但是指向却是现实的。既是学术的也是政治的，课题组成员要有高度的责任感，对当代政治有所帮助，驳斥国内外学者一些错误的观点。专家与学者要利用研究成果与现实相结合。随后他又指出在研究中应该注意的问题：首先，视野要广阔，以历史学与民族学为主，多学科相结合，运用多学科的视角和研究方法进行研究。其次，“中国”认同在不同历史时期的侧重点不同，应注意区分。最后，他强调梳理史料时要注意区分“中国”认同在形式上和内容上的不同。

东北师范大学苗威教授指出赵永春教授在多年的研究中，使得“民族”“疆域”等这些司空见惯的概念有了自己的理论体系。苗威教授认为在谈到古代“中国”认同问题还应该注意中国之外的周边民族的“中国”认同，比如新罗人认为自己是少昊之后，所以姓金。那么如何看待周边民族的“中国”认同也是亟待解决的问题之一。苗威教授随后提出，定义“中国”还必须考虑到“他者认知”的问题，即从域外的角度来定义“中国”，《三国史记》中就称中原为“中国”。苗威教授创见性地提出，对跨越朝代少数民族在叙述过程中以何种方法进行叙述，是论文写作中要注意的一点，这需要子课题负责人在章节上互相协调和沟通。

长春师范大学姜维公教授认为，“中国古代的‘中国’认同与中华民族形成研究”这个项目是国家现阶段十分需要研究的问题，赵永春教授在历史研究中有着同题意识，肩负强烈的使命感。在研究少数民族“中国”认同的现象的同时，还应该究其缘由，他建议可以从人的本性上来思考，以求接近少数民族“中国”认同的真实情况，“中国”认同对少数民族到底有何种益处是值得深入探讨的。这种探讨也会增进民族凝聚力，进而解决中华民族的民族问题和维护中华民族的团结与发展。姜维公教授对有些少数民族和政权的“炎黄”认同也提出了独到的见解，指出司马迁在《史记》中记载的少数民族来源成为以后少数民族政权追溯祖源的重要参考，如何对待这种现象也是在研究中应注意的问题。

吉林大学程妮娜教授认为，中华民族形成问题在各个年代都有讨论，但是讨论宽泛没有实质，20 世纪 80 年代在辽金史兴起之时，少数民族政权是不是“中国”的问题被提上日程，随着历史研究的深入，“中国”认同问题成为中国史研究不可绕行的问题。程妮娜教授认为民族史研究应该担当起深入研究中华民族形成的重任。她注意到界定问题的概念时应注意两点，一是“什么是‘中国’”，第二是界定“‘中国’认同”，同时提出是否可以界定“‘中国’观念”，从“中国”的出现到“中国”观念的出现，再到“中国”认同的出现是经历了一个过程的。在“中国”观念问题之下应具体深入研究如何界定“中国”观念、“中国”观念不同时期的发展脉络、“中国”认同的核心。程妮娜教授强调，既要搞清楚不同时期“中国”观念的不同，又要抓住不同内容的“中国”观念的主要核心。程妮娜教授随后指出，在一些少数民族政权建立后期对“炎黄”认同有了改变，应该探求有些少数民族政权不再自称炎黄子孙的这种变化过程有什么内在原因。最后她提出研究中还应该关注少数民族自我认同和民族认同的关系，什么时候少数民族政权的自我认同占主流，什么时候“中国”认同占主流，其主要原因是什么。

辽宁师范大学田广林教授提出在深入研究古代中国的“中国”认同的起源问题上，不但要运用历史学与民族学相结合的方法，还要注重运用考古学的方法，梳理国家起源、国家认同的产生等问题。田广林教授还强调对于长城问题背后的各种现象进行重点研究，对于属国问题也要进行讨论。

吉林省社会科学院赵红梅研究员认为，魏晋南北朝时期的“中国”认同问题的重点是曹魏到北魏“中国”认同转变的过程，同时重点研究北魏改汉姓这一历史现象和高句丽的民族认同问题。

东北师范大学王德忠教授认为隋唐时期的“中国”认同有自己的特色。从隋朝唐朝来看，因为这一时期国力昌盛，所以看待周围民族的目光不同。从隋唐时期的周边少数民族认同的方面来看，此时也出现了比附炎黄的现象，但是又与魏晋南北朝时期不同。王德忠教授还指出，研究这一时期的“中国”认同一定要注意不同时期“中国”认同思想的变化。

中国政法大学林乾教授根据多年研究明清法律的经验，创新地提出从律令“继受”的角度来探讨“中国”认同，重点研究明代对元代法律的继承问题和清代对明代法律的继承问题。林乾教授还从明清时期“国”与“天下”不同的含义出发，探讨两者所存在的认同关系。

北京师范大学陈其泰教授代表专家组组长对开题论证会进行总结，首先他对项目内容和意义进行评价，他指出开题报告 8 万字，内容丰富，不仅理论性、系统性强，而且有针对性，创新价值突出。课题有重要的学术意义和政治意义，中国几千年的发展形成统一多民族国家是我们民族走的根本道路，也是中华民族几千年来的丰硕成果。中国古代的“中国”认同问题，与中华民族形成问题的讨论不但是一个学术问题，而且在理论上也是对中国史与民族史提出自己一套理论主张，对世界历史学也有重大贡献。陈其泰教授指出该课题对回应国内和国外一些错误的观点、错误的认识具有重大意义，少数民族的“中国”认同问题的讨论对巩固中国多民族团结有重要作用。此外他对项目的研究提出以下三点：

第一，要敢于回应学术界的一些问题，对于国内外所认为的一些少数民族不是中国的观点，要用论证的方法进行驳斥。在重大原则问题上要勇于站出来，对理论和现实中对不符合事实与民族团结的错误认识进行澄清。

第二，在研究历史认同、民族认同这两方面，要秉承辩证的思想、发展的眼光和对现实的关怀。

第三，陈其泰教授提出在研究“中国”认同所包含的政治认同、文化认同、历史认同、地理认同等问题时，要注意分别哪个是核心认同，互相关系是什么，不同时期核心认同是什么，在研究中要仔细辨析。

最后陈其泰教授认为，“中国古代的‘中国’认同”问题，与“中华民族形成”问题的研究有助于民族团结，对民族发展有着重大贡献。

赵永春教授在听取了专家组意见后表示，各位专家的评议都十分中肯，课题组一定会认真地研究和落实各位专家所提出的意见和建议。

作为2015年度全国哲学社会科学规划办公室新立项的重大项目之一，“中国古代的‘中国’认同与中华民族形成研究”课题的主要任务是通过对中国古代“中国”认同问题的探讨，解决少数民族的“中国性”以及各民族从多元走向一体即中华民族的形成问题。在对中国古代“中国”认同进行全面系统研究的基础上对中国古代的“中国”“中国认同”“民族”“中华民族形成”“汉化”“中国化”等一系列问题进行全新解读。项目共设“‘中国’认同观念的形成：先秦两汉时期的‘中国’认同”“‘中国’认同形式的多样化，魏晋南北朝时期的‘中国’认同”“‘中国’认同观念的升华，隋唐时期的‘中国’认同”“‘中国’认同观念的多元一体化，辽宋夏金时期的‘中国’认同”“‘中国’认同的定型与中华民族的形成，元明清时期的‘中国’认同”五个子课题。其研究团队主要由吉林大学、中国政法大学、东北师范大学、辽宁师范大学和吉林省社会科学院学者组成。

2016年中国敦煌吐鲁番学会少数民族语言文字专业委员会学术年会

2016年9月20—21日，由中国敦煌吐鲁番学会少数民族语言文字专业委员会、西北民族大学西北民族文献研究基地、中国藏学杂志社联合主办，西北民族大学海外民族文献研究所承办的中国敦煌吐鲁番学会少数民族语言文字专业委员会学术年会在甘肃兰州隆重召开，来自北京大学、复旦大学、西藏大学、中国社会科学院等单位的近60位专家参加了此次学术年会。西北民族大学、兰州大学、西北师范大学等高校和学术机构的博士生、硕士生30余人旁听了会议。在开幕式上，西北民族大学副校长郭郁烈、中国藏学杂志社社长黄维忠分别致辞，中国社会科学院学部委员史金波先生代表与会专家讲话。

学术研讨阶段，首先由史金波研究员、巴桑旺堆教授、才让教授分别做了大会主旨发言。史金波教授做《新见西夏文偏旁部首和草书刻本文献考释》的发言，指出敦煌吐鲁番地区发现的少数民族语言文字文献，往往反映出各民族之间的密切关系，有重要的学术价值，应该引起特殊关注。他还就新发现的西夏文刻本文献中，带有草书体的文献进行了考释，认为这是中国最早的草书刻本，开中国草书雕版之先河。

宁夏大学杨浣报告了《〈青史演义〉中“唐古特”事迹的史料来源探析》，对比考证了“唐古特”事迹原型在汉文史籍和17世纪的蒙古文史籍中的记录。中国社会科学院研究生院博士生赵天英报告了《黑水城出土一组（5870号）西夏文借贷契译释研究》，翻译、解读了黑水城出土的一组（5870号）19件西夏文草书写本，指出这些文献属于普渡寺出贷粮食契约文，并就所含出贷人、贷粮种类与数量、利率、借贷期限、违约赔付及借贷人和证人等信息进行了分析。中国社会科学院研究生院博士生和智报告了《〈圣立义海研究〉译文校补数则》，针对《圣立义海》翻译中的一些问题进行了论述。其认为译文中出现的问题主要有：存在动词、动词前缀翻译错误；人称呼应没有翻译出来；意译的词、句偏离原意，与上下文不符等。

中国敦煌吐鲁番学会少数民族语言文字专业委员会举办多次年会，这是西夏学专家第一次参加年会。

第五篇

书评·书讯

汉契交融　无隔华夷

——《庆陵：内蒙古辽代帝王陵及其壁画的考古学调查报告》中译本读后

高福顺*

辽朝是以契丹族为核心建立的北疆游牧民族政权，与五代、北宋始终，共历九帝，国祚二百一十九年（907—1125），在中国古史谱系中留下了独特的辉煌篇章。纵观有辽一代诸帝陵寝，依陵域分布可划为五区：一为太祖耶律阿保机的祖陵（今内蒙古巴林左旗哈达英格乡石房子村的山谷中）；二为太宗耶律德光、穆宗耶律璟的怀陵（今内蒙古巴林右旗床金沟山谷中）；三为世宗耶律阮的显陵（今辽宁北镇医巫闾山二道沟和三道沟一带山谷中）；四为景宗耶律贤、天祚帝耶律延禧的乾陵（今辽宁北镇医巫闾山二道沟和三道沟一带山谷中）；五为圣宗耶律隆绪（永庆陵，即东陵）、兴宗耶律宗真（永兴陵，即中陵）、道宗耶律洪基（永福陵，即西陵）的庆陵（今内蒙古巴林右旗索博日嘎苏木以北庆云山中）。① 辽代诸帝陵寝受中原“事死如事生”文化观念的影响，厚葬成风，陪葬宝藏颇为丰富。正因如此，有辽一代诸帝陵域颇为沧桑，虽有“百重沙漠连空暗，四向茅檐卷地飘”② 的颓象，然辽代诸帝陵寝

* 高福顺，男，吉林舒兰人，吉林大学文学院教授，主要从事辽金史、东北民族与疆域史研究。

① 关于庆陵三座陵寝的归属，学界争议较大。比利时传教士凯尔温主张将中陵视为道宗陵，伯希和博士赞同此观点。法国传教士牟里主张东陵、中陵、西陵分别是兴宗陵、圣宗陵、道宗陵。鸟居龙藏博士亦持类似观点。关野贞博士、竹岛卓一博士依据堪舆学理论，主张东陵即圣宗陵的观点。田村实造、小林行雄亦主张东陵即圣宗陵的观点（参见田村实造、小林行雄《慶陵：東モンゴリアにおける遼代帝王陵とその壁畫に關する考古學的調查報告》，东京座右宝刊行会 1953 年版，第 271 页）。在中国学界，冯继钦、孟古托力、黄凤岐主张东陵、中陵、西陵分别是圣宗陵、兴宗陵、道宗陵（《契丹族文化史》，黑龙江人民出版社 1994 年版，第 177 页），田广林（《契丹礼俗考》，哈尔滨出版社 1995 年版，第 100 页）、阎崇东（《辽夏金元陵》，中国青年出版社 2004 年版，第 65—76 页）亦沿袭此观点。新近，盖之庸（《近年庆陵出土辽代墓志补证》，《内蒙古文物考古》2002 年第 1 期）、郑承燕（《辽代贵族丧葬制度研究》，文物出版社 2014 年版，第 35 页）依据 1997 年出土的耶律弘世、耶律弘本两座陪葬墓出土的墓志记载，主张中陵为圣宗永庆陵、东陵为兴宗永兴陵、西陵为道宗永福陵。本文沿用《庆陵：内蒙古辽代帝王陵及其壁画的考古学调查报告》一书的观点，主张东陵为圣宗陵、中陵为兴宗陵、西陵为道宗陵。

② （宋）苏颂：《后使辽诗·北帐书事》，参见赵永春《奉使辽金行程录》（增订本），商务印书馆 2017 年版，第 91 页。

所展现的“汉契交融”“无隔华夷”的文化内涵却风剥不掉，雨蚀不尽，在中国古史谱系中永远绽放着耀眼的光芒。

一

辽代诸帝陵寝在经历辽朝时的辉煌后，便成为贪婪世人劫掠、盗掘的对象。宋叶隆礼《契丹国志》载：天庆九年（1119）夏：“金人攻陷上京路，祖州则太祖之天膳堂，怀州则太宗德光之崇光殿，庆州则望仙、望圣、神仪三殿，并先破乾、显等州如凝神殿、安元圣母殿，木叶山之世祖殿、诸陵并皇妃子弟影堂，焚烧略尽，发掘金银珠玉。”① 庆陵作为辽朝盛世期的陵寝，不仅帝王陵寝修筑规模宏大，而且遭受的毁坏自然亦最为严重，陵域内的地面建筑如神道两侧的建筑群经女真人的焚烧劫掠现早已荡然无存，凄惨无比。此为庆陵之第一次大浩劫。此后，历元明清诸朝，庆陵渺无载记，被湮没于世人记忆之中。

20 世纪初，庆陵始现于世人的视域，当然仍是与贪婪的某些达官贵族交织在一起。据刘振鹭《辽永庆陵被掘纪略》载：“在民元以前，无有知其地为帝王陵寝者。民国二年，林西县长某以查勘林东垦地，道出其地，读碑文，识为辽圣宗陵，意其必富宝藏，遂于民国三年秘密发掘。”② 被湮没于世人记忆中的庆陵，再次成为贪婪达官贵族的劫掠、盗掘对象。此为庆陵之第二次大浩劫。民国十九年（1930）夏至次年八月，热河军阀汤玉麟之子汤佐荣、乌合赤峰警察局长郭九鹏以数员之力对庆陵再次进行大肆野蛮盗掘，殉葬物品被席卷一空，墓葬结构被破坏殆尽。③ 此为庆陵之第三次大浩劫。然据《林西县志》载：“民国十九年秋，经郭委员由该处掘出辽陵之哀册石十四块，系两片合为一册者，中有文载辽帝后生平事迹，文之用汉字者均已抄录，有用契丹大字者，因不能辨识，未抄录焉。”④ 由此可知，庆陵之哀册得以幸存下来。而此次盗得的十四块哀册，并民国十一年（1922）王士仁盗得的仁懿皇后汉文哀册盝盖，总十五块碑石经由林西运抵热河（承德），又被运至奉天（沈阳）汤玉麟官邸，⑤ 得以完整保存，这确实是学界之不幸中之大幸，阴错阳差的曲委坎坷，却为学界保存了永不再生的璀璨瑰宝。

因庆陵再次走入世人的视域，进而引发学界的浓厚兴趣，庆陵的考古调查与研究持续展开，并取得令世人瞩目的具有重要学术意义的成果。民国九年（1920）五至

① （宋）叶隆礼：《契丹国志》卷十一《天祚皇帝（中）》，中华书局 2014 年标点本，第 133 页。

② 金毓黻：《辽陵石刻集录》卷六，奉天公署印刷局 1934 年版，第 18 页。

③ 田广林、崔振岚：《赤峰地区辽陵述论》，《昭乌达蒙族师专学报》1989 年第 2 期。

④ 民国《林西县志》卷一《地理志》“古迹”条，内蒙古自治区图书馆藏本，第 41 页。

⑤ ［日］古松崇志：《东蒙古辽代契丹遗址调查的历史：1945 年“满洲国”解体前》，姚义田译，《辽宁省博物馆馆刊 2009》，辽海出版社 2009 年版，第 61—62 页；彭善国：《二十世纪辽代的考古发现与研究》，《内蒙古文物考古》2006 年第 1 期。

六月间，法国传教士牟里（闵宣化）率先对庆陵做了实地踏察，指出庆陵应有三种皇陵及三种殿宇。① 民国十一年（1922）六月，比利时传教士凯尔温（中文名称为梅岭蕊）伴随“盗墓者”的足迹考察了庆陵。在教友帮助下，凯尔温进入庆陵中陵的玄宫，发现汉文石碑两块、契丹文石碑两块，并抄录玄宫内的哀册原文。② 民国十二年（1923），凯尔温将此次考察结果撰成《辽道宗皇帝的陵墓：一个有趣的发现》一文，并发表在《北京天主教会通讯》上，③ 引起学界对契丹文字的关注热潮。民国十九年（1930 年）十月，鸟居龙藏对庆陵作了深入的考古学调查，并将调查结果撰成的《关于辽代的壁画》于《国华》上发表，向日本学界首次介绍了以东陵壁画为中心的庆陵实态，④ 从而引起日本学界的高度关注。民国二十一年（1932）三月，于北平留学的京都大学田村实造（秋贞）归国途经奉天时，特意考察了存放于汤玉麟官邸的庆陵哀册，并将捶拓的庆陵哀册十五幅拓本带回日本京都大学，向日本学界进行介绍与展示，再次引起日本学界的关注热潮。民国二十一年八至九月间，鸟居龙藏在汤玉麟官邸对庆陵哀册进行调查。同年十一月，鸟山喜一再次对庆陵哀册进行调查。民国二十三年（1934）九月至十一月，关野贞携弟子竹岛卓一再次调查庆陵。在此次调查过程中，关野氏痛感庆陵珍贵壁画损坏的严重性，呼吁学界对庆陵壁画必须实施保护，竟得到日满文化协会的鼎力支持，此乃民国二十四年（1935）八月以黑田源次、竹岛卓一为主对庆陵历时半月的考古调查之契机。⑤ 与此同时，中国学界亦开始关注庆陵问题，东北史开山鼻祖金毓黻率先对庆陵哀册进行调查与捶拓，并在罗振玉、罗福成父子的协助下，收集与整理了庆陵哀册的拓本、录文、考证以及相关论著，辑成《辽陵石刻集录》，于民国二十三年（1934）四月刊行，进一步推动庆陵的调查与研究之进展。民国二十八年（1939）八至九月，日满文化协会组织田村实造、小林行雄等日本学者再次对庆陵展开详细调查，对庆陵之永庆陵、永兴陵、永福陵的玄宫以及地面上的建筑进行考古调查与实测，并对永庆陵壁画进行临摹，获取一批具有重要学术价值的考古资料，最终形成《庆陵：内蒙古辽代帝王陵及其壁画的考古学调查报告》。⑥ 可以说，这是首次对庆陵进行大规模详细考古学调查，基本摸清了庆陵的陵墓构造以及陵域内神道两侧地面建筑的结构。松州静虚山房主人李俊义组织翻译的《庆陵：内蒙古辽代帝王陵及其壁画的考古学调查报告》（以下简称《庆陵》）便为此《庆陵》报告的中文译本。

---

① ［法］闵宣化：《东蒙古辽代旧城探考记》，冯承均译，中华书局 2004 年版，第 52 页。

② 《汤玉麟之子盗掘庆陵“哀册”揭秘》，《沈阳日报》2010 年 12 月 27 日第 B07 版。

③ ［比利时］凯尔温：《辽道宗皇帝的陵墓：一个有趣的发现》，《北京天主教会通讯》1923 年第 118 期，参见刘凤翥编著《契丹文字研究类编》（第一册），中华书局 2014 年版，第 32—35 页。

④ ［日］鸟居龙藏：《关于辽代的壁画》，《国华》1931 年第 41 编第 9—12 号。

⑤ ［日］古松崇志：《东蒙古辽代契丹遗址调查的历史：1945 年“满洲国”解体前》，姚义田译，《辽宁省博物馆馆刊 2009》，辽海出版社 2009 年版，第 74—75 页。

⑥ 同上书，第 65—79 页。

新中国成立后，我国政府虽对庆陵做了文物保护工作，然而偶发性的小规模的盗掘事件依然存在，不断有盗墓者进入庆陵陵区，探寻陪葬陵墓，以资贪欲。1992 年 9 月，内蒙古自治区文物考古研究所、赤峰市博物馆、巴林右旗博物馆组成考古发掘队，对庆陵做了更为详细的考古调查，对玄宫堆积进行全面清理，发现了木俑、柏木构件等残存文物，尤其是对东陵壁画的解剖相当全面、周密、彻底，获得诸多新发现。[①] 1997 年 5 月，巴林右旗博物馆对近期被盗掘的庆陵陪葬墓进行了抢救性考古调查，出土了契丹小字《故太叔祖之哀册》与汉文《义和仁寿皇太叔祖哀册》各一合，[②] 这又为庆陵研究提供了新的文字资料，亦为庆陵的深入调查与研究提供了契机。同年，中国历史博物馆与内蒙古自治区文物考古研究所合作，对祖陵、祖州城、庆陵及庆州城进行了遥感勘察研究，从宏观整体上再次对庆陵等遗址进行精确的测量，获得相当宝贵的实物图像资料，并集结于《内蒙古东南部航空摄影考古报告》一书公开发表。[③] 这是我国第一部采用遥感与航空摄影考古学研究方法对古代大型遗址进行勘察研究的报告，[④] 亦是庆陵考古学调查与研究新进展的标志，期待着庆陵更多的神秘密码为学界所解读、所识知。

二

现在，由田村实造、小林行雄执笔撰写的《庆陵》，即为李俊义主持翻译的中文译本。以庆陵学术史视域观之，可以说《庆陵》首次翔实地揭开了辽代庆陵的神秘面纱，为世人完整地再现了庆陵的历史面相，正如羽田亨在该书中“序”所云：“本书通篇叙述之缜密翔实，使读者仿佛身临其境一般……本书的问世，为我们开辟了一个崭新的领域，使我们能从中获取许多关于契丹文化的新知识，这绝对是契丹学界的福音！仅仅是将‘当时的人们所具有的，竟是这样的容貌；当时的契丹社会所推崇的，竟是具有这样风致的艺术’这一事实真切地呈现在读者面前，就足以令他们感到十分有必要重新审视一直以来的契丹史观，使其不再拘泥于个别学者的一家之言。”[⑤] 对于羽田氏的评介，当今中国学界亦相当认同，项春松评论说：“这是目前关于辽庆陵的最完备的材料之一。”[⑥] 郑承燕亦评论说：“1953 年出版的《庆陵》和 1977 年出版的《庆陵的壁画》，是 20 世纪辽代帝陵考古最为翔实、最为重要的考古

① 刘冰：《辽永庆陵发掘纪实》，《赤峰日报》1993 年 11 月 6 日第 3 版。

② 计连成：《辽庆陵又有重要发现》，《内蒙古文物考古》2000 年第 2 期。

③ 中国历史博物馆遥感与航空摄影考古中心、内蒙古自治区文物考古研究所：《内蒙古东南部航空摄影考古报告》，科学出版社 2002 年版。

④ 郑承燕：《辽代贵族丧葬制度研究》，文物出版社 2014 年版，第 22 页。

⑤ ［日］羽田亨：《慶陵：東モンゴリアにおける遼代帝王陵とその壁畫に關する考古學的調査報告·序》，东京座右宝刊行会 1953 年版。

⑥ 项春松：《辽代历史与考古》，内蒙古人民出版社 1996 年版，第 222 页。

资料，具有很高的学术价值。”① 在笔者看来，《庆陵》这部考古学调查报告，其内容之缜密、全面、系统、准确、客观而又翔实、简洁乃其最大特性，尤其是庆陵当时的某些实态现在已不可见，其史料价值更是珍贵。从这个意义上说，时至今日，《庆陵》依然具有相当重要的学术价值与理论意义。

纵观《庆陵》考古学调查报告，总由八个部分构成。“自序”主要概述撰写者田村实造参加民国二十八年（1939）八月至九月间由日满文化协会策划的庆陵考古调查的缘由、考察旅程与考古调查经过以及《庆陵》一书出版的曲折历程。第一章《庆陵与庆云山》分两节对庆陵的地理位置与自然地理环境给予翔实描述与介绍。《庆陵的历史及其发现》一节就辽国历史与遗迹、永庆、永兴与永福陵三陵以及庆云山名称、庆州地理位置与历史沿革、庆陵的发现与发掘、庆陵的调查历史作了简洁而客观的阐述。《庆陵的位置与景观》一节就三座陵寝地理位置、三座陵寝自然地理属性、庆云山及其附近群山进行空间性的立体描述，有助于对庆陵的认知。第二章《东陵玄宫》分两节对东陵陵寝（玄宫）给予客观与翔实的描述。《玄宫的形制》一节客观描述玄宫外观、玄宫规模、墓门过洞等。《玄宫的结构》一节在介绍玄宫概况基础上，对基准壁的砌法、前室及甬道的结构、中室及甬道的结构等作了客观与翔实的描述。第三章《东陵的壁画》分四节对东陵的壁画、建筑装饰纹样以及壁画制作进行了翔实的介绍与描述。第一节《人物画》，首先介绍东陵人物画的分布与分组，其次重点描述墓门过洞内、前室北东西甬道、中室东西北甬道、墓道东西壁的人物画像以及人物画的特点与服饰。第二节《四季山水图》，主要对春水图、驻夏图、秋山图、坐冬图作了细致描述，并对绘画风格给予分析。第三节《建筑装饰纹样》，重点介绍平面装饰与立体装饰，包括羡道装饰、羡道壁画的补修、前室南北壁画装饰等。第四节《壁画制作》主要针对壁画之粉本、人物肖像画之粉本、山水画之粉本等问题作了较充分的讨论。第四章《东陵的遗迹与遗物》分三节对东陵陵域的地上遗址与遗物以及玄宫内的遗物作了客观而翔实的描述。《东陵的享殿基址与陵垣门址》一节主要描述东台基群与西台基群之享殿基址等。《东陵享殿基址的遗物》一节主要介绍遗物的种类、瓦类遗物、陶瓷器类等。《东陵玄宫内的遗物》一节主要介绍玄宫内的木构件、棺床小帐木构残件、涂漆的小木作类构件残片、木俑、陶片等遗留文物，因多次盗掘，残存遗物屈指可数。第五章《中陵及西陵的遗迹与遗物》分为四节给予描述与介绍。《中陵的遗迹》一节在扼要描述中陵遗迹自然概况的基础上，重点描述了中陵玄宫、玄宫的砌砖方式、中陵的享殿遗址、中陵陵门遗址。《中陵的遗物》一节重点描述陀罗尼经幢、碾盘残块、瓦件等遗物。《西陵的遗迹》一节在描述西陵遗迹自然概况基础上，重点介绍西陵玄宫、玄宫的结构、西陵的享殿遗址、西陵陵门遗址。《西陵的遗物》一节重点描述瓦片、陶瓷片、棺床小帐残片等遗物。第六章

① 郑承燕：《辽代贵族丧葬制度研究》，文物出版社 2014 年版，第 22 页。

《哀册石刻与哀册文》为本书篇幅最大的一章，分为四节介绍与讨论册身、篆盖以及汉文哀册文与契丹文哀册文。《哀册石刻的出土》一节扼要阐述了哀册石刻的发现过程与哀册石刻的类型。《哀册的形态与装饰》一节在介绍哀册的册身、篆盖以及哀册诸部分的各种头饰图案的基础上，分别详细描述与讨论了圣宗皇帝哀册、钦爱皇后哀册、仁德皇后哀册、仁懿皇后哀册等。《汉字哀册文的解说》一节重点对六篇汉文哀册文所载的重要内容均予以详加解说与释义。《契丹文哀册》一节重点对四篇契丹文哀册文的相关问题进行讨论，并介绍了学界对契丹字的研究成果。《结语》部分，由“三座陵寝的比照推定”与“庆陵与辽文化”两部分构成。

读罢田村实造、小林行雄《庆陵》考古学调查报告中文译本样稿，笔者印象最深的，当属考古学资料之客观翔实、历史学研究之分析推断。就考古学调查资料言之，《庆陵》考古调查报告之数据资料可谓是缜密细微，似玉如琢。现姑举一例以示之：作者撰写东陵“墓道”考古学报告时说：“墓门前方有一条长墓道，两侧以砖垒砌墓道壁。因墓道壁微倾，故墓道横剖面为梯形，其底部宽二点五八米，顶部宽二点八六米，高皆为四点六〇米。墓道壁的实测长度，东壁为六点五〇米，西壁为四点七〇米。据实测，墓道全长或许曾达到二十至三十米。两侧壁的表面均涂抹很厚的白灰。白灰壁面上分别画着人物群像，在东壁上还画着一匹马。墙体顶部系宽二十厘米左右的平面，其外侧沿墙开设圆形截面的沟槽，沟槽宽七、八厘米，表面涂抹白灰。”（参见中译本第二章）作者对其描述得缜密、全面、系统、准确、客观而翔实，却又鲜有繁芜、疏漏之感，同时还对遗物的生成过程、缘由给予适度的解说、推断，这不能不说作者具有相当高的科学性与客观性之学术素养。不仅如此，作者在用精准文字报告的同时，还配之以图版，供研读者与文字描述相互对照，生动直观且立体化，仿佛亲临其境一般。《庆陵》之考古学调查报告，无论是对地上建筑遗址、地下玄宫结构的宏观描述，还是对遗物、遗迹的细微刻画，均类于“墓道”与“华头筒瓦”之情形，处处彰显作者深厚的考古功力与超强的学术素养。

就历史学之学术讨论而言，《庆陵》之考古学调查报告，与我们通常所见的考古学调查报告既同又异，风格独特。依笔者观之，《庆陵》之考古学调查报告更像是在报告考古数据的基础上又对有关历史的重要学术问题有的放矢地展开讨论，历史学研究之要义展现得淋漓尽致而且彰显了考古学与历史学一体之精华。作者在报告考古数据时常常利用历史文献之记载，紧密历史文献之记述与考古发掘实况之关联，利用历史文献与考古资料的双重证据还原庆陵的历史本相。如在讨论圣宗哀册所载“圣宗驾崩地点”时，仅在讨论哀册上所载圣宗驾崩地点时便引用了《辽史》《续资治通鉴长编》《契丹国志》三种文献以佐证圣宗哀册记载的正确性，从而确认圣宗驾崩的地点。又如作者在讨论契丹文哀册上的“契丹字解读方法”时，严格地讲，已经超出了考古学的范畴，然而，为了解决庆陵出土的契丹文哀册的解读，探讨契丹文哀册的表达内容，又不得不在如何解读契丹字上下功夫。这看似与考古学无关的历史语言学，实则与庆陵的考古学之关系相当密切，是解开庆陵考古密码的关键所在。同时，在涉及契丹文研究状况时，作者于第六章“注七”罗列卞鸿儒《热河林东契丹国书墓志跋》、孟森《辽碑九种跋尾》、厉鼎煃《热河契丹国书碑考》、罗福成《辽宣懿皇后哀册释文》等众多学者的著述，并加以评论。作者讨论“契丹字解读方法”便已超出庆陵考古学调查的范畴，而评论契丹字研究的学术史之学术理路则显得偏之千里有余，然此学术史的讨论恰为《庆陵》考古学调查报告之特色，在彰显作者的学术视阈与研究水平的不同凡响外，更是考古学与历史学分而合一，既分又合的要义所在，值得借鉴并大力提倡。《庆陵》考古学调查报告除为世人还原庆陵之历史面相外，其更重要的学术价值与理论意义还在于其展现的契丹文化映像，这在《庆陵》考古学调查报告中处处有所体现。

三

《庆陵》中文译本，与目前所见的国外学术译著之中文译本相比，有相当大的不同，最大的特色就是其插入大量的“校注者案”，载录《庆陵》考古学调查报告以外的相关学术信息。据笔者粗略统计，“校注者案”的页数与《庆陵》原文（文字与图片）页数相差不大。“校注者案”所辑录之内容相当精彩，有类于经典文献之注疏、《三国志》之裴注，学界应予以高度重视。依笔者看来，大致可分为三类：第一，《庆陵》出现的地名、河川类名称，校注者均出“校注者案”“复案”，将知识或背景加以延伸，如西拉木伦河，校注者云：“系蒙古语，义为‘黄色的河’，西辽河北源，在内蒙古自治区东部，源出赤峰市克什克腾旗西南白盆山，东流与老哈河汇合后称西辽河。全长三百八十千米，流域面积三点二万平方千米。自古至今，‘西拉木伦’在不同时期有不同的汉文音译名称。”（参见中译本第一章）于此之后，校注者依据文献记载与今人研究成果胪列出辽水、饶乐水、作乐水等92种不同异称或不同音义名称。这对于读者理解文献中出现的不同名称具有积极的帮助作用。第二，《庆陵》出现的专有名词类，校注者亦出“校注者案”或“复案”，力争给予精准的解说与释义，如“玄宫”，“校注者案”曰：“指帝王的坟墓。古代天子冬月居所，称‘玄堂’，隋杜台卿《玉烛宝典·十月孟冬》：‘蔡雍盏冬章句曰……天子居玄堂左个，北曰玄堂，玄者黑也，其堂向玄，故曰玄堂。’古人亦将坟墓谓之‘玄堂’，《魏晋南北朝墓志集释·晋张朗碑》：‘刊石玄堂，铭我家风。’《文选·谢朓〈齐敬皇后哀册策文〉》：‘翠帟舒皇，玄堂启扉。’吕延济注：‘玄堂，谓墓中也。’”（参见中译本第二章）类似于上述者布满《庆陵》考古学调查报告，对于非考古学专业的读者来说，近水楼台，嘉惠甚多。第三，《庆陵》出现的学术类信息，校注者更是不遗余力地给出“校注者案”或“复案”，努力做到学术信息的全面性、系统性与延展性，如针对撰著者于第六章“注七”所罗列之卞鸿儒《热河林东契丹国书墓志跋》、孟森《辽碑九种跋尾》、厉鼎煃《热河契丹国书碑考》、罗福成《辽宣懿皇后哀册释文》、王静如《辽道宗及宣懿皇后契丹国字哀册初释》、牟里《辽庆陵》、王静如《契丹国字再释》、罗福颐《契丹国书管窥》之文，校注者为了便利于读者对上述论文的阅读，将这些新中国成立前发表于不同杂志上的论文均次第编为"校注者案"，以飨读者，省去读者查阅原文之辛劳（参见中译本第六章）。同时，校注者还将谢国桢《记辽陵石刻及其关于讨论辽陵之文字》一文辑录于"注七"之末，便利读者了解上述论文之谢氏的翔实而客观的评述，有助于读者把握《庆陵》作者对契丹文学术史的阐述。此外，为了使读者更多地了解引文作者的更多学术信息，还常常将《庆陵》未涉及的引文作者之学术信息进一步延展，详作"复案"以说明之，如涉及厉鼎煃引文时，校注者便作"校注者案"曰："除了上述厉鼎煃撰写的关于契丹文字的研究文章外，据中国社会科学院民族学与人类学研究所契丹文字研究专家刘凤翥研究员撰文介绍，厉鼎煃还陆续撰写了《义县出土契丹文墓志铭考释》（载于《考古学报》1954 年第 8 期）、《试用古回鹘文比较研究契丹文字》［经陈寅恪推荐，刊载于《中山大学学报》（社会科学版）1957 年第 2 期］、《契丹语文在汉语文中的遗存》（载于《语文知识》1957 年 11 月总第 67 期）、《"横磨剑"和"八大山人"：契丹语文在汉语文中的遗存》（载于《语文知识》1958 年 2 月总第 70 期）、《汉语拼音方案帮助了考释契丹语文字》（载于《语文知识》1958 年 4 月部第 72 期）、《关于契丹国字的介绍》（载于《文物》1959 年第 3 期）等。"（参见中译本第六章）类于此者，于《庆陵》之"校注者案"中俯拾即是，不胜枚举，既不显繁芜冗杂，又拓宽了读者的学术视阈，可谓是借他山之石，悟攻玉之道，充分体现校注者之良苦用心与美好愿景。

还值得特别关注的，就是《庆陵》翻译者的实事求是的学术信念。在笔者看来，翻译者在追求信、达、雅三原则的同时，还特别关注了原稿之专有名词与中文译名的对应关系。为达相互融通的要求，译者不仅查阅大量相关文献以求精准，而且还谨慎地将原稿之考古专有名词附于中文译名之后，以供读者鉴别，这无疑是《庆陵》中文译本的又一精华所在。现选取《庆陵》第四章的相关内容为例予以说明，如瓷片日文原稿作"陶磁片"、陶片日文原稿作"土器片"、筒瓦日文原稿作"圆瓦"等，可以试想，译者若将日文汉字直译成中文汉字，恐怕连专业考古学者亦会有不知所云之感觉。故而，译者通过查阅大量文献，将日本考古学的专有名词与中国考古学的专有名词一一对应地翻译，同时又将原稿之日本考古学专有名词附注于后，令《庆陵》读者既达本义又知日本考古学之用词用法，这充分体现出译者严谨之学风、科学之态度以及至臻至善至美的学术追求。

四

《庆陵》是笔者所见关于庆陵最为翔实的考古调查报告，因其出版于 20 世纪 50

年代，存世者寥寥，况且又以日本语撰著，可以想象，中国学者找到此报告并进行研读是有相当难度的，以致当前中国学界研究辽史时鲜有参考、引用该报告者，这不能不说是中国学界的憾事。不过，李俊义教授组织精干力量将其译为中文，即将付梓，以飨读者，功莫大焉！

辽庆陵为辽代政治、经济、文化及军事均达到巅峰时期所营造的，陵域规模宏大，又乘厚葬之风，陪葬宝藏颇为丰富。地上建筑布局错落有致、鳞次栉比，地下建筑布局前室后宫、整齐划一。尤其是东陵壁画尤为壮观，四季山水图不仅展现了北国景色，而且揭示了契丹人的生活情趣。墓中出土保存完好，分别用契丹文、汉文镌刻的帝王皇后哀册，为研究契丹文字与辽朝社会提供了宝贵的实物资料。庆陵作为辽朝五大陵域之一，它留存至今的辽代遗迹与遗物，默默地述说着契丹人固有的传统游牧文化在中原儒家文化影响下所产生的诸多面相之改变，仅凭庆陵建筑予以我们的汉契交融、无隔华夷的文化内涵之映像，就有理由坚信辽道宗所提倡的“吾修文物，彬彬不异中华”[①] 的“华夷同风”[②] 观念，已成为契丹社会发展的必然趋势。正如作者所云：“通过庆陵出土的遗物可以看出，辽文化中包含非常多的中原元素。这些中原元素一方面源于北宋先进文化的影响，另一方面源于唐文化悠久历史传统的熏陶。当我们回望辽朝同唐末五代诸国以及宋朝的政治交往历史时，就会明白，这一特点有其内在的必然性。”（参见中译本第七章）故此，日本学者田村实造、小林行雄《庆陵：内蒙古辽代帝王陵及其壁画的考古学调查报告》中译本之出版，其意义正在于此。

① （宋）叶隆礼：《契丹国志》卷九《道宗天福皇帝》，中华书局 2014 年标点本，第 106 页。

② 《辽史》卷二十一《道宗本纪一》，中华书局 1974 年标点本，第 255 页。

《辽代商业研究》评介*

孙伟祥**

辽朝作为一个由契丹民族建立的政权，立国两百余年，疆域广阔，于社会各个领域均取得一系列成就，对中国历史发展进程起到重要作用。其中，经济方面体现为各种经济生产方式均得到发展，在此基础上，境内外商品流通更加繁荣。因此，以商业为研究视角来还原辽朝历史问题的研究意义十分突出。然而，学界之前虽然一直重视对辽代商业相关问题的研究，但是主要集中于辽政权境内贸易、境内市场、境外市场、商品构成与货币等具体问题，缺乏从宏观角度对其进行全面分析与研究的专著。程嘉静在意识到这一研究现状基础上，近年一直潜心从事辽代商业相关问题研究，2016 年，由内蒙古大学出版社正式出版专著《辽代商业研究》。笔者不揣鄙陋，谨对该专著略作评介，以求教于方家。

全书内容分导言与正文两大部分，近 20 万字，内容翔实而完整，将辽代商业问题进行了系统性的论述。导言作为该专著的第一部分，首先对辽代商业研究现状进行了全面而客观的梳理，一方面对学界当前相关问题研究主要观点进行了概括，给予了充分的肯定；另一方面对于研究的不足之处及尚存在的研究空间进行了界定，从而为全书规划了合理的研究角度与研究方法。正文部分为该专著的第二部分，共分为五章。第一章主要从辽代商业发展的基础入手，对辽代农业、畜牧业、手工业、交通等问题进行了探讨。第二章则是从辽代商业的媒介——货币角度探讨辽代商业交换媒介问题。第三章内容为辽代的境内外商业表现形式，对当时商业类别进行了细致梳理。第四章主要探讨辽代的商业政策及管理机构，展现了辽政权对于商业管理模式的构建与具体政策执行状况。第五章为辽代商业的影响及评价分析，对于辽代商业整体作用与发展水平进行了客观界定。全书内容完整、逻辑严密，为全面了解有辽一朝商业问题提供了有力借鉴。具体而言，该专著的出版意义与价值可以体现在以下几个方面。

第一，拓展了辽代商业研究资料。现存辽代传世文献相对不足一直是辽史研究面临的重要难题之一，辽代商业问题研究亦不例外。即使成书于元末的《辽史》被作

* 本文为辽宁省教育厅科学研究青年项目“后族与辽代佛教研究”（项目批准号：WQN201605）、“辽宁大学青年社科基金项目”和“辽代中央财政问题研究”（项目批准号：a251701005）阶段性成果。

** 孙伟祥，男，山东寿光人，辽宁大学历史学院讲师，主要研究方向为北方民族史、东北地方史。

为“二十四史”之一保存下来，并包含两卷篇幅的《食货志》，然而其内容多属于史家从本纪部分摘录而成，并未像其他正史一样体系完整，为研究辽代商业在内的经济相关问题带来一定难度。要想全面还原辽代商业问题，不仅要努力拓展史料，还要注重对现有史料进行更为细致的梳理与探讨。程嘉静先生在其专著中面对辽代商业相关史料数量与质量相对不佳的客观现实，首先对现存辽代传世文献、石刻资料等各类史料进行了全面搜集与整理，同时对相近时代的《新唐书》《旧唐书》《续资治通鉴长编》《册府元龟》《旧五代史》《新五代史》《宋史》《金史》《三朝北盟会编》《宋会要辑稿》等其他政权的史书、《景文集》《乐全集》《栾城集》《彭城集》等宋人文集等相关资料在辩证分析基础上进行了吸纳。诚如武玉环先生在序言中提及，该专著“力求从零散、琐碎的史料中，爬梳整理，对辽代商业发展状况作出客观的判断”①，为开展辽代商业问题研究挖掘尽可能多的资料。同时，程先生亦重视借助考古学、经济学、统计学等其他学科研究方法对资料进行全方位的分析与利用，充分提炼史料应有的价值。尤其是书中第二章为了更直观展现辽代货币数量、出土地分布状况等问题，整理了多幅表格，使看似分散的资料实现了合理有序的梳理，为探讨具体问题提供了更为鲜活的论据。因此，该专著从史料拓展方法方面为辽史其他问题的研究提供了良好借鉴。

第二，研究全面而深入，提出一系列新颖观点。前文已指出，学界之前对于辽代商业问题研究角度较为分散且重视具体问题研究，程先生因此试图借助该专著改变这一现状。不仅以设置合理的五章的篇幅从内容方面整体上实现了对这一问题的系统而全面地探讨，同时在对具体问题进行分析时，亦十分注重全面把握。其中，在探讨辽代商业政策及管理机构问题时，不仅对辽代商业政策的制定、机构设置进行了客观还原，同时将相关政策的执行情况、管理机构的沿革等问题进行了细致的爬梳，未忽视当时商业政策与现实的互动关系、管理模式的发展变化性等问题，从而将这一部分探讨的重点完整而全面地展现出来。正是由于作者宏大的研究视野与严谨的探索求实态度，使得该专著在前人研究成果基础上，对辽代商业一系列问题的观点有所创新。例如，第二章在将辽代货币种类进行详细考证的基础上，提出了辽代最终形成的以宋币为主的多种币制共同流通的货币体系概念，进而通过其与当时商品经济发展状况进行联系，得出这种“似乎不太健全”的货币体系基本上满足了辽代商品流通需要，并未导致通货膨胀现象出现的结论。第三章在对辽代境内外商业贸易活动形式进行概括时，结合当时东亚政治格局与辽政权天下观角度入手，将交聘贸易与朝贡贸易进行了更为合理的区分，认为辽代交聘贸易应当指辽政权与地位对等的五代、北宋政权之间的贸易活动，朝贡贸易则特指辽与西域诸国、漠北诸部、日本、朝鲜等地位明显不对等的政权之间的贸易活动。除此之外，该专著将草原丝绸之路界定为辽代商业贸易一

① 程嘉静：《辽代商业研究》，内蒙古大学出版社2016年版，第1页。

种重要形式，并将这条贸易路线最终分为南北两线，提出两线汇合的漠北地区为辽代商业经营的重点区域，因此，草原丝绸之路的畅通对于辽政权具有显著意义。以上一系列观点的提出，无疑能够为学界今后开展辽代经济问题及社会问题研究提供新的思路与启发。

第三，重视对辽代商业经济特色的探索。辽朝作为不同于中原政权的北方游牧民族政权，在社会各个领域内在的层面均存在自身特色，商业问题亦不例外。因此，要想客观还原辽代商业状况，需要在开展问题研究时始终把握这条线索，程先生的专著很好地践行了这一研究思路。其中，该书在探讨辽代商业发展的基础时着重提出，辽政权传统的畜牧业经济区域面积广阔，契丹等游牧民族凭借自身较高的畜牧业技术，能够为当时的商业活动提供极具特色的畜牧业产品，即使从中原引入的冶铸、陶瓷等产业，在对产品进行加工时也极力保持了自身特色。同时，辽代结合社会现实形成的货币体系、商业活动类型、制定的商业政策及设置的管理机构方面，均能够体现自身政权及民族特色。伴随辽代这种极具特色的商业经济，最终形成了南京与东京为代表的商业比较繁荣的地区与民族特色比较浓厚的相对不发达地区两大部分。

第四，通过商业问题尝试还原辽代社会发展水平。辽代商业作为当时经济生活的重要组成部分，为辽代社会发展做出了重要贡献。程先生在专著中通过专门对辽代商业的影响及评价进行论述，实际上可以反映作者试图通过商业问题为研究视角对辽代社会状况与发展水平进行客观还原的研究目的。按照著作中严密的论证可知，辽代商业除了在经济方面能够为国家提供财政收入从而增强经济实力之外，在政治方面可以提高对外的政治影响力，具体可从辽政权坚持维系朝贡贸易与交聘贸易的政治目的进行理解。同时，辽代商业能够借助各种贸易活动输入大量军事物资，搜集到相关军事情报，从而加强边疆的军事防御，最终在某种程度上促成中国历史上第二次“南北朝”局面的出现。在社会生活方面，辽代商业能够通过对内、对外商品流通活动改变辽人衣、食、住、行等方面的生活习惯与生活水平。在文化方面，繁荣的商业活动最终促使了辽代境内多元文化的盛行，尤其推动中原儒家文化在北疆地区的传播与推广，增强了契丹族代表的北方民族对中原文化的认同感。这种借助辽代商业问题研究视角试图还原辽代政治、经济、军事、社会生活、文化等社会发展状况的研究方法属于一种比较合理的研究范式，具有较强的说服力。

总而言之，程嘉静先生《辽代商业研究》不仅展现了作者敏锐的学术洞察力与厚重的史学功底，同时为我们全面、系统地了解辽代商业相关问题与当时社会整体发展状况提供了参考，是近年来一部不可多得的辽史研究力作。

辽夏金史研究的新视野

——《辽夏金的女性社会群体研究》评介

缪喜平*

《辽夏金的女性社会群体研究》① 一书由西北师范大学黄兆宏老师对他所指导的王对萍、王连连、李娜三位硕士研究生关于辽夏金时期女性群体的研究成果整理而成，2015年12月由甘肃人民出版社出版。② 全书分为绪论、正文和附录三部分，分别讨论了辽、夏、金时期女性社会群体的相关问题。在绪论部分，作者通过系统回顾学术史指出了目前学界在女性社会群体问题研究方面的不足，介绍了自己的研究思路。正文部分分为上、中、下三编：上编主要阐述辽代后宫与政治、辽代妇女的教育、婚姻家庭生活、佛教生活、社会地位；中编论述西夏妇女的政治地位、经济地位、法律地位；下编探讨金代女性的政治待遇、政治作为、金人的妇女观和金代女性参政的局限性。附录部分，收入了作者近年发表的三篇关于中国古代妇女史研究的论文。全书以新颖的视角、清晰的思路和充实的内容，向我们全面展现了辽夏金时期女性的社会生活，拓展了辽夏金史研究的视野。

一

众所周知，辽、夏、金是10—13世纪出现在我国北方的以契丹、党项、女真为主体建立的三个少数民族地方政权，先后与同时期的两宋政权形成“三足鼎立”局面。这三个少数民族政权的发展壮大不但对两宋产生了重要影响，而且在中华民族发展史上有着重要的地位和作用。在中国断代史研究中，辽、夏、金史研究是被学界反复耕耘的一片领域，有关辽夏金时期政治、经济、文化、社会生活等方面的研究已取

---

* 缪喜平，男，甘肃环县人，西北师范大学硕士研究生，主要研究方向为宋史。

① 黄兆宏、王对萍等：《辽夏金的女性社会群体研究》，甘肃人民出版社2015年版。

② 黄兆宏老师在《辽夏金的女性社会群体研究》一书的“后记”中指出，上、中、下三编的内容分别是自己在2008年中国古代社会史方向下招收的王对萍、王连连、李娜三位硕士研究生的学位论文。三位学生因工作原因，无暇对自己的研究成果进行丰富和完善。经过商议，由黄兆宏教授对三篇论文进行总结、整理，以《辽夏金的女性社会群体研究》为名出版。因此，文中所涉及的具体问题和观点仅代表对应作者的学术思想。

得丰硕成果。近年来随着黑水城文献的大量刊布，西夏学研究进入高潮阶段，一向被称为“神秘王朝”的西夏逐渐轮廓清晰。但是，随着史学研究的不断深入、现存资料被不断发掘，传统史学研究面临着巨大的挑战。

自20世纪六七十年代以来，历史学的面貌发生了显著变化，在断代史、国别史、区域史、事件史等传统专门领域之外，渐次形成思想史、文化史、城市史、妇女史、书籍史等众多新兴史学分支。中国的妇女史研究自20世纪兴起后就受到史学界的认可与重视，在持续发展中取得了累累硕果。但是，就中国古代妇女史研究而言，仍以唐宋妇女研究为最[①]，对辽夏金等少数民族政权的妇女研究则相对较少。因此，《辽夏金的女性社会群体研究》一书的学术价值正在于此。作者认为：“女性问题是关乎人类生存、发展最重要、最根本的问题之一。人类的发展史，实际上就是一部两性联袂演出的剧本，女性在其中扮演着非常重要的角色。”[②] 在该书绪论的学术史回顾部分，作者反思了辽夏金妇女史研究的不足，认为当今学术界对辽夏金时期女性的研究存在以下问题：对辽代妇女的研究，多集中在政治、经济、教育、婚姻、家庭、佛教、社会地位等方面；西夏问题虽然已经引起学者的广泛注意，但是至今仍未有专门论述西夏妇女的著作出现；金代女性问题的研究主要集中在后妃制度、婚姻制度和婚姻习俗等方面，对女性在政治、教育、法律等方面的研究鲜有涉及[③]。这些认识是作者对辽夏金时期妇女群体问题深入思考的结果，突出了其敏锐的学术洞察力和强烈的问题意识。

二

该书正文部分分上、中、下三编分十一章进行讨论，是作者对辽夏金女性群体研究的具体执行和实践。

上编主要讨论了辽代妇女在社会生活中的状况。作者认为：在政治方面，由于“王族惟与后族通婚”的婚姻体制和分管南北的政治体制，导致后妃频繁参政。[④] 在经济方面，广大平民妇女是社会财富的直接创造者和被剥削者，拥有投下军州的公主则可直接占有社会财富。由于受到辽代社会和家庭崇佛的双重影响，很多妇女都笃信佛教，积极出资修建佛教场所，反映出妇女在家庭中有一定财产支配权的现实。[⑤] 在教育方面，受辽代社会尊儒的文化政策影响，妇女的文化教育以儒学为主，并且大多直接受教于父母或姆师，这一般是贵族妇女才能享受的特权。妇道教育则是广大妇女

① 王申：《近10年唐宋妇女史研究的回顾与反思》，《妇女研究论丛》2012年第2期。

② 黄兆宏、王对萍等：《辽夏金的女性社会群体研究》，甘肃人民出版社2015年版，第2—3页。

③ 同上书，第8—16页。

④ 同上书，第23—27页。

⑤ 同上书，第56页。

都要接受的教育，深刻影响了辽代中后期妇女的节烈观念，使妇女的离婚再嫁从自由趋向保守；[①] 辽代婚姻呈现出门当户对和民族融合的特点，妇女在家庭中除要孝敬父母、生儿育女、相夫教子外，还要管理家业，这样才能称得上“贤妇”；[②] 生活在辽代最底层的婢女，至辽代中后期才在法律上有了人身安全的保障，这虽然是辽代社会的一大进步，但是婢女在辽朝末年仍可被自由买卖。

中编以西夏妇女参与家庭劳动、经济活动、宗教事务、在婚姻家庭生活中的关系、法律规定等方面内容为主，反映了西夏妇女的生活状况。作者认为：西夏妇女的政治地位仅限于上层妇女，是贵族所拥有的特定权力，一般工商阶层则无政治地位可言；[③] 在经济方面，西夏妇女虽然充当了重要的劳动力，较中原妇女的社会地位有所提高，但是仍然受到诸多不公正的待遇，体现出男尊女卑的特点；[④] 在法律方面，虽然对妇女人身权利给予了一定程度的保护，但是其所维护的只是家长的权威和封建社会的秩序，并非妇女个体的人身利益，反映出西夏妇女的政治地位、下层妇女的经济地位和法律地位。

下编通过对金代女性的政治待遇、政治作为、金人的妇女观和金代女性参政局限性的分析，展现金代女性的政治生活面貌。作者认为，虽然金代女性在金初政治生活中发挥着重要作用，但是其政治生活和具体表现深受当时社会性质、政治环境、教育背景、法律制度等多方面因素的制约和影响。[⑤] 金朝在进入封建社会以后，统治者为维护皇权和巩固封建统治秩序，极力推广中原礼数，忠贞节烈等封建观念得以宣扬，后妃参政局面受到限制。这一局面使金代女性的政治权利受到抑制，逐渐沦为封建伦理纲常的牺牲品，与同时期的宋代相差无几。虽然仍有个别女性参与政治，但是这并不能改变金代女性的整体命运。

三

该书在视角选择、史料运用、现实观照等方面同样体现出辽夏金史研究的新思路。

（一）内容充实，结构合理

《辽夏金的女性社会群体研究》一书抓住辽夏金时期多民族融合的历史特点，结合当今学界的研究现状，对辽夏金女性群体相关问题展开系统研究。全书从社会秩

---

① 黄兆宏、王对萍等：《辽夏金的女性社会群体研究》，甘肃人民出版社 2015 年版，第 38 页。

② 同上书，第 47 页。

③ 同上书，第 85 页。

④ 同上书，第 98 页。

⑤ 同上书，第 148 页。

序、规范与女性的实际生活入手，按照从上层女性到中下层女性的逻辑顺序展开论述。作者从多角度、多层面透视这一时段的女性群体，探讨对象既包括社会地位高贵的后妃、公主，又包括织工、酿酒妇、媒婆等社会底层妇女，分别探讨各阶层女性的处境、地位、待遇和社会活动，涉及婚姻、生育、教育、文化修养、服饰装扮等多方面内容，将辽夏金时期女性问题的思考引向深入。

该书结构安排合理，问题意识突出。上编包括《辽代后宫与政治》《辽代妇女的教育》《辽代妇女的婚姻家庭生活》《辽代妇女的佛教生活》《辽代妇女的社会地位》五章，中编包括《西夏妇女的政治地位》《西夏下层妇女的经济地位》《西夏妇女的法律地位》三章，下编包括《金代女性的政治待遇》《金代女性的政治作为》《金人的妇女观及金代女性参政的局限性》三章。虽然该书所涉及的问题并非面面俱到，但是探讨的重点却是以往研究中关注较少或尚处空白的内容，问题意识强烈。

（二）资料全面，言之有据

妇女史研究的一个瓶颈是史料，资料的匮乏与分散在很大程度上制约着研究的深入，这主要表现在对史料的搜集整理和解读运用两个方面。历史上关于女性问题的资料较为分散、碎化，搜集整理颇为不易，这是制约妇女史研究的突出问题；古代正史、方志中的列女传和墓志、碑铭中的女性资料虽然相对集中，但是其书写者多为男性，普遍站在男性立场有选择性地书写在其看来符合儒家伦理教化的女性美德，从而为研究者辨析、使用资料带来了困难。①

该书史料广泛来自正史、儒家经典、文集、笔记、墓志、碑刻、法典、壁画、出土文献等多种渠道，同时注重对新史料的发掘与整理，拓展了辽夏金女性问题研究的空间。如关于辽代妇女教育、婚姻家庭生活的专题，作者大量运用《辽代石刻文编》《辽代石刻文续编》和《全辽文》中的墓志、碑刻资料。又如关于西夏妇女的经济地位、法律地位专题，通过深入挖掘黑水城出土文献《天盛改旧新定律令》的史料价值，提炼出其中有关西夏性别秩序的理念。在讨论金代女性观时，作者注意引用《逸周书》《十三经注疏》等儒家经典中的资料来说明相关问题。

（三）方法得当，观照现实

妇女史研究离不开传统史学的实证方法，中国的妇女史研究自 21 世纪以来持续发展，在研究方法上呈现出多学科交叉的趋势。西方相关理论的引入与发展既为中国妇女史研究带来了机遇的同时，也带来了挑战。因此，作者抓住了辽夏金三朝的共同特征——以少数民族为主体建立的多民族政权，除运用传统史学的实证方法外，又从民族、法律视角对相关问题进行了分析。

---

① 定宜庄：《妇女史与社会性别史研究的史料问题》，《历史研究》2002 年第 6 期。

同时，作者的认识体现出以古鉴今的强烈现实观照，正如作者所言："在当今社会，妇女的地位和就业是热点问题之一，所以我们应该追古溯今，以古为鉴，研究历史上妇女的地位，对当代妇女问题更深层次的探讨有一定借鉴意义，并且妇女问题的解决不仅仅是一个简单的政治问题，而且是一个综合性的社会问题。"①

当然，该书在某些方面也尚有继续讨论和值得商榷的余地。如作者在探讨金代女性参政的局限性时认为："由于她们（金代女性）所起的作用，很多都为单一方面的，少有全局性的，所以影响不及辽和清的女性。金代后妃之所以能取得君主的宠信，进入政治核心，主要也是凭借色相而非才能。所以大多数后妃文化低，素质也很差。再加上对于国情民情的一无所知，更没有参政经验和政治眼光，所以在参政过程中，大都不能对国家和民族做出贡献，相反她们通常滥用权力，或者宠信酋党，排斥贤良，卖官鬻爵，从而导致政治腐败。"② 笔者认为，此观点过于片面甚至有些武断，我们不能完全以今人的价值标准评价特定的历史问题，需更多考虑当时的历史环境。此外，在三编的内容和体量上，作为中编的西夏比辽、金单薄，其主要原因固然在于史料的缺乏，但笔者认为应对黑水城出土相关文献给予更多关注，而不是过于依赖以吴广成《西夏书事》为代表的清人著作。此外，既然辽夏金都是以少数民族为主体建立的政权，如能对三个时期女性群体相关问题展开更多横向比较与差异性分析，或许可以进一步丰富我们对这一时段女性和辽夏金时期社会面貌的认识。在文字校对方面，该书也存在有失严谨、偶有笔误的情况，如将"洪德寨"误写为"洪得寨"；③《番汉合时掌中珠》被讹写为《蕃汉合适掌中珠》④。

总之，《辽夏金的女性社会群体研究》一书体现了作者对辽夏金社会史研究的深刻反思，在视角切入、史料运用和现实观照等方面多有创获，为学界提供了辽夏金史研究的全新思考方向。该书研究论述了政治、经济、法律、宗教、风俗习惯等因素对辽夏金妇女家庭关系和社会地位的影响，追古溯源，以古鉴今，通过分析特定历史时期妇女问题实现对历史发展规律的再认识，为更深层次探讨当代妇女问题提供了一定借鉴。

① 黄兆宏、王对萍等：《辽夏金的女性社会群体研究》，甘肃人民出版社 2015 年版，第 3 页。

② 同上书，第 148 页。

③ 同上书，第 74 页。

④ 同上书，第 88 页。

《辽金元时期北方汉人上层民族心理研究》评介

闫兴潘*

辽金元三朝四百余年是中国北方契丹、女真、蒙古族“为主”、其治下的广大汉人“做客”的历史时期，在这种与“贱夷狄而贵诸夏”的儒家传统政治文化截然有别的现实环境中，政治上处于劣势、文化上处于优势的汉族官僚士人阶层如何调适自身的外在行为和内心状态，以适应新的政治社会环境，是学术界长期关注的重要领域。学界与此相关的研究成果不仅数量可观，而且对相关问题考察的广度和深度也令人瞩目。可以说，在传统的辽金元历史研究中，这是一个有着深厚学术积淀、较为成熟的研究领域。在这一领域继续进行学术上的开掘，并在已有成果的基础上提出自己新的见解，其困难程度可想而知。符海朝的《辽金元时期北方汉人上层民族心理研究》[①]（以下简称《研究》）一书，借鉴心理学、社会学和年鉴学派时段理论等，在研究方法和视角上另辟蹊径，专门对辽金元时期北方汉人上层群体心理状态的发展变迁进行系统而深入的考察，重新审视辽金元时期的汉族官僚士人阶层这一传统研究对象，不仅有许多新的观点创获，且在借鉴其他学科理论方法进行史学研究，以及对传统研究议题进行重新探讨等方面给予我们不少启发。

一

该书除绪论和结论外，共分为五章。依照时代顺序分别对五代时期、辽代、辽宋金鼎革之际、金代和元代北方汉人上层民族心理进行了细致的研究。全书各部分既各有问题侧重，相互之间又紧密联系，首次从长时段的角度系统分析了10—14世纪中国北方汉族官僚士人集团在不同北族政权统治下政治文化心理的嬗变过程和具体表现。辽金元北族政权的统治政策和统治方式与唐宋传统汉人王朝有明显的差别，且契丹、女真、蒙古统治者所采取的本族本位主义与汉文化中“贵夏贱夷”的儒家政治

* 闫兴潘，男，河南原阳人，安阳师范学院历史与文博学院讲师，主要研究方向为辽金史。

① 符海朝：《辽金元时期北方汉人上层民族心理研究》，中国社会科学出版社2016年版。

伦理无疑是两种针锋相对的政治文化。处于北族政权统治之下的汉人官僚士人群体，无论与统治者采取合作、消极逃避还是积极抗拒的态度，其由现实政治和传统文化环境所产生的心理状态总体上无疑是痛苦、压抑和矛盾的。

《研究》对北方汉人上层这种心理在不同时期的表现，有非常细致的分析。如作者通过对五代诸政权与契丹政治军事角力的考察指出，后晋对契丹称儿称臣的政治行为，使双方的政治地位发生巨大的反转，原本对契丹还抱有政治军事和心理优势的中原汉人上层，对他们而言这无论如何都是“一个巨大的痛苦的挑战”（见《研究》第50页，下同）。辽金两朝基于巩固统治的需要，都对其治下的汉人采取各种安抚、拉拢的政策，部分汉人由此得以跻身统治集团的行列，并对北族政权产生了一定程度的政治认同。但他们的心理状态却是非常复杂的，面对新的政治环境，统治者对他们的不信任、防范和歧视，以及北族和汉人政权长期的南北对立，这些北方汉人官僚士人如履薄冰，内心压抑着焦虑、谨慎、悲观等各种心理状态。该书作者指出，北族政权治下的汉人上层“尤其需要处理的是心理上调适”这一更为艰难的问题（第115页），他们采用的方式虽各不相同，但都经历了较长的复杂曲折过程。而辽金两朝的统治，使北方汉人上层“夷夏之防”的观念逐渐淡漠，加上“天命所归”的文化心理指引，从而对他们在政治和心理上接受蒙元这一新北族政权的统治，发挥了积极的作用，但新政权之下北方汉人上层的心理更加复杂，神州陆沉、不被新统治者信任、高压统治以及政治上的边缘化，使元代的北方汉人上层心理更加痛苦，并充满恐惧。该书作者认为，受各种长时段和短时段因素的影响，辽金元三朝北方汉人上层的心理状态不断发生变化，处于“在制造”的状态（第343页），但在北族治下的痛苦、压抑、无奈和矛盾等消极心理无疑是其心理结构的深层次内容。《研究》提出的上述观点，对加深我们关于辽金元时期汉人官僚士人群体政治和文化心态复杂性的认识和理解大有裨益。

在注重对北方汉人上层四百余年心路历程进行总体考察和揭示的同时，《研究》还着重讨论他们内部存在的差异，这突出体现在对辽宋金鼎革时期“燕人”上层心理的分析中。《研究》第三章对辽宋金鼎革之际燕人政治集团心理转变的分析，是相当精彩的。胡汉文化在幽云地区长期的共存与融合，造就了辽金时期“燕人”群体“亦蕃亦汉”又“非蕃非汉”的文化特征，“北人（指女真、契丹、奚等北族）指曰汉儿，南人（指金朝境内原北宋地区的汉人）却骂作番人”①。该群体处于这种尴尬的文化身份状态。由于该地区长期处于各种政治力量斗争的旋涡中心，造就了“燕人”实用、灵活多变的政治态度。对于“燕人”的这种政治文化特征，刘浦江先生曾有具体的论述。② 《研究》则在政权鼎革的背景下探讨“燕人”政治集团在辽、

① （宋）陆游：《老学庵笔记》卷6，中华书局1979年版，第76页。

② 刘浦江：《说“汉人”——辽金时代民族融合的一个侧面》，载《辽金史论》，辽宁大学出版社1999年版。

宋、金三方势力角逐燕云过程中政治倾向的转变和民族心理的复杂变化过程，从新的角度将这一问题的探讨推向深入，其对“燕人”政治集团内部各种力量心态变化的细致分析和把握，令人耳目一新。不过，笔者窃以为《研究》对该问题在某些细节上仍有待深入。如该书作者在“燕人”蕃汉交融的文化特征基础上，试图讨论“燕人”群体的身份意识问题（第139页）。“他人”如何看待“燕人”，“燕人”如何看待自身，自我身份意识是深入认识“燕人”文化心理的一个重要问题。《研究》虽然认识到该问题的价值，但是并未对此展开充分讨论，使人有意犹未尽之感。同时，刘浦江先生曾经指出，辽南京道汉人（“燕人”）与西京道汉人政治集团在金初的政治影响力有显著不同[①]，显示出幽、云两地汉人上层与金朝统治者关系之差别，这对两地汉人上层的心理状态有无影响，是值得进一步分析的。《研究》虽列专节讨论幽州和云州地区汉人的心理变化，但重点仍是对幽州“燕人”政治集团的分析，而对云州这一地区汉人的考察比较薄弱。当然，由于幽州地区此时是辽、宋、金三个政权关注的核心区域，相关史料对于幽、云汉人的记载自然会有详略之差别，在资料本身局限的情况下，笔者指出这一问题，是求全责备了。

与此问题直接相关的，是《研究》第四章第四节对金世宗关于“燕人”“其俗诡随”观点的分析。“燕人”特殊的心理和行为，是当地独具特色的政治和文化长时间积淀的结果，学界对该群体的这种现象也多有讨论。该书作者认为，“燕人”内部的构成是复杂的，其政治和文化心理也随着个体和时代的不同而存在差异和变化。金世宗对“燕人”“其俗诡随”政治文化心态的看法是失之偏颇的，他提出这种观点有特定的政治背景，目的则是为巩固自身统治来服务的。该书作者从新的角度对“燕人”“其俗诡随”的传统观点进行了解读和阐释，指出这种观点本身存在的片面性，并提出了自己独到的见解。

《研究》中有许多作者自身的观点创新，此处不能一一列举。但对于书中某些具体的看法，笔者有些不同的认识，在这里提出来与符海朝先生商榷。

《研究》在讨论金代汉人夷夏观对元代汉人上层的影响时，指出金朝后期南迁汴京、放弃黄河以北地区的政策，导致金代夷夏之防复趋尖锐。作者在注释中进一步解释道：“金朝末期汉人称女真人为‘种人’，在今豫北、冀南一带称人为种是一种骂人的说法。”（第315页）笔者的理解是：作者意为“种人”乃是汉人对女真人的蔑称，并以此说明金末民族矛盾的加剧。依本人之浅见，其对“种人”一词的这种观点是值得考虑的。如《金史·蒲察官奴》记载官奴自蒙古逃归后，“朝廷以其种人，特恩收充忠孝军万户”[②]。女真统治者因蒲察官奴为“种人”（即本族人），遂给予其

---

① 刘浦江：《说“汉人”——辽金时代民族融合的一个侧面》，载《辽金史论》，辽宁大学出版社1999年版，第127页。

② 《金史》卷116《蒲察官奴》，中华书局1975年标点本，第2545页。

特殊优待，可见前者并不视“种人”为对其自身的蔑称。康锡在金末为京南路大司农丞，“弹种人以赃污尤狼藉者五六辈，宰相有不说者，云：‘康锡不欲吾种人在仕路耶！’”[①] 女真族宰相自称本族人为“吾种人”，说明“种人”一词，是无歧视之意的。同时，这也说明“种人”并非仅是汉人对女真人之称呼，女真人也以此自称。章宗曾因立李师儿为皇后之事咨询重臣张万公的意见，后者在朝堂上公然反对道：“国朝立后，非贵种不预选择。元妃（李师儿）本出太府监户，细微之极，岂得母天下！”[②] 张万公所言的“贵种”，是指“种人”中与完颜皇室“世为姻婚，娶后尚主”的数个女真贵族世家。[③] 女真统治者对他们所认为的歧视本族的称呼和词汇相当敏感，章宗初年曾专门下令“禁称本朝人及本朝言语为‘蕃’，违者杖之”[④]。而以上所见“种人”一词，无论是汉人还是女真人，都可公然用此称呼女真族，则此词在金代应确无歧视之意，它与《金史》中女真贵族用来自称本族的“本国人”“本朝人”“自家人”一样，颇带有尊贵的意味。因而“种人”一词自然也与金末民族矛盾加剧、夷夏之防趋严无甚关系了。

《研究》第四章关于金代汉人上层民族心理的讨论中，指出消极性因素对于金代汉人上层民族心理变化的影响，要“大于积极性因素的作用”（第203、253页），这一判断是与金代汉人的际遇相符合的。作者在该章中主要论述消极性因素（如对汉人的屠杀、强迫汉人易服改发、文字狱、掠夺汉人土地、歧视性政策等）对汉人上层集团的压制、歧视，并由此导致后者民族心理的痛苦与无奈。而对积极性因素，则仅举金初采行科举之例，其论述略显薄弱。除科举之外，其他汉制的采行，对于广大汉人从心理上适应和接受女真统治，无疑也具有重要意义。如平定张觉叛乱后，由于平州汉人不适应此前金朝强制推行的猛安谋克制，“宗望恐风俗揉杂民情弗便，乃罢是制，诸部降人但置长吏以下，从汉官之号”[⑤]。“汉官”官僚制度的推行，在安抚汉人民众的社会情绪方面发挥了重要作用，这自然也应属于影响金代汉人上层民族心理变化的积极性因素。

二

观点的创新之外，《研究》在理论方法的运用、研究视角的转换等方面也有许多令人赞赏和肯定之处。

刘浦江先生在关于王曾瑜先生《金朝军制》的书评中，曾提出“上下、左右”

---

① （金）元好问：《遗山先生文集》卷21《大司农丞康君墓表》，四部丛刊本。

② （金）元好问：《遗山先生文集》卷16《平章政事寿国张文贞公神道碑》，四部丛刊本。

③ 《金史》卷64《元妃李氏师儿》，中华书局1975年标点本，第1528页。

④ 《金史》卷9《章宗一》，中华书局1975年标点本，第218页。

⑤ 《金史》卷44《兵》，中华书局1975年标点本，第993页。

之法，即通过转换研究方法和扩展史料来源两方面寻找辽金史研究的出路。① 此后，他对这一观点又进行了丰富和补充，并就研究方法方面提出辽金史研究要尽力做到能够兼治契丹女真史、宋史、蒙元史或民族史等，同时采用跨学科的方法进行“学术突围”，做到“旁通”。② 刘浦江先生的上述观点虽然是针对辽金史研究所面临的困境而发，但是笔者认为，其对于元史研究也同样适用。而《研究》一书，从某种程度上可以说是对刘先生观点的具体实践，这也说明符海朝对辽金元史的新研究方向和新出路在进行有意识、自觉的探索。

运用其他学科的理论方法进行历史学研究，已经逐渐成为史学发展的新趋势。学界在肯定这种潮流的同时，也对跨学科的方法能否在具体研究中得到恰当的使用持审慎态度。《研究》的绪论部分，作者对所采用的心理学理论方法和概念进行了详细阐述，甚至对于使用何种词汇表述研究对象的心理状态，也一再进行列举和解释。可见作者在处理这一问题时，态度是相当谨慎的。因此在具体问题的论述中，作者能够很好地把握理论与史料之间的关系。

如作者采用心理学的“分别焦虑”理论，分析由汉地入辽上层汉人心理上的痛苦与矛盾，并从新的角度对这些汉人的政治行为进行考察（第 115—119 页）。作者指出，汉文化中安土重迁的桑梓之情，对于归附北族、身处异域的汉人官僚士人而言，由于自然与文化环境差异而导致的不适应和内心焦虑是很突出的，这种焦虑心理是导致他们发生重归汉地行为的重要内在因素。而为了安抚归附的汉人，使其能够为本政权服务，契丹统治者积极采取措施以稳定人心，如设郡县、立孔庙、行科举、用汉制等，通过对这些汉文化内容的采用和实施，使辽地的汉人能够缓解内心的矛盾，更易从心理上接受新的统治。揭示了辽朝统治者所采行的中原汉制对其境内汉人在文化心理上重要的意义和价值。这些新观点和新见解，正是建立在对史料的深入解析和对理论的谨慎使用基础之上。

在分析辽宋金鼎革之际燕人和渤海人上层的心理问题时，作者综合运用时段理论和心理学的方法，对该群体在复杂政治军事环境下的心理变化脉络进行了细致的剖析。作者指出，胡汉文化长期的交融与浸润、北族政权的长期统治使“燕人”和渤海人上层集团有比较相似的文化心理和政治心态；而作为辽、宋、金三方争夺的中心，“燕人”和渤海人面临着瞬息万变的政治军事局面，突发的政治事件（如张觉事件）和代表性人物的遭遇（如郭药师）等短时段因素，对“燕人”和渤海人上层政治心态的转变所产生的影响是巨大的。作者对于该群体在风云诡谲的现实环境中心理状态变化的复杂性，以及由此产生的政治行为，进行了深入的解析和阐述。上面提及《研究》对该问题所得出的新见解和新观点，正是作者对这些理论方法恰当合理运用

① 刘浦江：《〈金朝军制〉平议——兼评王曾瑜先生的辽金史研究》，《历史研究》2000 年第 6 期。

② 刘浦江：《穷尽·旁通·预流：辽金史研究的困厄与出路》，《历史研究》2009 年第 6 期。

的结果。

心理史学既为历史研究提供了新方法，开辟了新领域，但也对研究者提出了更多的挑战。众所周知，历史研究者所面对的各种古代史料，只是记录了事件过程、人物言行等客观事实；即使是“言情”“言志”的诗词歌赋等，其对创作者心境的表达也是曲折幽微的。这一书写特点，使研究者很难窥测历史人物实际的内心思想和心理变化。而具体到对辽金元时期北方汉人上层的心理研究，则又增加了史料数量限制这一显著的难题。因此对于该问题的探讨，无异于一场学术冒险。该书作者凭借对史实的熟稔和对史料的充分占有，以及理论方法的审慎运用，对一些历史事件的社会心理原因和历史人物的心理状态，以及这种心理对政治行为的影响等问题，进行了合理的推论和阐发，将相关理论与问题分析恰当地结合起来。这对于借鉴其他学科理论分析史学问题的学术发展趋势，以及传统议题的再阐释，都是一个很好的示范和例证。

在看待研究对象的视角和立场方面，作者与以往的分析也有明显不同。特别是作者意识到儒家政治伦理和现实政治环境对相关史料书写和形成的内在影响，转而以对史料的批判为基础，站在论述对象的立场上考察、评价其政治言行和心理变化。借用陈寅恪先生的观点，作者的这种研究视角可以称之为“了解之同情”。陈寅恪先生指出研究者要“与立说之古人，处于同一境界”，对其持论“表一种之同情”，才能深入理解古人行为言论的精髓。[①] 探究辽金元北方汉人官僚士人集团复杂曲折的心理状况及其数百年的赓衍流变，研究者只有站在这一群体的历史情境中，感同身受地体会他们的遭际，才能深刻理解其政治和文化心理状态，否则对该问题的研究只能是隔靴搔痒，不得其门径要领。《研究》对于这一时期各种汉族官僚士人集团及代表人物政治文化活动所展示的复杂心理的分析，确能表现作者深入历史情境的“了解之同情”。笔者上面多次提到《研究》对辽宋金鼎革之际“燕人”和渤海人政治心理变化的精彩分析，作者站在研究对象立场上的“同情之理解”，也突出地表现在对该问题的讨论中。以往相关研究对以张觉和郭药师为代表的燕云汉人和渤海人上层政治集团在政权鼎革之际的依违和诡随，多站在北宋的立场上持批评和否定态度。而作者认为，学界对他们的评价受到了具有显著倾向性的史料记载的影响，这些史料或成于宋人之手，或受到理学思想影响而形成，其对相关历史事实和人物的记载和评价并不客观。《研究》站在该群体的立场上，认为处于辽、宋、金三方力量斗争中心的“燕人”和渤海人，他们面对瞬息万变的局势，内心也充满了矛盾，这其中既有现实利益的考虑，也有对前途未卜的焦虑。尤其是在三个强势的力量面前，他们不可能掌握自身的政治命运，只能在三方博弈产生的结果中，被动、谨慎地作出尽可能对自身有利的选择。因此，这一群体内心的无助、痛苦、矛盾与无奈，是可以想见和有所感触

---

① 陈寅恪：《冯友兰中国哲学史上册审查报告》，《金明馆丛稿二编》，生活·读书·新知三联书店2001年版，第279页。

的。作者认为，由于政治和文化环境的相似性，他们心理上一度倾向于宋政权，由于北宋君臣的错误政策以及对燕人和渤海人的不信任态度，使后者的向宋心理“发生了重大转折”（第147页），并最终导致他们政治立场的转变。同时，对于“燕人”和渤海人这一时期的心理转变及其政治选择，作者也并未像以往研究那样进行批评和苛责，而是给予了充分的理解。

最后，笔者结合目前史学界比较关注的专业史学研究如何推向社会大众的问题，就《研究》的语言特点发表一些个人浅见。该书是严谨的历史学专业著作，但其语言却没有专业学术论著常见的枯燥乏味，其行文简洁流畅、引人入胜，能够将专业性和可读性很好地结合起来，以通俗易懂的语言阐述问题。如王曾瑜先生在本书序言中所说“读来竟不觉得累，有点读小说的感觉”（《研究・序言》）。笔者认为这不仅是王曾瑜先生的个人观点，也是本人和其他阅读者的感受。多位历史学者均曾提到目前社会上“历史很热，但历史学很冷”的现实问题。史学研究著作由于专业性强，阅读和理解均需要较好的史学素养和功底，因而对一般史学爱好者而言多缺乏可读性，与现在大量出现的历史题材文学作品相比，前者在普及性以及社会影响的广度和深度方面是无法与后者相比的。而符海朝的《研究》在专业性和通俗性上有着很好的结合，使一般史学爱好者读起来也能饶有兴味。从这一角度而言，该书的这种特点对于专业史学研究著作的普及化和大众化，让专业史学研究走出象牙塔、为社会所接受和理解，是一个很好的尝试，能够对学界思考和探讨这一现实问题提供有益的经验和借鉴。

聂鸿音《西夏佛经序跋译注》读后

刘红军　孙伯君*

2016 年 5 月，著名的语言学家、西夏学家聂鸿音先生的《西夏佛经序跋译注》由上海古籍出版社出版。该书广搜存世西夏佛经卷首或卷尾的 40 来篇序跋加以翻译与考释，并附录摘自黑水城出土汉文佛经的发愿文 20 余篇，可谓是西夏时期佛经发愿文、序跋和题记的集大成者。十几年来，聂先生致力于俄藏黑水城出土西夏文献的整理和释读，解读了大量的佛教文献，且根据佛经序跋的相关信息，对西夏著名的传法上师及其驻锡的寺院，仁宗、神宗时期的校经活动等相关问题进行了细致而深入的考察。该书是先生几十年如一日勤奋阅读西夏文献的积累所得，这份基础材料的汇集和译注的出版，必将嘉惠西夏学界、佛学界、中国文学史学界的研究。

概括来说，这部书的价值与意义有几个方面：首次汇集并系统整理了俄藏黑水城文献中西夏文佛经里的发愿文与题记；首次对这些佛经序跋的内容进行了语文学与文献学考释；首次明确界定了西夏文“序”“跋”“后序”“愿文”“题记”等文体，详细分析了它们的具体结构层次；首次实践了一种模拟西夏文学风格的接近古典的西夏文翻译手法。

第一，该书首次汇集并系统整理了西夏文佛经序跋。西夏文序跋的公布始于 20 世纪上半叶，最早一篇是罗福苌抄录发表的《妙法莲华经序》。之后，史金波先生在《西夏佛教史略》中辑录了西夏时代的汉文序跋 20 种、西夏文序跋 4 种，另有《金光明经流传序》等蒙元至明代的作品 4 种，并首次尝试对西夏碑碣铭文、佛经序跋、发愿文和石窟题记进行汇编和解读。① 不过，由于当时俄藏黑水城文献还没有刊布，史先生著作中并没有涉及俄藏西夏文佛经序跋的内容。1993 年始，俄罗斯科学院东方研究所圣彼得堡分所（东方文献研究所前身）、中国社会科学院民族研究所、上海古籍出版社合作实施了整理刊布俄藏黑水城文献的合作计划，这项出版工程被看作是

---

* 刘红军，男，上海应用技术大学人文学院教授，主要从事中国古代文学、西夏学研究。孙伯君，女，河北人，中国社会科学院民族学与人类学研究所研究员，博士生导师，主要研究方向为古代汉语、文献语言学和少数民族古文字文献。

① 史金波：《西夏佛教史略》，宁夏人民出版社 1988 年版，第 230—333 页。

中国西夏学进入一个新阶段的标志。聂先生在参与西夏文献形制的登录和编辑过程中，发现了大量附在佛经卷首与卷尾的发愿文和题记，并敏锐地感觉到这些资料对西夏佛教史和文学史研究的重要价值和意义，开始着手搜集并翻译这些资料。如聂先生曾于2002年率先翻译了俄藏Инв. № 5130文本卷尾残存的西夏光定六年（1216）的译经题记，不仅明确了桓宗时期（1193—1206）曾经延续仁宗时期（1139—1193）的校经活动，而且考知了西夏翻译和校订藏传佛典的程式。[①] 除此之外，该书中还有一些首次刊布的序跋，对西夏佛教传承和西夏社会文化的研究具有重要的参考价值。

第二，首次对这些佛经序跋的内容进行了语文学与文献学考释。解读西夏文献，尤其是西夏人创作的作品，语文学和文献学的注释非常重要。这些注释不仅能够使读者明白汉译文的理由，还可以指导初学者窥见如何阅读和解读西夏文献的门径。而由于序跋中涉及大量的作者、译者、校订者、施主和抄写人的姓名，也涉及西夏时代帝、后臣民编印或散施这些佛经背后的佛事活动，所以这些注释必然是以熟悉党项语和西夏的典章制度、名物训诂为前提。聂鸿音先生是这方面的高手，不仅对党项语词语的用法熟稔于胸，曾经翻译过西夏诗歌《夏圣根赞歌》《新修太学歌》《天下共乐歌》《劝世歌》《夫子善仪歌》《月月乐诗》《五更转》等，而且对西夏“刻字司”“番汉二字院”、西夏译传佛经的经师及其所属寺院，甚至对佛教术语、西夏佛经的版本等都做过专门的考察，因此，在对这些序跋进行注释时显得驾轻就熟，游刃有余。

第三，首次明确界定了西夏文“序”“跋”“后序”“愿文”“题记”等文体，明确了“后序愿文”为代表的文章一般采用散文体和骈文体或者歌行体两个层次，指出了西夏文序跋作者始终追求的是“规范的骈俪句式”。我们知道，黑水城出土文献卷帙浩繁，但其大宗都是翻译作品，西夏人自己纂集的作品很少，而只有后者才能够帮助学界对西夏时期的文学风格形成总体认识。难能可贵的是，这些序跋无论是用西夏文写成，还是用汉文写成，都是西夏人自己创作的，构成了西夏文学中一个独特的类别。该书并非西夏文佛经序跋的简单汇集，而是首先对这些“序”“跋”“后序”“愿文”“题记”等文体进行了界定：

（一）“序”位于所施佛经的卷首，可以写出题目，也可以不写题目，写出题目的如《达摩大师观心论》的西夏文序言题做“观心序”，不写题目的如汉文《密呪圆因往生集序》。“序”的正文包括两个结构层次，即对本部经文的赞颂和对编译校刻缘由的叙述。例如，贺宗寿的汉文《密呪圆因往生集序》从“窃惟总持无文”到“灵耀之掩翚照矣”为第一层次，从“宗寿夙累所锺”到“永规不朽云尔”为第二层次。

（二）西夏文献里没有以“跋”为题的文章，仅用于拟题，指的是附在佛经卷末

① 聂鸿音：《俄藏5130号西夏文佛经题记研究》，《中国藏学》2002年第1期。

记述校译刊印缘由的短文，其中没有具体的祈愿内容。如法师智能的西夏文《仁王护国般若波罗蜜多经校译跋》。

（三）“后序”和“愿文”是西夏佛经序跋里最多见也是最重要的种类。这两种文体往往合为一体，附在所施佛经的卷尾，如仁宗李仁孝在1149年的西夏文《圣观自在大悲心总持并胜相顶尊总持后序愿文》就直接以“后序愿文”为题。“后序”大都包含祈愿的成分。西夏的后序愿文从形式到内容都显得更加程式化，共包括以下四个结构层次：A. 对佛和佛法的总体赞颂。B. 对所施具体经文的赞颂。C. 对施主所做功德的叙述。D. 借本次功德发出的祈愿。其中前两个层次属于通常定义的“后序”，后两个层次属于通常定义的“愿文”。

（四）“题记”则是省略“后序”与“愿文”的第一、第二层次，只保留第三、第四层次的一种文体，例如仇彦忠的汉文《圣六字增寿大明陀罗尼经施经题记》。最简单的题记可以仅写上发愿者的名字，具体的祈愿内容隐含其中，例如嵬啄氏夫人的《圣六字增寿大明陀罗尼经发愿题记》。

聂先生在书中还明确了“后序愿文”为代表的文章的特点。他首先从语言风格上对“后序愿文”加以分析，指出这些文章均分两个层次：一是叙述施主所做功德的，这个层次往往采用散文体；二是借本次功德发出的祈愿等层次，采用的大都是骈文体或者歌行体。后者尽管有个别地方有词义对仗不够工整、平仄搭配不够严格的情况，但是可以看出作者心中追求的是高度程式化的骈文体、规范的骈俪句式。即使是沙门德慧《大印究竟要集序》之类的西夏藏传佛教作品的序言中，骈俪句式的特征仍然十分明显。而通过进一步分析，聂先生还指出西夏愿文里仿唐宋时期中原文体，有明显的用典情况，如《金光明最胜王经发愿文》里出现“[illegible]，[illegible]”，字面意思是“渊深边如，冰薄步同”，来自《诗经·小雅·小旻》的“如临深渊，如履薄冰”。“[illegible]”，西夏文的字面意思是“远柔近能”，来自《诗经·大雅·民劳》的“柔远能迩”。①

第四，首次实践了一种模拟西夏文学风格的接近古典的西夏文翻译手法。我们知道，西夏字典里记载的西夏字共有六千左右，《番汉合时掌中珠》所载西夏字字义不过总数的四分之一，且有些字的意义较为偏僻。因此，对于没有汉文原本可以参照的西夏序跋的解读，翻译过程颇为复杂，需要先根据已有的西夏词书把原文逐字对译成大致相应的汉字，依次复核文中征引的典故，再模仿古汉语的行文习惯串读句子，最后一步是模拟西夏文学风格创作典雅的骈俪句式。这样，译文的成功与否有两个重要前提：首先是对西夏文字义和语法的掌握程度，其次是古汉语的能力与汉文古典诗词的造诣。前者决定西夏文译文的“信”，后者决定译文的“达”与“雅”。聂先生凭借其对西夏字词高超的领悟能力和古典诗词的造诣，对几十篇愿文的翻译，基本摆脱

① 聂鸿音：《西夏佛经序跋译注》，上海古籍出版社2016年版，第26页。

了过去佶屈聱牙的“逐字硬译”模式，实践了一种模拟西夏文学风格的接近古典的西夏文翻译手法。做到了译文明白晓畅、精致典雅、平仄错落、对仗工整，成功地模拟和再现了原作的文学风格。

不唯如此，该书同时提供了各种序跋的西夏文对译，最后还附有词语索引，为西夏学者了解相关字词的使用，乃至为最终建立西夏语语料库提供了丰富的例证。尤为重要的是其中4篇序跋，即《圣观自在大悲心总持并胜相顶尊总持后序愿文》《圣佛母般若波罗蜜多心经御制后序》《圣大乘三归依经后序愿文》和《观弥勒菩萨上生兜率天经施经发愿文》，为汉文本和西夏文本并存，可资对照的汉文本为了解西夏文的准确用法提供了重要依据。如：“[illegible]”一词，本义为“计量”，在佛经中多与汉文本“较量”或“校量”对译，如《圣大乘三归依经后序愿文》中，西夏文“[illegible]，[illegible]”，汉文本作“较量福力以难进，穷究功能而转深”，其中“[illegible]”与“较量”对应。[①] 该词与西夏文“[illegible]”的用法一致，如《圣观自在大悲心总持并胜相顶尊总持后序愿文》中，西夏文“[illegible]，[illegible]”，汉文本作“唯此慈悲广大法门，福利无可计量”，其中“[illegible]”与“计量”对应。[②]“[illegible]”的这一用例可帮助我们准确翻译西夏文经题，从而判断西夏文本的性质，如俄藏 Инв. № 6064 共包括两部佛经，其中一部经名为《[illegible]》，西田龙雄、克恰诺夫等人均曾著录作《文殊师利咒藏中数珠功德现量经》，其中“[illegible]”被译作“现量”，[③] 而通过对照可知，该经实译自唐义净所译汉文本《曼殊室利咒藏中校量数珠功德经》。如果此前学者知道“[illegible]”义为“校量”，就不会把经名翻译错了。值得一提的是，“[illegible]”一词在《曼殊室利咒藏中校量数珠功德经》中也用来与“校量”对译，如西夏文“[illegible]，[illegible]，[illegible]，[illegible]”，汉文本作“若用菩提子为数珠者（或时掐念或但手持），诵数一遍，其福无量，不可算计，难可校量”，其中“[illegible]”译“校量”。

又如在《五部经序》中，西夏文“《[illegible]》[illegible]：[illegible]，[illegible]，[illegible]、[illegible]、[illegible]、[illegible]，[illegible]”，聂鸿音先生译作“《大寒林经》曰：尔时世尊于寒林中，四大天王黄昏而往，药叉、犍闼婆、供畔拏、诸龙扰恼人民故，乃说忏法”，其中“[illegible]”一词，字面意思为“寻香”，聂先生译作“犍闼婆”，[④] 为梵文 gandarva 的西夏文译法提供了例证。据丁福保《佛学大辞典》：“乾闼婆城，又作犍闼婆城、健闼缚城、巘达嚩城。译曰寻香城、蜃气

---

① 聂鸿音：《西夏佛经序跋译注》，上海古籍出版社 2016 年版，第 171 页。

② 同上书，第 165 页。

③ ［日］西田龙雄：《西夏文华严经》Ⅲ，京都大学文学部 1977 年版，第 32 页；Е. И. Кычанов, *Каталог тангутских буддийских памятников*, Киото: Университет Киото, 1999. стр. 411.

④ 聂鸿音：《西夏佛经序跋译注》，上海古籍出版社 2016 年版，第 78 页。

楼。乐人名为乾闼婆，彼乐人能幻作楼阁以使人观，故名之为乾闼婆城。而现于空中之蜃气楼类是，故亦称为乾闼婆城。”[1] 在西夏文《大般若经》卷379“[illegible] [illegible]”中，汉文本“寻香城”，又被简译作“壤保”，即“乾城”。[2] 而“[illegible]”一词，在《番汉合时掌中珠》中被译作“阳焰”，[3] 可知“阳焰”指的是“蜃气楼”。

当然，由于没有汉文原本可资参照，加之目前学界对西夏字的译法，尤其是音译词没有统一的规范，使得该书在词义的翻译上也存在微瑕，如：同为“[illegible]”，在《三十五佛等十三部校印题记》中被译作“李阿什”，而《五部经后序愿文》中却译作“李阿善”等。

---

① 丁福保：《佛学大辞典》，文物出版社1984年版，第1020页。

② 俄罗斯科学院东方文献研究所、中国社会科学院民族学与人类学研究所编：《俄藏黑水城文献》第20册，上海古籍出版社2013年版，第53页。

③ 黄振华、史金波、聂鸿音：《番汉合时掌中珠》，宁夏人民出版社1989年版，第16页。

《西夏文金刚经の研究》读后

孙伯君*

2014 年 10 月，日本著名青年语言学家、西夏学家荒川慎太郎的《西夏文金刚经の研究》一书由日本京都中西印刷株式会社出版部、松香堂书店出版发行，该书是在其博士论文的基础上经过多年修订、增补而成，是作者几十年来西夏文献解读、西夏语语音和语法研究成果的集大成之作，也是文献语言学的经典之作。

《西夏文金刚经の研究》内容总分三部分，即“研究编”“文本编”和“图版编”。“研究编”分两章，包括“《金刚经》解题”和“相关西夏语研究”。“文本编”主要利用“四行对译法”对西夏文《金刚般若波罗蜜多经》《金刚般若波罗蜜多经颂》《金刚经纂》等文本进行了解读和考释。“图版编”则刊布了俄藏《金刚经》的部分图版。

该书最值得称道的研究成果主要涉及语言学与文献学方面，语言学方面可概括为三个部分：

第一，利用西夏文陀罗尼、佛教名相词语与梵、汉、藏文之间的对应关系研究西夏语语音，对西夏语声、韵、调的特征提出了自己的见解。

第二，利用《金刚经》的例句分析了西夏语前缀、后缀等语法形式的用法，诠释了西夏语语法特点，对西夏语语法研究起到了一定的推进作用。

第三，利用夏、汉文本对勘，考订了西夏字的未知意义，明确了已知意义的使用范围。

文献学的意义也可概括为三个部分：

第一，对黑水城发现的《金刚经》汉、夏文本进行了全面考察与缀合，是迄今为止对存世西夏文《金刚经》各种写本与刊本梳理最为详尽的著作。

第二，对西夏文《金刚经》相关文本加以录文、校勘与释读，校订了其中的传抄讹误，丰富了西夏语语料库。对研究 12 世纪河西地区佛教的传播和流布颇有参考价值。

第三，刊布了部分文本的图版，对确定中国藏、英藏、法藏、日本藏西夏文献的相关残碎资料的性质具有参考意义。

---

* 孙伯君，女，河北人，中国社会科学院民族学与人类学研究所研究员，博士生导师，主要研究方向为古代汉语、文献语言学、少数民族古文字文献。

此前，人们研究西夏语语音时往往引用索夫洛诺夫（M. V. Sofronov）、西田龙雄、龚煌城等人的构拟成果，却很少提及荒川先生在《西夏語通韻字典》中的拟音。[①] 这部字典发表于1999年，当时，荒川先生已经修完京都大学的学士和硕士论文，[②] 完成了两项重要的研究，即通过西夏佛经陀罗尼中的梵、汉对音资料考察西夏语语音；通过存世西夏语韵书，并辅以藏文注音残片考察西夏语韵母的分类。《西夏語通韻字典》则是这两项研究的直接成果。荒川先生利用梵、夏、藏对音资料检验了前人有关西夏语拟音的成果，并在此基础上提出了自己的拟音系统。虽然从整体上看，他并没有提出颠覆性的见解，基本接受了西田龙雄、龚煌城等人提出的西夏语中普通韵母、紧喉韵母、卷舌韵母三分的系统，但是其对西夏语声韵的特征做了许多细致的考订，对具体韵类的拟音也作了一些调整。此后，荒川先生在《西夏語韻書における通韻番號76—79の韻母について》一文中还进一步阐述了西夏语平声76—79号韵母同时具有紧喉与卷舌特征的看法。[③] 而在《夏藏对音资料からみた西夏语の声调》[④] 一文中，荒川先生还通过对五类鼻音声母m－、n－、ny－、ng－、l－等西夏字的藏文注音的考察，指出了凡是有藏文前加字b－、d－、g－、' －等辅音的音节，其被注字多为西夏语平声，而被注字为上声的则比例较少。荒川先生结合藏文声调的衍变特点，明确指出了西夏语的平声应为高调，调型为高平调；上声为低调，调型为低升调。[⑤] 上述成果最初大部分是受《金刚经》陀罗尼中的梵、夏对音启发而取得的，且在《西夏文金刚经の研究》一书中均有进一步的阐述，显示了荒川先生在西夏语语音研究方面十年如一日的不懈探索与追求。

该书的第二项成果是利用《金刚经》的例句诠释了西夏语语法形式。作为羌语支古代语言，助词、黏着成分、曲折形式是西夏语表达语法意义的主要手段。由于这些成分的用法往往在译自汉文的文献例句中得以呈现，而相应的古汉语句子又缺乏与之对当的标记，使得此前的研究困难重重。此类研究得以突破的门径是学者引入了两项材料与之对比，一是现代羌语支语言的语法形式；二是译自藏文的西夏文文献例句。借助与藏缅语族特别是羌语支语言的对比，克平（K. B. Keping）、西田龙雄、索夫洛诺夫（M. V. Sofronov）、马忠建、龚煌城、向柏霖（Guillaume Jacques）等人均曾对西夏语助词、黏着成分与曲折形式所表达的语法意义有系统

---

① ［日］荒川慎太郎：《西夏語通韻字典》，《言語學研究》16：1—151，1999。

② ［日］荒川慎太郎：《サンスクリット音転写规则から见た西夏语音の考察—西夏文陀罗尼を用いて—》，京都大学卒业论文，1995；《韵书の构成法からみた西夏语音の研究—等韵の构造に関する考察—》，京都大学大学院修士论文，1997。

③ ［日］荒川慎太郎：《西夏語韻書における通韻番號76—79の韻母について》，科學研究費補助金基盤研究S《チベット文化圏における言語基層の解明》報告書Vol. 3，國立民族學博物館，115—138，2009年。

④ ［日］荒川慎太郎：《夏藏对音资料からみた西夏语の声调》，《言语学研究》17—18：27—44，1999。

⑤ 此前，西田龙雄曾参照藏语l－为低调，gl－、kl－为高调，指出过藏文gl－、kl－往往为西夏语平声韵注音，而l－多为上声韵注音的原则，至于西夏语平声是否为高声调，西夏语上声是否为低声调，西田龙雄先生并未明言。参考西田龙雄《西夏语の研究——西夏语の再构成と西夏文字の解读》，京都座右宝刊行会1964年版，第139—140页。

的发现与阐释;① 根据译自藏文文献的例句，段玉泉、胡进杉等人也对这些成分的用法做了许多考释。② 而这两项对比无疑又需要有大量的使用例证做支撑。

荒川先生在这部著作中把《金刚经》中出现的典型例句纳入西夏语语法研究，不仅对学界此前有关西夏语语法形式的研究成果进行了系统的归纳，还就有些现象提出了自己的新的看法，如：西田先生曾提出西夏语动词有 A、B 两种形式，A 形式为基本形，用于受事句，所接人称后缀与动作承受者相呼应；B 形式为变化形，用于主动句，且所接人称后缀与动作发出者相呼应。荒川先生在此基础上提出了使役形也有相应的变化，“祇 phji^1”用于动词为 A 形式的句子，“𗗙 phjo^2”用于动词为 B 形式的句子。同时指出，像“𗗚𗗛𗗜𗗝”这样的句子，字面意思是“是如闻我”，与汉语“如是我闻”对译，西夏语“我”在“闻”后，学界往往认为是西夏语语序与汉语不同造成的，实际上译文最后一个西夏字“𗗝”（我）并非主语，而是与主语相呼应的人称后缀，该句省略了主语“我”。③

该书在语法方面的特别成果还有对西夏语中的否定形式做了全面梳理，厘清了它们的使用条件，并把表示否定意义的词语分为两类：一类是否定前缀，包括“𗗞 mji^1”“𗗟 mjij^2”“𗗠 mjɨ^1”“𗗡 tji^1”；一类是否定动词，包括“𗗢 mjij^1”“𗗣 mə̣^{1}”“𗗤 nja ^{2}”等。

我们知道，西夏遗存的字书只有《番汉合时掌中珠》是夏、汉双语对译本，记载了一千多西夏字的字义，而据西夏字典的记载，西夏字有六千左右。对于生字与已识字的未知意义，人们往往通过不断地对照阅读译自汉文本的西夏文献来认识，同时还需要对照西夏文字典、辞书和这些字在其他文本中使用的例子来检验。该书的第三项成果是利用《金刚经》夏、汉文本的对勘，考订了许多西夏字的未知意义，明确了相关义项的使用范围，丰富了西夏词语的使用例证。如：根据字形与读音，指出了西夏字“𗗥 tshji ^{2}”与“𗗦 tshji j^1”之间存在音韵转换的曲折变化关系；通过西夏文“𗗧 khə^{1}𗗨 swẽ^1”与汉文本“猿”对照，确定该词词义为“猿”，从而明确《同音》中的例词“𗗧𗗨”当译作“猿”。④

该书的第四项成果是在《金刚经》各种文本的整理方面。首先是对黑水城发现

① ［日］西田龙雄：《西夏语の研究——西夏语の再构成と西夏文字の解读》，京都座右宝刊行会 1964 年版，1966；M. V. Sofronov, *Grammatika Tangutskogo Yazyka*, Moskva: Nauka, 1968；K. B. Keping, *Tangutskij yazyk*, *Morfologiya*, Moskva: Nauka, 1985；龚煌城：《西夏语的音韵转换》，《史语所集刊》1986 年第 59 本第 3 分；龚煌城：《西夏语的音韵转换与语音构拟》，《史语所集刊》1989 年第 60 本第 1 分册；马忠建：《西夏语语法若干问题之研究》，硕士学位论文，中国社会科学院研究生院，1997 年；Guillaume Jacques, *Esquisse de Phonologie et de Morphologie Historique du Tangoute*, Leiden: Brill, 2014.

② 段玉泉：《西夏〈功德宝集偈〉跨语言对勘研究》，上海古籍出版社 2014 年版；胡进杉：《西夏佛典探微》，上海古籍出版社 2015 年版。

③ ［日］荒川慎太郎：《西夏文金刚经の研究》，京都中西印刷株式会社出版部、松香堂书店 2014 年版，第 128、131 页。

④ 同上书，第 228 页注释 125、343 页注释 471。

的《金刚经》夏、汉文本进行了全面考察与缀合，并指出了它们所译自的原典以及各文本之间的关系，如：Инв. № 7107，以前曾据封面西夏文“[illegible]”三字定名为《金刚经集》，通过对内容的解读，荒川先生判断该文本实译自汉文本《金刚经纂》。

其次，梳理了俄罗斯科学院东方文献研究所所藏全部相关文本的款题与内容，给出了正确的定名，同时纠正了此前的诸多著录失误。如：Инв. № 4336，克恰诺夫《西夏佛典目录》著录为《佛说圣佛母般若波罗蜜多心经》，通过对照、解读，荒川先生确认其主体部分为《金刚经》，且是目前唯一可以确认的卷子本；Инв. № 6806，以前曾被定名为《金刚经》，荒川先生确定其与 Инв. № 4164 等文本一致，为《金刚经纂》的刊本；Инв. № 6711，以前曾被归为世俗文献，通过解读，判定为《金刚经纂》的一部分。

最后，该书在整理俄藏黑水城文献的同时，还对中国藏、英藏、法藏、日本藏西夏文献中的相关文本进行了梳理与拣选，确定了其中属于《金刚经》的残片。

该书的第五项成果是用西夏学界通行的“四行对译法”对西夏文文本加以录文、校勘与释读。《金刚经》相关文本大多为抄本，有些字迹不甚清晰，荒川先生首先对西夏文进行辨析，并对照汉文本的字义，给出清晰、完整的录文，这一工作的难点如同古文字学界对甲骨文的隶定，没有对大量西夏文献与西夏字字义解读的经验是很难做到的；同时，作者还对西夏文文本进行了对译与释读，明确了汉文本与西夏文本的对应关系，以及西夏文词语的义项、句义和语法形式的作用，为学界建立了基于《金刚经》相关文本的语料库。另外，利用夏、汉文本对勘，并利用他校法、本校法，荒川先生还做了大量的校订工作，指出了西夏译本的一些失误，如：《金刚经颂》“如来涅槃曰”中的“曰”，西夏文误译作“日”字；汉文本“即见闻不及”，误译作“印见闻不及”等，[①] 为学界利用该文献研究西夏语与《金刚经》在河西地区的传译提供了准确的基础文本。

该书的第六项成绩是刊布了俄罗斯科学院东方文献研究所所藏部分文本的图版，对确定中国藏、英藏、法藏、日本藏西夏文献的相关残碎资料的性质具有参考意义。尽管该书已经对中国藏、英藏、法藏、日本藏西夏文献进行了梳理，拣选出多种属于《金刚经》的残片，但正如书中所提到的，由于黑水城文献的整理与刊布相对滞后，而《金刚经》又流传甚广，难免会有挂一漏万的情况。俄藏《金刚经》图版的刊布，可为现存西夏文献残片的定名与内容的解读提供参照。如：最近赵天英注意到瓜州县博物馆馆藏西夏文献中第 00050 号残叶属于《梁朝傅大士颂金刚经》，正可与荒川先生刊布的俄藏本《金刚般若经颂》（Инв. № 7580）第 45 叶勘同。[②]

---

① ［日］荒川慎太郎：《西夏文金刚经の研究》，京都中西印刷株式会社出版部、松香堂书店 2014 年版，第 60、393 页。

② 赵天英：《新见甘肃省瓜州县博物馆藏西夏文献考述》，未刊稿。

荒川先生是西夏学界较早从事西夏佛教经典研究的学者之一，十几年来，他多次不辞辛苦地远赴俄国亲自整理俄藏黑水城文献，并致力于对这些文献的释读，同时借助这些文献资料，对西夏语语音、词汇、语法现象加以研究，不断有新的成果问世。该书尽管题为《西夏文金刚经の研究》，看起来只是针对一部经的研究成果，实际对与西夏语相关的各个方面均有论及，且因其在博士论文基础上修改、完善而成，经过十年积累与深入思考，故所用研究方法规范、成熟，对所涉问题的分析细致、老到，堪称文献语言学的典范之作。

《西夏研究论丛》的又一力作

——《西夏司法制度研究》出版

保宏彪*

姜歆撰著的《西夏司法制度研究》一书，已由凤凰出版社（原江苏古籍出版社）出版。全书共18万字，分为10章：西夏法律文献概述、司法观念、起诉制度、刑侦制度、审判制度、刑罚执行制度、狱政制度、法医制度、司法管理的法律责任、唐宋司法制度对西夏司法制度的影响。《西夏司法制度研究》一书较为详细地论述了西夏司法制度的内容和特点，勾勒出西夏司法制度的框架体系与内部特征，对进一步研究西夏法制史、西夏法律与中华法系的关系具有增砖添瓦之效。

西夏司法文献主要集中在黑水城出土文书之中，具有十分重要的学术价值。《天盛改旧新定律令》《亥年新法》等成文法典的学术意义有目共睹，一些相对零散的法律文书也同样具有不可估量的研究价值。黑水城出土的西夏法律文书皆为在实际生活中直接形成的原始记录，具有较高的真实性和可信度，为宋、西夏、元时期法制史研究提供了全新资料。

近代史学大师陈垣曾言：每个中国人，虽然各有其汉姓，其实并不见得其祖先就是汉人，应整体看待中国文化，不人为划分某族的文化。《西夏司法制度研究》秉承了陈垣先生的观点，没有将西夏司法制度割裂为一族一代之法律，而是放入中华法系之中加以衡量。该书在论述西夏每项法律制度时必先论述其与中国传统法制的关系、源流及创新之处，认真比对西夏法律与唐宋律令的异同，揭示西夏借鉴唐宋法制的取向所在。《天盛改旧新定律令》是西夏在鼎盛时期积极学习唐宋法律制度的结果，通过整合唐宋律令与西夏社会实际，建立起一套适合自己国情的、比较完备的司法体系。《西夏司法制度研究》一书的史料依据大多来自《天盛改旧新定律令》，这是中国历史上第一部运用少数民族文字印行的法典，被公认为西夏时期最为完备的成文法律汇编，为研究西夏文化、军事提供了珍贵资料。这部西夏法典从思想上和理论上阐述了等级制度和宗法观念，规定了人与人之间的不同社会地位和权利义务。《西夏司

* 保宏彪，男，宁夏银川人，宁夏社会科学院西夏研究院助理研究员，主要研究方向为西夏史。

法制度研究》据此提出“儒法结合”的观念，认为西夏法律自始至终遵循这一原则，既明确规定了礼治的内容和条律，又通过严以刑赏进行贯彻实施，从而形成了独具特色的司法制度。因此，西夏对唐宋法律文化的传承在中原文化与少数民族文化交流史上留下了光辉的一页。

《金代宗室研究》评介

陈晓晓*

宗室是中国古代社会中一个较为特殊的阶层，宗室群体的活动对当时的政治文化、社会风气都有着一定的导向作用。近年来，学界对宗室群体研究的关注不断增多，关于金代宗室这一阶层的研究也有一定成果，但是这些成果多分散在研究其他金代问题的著作中，不见专门著作。李玉君老师的《金代宗室研究》（科学出版社 2016 年版）一书，通过对旧有史料和新的碑刻、县志等考古资料的梳理、考证，系统深入地研究了金代宗室这一群体的相关问题，并提出了一些具有新意的学术观点。《金代宗室研究》可谓是第一部专门性的系统研究金代宗室群体的学术著作，该书的出版对推动金史领域的深入研究不无裨益。

李玉君老师《金代宗室研究》一书，全书共 37 万字，凡 7 章，每一章都从独立方向入手，各章自成体系。首章对该书的研究对象金代宗室做了范围上的界定，并对《金史·宗室表》做了补正。第二章从金代宗室的入仕方式、升迁途径、任用致仕及死后赠官，对金代宗室的任官与特权展开研究。第三章探究了金代宗室的经济生活和宗室的行为礼仪及日常生活方式的汉化转向。第四章则以宗室犯罪为中心对宗室成员的行为活动监管与防范进行了考察。第五章通过分析金代宗室婚礼和宗室婚姻状况探究宗室婚姻的特点和其对社会、政治的影响。第六章从金代宗室的教育方式、内容和价值取向等方面看金代宗室教育状况和文化成就。第七章探讨了金代法律中有关宗室的法律思想和刑罚原则，进而探讨了金代法律思想中存在的汉化认同倾向。综观全书，并非泛观博取，而是聚焦金代宗室研究中诸层面问题，颇为深入地为读者揭示了金代宗室群体的各个方面。

细读之下，《金代宗室研究》一书有以下几个较为突出的特点。

其一，研究范围涵盖广泛、全面，研究角度多层次，观点深入。将金代宗室这一全体作为整体的研究对象，不仅考察了其在金代政治生活、经济生活和社会生活中扮演的多种角色和发挥的作用，而且还以宗室作为研究的主体，考察了统治者对他们的管理、防范、教育及文化引导。该书研究全面，论述具体，可以说是一部系统地、全

---

* 陈晓晓，女，辽宁锦州人，兰州大学西北少数民族研究中心在读博士研究生，主要从事北方民族史研究。

面地研究金代宗室的学术著作。

其二，观点具有创新性。文章史料翔实，对考证问题多提出了自己的观点。李玉君老师充分利用史料和考古文献对过往金史研究领域中的一些问题重新作了详细严谨的考证，提出了新颖的结论。

关于金代“郎君”称呼这一问题，学界多认为金朝的“郎君”一词是对“宗室”“皇族”“金朝完颜氏男性皇族”的称呼。该书通过考证和对各种史料的核对，在《三朝北盟会编》、许亢宗《宣和乙巳奉使金国行程录》、李心传《建炎以来系年要录》、范仲熊《北纪》等书均发现“郎君”并非金朝宗室皇族的独特称谓。该书作者认为，金朝“郎君”的含义有两层：一是对一些宗室和非宗室的贵族青年的称呼；二是一种官称，指在尚书省、秦王府任职的从事护卫、稽查案牍、管理纸笔及听从尚书省和秦王府随时差遣之事的官员和小吏。

金代宗室人口众多支系庞杂，《金史·宗室表》中漏记现象较多，作者在前人大家补充的基础上根据对相关史料和碑刻文献的整理对《金史·宗室表》作了补正，补充了八十余位未列入各家的宗室成员，并在附录部分列出了详细的表格作为补充。

《金史》中婆卢火身份的新证也是该书的一大亮点。学界考证文章认为金初泰州都统婆卢火是女真徒单氏，但该书作者认为不可将《金史》中记载其为宗室的证据忽略，认为这一问题有待商榷。通过作者详细考证，得出《金史》中所记载的婆卢火并非只有一个，而是有五个，不仅有宗室婆卢火还有徒单氏婆卢火。

有关金代大宗正府的研究，在此之前学界还没有专门研究这个专门管理宗室的政府机构，这无疑是金史研究领域的一个空白点。作者根据相关史料对金代大宗正府的机构设置、人员构成及职权范围等作了论述，同时也提出了自己的观点。

《金代宗室研究》一书像这样有新意的研究和观点还有许多，篇幅所限，笔者在此不一一赘述。

其三，研究方法多样。作者不仅做了充足的考据功夫，还运用统计方法在该书附录中补充了多个表格，足见作者治史之功力和严谨态度。

当然，作为一部专题研究的学术性著作，除前文叙述的许多优点之外，也不可避免地存在着一些不足之处。由于金史研究领域的资料不甚丰富，对此问题的后续研究也值得我们持续关注。综上所述，《金代宗室研究》一书作为首次集中地、系统地研究金代宗室群体的学术专著，其学术价值值得关注。

多维方法与文学本位的深度结合

——评裴兴荣《金代科举与文学》

王　永*

当代学术界对金代文学的整体研究发轫于20世纪80年代中期，姚奠中、周惠泉等老一辈学者对这一学术领域的探索意义深远。自20世纪90年代起，张晶、詹杭伦、李正民、薛瑞兆、牛贵琥、胡传志、狄宝心、赵维江、刘达科、刘锋焘、王昊等金代文学研究专家的成果相继发表，金代文学研究进入到一个繁荣的阶段。21世纪以来，杨忠谦、裴兴荣等年轻学者从宗教、科举、文学家族、文学地理等交叉角度切入金代文学研究，也不断产生新的学术成果。

执教于山西大同大学的裴兴荣副教授是著名元好问研究专家李正民先生的硕士研究生，可谓学有根底；又是金代文学研究名家胡传志教授的博士研究生，也可谓业有专攻。早在2007年，在胡传志教授的建议下，裴兴荣就逐步确立了“金代科举与文学关系研究”这一主攻课题，于2010年、2013年先后获得了教育部人文社科基金和国家社科基金的项目资助，并在2015年以《金代科举与文学》为选题完成了博士论文，经增补后于2016年12月在中国社会科学出版社出版。记得在2016年10月河南省内乡县召开的“第七届元好问学术研讨会”上，胡传志教授就曾向年轻学人强调交叉学科与文学本位两个原则的重要性。现在看来，在他的指导下，裴兴荣的新著《金代科举与文学》就充分体现了这两个原则，而且围绕着科举与文学的内在关联，体现出多维研究视角与文学本位立场的深度结合。

一　文献、文体与学术史研究

文献的考据与编年是历史研究的基础，也是金代科举与文学研究展开的前提。《金代科举与文学》第一章《金代进士辨正、增补与考释》在对薛瑞兆《金代科举》、李桂枝《辽金科举研究》所收条目正误的基础上，又据《全金石刻文辑校》新

* 王永，男，吉林农安人，中国传媒大学文法学部副教授，硕士生导师，主要研究方向为中国古代散文、辽金元文学。

辑得70名金代进士，为全书的论证奠定了更为坚实的基石，也体现出学术史的传承与演进。当然，待薛瑞兆《金代石刻文献汇编》出版后，该书作者也还需要再进一步对数据信息进行增补。附录一《金代科举史事编年》则选取《金史》等文献中关于科举史事的材料作了历时性的呈现。“编年”重现了女真进士考试的酝酿、培育、施行、改革、后效等过程，令人耳目一新。这些都是传统文史研究方法的价值体现。在这样一个金代文史文献基础和历程框架下，《金代科举与文学》一书创新性地展开了关于《科举制度下金代文人的社会心态》（第三章）、《金代状元的文学创作及其影响》（第六章）、《科举题材的诗词创作》（第七章）等角度的研究，深化、细化了现有的金代文学风貌描述。

兹就其《金代科举史事编年》所见，将金代女真进士科的发展历程罗列如下：

金太祖天辅三年（1119），八月，颁布女真字。

金太宗天会三年（1125），十月，召耶鲁赴京师教授女真人本族文字。

金世宗大定四年（1164），诏令以女真字译经书，选猛安谋克内良家子弟入女真学校。

金世宗大定九年（1169），选百余名优秀女真学生至京师复试。

金世宗大定十一年（1171），始议女真进士策选之制。

金世宗大定十二年（1172），诏择优秀女真学生量才任用。

金世宗大定十三年（1173），女真进士科正式举行考试，徒单镒等27人登第。

金世宗大定二十年（1180），更定女真进士考试格。

金世宗大定二十二年（1182），再次举行女真进士科考试。设定女真进士授官格。

金世宗大定二十三年（1183），诏颁行所译女真字经史典籍。

金世宗大定二十八年（1188），讨论女真进士试策、授官、任用之事。建女真太学。

金章宗明昌元年（1190），定女真进士升迁格。

金章宗明昌四年（1193），诏女真进士加试骑射。

金章宗承安二年（1197），罢河南、陕西女真学校。

金章宗承安三年（1198），再定女真进士试射之制。

金章宗承安五年（1200），定女真进士试射格。

金章宗泰和七年（1207），诏定女真进士免试弓箭、击球。

尽管其他年份也有女真生员参与科考相关事宜，但是上述材料已经集中反映了金朝女真人参与科考的历程，从中可见，女真进士科谋划完善基本上是在世宗、章宗时期形成并定制的。除大量的女真进士加入到基层官僚体制中参与政治统治外，还有的女真进士从事翻译和教授的工作。在和汉族文人的交流中，战胜民族的心态也自然会体现到对汉文经典的解读中，金末士人对南宋学术的接受心态表现得非常冷静、客观，也应该是发源于此。这是笔者浏览该书后的重要心得之一。

二 地域、家族与文学家研究

文学的地理研究和家族研究都是当前热门的学术范式。裴兴荣对此更是极为谙熟。第二章《金代进士的地理分布特征及其形成原因》以籍贯可知的1489名金代进士数据为样本，用统计表的方式呈现了这些进士的地理分布规律，并分析了导致这种地理分布的原因。正如作者自云："本书运用得最为突出的还是历史文献法和图表统计法"，"用图表来统计，不但简洁明了，而且能收到文字无法达到的效果。"[①] 附录中的《金代进士地理分布表》《金代刺史州学统计表》和《金代县学统计表》，既为金代进士家族研究提供依据，又为深挖金代进士成因之教育关联提供了有力的支撑。中国古代文学地理学研究以曾大兴和梅新林两位为代表，他们都曾以谭正璧《中国文学家大辞典》为依据，建立了以中国文学家占籍为依据的分布表格，这里以梅新林《中国文学地理形态与演变》[②] 中的"金代文学家列表"与裴兴荣《金代科举与文学》中的"金代进士数据"简略对比如下：

表1 金代进士与文学家数量统计

路	梅著收录文学家数（人）	裴著收录进士数（人）	文学家与进士之比率（%）
南京路	35	50	0.7
河东南路	27	250	0.11
河北西路	23	247	0.09
山东东路	20	129	0.16
河东北路	15	31	0.48
山东西路	11	116	0.09
中都路	11	182	0.06
西京路	10	99	0.1
河北东路	9	234	0.07
大名府路	9	34	0.27
京兆府路	7	92	0.08
北京路	7	44	0.16
上京路	2	20	0.01
东京路	2	40	0.05
风翔府路	1	13	0.08

① 裴兴荣：《金代科举与文学》，中国社会科学出版社2016年版，第23页。

② 梅新林：《中国文学地理形态与演变》，上海人民出版社2014年版。

续表

路	梅著收录文学家数（人）	裴著收录进士数（人）	文学家与进士之比率（%）
鄜延路	1	3	0.03
庆元路	1	5	0.02
咸平路	0	10	0.7

梅著共收金代文学家191人，裴著共收金代进士1599人，据此金代文学家与进士总比率为0.1。由于自北宋以来，绝大部分文学家拥有进士出身，所以这个比率接近于由进士而成为文学家的比例，也就是说大概每10名进士中就会有1名成为名垂后世的文学家。这其中，南京路进士中的文学家所占比例接近70%，比例及总数都是金代各路中最高的，这与其曾为北宋故都有关；河东北路的进士与文学家之比例将近50%，但总额有限。至于其他诸路，从表1的数据来看，举业者恐怕更多的仅仅是追求功名而无暇或不愿顾及文学，尤以河东南路与河北西路为甚，可见其地为学的"速售"之风。然而，这两个地区的进士与文学家之比例却与金代进士与文学家的整体比例也是一致的。赵秉文等人在金代后期痛斥时弊，掀起科举和文风改革的运动，正是整个金代的这种功利习气所激发出的行为。

三　考题、科场与文学观研究

该书第四章《金代科举考试命题导向及其对相关文体的影响》和第五章《金代科场事件及其对奇古文风的影响》是全书中最富理论价值的部分。如前所述，既然科举是士子们极其重视的入仕门径与修学旨归，那么考题对金代学风的影响一定是关键性的。金代统治者对科举体系的建构极为重视，不断完善那些不适应时代需求的方面，对考题的设计也极为用心。裴兴荣通过逐题考辨，鲜明地呈现出《汉书》在金代统治者心目中的重要地位，现存34个考试题目之中，出自《汉书》的多达13个。正如胡传志教授在序言中所说："如果不经过具体的考察和认真的统计，谁会想到《汉书》是金代科举考试的最大试题库？……相比于《史记》，《汉书》对中国文学的巨大影响，长期以来，是不是被学术界低估了？"① 这似乎与王若虚在其"辨惑"著述中用最大篇幅去进行《史记》辨惑有所关联；也找到了元好问一些序跋文字中透露出的"南渡后《通鉴》之学兴于权贵和名士之家"现象的前因。金代文学家步趋唐宋，在行为方式上也有所模仿，但宋金对比，景观却有不同。北宋仁宗嘉祐二年（1057）欧阳修知贡举，力排"太学体"险怪文风，倡导平易生动之文风，虽引起一定的喧哗，却终于取得了成功。金代中后期，赵秉文以文盟之主知贡举，也是大力改

① 裴兴荣：《金代科举与文学》，中国社会科学出版社2016年版，第3页。

革文坛风向，他一改此前张行简“惟以格律痛绳之”的做法，在贞祐三年（1215）和兴定五年（1221）两次主试中录取了一些试卷中“格律稍疏”而文风雄丽的文人，最终却因受到讥弹而被降职。在科举体系下两者合观，我们会发现，这正是科场文字的“文学化运动”，正是长期以来的功利化积习导致了主盟者的反击行动。赵秉文虽然个人受到了挫折，但是通过同道文士李纯甫、李献能等人的努力，文坛上文风的多元化和“奇古”之风的崛起，却正是以此为铺垫的。正如裴兴荣所说：“宋、金两代科举史上发生的这些重要事件，在时间上相隔一个半世纪之久，主文者都是一代文坛盟主，都有意识地通过科举取士来改变文坛风尚，虽然二者推动文学发展的趋向有所不同，但都可以证明，科举事件对推动文学风尚的转变具有直接而重要的作用。”①裴兴荣在其著作中也通过一个主盟序列揭示出李纯甫在南渡文坛上被忽视的甚至高于赵秉文的重要影响。裴兴荣的专著《金代科举与文学》在文献拓展、方法创新和文史交叉上进一步推动金代文学研究，代表了金代文学研究的前沿。

① 裴兴荣：《金代科举与文学》，中国社会科学出版社2016年版，第204页。

【刘凤翥著《契丹寻踪：我的拓碑之路》】

商务印书馆 2016 年 8 月出版。该书详细叙述了契丹文字碑刻陆续出土的原委，全面实录了作者数年来历经千辛万苦寻访并传拓这些碑刻的历程。生动记载了作者经史学大师翦伯赞先生点拨，通过自学踏入职业研究契丹文字领域的心路历程以及作者与赝品打交道的经历。附录《已经释读的契丹小字语词》将已释读的契丹小字与汉字语义对应，为初学契丹小字者提供门径。这是一本学习拓碑技术的入门书，一块初学契丹小字的敲门砖，一本甄别辽代文物的参考书，一部契丹文字绝学重光的学科史。

【刘未著《辽代墓葬的考古学研究》】

科学出版社 2016 年 4 月出版。该书针对辽代墓葬的特点，设立契丹大型墓葬、契丹中小型墓葬、汉人墓葬三个专题分别予以讨论。在此基础上对辽代墓葬等级制度的发展、制度与习俗的互动等问题加以总结，并深化对分区分期问题的理解，指出辽代社会结构的根本性差异与阶段性变动是左右其墓葬历史发展方向的深层次因素所在。

【孙德华点校《闲闲老人滏水文集》】

科学出版社 2016 年 11 月出版。《闲闲老人滏水文集》是金代大儒赵秉文的传世文集，几乎收录了他的所有著述，对研究赵氏的思想价值巨大。全书共二十卷，分古赋、古诗、律诗、杂体、碑文、记、论、引、颂、箴、赞、祭文、书启、题跋等多个题材，涉及当时的政治、经济、思想等多方面的内容。该书今存多个古本，但未见善本出现，更未见经整理的现代标点本。此次点校本的出版对推动今后的赵秉文思想的研究，以及宋元之间的儒学发展将有所助益。

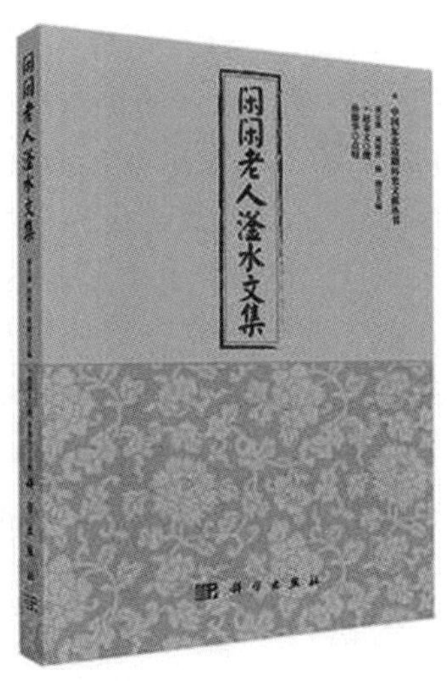

【李甍著《历代〈舆服志〉图释（辽金卷）》】

东华大学出版社 2016 年 3 月出版，共 48 万字。该书共分四章：第一章绪论阐述研究的意义，回顾已有的研究成果，并进行了研究方法的讨论；第二章讨论了辽金两史《舆服志》的史料来源和编撰特征；第三、四章则分别对两史《舆服志》作了图释。该书作者条分缕析，把看似陈言虚辞的辽金车服制度一一落到实处，并使之形象化。

【诸葛净著《辽金元时期北京城市研究》】

东南大学出版社 2016 年 3 月出版。该书从社会学的视角对辽金元时期北京的城市空间秩序及其变迁展开研究。全书分为上下两篇：上篇将辽金元时期的北京城置于宏观的政治与经济变迁脉络中考察城市角色从地区中心向都城的转换及其对城市物质空间发展带来的影响。下篇则将宫殿、坛庙、市场、道路等作为社会力量的载体，也作为主要的城市形态构成要素，从权力运作、经济体系等方面展开讨论，揭示国家制度建构、日常生活状态与城市形态变迁间的关系。

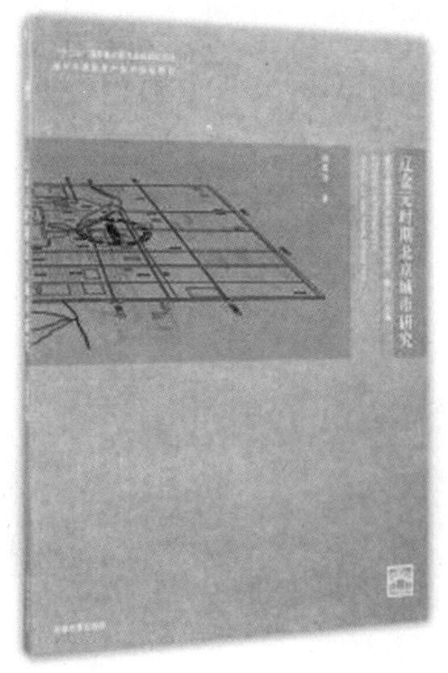

【潘洁著《〈天盛律令〉农业门整理研究》】

上海古籍出版社 2016 年 11 月出版。该书分为校勘考释和专题研究上下两部分，以俄藏所录图版为底本，从西夏文录文、汉文对译、字词注释、版本校勘入手，在译释的基础上展开专题研究。该书不但改进了研究方法，拓宽了研究思路，而且在西夏乡里组织、横纵区划、赋役制度、仓粮存储等方面有所补充，对西夏农业发展及其相关问题研究具有一定价值。

而作为西夏人用自己文字记录的文献，《天盛律令》的价值不言而喻，农业门是关于西夏赋役、土地、灌溉等方面的律令，这些记载在已有史料中鲜有提及，所以它不仅仅是法律条文，更是社会历史的反映。

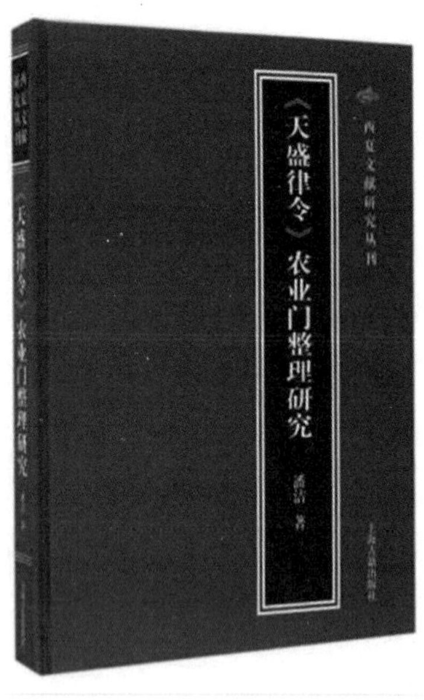

【史金波著《瘠土耕耘——史金波论文选集》】

中国社会科学出版社 2016 年 9 月出版，共计 130 余万字。该文集选收了史金波先生学术论文 55 篇，共分为三部分：第一部分是“西夏研究”，其中又按内容分为西夏语言文字、西夏历史社会、西夏文献、西夏宗教、西夏后裔、西夏学科；第二部分是“中国民族史研究”；第三部分是“中国民族文字研究”。其中“西夏研究”部分涉及西夏的语言、文字、辞书、译著、文书、文物、宗教、民族和民族融合、文献编纂和出版等人文学科，还涉及印刷术、度量衡、历法等自然学科。作者多角度地对西夏文化进行探讨，可以说在一定程度上展示出西夏文化研究的全貌。这些论文可以起到读者便于查找、同行便于交流的作用，同时也可从一个侧面反映出西夏资料不断积累、西夏研究不断深入的过程，从中能透视出西夏学几十年来的发展轨迹。

【李华瑞著《宋夏史探研集》】

科学出版社 2016 年 6 月出版。该书收录作者近年来所发表的学术文章 25 篇，35.9 万字，另附访谈录 1 篇。内容涉及宋代明代国家与社会的比较，宋代荒政，宋代历史特征，北宋与西夏、西域的交通，西夏重要法典《天盛律令》和一些书评、理论、书序、回忆等方面的内容，立论高远、视野宏阔。

【杜建录著《西夏史论集》】

上海古籍出版社 2016 年 7 月出版，共 80 万字。该书主要是从六个方面对唐宋时期的西夏历史进行研究：一是西夏的立国规模和生存环境，主要是探讨西夏的人口、部落的制度、自然环境等；二是西夏的经济制度与阶级结构，前者探讨西夏土地的制度、赋税的制度、水利的制度、官牧的制度、财政的制度等，后者探讨西夏贵族的阶级、庶民的阶层、依附民的阶层等，认为除了自由民劳动外，在西夏的农业和手工业生产中，大量使用依附民劳动，它决定了西夏社会具有农奴制色彩；三是西夏的社会生产，包括西夏的农业、畜牧业、采盐、酿酒、冶炼、贸易等，并认为西夏农牧并重，先进的农业和发达的畜牧业与独具特色的手工业，共同构成了西夏的立国基础；四是《天盛律令》与西夏法律制度研究，包括《天盛律令》的特点、历史文献价值、研究中的若干问题以及西夏的司法制度、刑罚制度、审判制度等；五是西夏与黑水城文献研究，包括榷场文书、借贷文书、扑买文书、草料文书、租赁文书等，该部分篇幅较大，约占全书的三分之一；六是西夏碑刻整理研究，通过夏州政权首领及其幕僚的墓志铭看唐宋西夏政权的社会历史。

【陈育宁、汤晓芳、雷润泽著《西夏建筑研究》】

社会科学文献出版社 2016 年 3 月出版，共 42.2 万字。该书结合文献记载，将历年来在西夏故地发现的西夏建筑遗址遗迹，作为研究重点。运用古建筑类型学的方法进行梳理，参照古文献对西夏建筑的记载和西夏文献中建筑词语、版画建筑图像及西夏石窟壁画建筑图像等，对始建年代与传承使用、功能效用、流传变异等几个方面，进行比较研究，从建筑结构布局、构筑特点、装饰艺术及前后变化的规律，探究它们的个性特征和地域时代特点。

【姜歆著《西夏司法制度研究》】

凤凰出版社 2016 年 11 月出版。该书共 18 万字，分为十章：西夏法律文献概述、司法观念、起诉制度、刑侦制度、审判制度、刑罚执行制度、狱政制度、法医制度、司法管理的法制责任、唐宋司法制度对西夏司法制度的影响。该书较为详细地论述了西夏司法制度的内容和特点，勾勒出西夏司法制度的框架体系与内部特征，对进一步研究西夏法制史、西夏法律与中华法系的关系具有增砖添瓦之效。

【任长幸著《西夏盐业史论》】

中国经济出版社 2016 年 10 月出版，共 22.9 万字。该书共由六部分组成，系统阐述了西夏党项民族的历史发展，西夏盐业资源、盐政、盐业贸易及西夏时期的盐业贸易交通状况。绪论部分，主要对中国古代盐业史进行概括，盐业制度的发展历经先秦、秦、汉、唐诸代到宋时已相当完备，为西夏制定盐政提供了良好的基础。第一章对党项民族的族源、早期分布及社会经济生活进行论述。第二章从西夏所处的自然环境与气候入手，介绍西夏时期的盐池分布。第三章通过对宋、辽、金盐政的介绍，及与西夏盐政之比较，综合分析西夏盐政的特点。第四章则从夏、宋官方盐业贸易，民间盐业贸易，西夏与辽、金的盐业贸易三方面阐述盐业贸易在西夏经济中的重要地位。第五章是介绍西夏的盐业运输工具及交通线路，正是凭借发达的水陆交通、多样的运输工具，西夏食盐才得以源源不断地销往中原腹地。

【于熠著《西夏法制的多元文化属性：地理和民族特性影响初探》】

中国政法大学出版社 2016 年 8 月出版，共 42.9 万字。该书主要从三个方面进行研究：首先梳理西夏法制的多元文化属性的表现及特征；其次分析地理因素、民族个性与西夏法制的多元文化属性之间的关系；最后总结多元文化影响下的西夏法制发展轨迹。该书试图通过分析地理因素与民族个性同西夏法律的多元文化属性之间的关系，找到地理、民族对西夏法律的多元文化影响背后所隐藏的西夏法律发展轨迹及其产生的原因，以期发现西夏法制所独有的地理和民族特性，有利于我们进一步认识中华民族各不同部分（成员）的法制个性。

【俄罗斯科学院东方文献研究所、中国社会科学院民族学与人类学研究所、上海古籍出版社编《俄藏黑水城文献 25　西夏文佛教部分》】

上海古籍出版社 2016 年 11 月出版。

此册为《俄藏黑水城文献》的西夏文佛教部分。佛教是享国一百九十余年的西夏王朝境内主要的宗教，保存的佛典多达四百余种，不仅有经律论，还有疏义经传等，译本则取自汉传佛书，也有译自藏文者。许多佛典有场面恢宏、刻印细微的弘法经图，有序跋、发愿文、题款，并列出著译校者姓名，史料价值极高。佛典的版本有雕版印刷本与写本，甚至有活字本，装帧形式复杂。中俄双方学者精心擘画编辑，约以 15 册的规模，每页刊出上、中、下三栏清晰的图版，容量比原先增加了 50%。

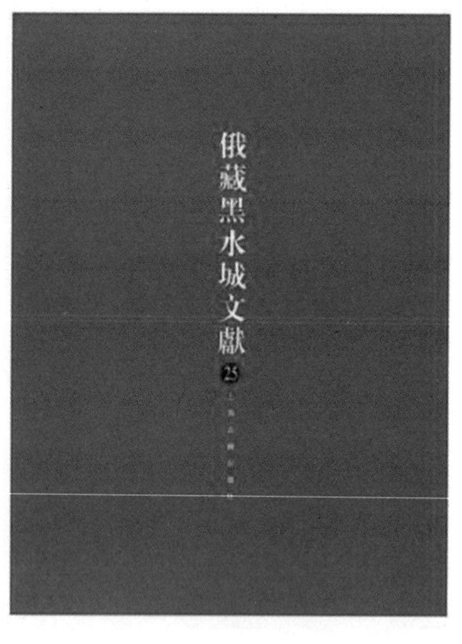

【杜建录著《中国藏黑水城汉文文献整理研究》】

人民出版社 2016 年 4 月出版。该书紧密围绕设计要求，从中国藏黑水城文献基本状况与学术价值、中国藏黑水城文献专题、中国藏黑水城汉文文献叙录、中国藏黑水城汉文文献索引等方面入手，进行全面系统研究，最终成果由文献基本状况与学术价值、专题研究、文献叙录、文献索引四部分组成。该书的意义和价值在于对中国藏黑水城汉文文献系统研究，搞清楚这批文献的分布、种类、内容、质地、版本、出土地点、收藏单位等，通过深入分析，进一步从整体上认识中国藏黑水城汉文文献的历史文献价值与版本价值，从而确立我国在黑水城文献收藏与研究中应有的地位，推动中世纪晚期我国西北社会研究的深入发展。

【孙继民、宋坤、陈瑞青、杜立晖等著《中国藏黑水城汉文文献的整理与研究（上中下）》】

中国社会科学出版社 2016 年 10 月出版。近年来，随着黑水城出土文献的陆续公布，学界对黑水城文献的关注程度几与敦煌文献相等，大量的敦煌学专家转入对黑水城文献的研究，这显然是因为这批资料给学者提供了更为广阔的探索空间。目前，国内外对黑水城文献已有相当数量研究成果问世，相对而言，对黑水城文献的整理则还处于初级阶段，尤其是中国藏黑水城汉文文献的整理，相对于俄藏、英藏黑水城文献而言较为滞后。所以对中国藏黑水城汉文文献的整理及研究成果的出版是非常必要的。

第六篇

新书序跋

《辽代墓葬的考古学研究·序》

齐东方*

这部著作的基础，是作者早年的硕士学位论文，相隔 12 年出版，自然有各种原因。其中之一，便是严谨的学者，有时要把研究成果经过一番沉淀，再重新修订。不过这部著作，较之当年并未有太多的改动，说明作者对以往研究的基本结论很有自信。

我还记得，当年答辩时，这篇论文获得了评委们的一致赞扬。其中重要的一点，是刘未用功之深。他收集的辽墓及相关的原始资料，不敢说一网打尽，却可以说没人比他知道得更多。他还阅读了从 20 世纪二三十年代开始的西方传教士及日本、欧美、中国人士的旅行考察记录、团体调查报告及各种论著。虽然这是论文写作的基本要求，但是以当时情况看，寻找各种形式公布的材料很不容易。

论文写作最难的是如何突破前人的成果，有所创新。有关辽代墓葬研究，已经开展得比较充分，仅以墓葬分期编年为目的的综合性研究论著就有很多，以区域为限定的研究、以墓葬壁画为中心的研究、以丧葬习俗为主题的研究、以陶瓷为选题的研究，甚至对最具特色的鸡冠壶等的研究都有不少。在此背景下选择辽墓进行研究，无疑是一个挑战。

刘未没有忽视前人做过的分期、分区、分类型的研究，其切入点或新意是一直把握着辽墓的特殊性，即契丹大型墓、契丹中小型墓、辽代汉人墓的异同，将它们分成不同的文化群体来讨论。基于这种思考，发现了契丹高级贵族墓葬分布具有一定的分散性，基本特征趋同；契丹中小型墓葬在不同时段内富于各自的地域特征；汉人墓葬具有自身传统，但部分含有契丹文化因素等。辽代契丹贵族、普通人和汉人的角色不同，如何处置死后墓葬，反映着辽代社会结构的根本性差异，而阶段性变化也是辽代社会结构变迁的结果。刘未讨论的这些问题，已经超越了通常的分区、分期、分类型的研究，而是通过墓葬探讨辽代的社会历史。

刘未在校学习时专业方向是三国至隋唐考古，还曾做过辽阳地区汉晋墓研究，因此做辽代墓葬研究眼光自然不同。在一个较高的立足点上，思路开阔，他又把辽墓与

---

* 齐东方，男，辽宁昌图人，北京大学考古文博学院教授，博士生导师，主要从事汉唐时期的考古、历史、文物、美术的教学与研究。

晚唐、五代以及北方宋墓进行比较，分析了不同因素之间彼此消长、互动的复杂关系，最终结论用了“三条发展线索、两种历史趋势和一个转变关节”来概括，体现出考古学材料和方法对于历史研究的特殊价值。

考古学著作的遗憾，是写完或出版后会不断有新的发现，一篇论文或一部著作的研究结论，要面临新材料的检验，这和其他学科有区别。在我看来，成功的考古研究论著，结论的正确与否固然重要，但更重要的是否能给后人带来启发。刘未将早年撰写的论文略作补充修订，框架、观点没变，他的自信是否能得到学界同人的肯定尚不得知，但能从中得到些启发应该无疑。

这部著作的基础论文由我指导，时隔多年，我还记得刘未当年的痴迷程度，每每有了点新想法，抄起电话就打，根本不问我当时在做什么、是否方便接听，问题多多，滔滔不绝，有时令我哭笑不得，甚至为难生气。不过痴迷是学者应有的素质，不吐不快也是学者应有的素质，我希望刘未继续痴迷在学海之中。

2016 年 4 月 10 日

《辽金史论集·序》(第十四辑)

韩世明　孔令海*

《辽金史论集》(第十四辑)是中国民族史学会辽金暨契丹女真史分会主办的连续出版物，是从2014年8月在吉林省大安市举行的“第十二届中国辽金契丹女真史学术研讨会”提交的110多篇年会论文中筛选出来的，反映的是辽金史学界近些年来最新的研究成果。

2003年以来，中国辽金暨契丹女真史分会重新登记注册，挂靠在中国民族史学会下面。学会重新登记以后，虽然按照国家民政部的要求改为二级学会，但是学会的组织活动依然有序开展起来，基本保证两年召开一次全国乃至国际学术研讨会，有时候还穿插一些比较大型的专题学术研讨会，至于小型的辽金史专题研讨会就更多了。按照辽金史学会的不成文约定，两年一次的大型辽金史年会过后，学会都会以提交的会议论文为基础编辑《辽金史论集》。从2006年在辽宁大学主办的会议算起，到2016年吉林大安会议，辽金史学会主办的大型年会一共召开了五次，《辽金史论集》也从第十辑编到今天的第十四辑。至于各地召开的专题会议，有的也出版了辽金史方面的专业著作，从不同侧面反映了辽金史学界的学术水平和研究状况。

多年以来，学会每次召开年会的时候在确立会议研讨议题时都费尽周折，想把会议议题相对集中在一两项内容上，这样在开会的时候大家能对共同关心的问题展开充分的讨论，研讨的效果会更好。但在拟定会议议题的时候，不仅要考虑到当前辽金史学界学术研究热点问题，也要兼顾会议承办方对会议议题的要求。所以会议议题有的时候拟定得好，有的时候就流于泛泛。会议拟定的议题不集中，或者大家对拟定的议题没有什么研究，在征集会议论文的时候就比较困难，研讨会讨论的时候就经常各说各话。大安这次会议拟定的议题为“春捺钵”，参加会议的代表对此议题都不陌生，提交了一些质量相对高的参会论文，这次会议的研讨效果还是比较好的。

在参加会议的代表中，老一辈的专家学者还在引领科研工作，他们孜孜以求的工作态度和积极认真的科研精神很值得我们中青年科研工作者好好学习。中年学者不仅

---

* 韩世明，男，黑龙江富锦人，吉林大学文学院历史系教授，主要从事辽金史、女真史、东北史的教学与研究。孔令海，男，吉林大安人，企业家，高级工艺美术师，业余时间从事地方史研究。

自己继续活跃在科研工作第一线，而且还培养了一大批辽金史方向的博士生、硕士生，引导他们逐步走向科研前沿。从近些年提交的参会论文中可以看出，这些青年学者思想开阔，科研功底扎实，多学科知识运用能力比较强。从他们身上能够充分感受到辽金史学界的希望和未来。

学会活动除了每一年到两年召开一次学术年会以外，《辽金史论集》的编撰和出版也是展示我们学会工作和科研水平的一个重要窗口。希望经过全体会员的共同努力，把我们的《辽金史论集》办得越来越好。

《瘠土耕耘——史金波论文选集·前言》

史金波*

学术论文因其有新资料、新观点，篇幅不长，含金量高，而受到学界的青睐。近些年来，学术界对学术成果的评判似乎也增强了对学术论文的权重。在高等院校和科研机构的科研成果评定中，学术论文，特别是发表在核心期刊的论文分值飙升，大有与学术专著比肩之势。这是有关部门重视原创成果、提倡创新精神在成果考核中的体现。在强调学术论文的同时，当然也不能轻视学术专著。学术专著往往是作者长期深入研究、具有学术基础或标杆作用的结晶，或是在较多优秀学术论文的基础上反复锤炼而成的力作，更具有知识的系统性和完整性，便于人们全面地学习、理解某一类知识。好的学术专著，不仅资料翔实，体量宏大，还能系统而深入地表达作者的新见，在一个领域中用自己的建树给读者以新鲜而完整的知识享受。这也是学术界对好的学术专著更加看重的原因。

学术著作和学术论文都应该保证学术质量，这是繁荣学术、弘扬优秀文化、满足社会要求所必需的。过去无论出书还是写文章，都要经过出版社或杂志社的审稿，达到一定学术水准的著述方可出版、发表。近些年来学风和社会风气一样遭到污染，买书号即可出书，交版面费即可发表文章，已不是讳莫如深的秘事。一般有影响的杂志社，还能洁身自律，不收取版面费，保证了学术论文的质量。据我所知，中国社会科学院的诸多学术期刊就拒绝收取版面费，从而赢得了较好的声誉，也使杂志在刊物林立的情势下，占有前列席位。而有的出版社走向市场化后，有更多经济收益的考量，收取出版补贴成为一项重要经济来源，书稿的质量往往参差不齐，有时会出版水分甚多，水平低下，甚至抄袭、剽窃的著作。

无论是学术专著，还是学术论文，只要作者下够功夫，勤于收集、分析资料，认真思考、诠释问题，得出新的、有价值的观点，都是好的学术成果。

在论文方面，更加看重核心期刊是有道理的，因为所谓的核心期刊是在多年的出刊过程中，具有严格的审稿和用稿制度，显示出良好的编辑水平，所刊论文多精彩之作，形成了自己的风格和特色，受到学界的好评。然而也不能说所有核心期刊论文都

---

* 史金波，男，河北高碑店人，中国社会科学院学部委员，中国社会科学院民族学与人类学研究所研究员，主要研究方向为西夏文史、中国民族史、民族学。

是上乘之作，更不能说非核心期刊的学术论文为低档之作，而受到忽视。过去一些学术大师们的文章，也不都是发表在当时的显赫刊物上，他们的精彩论述常见于青年学者书稿的序跋，也非全部载于名刊。当今一些全国性学术团体出版的学术论文集，有的学术水平很高。在历史研究方面《唐史学会论文集》《宋史研究论文集》等，都集中刊发了不少优秀论文，受到同行的赞誉。近些年西夏研究因新资料的剧增和研究的大幅进展而受到学界的瞩目，其中西夏研究论文集《西夏学》的持续出版影响巨大，功劳匪浅。《西夏学》自2007年出版以来至2016年已出版11辑，刊布文章不啻数百篇，其中不乏优秀创新之作，越来越精细厚重，有力地推动了西夏学的进展。《西夏学》在多数从事西夏研究的专家们看来，已经是他们心目中的权威园地。

学术论文分散在林林总总的期刊之中，寻找起来殊为不易，现在虽有知网这样方便的检索方式，但也只能求其大概，有些论文仍不易搜寻。如发表在学会论文集、纪念文集、专题文集中的文章，就往往不易搜检。出版个人论文集，不仅可以系统地了解某人的学术著作或其学术历程，还能比较方便地找到早年的，或隐藏在某些文集中的可参考论文。

近期，蒙中国社会科学出版社好意，再为我出版一部论文集，为此自己梳理了本人的学术成果。予生也不敏，厕身民族学界凡50余年，其间有“文革”的贻误，也有长期从事学术组织工作的耽搁，只能挤时间补拙笨，至今先后出版著作40种，其中包括自己撰写的著作，也包括与其他专家合作的著作，以及主编或参与编写的著作，此外还有参与撰写、编辑的辞书及其他著作26种，发表文章300余篇，其中勉强称作学术论文者约三分之二。原已出过两个论文集，一是2005年中国社会科学院原学术委员会为每位学术委员出版一部论文集，为“中国社会科学院学术委员会文库”，由上海辞书出版社出版，每部论文集以个人人名命名，共40种，《史金波文集》为其中之一；另一是近两年中国社会科学院为每一位学部委员出版一部论文集，是为“中国社会科学院学部委员专题文集”，由中国社会科学出版社出版，每一部文集以专题命名，我的文集《西夏文化研究》是其中一种。此次中国社会科学出版社出版的论文集名为《瘠土耕耘——史金波论文选集》，共收论文60篇。为了使读者对前两个论文集有一个大致的了解，现将两个论文集的论文目录转录如下。

《史金波文集》包括36篇论文，多是20世纪的作品，除第一篇回顾文章外，其他大体按文章内容分类排列，依次为西夏语言文字、西夏民族历史、西夏宗教、西夏职官法律、西夏文物、中国民族史、中国民族古文字，同一类中以发表时间为序。其目录如下：

1.《西夏学百年回顾》[《中国民族研究年鉴》(2000年卷)，民族出版社2001年版]

2.《略论西夏文字的构造》(《民族语文论集》，中国社会科学出版社1981

年版)

3.《也谈西夏文字》(《历史教学》1980 年第 11 期)

4.《西夏语构词中的几个问题》(《民族语文》1982 年第 2 期)

5.《西夏语的存在动词》(《语言研究》1984 年第 1 期)

6.《西夏文概述》(《中国民族古文字研究》,中国社会科学出版社 1984 年版)

7.《西夏语的“买”“卖”和“嫁”“娶”》(《民族语文》1995 年第 4 期)

8.《西夏、党项史料正误三则》(《民族研究》1981 年第 3 期)

9.《〈类林〉西夏文译本和西夏语研究》(《民族语文》1989 年第 6 期)

10.《西夏古籍略说》(《传统文化与现代化》1996 年第 3 期)

11.《西夏文写本〈文海宝韵〉》(《民族语文》1999 年第 4 期)

12.《西夏名号杂考》(《中央民族学院学报》1986 年第 4 期)

13.《蒙、元时期党项上层人物的活动》(《民族史论丛》,中华书局 1987 年版)

14.《西夏“秦晋国王”考论》(《宁夏社会科学》1987 年第 3 期)

15.《西夏党项人的亲属称谓和婚姻》(《民族研究》1992 年第 1 期)

16.《西夏境内民族考》(《庆祝王钟翰先生八十寿辰学术论文集》,辽宁大学出版社 1993 年版)

17.《西夏·宁夏·华夏》(《宁夏日报》1997 年 2 月 21 日、2 月 28 日)

18.《〈西夏译经图〉解》[《文献》(第一辑),书目文献出版社 1979 年版]

19.《西夏文〈过去庄严劫千佛名经〉发愿文译证》(《世界宗教研究》1981 年第 1 期)

20.《西夏文〈金光明最胜王经〉序跋考》(《世界宗教研究》1983 年第 3 期)

21.《西夏佛教制度探考》[(台湾)《汉学研究》1995 年第十三卷第一期]

22.《现存世界上最早的活字印刷品——西夏活字印本考》(《北京图书馆馆刊》1997 年第 1 期)

23.《西夏文〈官阶封号表〉考释》(《中国民族古文字研究》第二辑,天津古籍出版社 1991 年版)

24.《西夏的职官制度》(《历史研究》1994 年第 2 期)

25.《西夏刑法试析》[《民大史学》1996 年(创刊号)]

26.《西夏〈天盛律令〉及其法律文献价值》[《法律史论集》(第一卷),法律出版社 1998 年版]

27.《凉州感应塔碑西夏文校译补正》(《西北史地》1984 年第 2 期)

28.《西夏陵园出土残碑译释拾补》(《西北民族研究》第一集,1986 年 6

月）

29.《略论西夏文物的学术价值》（《考古与文物》1987 年第 4 期）

30.《西夏官印姓氏考》（《中国民族古文字研究》第三辑，天津古籍出版社 1993 年版）

31.《要重视和加强少数民族法制史研究》（《思想战线》1990 年第 5 期）

32.《试论中国历史上的民族政策》（《思想战线》1991 年第 4 期）

33.《中国少数民族古文字概说》（《民族研究》1984 年第 5 期）

34.《中国历史上少数民族文字改革刍议》（《中央民族学院学报》1990 年第 1 期）

35.《中国民族古文字和中华民族文化》（《民族语文研究新探》，四川人民出版社 1992 年版）

36.《女书与中国民族文字》（《奇特的女书》，北京语言学院出版社 1995 年版）

《西夏文化研究》包括 20 篇论文，皆属西夏研究范围，大体按文章内容分类排列，依次为语言文字、文献文书、民族宗教、科学技术，同一类中以发表时间为序。其目录如下：

1.《西夏语中的汉语借词》（《中央民族学院学报》1982 年第 4 期）

2.《西夏文辞书的特点和历史价值》（《辞书研究》1983 年第 6 期）

3.《西夏文本〈类林〉研究中的几个问题》（［日］《中亚西亚语言和历史研究》（西田龙雄教授还历纪念文集），1988 年）

4.《〈文海宝韵〉序言、题款译考》（《宁夏社会科学》2001 年第 4 期）

5.《西夏语的构词和词的变化》（《华西语文学刊》第一辑，四川文艺出版社 2009 年版）

6.《西夏汉文本〈杂字〉初探》［《中国民族史研究》（二），中央民族学院出报社 1989 年版］

7.《敦煌莫高窟北区出土西夏文文献初探》（《敦煌研究》2000 年第 3 期）

8.《简介英国藏西夏文献》［《国家图书馆学刊》（西夏研究专号）2002 年增刊］

9.《西夏书籍的编纂和出版》（《国学研究》第十一卷，北京大学出版社 2003 年版）

10.《国家图书馆藏西夏文社会文书残页考》（《文献》2004 年第 2 期）

11.《中国藏西夏文文献新探》（《中国社会科学院学术咨询委员会集刊》第三辑，2007 年）

12.《西夏文物的民族和宗教特点》(《中国历史文物》2005 年第 2 期)

13.《河南、安徽西夏后裔及其汉化》(《汉民族文化与构建和谐社会》，黑龙江人民出版社 2008 年版)

14.《西夏皇室和敦煌莫高窟刍议》(《西夏学》第四辑，宁夏人民出版社 2009 年版)

15.《西夏文〈维摩诘所说经〉——现存最早的泥活字印本考》(《今日印刷》1998 年第 2 期)

16.《黑水城出土活字版汉文历书考》(《文物》2001 年第 10 期)

17.《西夏度量衡刍议》(《固原师专学报》2002 年第 2 期)

18.《鉴定早期活字印刷品的意义和方法刍议》(《中国印刷》2004 年第 1、2 期)

19.《最早的藏文木刻本考略》(《中国藏学》2005 年第 4 期)

20.《西夏的历法和历书》(《民族语文》2006 年第 4 期)

此次出版的论文集是在本人发表的论文中，在上述两个论文集所收 56 篇论文之外，选取较有学术价值的 60 篇论文，其中近 10 年撰写的文章占三分之二，译释、研究西夏文草书文献的论文占较大比重。其他应杂志之约所作一般综述、介绍的文章，序跋、书评之类的杂文，一般纪念、缅怀类的文字，皆未在列。论文集分为三部分，第一部分是“西夏研究”，其中又按内容分类：西夏语言文字、西夏历史社会、西夏文献、西夏宗教、西夏后裔、西夏学科；第二部分是“中国民族史研究”；第三部分是“中国民族文字研究”。同一类中基本以发表时间为序。

近三四十年西夏学研究突飞猛进，新资料、新论点层出不穷。回顾原来的论文有的仍保持新意，有的则为新资料所取代，有的为新论点所超越。尽管如此，出版论文集不只可以起到了解学术史的作用，还可便于读者查寻，发挥学术交流的功能。特别是有的论文不在常见的学术期刊发表，难以寻觅。有的青年学者撰写博士论文或学术文章，在追寻某领域前人著述时，往往丢掉一些重要的学术论文，把前人已经解决的问题重复论述，当作自己的新论，造成学术损失。问及当事人，答曰未找到论文。出版论文集或可为年轻学者提供更多的方便。然而，有人引述前人论文时，只标出论文集刊布时间。也许这时间与原发表时间相差很多年，不利于读者正确了解该项成果的起始年代。引用作者论文时，还是要标出论文刊布的原始时间，不要为了省事仅录出论文集出版时间而形成误导。

本次所出论文，为尊重学术历史，皆保存原始面貌，以供读者参考。只是有的论文或校勘不精，或印刷有误，出现的个别错字之类，辄为改正。有的论文含有西夏字，限于当时无西夏文计算机输入法，集中将西夏字制版置于文中、文末，不便读者阅览。现皆将计算机输入之西夏字置于相应文中，以便于读者直接阅读。有的文章原有图版，但因发表时篇幅所限，未收入图版，此次予以弥补。有个别文章也因发表时篇幅限制，被删去部分重要内容，现考虑这些内容对读者还有参考价值，以注释形式补足。

在这一论文集的出版过程中，论文的校对，西夏文字的重录，图版的插入由我的博士生赵天英协助完成。在论文即将付梓之际，对她辛勤工作表示感谢。赵天英表示，在参与编辑此论文集时，反复阅读论文，学业也有不少长进。若如此，则成为西夏研究教学的一部分，也是令人欣慰的一件事。

2015 年 11 月于北京南十里居寓所

《宋夏史探研集·序》

李华瑞*

这是我的第四部个人论文集，主要收录近四五年来发表的论文。论文集大致分六个方面的内容。前三组文章均涉及国家与社会的关系，第一组文章对宋代国家形象、社会变革运动、地方社会、酒库与军费等问题提出了一些自己的看法。我个人始终坚持认为由国家政策和政治体制导致宋代积贫积弱的国家形象，不能与衡量经济文化发展水平简单的等同起来。其实，任何时代，一个大国都有文治武功，偏废哪一方面都不是客观的正视历史。《孟子》的地位是宋人抬起来的，其功臣主要是王安石和朱熹。现今所谓的孔孟之道始自宋朝。以往对与孟子升格运动和从思想史层面对孟子的研究已有很多的成果，但是为什么宋人看重孟子，孟子与宋代士大夫的政治追求、践行有什么关系，孟子的思想在社会变革运动中起了什么作用，这些似还有相当大的空间需要发掘，近两年，我的研究重点将向这方面倾斜。《王安石与孟子》是我的初步尝试。

几年前与明史学界的朋友交流，说到宋代政府在经济方面的一些政策、措施和作为，明史学界朋友不约而同地说宋朝是大政府，明朝是小政府，这给我留下深刻印象。2013 年、2014 年两次参加由《历史研究》编辑部与南开大学、华中科技大学召开的学术研讨会都涉及国家与社会这一主题，于是我尝试着写了一篇三四万字与明朝比较的文章，后经多位朋友批评，在原来基础修改完成本论文集第二组两篇文章，虽然发表了，内心还是有些忐忑，希望读者朋友不吝赐教。

第三组文章是在出版《宋代荒政史稿》前后写成的，除了《论宋代自然灾害与荒政》一篇是书稿的结论外，基本是对此前研究的补充和拓展，并有一些新的认识。《抄劄救荒与宋代赈灾户口的调查与统计》希望能对宋代人口研究提供新的佐证。

2004 年到北京工作以后，在学术交流方面收益颇多，由于汉唐史学界朋友的引荐，近几年到新疆阿克苏、吐鲁番等地参加与丝路交通相关的学术会议，第四组文章即是为参加会议所写的论文，当然我的话题还是与此前做宋夏关系史研究分不开，在此基础上有所拓展而已。但是到新疆（宋朝的“外国”西州、龟兹、于阗）参加会

---

* 李华瑞，男，甘肃山丹人，首都师范大学历史学院教授，主要研究方向为宋史、西夏史、中国古代经济史。

议，不仅感到地理那么的遥远陌生，而且确有小天下之慨。宋代历史文化的内涵确实较前代深入了许多，但是在眼界和格局上也狭小了许多。在库车、阿克苏、吐鲁番看到太多的汉唐遗迹和遗物，而属于宋代的收藏竟只在新疆阿克苏博物馆看到一件标为“宋代”的绿绸袍，在阿瓦提县古迹遗址采集，衣长 132 厘米，袖通长 173 厘米，年代不详。我为此感慨嘘叹良久。宋建国直至宋神宗即位之前对秦凤以西的地区基本采取放弃的态度，及至坐大西夏，再想通过变法来重新经营，历史没有再给宋人机会，秦凤以西沦为宋朝国史的“外国”，着实令人扼腕叹息。由此联想到现今的宋史研究，真的不能盲目因循宋人自我欣赏式的自豪而对其点赞，要越过宋人的局限看看外部的精彩世界。由此想到邓广铭先生提倡“大宋史”研究，确是高明的见解。

第五组的两篇文章是承担史金波先生主持国家社科基金委托项目“西夏文献文物研究”子课题“《天盛律令》与《庆元条法事类》比较研究”的阶段成果。

第六组是应报刊之约写的几篇学习心得以及书评、书序和悼念师友的文章。

附录所收文章是首都师范大学历史学院前辈学者邹兆辰先生撰写的。邹老师在许多年前曾访谈过漆侠师，感谢邹老师奖掖后进，帮我梳理出道以来的学习生涯，使我“知不足”“知困”，期望在今后的研究中能够有所“自反”和“自强”。

《西夏法制的多元文化属性：地理和民族特性影响初探·序》

陈景良*

西夏是中国历史上一个由党项民族建立的政权，地处中国西北腹地，位于河西和陇右之间，地形狭长，气候干燥。元昊政权既隆兴于北宋与辽对峙之时，又恰逢中国由远古转为近世之机（注：日本学者内藤湖南提出的唐宋变革论）。统治者面对政心风俗之激变，励精图治，鼎新革故，创立了对后世影响深远的西夏法律制度。然究西夏之实质，仍属于中国古代天下国理念下的一个地方政权。故西夏法律制度乃是中国古代地方少数民族法制的一个缩影。

中国法治何以为据？古代地方法制研究应当以何种视角切入？这是我一直在思考的问题。古代中国法律保障礼治秩序，礼治支撑法律。“现代法治”则是西方社会历史及文化的产物，其实质在于以法律支配权力，政党、政府、社会组织及公民个人都必须遵从法律、崇尚法律，法律至高无上。但是，现代化的法治，必然有传统的基因。《礼记·中庸》里说：“君子尊德性而道问学，致广大而尽精微，极高明而道中庸”，深刻地概括了中国传统文化对人的本质属性以及人与人关系的理解，概括了中国人对生活的理解及对人的本质属性的理解。“礼法传统”就是中华法制文明区别于西方法治文明的最重要特征。中国古代少数民族政权法制虽从整体上朝中原礼法方向发展，但受少数民族习惯的影响呈现出异于中原法制的特性，也必然会与中原礼法传统有所冲突。法律多元是法律人类学中一个重要视角，对法律人类学、法律史学、法律社会学等学科产生了重大影响。法律冲突和法律规避的出现主要源于法律多元的现实，法律多元现象不但存在于近代、现代，而且还存在于古代。

本专著是于熠在其博士论文的基础上经过近三年的沉淀后，丰富完善而成的，是学界以地理和民族特性为切入点，解读西夏法律文化属性的第一部专著，可以解释西夏法律如何面对与中原法律的冲突而进行变革的问题，有较高的学术创新意义。今天我们在思考如何建立法治国家时，这些古人留下的丰厚文化遗产，仍值得我们重视与充分挖掘。

---

* 陈景良，男，河南鹿邑人，中南财经政法大学教授，博士生导师，主要从事中国法律史、唐宋法制研究。

我在指导学生攻读博士学位时，一直要求他们“以现实的眼光洞察法史，于法史的研究中感悟现实”。于熠在宁夏学习、工作、生活近十年，对西北的风土人情有足够的感性认识。而感性认识，对于理解西夏法律，又是十分重要的。因为，我们对法律的理解及其法律现象的解读，都必须从一个人的普遍生活经验出发，故对于这个选题我是认同的。

于熠是我指导的博士生，他本科和硕士阶段皆是法学专业，在法学理论方面有一定基础，但法律史是需要坚实的史学功底的，故在其入学之初，我就要求他在史料方面多下功夫。要了解西夏法制产生发展的内在机理，必然要对其史料进行系统梳理，其独特的语言文字、传统风俗、法律习惯也都是重要的考察依据。故我一直提倡要从文字入手，了解第一手材料，对其进行准确解读。所幸的是，于熠能够在攻读博士学位的三年时间里全身心地投入，几乎无节假日地全年守在学校。这样既方便我指导，也使他有充裕的时间潜心研究。在博士论文的写作过程中，于熠几乎穷尽了国内外西夏法制研究的史料和既有研究成果，又向国内西夏学研究的知名学者进行请教，学术水平显著提高，作为导师，甚感安慰。

于熠毕业后，仍致力于西夏法制的研究，且受 Fordham University 大学之邀，2014—2015 年在美国研修了一年，自然对西夏法律文化的认识有了进一步的提高。回国后，他不但在西夏文字识读方面进行摸索，其问题意识也进一步凝练。当然，西夏法律与中原法律之间的内在关系及其评价，仍然是一个值得深入探讨的问题。近闻于熠申请的国家社科基金项目获批，期待其在今后的研究中能够有更大的成就。

是为序。

陈景良

2016 年 7 月于江城晓南湖畔

《金代科举与文学·序》

胡传志*

我与兴荣相识于十几年前，当时他还是山西大学李正民先生的硕士研究生，给我的印象是典型的北方人：高大、朴诚、笃实。山西是金代文学的繁荣地区，也是当今研究金代文学的一方重镇。李正民先生是元好问研究的专家。兴荣硕士毕业后去了大同大学工作，大同是辽金时期的陪都，地位十分重要。所以，在山西，在大同，研究元好问及辽金文学，具有得天独厚的地理条件。

2007 年 8 月，我去元好问故里山西忻州参加“纪念元好问逝世 750 周年学术研讨会”。很难忘怀，我在忻州实习饭店大堂见到元好问学会会长、前辈学者刘泽先生时的情景：他长时间拉着我的手，与我亲切交谈。也很难忘怀，狄宝心教授与我“令人侧目”的热情拥抱。在这次会议上，元好问学会举行了换届选举，刘泽先生因为年事已高，推荐狄宝心教授接任会长，还特意推荐我这位相对年轻的外地人担任元好问学会副会长。这样，我与同为元好问学会副会长的李正民先生有了更多的接触。兴荣也参加了这次学术会议，会议期间他与我聊天，讨论将来的研究方向，我建议他关注一下“金代科举与文学”这一领域。

此后，兴荣与我不时有些联系。他果真以“金代科举与文学”作为主攻方向，经过一段时间的准备，2010 年成功申报了教育部人文社科青年基金项目。2011 年，李正民先生推荐他报考安徽师范大学的博士研究生，随我攻读博士学位。其间，兴荣即以此为博士论文选题。经过开题论证之后，他又于 2013 年成功申报了国家社科基金项目。2015 年夏，兴荣完成了博士论文，顺利获得博士学位。毕业后的一年多时间里，他又对博士学位论文作了些扩充与修改，圆满地完成了教育部项目。从课题的最先提出，到著作的正式出版，前后经历了整整十年，可谓是十年磨一剑。

关于科举与文学的关系，自 20 世纪 80 年代以来，出版了多种具有示范意义的优秀著作，如程千帆先生的《唐代进士行卷与文学》、傅璇琮先生的《唐代科举与文学》、祝尚书先生的《宋代科举与文学》、余来明博士的《元代科举与文学》等。这一方面给后来者提供了可资借鉴的便利，另一方面又给后来者提出了巨大的挑战——

---

* 胡传志，男，安徽庐江人，安徽师范大学教授，博士生导师，主要研究方向为唐宋辽金文学。

如何跳出前人的写作模式？如何才能有所创新？况且金代科举与文学研究，并不是空白地带。薛瑞兆的《金代科举》、李桂枝的《辽金科举研究》等书均是颇有分量的著作。在这样的学术背景下，要想写出一部既有新意又有价值的关于金代科举与文学研究的著作来，谈何容易？在与兴荣的讨论过程中，我们明确了几点：一是金代科举与唐宋科举相比，既有共性，也有个性。因此，不能照搬唐宋科举与文学研究的模式，而要努力突出金代科举与唐宋科举的不同之处，要特别注意北方地区、女真政权等因素赋予金代科举的独特个性，这种个性更能体现出该选题的学术价值。二是不求系统全面地研究金代科举与文学，要略人所详，详人所略，突出问题导向，以具体问题来结构论文。如对金代科举发展沿革之类问题，前贤已经弄得比较清楚，就可以略而不谈。三是要坚守文学本位。这既是当代学科分工的需要，也是该课题的内在需求，因为从史学角度研究金代科举的成果较多，留下的研究空间相对有限，而从科举的视角入手来研究金代文学，可能会有更多的收获。

从兴荣目前完成的《金代科举与文学》一书来看，基本上实现了我们当时的设想。全书共分七章，前两章偏重于有关科举的史学研究，在对原始文献研读考据的基础上，厘清金代进士的基本情况，对金代进士加以考辨和增补。仅增补一项，就比前人增加了 70 多名进士。在此基础上，又通过详细的列表统计，分析金代进士的地理分布特点及其成因，反映出金代文学、文化的地域图景，由此可以折射出北方文化发展的状况。后五章渐次突出文学研究，分别就文人心态、科举命题、科举事件、状元文学、科举诗词等专题展开深入探讨，有了诸多出人意料的发现。譬如在考察金代科举考试题目的来源时，发现在现存的 34 个考试题目中，出自《汉书》的居然多达 13 个，占了 38%，远远高于出自其他经书和史书中的。如果不经过具体的考察和认真的统计，谁会想到《汉书》是金代科举考试的最大试题库。金代科举兼采唐宋之法，而有所增损，如此重视《汉书》当非金代独创，唐宋时期，又有多少科举试题出自《汉书》？韩愈《张中丞传后叙》记载，进士出身的张巡能够整卷背诵《汉书》。苏轼也是熟读《汉书》，他曾手抄《汉书》每段开头两三个字，抄了三遍，以至于只要提示每段开头的几个字，就能整段整段地背诵《汉书》。明乎科举命题的导向，也就不难理解，唐宋文人为何如此重视《汉书》、熟悉《汉书》了。由此，我突然想到，相比于《史记》，《汉书》对中国文学的巨大影响，长期以来是不是被学界低估了？再比如通过考察金代末年发生的几桩轰动一时的科举事件，发现这实际上是与主考官改革文风的努力有关联的，由此令人信服地论证了这几起科举事件是导致金末文风转变的重要因素。通过科举考试的指挥棒来改革文风，虽然是步欧阳修等人的后尘，但并非一挥而就，必然会引起一些纷扰，必须要承担积习带来的压力。金末科举事件为科举改革、文风改革过程提供了鲜活的例证。本书中像这样能体现金代特点而又富有新意的研究还有很多，相信读者一定会有许多意外的收获。

兴荣为人质朴实在，本书亦如其人。每章每节都是在梳理大量原始文献的基础上写作而成的。如为了分析金代进士的地理分布状况，他逐一排比 1610 名进士的籍贯，制成《金代进士地理分布表》，为此付出了巨大的精力。再如，要考察清楚 34 个金代科举考试题目的具体出处，也是颇为不易的。因为其时考官为了加大试题的难度，在选择考试题目时并非从经史子集等书中直接选取整句，而是常常故意打破原文顺序，或是割裂文意，或是前后搭配，或是正文与注文混用，等等，这对应试举子来说明显增加了难度，那么对后世的研究者而言，要考察清楚这些题目的来源，也同样增加了许多难度。又如他在研究金代状元的成就时，几乎穷尽所有相关文献，实事求是地评估金代状元的文学成就和文学影响，得出了令人信服的结论。还有金代科举诗词创作这一章，仅就解读赏析这些作品，也并非易事。因为目前对金代诗词的整理和注释还远远不够，几乎没有可参照的成果。从作者对相关典故的注释，以及对具体作品的解析来看，也是下了不少功夫的。书末所附的几个附录信息量很大，也很有实用价值，从中也可以看出兴荣严谨认真、踏实勤奋的治学态度。

本书还只是兴荣研究金代科举与文学的阶段性成果。有些话题还可以进一步展开，如金代进士地域分布一章，只是在统计的基础上概括了金代进士在地理分布上的基本特征，分析了其形成的原因，如果能进一步揭示金代进士地域分布的文学史意义，当会使研究更加深入、论题更有价值。此外，还可以开拓出一些新的话题，如北方民族政权对金代科举政策及文学的影响、金末进士入元后的命运等。相信兴荣通过努力，一定会在辽金文学研究领域取得更大的成就。

2016 年 11 月 20 日

第七篇

学人·学林

张博泉先生年谱简编

王万志*

张博泉（1926—2000），一名甫白，字在清，晚年号东梁老人，祖籍辽宁辽阳，满族，中国著名金史专家、地方史学家。曾先后担任吉林省史学会副秘书长；中国辽金契丹女真史研究会副会长、名誉理事长；中国元好问学会副会长、顾问；吉林省东北史研究会副理事长、吉林省地名学会及吉林省地方志学会顾问与常务理事等职。张博泉先生是中国学界首位以金史为主要研究对象的知名学者，20 世纪 50 年代末开始投身辽金史研究，并以金史为主攻专向，以其卓越的学术造诣构筑了当代金史研究的学术体系，是新中国金史研究的集大成者；先生以金史研究为基点，贯穿东北古史研究，特别是提出“中华一体”的理论体系，在学术界深受推崇，为中国地方史与史学理论研究做出了重要贡献。数十年来，张博泉先生在辽金史、地方史、东北民族史及史学理论等研究领域共计发表学术论文 150 余篇，专著 20 部，主持完成多项教育部、吉林省社科规划项目，可谓著述宏丰，成绩斐然；先生的治学之道也无疑是一笔宝贵的财富，可为后进学人提供丰富的启迪与经验。关于张博泉先生的生平事迹，主要见于其论文集《甫白文存》（兰州大学出版社 2010 年版）及程妮娜《张博泉先生与辽金史研究》［《淮阴师范学院学报》（哲学社会科学版）2013 年第 3 期］等。在此笔者主要参考张博泉先生论著及上述资料，择取先生重要生平与学术事迹，草撰本谱。若有缺漏舛谬之处，恳请指正。

1926 年　民国十五年（丙寅）

1 月 28 日，出生于奉天西丰镇（今辽宁省西丰镇），原籍辽宁省辽阳县。童年及少年时代生活于辽宁省辽阳市。

1948 年　民国三十七年（戊子）22 岁

12 月，考入沈阳东北行政学院（1950 年更名为东北人民大学，1958 年更名为吉林大学），就读于行政系。

---

* 王万志，男，浙江台州人，吉林大学文学院中国史系讲师，主要从事辽金史、东北史的教学与研究。

1950 年　24 岁

3 月，毕业留校，担任教务科科员。

1952 年　26 岁

9 月，考取中国人民大学与东北人民大学联合培养研究生，到北京中国人民大学攻读中国古代史专业，师从著名史学家尚钺先生。

1953 年　27 岁

9 月，返回东北人民大学继续攻读中国古代史专业，师从著名史学家吕振羽先生。

1954 年　28 岁

8 月，从东北人民大学中国古代史专业研究生毕业，并留校任教，从事先秦史研究。

1959 年　33 岁

吉林大学校长匡亚明提出“要把吉林大学历史系建成有地方特点的系，要成立东北地方史研究室”，张博泉先生全面负责东北地方史研究室的筹建工作，从此长期致力于东北地方史、辽金史的研究与教学；先后担任东北地方史研究室主任、历史系副主任、吉林大学学术委员会委员、吉林大学职称评定委员会委员等职。

1963 年　37 岁

该年度，张博泉先生的学术研究主要集中于金朝制度、经济领域。猛安谋克制度是金史研究的核心问题之一，20 世纪五六十年代受史学界“古代史分期”“土地制度”“汉族形成”等热点问题的影响，张博泉先生从金朝女真猛安谋克制度研究入手，对金朝社会经济、社会性质和封建化问题展开深入探讨，发表了一系列具有影响力的论文。《金代猛安谋克制度的形成、发展及其破坏的原因》（《文史哲》1963 年第 1 期）提出猛安谋克是女真早期军事作战组织，随着国家的出现，演变为地方性组织，同时作为军事编制继续存在，而且猛安谋克又是官爵、将校等的称呼。《论女真猛安谋克在女真社会发展中的作用》（《吉林大学学报》1963 年第 1 期）对猛安谋克的土地制度、奴婢制度和民族关系等问题进行研究，指出猛安谋克在女真族由氏族制向奴隶制变革中所起的促进作用，对女真国家形成和发展具有积极的意义；而当女真社会由奴隶制向封建制转变，猛安谋克组织便成为新生产关系的阻碍者。在《金代黄河流域农业生产的恢复、发展与租佃关系》（《吉林大学学报》1963 年第 4 期）一文中，张先生对学界主流观点提出质疑，指出金代黄河流域农业经济经历了残破、恢复、发展与衰落的过程，并非一直处于衰退状态。张先生第一次客观地论述了金代社会经济发展水平问题，这对后来的金史研究具有重要影响。

1978 年　52 岁

在潜心研究金史近 20 年的基础上，完成《金代经济史略》书稿，其后又两易其稿。

1981 年　55 岁

6 月，专著《金代经济史略》由辽宁人民出版社出版。该书对金代经济的农业与人口、工矿业、商业与货币、土地制度、赋役制度等问题行进了系统研究，对金代经济结构、经济制度及其地域特点作了全面阐述，为以后的金史研究奠定了基础，被学界公认为新中国金史研究的发端之作，也是当时国内外唯一一部研究金代经济史的专著。被辽宁人民出版社评为优秀图书，并被推荐参加德国国际图书展览会。

8 月，张博泉、董玉瑛、苏金源合著的《东北历代疆域史》由吉林人民出版社出版。该书具体阐述了中国古代各王朝东北边界的走向，清晰展现了中国东北疆域发展的全过程；获得 1986 年吉林大学首届社会科学优秀专著奖二等奖。

该年度发表的学术论文主要有《金代女真“牛头地”问题研究》(《历史研究》1981 年第 4 期)，张先生在该文中提出金代牛头地制度是原始形态在阶级社会中的残留，是一种家族奴隶制。牛头地制度的瓦解标志着女真社会由奴隶制向封建制转变。《关于殷人的起源问题》(《史学集刊》1981 年复刊号）通过考证殷人始祖契起源于东北、殷人先世活动于东北及其南下之迹，论证了殷文化起源于东北。此外，重要的论文还有《略论与白狼水有关的几个问题》(《社会科学战线》1981 年第 2 期）等。

1983 年　57 岁

该年度发表的学术论文主要有《辽金“二税户”研究》(《历史研究》1983 年第 2 期)，该文考察了辽金“二税户”的形成、演变及特点，由此反映辽、金、元三朝是如何相承的前进与发展。如何正确评价女真历史人物，是当时金史研究的一个重要课题。在《略论完颜宗弼》(《学习与探索》1983 年第 5 期）一文中，张先生对完颜宗弼的历史贡献作了客观论述，认为他在金宋停战和金朝改革方面都发挥了重要作用，对此必须予以肯定。此外重要的论文还有《开元城史地考略》(《史学集刊》1983 年第 3 期）等。

1984 年　58 岁

4 月，《鸭江行部志注释》由黑龙江人民出版社出版。该书为张博泉先生与罗继祖先生合著。

6 月，专著《金史简编》由辽宁人民出版社出版，是为我国第一部金朝断代史。该书系统地论述了金朝建国以前的女真人、金朝的建立与发展、统治集团内部斗争、金朝由奴隶制向封建制的转化、金朝的灭亡以及金朝文化等各方面的历史并多有创见。该书的问世，建构了金朝断代史的体系和知识结构，使金史研究摆脱了附属于他史的状况，是金史研究的标志性成果，具有里程碑的地位。该书获 1986 年辽宁人民出版社优秀作品一等奖。

12 月，专著《辽东行部志注释》由黑龙江人民出版社出版。张先生不仅着力对辽金民族史、金朝断代史、经济史的研究，对史料的整理和考证也十分重视。该书即是张先生为金代王寂所撰行记的整理与校注。

该年度，张先生在辽金史研究方面发表了数篇颇具分量的学术论文。在《金代女真部族的村寨组织》（《博物馆研究》1984 年第 1 期）一文中，提出金代女真社会的村寨组织是由建国前的“村寨公社”发展而来，这种村寨公社是以地域为特点的村社组织，已具备农村公社的性质。金建国后村寨被保留下来，成为猛安谋克制度之下的基层组织；又随着汉制改革，成为与府州县体制中的村社并存的一种制度。在女真猛安谋克村寨内的土地，采取牛具税地形式分配到各个家族，这时的家族长已成为新的奴隶主阶级，是土地的实际占有者，并且使用奴隶劳动。《关于辽代枢密院的几个问题》（《黑龙江文物丛刊》1984 年第 1 期）对辽代枢密院的设置、职能及地位进行了细致考察，提出契丹南北枢密院皆为北面官，由文铨、武铨的分职发展为管南面和北面；南北枢密院的再分工与总领南北枢密的出现，反映了契丹加强了南北面统治的统一性，但并未进而发展为一个统一的中央集权组织，仍保留了南北面的特点。这点后来为金初所继承。《金宋和战史论》（《史学集刊》1984 年第 2 期）指出金宋之间“和”的时间远超过“战”，金宋和战中既有破坏性的一面，也有促进地方经济恢复和各族经济文化交流的积极一面；对历史人物当尊重历史事实给予客观评价，如宗弼（金兀术）和岳飞都是中华民族史上值得称赞的人物。

1985 年　59 岁

11 月，专著《东北地方史稿》由吉林大学出版社出版。该书以中原王朝历史为发展脉络，系之以同时期东北的历史，其中对东北古代民族的名称、发源地及其源流进行了细致考证，被学界视为东北史研究领域的里程碑；获得 1989 年东北三省高等院校出版社优秀图书奖、1991 年“光明杯”哲学社会科学优秀著作二等奖、1992 年获国家教委高等院校教育出版社优秀学术专著优秀奖。

该年度，发表的学术论文主要有《真番郡考》（《北方文物》1985 年第 3 期）、《元好问与史学》（《晋阳学刊》1985 年第 2 期）等。

1986 年　60 岁

7 月，《金史论稿》第一卷由吉林文史出版社出版。该书以张博泉先生为主，与王可宾先生等合作撰写。以专题的形式论述了金朝的历史地位、辽代女真部族制度和金代猛安谋克制度等问题。特别是张先生关于金代东北猛安谋克分布、猛安谋克世官贵族与平民、猛安谋克与民族关系、女真族猛安谋克与头下和八旗制度的比较等方面的研究，[①] 直到今天仍是中国学者关于猛安谋克研究最重要的成果。该书获 1987 年第二届北方十五省直辖市自治区哲学社会科学优秀图书一等奖、1992 年吉林省长白山优秀图书一等奖、1993 年吉林大学第三次优秀科研成果优秀著作奖。同时，主编《东北历史名人传》（古代卷・上）由吉林文史出版社出版。

该年度，张博泉先生发表重要专题论文《“中华一体”论》（《吉林大学学报》

① 张博泉等：《金史论稿》第一卷，吉林文史出版社 1986 年版，第 281—381 页。

1986年第5期)。从20世纪80年代初期开始，张先生在多年研究辽金史、地方史的基础上，积极探索中国史学研究的新理论。在该文中，他首次提出“中华一体”这一新命题的史学理论，认为中国经历了从“天下一体”到“中华一体”的历史变迁，大致可分为“前天下一体”“天下一体”“前中华一体”“中华一体”四个发展阶段。秦以前是“前天下一体”时期，秦至唐是“天下一体”时期，辽宋金是“前中华一体”时期，元明清则是“中华一体”时期。《“中华一体”论》在学术界引起重大反响，同年《新华文摘》第11期作了全文转载，并获1988年吉林大学第二次文科优秀论文奖一等奖。此文发表后，张先生以“中华一体”理论指导辽金史研究，在具体问题研究中进一步阐释、发展“中华一体”理论，这成为他后期辽金史研究的鲜明特点。[①] 此外重要的论文还有《论金代文化发展的特点》(《社会科学战线》1986年第1期)等。

1987年 61岁

该年度，张先生发表了多篇较有影响力的学术论文，既有理论问题的研究，也有具体问题的研究。《试论中国北方民族政权类型的划分》(《学习与探索》1987年第1期)提出北方民族政权类型的划分由其政权属性及其与主体民族的关系决定的。从统一的多民族国家的区域构成看，可分为“边境型”和“中国型”民族政权；北方民族的奴隶制根据社会形态发展水平的不同，可分为种族、部落和家族奴隶制三种；封建制可分为“边境型”和“中国型”两种，“中国型”封建制又可分为封建割据政权、北朝式封建政权和中华一体封建政权三种。《试论历史上的“一家两国”与“一国两制”》(《史学集刊》1987年第4期)一文驳斥了南北对立论和北方民族文化与中原汉族文化对立的观点，提出从“一家两国”和“一国两制”的实际发展来看，都是统一多民族国家内部的问题；以汉族为主包括各民族在内而形成的政统和道统，是多民族的，在各族被纳入“中华一道同轨”的过程中发挥了重要作用。《论金代文化的发展及其历史地位》(《社会科学战线》1987年第1期)指出金代文化是以六经为本、古文为正宗，于正隆、大定年间形成本朝文派，这与金朝统治以儒家思想为本、经史为基础发展文化的思想是一致的。《辽阳市发现金代〈通慧圆明大师塔铭〉补证》(《考古》1987年第1期)、《金完颜希尹碑史事考辨》(《吉林大学社会科学学报》1987年第4期)，都是利用考古材料考证金代史事。此外，重要的论文还有《金天会四年“建尚书省”微议》(《社会科学辑刊》1987年第4期)等。

1988年 62岁

该年度发表的学术论文主要有《金代“驱”的身份与地位辨析》(《晋阳学刊》1988年第2期)。在该文中张先生从《金史》中梳理出确定金代“驱”身份、地位的依据，并结合元代“驱口”，论证了金代“驱”不是奴隶，而是地位低于良民又高

---

① 程妮娜:《张博泉先生与辽金史研究》,《淮阴师范学院学报》2013年第3期。

于奴隶的农奴。《金代礼制初论》(《北方文物》1988 年第 4 期) 提出金代礼制是在唐、宋礼制的基础上，吸收辽制，并且保留了部分女真族礼俗，具有多元的特点。金代礼制树立于唐、宋之间，其历史地位不容忽视。

1989 年　63 岁

3 月，完成《中华一体论》书稿。

该年度发表的学术论文主要有《金代教育史论》(《史学集刊》1989 年第 1 期)，指出金朝以中原教育思想为核心，在教育思想上力求把女真国俗与中原经籍糅合在一起，进一步把它发展成为多民族所共享的教育。此外还有《汉辽西郡狐苏县城址初探》(《吉林大学学报》1989 年第 2 期) 等。

1990 年　64 岁

该年度发表的学术论文主要有《“中华一统”论》(《史学集刊》1990 年第 2 期)。在该文中，张先生提出“中华一统”是中国古史研究的重大问题，可分为“春秋大一统”与“中国一统”两个时期和“前春秋大一统”“后春秋大一统”“前中国一统”“后中国一统”四个阶段。《时代与元好问》(《晋阳学刊》1990 年第 3 期) 系统阐述了辽宋夏金为多国朝、列国、列部的学术观点。

1991 年　65 岁

8 月，参加于山西大同举办的首届辽金契丹女真史国际学术讨论会，会上阐述“中华一体”理论的核心是“多元一体与一体多元”思想，引起与会者的强烈反响。

该年度发表的学术论文主要旨在继续探讨“中华一体”理论。《一体与边疆史地研究》(《中国边疆史地研究》1991 年第 1 期)，文中张先生提出要用“中华一体”的思想研究边疆史地，从整体上把握多元的民族与区域格局，进行有系统、有层次的研究；一体是研究边疆史地最基本的条件和依据。《“中华一体”观念论》(《社会科学战线》1991 年第 4 期) 探讨了“中华一体”观念所涉及的“人禽观”与“人道观”、“中外观”与“一宇观”、“文野观”与“文脉观”、“正闰观”与“道统观”。

1992 年　66 岁

2 月，《金史论稿》第二卷由吉林文史出版社出版。该书以张博泉先生为主，与程妮娜先生等人合作撰写。该书继承第一卷的书写体例，以专题的形式论述了金代人物与社会变革、金代经济、金代政治制度等问题。该书获 1992 年吉林省长白山优秀图书一等奖、1993 年吉林大学第三次优秀科研成果优秀著作奖。《金史论稿》第一、二卷从各个角度对金史研究中的若干重要问题进行了细致深入的考察，成为当时金史研究的集大成者，引起中外学界的高度关注，被誉为是我国史学领域研究的重要成果，使金史研究又登上一个新的台阶。①

10 月，张博泉先生以其卓越的学术成就荣获国务院政府特殊津贴。

① 李健才:《〈金史论稿〉第二卷出版》,《史学集刊》1993 年第 2 期。

12 月，荣获吉林省委、吉林省政府颁发的“吉林英才奖章”，其事迹被收入英国剑桥国际人物传记中心《成功者》及《世界名人辞典》。

该年度发表的学术论文主要是《肃慎·挹娄·女真考辨》（《史学集刊》1992 年第 2 期）等。该文提出肃慎、挹娄、女真同出一语源，女真、室韦分别属于东夷、东胡两个不同的族属系统；肃慎、挹娄、女真自古居住在东北地区的东北部，金代女真不是辽之女古、不是西北迁来，也不是出于室韦的“如者”。张先生的观点后来受到学界的普遍认可。

1993 年　67 岁

12 月，专著《鲜卑新论·女真新论》由吉林文史出版社出版。该书对鲜卑及女真史研究中的多个疑点难点提出新的意见，引起学界关注。

该年度发表的学术论文主要有《嘎仙洞刻石与对拓跋鲜卑史源的研究》（《黑龙江民族丛刊》1993 年第 1 期），文中提出嘎仙洞并非拓跋鲜卑的起源地；大鲜卑山并非大兴安岭北段，而是外兴安岭西麓及大兴安山（今雅布洛诺夫山）。《论东北民族宏观与微观研究的统一》（《社会学科战线》1993 年第 2 期）提出对东北史的研究当由一般的研究进入理论体系和结构的探讨，在研究中把微观与宏观统一起来。《中华史论》（《民族研究》1993 年第 3 期）论述了“中华”是由“天下一体”的“中华”到“中华一体”的“中华”。“中华”由多元民族融合而成的华夏族（汉族）在中原的称谓，演变为中原多民族的称谓，最后发展为包括四裔民族在内的全国的称谓，这是经由变外为内和变夷为夏的长期历史过程才完成的。

1994 年　68 岁

11 月，《中国地方史论》由吉林大学出版社出版。该书为张博泉先生与程妮娜先生合著，以“中华一体论”作为研究问题的主体思想和知识结构的整体构思，对中国地方史学、中国地方史学研究的领域与内容、中国地方史与“中华一体论”的关系等问题进行论述。该书长期作为吉林大学专门史专业研究生课程“中国地方史理论”的教材，曾获 1995 年长白山优秀图书一等奖、1996 年吉林省政府优秀图书二等奖、1997 年吉林大学优秀教材一等奖。

12 月，专著《箕子与朝鲜论集》由吉林文史出版社出版。该书在韩国学术界产生了一定的影响。

1995 年　69 岁

5 月，专著《中华一体的历史轨迹》由辽宁人民出版社出版。该书是在 1989 年完成的《中华一体论》原稿上增补而成，凝结了张先生多年来对“中华一体”思想和理论研究的精华，以中国地方史为蓝图，以中国各民族彼此交融发展的历史线索为依据，以“中华一体”为主体构思，重点研究“中华一体”的发展时期和层次、社会形态与经济类型、华夷观念、中外观念、同轨同文观念及正闰观等，并且研究了中华一体与北方民族政权的一体关系；用“多元一体和一体多元”的思想探讨了历史上的“一家两国”与“一国两制”、习俗与区域、和议与战争、内向与外向、服事与制度、汉化与华化等问题。“中华一体”理论是张博泉先生几十年史学研究的最重要成就，它不仅对新世纪辽金史研究具有指导作用，而且为中国历史和中华民族史的研究开辟了新的途径。该书成为今天中国地方史研究的必读理论著作，先后获 1995 年吉林大学优秀著作奖、北方十五省直辖市自治区十八家出版社优秀图书优秀奖、1998—1999 年度吉林省第四届社会科学优秀成果二等奖。该书于 2017 年 6 月由吉林大学出版社再版。

该年度发表的学术论文主要有《箕子“八条之教”的研究》(《史学集刊》1995 年第 1 期)。该文钩沉史料，对箕子“八条之教”进行考辨，补充了前人研究之不足，并论述了“八条之教”的性质与实质、实施与影响。

1998 年　72 岁

1 月，《东北古代民族・考古与疆域》由吉林大学出版社出版。该书由张博泉先生与魏存成先生合作主编，分民族、考古和疆域三编对东北地方史进行了系统论述。

该年度发表的论文主要有《辽金女真达鲁古部与达鲁古城重议》(《黑龙江民族丛刊》1998 年第 4 期)、《金“上古城”非“上京城”考》(《黑龙江社会科学》1998 年第 6 期)，都是关于辽金历史地理的研究。

1999 年　73 岁

该年度发表的学术论文主要有《“契丹”、“辽”名称探源》(《黑龙江民族丛刊》1999 年第 4 期)、《略论金代的儒家思想》(《社会科学辑刊》1999 年第 5 期）等。

2000 年　74 岁

10 月 9 日，于长春病逝，享年 74 岁。进入 21 世纪后，已 74 岁高龄的张博泉先生仍每天伏案数小时，撰写《中华一体的历史轨迹》的续篇《中华一体的史论追踪》。张先生的离世使这项已开始的工作不得不半途夭折，实在令人扼腕叹息！张先生几十年如一日苦心钻研，辛勤笔耕，他在辽金史、东北史、史学理论方面的丰富著述是留给中国史学界的宝贵遗产；一生平和谦逊，淡泊名利，他的高尚品行与治学经历必将给予后进者以鼓舞与启迪。

王明荪先生的中国近古史研究

曹文瀚*

近古，原是西方史学上古、中古、近古、近世（现代）的历史分期法，19 世纪末传入东亚，日本学者最先接受这个观念，对中国史进行重新分期。随着那珂通世《支那通史》及桑原隲藏《东洋史要》等著作传入中国，这种分期方式很快也被国人采用。马克思主义盛行于中国后，逐渐被唯物史观的五阶段论所取代。“近古”的时间断限原是五代迄明，但实际操作上往往是从宋代开始，因此一般所指的近古，主要系指宋辽金元明或辽宋金元明这个时间段。

20 世纪以来，随着中国史研究的日趋深入，近代治学走上专精之路。以中国近古史研究而论，也被划分为宋、辽金、元、明史研究四个领域，甚至辽金史研究领域也因为近三十年来成果丰硕，产生分家的声音。这无疑使研究者日趋抱守自己耕耘的一亩三分地，陷入窠臼之中，难以自拔。故严耕望先生认为治史除专精之外，亦需博通。① 王曾瑜先生也呼吁治辽宋金史应以兼治为上，分治为下。② 王明荪先生即是台湾的中国近古史领域中，既可专精、又能博通的佼佼者。

要撰写一篇向大陆学界介绍先生的文章，笔者是相当惶恐的。先生门下弟子众多，有许多师兄、师姐比我更适合撰写这篇文章。如林煌达、陈昭扬、雷家圣等几位较早入门的师兄，他们跟随先生的时间较长，治学经验也比较丰富，眼界更为广阔，他们都比我更能精确地把握这个题目。又如廖启照、陈正庭两位师兄 2010 年时曾访谈、记录先生的学思历程，对先生的学术成就也比我更了解，本文在撰写过程中即大量参考两位师兄的文章③，故两位师兄也是比我更适合的人选。蒙编辑部不弃，邀我撰写此文，笔者仅能勉力为之，文中如有不恰当之处，责任在我一身。

一　王明荪先生生平概述

王明荪，字子明，祖籍湖北当阳，1947 年出生于安徽蚌埠，1949 年到台湾。早

---

* 曹文瀚，男，台湾桃园人，河南大学历史文化学院博士后，主要研究方向为宋金元史。

① 严耕望：《治史经验谈》，台湾商务印书馆 2008 年版，第 1—10 页。

② 王曾瑜：《金朝军制 · 序》，河北大学出版社 1996 年版，第 1 页。

③ 廖启照、陈正庭：《趋今近古之学——王明荪教授的学思历程》，《国文天地》2010 年第 26 卷第 5 期。

年师从札奇斯钦、蒋复璁、宋晞及周昆田等名家，获中国文化大学史学系文学学士、政治大学边政研究所法学硕士、中国文化大学国家文学博士。

先生自幼受父亲影响，喜爱阅读古籍，初中时，课外即涉猎古典小说，唐、宋诗词等，高中时已读完《资治通鉴》及《史记》，在父亲要求下阅读《古文观止》《古今文选》《古诗源》《国史大纲》，也有涉猎经、子诸书，以及《人人文库》《文星丛刊》收录的著作及《文星杂志》《中华杂志》和西方文学名著的中译本等，打下未来治学的基础。进入大学后，深受播迁来台之硕学鸿儒的影响。其中以钱穆及札奇斯钦二位先生较具代表性。钱穆先生名满士林，1949 年后在香港创设新亚书院，并常在台湾各大学院校演讲，1967 年后迁居台湾，讲学于素书楼。先生躬逢其盛，并埋下研究中国史学思想与学术史的种子。札奇斯钦先生早年活跃于政界，迁台后进入学界，师从姚从吾先生。札奇斯钦先生身为蒙古人，对蒙古习俗、文化相当熟稔，亦有不同于汉人史家的治史观点，加上早年与边疆史研究的学者有所往来，已有一定程度的积累，转为历史学者后，很快就扬名国际。先生在大学时修习札奇斯钦先生的课程，对蒙元史产生兴趣，毕业后至政治大学边政研究所进修并奠定日后研究中国近古史的志向。同时受到 20 世纪 60 年代以来社会科学与历史学结合研究的风气影响，广泛涉猎社会学、人类学、心理学、政治学及经济学等学科，这对日后治学提供了很大的帮助。硕士学位论文《早期蒙古游牧社会的结构》在 1976 年得到嘉新水泥公司文化基金会奖助，以优等论文出版。

硕士毕业后，先生曾教过几年书，因觉得所学不足，遂入博士班进修深造，1983 年完成博士学位论文《元代的士人与政治》，1992 年由学生书局出版。这段时间撰写了《宋辽金元史》及《铁木真》二书。前者是傅乐成先生主编《中国通史》的断代史，是傅乐成先生给年轻学子的磨炼与鼓励，先生亦自言该书属通俗读物，多参用师长之论述，且若干观点尚不成熟。[①] 后者也是属通俗性质的著作。

博士毕业后，先生执教于淡江大学，其间完成《中国民族与北疆史论——汉晋篇》(即《汉晋北族与边疆史论》)，1989 年起至中兴大学任教并兼系所主任，期间曾在佛光大学任教并为佛光大学教务长、代理校长。完成《蒙古民族史略》《王安石》《宋辽金史论文稿》《辽金元史论文稿》等著作，并主编《辽夏金元史研究通讯》。

2006 年 8 月起先生至中国文化大学任教迄今，其间完成《宋史论文稿》《辽金元史学与思想论稿》《含英咀华：辽金元时代北族的汉学》《近古分裂时期的中国观》《辽金元史》等著作。另即将出版《辽城——中国北方草原城市的兴起》一书。现为中国文化大学教授、中兴大学兼任教授。近年曾受聘至湖北省中华文化学院客座教

① 王明荪：《中国通史·宋辽金元史》，台湾长桥出版社 1994 年版，第 5 页；廖启照、陈正庭：《趋今近古之学——王明荪教授的学思历程》，《国文天地》2010 年第 26 卷第 5 期。

授、河南大学历史文化学院及河北大学宋史研究中心讲座教授并至上述学校做系列演讲。另曾担任中华文化资源协会理事长、中国历史学会理事及其他社会团体若干职位，现为花木兰文化出版社首席顾问兼《古代历史文化辑刊》主编、中国文化大学《史学汇刊》主编、中正大学《中国中古史研究》编辑委员、辽金契丹女真史学会顾问。

二　王明荪先生的研究成果

先生在学术上涉猎广泛，既能专精，又能博通。所出版专著十余种，发表论文百余篇，他的主要研究方向一是“胡汉”问题，具体来说是对北方民族史及北族王朝史的研究，尤重辽金元史，兼及宋史。二是中国史学史与思想史。以下略述之。

“何谓中国”一直是中国史的重大课题，并在各个时代以不同的面貌来“述说”，少数民族及其政权的定位是这个课题中最难处理的问题之一。以中国近古史而论，早在元人编写《宋史》《辽史》及《金史》时，即有争论辽、金是否能视为中国的问题，三史修成以至今日，这个课题仍随着外在情势的变化不断被重新提出，并在旧有课题中加入新的元素。研究此议题又不得不涉及“汉化”及“认同”问题，并由此延伸到少数民族的传统社会、文化及其变迁，以及汉人对北方民族及其政权的心态等问题。故这个课题的涵盖范围相当广泛，也是先生耗费最多心力浸淫之处。研究成果主要如下：

（一）复合皇朝及复合体制的提出及增补

先生在博士学位论文《元代的士人与政治》中首次提出复合皇朝及复合体制的概念。这本著作以民族为别，详细钩考元代的政治结构、汉族士人的政治参与以及他们对蒙元统治者的态度。先生在书中提出复合皇朝的五个条件：1. 朝廷的建立与统治终极权力在外族，但朝廷建立的根本不能排除汉族，有时甚至是得到汉族的支持才能建立，统治阶层中汉族占有相当比例。2. 入仕任官之法中汉法与非汉法皆有一定的比例，大部分时间外族为享有特权者。3. 官方语文为胡汉并行。4. 社会地位多与政治地位配合，且以出身统治集团的阀阅家族为主。5. 文化涵化程度虽有不同，大体上不免成为胡汉的综合体。该书除了提出复合皇朝的条件外，也对元代以前复合皇朝的产生过程进行初步的论述。[①] 可视为先生对当时流行于海外汉学界的征服王朝论之响应。

先生第二本涉及复合皇朝及复合体制的著作是《汉晋北族与边疆史论》。该书主要是研究上古以及汉晋的夷夏观之演变流程和中原王朝的北疆政策及经营。该书指出

---

① 王明荪：《元代的士人与政治》，台湾花木兰文化出版社 2012 年版。

晋代胡人豪族与汉人之合作，以及汉化的胡人得到士人的交游与支持，使夷夏观念可以不在血统上着眼，以及胡人豪族任用汉士、参用汉制，也成为后来诸复合皇朝之复合体制的先声。[①] 另外如《略论辽代的汉人集团》《金初的功臣集团及其对金宋关系的影响》《金代汉臣之政见——以君臣对话为中心》及《十三世纪之蒙古帝国与汉文化》也都是复合皇朝与复合体制的相关研究，后皆收录在《辽金元史论文稿》。[②] 其余辽金元史的专著与文章也或多或少涉及这个课题，此处不赘。

（二）汉化定义的修正意见

战前中国史研究的一个共识是外族入主中国者皆会接受汉文化，进而同化，此即汉化。魏复古参用人类学的涵化论点，对这种说法提出质疑。此后学界对魏复古的征服王朝理论或赞成，或反对，但在讨论过程中对于“汉化”的定义往往沦于各说各话，未有交集。及至近年来的新清史论争依然如是。先生在求学阶段接触、学习涵化理论，并在博士学位论文中首次应用，如在初次提出复合皇朝概念时就提到其中一个条件是复合皇朝的综合体，只是文化涵化程度有所不同。[③] 进而在《含英咀华：辽金元时代北族的汉学》中指出同化涉及族群意识与认同问题，在作出进一步的研究前，不宜轻易地将汉化视为同化，建议采用具有文化变迁意涵的涵化，并以辽金元三代的北族汉学为研究对象，观察北族具体的汉化情形。先生指出辽金元三代北族的汉学中辽金二代皆以统治族群为主，元代则形成多元族群与多元文化汇集的时代，近古时期北族王朝统治区域内的汉学研究历经四百余年而无断裂，与复合体制有关，复合体制下的汉学有必要的地位，在社会中有蕴含的土壤。[④]

（三）少数民族的传统社会、文化及其变迁

这是先生最早关注的学术课题，他的硕士学位论文《早期蒙古游牧社会的结构》为其成果。该文分析蒙古社会的风俗习惯、价值观及文化，并以此作为北亚草原游牧社会的一个范本。[⑤] 另有《元史中所载之蒙古旧俗》，该文以整理排比的方式，指出

---

① 王明荪：《汉晋北族与边疆史论》，台湾花木兰文化出版社 2012 年版。

② 王明荪：《略论辽代的汉人集团》，载《辽金元史论文稿》，台湾槐下书肆、台湾花木兰文化工作坊 2005 年版，第 35—91 页；王明荪：《金初的功臣集团及其对金宋关系的影响》，载《辽金元史论文稿》，台湾槐下书肆、台湾花木兰文化工作坊 2005 年版，第 93—119 页；王明荪：《金代汉臣之政见——以君臣对话为中心》，载《辽金元史论文稿》，台湾槐下书肆、台湾花木兰文化工作坊 2005 年版，第 153—208 页；王明荪：《十三世纪之蒙元帝国与汉文化》，载《辽金元史论文稿》，台湾槐下书肆、台湾花木兰文化工作坊 2005 年版，第 341—362 页。

③ 王明荪：《元代的士人与政治》，台湾花木兰文化出版社 2012 年版，第 4 页。

④ 王明荪：《含英咀华：辽金元时代北族的汉学》，台湾花木兰文化出版社 2012 年版。

⑤ 王明荪：《早期蒙古游牧社会的结构》，台湾花木兰文化出版社 2009 年版。

仅靠《元史》的记载，对于蒙古旧俗的了解是远远不足，须求诸其他史料。[①]

（四）汉人对北方民族及其政权的心态

族群之间的冲突与共存，是人类史上的“大哉问”，汉人如何看待北方民族及其政权是这个“大哉问”在中国的一个典型案例。夷夏观的出现是这个观念在中国的初始表现形式，正统观与中国观也都与夷夏观有密切的关系。20世纪七八十年代以降，中国观的问题日渐受到重视，近年来成为既热门又具有前沿性的课题。但参与讨论者中有不少是抱有特定目的，导致“以论带史”的现象日益凸显，也使这个课题日趋复杂。先生在前之《元代的士人与政治》及《汉晋北族与边疆史论》两本著作中皆涉及这个课题。[②] 2015年出版的《近古分裂时期的中国观》为此课题的延续。先生将这个时期的“中国”概念分为地理、夷夏区别、概念中国及政治中国。五代对外皆自称中国，淮南各国则不被五代视为中国，外国亦称五代为中国。淮南各国有视五代为中国者，亦有平等对待的情形，会因现实情势而改变。北宋接续五代的情形。契丹也视中原朝代为中国，即使曾入主中原，也仅作为天下正统的宣示，即“大中央契丹国”，而非在中国内部争正统。金、宋对峙时期双方皆自认为中国，出现两个中国的情况。针对“以论带史”的现象，先生提出这个课题无论看法同异，皆应回到史料本身的基础来做探讨，在严谨细致的研究中得出论证。[③]

除上述议题外，先生另有数篇辽金元史领域的著作与论文，如1989年初版的《蒙古民族史略》[④]，这是台湾第一本也是唯一的一本具学术意义的蒙古民族史著作。始自成吉思汗的先世及蒙古族的源流，迄于中华人民共和国之后，其中大蒙古国及元朝历史的部分，萧启庆先生认为是除李则芬《元史新讲》外，台湾对元朝历史发展考述最为详备的著作。[⑤] 又如2016年由空中大学出版的《辽金元史》，以及即将出版的《辽城——中国北方草原城市的兴起》。前者为教科书，此处不赘。后者参用大量的考古成果以研究辽代城市资料，指出辽代是中国北族大量建城的开端，辽代全国城市至少有半数是新建的，移民数量高达二百余万人，筑城与移民的时间主要在辽初及中期。同时也对辽代行政地理的一些学术争议提出见解。其余辽金史研究论文如《契丹与中原本土之历史关系》《论金代之行台尚书省》《东北内蒙地区金代之政区及

---

① 王明荪：《元史中所载之蒙古旧俗》，载《辽金元史论文稿》，台湾槐下书肆、台湾花木兰文化工作坊2005年版，第289—319页。

② 王明荪：《元代的士人与政治》，台湾花木兰文化出版社2012年版，第217—246页；王明荪：《汉晋北族与边疆史论》，台湾花木兰文化出版社2012年版，第1—59、111—123页。

③ 王明荪：《近古分裂时期的中国观》，台湾花木兰文化出版社2015年版。

④ 王明荪：《蒙古民族史略》，台湾花木兰文化出版社2013年版。

⑤ 萧启庆：《近四十年来台湾元史研究的回顾》，载《蒙元史新研》，台湾允晨文化实业股份有限公司1994年版，第412页。

其城市发展》等，皆收入《辽金元史论文稿》。[①]

先生对宋代亦有研究。其研究核心一是王安石，二是北宋都城汴京的研究，前者后文再述，此处先论后者。先生在这个领域发表了一本著作及三篇文章，《大城小调——东京梦华录》是科普性质的著作，此处不论。《兵险德固——论北宋之建都》透过宋人的议论，指出北宋企图以兵险德固为立都的理论依据，却难以解决实际面临的外敌问题。《北宋都城汴京之城市型态》以城市型态学观察城市的外貌与构造关系，透过城市建立的时间、地理、行政等级、周遭环境、外形、城防设施、城市规划与布局，指出汴京的城市性质难定于一，实际上具有复杂且多元之城市形态。《宋代之角抵术》则透过角抵戏的研究，指出朝廷宫中之活动普及至都城社会层面是在宋代形成，并探讨了汴京城市的生活文化。[②] 而后又续作《辽金元时期的角抵》。[③] 另有文章探讨宋代铁矿产量、宋代宦官、役法改革、反战论、宋代的中越关系、范仲淹与崔与之等，此处不赘。[④]

先生另一研究主轴是中国史学史与思想史。史学史可分为三个部分，第一部分是探讨辽金元三代修史制度，这是早期未有学者专论之课题。[⑤] 第二部分是探讨《金史》及《元史·太祖纪》的源流，前者师冯家升先生《辽史源流考》，得出《金史》称为良史，与金人的史官制度以及注重修史有密切关系的结论。[⑥] 后者指出《元史·太祖纪》的史源应出自脱卜赤颜，并与其余北族朝代之太祖纪进行比较。[⑦] 第三部分

---

① 王明荪：《契丹与中原本土之历史关系》，载《辽金元史论文稿》，台湾槐下书肆、台湾花木兰文化工作坊2005年版，第1—33页；王明荪：《论金代之行台尚书省》，载《辽金元史论文稿》，台湾槐下书肆、台湾花木兰文化工作坊2005年版，第121—152页；王明荪：《东北内蒙地区金代之政区及其城市发展》，载《辽金元史论文稿》，台湾槐下书肆、台湾花木兰文化工作坊2005年版，第209—249页。

② 王明荪：《兵险德固——论北宋之建都》，载《宋史论文稿》，台湾花木兰文化出版社2008年版，第271—303页；王明荪：《北宋都城汴京之城市型态》，载《宋史论文稿》，台湾花木兰文化出版社2008年版，第217—269页；王明荪：《宋代之角抵术》，载《宋史论文稿》，台湾花木兰文化出版社2008年版，第193—216页。

③ 王明荪：《辽金元时期的角抵》，第十一届中国辽金契丹女真史学术研讨会会议论文，2012年。

④ 王明荪：《宋代铁矿产量的初步探讨》，载《宋史论文稿》，台湾花木兰文化出版社2008年版，第3—13页；王明荪：《谈宋代的宦官》，载《宋史论文稿》，台湾花木兰文化出版社2008年版，第15—26页；王明荪：《北宋中期以前役法的改革论》，载《宋史论文稿》，台湾花木兰文化出版社2008年版，第27—42页；王明荪：《宋初的反战论》，载《宋史论文稿》，台湾花木兰文化出版社2008年版，第111—125页；王明荪：《宋代之安南（交趾）记述及其朝贡关系》，载《宋史论文稿》，台湾花木兰文化出版社2008年版，第127—192页；王明荪：《范仲淹的体病及其生活与养生》，第二届中国范仲淹国际学术论坛会议论文，2005年；王明荪：《崔与之的体病与心志》，崔与之与岭南文化研究会议论文，2010年。

⑤ 王明荪：《辽金之史馆与史官》，载《辽金元史学与思想论稿》，台湾花木兰文化出版社2009年版，第3—24页；王明荪：《元代之史馆与史官》，载《辽金元史学与思想论稿》，台湾花木兰文化出版社2009年版，第51—70页。

⑥ 王明荪：《金修国史与金史源流》，载《辽金元史学与思想论稿》，台湾花木兰文化出版社2009年版，第25—49页。

⑦ 王明荪：《〈元史·太祖纪〉之撰述》，载《辽金元史学与思想论稿》，台湾花木兰文化出版社2009年版，第71—89页。

是探讨金代士人历史思想的研究，主要关心的是北族政权下汉族士人的历史思想是否有所转变，虽属史学史研究，但同样也涉及汉人对北方民族及其政权的心态问题。①

思想史分成两个部分，第一部分以元人为主，兼及辽、金。部分研究在《元代的士人与政治》中已具雏形，此处不赘。《略论辽代之崇佛与藏经》主要是从文化史的角度观察辽代佛教盛行的情况。②《李纯甫的三教思想》一文分析金末儒士李纯甫的三教观点，指出他欲以佛融儒、道二家。③《三教外人邓牧之思想》一文分析自称三教外人的南宋遗民邓牧，指出他的思想实以道家为主而兼儒家，他对于传统政治、社会有较重之批评，亦有见解。④《元儒保八之易学与太极说》讨论元代北族学者保八的学术思想，保八的著述是现存唯一的元代蒙古人经学研究论著。该文分析指出他的易学虽以程朱理学为主，仍有其自身的心得，就内容所见，应是供教学而作。⑤ 上述论文后来皆收录在《辽金元史学与思想论稿》。第二部分则以王安石为研究对象，王安石在宋代和近世皆有其重要的历史地位，传统对他的评价主要是以政治层面为核心，并延伸到其他层面。先生的《王安石》一书在论述王安石时代的背景后，着重于王安石的思想观念，包括哲学、文学、史学、经学、政治、财经、人才、教育等层面，关切宋代士人对儒学及现实国家社会困境的反映。⑥

三　王明荪先生的研究特色

先生的研究特色大体说来有三点，第一是研究会同时兼顾正反双方，理论与实际，故提出的论点不致褊狭。这应与继承札奇斯钦先生从蒙古人角度治史的特点有关，如先生研究胡汉问题时不会仅从汉人角度观察涉及胡汉双方的历史问题，而是双方兼顾，所得更近实情，复合皇朝及复合体制即是这种治学方法下的产物。又如学界早期研究绍兴和议以前的宋金关系多从宋朝的立场论之，先生《金初的功臣

① 王明荪：《王若虚之史学批评》，载《辽金元史学与思想论稿》，台湾花木兰文化出版社 2009 年版，第 91—110 页；王明荪：《金代士人之历史思想》，载《辽金元史学与思想论稿》，台湾花木兰文化出版社 2009 年版，第 111—142 页；王明荪：《郝经之史学》，载《辽金元史学与思想论稿》，台湾花木兰文化出版社 2009 年版，第 143—169 页。

② 王明荪：《略论辽代之崇佛与藏经》，载《辽金元史学与思想论稿》，台湾花木兰文化出版社 2009 年版，第 173—188 页。

③ 王明荪：《李纯甫之三教思想》，载《辽金元史学与思想论稿》，台湾花木兰文化出版社 2009 年版，第 189—204 页。

④ 王明荪：《三教外人邓牧之思想》，载《辽金元史学与思想论稿》，台湾花木兰文化出版社 2009 年版，第 205—225 页。

⑤ 王明荪：《元儒保八之易学与太极说》，载《辽金元史学与思想论稿》，台湾花木兰文化出版社 2009 年版，第 287—313 页。

⑥ 王明荪：《王安石》，台湾东大图书公司 1994 年版。

集团及其对金宋关系的影响》一文先剖析金初女真人分化出的各个势力，指出这些势力之间的权力斗争与绍兴和议前夕金宋关系之间的关联性，进而结合宋方观点探讨这个课题。① 又如《论辽代五京之性质》，该文透过建置五京的背景、五京职官的分析、辽朝皇帝在五京停留的日数，提出五京具有城国和行国的性质，既是地方行政中心，也是捺钵一部分之见解。② 研究方法上是理论与实际同时兼顾，而非仅就制度论制度。又如《宋初的反战论》，学界过往论及澶渊之盟，多只关注宋朝主战派的论点，该文一方面阐述当时宋朝反战派的理论源自太祖时期，并随着外在形势的变化逐渐成为主流论点，进而影响到澶渊之盟。③ 这既关注到宋代反战论的内在渊源及其逐日增强的外在因素，同时也是目前蔚为风潮的政治史与思想史之结合研究的先声。

第二个研究特色则是重视长时段的研究，在史学研究日趋细致的今天，学者们研究的时间断限也日渐缩减。这无疑造成视野的狭隘，如刘子健先生曾提出的南宋文化模式对近代中国影响力的论点。④ 这是一个值得进一步开展研究的课题，但这不仅需要南宋史，还涉及元史、明史、清史甚至近代史的专业方能功成，故学人虽多能肯定刘子健先生的用心，但响应者多仅能局限在南宋史一隅，能兼论元史者已属不易，遑论明清乃至近代史。先生不然，这点就先生可同时兼治宋辽金元史已可看出，且从《汉晋北族与边疆史论》原名为《中国民族与北疆史论——汉晋篇》，可看出先生早对夷夏观、中国观乃至中国历代的北疆政策有一长时段性研究的构思，日后完成的《近古分裂时期的中国观》《清代北疆政策之基本原则及其在历史上之渊源关系》等课题皆是这一构思下付诸的行动。又如复合皇朝与复合体制的提出，除了先生关注的辽金元三朝外，也有涵盖另一征服王朝——清。这些皆可证明先生重视对中国历史进行长时段的研究。

第三个研究特色则是视情况将社会学、人类学、政治学、经济学、心理学等社会科学理论审慎地用于研究之中，如透过民族学及社会学研究蒙古社会，利用涵化理论研究复合皇朝相关课题，以统计学研究辽、元二代的政治结构，以城市型态学来研究古代都市等。

余 论

先生研究之余，也不遗余力地培育台湾中国近古史研究的后进。解严以来，台湾

① 王明荪：《金初的功臣集团及其对金宋关系的影响》，载《辽金元史论文稿》，台湾槐下书肆、台湾花木兰文化工作坊 2005 年版，第 93—119 页。

② 王明荪：《论辽代五京之性质》，《史学汇刊》2009 年第 23 期。

③ 王明荪：《宋初的反战论》，载《宋史论文稿》，台湾花木兰文化出版社 2008 年版，第 111—125 页。

④ 刘子健：《略论南宋的重要性》，载《两宋史研究汇编》，台湾联经出版事业公司 1987 年版，第 79—85 页。

政治界与文化界本土化的声浪与日俱增，台湾史研究也从原先的边缘地位进而成为台湾历史学界的显学，无数历史学的年轻学人投入到台湾史领域之中，这无疑对既有的历史学领域造成强烈的冲击。台湾的中国近古史领域中，宋史学人较多，并且在宋史座谈会的推动下始终能维持一定规模的学术社群。辽金元史领域之冷僻则可以萧启庆先生一句“千山独行”概括之。即使如此，先生自博士毕业迄今始终坚持在这个领域，并培育许多台湾新一代的中国近古史人才，其中不乏今日台湾历史学界中生代的中坚分子以及新生代的年轻学子。先生也注重海峡两岸同行之间的学术交流，过去主编的《辽夏金元史教研通讯》以及目前担任主编的花木兰《古代历史文化辑刊》皆是先生为提拔后进、促进两岸学术交流而为之，也是为台湾中国古代史研究的薪火相传尽一份心力。

谆谆教诲　金针度人

——任继愈先生关怀西夏研究和民族史研究回顾

史金波*

7年前的7月11日，我正在中央民族大学参加“庆祝中国少数民族双语教学成立三十周年暨马学良先生教育思想研讨会”，上午突接白化文先生电话，告知：任继愈先生凌晨不幸去世，中午又得到另一噩耗：季羡林先生与世长辞。两位大师，一代先贤，同日驾鹤西天，令人不胜悲悼。7月14日，敦煌吐鲁番学会几位同人相约一起到北京大学季羡林先生灵堂悼念、告别季先生，随后我又到国家图书馆任继愈先生灵堂悼念、告别任先生。两位先生学问渊博，造诣精深，通贯中西，桃李天下，堪称学界领袖，在哲学社会科学领域有深厚影响。近30年来，两位先生于我都有教诲之恩，令我永生难忘。

今年是任继愈先生诞辰100周年，学界集会缅怀，学人为文悼念，可见先生在人们心目中的崇高地位。先生是著名的哲学家、宗教学家、历史学家、图书馆学家，他关心国家教育问题、民族问题，关注相关学科建设，重视培育新人，甚至对西夏这样的特殊学科也给予热情关注。我亲历几件事至今记忆犹新，追思怀念，感佩不已。

一　鼓励我撰著《西夏佛教史略》

1929年北京图书馆（今国家图书馆）曾购得一批在宁夏灵武出土的西夏文佛经，凡百余册，至为珍贵。20世纪70—80年代我多次到北京图书馆整理这批佛经，发现其中有多种关于西夏佛教史的重要资料，如西夏文《现在劫千佛名经》前的“西夏译经图”，《过去庄严劫千佛名经》后的发愿文，《金光明最胜王经》的流传序，以及一些题款，里面有关于西夏佛教流传、译经、校经、印刷以及西夏灭亡后西夏文佛教继续流传的重要资料。依据这些资料我陆续发表了几篇论文。我这个并非佛学科班出身的人，撰写佛学专业的论文，尽管自己也付出了一定的努力，但难度仍然很大。当时恶补了不少有关中国佛教史的研究著述，任继愈先生的《汉唐佛教思想论集》和他主编的《中国

* 史金波，男，河北高碑店人，中国社会科学院学部委员，中国社会科学院民族学与人类学研究所研究员，主要研究方向为西夏文史、中国民族史、民族学。

佛教史》是我经常学习和参考的必读书。当时，我请教中国社会科学院民族学与人类学研究所的佛学专家王森先生和宗教研究所的佛学专家郭鹏先生，他们都给了我很多的指导和帮助。他们还鼓励我以此为基础，撰写西夏佛教史，以补中国佛教史上的这段空白。经过几年的研究、撰稿，1987 年 5 月初，《西夏佛教史略》初稿已经完成，便冒昧地给时任中国社会科学院宗教研究所所长的任继愈先生写了一封信，汇报了《西夏佛教史略》的提纲，并给先生寄去了已经出版的拙著《西夏文化》和苏联汉学家缅什科夫（孟列夫）新出的西夏汉文佛典目录。不虞业务、所务繁忙的任先生很快给我回信：

史金波同志：

寄来的尊著《西夏文化》与苏联缅什科夫编制的汉文佛典一册，同时收到，十分感谢。

《西夏佛教史略》急盼早日问世，补上学术界这一空白。

此致

敬礼

任继愈

一九八七年五月十一日

信中先生对我这个佛学研究的新人鼓励有加，使我感到这位学术大家对青年学子的殷切期望和热心关怀，令我十分感动，同时也给了我完成此项任务的自信心。

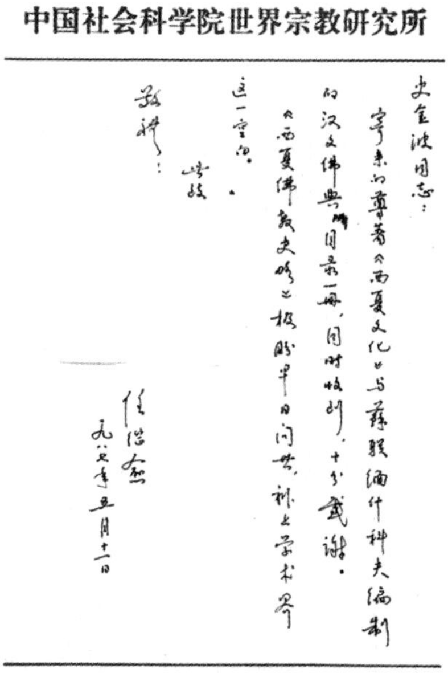
中国社会科学院世界宗教研究所

史金波同志：

寄来的尊著《西夏文化》与苏联缅什科夫编制的汉文佛典目录一册，同时收到，十分感谢。

《西夏佛教史略》极盼早日问世，补上学术界这一空白。

此致

敬礼！

任继愈

一九八七年五月十一日

图 1　1987 年 5 月 11 日任继愈先生的来信

1988 年 8 月拙著《西夏佛教史略》出版，此书有幸得任继愈先生激励，赵朴初先生题写书名，郭鹏先生作序。为继续请前辈指点，给任先生寄去一本。不久中国宗教学会召开理事会，本人位列其中。任先生在会上找到我说："我看了你的《西夏佛教史略》，写得很好。过去对西夏佛教知道很少，你的书填补了这方面的空白。现在苏联的西夏文资料很多，希望你利用懂西夏文的优势，把西夏佛教深入研究下去。"

此后我遵循任先生的教导，继续收集、翻译新的资料，不断有新的收获，又发表了一些有关西夏佛教的著述。

二　撰写《佛教大辞典》西夏词条

1998 年秋，我到日本东京外国语大学亚非语言研究所讲学一年。1999 年 9 月甫从日本回国，中国社会科学院宗教所杜继文先生找到我说："任先生主编《佛教大辞典》早已开展工作，西夏佛教部分任先生建议请你来写，尽量把西夏佛教的内容通过词条表现出来。"杜继文先生是《佛教大辞典》的副主编，负责大词典的组织工作。他还对我说，任先生提出此次编纂《佛教大辞典》要邀请最合适的人选撰写他擅长的条目，任先生认为有关西夏佛教条目非你莫属。我们早就和你联系，后知你去日本讲学一年，任先生说等你回国，立即与你联系，请你抓紧时间撰写。

过去有关宗教、佛学的辞书皆缺乏西夏佛教内容，主要原因是传统历史文献中对西夏佛教的记载十分稀少。任先生此次主编《佛教大辞典》为新中国成立后最大佛教辞典编纂工程，将西夏部分纳入其中，体现了任先生突破旧囿，注重创新的学术思想。当时给我的时间很紧。我便放下手头其他工作，集中精力按先生要求编写西夏佛教词条。除利用汉文文献中的资料外，主要利用近代出土的西夏文献和考古实物资料。因为有撰写《西夏佛教史略》的基础，用了约半年时间，完成西夏佛教 110 多词条，计 5 万多字，内容包括西夏的佛教传播、发展、政策、制度、译经、校经、施经、经典、僧人、寺塔、宗派、艺术等诸方面。

2002 年《佛教大辞典》正式出版，学术界反映良好。杜继文先生又给我打电话说：《光明日报》要刊登几篇文章介绍其中亮点，任先生和我们研究，认为西夏部分很有特色，请你写一篇介绍文章。后我遵照任先生的指示，撰写了《反映西夏佛教特点　融入最新研究成果》的文章，介绍在新出版的《佛教大辞典》中利用新的西夏文献和考古发现，展示西夏佛教内容和特点，如西夏仅用 53 年就译完西夏文大藏经 3579 卷，译经速度之快堪为译经史上创举；国家图书馆保存的"西夏译经图"是中国现存唯一真实反映译经场面的形象资料；西夏在藏传佛教东传过程中，有举足轻重的地位；西夏首先封藏族佛教大师为帝师，对元代的帝师制度产生了重大影响。

后来西夏佛教的研究渐次深入，已成为西夏学中成就突出的分支，也成为中国佛教史中进步较快、成就显著的亮点，这多赖任先生的宏观指导和具体点拨。

三　编辑新的“西夏文专号”

国家图书馆的前身北平图书馆曾出版《北平图书馆馆刊》，后又增刊过 3 期专号，皆为当时学界所关注者，一是第二卷第二、三号合刊的“永乐大典专号”，二是第四卷第三、四号合刊的“西夏文专号”，三是第七卷第三、四号合刊的“圆明园专号”。这些专号都是结合馆藏的珍贵文献所编，突出特色，彰显国故，内容丰富，影响深远；加之刊布时有著名学者的考证研究，更加令人瞩目。当时的北京图书馆重金收购西夏文献和重点出版“西夏文专号”，反映出北京图书馆重视国宝级文献、注重基础资料的搜集和保护、关注新兴学科发展的远见卓识。

1932 年北平图书馆适时推出《北平图书馆馆刊》“西夏文专号”刊登中、日、俄三国专家撰著的新作。“专号”中既有对新入藏北平图书馆的西夏文献的介绍和整理，也有对西夏文碑文的译释，还有对流失海外西夏文文献的介绍和研究，其中有王静如先生的《西夏文专号引论》，向达先生的《俄人黑水访古所得记》，罗福苌先生的《宋史西夏国传集注》和《西夏赎经记》，周一良先生译的《西夏语译大藏经考》，苏联聂历山先生和日本石滨纯太郎先生的《西夏文八千颂般若经合璧考释》，聂历山先生《西夏语研究小史》，周叔迦先生的《馆藏西夏文经典目录》等。其中颇多原始文献的图版，涉及文献种类颇多，成为后人学习西夏文的教科书和资料库。《西夏文专号》的出版成为当时西夏学的一次盛会，反映出当时西夏研究的最好水平。不少后学者皆通过此专号比较全面地了解西夏学的相关资料和研究历史，从而步入西夏研究的殿堂。可以说，专号在西夏学的形成和发展进程中起到了重要推动作用。

经几十年发展，西夏学因资料的丰富和各国学者的努力，至 21 世纪初，进展更为显著。2002 年是“西夏文专号”刊布 70 周年，我想联合《国家图书馆学刊》出刊新的“西夏文专号”，以达纪念和进一步推动西夏学术之目的。此事先与《国家图书馆学刊》常务副主编王菡教授达成共识，当然还要请示国家图书馆馆长任继愈先生。2001 年元月 19 日，我和王菡教授专门到任先生办公室汇报此事，先生表示很支持，并答应作此专号顾问，还提出编好专号的具体指导意见。聆听先生谆谆教诲，如沐春风。

《国家图书馆学刊》“西夏研究专号”由中国社会科学院西夏文化研究中心和国家图书馆学刊编辑部合作编辑。我们向中、俄、日各国西夏学专家约稿，期望将近年的最新资料和最新研究成果结集出版，呈现给学界一份新时代的西夏研究前沿作品。西夏研究学人纷纷响应。此后“专号”顺利出刊，内含各国西夏学专家的 30 篇佳作，以西夏文献或文物考释为主，涉及历史、考古、法律、经济、语言、文化、艺术等领域，显示出西夏研究的最新进展和最好水平。任先生为专号亲笔题词“加强西

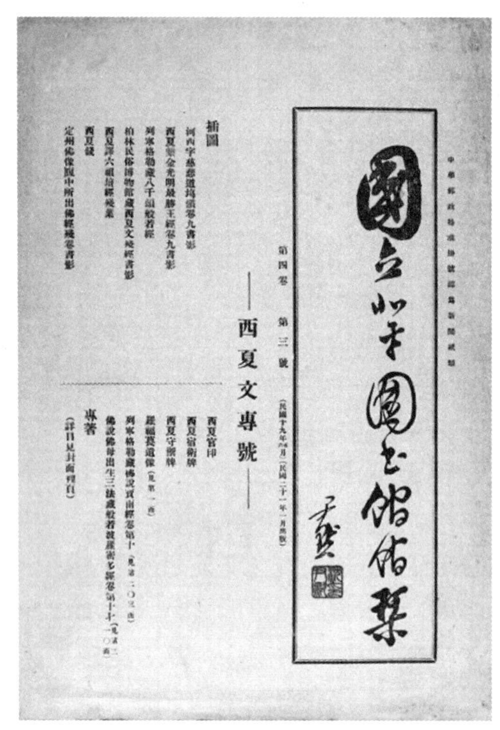

图 2 1932 年出版《国立北平图书馆馆刊》"西夏文专号"封面

夏研究 充实中华文化"，季羡林先生也欣然为专号题词"加强西夏研究 扩大国学范围"。两位学术泰斗不约而同地把西夏研究纳入中华文化、大国学范畴，对西夏研究示以殷切寄托，令人感动。

任先生还亲笔为专号撰写前言，他精练地概括了中国的历史、信仰、文化特点后指出："过去由于资料不足，我们对西夏文化研究得很不够。现在地下文物不断出现，为我国西夏研究开拓了广泛前景。"又提到"早年王静如先生，对西夏研究有开创之功。现在有史金波同志带动了一批研究西夏的中青年学者，埋头钻研，成绩斐然。假之以时日，我国的'西夏学'必将呈现异彩"。

2002 年 8 月 1 日在国家图书馆举行西夏珍贵文献文物展览开幕式暨《国家图书馆学刊》"西夏研究专号"首发式，时任全国政协副主席罗豪才先生和任继愈先生出席，他们兴趣盎然地参观展览。我在陪同参观和介绍西夏文献、文物过程中，感到他们对中国传统文化一隅的西夏文化深切关怀。

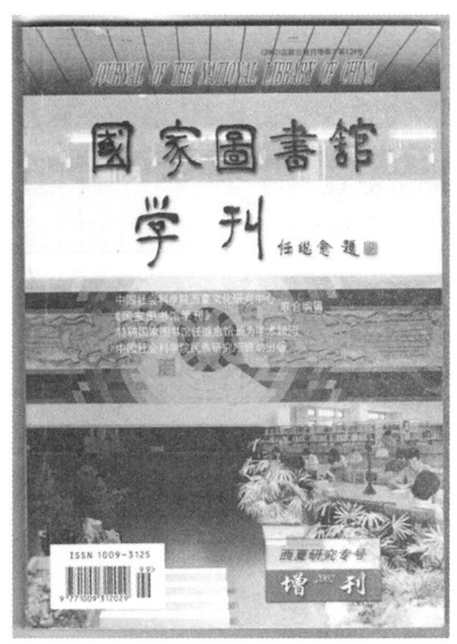

图3　《国家图书馆学刊》“西夏研究专号”封面

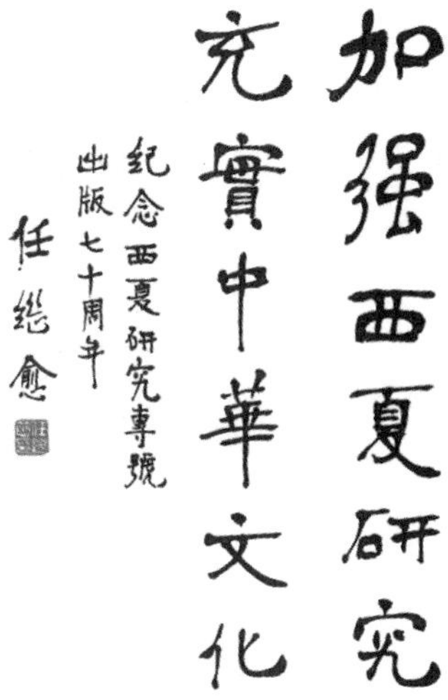

加强西夏研究
充實中華文化
紀念西夏研究專號
出版七十周年
任繼愈

图4　任先生为“西夏研究专号”题词

图5　时任全国政协副主席罗豪才先生和任继愈先生出席
开幕式后参观“西夏珍贵文献文物展览”

四　参加编纂《中华大典》

进入21世纪后，任先生虽年事已高，仍精神矍铄地主持多项重大学术项目，我也被约参与其中，如“中华善本再造”工程，任先生任指导委员会副主任，我任编委会委员；《中华大藏经·续编》编纂工程，任先生担任主编，我也被聘为编委；《中华大典》编纂出版工程，任先生担任总主编，我被聘为《民俗典·地域民俗分典》的主编。每一项目都是学术含量高，学术结构复杂，参与人员众多的大工程。凡有重要编纂工作会议，先生每每亲临，并做有充分准备的指导讲话。先生的发言，往往高屋建瓴，思维缜密，深入浅出，游刃有余。他精深的学识和把握庞大学术体系的卓越能力，使大家赞叹不已。

《中华大典》是任继愈先生主编的一项重要文化工程，是以国家的名义和力量来组织编写的一部中华古籍大型系列类书，被列为国家级重点古籍整理项目，同时也入选国家“‘十一五’重点社科规划项目”。《中华大典》参照现代图书分类方法，对先秦至1911年中国优秀文化典籍进行梳理汇编，涵纳了儒家、诸子百家、佛道诸教以及志书等优秀文献资料，是一部中国历代汉文字古籍的新型类书。全书类分为24个典，包含110多个分典。其中由白化文先生主编《民俗典》。白先生热情邀我主持编纂《民俗典》中的《地域民俗分典》，主要是按一定编纂框架和体例，将中国历史上各种文献中少数民族和边疆地区的民俗分门别类进行编纂。鉴于中国古代文献中对各少数民族和民族地区民俗记载的十分丰富，这也是一件不小的工程，当时设计时预计编纂成果400多万字。

2006年9月7日《中华大典·民俗典》召开正式启动会议。已经90岁高龄的任先生亲临指导，发表重要讲话。他希望《民俗典》突出特色，要求大家“默默无闻，沉下心来”积累资料，要“广前人之所未备”，要用第一手资料，对相关文献要竭泽而渔。

我负责的《地域民俗分典》不仅工作量大，且学术把握难度也高。先生对此特别关注。当我们将编写框架提纲送任先生后，先生仔细审看，亲笔写了一页的批示，其中提到怎样界定国内外民族范围，具体到北狄、胡、匈奴、鲜卑、龟兹、于阗等民族如何编纂，都提出要求和注意事项，强调要保持体例的一致贯通。我们根据先生的意见反复讨论，统一认识，最后使框架更趋科学完善。

先生后来仍不断关心我们这一分典的编纂工作。他提醒我们，在历史文献中，由于封建社会统治阶级的偏见，对少数民族记载有污蔑称呼，有偏颇的记载，在辑录文献时要注意选择，不要伤害到少数民族。同仁们对先生耳提面命、诲人不倦、一丝不苟的负责精神感到极大鼓舞，也切身体会到先生作为学术大家不做挂名主编，认真行主编之责的踏实学风。任先生言教和身教并行，金针度人，给我们做学问树立了可资效法的楷模。

如今《地域民俗分典》在20多位从事民族史研究专家的共同努力下，精心编纂，反复修改、核校，历经10个寒暑，已经完成，该书最后积累成果已达500万字，于2008年分3册出版。先生虽未能见到此书，但这厚重的书中渗透着先生的心血。看到此书，不禁想起先生指导我们工作时的音容笑貌，令人唏嘘怀念。

图6　《中华大典·民俗典·地域民俗分典》书影

先生离我们而去，实为学界重大损失。但先生等身的学术成果已成为社会和学术界的宝贵精神财富，先生优良的治学精神和高度负责的工作态度，也已为后学树起高山仰止的丰碑。

武玉环教授学术简历及成果

刘晓飞 *

武玉环，女，1950 年出生于长春。现为吉林大学文学院历史系教授、博士生导师，曾任吉林大学文学院历史系主任（2001—2010 年），中国民族史学会辽金暨契丹女真史分会副会长（2006—2016 年），吉林省历史学会副会长。主要研究领域为中国古代史、中国北方民族史、宋辽金史。

1973 年 8 月至 1976 年 8 月，为吉林大学历史系本科生，获历史学学士学位。

1979 年 8 月至 1982 年 8 月，为吉林大学历史系东北地方史硕士，获历史学硕士学位。

1997 年 8 月至 2001 年 6 月，为吉林大学古籍研究所中国古代史专业在职博士生，获历史学博士学位。

1976 年 8 月至今，历任吉林大学历史系讲师、副教授、教授、博士生导师。

1996 年 4 月至 1997 年 4 月，日本关西学院大学文学部东洋史学科客座研究员。

2001 年 10 月至 2002 年 4 月，日本西南学院大学国际交流科客座教授。

学术成果：

著作与主编、参编的论著：

《辽金社会与文化》，中国社会科学出版社 2014 年版。

《辽制研究》，吉林大学出版社 2001 年版。

《豚亨集》，主编，吉林大学出版社 2003 年版。

《中华文明史》第 6 卷，宋德金主编，参编金代经济部分，河北教育出版社 1994 年版。

《中国大通史》之《辽金西夏卷》，主编之一，学苑出版社 2018 年版。

《精评白话辽史记事本末》，辽沈书社 1994 年版。

《东北历史名人传》，张博泉等主编，古代卷，参编辽代人物等 10 篇，吉林文史出版社 1987 年版。

---

* 刘晓飞，女，吉林临江人，辽宁师范大学讲师，主要从事辽金史研究。

《中国北方各族人物传》，孙进己等主编，参编辽代人物 5 篇，辽海出版社 2002 年版。

论文：

《辽代职官俸禄制度初探》，《学习与探索》2017 年第 2 期。

《辽代职官考核制度探析》，《史学集刊》2014 年第 3 期。

《金代职官致仕制度考述》，《吉林大学社会科学学报》2016 年第 1 期。

《论金代县级官吏的选任与考核》，《吉林大学社会科学学报》2012 年第 7 期。

《金代乡里村寨组织考述》，《中国边疆史地研究》2013 年第 3 期。

《辽代对丝绸之路的控制与经营》（第一作者），《求索》2014 年第 3 期。

《春捺钵与辽朝政治——以长春州、鱼儿泊为视角的考察》，《北方文物》2015 年第 3 期。

《赵翼金中叶以后宰相不与兵事考辩——兼论金朝中后期尚书省与枢密院的关系》（第一作者）《学习与探索》2011 年第 4 期。

《金代自然灾害的时空分布特征与基本规律》，《史学月刊》2010 年第 8 期。

《金代的防灾救灾措施述论》，《吉林大学社会科学学报》2010 年第 4 期。

《论金代自然灾害及其对策》，《社会科学战线》2010 年第 11 期。

《金代的防灾救灾思想》，《史学集刊》2010 年第 3 期。

《金代自然灾害及其救灾体制》，《辽金史论集》第 10 辑，中国社会科学出版社 2007 年版。

《金代社会经济的主要问题及其对策》，《张其凡教授荣开六秩纪念文集》，上海人民出版社 2009 年版。

《金代移民治理与民族融合》，《邓广铭教授百年诞辰国际学术研讨会论文集》，北京大学中国古代史研究中心，中华书局 2008 年版。

《辽代军礼考述》（第一作者），《黑龙江民族丛刊》2012 年第 5 期。

《契丹文化的源流及其历史影响》，《辽宁工程技术大学学报》（社会科学版）2010 年第 4 期，编入《契丹文化学术研讨会论文集》，吉林大学出版社 2010 年版。

《渤海人口考述》，《辽金史论集》第 11 辑，内蒙古大学出版社 2009 年版。

《辽代人口考述》，《学习与探索》2009 年第 6 期。

《辽代礼仪制度探析》，《阿尔山国际学术研讨会论文集》，内蒙古人民出版社 2008 年版。

《辽代的移民、治理与民族融合》，《北京大学“10 至 13 世纪中国文化的碰撞与融和”国际学术研讨会论文集》，上海人民出版社 2008 年版。

《论辽与西夏的关系》，《东北史地》2008 年第 4 期。

《王氏高丽时期的渤海移民》，《吉林大学社会科学学报》2007 年第 3 期。

《王安石变法错在用人》，《人民论坛》2007 年第 10 期。

《渤海与高句丽族属与族俗比较研究》，《社会科学辑刊》2005 年第 4 期。

《渤海与高句丽族属与归属问题探析》，《史学集刊》2004 年第 2 期。

《辽代职官的犯罪与惩罚》（第一作者），《东北史地》2004 年第 8 期。

《辽代的赋役制度》，《北方文物》2003 年第 1 期。

《论辽代的渤海移民政策》，编入《东北边疆史地丛书》，中国社会科学出版社 2003 年版。

《契丹婚俗与婚制》，［日］《国际文化学刊》2002 年第 1 期。

《辽代斡鲁朵探析》，《历史研究》2000 年第 2 期。

《辽代刑法制度考述》，《中国史研究》1999 年第 2 期，编入《中国法律制度史考述》，中国社会科学出版社 2004 年版。

《论辽代的科举制度》，《东北历史地理论文集》，哈尔滨出版社 2002 年版。

《辽的农业与土地制度》，《北方文物》2002 年第 3 期。

《辽代监察制度考述》，《北方文物》2000 年第 3 期。

《论辽与高丽的关系及辽的东部边疆政策》，《吉林大学社会科学学报》2001 年第 4 期。

《辽代部族制度初探》，《史学集刊》2000 年第 1 期。

《契丹部落联盟与辽初政体》，《松辽学刊》2000 年第 1 期。

《辽代军事制度述论》，《北方民族》2000 年第 1 期。

《日籍渤海人高斋德》，《史学集刊》2000 年第 3 期。

《渤海使臣使日所见日本的歌舞》，《北方民族》2000 年第 2 期。

《渤海使臣使日与日本宫廷的外交礼仪》，《北华大学学报》2001 年第 3 期。

《论契丹民族华夷同风的社会观》，《史学集刊》1998 年第 1 期。

《论契丹族妇女的社会地位》，《昭乌达蒙族师专学报》1998 年第 3 期。

《辽代的文化政策与思想控制》，《北方民族》1998 年第 1 期。

《契丹民族的时代观》，［日］《人文论究》1996 年第 46 卷第 2 号。

《辽代儒学的发展及其历史作用》，《吉林大学社会科学学报》1996 年第 5 期。

《论辽应天太后》，《社会科学探索》1993 年第 3 期。

《罗继祖教授与辽史、东北史研究》，《长春文史资料》1992 年第 12 辑、1993 年第 1 辑。

《契丹族的再生仪刍议》，《史学集刊》1993 年第 2 期。

《略论辽代契丹人的衣食住行》，《北方文物》1991 年第 3 期。

《辽代的陶瓷艺术》，吉林音像出版社 1991 年版。

《论辽代妇女的崇佛》，《辽金史论集》第 5 辑，文津出版社 1991 年版。

《辽代文化》，中央音像出版社 1990 年版。

《论辽圣宗的改革》，《史学集刊》1987 年第 2 期。

《试论北方民族共同体的形成与发展》，《黑龙江文物丛刊》1984 年第 2 期。

《从马克思主义民族理论看北方民族共同体的形成与发展》，《马克思主义与历史科学论文集》，吉林省历史学会编，1983 年 10 月。

《金宋战争中的崔与之——以嘉定年间为中心的考察》（第一作者），《北方文物》2011 年第 2 期。

《辽金时期的萨满教》，《东北史地》2005 年第 2 期。

《金代城市管理制度述论》，《金史国际学术研讨会专集》，中州古籍出版社 1996 年版。

《论金代女真人的宗教信仰与宗教政策》，《史学集刊》1992 第 2 期。

《金代商业述论》，《吉林大学社会科学学报》1992 年第 4 期。

《元好问的诗与金代社会》，《忻州师专学报》1990 年第 1 期。

《金代的水利建设》，《北方文物》1989 年第 3 期。

《金代人口与户籍》（第二作者），《学习与探索》1989 年第 2 期。

《金朝中央官制的改革》，《北方文物》1987 年第 2 期。

《论江户时代的日本儒学及其社会影响》，《唐都学刊》2003 年第 2 期。

《论春秋时期职官犯罪与惩罚》，《吉林大学古籍所建所 20 周年纪念文集》，吉林文史出版社 2003 年版。

《从睡虎地秦慕竹简看秦国地方官吏的犯罪与刑罚》，《吉林大学社会科学学报》2003 年第 5 期。

《论春秋时期的入仕制度》，《豚亨集》，吉林大学出版社 2003 年版。

《论战国时期的入仕制度》，《豚亨集》，吉林大学出版社 2003 年版。

《论战国时期的职官考核制度》，《金景芳先生百年诞辰纪念文集》，吉林大学出版社 2002 年版。

《春秋时期的职官考核制度》，《史学集刊》2001 年第 1 期。

《论日本封建时代儒学的发展与历史作用》，《东北亚论坛》1993 年第 3 期。

承担的科研项目：

国家哲学社会科学基金项目，“辽金职官管理制度研究”，2012—2016 年，项目负责人。

教育部人文社会科学基金项目，“10—13 世纪中国北方村乡社会管理制度研究”，2008—2011 年，项目负责人。

国家哲学社会科学基金重大项目，“东北方国属国史研究”之“契丹史”，2011—2017 年，项目负责人。

国家《东北工程》项目，“渤海移民的治理与归属研究”，2002—2007 年，项目负责人。

中国社会科学院重大项目，“中国历代自然灾害及其对策研究”子课题“辽金自然灾害及其对策研究”，2002—2008 年，项目负责人。

吉林省哲学社会科学“十五”规划基金项目，“辽金移民与社会发展研究”，2006—2009 年，项目负责人。

吉林省哲学社会科学基金项目，“辽代社会与文化研究”，1999—2001 年，项目负责人。

吉林大学学术名家自由探索计划，“10 至 13 世纪中原农业民族与草原游牧民族交融史研究”，2013—2017 年，项目负责人。

第八篇

博士论文提要

辽代封爵制度研究

李忠芝*

此项研究在前辈学者对辽代封爵制度研究的基础之上，运用历史学、文献学、考古学、统计学等学科知识和方法，以辽代封爵制度为研究对象，对辽代爵制的发展演变、各等级爵位的封授状况、封授范围、封授标准以及爵位管理等问题进行多维度的研讨，以期较为全面地揭示辽代爵制的基本内容和特点。论文除绪论、结语外，共分五章。

一　辽代封爵制度的确立与演变

辽代爵制大体可分为前、中、后三个发展阶段。太宗至穆宗朝为前期，太宗时始见爵位封授，但当时的封爵数量少，王号系统不统一，至穆宗朝仍在缓慢推进，此时为辽代爵制的确立和推进期。景宗至兴宗朝为中期，景宗即位之后，封爵制度更为制度化，爵位封授比较集中；圣宗时辽朝极为繁盛，封爵大行又有较严格的制度规定；兴宗时延续圣宗盛世，爵位封授较多，但兴宗时一度“爵赏滥行，除授无法”①，官爵封授出现一定的变化。总体而言，这一时期封爵更为制度化，爵位封授比较集中，有了较严格的制度规定，为爵制的发展与完善期。道宗至天祚朝为后期，道宗朝开始限制高爵，五等爵延续中期特点，封授规模较大，此后辽朝爵位时有封授不依制度的现象，可归为爵制的变革与衰微期。

二　辽代国号王爵和特殊王爵

辽代封爵主体为王爵与五等爵，王爵占据封爵体系的至高地位。辽代国号王爵有两字国王、一字国王、一字王三个次级，国号王爵的封授大致可分为确立（太宗至穆宗）、繁荣（景宗至兴宗）、衰落（道宗至天祚）三个发展阶段。国号王爵封授范围较广，以皇族、后族为授爵主体，一般契丹人及异族功臣获封者相对较少。但皇族

---

* 李忠芝，女，河南商丘人，长春大学文学院讲师，主要从事辽金史、中国文化的教学与研究工作。

① 《契丹国志》卷8《兴宗纪》，中华书局2014年标点本，第92页。

并非只限于皇子、皇兄弟等皇室近亲，还有很多出自皇族疏室等，这种状况持续时间较长。道宗大康五年（1079）发布降爵诏令，“诏惟皇子仍一字王，余并削降”①。此后的国号王爵封授范围主要为皇室近亲。从封授标准看，国号王爵首重受封者的出身状况，是否具备突出的功绩是次要因素。此外，辽代国号王爵采用的国号存在高下之别。特殊王爵集中在辽初封授，中期有个别封授行为，主要是为区别不同受封群体而设。

三 辽代郡王爵

辽代郡王爵位的封授大致可分为前（景宗前）、中（景宗至兴宗）、后（道宗至天祚）三个时期。郡王封授范围与国号王爵相似，宗室、后族占据绝对优势，封号主要以郡望原则确定，皇室近亲所用的封号比较特殊。兴宗朝以后，不仅皇室近亲、其他人的郡王封号也有不以郡望确定的现象，转而更多地采用与辽朝境域相关的封号。此外，各郡王封号之间也存在一定的等第关系。

四 辽代五等爵

该章主要考察辽代公侯伯子男五等爵的封授状况。辽代五等爵出现的爵称较多，有国公、开国郡公、开国县公、开国公、开国郡侯、开国县侯、开国侯、开国郡伯、开国县伯、开国伯、开国郡子、开国县子、开国子、开国郡男、开国县男、开国男十六种。经考证，开国公、开国侯等未详郡、县的爵称是略记而非单独爵级；自开国郡侯以下，郡、县侯，郡、县伯，郡、县子，郡、县男是四个封爵等级。所以，辽代五等爵分为国公、开国郡公、开国县公、开国郡侯、开国县伯、开国县子、开国县男七等。辽代五等爵的封授规模较大，目前可考者有 181 人次，尚有一些无法确考以及湮没于历史之中的授爵行为。辽代五等爵封授对象以汉人为主，占据近八成比例，余者基本为契丹人，但出自契丹贵族者相对较少。从封授标准看，五等爵的封授以赏功为主。

五 辽代爵制管理

该章主要研究辽代升降爵制度、食邑制度、官爵关系等问题。辽代的爵位管理有因事、因功升迁爵位，也有因罪或过失而降封或削爵的情况。辽代爵位的食邑标准有明显沿袭唐制的痕迹，但也有变革，比唐制标准偏高的情况较为常见，但同时也存在

① 《辽史》卷 24《道宗纪》，中华书局 1974 年标点本，第 284 页。

个别食邑户数偏低的现象。辽代爵与官有相当密切的关联性，尤以获王爵、国公爵者受封的官职较为集中，以枢密院主要长官、南北府宰相、诸京留守、诸节度使最为常见，受爵者也多有荣官称号。这都表明辽代受爵者是辽朝统治集团的主要组成部分，是辽代统治集团的中流砥柱。

辽代爵制是在吸收中原爵制的基础上发展而来，受爵者具有明显的群体分化特点，封授范围较隋唐更广，因亲封爵的范围也较大。这一制度在运行中起到了明确等级关系、笼络人才、巩固统治以及移风易俗、引导社会行为取向等积极作用。但纵观辽代历史，偶见受爵的皇亲国戚谋叛、争位等行为，即辽代爵制也存在不利于政权稳定的因素。总之，辽代爵制上承唐制，与宋制互相关联，是辽代政治制度的重要组成部分，对后世制度又有较多的影响，是中国古代爵制发展史中不可或缺的一环。

（吉林大学 2016 年博士学位论文　导师：程妮娜教授）

辽代道级行政区划研究

张 韬*

道级行政区划为辽朝管理插花地、纯农耕地区、部分草原地区的最高地方行政建置，是维系辽朝中央集权统治的重要支柱。论文以道级行政区划作为研究对象，重点考察辽代是否建有道级行政区划、道级行政区划建置沿革与特点、职官设置与职掌、地位与作用，并对持否定辽代置有道级行政区划的观点进行辨析，以便探讨道级行政区划在辽朝的具体发展情况。全文除绪论和结语外，共分作四章：绪论部分，主要介绍论文的选题意义，全面梳理学术界对本选题的研究现状，总结目前研究存在的不足之处，概述论文的研究思路、方法以及论文的创新点、难点。第一章，辽代的道级行政区划。通过梳理史书、石刻关于“道”“路”等方面的记载，参以现代学者对辽代“道”“路”的认识，考证论述辽代置有道级行政区划。辽朝先后建有东京道、上京道、南京道、中京道、西京道五个道级行政区划。最后详列持否定辽代设有道级行政区划学者们的观点，并对其加以辨析。第二章，辽代道级行政区划建置沿革与特点。分草创、完善、定型三个时期论述道级行政区划及所辖府州城军县等的设置时间、过程、隶属关系、位于今天何地等情况，并总结三个时期道府州县等设置具有的特点。第三章，辽代道级行政区划管理机构与职官。道级行政区划的最高军政管理机构为各京留守司，详细罗列留守司设置的各类职官，并简要探讨各京留守及其属官的职能。分留守司直属行政机构与职官、留守司直属军事机构与职官两个方面具体考察道级行政区划行政、军事管理机构与职官设置情况，并归纳道级行政区划职官于行政、军事方面的职掌。第四章，辽代道级行政区划的地位与作用。从道级行政区划属地方最高行政区划、五京道与五京府独具的地位、中京道成为全国性行政中心等四个方面论述道级行政区划的地位。道级行政区划的作用主要体现在有效地管理所辖地区、稳定辽朝的基石、协调所辖地区与游牧地区的发展三个方面。结语部分，分析辽代道级行政区划承袭唐朝、渤海国五京制度，辽代的道级行政区划之制对金朝的路制产生了重要的影响。

（吉林大学 2016 年博士学位论文　导师：杨军教授）

---

* 张韬，女，黑龙江富锦人，通化师范学院历史与地理学院副教授，主要研究方向为东北地方史。

辽朝对高丽政策研究

陶　莎*

辽朝对高丽政策自太祖至天祚帝，贯穿辽朝二百余年统治时期，是辽朝对外政策的重要组成部分。辽朝对高丽政策因内外形势而适时调整，但总体是围绕着辽朝不同阶段目标的变化而变化，服务于辽朝的整体战略。

绪论主要探讨了选题缘起与意义，并对目前国内外学界的研究现状进行了论述。

第一章主要探讨了辽朝初年即太祖、太宗时期对高丽之政策。这一时期，辽朝与高丽为两个平等交往的政权，并不存在藩属关系，辽朝对其采取的各种政策大都是依据当时外部局势的变化及自身战略而制定的，目的是配合辽朝对西部、南部之战略。辽太祖、太宗时期对高丽之政策亦可分为以下几个阶段：第一阶段始于辽太祖元年（907），终于太祖神册六年（921）年。这一时期，由于内外环境的因素以及辽朝战略重心集中于西部以及中原地区，因此，对于已经掌握的辽东地区则以确保稳定为主。故对高丽、新罗、后百济采取保守的政策，以保证辽东的稳固。第二阶段为辽太祖天赞元年（922）至天赞五年（926）。这一时期辽朝对西部之诸部族已经完成征讨，战略重心开始转移，对高丽之政策亦发生改变。天赞元年（922），辽朝遭遇“定州之败”。这迫使辽朝改变了之前所执行的南下中原的策略，意识到若要实现“广土众民”的政治理想，则在南下中原之前必须先剪除东、西两翼之威胁。因此，辽朝一改之前的保守政策，开始主动交好高丽，最终将渤海五京十五府六十二州的广阔疆域收入囊中。第三阶段为辽太祖天显元年（926）至天显三年（928）。这一时期渤海国遗民仍在抵抗，而高丽亦欲趁此机会北进。如此情形下，辽朝转而远结后百济，采取主动出击的防御政策，与后百济相互策应，由此遏制高丽的北进政策。第四阶段为辽太宗天显三年（928）至会同十年（947）。这一时期由于渤海已灭，辽朝再一次将战略重心转向中原地区，因此对高丽政策再一次发生变化。太宗朝时期，辽朝全力争取中原的主控权，为保证这一目标的实行，对高丽的诸多挑衅举动多采取隐忍的政策。

第二章主要探讨辽圣宗时期对高丽的政策。辽圣宗时期东北亚之格局发生极大的

* 陶莎，女，黑龙江双鸭山人，中山大学国际关系学院博士后，主要研究方向为辽代关系史。

变化，北宋重新统一了战乱不断的中原地区，与辽朝形成南北对峙的局面。此时辽朝与北宋之关系成为东北亚政治格局中最重要的关系，其他政权间的关系皆围绕此展开。辽朝对高丽之政策即是根据此种情况进行改变，尤其是辽圣宗统和十二年（994）高丽成为辽朝藩属后，辽与高丽之关系发生了新的变化，故其政策亦做出相应的调整。辽圣宗时期对高丽政策亦分作两个阶段：

第一阶段为圣宗即位直至统和十二年，辽朝对高丽主要政策为彻底臣服高丽，建立起以辽朝为主的宗藩关系。为此，圣宗即位之初便积极准备征讨高丽，发动对女真的战争以扫清障碍。虽然有因为宋朝“雍熙北伐”而中断，但是通过统和十年（992）的征讨高丽战争及赐予其土地等手段，最终在统和十二年与高丽建立宗藩关系。第二阶段为统和十二年（994）直至圣宗去世，这一期间辽朝已经与高丽建立起宗藩关系，辽朝对高丽政策主要是维护所建立之宗藩关系。为此，辽朝一方面通过使节往来加强与高丽之联系，一方面以武力维系宗藩体系。

第三章主要探讨辽朝中后期对高丽之政策。辽朝中后期与高丽之关系趋于平稳，辽朝对高丽采取更平和之政策，多以外交手段，而慎用武力。这期间尤以辽朝兴宗时期对高丽政策为代表，至于道宗、天祚帝则沿袭前代之政策。辽兴宗当政时期，东北亚局势早已稳定下来，辽朝与北宋已经维持了数十年的和平交往，双方使节往来不绝于路。辽朝与西夏、高丽亦早已建立宗藩关系。因此，当时东北亚各政权之间以和平为主，而交流方式则是以建立宗藩关系为主。在如此环境下，辽朝对高丽采取平和之政策亦是符合当时东北亚之形势。

第四章主要分析辽朝对高丽政策的整体特点及对此种政策的评价。辽朝对高丽之政策有着鲜明的自身特色，主要为以下几点：辽朝对高丽之政策呈现出阶段性的特点；辽朝对高丽之政策是其对周边政权整体外交政策的一部分；辽朝对高丽之政策以辽朝之实力为后盾；辽朝对高丽之政策中始终对“鸭绿江问题”不退让。

辽朝对高丽政策的实施对于当时东北亚政治格局之构建亦产生很大的影响，该政策的实施既是辽朝实现政治目标的重要措施，亦是辽朝“中国观”意识的一种表现。因此，从现实政治角度来看，辽朝对高丽实施之政策无疑是成功的。辽朝在各阶段对高丽政策皆实现了其战略目的，并理顺了以辽朝为主的宗藩关系；而从辽朝所希望建立之中国正统地位来看，辽朝对高丽之政策无疑是失败的。尽管辽朝以武力征服高丽，并试图在“文德”等方面影响高丽，以期改变高丽在文化方面对辽朝之印象，然而高丽始终未曾彻底臣服于辽朝。这其中除了高丽在文化方面对辽朝的心理优势外，更主要的是高丽与辽朝在战略上有直接之冲突，这是双方的根本矛盾。

结语则对辽朝构建“中央之国”的政治理想以及“义理”与“时势”间辩证关系进行探讨，以期更好地理解辽朝对高丽政策的制定以及转变。

（吉林大学 2016 年博士学位论文　导师：高福顺教授）

西夏职官制度若干问题研究

魏淑霞*

随着更多的西夏文书史料的释读，从西夏官僚政治制度的视角入手，把西夏职官制度纳入到整个中国职官制度发展嬗变的历史空间中进行研究，十分有必要。论文拟以专题形式，对西夏职官制度中的几个问题进行全面系统的梳理和研究，在展现西夏职官制度概貌的过程中探讨其在多大程度上承袭了中原职官制度，以及其与周边各民族政权间的制度文化的交融状况；探求西夏职官制度运行中各利益群体的协调；体察西夏法律政令文本与实际执行之间的关系。文章主体共分八个部分，第一部分：导论，主要涉及选题缘由、研究内容、运用方法、学术史回顾及重难点；第二部分：官吏的培养与选叙；第三部分：官吏酬劳之官品、官阶、封爵、俸禄及致仕情况；第四部分：西夏考课奖惩制的探讨；第五部分：对西夏中央及地方监察体系进行考察；第六部分：探讨西夏宰相的设置、职掌及相权与皇权的斗争；第七部分：西夏的僧官制度；第八部分：总体梳理西夏职官制度的历史变迁、影响因素及其特点。主要结论如下：西夏对官吏的培养政策导向上，前期倡导"蕃化"，后期又倡导"儒化"，西夏官吏的选叙在保留旧有世袭制的基础上借鉴了中原的恩荫、征辟、科举制。从文献记载看，西夏设有十二品官，又有"未及御印""及御印"和"及授"官的划分，但这些官的划分与官品之间不存在完全的对应关系。在西夏，官阶数量众多，超过历代官阶数量。西夏的封爵对象也是宗室子弟和功臣，以宗室子弟封王为主，大致可划分为王、公、侯、伯，4 级 10 等。在整体的封爵框架上承袭了中原传统封爵制实行分级分等的制度，但在具体的封爵名号、封爵分等上，西夏与中原有所不同。西夏的官俸由三司、群牧司负责，三司出钱，群牧司出牲畜，而禄食由分给官吏的口粮田中出。因位得官的人在致仕后，离职不离官，享有特权，但致仕后是否还能领取俸禄，不得而知。西夏采用循资考绩法——磨勘制，在总体磨勘迁转政策下，又根据官吏任职部门的不同，身份地位的不同分类制定磨勘迁转政策，体现了统治者既想从整体上把握对官吏的考课，又想对官吏的考课有所区分。西夏的磨勘在参考年资的同时更注重个人业绩。磨勘奖惩方式分为物质、司法、行政手段，基本上遵循了擢优进贤，裁

---

* 魏淑霞，女，宁夏固原人，宁夏社会科学院副研究员，主要研究方向为西夏学和北方民族史。

顽汰劣的原则。从史料记载看，西夏对官吏的监察系统可分为中央与地方两级制，中央监察分为御史台和谏官，两者各有分工，又互相配合，发挥了对官吏的监察作用。地方有刺史、经略使、转运使、巡检、检视人等，以实现对不同级别官吏的监督，共同构成西夏监察系统。宰相是官僚政治的核心人物，西夏宰相一职常设，应设有左、右宰相之职。与宋比较，西夏宰相权力较大，集军、政大权于一身，这一方面可能是其受回鹘政权影响，另一方面也可能是由西夏民族割据政权的性质及当时的政治环境决定的。西夏曾出现过四次宰相专权，对其政治及职官制度都产生了深远的影响。在宰相专权与后党宗族关系密切、相权与皇权的斗争中伴随着蕃汉两种文化和统治方式的斗争。西夏崇尚佛教，设僧官制辅政，但僧人的政治参与性并不强烈。总体而言，西夏职官制度形成于我国职官制度发展的成熟期，从无到有，再到完善，是民族经济、文化、政治交流的结果。在部分保留本民族旧有制度的基础上，主要取法于宋，同时杂糅吐蕃、回鹘等其他民族政治文化，呈现出内容较为完整、杂糅并蓄的特点。

（宁夏大学 2016 年博士学位论文　导师：王银春教授）

西夏文《大般若·初分诸功德相品》译释

任长幸*

论文选取西夏文《大般若·初分诸功德相品》作为代表，运用历史文献学、传统考据的方法、比较史学的方法、语言文字学的方法，进行研究。录释经文，并且与汉文底本进行比勘，纠正西夏文本的错讹，为西夏文佛教文献语料库提供了正确的录文。尤其值得注意的是，本品中出现了许多不见于世俗文献语料库的新词语，在丰富西夏语料库的同时，也可以加深我们对西夏文的字、词、语法的认知。论文共有绪论、西夏文《大般若·初分诸功德相品》译释和结语三章。

正文第二章主要包括两大部分。第一部分为释文体例。第二部分为西夏文《大般若》卷三百七十九到卷三百八十三译释。第一部分释文体例。论文以经折装折面为单位进行译释，为方便检索，采取统一编号。汉译文底本采用《大正新修大藏经》，加新式标点。文献原件中异体字、残字，录文中予以改正、誊清。凡能补缀者补之，无法补者以“□”表示。脱、倒、衍文均一仍其旧，加注说明。译释大致以经文原件折面为单位，为保持句意完整，不苛求与原文一一对应，故此经文的有些句子出现被分割的问题。论文对词语的译释采用直译和意译相结合的原则。对译部分参照林英津处理《圣妙吉祥真实名经》的方式，确定西夏字、词的使用时，尽量参考前人的对译文献用例，并结合汉译文底本。因西夏文录文没有标点，论文在译释时也没有给出相应的标点符号。注释部分除以上所示内容以外，重点放在西夏字字义、词汇、语法现象的分析与探究方面。注释部分重点在于说明夏汉异文、西夏字词的不常见用法、特殊的西夏语现象及佛学名相。佛教词语的解释，多依据丁福保的《佛教大词典》、慈怡的《佛光大辞典》释文中词例、句例。第二部分，西夏文《大般若》卷三百七十九译释、西夏文《大般若》卷三百八十译释、西夏文《大般若》卷三百八十一译释、西夏文《大般若》卷三百八十二译释、西夏文《大般若》卷三百八十三译释。将汉译文字列于录文之下，与其一一对应，并标出汉文本以及注释。

佛典的翻译是一项巨大的文化工程。西夏文佛经的翻译不仅要求译者通晓蕃汉语言、文字，而且需要其精通佛教义理，能够根据西夏社会的实际情况进行圆融变通，

---

* 任长幸，男，河南南阳人，黔南民族师范学院副教授，中国盐文化研究中心特聘研究员，主要从事西夏学研究。

以便于信众接受。从西夏文《大般若·初分诸功德相品》的翻译情况来看，对佛经的翻译采用了直译与意译结合的方式，既忠于原文，又灵活多变。西夏译者对于佛经中出现的汉语固有词汇的翻译折射了西夏对中原文化的理解，对于了解多民族间的文化接触具有重要参考意义。随着西夏的灭亡，党项族与其他民族相融合，其语言文字也为历史的尘埃所湮没。直到近代随着众多西夏文物、文献的出土，西夏文字才又进入人们的视线。《番汉合时掌中珠》等西夏文辞书的面世，为我们解读西夏文献打开了方便之门。由于语法方面的特殊性和复杂性，加之时代久远，只有通过大量的文献解读，发掘传世的语言学材料，才能进一步推动西夏语言文字学的发展，并对了解西夏社会、文化、信仰、语言、文字及佛教史等方面有所助益。

（陕西师范大学2016年博士学位论文　导师：韩小忙研究员）

西夏畜牧业研究

高　仁*

西夏以畜牧立国。畜牧业不仅是国民经济的重要支柱，亦为民众衣食之所需，其产出的马、驼等驮畜又系重要的国家战略物资，可谓关乎国计民生。同时，其游牧生产方式还对社会制度、文化产生了重要影响。

由于史料的匮乏、西夏文文献的晦涩难解，以及方法、视野上的困境，使得目前关于西夏畜牧业的研究虽有探讨，却多流于表面。基于此，论文在全面梳理传世文献，出土文物、文献，重新译释相关西夏文献的基础上，利用人类学有关游牧人群生产、生活方式的理论及调查案例，借鉴内亚史的研究视角，致力于考察西夏畜牧经济的生产方式、生产关系、生产制度，三者之间的内在关系，以及其发展的区域特点。

论文主体共分为五个部分，分别讨论了西夏畜牧经济的生产对象、生产方式、官牧制度、管理规章以及西夏畜牧经济的区域差异：

第一部分考察西夏所牧养牲畜的种类，认为西夏所牧养的牲畜种类众多，其中马、骆驼、羊、牛（包括犛牛）为四大官畜。马和骆驼是西夏重要的官用役畜，西夏所产的马质量高，数量多，是西夏最具战略性的资源，多用于军事，且军队对马匹具有优先的使用权；骆驼除了用于军事外，还常常充做公务役畜，并且是商用和民用的重要交通工具。羊是西夏最主要的经济畜种，广大牧民常赖以为生的牲畜，各个区域皆有羊的牧养。西夏牛分两种，犛牛与黄牛，犛牛仅牧养于贺兰山、焉支山等高海拔地区；而黄牛牧养范围较广，多用以耕作。

第二部分考察了西夏畜牧的生产方式，认为其虽然生产方式多样，但是游牧处于主导性的地位，并普遍地存在于诸多的部族、官牧场之中。从诸多的文献来看，西夏牧民居住在“帐”“包”之中，以部落为单位，携牲畜移动，追逐水草或躲避灾害，过着非定居的生活。牧民随季节循环移动，他们秋季分工，一部分人为牲畜抢膘，一部分人打草，十月（农历）进入冬场，并常常设有“冬栏”以备冬，二月出冬场，七八月游至最远，开始返回。牧民多采集狩猎、外出劫掠、从事贸易，以补充游牧经济产品单一的缺陷。西夏政府效法前代的游牧政权，通过划分“地界”来管理游牧

* 高仁，男，山西平遥人，宁夏大学西夏学研究院讲师，宁夏大学民族学博士后，主要研究方向为中国少数民族史、西夏历史与文献。

部众，且其划界的机制既细致又灵活。

第三部分讨论西夏的官牧制度，认为西夏的群牧司及所管的诸牧场是西夏官畜牧业最主要的生产体系，其对唐宋的监牧制度有明显的承袭，集中地体现在群牧司坐镇中央，牧场散落于各地，是一种“总—分”的架构。而其牧场的具体管理，则与唐宋的“牧监”并不相同，西夏将诸多的游牧部落纳入国有牧场之内，并针对部落组织的固有特点实施管理：一是指派基层生产组织（牧团）的头目为牧监，负责登记牧人所领取官畜的数量、年龄、孳育情况等；二是由诸多部落的首领推举一名盈能，负责所管区域官畜的“号印”；三是由群牧司下派头监（亲事官）坐镇一地，征收畜产。

西夏官牧场中的牧人不同于唐宋牧监中受雇于政府的“牧子”，政府总体上并不过问生产的细节，他们“承包”了政府的牲畜，将它们带到其各自的部落中进行生产，并定期缴纳“杂事”。政府大体征收了官畜所繁衍的绝大部分幼畜，成为官营畜牧业发展的基础及增殖的“本金”，但以乳为主的消费产品则大多数留给牧人所有，成为其生活资料。这种契约式，双方皆有所受惠的经济关系，成为牧民乃至部落紧紧依附于官牧场的经济纽带。

第四部分讨论西夏官牧的管理规章，认为其与官牧制度相配套，西夏政府制定了号印、检校、注册注销、簿籍登记、赔偿、遣分等管理规章。它们虽对唐宋制度有明显的借鉴，但其独创性更为强烈，总体上系依据官牧场中具体的生产、管理环节而来，为西夏官牧体系的有序运行提供了法律上的保障。

第五部分通过系统梳理传世文献中关于牲畜俘获、贡献的具体数量及种类，通过量化的分析，讨论了西夏畜牧的区域差异，指出：鄂尔多斯地区是唐代“北河曲牧群”的所在，畜牧业基础雄厚，载畜量很大，多产马。宋夏沿边区域较复杂：横山地区多马，载畜量较大；瀚海地区土地贫瘠，部族持畜的水平极低，虽产马，但数量很少；天都山载畜量和人均持畜水平都比较高，但马匹较少，以牛、羊等经济类的畜种为主；会州及以西地区畜牧发展良好，多产马；河套平原虽以农业为主，但也有不少牲畜牧养，以牛羊为主；阿拉善地区主要出产骆驼，但一些绿洲地带也会有牛羊，黑河流域则各种牲畜皆有所牧养；河西走廊地区畜牧条件得天独厚，畜种齐全，产量很高。

此外，论文在附录中对《天盛律令》第十九卷的西夏文原文进行了译释，这既是论文的重要内容，也是全文得以展开的基础。

（宁夏大学 2016 年博士学位论文　导师：杜建录教授）

金代礼部研究

孙久龙*

金代礼部主要参照辽、宋礼部而设置，是中国政治制度史的重要一环。自金熙宗、海陵王改革官制后，金朝确立了省、部制的中央官制。中枢机构下分设六部，其中，礼部为掌管全国礼仪的机构，是金朝中央官制的重要组成部分。论文由绪论、正文、结束语三部分组成。

第一部分为绪论，主要论述了论文的选题意义，并就学界前贤对此问题的研究成果进行了归纳总结，最后阐述了研究思路及主要内容、创新点等内容。

第二部分为正文，共分为五章，分别从金代礼部的渊源、机构、职掌、职官等几个方面进行论述。

第一章金代礼部的制度渊源。本章主要从制度史的角度阐述金代礼部的制度渊源。隋唐时期，三省六部制正式确立，礼部正式形成。宋代，随着尚书省地位的下降，礼部的职掌被削弱，有名无实。元丰改制后，其作用有所恢复，但很快被再度削弱。南宋时期，由于战事繁多，为简化政务流程，“始合三省为一”。礼部的职掌进一步弱化。辽代，尚书省设员与唐制相同，但为空头机构，其官衔职称仅仅为加官散职，是荣誉性职务。金太宗天会七年（1129），金代中央礼部正式建立。

第二章金代礼部机构与职官构成。本章主要梳理了金代礼部的建立过程，并论述了金代礼部的机构、职官情况。金朝在占领中原地区后，一方面基于维护“汉地”统治、加强中央集权的需要，另一方面受到中原文化的影响，开始设置礼部。金熙宗官制改革后，礼部成为金朝中央机构的重要部门。金朝礼部机构与中原王朝类似，本衙分礼部司、祠部、膳部、主客四司，另有惠民司、架阁库作为下属机构。

第三章金代礼部的职掌。金代礼部职掌主要可分作六部分，一为执掌礼仪，主要负责国家礼仪的制定及执行，并对礼仪实施情形进行批驳。二为管理外交事务，主要负责交聘礼仪的制定及接伴、馆伴使节的拣选。三为管理宗教事务，主要可分为两个方面，一方面是管理僧道，另一方面是管理寺院、道观。四为管理学校和科举事务，负责管理中央官学中太学生的更替与递补，以及管理地方官学基本的硬件设施；负责

* 孙久龙，男，吉林松原人，吉林大学《史学集刊》编辑部副编审，主要从事金史研究。

科举程序的确立及主持科举考试。五为临时差遣，礼部官员担任最多的临时差遣是以交聘使节的身份出使南宋、西夏、高丽等。六为掌管符印，主要负责符印的设计，并和少府监一起负责符印的铸造。海陵王正隆初年后，礼部只负责符印的设计，铸造工作交由少府监承担。

第四章金代礼部官员的选拔与迁转。金朝礼部长贰官在海陵朝以前主要以辽宋降官为主，赐第出身为辅，进士出身所占比例较小。而从章宗朝至哀宗朝，进士出身者则占据礼部尚书入仕途径的绝大多数。造成这一情况的主要原因是，金初属于“借才异代”时期，大量任用辽、宋旧官进行政治制度建设。礼部官员执掌朝廷礼仪制度，对其文化素质要求较高，这只能从辽、宋旧官中选拔礼部高级官员。自熙宗朝开始，科举制度逐渐走向正轨，金政权摆脱了“借才异代”的局面，开始培养本朝人才。至于金朝礼部官员的迁任，金朝前期礼部长贰官的选拔标准相对宽泛，金朝中后期礼部长贰官则从礼部或与礼部相关的部门官员中选拔，礼部官员的选拔已经开始走向制度化。而礼部官员的升迁，金朝前期礼部长贰官多迁为地方官员，而中后期多转为中央官员，说明礼部官员越来越得到金朝统治者的重视。

第五章金代礼部职官特点。本章分析了礼部长贰官籍贯及民族构成的特点。一是金代礼部长贰官籍贯构成以燕云地区为主，此为金朝礼部长贰官籍贯分布的最大特点。二是金代礼部长贰官的民族成分以汉族为主，前期主要为辽、宋文士，中后期则以金朝自身人才为主，尤其是后期礼部长贰官中女真人有所增加。

第三部分为结语，通过前文的分析，对金代礼部从总体上进行分析和认识：首先，金代礼部的建立并非一蹴而就，其设立过程与金朝的政治改革密切相关，亦是金朝不断“汉化”的一种体现。其次，金朝礼部是在辽、宋旧制的基础上建立起来的，其职能亦多与前朝相同。礼部建立是金朝“汉化”的重要标志。最后，金朝礼部职官群体在入仕途径、仕履、籍贯、民族构成等方面表现出一定的特色。

（吉林大学2016年博士学位论文　导师：程妮娜教授）

金朝府州研究

李方昊[*]

金朝的府州体制是汉官之制的重要内容，对其进行研究，可以从一个侧面，解析女真族在政治文化方面融入中原社会的过程。府与州是其地方行政机构建制的中间环节，在金朝地方行政乃至国家行政管理当中有着举足轻重的地位。金朝的府州体制大部分时间“职有定位，员有常数，纪纲明，庶务举”，对于今天的政治体制也有借鉴之处。

绪论论证了该论文选题意义和研究现状和本论文的思路以及创新点。

第一章：金朝府与州的分布深受各地区的自然环境与社会环境的影响。东北地区由于气候酷寒，农作物产量有限，导致人口稀少，因此府、州的数量最少；同时由于金朝统治者因俗而治，只有汉族、渤海族实行府州县体制，其他民族没有实行，也导致府、州数量稀少。金朝北部热量条件优于东北，但仍然很寒冷，而且半干旱，导致该地区府、州分布较东北密集，而少于其他地区。陕西五路热量条件优于东北地区，水量条件优于北部地区，而且是华夏文明的起源地，综合条件比中原腹地稍差，因此府、州分布较为密集，但不如中原腹地。中原腹地是热量条件和水量条件最优的地区，导致人口稠密；而且是华夏文明的中心地带，因此府、州分布最为密集。

第二章：金朝的府州体制对唐、辽、宋三朝各有取舍。府在泰和八年（1208）有28处，分京府、总管府、散府三大类，各分上中下三等。长官皆为正三品，集行政、军事、财政权力于一身，没有像北宋那样以通判分割和制约长官职权。第一副职与正职的品级相差悬殊，一般相差一个半品级。幕职官员较北宋为少。且存在分支机构。金朝的州在定型期分节镇、防御州、刺史州三类，每类各分上、中、下三等，原有的军在章宗时期并入刺史州。这就使其州种类和等级较之宋朝更为简化和便于宏观管理。金朝州长官同样集行政、军事、财政权力于一身，没有像北宋那样，以通判分割和制约长官职权。第一副职与正职的品级相差悬殊，一般相差一个半品级，刺史州相差两个品级。州政府之下也设有分支机构。

第三章与第四章：金朝府州的人事管理的特点如下。金朝府、州长官的出身多种

---

* 李方昊，男，黑龙江肇源人，黑龙江大学历史文化旅游学院讲师，主要从事辽金史与明史研究。

多样，以恩荫和进士比例最大。防御使以下，进士出身者比例最大；节度使的出身，进士与恩荫比例相当；府长官之中，恩荫出身的比例远大于进士。这表明，金朝三品以上高官的选拔注重门第，中下层官员选拔注重文化素质。金朝府、州长官的职务选拔一般以品级最近者为主。府长官一般从节镇长官提拔，节镇长官一般来自防御使和府同知，防御使来自刺史和府同知者比例较高，刺史以少尹和副留守平级调动者比例稍高。第一副职直接提拔为正职的比例非常低。金朝府、州长官晋升缓慢。府级长官由于从二品以上职位太少，因此晋升困难，任满以后或者平级调动，或者调为节度使。节镇长官以下也往往任职不止一次，一次不止一任才能得到晋升，破格提拔的情况极为少见。而以政绩、军功、才能等择优提拔的比例非常小。虽然如此，仍然做到了名臣辈出，而且几乎不见好大喜功的府、州长官。

第五章：金朝府州政府的职能包括行政、经济、文化、军事等诸多方面。这是由于金朝府、州长官权力集中，没有通判之类的官员进行掣肘。由此，金朝府、州政府及长官对于地方治理乃至整个王朝的长治久安，发挥了积极作用。

（吉林大学 2016 年博士学位论文　导师：程妮娜教授）

金代移民研究

郝素娟*

金代是我国北方各族人口流动最频繁的时期之一，也是东北少数民族和中原汉族南北对流迁徙的历史时期。金立国一百二十年，移民运动贯穿始终，移民对金朝社会的整体发展、国运兴衰有着重要意义。同时金代移民对北方民族的变迁和北方地区的开发、发展产生了深远影响，并波及这一历史时期的中国社会发展，是中国移民史中不可或缺的重要内容。然而，目前学界对金代移民未做系统、深入、整合性研究，不能不说是一个缺憾。因此，论文以移民群体为研究对象，对金代不同时期的移民背景、政策、各族人口的迁徙动态及分布和各时期人口迁徙的特点规律等进行考察。在此基础上，探析各族移民的移居地生活，探究移民在金代社会中的作用等问题，以求对深化金代史以及移民史研究有所裨益。

论文除绪论、结语外，共分五章：第一章，金代初期的移民运动。阐述了金代初期移民的原因、政策、迁徙与分布。认为大量辽地、宋地人口的北迁是金初“移民实内地”“移民北上”等移民政策实施的结果，指出汉人的北迁呈现出渐进式特点，移民人数与迁入地范围要远大于辽代，已进入了黑龙江北部地区。而女真等族的移民中原是金政府的“猛安谋克南下”政策的体现，认为太宗后期有 140 多万女真人南下中原，河北两路、山东两路是女真移民的主迁地。同时对女真等族诸多移民家庭进行了考辨，明确了完颜希尹、尼庞古钞兀、秉德、海陵修仪高氏、术虎高琪、古里甲石伦等家庭的迁徙情况，认为完颜希尹家族至少领有两个猛安迁徙到吉林舒兰地区。隶属于黄龙府的曷懒兀主猛安和失剌古山猛安移居地较近，当在长春和农安之间。在此基础上，对金代初期的移民特点与规律进行了探讨，认为金初移民类型以政府组织控制下的强制型移民为主，移民原因以军事政治为主，经济原因次之。少数民族南下和中原人民北上是金初移民运动的最大特色。此外，金初移民运动体现了国内外学者所提出的人口迁徙若干规律中的“移民潮与返移民潮法则”“中心凝聚律”以及“周边民族向心律”等。

第二章，金代中期的移民浪潮。熙宗时内外局势的变化和海陵的迁都使金政府继

---

* 郝素娟，女，吉林东丰人，通化师范学院历史与地理学院教师，吉林大学专门史博士，主要从事辽金史及东北边疆史研究。

续执行“猛安谋克南下”的移民政策，得出熙宗和海陵两朝南下女真移民有50多万，至此金代三次大规模的女真族南迁宣告结束。河北东西路和山东东西路仍然是女真移民的主迁地，认为隶属于中都路的昏得浑山猛安与浑特浑猛安、浑特山猛安为同一猛安。对《金史》中记载的蒲察鼎寿、裴满达、仆散端、太宗子孙、秉德等女真移民家庭，耶律履等契丹移民家庭、李英等渤海移民家庭进行了探索，认为秉德家族在熙宗时从咸平路移徙中都，海陵正隆初年又从中都迁往天德戍守，而其他几个女真家庭在熙宗时期移民中都路。耶律履、李英两个家庭分别移徙东平和益都。通过对“招民实都”和“招民实河南”移民政策的探析，认为金中期汉人的迁徙主要是在政府优惠政策吸引下的自由型迁徙。本时期契丹、奚人除跟随女真人进入中原外，金世宗把西北、西南招讨司中的契丹、奚人强制迁徙至金源内地。与此同时，以女真为主的猛安谋克在中原地区进行了流动，但没有改变女真人在中原地区的分布格局。通过对金中期移民运动的全面考察，认为金中期的移民运动虽仍以强制型为主，但自由型迁徙开始上升，移民类型趋向多样化。移民原因也凸显多样性，除政治、军事因素外，经济因素越发明显。但移民规律与金初类似，仍然体现了“中心凝聚律”和“周边民族向心律”。

第三章，金代末期的移民高峰。通过对“军户南迁”“听民南渡”和“纵民北渡”移民政策的探析，认为贞祐南渡和壬辰北渡是金末、金亡之际两次举国性的迁徙。二十余年中，诸多移民家庭参加了南渡与北渡，这种“候鸟式”迁徙是金末移民运动的最大特点。同时在学界已有研究成果基础上统计出165例汉人移民家庭参加金末南渡，142例汉人移民家庭参加金亡北渡。有金一代，迁徙3次以上的各族移民家庭有24例，这是金代移民运动的突出特点。女真等军户的南迁形成了以南京为核心的辐射性分布，近至洛阳、许昌、归德府、郑州，远至安徽、江苏、山东等地区均有女真移民的迁入。北渡中的女真人主要移徙河北、山东、陕西等中原地区。对尼庞古醜的（先祖尼庞古钞兀）、高嗣荣（海陵修仪高氏家族）、古里甲石伦、蒲察桓端、术甲脱鲁灰、仆散端、纥石烈胡沙虎、耶律兄弟（耶律履孙子）等移民家庭进行了探究，明晰了迁徙情况，认为胡沙虎所领属的和鲁忽土猛安当在章宗后期或卫绍王时期从咸平路移徙中都路，并提出胡鲁土猛安与和鲁忽土猛安、和鲁夺徙猛安并非同一猛安。金代末期的移民规律与金初、金中既有相同性也有差异性，体现了“动乱驱散律（中心凝聚律）”和60年代流行于西方学界的“推拉理论”。

第四章，移民的移居地生活。对女真、契丹、宋辽宗室、汉族仕宦、汉族普通民众等各族、各阶层移民群体的生存状态进行了探析。认为汉族仕宦移民群体生活方式多种多样，除入仕、授徒外，隐居、读书自耕、辞官归隐田园、入为黄道、以技艺谋生、沦为奴隶等均为其生活状态。而汉族普通民众的移居地生活主要体现为耕种、技艺谋生、经商、沦为奴隶等。指出移民生活与政府的移民安置政策、个人技艺、阶层、个人选择、迁入地的自然人文环境等因素相关。移民生活的考察，从侧面展现了金代社会的发展面貌。

第五章，移民在金代社会中的作用与影响。对移民在金代经济、政治发展中的作用进行了探究，认为汉、契丹等族移民群体是金代社会发展变迁中诸多合力中的主要力量之一。指出女真等族的南徙中原改变了其经济生活，采用中原租佃制的生产方式无疑是历史的进步。对移民与原居民关系进行了有益探索，指出土地争端是移民与原居民矛盾的根本原因和体现。从女真等族的汉化与汉人的胡风尽染两重视角考述了移民与原居民在生活习俗、人生仪礼、语言等方面的融合。由于金代是少数民族政权，故移民与原居民的关系也是民族关系的体现。同时指出要用辩证唯物主义认识移民问题，人口迁徙在产生积极作用的同时也有一定的消极影响。

人是文化的创造者与承载者，任何社会的发展都离不开人口的流动。论文通过对金代移民的全方位梳理、解读和考证，力图使读者对金代移民形成正确、客观、全面的认识，这不仅有利于深入了解金代社会，认识移民在金代社会发展中的作用和对国运兴衰的影响，还有利于从金代移民的视阈来审视我国北方地区的社会发展乃至中国社会的发展。

（吉林大学2016年博士学位论文　导师：赵永春教授）

金代货币经济研究

裴铁军*

金立国后的前四十年，用辽宋旧钱，并无自己的货币。至海陵时期，发钞在前，铸币在后，启金代货币发展之端。世宗时期，以钱为主，钱钞并行，货币经济稳定发展。章宗时期，以钞为主，开始铸造银币，钱、钞、银并用，货币运行体系日益复杂多变。宣宗之后，币制屡更，钞名数变，致钱钞不行，民间但用白银，最终法币退出货币流通领域。论文共分三部分：第一部分是绪论，第二部分是正文的五个篇章，第三部分是结语。

第一部分绪论，开篇点明论文的选题意义，并从金代货币经济研究总论、金代货币经济发展分期、金代的铜钱、纸币、白银以及金代的窖藏铜钱六个方面梳理和综述国内外关于金代货币经济的相关研究成果，概述和阐明论文的主要内容、研究思路和创新点。

正文第一章金代货币经济之始立与发展——金前期（1115—1161）的货币经济。论述海陵之前金代以物易物、用辽宋旧钱和伪齐刘豫“阜昌元宝”“阜昌重宝”的原始自然的货币发展状况。梳理和汇总金国征辽伐宋战争过程中获得的巨额货币，剖析和探究这些巨额财富对金代经济发展的影响，论述金代建国40年没有自己货币的原因，并提出金代建国40年没有自己货币，是客观上源于落后的社会经济发展状况，并与主观上政府垄断铸币权或未成为金政权统治意识形态相结合的产物。从“盖亦以铜少”“循宋四川交子之法”“不欲留钱于河南”、商品经济之繁荣、极权政治之产物五个方面，综论和辨析金代发行交钞早于铸造铜币之成因，并提出它是中央集权官僚政治与小农经济相互结合，所形成的中国古代货币自身运行规律下的特有产物。另外，通过对“正隆通宝”之铸造和“正隆元宝”之考证，简要梳理和论述海陵时期的铜钱铸造，实开有金一代铸币之先河，表明政府垄断铸币权已经上升为日益封建化的金朝统治者的政治意识。最后，就金前期货币的分期及运行特点进行系统性地总结概况。

第二章金代货币经济之繁荣——世宗时期的“钱荒”与铸币。从官方的“钱荒”及应对的举措以及民间的“钱荒”及疏通的方法两个方面，论述世宗时期的“钱荒”

---

* 裴铁军，吉林大学博士研究生。

问题。阐述世宗时期的筹备铜源及铸造“大定通宝”铜钱，研论金代铁钱的铸造与使用及其废除后的用途和流向。从短陌的成因、短陌机制和比率、短陌与宋钱入金三个方面，综论金代货币运行中的短陌现象，系统归纳和总结金代短陌的特点，并提出金代短陌的产生，主要是源于流通中的铜钱不足，而非货币贬值。南宋铜钱北流入金，根本原因在于金朝的货币购买力高于南宋，是货币规律下的铜钱自发流动。金代短陌与商品经济的发展水平和货币的短缺程度存在着密切关系，它仅是货币运行规律自发调节的市场行为，而非金朝统治者为缩减财政支出或增加财政收入而采取的政府行为。最后，就世宗时期货币分期及运行特点进行梳理和总结，并提出，世宗时期所推行的财政巨额补贴的铸币政策，是一项错误的货币政策。

第三章金代货币经济由盛转衰——章宗时期的钞法之变。从章宗即位之始铜钱停铸和实施限钱法、“钱不在民亦不在官”、铸造“泰和重宝”、名实不符的铜钱、私铸和私销五个方面，论述章宗时期铜钱由停铸到再铸的变迁。从废除交钞七年之限、交钞雍滞、钞法屡更三个方面，系统论述章宗时期交钞经七年厘革至臃滞难行的过程，剖析章宗上台伊始停止铸币与废除七年厘革内在联系，提出章宗废除七年厘革，是纸币交钞由可兑换的支付手段向不兑换的信用货币转换的界碑。从“承安宝货”的成因、白银与货币、“承安宝货”的性质三个方面，论述章宗时期白银由称量货币到法定铸币转变的演进。最后，就章宗时期的货币分期及特点进行归纳和总结。

第四章金代后期货币之乱——从宣宗的币制之乱到灭亡前的货币退化。本章从濒临崩溃的经济、纸币的大幅贬值两个方面，论述宣宗时期纸币已陷入流通困境。另外，系统梳理和论述“限以路分”“复置回易务”“降板就造便”“据民力征税回笼”“严立不行之罪”“桑皮故纸钱”“裁损所支而增其所收”“放民铸钱”“严格赏罚”“莫若更造”十个方面愈改愈乱的钞法更张。论述和剖析宣宗时期变更钞名的过程及结果。综论从铜钱的废止到窖藏铜钱再到民间但用银的货币演化过程。最后，就金代后期的货币分期及特点进行归纳和总结。

第五章金代纸币制度变迁与通货膨胀。梳理和阐述交钞的制式与管理。梳理工墨钱的变迁，系统分析交钞的有偿兑易制度。系统论述金代的“钱荒”问题，提出交钞产生前，因金国铜少，铸币难行，“钱荒”仅是流通中的铜钱少；交钞发行后，因钞出多入少，“钱荒”是劣币（交钞）驱逐良币（铜钱）的结果。归纳梳理海陵时期的经济、政治、军事和社会状况，提出早在海陵营汴侵宋时期，金代就可能产生了通货膨胀。梳理论述章宗末期的通货膨胀。综述金末钞名数易、币制屡更的演进过程，系统剖析金灭亡前的恶性通货膨胀。

最后的结语部分，主要是围绕金代货币经济运行与发展，简要梳理其运行之脉络，概述其政策之变迁，论证其体系之机理，总结其兴衰之前鉴。

（吉林大学 2016 年博士学位论文　导师：程妮娜教授）

金代饮食生活研究

黄　甜*

论文在前辈学者已有研究成果基础之上，运用历史学、营养学、体质人类学、文化人类学、考古学等相关学科的知识和方法，对金代饮食生活进行了较系统深入的研究，突破了学界常规饮食生活的文献资料，充分利用近年来发掘的金代墓葬、遗址等有关饮食生活的资料，以及学界整理的碑刻资料等，另外还关注辽、宋、金等人的文集、笔记小说、诗词、戏曲等中的饮食资料，扩大了金代饮食生活的史料来源，系统性地考察了金代社会各阶层、各民族、各地区饮食生活的整体风貌和时代特征。对金代饮食生活进行较全面、较有深度的综合性研究。论文除绪论和结语外，正文概括为以下五章：

第一章，饮食种类考述。本章从主食、副食、饮品三方面对金代的饮食种类进行了较详细的梳理，如主食包括饭、粥、面食、糕点等；副食则有肉乳、蔬菜瓜果、调味品等；饮品分为饮用水、酒、茶、乳、汤等。饮品部分较详细地梳理了金朝疆域内各地区居民饮用水状况；另外在酒部分关于金代葡萄酒的酿造技术对学术界已有成果提出质疑，考证相关文献资料并结合出土文物，指出金代应有较成熟的葡萄酒酿造技术。金代多样化的饮食种类，亦反映了金人饮食生活中逐渐以农产品为主的趋势。

第二章，饮食加工与烹制探究。本章主要利用了近些年来出土的考古资料，从饮食加工与烹制、烹制方式等方面对金代食物的制作进行了讨论。如烹制工具有灶、釜、鼎、鏊等，烹制方式从谷物、肉乳、蔬菜、饮品等方面展开了论述。

第三章，饮食器具研究。本章对金代饮食生活中必不可少的饮食器具，从日常饮食器具、宴饮饮食器具、宗教信仰饮食器具、饮食器具的特点四方面，利用大量的考古资料与相关史料结合，对不同阶层、不同场合的饮食器具进行了研究，体现了金代社会人们饮食方式、饮食习俗的转变，更表明不同阶层使用不同饮食器具的等级制度和民族融合的历史进程。

第四章，饮食习俗解读。本章从日常、节日、人生礼仪等饮食习俗方面展开论述。日常饮食习俗部分主要从合餐制与餐食制、饮食座次的变迁两方面进行论述，利

---

* 黄甜，女，四川泸州人，洛阳师范学院河洛文化国际研究中心讲师，主要研究方向为辽宋金社会史、金代饮食生活。

用墓葬壁画及相关文献资料表明金代社会合餐制较普及，两餐制与三餐制同时存在；岁时节日饮食习俗部分对除夕、元日、寒食、清明、重五、重九、七夕、中秋等金代社会常有的节日进行了讨论；人生礼仪饮食习俗则从人的出生到结婚以及最终死亡的相关饮食习俗进行了梳理。从中可知，金代以女真族传统饮食习惯为基础，融合了辽、宋社会的饮食习俗，形成了以女真、契丹、汉族为代表的金代饮食习俗。

第五章，社会各阶层饮食差异与特点。本章将金代社会分为皇室、官僚、富者、平民，以及僧侣与道士、医者和懂医道者等特殊群体，分别考察了其在不同社会发展时期的饮食差异与特点，从而探究金代饮食生活的变迁，窥探金朝疆域内的民族融合以及民族认同的程度。

金代饮食前承辽宋、后启元明，在中国饮食史上具有重要的历史地位。首先，金朝较多地承袭了辽、宋相关饮食制度和饮食习俗。其次，金与南宋、西夏、高丽等周边政权经由聘使往来、榷场和走私贸易进行了饮食的交流、碰撞，并逐渐向饮食文化共融方向发展。再次，在民族融合过程中，金代社会亦逐步形成了独具特色的饮食生活，如饮食种类由简单到多样、食物品质由粗陋到精细、饮食习俗的礼仪化发展、饮食器具由单一到多种组合的使用，以及注重食疗养生等方面，表明金代饮食生活具有鲜明的地域性、民族性、阶层性特色。最后，有金一代，经由百余年饮食生活的发展、变迁、融合，无疑影响了元、明社会饮食文化的形成，促进了女真、契丹、汉、奚、渤海等民族间的融合，加深了中华多民族的认同，为元、明多民族政权的建立奠定了基础。

（西北大学 2016 年博士学位论文　导师：王善军教授）

金代墓葬的区域性及相关问题研究

郝军军*

论文的研究对象是金代墓葬，全文共分六部分：

第一章是绪论，提出论文的研究对象，回顾了金墓的发现与研究简史，将其分为四个阶段。然后指出以往研究中存在的问题，主要是基础工作尚不完善：第一，分区数量太少，将具有不同区域特色的墓葬放在一起；第二，对墓葬年代缺少必要的分析。另外在研究领域上也较为狭窄。针对这些问题，提出了论文的研究目标，并对文中使用的一些概念进行了说明。

第二章到第十一章是文章主体，将金墓划分为东北地区、金中都地区、大同地区、河北中南部地区、山东地区、河南地区、山西中部地区、晋南地区、晋东南地区、陕甘宁地区等十个区，有的区内还分成更小的区，实际共有二十六个小区。论文的研究是在小区内开展的，讨论了墓葬类型、随葬品、墓葬年代，并总结区域特色。对材料丰富、有早晚变化的区域还进行了分期。

第十二章从宏观上对金墓的共性进行总结，将其归并为三大区。又从墓葬出发，从微观上探讨区域之间存在的文化交流。

第十三章主要根据宋金时期流行的《地理新书》，研究金墓中存在的五音昭穆葬，分析了这种葬法的各种表现，揭示出其使用区域十分广泛，除了中原广大地区外，在原辽统治区内的大同、辽宁地区也都有发现。

第十四章讨论砖室墓的营建问题，主要分两部分，第一部分对砖室墓的建造过程进行探讨，分挖圹、砌砖、妆画这三个步骤。第二部分以晋南地区砖雕墓为中心，分析砖雕的生产制作，分成了模制、雕砖（先烧后雕）和雕坯（先雕后烧）三种技法，并讨论了砖雕的商品性质以及在研究砖雕时需要注意的一些问题。

第十五章是结语，对论文的收获进行总结。

（吉林大学2016年博士学位论文　导师：冯恩学教授）

---

* 郝军军，吉林大学博士研究生。

金代诗文与佛禅研究

孙宏哲*

论文从文化、社会的角度，用文学的外部规律与内部文本分析相结合的方法，研究金代诗文与佛禅的关系。将共时性与历时性相结合，按作家身份的不同将其放置在世俗与宗教两个不同的社会分野，分别分析上至皇室贵族下至文人士大夫，再到诗僧、道士的诗文创作，从宏观上、整体上全面考察不同时期的金代作家、作品，力图深入细致地分析金代作家的佛禅情结以及作品的佛禅意蕴，展现佛教禅宗对金代作家心灵的浸润，金代作家对佛禅的独特解读和现实性期待，揭示出文学与佛教禅宗的关系，为佛禅与金代诗文的进一步研究提供助益。

论文分为绪论、正文、结论三大部分。

绪论部分主要阐述金代诗文与佛禅的研究现状，研究方法与研究意义。

正文分为四章，按照作家社会身份的不同分别研究他们与佛禅之间的关系。

第一章探讨金代皇族的涉佛文学创作。这部分探讨金代女真政权的佛教政策，金代皇族的涉佛文学创作。作为金代特殊的社会阶层，金代皇族在宗教文化方面具有非同一般的影响力。从海陵王完颜亮、金世宗完颜雍，到金章宗完颜璟，再到密国公完颜琦，金代女真统治者逐步接纳佛禅，金代皇族涉佛文学创作呈现出从最初具有政治利用、宗教政策宣传之意图，到理解逐步深入，最终成为皇族成员化解生存苦闷、提升人生境界的有效手段这一特点。金代皇族涉佛诗文创作是金代最高统治者加强文化思想统治，促进民族融合等政治策略的组成部分，也是女真皇族汉化逐步加深，民族融合在思想文化方面的重要体现。对这些涉佛文学创作的深入分析也将有助于对金代皇族的思想与形象的全面认识。

第二章探讨金代文人士大夫与佛禅。这一部分首先探讨文人士大夫习染佛禅之缘由，将之归结为浓厚炽烈的佛教氛围，文人士大夫艰难险恶的仕途境遇，家族、师友、前贤的影响，佛教人士对文人士大夫的影响等因素。

其次探讨金代文人士大夫对佛教禅宗采取的排佛与护法的态度，金代文人士大夫对佛教所持的立场基本可以分为排斥与护持两个方面，但需要注意的是似乎不能简单

* 孙宏哲，吉林大学博士研究生。

地因金代文人士大夫对佛教的态度不同而将其划分成所谓赞辅派、反对派和中间派，因为他们并不是针锋相对的，而是交叉兼容，边界并不十分清晰。随着时势不同，境遇不同，同一个文人士大夫对佛教的立场与态度也会发生变化，甚至相互矛盾。这与金代三教融合的时代大趋势，儒佛两种思想文化已经不是尖锐对立状态，而是走向融合互补有密切的联系。

第三，讨论金代文人士大夫濡染佛禅的文学表现。佛教对文人士大夫的文学影响集中表现于两大方面：

首先是创作内容方面，金代文人士大夫涉佛文学创作集中于寺院游观诗和高僧塔铭书写中。寺院游观诗凝聚佛禅文化特质，体现其对佛禅话语的运用，对佛禅义理的领悟，展现金代文人士大夫儒释人生观的整合与交融。然后将金代文人士大夫创作的高僧塔铭放置于叙事学的视域之中，首先考察了金代文人士大夫所创作的高僧塔铭的地域分布与文本流传；其次分析塔铭承袭于佛陀“八相成道”的叙事结构，将其情节结构划分为结构完整型、重修持求道型、重化度行道型和突出个体特色型四个类型；再次分析塔铭的叙事视角与叙事时序，将叙事视角按照全篇第三人称非聚焦型、局部第一人称内聚焦型、局部第三人称内聚焦型和局部第三人称外聚焦型进行分析，叙事时序则分析了倒叙、补叙、预叙的情况。最后分析金代塔铭中的高僧形象。首先从外貌形象、思想性格、人物语言、动作行为描写四个方面分析塔铭作家塑造高僧形象的艺术手段，其次将金代塔铭中的高僧形象按照参悟成道型、严持戒律型、兴福宣化型三个类型进行分析。得出结论为金代高僧塔铭按照佛陀“八相成道”的叙事模式书写，调动了各种叙事手段，塑造了理想高僧群像。

第四，讨论佛禅影响金代文人士大夫的典型个案王寂，分为文学作品中佛禅意蕴的表现和受佛禅影响的原因两个方面论述。

第五，分析佛禅对金代文人士大夫文学批评观念的影响。金代文人士大夫在文学批评观念上亦沾溉佛禅，提出了诗禅会通说、师心说以及圆成说，表现了佛禅的深刻影响。

第三章讨论金代诗僧及其创作部分。首先，对诗僧与僧诗进行界定，通过比较前人各种不同的观点，结合金代僧侣创作实际，提出“诗僧是作诗之释子”的界定，回到了唐宋人使用诗僧的原初概念，可视为能表现诗僧文化特质的、较为恰切的界定。在此基础上，探讨金代诗僧创作缘由，可分为个人因素和社会历史因素两个方面。个人因素包括以诗明佛的宗教因素，以诗道情遣怀的艺术因素，以诗才获取名利的人生动机，社会历史因素则归结为乱世动荡，王朝更迭，大道失，大义失而使文人能士逃禅为僧，诗僧乃是应劫而生。

其次是对金代诗僧的地域分布及存世诗作进行了统计分析。从空间维度来看，从事诗歌创作的金代僧侣遍布金朝所辖全境，尤其集中在具有政治、经济、文化优越性的京畿地区和山西、山东、河北、陕西等地区拥有传统佛教文化的名刹大寺，且一般具有一定的身份地位，多为寺院住持、禅宗嗣法僧侣。金代有诗作传世的僧人及其诗作的总体状况为：金代诗僧没有留存至今、有案可查的诗集，也没有集团化的发展，形成诗僧集团。诗僧中以性英成就最高。

再次是讨论金代诗僧的特征，归结为夙备善根，虔心向佛；游学参访，经历丰富；家世不凡，颇有学养；佛学素养深厚，深得社会认同；与文士交流、诗道日进。最后集中讨论金代僧诗。首先讨论金代诗僧的诗作主题取向。分为智慧的禅理诗和鲜活的世俗诗。其中禅理诗包括偈颂诗和山居修行诗。又将偈颂诗分为开悟偈、示法偈、传法偈、宗纲偈等类型深入分析。世俗诗包括雍容典丽的应制、迎驾诗，寄意深沉的题画诗，坦然热烈的咏物诗和自然闲适的俗情诗。

最后讨论金代僧诗的风格特征，从正面肯定了金代僧诗的蔬笋气和偈颂气，认为这与其离欲修禅的思想和生活基础密切相关，又能够将禅心诗心打成一片，这正体现僧诗的当行本色。

第四章金代全真道“援禅入道”及其文学体现。这一部分首先分析全真道融摄佛禅的思想基础与全真道面临的现实困境，然后以全真道成员创作的文学文本为基础，探讨全真道“援禅入道”的三个方面：三教融合的立教原则，内丹思想的核心——心性理论，佛教禅宗影响下的修持方式。最后讨论其他佛教观念的影响和佛教意象的运用。

结论部分全面归纳金代诗文与佛禅之间的关系，揭示佛教禅宗影响了金代作家的思想，丰富了金代文学表现的内容和方式，催发了某些金代文学批评观念，对整个金代文学具有重要意义。

（吉林大学 2016 年博士学位论文　导师：王树海教授）

《遗山文集》与金史研究

王　峤*

论文从史学角度对《遗山文集》进行了系统研究，深入分析其与《金史》的关系。并从文集中记载较为集中的金代政治、军事、文化三方面着手，通过对具体史实的考据，对比《遗山文集》与金代其他史料的异同，总结其作为金代历史研究文献来源的独特价值，进而推进对金朝具体问题认识的深入。论文由绪论、正文和结语三大部分组成。

论文第一部分为绪论。其中包括本文的选题意义、对相关学术研究的回顾和梳理，借此总结目前相关研究的优点与不足，进而明确本文的研究思路与方向。并在前言基础上提出了本文需要解决的问题以及创新之处。

第二部分为本文的正文部分，共分四章，内容摘要如下：

第一章对《遗山文集》的版本以及史料价值展开了研究。《遗山文集》成书于1262年，系元人以元好问遗稿编纂而成。元刻本已经亡佚，目前存世最早的版本为明刻本。然而，《遗山文集》流传至今，经过历次传抄、刊刻，个别字句难免有舛误之处，后世学者对其进行多次校勘，其中最完善的当属姚奠中先生主编的《元好问全集》。论文在历代学者校勘基础上，继续查缺补漏的工作，对讹谬之处做出辨析；《遗山文集》中的文稿均完成于金末元初，其创作风格、体例以及内容均受到当时政治、社会环境的影响；《遗山文集》的内容是那个时代的反映，再加上元氏本文“以碑存史”的创作精神，其史学价值不言而喻，与另一部重要金人文集、其中保留了大量金代史料的《归潜志》相比，二者虽然各有所长，但《遗山文集》对金代史实记载更多，涉及范围更广，不仅有对文人轶事的记载，还有金代宗教、民俗等方面的详细描写；元修《金史》，传记部分有十八人取材自《遗山文集》，但是取舍程度有所不同。除此之外，《遗山文集》还可以补充《金史》的不足以及为校勘《金史》提供帮助。

第二章为《遗山文集》与金代政治史研究，对金朝迁都、党狱以及基层社会越轨行为进行考察。历代学者对金朝迁都之举或褒或贬，赞扬的认为迁都是明智之举，

* 王峤，男，吉林白城人，吉林建筑大学建筑与规划学院讲师，主要研究方向为金朝史。

为金朝延续了二十年香火。反对者则认为，迁都实启金亡之端。论文对此持保守态度，认为金朝迁都出于无奈，但是也带来了许多负面的影响；党狱是中国古代统治者对某些官员结党不轨行为进行镇压的行动。论文对金朝皇统党狱、明昌党狱、贞祐党狱进行了考察，认为三次党狱体现了女真统治者对待汉族文人的态度——既利用又防范，而党狱也产生了消极影响，使得汉族文人参政议政的热情降低，甚至远离政权，归隐山林；基层社会越轨行为是学界关注较少的一个方面，但其重要性却不容低估。本文总结了基层社会越轨行为的表现、原因以及地方官员的处理方式，进而认为是政府行为直接或间接导致了基层社会越轨行为的发生。

第三章关注的是《遗山文集》与金代军事。女真族崛起于白山黑水间，十余年之间，灭辽荡宋，其军事实力举世侧目。本章从金朝军需制度、金末“封建九公”两方面入手展开研究。金朝军需制度一直处于变动之中，太祖时期，由军队自行运输军需。太宗、熙宗时期，汉人枢密院、行台尚书省相继担负起军需职能，海陵朝，废除行台尚书省，军需的重担则在战前由皇帝指派官员临时承担，这一情形一直持续到世宗朝。章宗即位后，转运司负责军需运输被当作一项制度确立下来。卫绍王时期，蒙古入侵，单靠转运司已经不能满足军事供应的需要，行六部、行枢密院纷纷参与军需供应，至金亡不改；“封建九公”是金朝政府为了挽救河北局势而采取的措施，初始分封为九人，随着局势恶化，继封者亦有数人。但是在蒙古军队的巨大压力下，各路公府或被击破，或被迫转移，并未收到理想的效果。

第四章为《遗山文集》金代文化研究。文化史越来越被学界所关注，本章集中于金代基层学校、金代宗教和金代民俗三个方面。关于金代基层学校，论文认为其建立与当地官员的兴学态度密切相关，且多在北宋学校基础上修建。另外，科举制度也促进了学校的修建；金代宗教部分，金代佛教传入有两个渠道，一为回鹘，二为北宋。金朝中后期，统治者对道教采取赐号、征召为官等招抚措施；民俗是指非官方的传播某种约定俗成文化的现象。论文详细考察了《遗山文集》中记载的民间传说、风俗节庆、地域风气、百姓生活等民俗现象，并解释其由来与内涵。

（吉林大学 2016 年博士学位论文　导师：程妮娜教授）

陕北与陇东金代佛教造像研究

刘振刚*

论文在前辈学者对金代佛教造像研究的基础之上，运用历史学、文献学、考古学、统计学等学科知识和方法，以金代佛教造像为研究对象，对金代陕北与陇东兴建石窟寺的社会背景、佛教造像题记的分布、石窟的窟龛类型、佛教造像的题材与组合等问题进行多维度的研讨，以期较为全面地揭示金代陕北与陇东地区佛教造像的基本内容和特点。论文除绪论、结语外，共分五章。

一、金代陕北与陇东兴建石窟寺的社会背景。主要介绍了陕北与陇东具有渊源的信佛传统以及金代统治者对于佛教的态度。佛教大约于两汉之际传入中国，随之佛教艺术也兴盛起来。陕北与陇东应为除新疆与河西之外最早接触佛教的地区。早在十六国时期这一地区佛教已经很兴盛。根据史料记载，有金一代，虽然金太宗、金熙宗、海陵王、金世宗、金章宗等对佛教有过反对，但从从整体上看是积极的支持态度。

二、陕北与陇东金代佛教造像题记的分布与分析。陕北与陇东地区发现的有明确纪年的金代佛教造像碑铭题记分布在志丹城台寺石窟、富县石乱寺第 2 窟、延安清凉山第 1 窟、富县马渠寺第 3 窟、黄陵万佛洞、耀县药王山摩崖造像、洛川惠济院、洛川大悲寺院、合水安定寺石窟、合水太白清凉禅院、佳县龙泉寺摩崖造像、合阳梁山千佛洞等石窟寺，华池双塔寺出土的《石塔院记》和《庚寅残碑》的年代也为金代，这些碑铭题记的内容有的比较完整，有的残缺不全甚至无法识读，大多为窟盒造像题记，只有个别游人题记。总的来看，题记反映了金代行政建制和官制、造像内容和工匠等信息，还记载了寺田产及功德主身份等，为研究金代佛教造像等的珍贵文献资料。

三、陕北与陇东金代石窟的窟、盒类型。陕北与陇东地区金代石窟，从种类上看，一般有礼佛窟、禅窟和瘗窟。从构造上看，有后壁佛坛窟、前廊后室型洞窟等。从功能上来说，佛教石窟以礼佛窟为主，一般由单窟或成组的洞窟组成，另外还包括少量的禅窟和瘗窟。禅窟和瘗窟的构造相对简单，佛窟的构造则比较复杂，多有浮雕或者圆雕造像，有的在窟壁绘制了壁画。这一地区石窟寺造像盒之盒型可以分为规则

---

* 刘振刚，男，甘肃陇西人。兰州大学历史文化学院讲师，主要从事佛教美术研究。

形状和不规则形状两类，而规则形状的造像盒数量远多于不规则的造像盒。规则形状的造像盒包括圆形盒、矩形盒、拱形盒、凸字形盒、尖相皂等，不规则形状的皂主要有山石皂等。

四、陕北与陇东金代佛教造像的题材与组合。主要从陕北与陇东金代石窟寺佛教造像的题材与分布，涅架造像的图式及组合分析，文殊、普贤造像的图像构成与组合形式，观音造像的组合形式及流行的图像模式，十六罗汉造像与介氏工匠的艺术活动这几方面来分析。西北地区金代佛教造像内容丰富，题材广泛，形式多样，造像更为世俗化，而这种世俗化的主要表现是造像的民间化，这些造像材质主要为石质，现存造像基本为石质圆雕和浮雕，而浮雕较圆雕保存更好，壁画则几无所存。因此，对陕北与陇东地区金代佛教造像的内容与组合的分析主要以圆雕和浮雕造像为主。

五、陕北与陇东金代佛教造像风格。本章另辟蹊径，主要以审美感观和内在文化驱动论述陕北与陇东地区的金代佛教造像风格，其中外在审美感观包括流行的佛像的服饰（佛衣）样式、造像的装饰图案、造像工艺的外在表现等，内在文化驱动则包括佛教信仰、审美的时代风尚等。

基于论文的研究，可以看出陕北与陇东地区金代佛教造像的时代特征：简练、气质内敛、做工素雅、精雕细琢、体态雍容，这一成就奠定了陕北与陇东地区金代佛教造像在中国艺术史上的地位。一般认为宋、金时期中国文化的中心在南方，对南宋文学、绘画、书法等主流文化艺术的研究一直占据主导地位，因而忽视了女真族建立的大金政权对中国文化的贡献，通过对陕北与陇东地区金代佛教造像艺术等文化事项的研究，会重新认识金代社会各方面的发展，这一研究也会促进整个金统治区域历史文化的研究。

（兰州大学2016年博士学位论文　导师：郑炳林教授）

宋金海上联盟时期东亚政治格局演变研究

倪　洪*

海上之盟是12世纪上半叶的一个重大历史事件，影响了东亚政治格局的演变。论文拟以“大宋史”和“东亚世界”为视野，以宋金海上之盟的相关阶段为时间节点，分析卷入海上之盟的相关各方对时局的态度，厘清海上之盟订立前夕、订立期间、盟约正式实践时期，包括海上之盟破裂后东亚政治格局的演变历程。论文共分绪论、正文、总结三部分。

第一部分为绪论，对论文的选题缘起、研究意义、学术综述与撰写思路作了说明。

第二部分为正文，共六章。

第一章为海上之盟订立前夕东亚政治旧格局的动摇。主要以北宋“政和北伐”与金朝“开国”为切入点，探讨海上之盟订立前夕，宋金两国如何挑战辽朝的东亚政治地位，以期了解宋金接触的历史背景与海上之盟订立前夕的东亚政治格局。

第二章为海上之盟订立期间的东亚政治格局。主要讨论海上之盟订立的过程、内容等，重点是关注辽、金、宋三方与高丽、西夏对宋金结盟的态度，从而认识海上之盟订立期间东亚政治格局的新变化。

第三章为海上之盟订立后燕山割据势力的兴亡。海上之盟订立后，东亚政治格局的变化之一，是出现了北辽、奚国、张瑴平州集团和郭药师常胜军集团等燕山地方势力。本章就这些势力和金宋联盟的关系进行了讨论，并对这些势力的异同作了分析。它们是辽末金初政治形势发展变化的产物。它们的相继败亡，宣告了12世纪上半叶燕山地区的政治军事集团企图在乱世中走分裂割据道路的失败，为金朝控制华北与南下争夺东亚世界政治军事主导权，铺平了道路。

第四章为海上之盟订立后契丹立国重心的转移。面对宋金联盟，一部分契丹贵族被迫远离辽的统治中心，表现为三：一是天祚帝集团西逃夹山地区；二是辽梁王势力北上乌古敌烈地区建立新的辽政权；三是耶律大石北上蒙古高原腹地称王，后又西迁中亚，建立西辽。本章对这三个辽政权与宋金联盟的关系进行了讨论，得出此时东亚

* 倪洪，男，江苏南通人，南通理工学院基础教学学院讲师，主要研究方向为宋辽金史。

政治格局变化的又一方面，是契丹立国重心由东亚逐渐向西转移。

第五章为海上之盟订立后东亚宗藩体系的再建。主要关注西夏和高丽在大国纷争中的政治态度。对辽、宋、金三朝来说，西夏与高丽是当时东亚世界中政治地位最重要的两个藩属国。因此，金夏宗藩关系与金丽宗藩关系的建立，是12世纪上半叶东亚政治新秩序建立过程中的重要一步，也是金朝在政治军事上主导东亚过程中的重要一步。

第六章为海上之盟订立后南北对峙形势的重构。本章的侧重点是宋金联盟的内部关系。宋金虽为联盟，但矛盾重重，最后盟约破裂。金最终成为东亚世界的政治军事新主导者，确立了新的东亚政治新格局。

第三部分为总结，对上述各章得出的结论进行了概括与提炼。

（上海师范大学2016年博士学位论文　导师：黄纯艳教授）

第九篇

文摘·论点摘要

辽史部分

捺钵与行国政治中心论

——辽初“四楼”问题真相发覆

陈晓伟

四时捺钵是辽朝国家政治生活中的头等大事。“捺钵”一词系契丹语译音，本义为行营、行帐、营盘，后被引申用以指称契丹皇帝的四季游猎活动及其驻营地，乃是国家政治中心之所在。因四楼问题是辽初捺钵制度的一大关节，本文即以此为线索展开深入讨论。所谓四楼者，指阿保机营建西楼、南楼、东楼及北楼。关于“楼”的确切含义及其指称对象，学界众说纷纭，目前还是一个悬而未决的疑难问题。

我们要想最终解决“四楼”，须重新检讨原初文献，更寄希望于材料的新发现。作者注意到，蒙元时期朱思本《朔漠图》、陈桱《通鉴续编》亦叙及契丹“四楼”，史料价值独到，可惜未曾被前辈学者发掘利用。综合《虏庭杂记》《续资治通鉴长编》及《辽史·地理志》《国语解》多种文献，可知大部落祖州是“西楼”，以此地为中心计算，其南永州木叶山称“南楼”，往东千余里或龙化州谓“东楼”，唐州“北楼”北距西楼300余里。然而鲜为人知的是，辽太祖营建的“四楼”不仅有上述文献为证，并且还见之于舆地图。明嘉靖时期，罗洪先编绘的《广舆图》中有一幅《朔漠图》，乃描绘辽金元时期北部朔漠的地理总况。该图前半叶详细标注辽朝重要山川及州县的地理分布，其中有“西楼”“南楼”“东楼”及“北楼”。西楼地近祖州及上京临潢府；有文字曰“木叶山即南楼”，地望隶属永州；北楼距西楼约计一方，大概200里；“东楼”标注在金上京会宁府（今黑龙江省哈尔滨市阿城区城南）、黑水靺鞨及渤海三地之间，距离西楼6方有余，大略1200里。由此可见，《朔漠图》所叙“四楼”地理格局可与《虏庭杂记》等多种文献互相印证。这应为作者首次论及。

通过仔细分析《通鉴续编》相关史料，表明西楼作为游猎驻所，东楼作为纪功楼阁，尽管用途不一，但最基本的建筑属性并无二致，其余南楼和北楼则与此相同。为坐实上述结论，作者从辽初社会楼阁的多种功用、契丹游猎生活中伴随出现的楼台凉殿，以及北族游牧社会建楼传统三个方面展开分析。

作为建筑物的“楼”，在契丹社会中普遍出现，具有重要用途。在辽代前期社会发展过程中，建有很多与东楼一样具有纪念性质的楼阁。其一，祖州太祖纪功碑楼。这座碑楼主体面积东西长 13.53 米、南北宽 9.83 米，由台基、主体建筑和两侧登山路等多个部分组成，是一座土木混合结构的建筑。其二，述律后断腕楼。辽太祖阿保机死后，述律后割腕陪葬，当时为铭记此事而建立一座断腕碑楼，明显具有纪念表彰性质。其三，龙化州金铃阁。按《辽史·太祖纪》神册元年（916）二月丙申记述此事说：“群臣及诸属国筑坛州东，上尊号曰大圣大明天皇帝，后曰应天大明地皇后。大赦，建元神册。初，阙地为坛，得金铃，因名其地曰金铃冈。”金铃阁或得源于此。

综上所述，辽太祖最初曾建明王楼和金铃阁，驾崩后则有纪功碑楼及断腕楼，这些建筑与西楼、东楼同时期或稍晚营筑，说明楼阁在契丹早期社会中是普遍存在的。尽管目前南楼、北楼的创设时间及最初用途尚未明确，但其根本属性大概与东楼、西楼相似，都是固定楼式建筑。

游猎及避暑之地兴建楼台宫殿，在契丹游牧生活中不止一见。契丹历来以游猎为生，随水草就畋渔，契丹皇帝及其扈从队伍的日常居寝之所一般为移动营帐“斡鲁朵”（Ordu），但他们通常会在捺钵或驻牧营地修造宫殿建筑，辽朝文献将其称作“凉殿”“含凉殿”“清凉殿”。不过，这类凉殿恐怕不是我们传统理解中的呈规制建筑，而是那种颇为简易的凉棚。辽朝夏捺钵永安山一带修建有亭子。亭子是通向夏捺钵路途中供路人休息和食宿的场所，自然为实体建筑，永安山附近的远亭子想必是为了契丹皇帝捺钵需要而营建的简易顿舍。与契丹杂居的奚族社会，也有在游猎之地设立楼台的习惯。宋绶《契丹风俗》记述天禧四年（1020）九月出使辽朝的亲历见闻：“绶等始至木叶山，山在中京东微北。自中京东过小河，唱叫山道北奚王避暑庄，有亭台。”奚王的避暑庄设有亭台，这与辽太祖在四季游猎之所营筑楼台类同。此外，金元时期在季节性营地修建天开殿、撒里怯儿宫殿及各类亭台，很像辽朝皇帝捺钵驻牧时搭建的松棚式凉殿。

北族游牧社会历来都有建楼的传统，且与游猎活动密切相关。辽太祖于游猎之地营造楼阁，这类现象在北方游牧社会中不乏其例，其中要数拓跋鲜卑和蒙古最具典型意义。拓跋鲜卑长期以来都以游牧为业，直到北魏中前期，历朝皇帝仍像契丹那样四季游猎迁徙。《魏书·太祖纪》登国八年（393）二月曰：“幸羖羊原，赴白楼。”此文叙述拓跋珪的游猎活动。“白楼”分明是一种表面涂白的楼阁建筑。

蒙元时期创制凉楼及凉亭也是一个相当典型的案例。首先，窝阔台在哈剌和林周边建造一座秃思忽凉楼。“秃思忽”蒙古语写作 Tosqu，本义为“迎接”“迎驾殿”，与图苏湖城及秃思忽凉楼语义相同。波斯语文献《世界征服者史》将此地名译写作 Tuzghu-Baligh（图苏湖八里），说它是一座建在山腰角上的宫殿，窝阔台罕往返冬营地时驻跸于此，补给膳食。《史集》也记述了这座宫殿，称其距哈剌和林城有两程多，窝阔台罕在此行乐一日便前往合儿失。据此可见，秃思忽凉楼是供窝阔台短时驻跸用的，算是游猎活动途中的重要驻牧点，与中原汉制宫殿的规模大小有着明显差距。《史集》对其形制有所介绍："合罕在哈剌和林附近，在距其二程处建了一亭，并名之为'秃思忽八里'。"上述波斯语文献原文本义为"别墅""行宫"及"凉亭""亭子""凉台"，以此对译汉语文献中的"凉楼"。朱思本《朔漠图》哈剌和林城东南"秃思忽凉楼"下标注有"故台"二字，恰好说明秃思忽凉楼原来确实为楼阁亭台建筑，基址尚存。

其次，元世祖忽必烈开创两都巡幸制度，往返上都与大都的途中必经秋猎营地"西凉亭"和"东凉亭"。西凉亭即察罕脑儿（白海）行宫。西凉亭行宫设立云需总管府，担负秋猎供需及管理鹰房的职责，东凉亭置"尚供总管府，秩正三品。掌守护东凉亭行宫，及游猎供需之事"。根据考古调查结果，知西凉亭、东凉亭分别位于今河北省沽源县小红城子和内蒙古多伦县北白城子，两地都发现了楼台建筑遗址和大型台基，这与二者称谓正相符合。

检讨诸说，根据西楼和东楼的创制时间及其用途，有充分理由认为：辽太祖时代在契丹腹心四地营建"四楼"，"楼"当指汉语词汇中的楼阁式建筑物，名实相符，只不过其规制相当简陋罢了，但肯定不是北族语中的某项名物。"四楼"与四季游猎及驻牧活动密切相关。于游牧营地建造楼阁及宫殿，在辽朝乃至北族游牧社会中均屡见不鲜。也就是说，四楼当系太祖四季营地的楼阁建筑，作为当地标志物而名闻后世。

在破解"四楼"名号由来之谜后，仍有问题值得我们进一步追问："四楼"在辽太祖时期究竟发挥什么作用呢？清代学者赵翼据此指出，"盖辽以巡幸为主，有东、西、南、北四楼曰捺钵"。傅乐焕先生也认为"四楼"盖即太祖四时捺钵。只可惜前贤仅提出一种假说，并未展开全面探讨。该论断能否成立的关键在于，四楼是不是具备从事捺钵活动的各项条件。下文将详细讨论这个问题。

"西楼"为秋捺钵。前引《通鉴续编》称天复二年九月以西楼为游猎之所；《辽史 · 地理志》谓西楼与祖州同是一地，"太祖秋猎多于此"。由此明确，西楼乃是阿保机的秋季营地。《辽史 · 地理志》记述祖州祖陵建筑，"东偏有圣踪殿，立碑述太祖游猎之事"。从祖陵龟趺山遗址发掘出的《太祖纪功碑》即云："升天皇帝每因游猎多驻跸于此。"从地理和气候条件观察，祖州与庆州相距仅有百余里，均属于大兴安岭余脉向南延伸一段，区域范围内山水秀丽，植被茂盛，动物资源非常丰富，秋季适宜展开围猎活动。

"南楼"为冬捺钵。宋朝文献及朱思本《朔漠图》均指明永州木叶山与南楼同为一地。《辽史 · 地理志》云"冬月牙帐多驻此，谓之冬捺钵"，说明南楼具有冬季营地性质。该地自然条件适合避寒熬冬，是因为分布有"高淀山、柳林淀，亦曰白马淀”。根据游牧社会生活规律，冬季营地选址尽量趋暖向阳，南楼正位于契丹游牧圈较南端，冬季气温普遍偏高，其中白马淀驻冬条件更佳，其地势平坦，避开风口，周围遍布沙窝子，利于保暖。

“东楼”为春捺钵。上文已指出，东楼最初缘于纪功之楼，建在龙化州。龙化州毗邻降圣州，“太祖春月行帐多驻此”。两州均位于今内蒙古奈曼旗境内，形成一个相对宽泛的游牧圈子，是为太祖春季营地。契丹皇帝春捺钵活动主要是猎捕天鹅，东楼及附近地域完全具备这种天然条件。根据景宗、圣宗春水之地选择结果来看，长泊地属东楼游牧圈，从而印证辽朝文献所称东楼为太祖春月卓帐地是有事实根据的。

“北楼”为夏捺钵。辽朝地理文献叙述西楼、东楼、南楼及其位置，唯不见北楼之名，前三者分别是太祖秋月、春月、冬月牙帐驻地，推知北楼当系夏季牙帐的驻所。根据《虏庭杂记》及《朔漠图》能够确定北楼的地理位置，即北距西楼 300 余里。我们循此线索，结果探寻发现相应位置有一处契丹皇帝的避暑胜地，一般称作“永安山”或“大安山”。该地区夏季高寒，有“凉陉”之称，其地水草丰富，适宜大规模人马聚集和驻扎，所以一直是备受契丹皇帝青睐的夏季营地。

作者通过分析契丹四楼所在地理位置及诸种自然气候条件，并以辽朝及宋朝文献所见辽中后期四时捺钵及游猎活动作为参照，进而可以明确，四楼完全具备捺钵活动的特定要求，即西楼秋狝围猎，南楼趋暖驻冬，东楼春蒐飞放，北楼消夏纳凉。四楼诸地符合北族游猎传统，其实质为四季营地，乃是契丹捺钵制度的最初创制。

“四楼”还可以与蒙元时期四大营地制度做一番比较研究。据陈得芝教授考证，目前比较确定的驻营地有三个：庐朐河（怯绿连河）行营、土剌河黑林行营及萨里川哈老徒行营。太宗窝阔台的四季营地十分明确。窝阔台四大驻牧行营中，春季营地迦坚茶寒，夏季营地月儿灭怯土，秋季营地古薛纳兀儿及冬季营地汪吉。忽必烈时期及后世一律以两都巡幸为主，仍可以分为四季单元：春季选择大都东南的漷州柳林（今北京通州区南）进行飞放，夏季则前往上都避暑，秋季主要在上都及其周边察罕脑儿行宫举办围猎活动，狩猎结束后便返回大都，是为驻冬环节。由此可见，两都巡幸制度与大蒙古国时期的驻牧制度一脉相承。

综上分析，“四楼”在契丹游牧生活中所发挥的作用，其实与蒙元时期四大营地及两都巡幸制度一样。第一，两者都划分为四个单元，符合游牧社会四季迁徙转场及驻牧传统，并且从事的游猎活动内容大略相同：春季行营海东青猎捕天鹅，夏季行营纳凉消暑，秋季行营秋狝围猎，冬季行营保暖避寒。第二，最高统治者日常居寝之所曰“斡鲁朵”，同时于驻帐营地建筑简陋的宫殿及楼台以满足游猎栖息之需要，上文提到的秃思忽凉楼、东西凉亭皆属土木结构建筑，并且因建有楼亭而得名，契丹西、南、东、北四楼亦同此理。

根据游牧社会的生活生产规律，最基本的移牧模式可分为两种：一种是夏季往高山而冬季向低谷的垂直转场；一种是夏季往北而冬季趋南的水平移动。大体说来，中国新疆、青藏高原多数为高山牧场，算作前一种类型，蒙古草原大部分地区则归列为后一种类型，游牧空间内平原—山区—平原有规则地迁徙。契丹四楼实际就是因季节变化在游牧腹地水平迁徙而形成的四季营地。东楼春营地设立在平原地区，气温较其他地区温暖一些；北楼夏营地地处大兴安岭余脉，位于放牧圈的最北端，气温高寒，适宜纳凉避暑；西楼作为秋营地处于山地与平原的过渡地带，拥有相当丰富的狩猎资源；南楼冬营地则回归到平原地区，避风向阳而保暖。从年初到年终，阿保机游牧移动路线清晰可见。

不过，游牧民族的这种四季迁徙并非一种杂乱无章的自由行为，而是以四季营地为中心有序展开，更是一项与国家行为密切相关的政治活动。四楼游猎活动作为辽朝捺钵制度的滥觞，理当具有四季捺钵的一般意义，意谓整个太祖时期的汗权及汗廷分布在此四地，因此蕴含其中的行国政治特色值得进一步关注。

所谓“行国政治”，最初由《史记·大宛列传》“行国”一词所引发，具体特征概括为“其约束轻，易行也。君臣简易，一国之政犹一身也”。贾敬颜先生分析指出，草原游牧政权根据季节早晚和牧场好坏经常而有规律地移动，可汗牙帐迁徙到哪里，整个国家的政治、经济乃至文化中心也随之集中在哪里。契丹四楼中的北楼为纳凉行在，南楼为坐冬行在，两地要举办多种政治活动，国家大政决议形成于此。从行国政治视角观察，四楼作为太祖四季驻跸之所，实际承担着契丹王朝政治中心的特定角色。由此便牵引出这样一个看似颇为矛盾的问题：将驻牧营地视为政治活动中心，那如何看待行国政治主题下的都城地位及其作用呢？

不妨先从辽初营建皇都谈起。农耕定居文化理念中的都城，是一个王朝的最高权力中心和国家行政机构所在地，那么神册以后辽朝国家政治中心则正式确立，理所当然为临潢府。这乃是城国体制论者的一种纯粹认识。然而从契丹游牧政治生活实践中考虑，这种都城政治中心论很难成立，杨若薇教授指出，契丹皇帝不居京城，也很少临幸于此，辽朝统治中心不在京城，而是皇帝所居的行宫，上京不过是建国初期在汉人怂恿、策划下兴建的，徒具国家象征意义。检讨辽朝文献，我们发现皇都之营建确实与汉地降臣关系莫大。辽太祖创设都邑制度，一方面是接受农耕政治文化的结果；另一方面也是为了安置征服幽云地区时所掠夺的大批汉人，以及招徕中原士人，以维持他们传统的农耕生活习惯。辽朝最终则由纯粹的行国政治过渡到以“四楼”为特色的捺钵制度与都城制度二元并存，亦即宋神宗所谓“有城国、有行国”。

姚大力教授提出“北族王朝”的概念，其指中国历史上存在过很多建立在汉地社会的区域性的或全国性的非汉族政权。北族王朝的一大特点就是在游牧文化主导下不断地融合农耕文化因素，由此兼备行国与城国双重政治文化，既保留着草原游牧时期传统的四季营地和游牧汗帐，同时在农耕文化思维的推动下建立有一定规制的都城。不过，各个北族政权的政治制度中兼容游牧文化与农耕定居文化的多寡程度却有很大不同，都城功能及地位各有其历史特征。笔者大体总结为以下三种类型：

第一种为有名无实的政治象征型。辽朝的都城就属于这种类型。尽管辽初建立了皇都，至辽兴宗重熙十三年（1044）五京完备，但它们充其量不过是地方行政机构，从未发挥过都城的实际功能，乃表面仿效中原式国都制度，仅具有象征意义而已。第二种是都城与季节性营地复合型。谨以蒙元一朝为例。大蒙古国时期当然是纯正的行国政治，元世祖时期则为之一变，忽必烈统合汉地，既而汲取农耕城国政治，遵循蒙古草原四季游猎传统而创立两都巡幸制度，定大都大兴府为驻冬之都，上都开平府是驻夏之都，由此将两座都邑分别与冬季营地、夏季营地复合在一起。第三种属于都城政治功能日益强化型。最典型的案例要数拓跋鲜卑。北魏中前期，整个社会依旧保持着浓郁的游牧传统，鲜卑皇帝以“阴山却霜”为主从事各类游猎活动，一年四季巡幸，很少驻守京城，结果造成都城功能尚未能充分发挥，《南齐书·魏虏传》描述这种政治现象说：“什翼珪始都平城，犹逐水草，无城郭，木末始土著居处。”直到孝文帝时代，社会各个层面的汉化趋势显著增强，其行国政治日渐式微，传统的狩猎活动由漠南地区缩退到平城周边举行，更以太和十九年（495）迁都洛阳分界，北魏皇帝的游猎活动遂不复存在，自此中原王朝那种都城制度才彻底确立起来。

以上分析的是北族王朝游牧政治体制下国家政治中心的特殊性，由于农耕文明的城国政治元素不断渗透其中，都城宫阙应运而生，实际上，四季营地才是真正的“国都”，其所发挥的政治作用远远胜于城邑。上述契丹四楼与皇都临潢府的关系即如此，这真实地反映了辽初国家政治生态特征。但这仅仅是北族王朝的一种情况，游牧营地和都城在每个政权中所扮演的角色分量不等，两者或此消彼长，或合流衍变，或并行不悖，等等。古代中国政治文明演进史，游牧文化与农业文明博弈过程中碰撞出的政治文化之归流并非趋同于汉化这个唯一主题，而是具有多面相、多元化、多轨迹的历史复杂性。

（原载《历史研究》2016 年第 6 期　陈德洋、胡慧超整理）

辽穆宗草原本位政策辨

——兼评宋太祖“先南后北”战略

林　鹄

五代中期，辽朝一度入主中原。穆宗耶律璟即位后，契丹转攻为守。对于辽朝与中原政权关系史上这一关键的转折点，以往研究归因于穆宗所代表的草原本位政策，主要证据是史籍所谓耶律璟“睡王”一称及其“汉地还汉”之言论。本文对穆宗朝政治制度、对外关系及耶律璟个人生活作了系统考辨，指出穆宗朝契丹政权之汉化及部族之农业化均有深入发展，其对外转向稳健，是中原重趋统一之结果，并非出自所谓草原本位政策。历代士人及现代史家对宋太祖“先南后北”战略的批判，很大程度建立在对辽穆宗的错误认识之上。笔者以为，辽穆宗是否草原本位主义者、契丹因何转攻为守，仍有再加检讨之必要。

先论穆宗朝之内政。耶律璟若确持草原本位政见，制度沿革上当有反映。事实则不然。穆宗朝制度上的汉化较太宗世宗朝更有所推进。其一，穆宗仿效后周，置殿前都点检。其二，穆宗朝翰林院制度已完全确立，翰林学士也形成了一个群体，出入禁中，起草文书，成为君主的左膀右臂。其三，太宗朝昙花一现的贡举，穆宗朝也曾举行过。其四，幽州地区出现了有关州学的记载，这也是辽朝历史上州县学首次见诸史籍。其五，为压制藩镇势力，世宗建立南枢密院，总领汉军事。

但军事上北南分立，只是过渡时期的权宜之计，从长远上看，反而可能变成深入控制汉地的障碍。因此，穆宗采取进一步措施，让契丹势力直接向汉地渗透。还需一提的是，就契丹部族而言，穆宗时代其农业化也到达了一个高峰。

综上所述，穆宗朝政权汉化、契丹部族农业化均有深入发展的趋势。就其内政而言，耶律璟表现得完全不像是一位草原本位主义者。那么，他在后周北伐时“汉地还汉”的言论，又该如何解释呢？

要揭开“汉地还汉”说的真相，找到契丹转攻为守的真正原因，我们必须对穆宗朝与中原之纠葛作通盘考察。穆宗初年，对于进取中原相当积极。他连年出兵与北汉组成联军，并联络南唐建立三方同盟。辽朝南下政策之转变，发生在应历四年高平败后。一方面北汉受到重创，其势渐颓，另一方面穆宗领教了柴荣之英武后，可能自此不敢小觑后周，遂转趋稳健，不再轻易南下。应历九年，后周主又亲征北伐。《旧五代史》曰："关南平，凡得州三、县十七、户一万八千三百六十一。是役也，王师数万，不亡一矢，虏界城邑皆迎刃而下。"而《新五代史》则出现了上引"汉地还汉"之辞。正是周师出乎寻常的顺利，以及穆宗的这番话，被认为是耶律璟代表草原本位主义的确证。然笔者犹有疑焉。

其一，此番世宗亲征，"河北州县非车驾所过，民间皆不之知"，柴荣甚至一度离开主力，轻军奔袭，"侍卫之士不及一旅"。周师北伐呈如此摧枯拉朽之势，很大程度上是因为柴荣这一着险棋，让契丹措手不及。其二，契丹不善守险守城，在关南并未部署重兵，而南京统帅萧思温非将才，畏战不出，龟缩于幽州。如若幽州有大将在，恐后周军队也不会进军如此顺利。其三，在南京真正受到威胁时，穆宗并未等闲视之。其四，周师退后，辽军旋即收复了容城县，并加强了范阳的防务。其五，"汉地归汉"之说似难采信。综上所述，周师北伐之际，并无坚实证据表明穆宗漠视汉地。应历四年后，耶律璟的确趋于保守，但这很大程度上是迫于周人的强大，并非其在战略方向上有重大改变。如果穆宗真持保守立场，周世宗主动示好，岂非求之不得之良机？南唐求援，他又何必联汉出师，在北汉退缩后又独自行动，终于惹恼柴荣，以致丢掉了三关？

周宋易代，赵匡胤与耶律璟对形势判断如出一辙，都力图避免正面冲突，以待时变。宋辽之博弈，转而聚焦于北汉。宋太祖决意先取河东，徐图幽燕，但辽穆宗维护北汉安全之决心，并未动摇。因此，结合上节的分析，作者以为，辽穆宗不可能是草原本位主义者。契丹转攻为守的主要原因，恐怕是中原形势之变化。周世宗乃一代雄主，这是周宋以降的共识，亦是现代史家的定评。五代之纷乱至此渐趋平息，中原重新开始统一。承柴荣之基，赵匡胤之大宋王朝亦蒸蒸日上。契丹遇此二劲敌，徒唤奈何，唯叹天不助辽也！

纵观耶律璟在位十九年，辽朝中原政策虽在战术上确有变化，但战略大方向始终如一。应历十年，陈桥兵变，赵匡胤建立了大宋王朝。此后至应历十九年（96）穆宗被弒，辽宋边境除偶有小冲突外相当平静。赵宋的策略，是先取北汉。而在辽朝这一方面，则始终尽力保护北汉政权不被宋朝吞并。其次，穆宗之保守也可能与其本人有关。总之，辽穆宗耶律璟并未推行所谓草原本位政策，契丹与中原政权关系史上转攻为守这一关键变化的发生，一方面是因为一代雄主柴荣崛起后，中原重趋统一，另一方面可能与穆宗本人的能力和疾病有关。另一方面，辽穆宗史实之澄清，也有助于五代宋初历史之理解。

事实上，辽朝九帝，自开国太祖至末帝天祚，并无一人反对汉化，提倡草原本位。至少就辽朝而言，西方学者否定汉化，提倡北族视角，并没有坚实依据。另一方面，辽穆宗史实之澄清，也有助于五代宋初历史之理解。即便英武如周世宗，其北伐仍被后周史官称为"侥幸一胜"。辽穆宗并无意放弃幽州，契丹实力尚在，绝非不堪一击。若冒险进攻，一场大战在所难免，结果亦难逆料。中原鼎革后，宋太祖坚持

“先南后北”，避免与辽朝发生正面冲突，这与耶律璟的策略不谋而合，似可谓英雄所见略同。穆宗后期因久病不愈心理失衡，常常酗酒施暴，虐杀近侍。表面上看，这似乎是赵宋收复燕云的黄金时机。但我们注意到，穆宗醉中施暴，“上不及大臣，下不及百姓”，醒时亦常悔之。可见其宣泄亦能理性选择对象，并未丧失自制。固然，穆宗之状态使其难有进取之心。但应历十三年以来，辽朝对北汉之援助始终如一，这说明穆宗并未放松对宋朝之警惕，仍能保持防御积极性。更何况，穆宗之失态并没有影响到契丹整体国力。上引《挞烈传》称穆宗朝北南院大王耶律屋质、挞烈为“富民大王”，似乎其国力有增无减。因此，赵匡胤若贸然北伐，耶律璟当不会坐视不理，“河东差可自固，而太祖顿于坚城之下”，北伐实无胜算。然日后宋太宗两度亲征铩羽，澶渊之盟后辽人又乘李元昊屡败宋军之机逼迫增币，时人痛定思痛，赵匡胤的策略开始受到质疑。欧阳修在评论周史官称世宗北伐为“侥幸一胜”时曰：夫兵法，决机因势，有不可失之时。世宗南平淮甸，北伐契丹，乘其胜威，击其昏殆，世徒见周师之出何速，而不知述律有可取之机也。是时，述律以谓周之所取，皆汉故地，不足顾也。然则十四州之故地，皆可指麾而取矣。不幸世宗遇疾，功志不就。然瀛、莫、三关，遂得复为中国之人，而十四州之俗，至今陷于夷狄。彼其为志岂不可惜，而其功不亦壮哉！夫兵之变化屈伸，岂区区守常谈者所可识也！欧公虽未点名批评太祖，但言外之意昭然若揭。南宋时期，因北宋亡国之痛，士大夫中批评赵匡胤的论调更是甚嚣尘上。余波所及，明末大儒王夫之、现代史学大师钱穆先生亦以为然。

20 世纪 80 年代以来，宋史学界开始反思，多数着眼于宋辽双方实力，主张重新评价宋太祖“先南后北”之战略，但对有关辽穆宗史实之考辨，尚无暇顾及，因此争议尚存。按照批评者的思路，如果宋初能夺回燕云，那么日后金元之南下，北宋、南宋之灭亡也就不会发生。换言之，赵匡胤的这一策略，与此后数百年间历史大势密切相关。古今学人聚讼纷纭，其深意亦在于此。但不仅欧公及南宋士人是有感而发，王夫之、钱穆对这一历史问题的探讨也深深打上了“当代史”的烙印。清人入关对船山之刺激，相信《读通鉴论》的读者都有深切体会。而《国史大纲》之成书，正在“卢沟桥倭难猝发”，宾四先生随北大南下，“播迁流离之际”。既然对“先南后北”策略之批判，主要建立在耶律璟不恤国事，欲弃汉地的错误基础之上，而批评者又往往过多掺杂了当世情怀，或许有理由期待，对赵匡胤之质疑可从此休矣。

（原载《中国史研究》2016 年第 1 期　陈德洋、付亚洲整理）

2016年辽史论文论点摘要

【辽代捺钵三题】

杨　军，《史学集刊》2016年第3期

捺钵为辽代重要体制，作者主要探讨捺钵随行人员，捺钵地物资供给，皇帝离开捺钵地独自回京城现象等三个问题。

关于捺钵随行人员，《辽史》证明阿保机时代斡鲁朵尚未由四时捺钵中分离出来，捺钵是指扈从阿保机及其家人四时游猎的亲信侍卫。《资治通鉴》和《辽史》都表明太宗以后随皇帝四时捺钵的主要人员是皇族。圣宗以后，随行捺钵者包括“官属”和“部落”。据余靖记载，扈从捺钵的部队是自南北王府及诸斡鲁朵的部队中选拔出来的，由行宫都部署统帅。官员随行以及部队、侍从、家眷人数的增加，使这一活动真正由游牧发展为捺钵，所需牲畜数量明显上升，故随皇帝捺钵的所有人员不可能集中驻扎。捺钵地的居住设施主要是毡帐。阿保机时代，捺钵地已经出现固定建筑；景宗时，随行官员已开始在捺钵地构建私宅；道宗以后，随行官员在捺钵地建私宅已成为普遍现象。

关于捺钵地的物资供应，据《辽史》捺钵地所需畜牧业产品是由驻牧于附近的契丹各部供应，其他游牧部族以贡物的形式向捺钵地提供一定物资。圣宗时捺钵地附近已形成民间市场，至迟在统和年间，已存在管理捺钵地市场的专门官员。但捺钵地所需物资更多地要依赖其他地区供给，且向捺钵地运输物资已成为一项繁重的任务。兴宗以后，碑刻中屡见病重而赴捺钵地调理的例子，说明捺钵地的物资供应不仅包括日常生活所需，也包括相当部分的奢侈品，对捺钵地的物资供应已成为辽朝民众的沉重负担。圣宗以后捺钵地渐趋固定，加之捺钵地存在固定建筑并且物资丰富，因而非驻跸期间，也有人留居其地。在圣宗以后，各主要捺钵地形成一种特殊的聚落。

圣宗以后，还出现了捺钵队伍驻扎在捺钵地而皇帝他往的现象。皇帝中止捺钵返回五京的现象，也反映辽朝皇帝要在捺钵与五京两种政治中心之间维持一种平衡，这正是契丹皇帝贯彻二元制立国原则的体现。

【论冯家昇的《辽史》校勘】

戴　磊，《史学史研究》2016年第4期

20世纪30年代，冯家昇在洪业、顾颉刚等老师的指引下走上了校勘《辽史》的道路，并拟定了详校《辽史》的计划。大体而言，冯家昇校订了《辽史》在文字、史实和编排等方面存在的错误，其校勘呈现出讲求方法、注重考史、强调史源、客观存疑、善于总结等特点。

《辽史》成书仓促，纰漏甚多。以致治辽史者多从补正入手，明清时期学者做了大量的补正工作。冯家昇认为"校的工作清人没有作过，"这就"要我们负起这个责任"。冯家昇校勘《辽史》也是出于弥补前人不足的目的。这种学术责任感正是他校勘《辽史》的内在动因。冯家昇校勘《辽史》深受学习环境的影响。在燕京大学历史系期间，他不仅结识了翁独健、聂崇岐、齐思和、谭其骧等才华横溢的同学，更为有幸的是，还得到了洪业、顾颉刚、邓之诚、陈垣等史学大家的垂青与教诲。冯家昇校勘《辽史》的直接动因是洪业让其标点并编纂引得。顾颉刚提出"二十四史之整理，为当今之务"，"校勘与标点引得同等重要"等主张，同样对冯家昇有着极大的鼓励和启发意义。冯家昇的校勘活动还得到了邓之诚的支持，陈垣的治学理念及方法对身为学生的冯家昇颇具震撼而又大有裨益。在燕京大学历史系的七年（1927—1934）是冯家昇学术成长的关键阶段，对其治学路径的选择和学术风格的形成有着不可磨灭的印记。

通过剖析冯家昇现有的论著，还是能够大略窥见其校勘《辽史》的门径。首先，校订文字的脱、衍、倒、重、误。冯家昇发现《辽史》在刊刻及传抄的过程中出现了大量的文字脱、衍、倒、重及鲁鱼豕亥的现象，他依照原文之次序，对此予以了校正。其次，厘清避讳空字、改字，同名异译，名字互称所造成的混乱。再次，点明编排凌乱及史实失载的状况。最后，指出纪、表、志、传记载互异及失实的情况。若结合冯家昇《辽史》校勘的相关论著，以及围绕校书实践而形成的各种序言、题跋，进行较为深入的分析，可抽绎出其校勘的一些基本特点：讲求方法、注重考史、强调史源、客观存疑、善于总结。

同时，对冯家昇《辽史》校勘进行一个合理的定位。一是应将冯家昇的《辽史》校勘放入其整个学术生涯当中去考量。二是要将冯家昇的《辽史》校勘放入整个辽史研究的长河当中，而绝不能孤立和静止地看待。

【辽太宗继位考】

林　鹄，《北方文物》2016 年第 3 期

辽天显元年（926），太祖耶律阿保机亲征渤海，成功地将其纳入了契丹势力范围。但在返途中，阿保机意外辞世，带来了一场剧烈而又旷日持久的政治动荡。大契丹国整整一年零四个月帝位空悬，最终太祖次子德光取代其兄皇太子耶律倍入承大统，是为太宗。

关于太宗继位的原因，学术界大体有三种意见：包括姚从吾、陈述、李桂芝诸先生在内的大多数学者认为，契丹有可汗世选传统，是根据世选原则选立了耶律德光，依据主要来源于《资治通鉴》；蔡美彪先生则以为，阿保机以德光为天下兵马大元帅，而封太子为人皇王，主东丹，表明太祖晚年已决意改传次子，也就是说，太宗继位是阿保机本

人的安排；李锡厚先生认为，德光承统是太祖应天皇后（倍及德光之生母）的选择。对于蔡美彪先生的观点，笔者认为辽太宗之继位，的确如李锡厚先生所言，是应天意志的体现，但李锡厚先生所说应天后选择德光的解释太过牵强，应加以详析。

关于太宗继位之经过，我们先看辽朝文献的记载。按《辽史·太祖纪》天显元年七月，阿保机死于扶余，皇后称制，不过，应天虽成功夺权，但并不能降服异已。《辽史·太祖本纪》元史官将此扶余之变与诸弟之乱相提并论，从中笔者推测出三点：其一，扶余之变与皇位争夺有关。其二，契丹重臣反叛，欲除去应天。其三，应天平定了叛乱，并大开杀戒。即便如此，反对者仍未屈服。是年，南府宰相苏薨、卢龙军节度使卢国用叛辽、南院夷离董耶律迭里、郎君耶律匹鲁等的被杀，加之之后耶律铎臻、耶律欲隐、耶律海里、康默记的死亡恐都与这场政治风波有关，而迭里的被杀，在《辽史》中其子《安抟之传》有较详细的记载。这段史料反映出，应天摄政后的政治动荡，是因为太后反对太子倍继位。而应天后对太子倍的不满，在太祖生前就有所表现。在帝位空悬一年零四个月后，耶律倍一方终于败下阵来，耶律德光继位。

综上所述，据辽朝文献，太宗得以继位的最根本原因，是太后的支持。

应天改立太宗的原因，笔者怀疑，应天最初欲改立的是少子李胡，不过可能由于其时李胡年龄尚小（天显二年方十五），难以服众，即使用血腥手段亦未能压服耶律倍的支持者。因变乱旷日持久，太后不得已而求其次，扶植次子德光。

一方面，这是为了分化瓦解反对派（从突吕不的表现看，太宗最初恐怕也站在耶律倍一方），另一方面，她与德光间可能有秘密协定，天显五年（930），太宗立李胡为太子，应当就是密约的主要内容。应天发动政变，除了对少子的溺爱，是否还存在更深层的原因，中原史籍中流传着太后固守草原本位的传说，而耶律倍是一个汉化很深的人，这似乎暗示政变背后可能是汉化与草原本位之争。笔者在反复考量后，怀疑中原文献并不可信。

首先，辽文献中并没有关于这方面的记载。其次，应天后在太祖之初，在军事方面一直与太祖保持一致，且劝阿保机任用韩延徽。并且，在太宗继位后，并没有改变南下策略。最后，笔者通过具体分析中原史籍中被认为表明应天保守立场的三处主要记载：其一，《新五代史·四夷附录》云：“（定州王处直）遣其子郁说契丹，使入塞以牵晋兵……阿保机大喜。其妻述律（既应天）不肯，曰：‘我有羊马之富，西楼足以娱乐，今舍此而远赴人之急，我闻晋兵强天下，且战有胜败，后悔何追?’”其二，按《旧五代史·契丹传》，后晋石重贵嗣位后，辽晋交恶，“时契丹诸部频年出征，其国君臣稍厌兵革，德光母尝谓蕃汉臣僚曰：‘南朝汉儿争得一向卧耶！自古及今，惟闻汉来和蕃，不闻蕃去和汉，待伊汉儿的当回心，则我亦不惜通好也。’”其三，《新五代史·四夷附录》又记："初，德光之击晋也，述律常非之，曰：'吾国用一汉人为主可乎？'德光曰：'不可也。'述律曰：'然则汝得中国不能有，后必有祸，悔无及矣。'德光死，载其尸归，述律不哭而抚其尸曰：'待我国中人畜如故，然后葬汝。'"后，认为中原文献记载疑点颇多并不可信。在新史料出现之前，笔者以为，太后支持德光，反对太子倍最有说服力的解释还是她对李胡的溺爱。而这一可谓偶然的因素，让辽朝皇位继承的制度化从一开始就陷入了阴影之中。辽朝前期皇位继承的纷纭复杂，论其始作俑者，应天难辞其咎。

【辽代郡王封授初探】

李忠芝，《黑龙江社会科学》2016年第3期

郡王封爵是辽代爵制的重要组成部分，综合各种史料统计，整个辽代共66人75次获封郡王。辽朝封爵始于太宗时期，王爵以及国公、开国郡公、开国县公、开国郡侯等各等级爵位皆有封授。但郡王的封授则出现得相对晚些，世宗时始见，此后直至辽末封授不断。辽代的郡王封授，在时间上可分作前、中、后三期来观察：世宗、景宗朝为前期，圣宗、兴宗朝为中期，道宗朝、天祚帝时期为后期。封授对象则主要为皇室近亲、皇族疏室、后族、普通契丹人及异族功臣。史料所见获封郡王的66人，可分为五类：一是皇室近亲，即各代帝王四世以内亲族，有14人；二是皇族疏室，即各代皇帝四世以外亲族，有16人；三是后族（外戚），即乙室、拔里和国舅别部三个部族出身者，有26人；四是普通契丹人出身，即非皇族与后族出身的契丹族功臣，有3人（其中1人出身史无明载，故列入）；五是异族功臣，共9人。可见，皇族和后族成员为辽代郡王封授的主要对象。

封授标准则是家世出身和个人功绩，辽代郡王封授的第一条标准显然是家世出身，即重"亲"，但不同时期对家世出身的重视程度不同。道宗朝、天祚帝时期，在郡王封授时对家世出身的重视程度较之中期有所降低。辽廷封授郡王的第二条标准则是个人功绩，即重"功"。因受封郡王者出身不同，对功绩的要求也有所不同。皇室近亲基本是因出身而直接获封；部分后族成员，主要是萧和家族的部分人是因皇后、妃子亲眷的身份而直接获封，时间上集中在兴宗朝之后；皇族疏室、其他后族成员及普通契丹人和异族功臣多半因兼备出身、功绩而获封；道宗朝有了出身低微者受封郡王的情况，只是人数不多。

辽朝在郡王封授中，选取封号是遵循一定原则的，并且诸封号之间存在一定的等第关系。其一，皇室近亲成员的封号一般不以郡望命名。其二，除了对于皇室近亲，以姓氏郡望确定封号的做法在辽代又很普遍。另外，辽朝对皇室近亲之外的郡王所授予的特殊封号有柳城、混同、辽西、西平、武昌、武宁、富春7个。而且，封号之间存在等第关系。总体来看，辽代获封郡王的人数是较多的，唯前期获封者少，中期获封人数上涨趋势明显，并达到顶峰，后期则呈下降趋势。从制度层面看，郡王封授

在前期还未成体系，中期尤其是圣宗时期封授规制较为严格、封号体系严明：皇室近亲予以特殊封号，其他人员以郡望确定封号；封授对象以皇族和后族为主，异族功臣为辅。兴宗时期沿袭了圣宗时期的封爵规模和范围，但在授予皇室近亲以外的人员封号时，不再只考虑郡望，开始较多地使用与辽境内古建置、特殊地点等相关的封号。道宗时期，郡王封授的范围得到扩大，异族功臣、家道中落者受封多集中在此时。天祚帝时期辽朝国势动荡，获封者极少，郡王爵制渐趋崩溃，与辽朝统治一起步入衰亡。

【辽朝藩汉分治法制模式略论】

冀明武，《北方文物》2016 年第 3 期

辽朝是契丹族创建的多民族国家政权，境内民族众多、文化多元的国情客观实际，加之契丹族灵活的民族思维以及对治国经验的反思，综合塑造出藩汉分治的独特二元政体。藩汉分治在辽朝法制方面表现得非常充分，涵盖了政权组织法、犯罪刑罚法、职官选拔法及婚姻家庭法等主要部门法领域。整体而论，藩汉分治模式是解决多民族法律适用冲突的一次成功实践，也为不同民族间法律的相互借鉴提供了宝贵的经验。

藩汉分治的原因有三：一是客观因素：民族众多、文化多元的国情实际；二是主观因素：灵活的民族思维、治国经验的反思；三是藩汉分治的采用还与统治者自觉反思治国经验密不可分。

藩汉分治的内容可体现在如下几点：(1) 政权组织法：北面官和南面官双轨制。(2) 犯罪刑罚法：简陋残酷与完善人道。(3) 职官选拔法：贵族世选与科举考试。(4) 婚姻家庭法：开放与渐趋保守。(5) 诉讼程序法：平等与等级森严。

藩汉分治启示评价：藩汉分治模式是解决多民族法律适用冲突的一次成功尝试。辽朝从松漠一域的小国起家，最终发展为封疆千里、国祚超过 200 年的强大帝国，藩汉分治的法制模式无疑在其中发挥了重要作用。虽然依据不同民族的情况实行不同的法律制度，在辽朝以前的汉人政权和少数民族政权也曾多次实行过，但就其规模和所发挥的作用而言，都不及辽朝藩汉分治模式的完善程度，这不失为辽朝统治者的一项“卓越创造”，为后世封建王朝乃至当今中国的民族立法都提供了很好的经验借鉴。同时，藩汉分治模式给后人的立法一个宝贵警示，即不同民族间的法律借鉴不能机械照搬。

【辽朝“入閤礼”考论】

李月新，《史学集刊》2016 年第 4 期

契丹社会礼仪生活早在遥辇时期即已存在，但是对礼制的构建则开始于辽王朝建立之后。太祖初年始定吉凶二仪，是辽朝礼制建设的开始，其后辽太宗引进、借鉴汉礼的实践活动，作为辽朝礼制构建的重要环节更是不容忽视。这一时期大量汉仪的引进，不仅丰富了辽朝国家的礼仪生活，还起到了促进契丹国家意识产生及制度建设的作用。其中辽太宗时期“入閤礼”的引进和使用，是辽初国家礼制生活中的一项重要内容。

辽太宗时期两次行入閤礼的实践，既体现了在辽初礼制建设中对中原五代礼制的继承，也是契丹国家性质转变的外在表现。辽朝中后期，在国家礼制建设日趋完善的同时，由于受北宋及契丹国家二元政治体制的影响，入閤礼废置不行。但是中央官系统中的东西上閤门司却得以保留，成为职掌辽朝礼仪的主要部门之一，在辽朝中后期国家礼仪生活中发挥重要作用。

唐朝时期，伴随着皇帝起居地点的改变，朝会群臣的形式也发生着变化。皇帝不临前殿而御便殿，唤前殿之仗自东西閤入，即是入閤。所以朝仪之中的入閤，就是源于皇帝举行朝会地点的改变。安史之乱后，入閤曾一度废置，直到敬宗时再次恢复，但此后入閤内容已发生变化。五代起自后唐，于内殿行五日起居之制，而入閤举行时间由常日视朝变为每月朔望日，地点也由便殿改为正衙，与唐朝时期的入閤之制差异较大。

自唐末五代以来中原多事，无暇北顾，契丹势力得到了很大的发展。辽太宗是契丹王朝的第二任皇帝，其在位时间（927—947）与中原五代后唐、后晋的统治时期大致重和。《辽史·太宗纪下》记：会同三年（940）夏四月庚子，“至燕，备法驾，入自拱辰门，御元和殿，行入閤礼”。这是《辽史》中首次出现的辽朝皇帝行“入閤礼”的记载。太宗入汴后，新旧《五代史》《资治通鉴》等都有三月朔太宗御汴京崇元殿行入閤礼的记载，此为太宗行入閤礼的第二次记载。《辽史》中除辽太宗时有一次明确行入閤礼的记载之外，其余诸帝纪中皆无。纵观辽史记载，可以发现，在太宗之后朝仪之中更重常朝起居。而且即便是在辽太宗统治时期，政治意义重大的入閤礼也仅是在特殊时间和地点举行，并未沿袭五代朔望正衙视朝之制，也不是辽朝朝谒的主要形式。考其因由有三：一是与辽太宗时期的政治形势有关。二是与中原政权朝会制度演变有一定的关联。三是太宗后入閤礼的消失与辽朝政治体制有关。

辽朝的东、西上閤门司应当是接收燕云地区之后，仿照五代职司机构所置。据《辽史·百官志》的记载，辽代东、西上閤门司中设閤门使、閤门副使，但定员编制不清。关于东、西上閤门司的职掌，《百官志》中虽并未言明，但从散见他处的记载中亦可见一斑。如有吉凶礼事充当国信使报聘的职责、由閤门司诸属官行祝赞引导之职、閤门使在上谥册仪中，承担着引导皇帝完成至御幄、升殿等仪式程序的职责等。辽朝时期东、西上閤门司的职掌与北宋大致相仿，亦掌朝会起居、辞谢范仪、吉凶礼事之职。

虽然辽朝中后期入閤礼仪废止不行，但是东、西上閤门司诸职官充斥于辽王朝的政治生活之中，成为国家礼制生活中的组成部分，发挥着其在外交报聘、朝会起居及吉凶诸礼事中的诸多职能。

【辽朝国号再考释】

陈晓伟，《文史》2016年第4辑

宋金汉文文献追述辽朝国号的含义，一为镔铁说，一为辽水说，但均不足凭信。通过契丹大小字石刻则发现，“大辽”国号盖取资于“辽远”之义，并且有域外波斯语文献为证。根据藏文文献可以进一步论证"大辽·大契丹"双国号说成立，此种做法与金元国号"大女真·金国"及"大元·大蒙古国"相一致，这是辽朝根据不同族群和不同地域的社会政治文化传统而采取的治国策略，算作北族王朝特殊的政治文化现象，正是二元政治的具体实践。

汉文献中关于辽朝国号目前有两种说法：第一种为国号镔铁说，第二种为国号辽水说，以上两种说法皆取资于传世的汉文文献。不过，以上源自金朝文献的"以辽水名国"说近些年来却在民族语文文献及其相关解读成果中遭遇到了挑战。20 世纪 30 年代，刻写于干统元年（1101）的契丹小字《道宗哀册》出土，由此引发契丹语文学界对辽朝国号问题的持久讨论。该哀册册盖篆刻三十六个原字，其中前九字得以拼合复原。对这九个字我们通过同一蒙古语语族的亲属语言和契丹大小字石刻数据考释，认为它最有可能指称国号"大辽"，寓意为"远的"或者"辽远"。倘若如此，传世汉文文献所谓辽人"以辽水名国"说便与上述根据民族语文所得出的结论发生矛盾。对于这一分歧，笔者还提供了一个新的证据来判别其是非，就是拉施特的《史集》中的中国史部分所记载的内容。另外我们所见"大辽"国号之变迁显然都与征服汉地或汉化程度加深密切相关，而与契丹本土文化和草原本位政治无涉，更难以牵涉契丹祖源故地的辽水！照这种情形判断，金朝文献《金虏节要》所谓"辽人以辽水名国"说想必是金朝史官的姑妄揣测之辞，未必是真。

辽朝两种国号"大辽"与"大契丹"之间的关系，历来是一个引人关注的学术话题。冯家升和姚从吾先生认为"大辽"应当是汉地新朝的通称，而不通行于契丹本部。至于"契丹"，则是在汉地有时可与"大辽"并用的。刘浦江教授将上述这种政治现象概括为"双重国号制"。这种"大契丹·大辽"或"大辽·大契丹"双重国号制度绝非孤例，反倒可以说是北族王朝特殊的政治文化现象，具有特色鲜明的二元政治传统。如完颜阿骨打在国书中自称"大女真·金国"、畏兀儿体蒙古文文献所见"大元·大蒙古国"。此外，多语种民族文献称西辽政权国号为"哈喇·契丹"、金朝国号为"大女真·金国"及蒙元朝国号为"大元·大蒙古国"，这些都为契丹文石刻"大辽·大契丹"释读结果之成立提供了强有力的证据。辽朝双重国号制度说完全可以成立。"大契丹·大辽（大辽·大契丹）"双重国号制度行用于辽朝全境，它作为一种兼顾契丹故俗与汉人民族情绪的政治笼络措施，正是二元政治的具体实践。

【辽朝官员的本官、实职与阶及其关系——以辽代碑志文为中心】

王玉亭，《辽金史论集》第十四辑，中国社会科学出版社 2016 年版

辽朝官员的结衔公式可拟为：官衔 = 功臣号 + 本官 + 实职 + 阶 + 检校官 + 宪 + 赠官 + 勋爵 + 食邑，其骨干部分是本官和实职。"本官"是辽官员身

份的标示，包括官员在体制内的官位序列、名分、品级、文武资等内容，包含有传统官制中的散官、文资、武资的含义。本官是辽官寄俸禄、量品资的依据，官员在本官序列中转迁；阶，已经不被看重，官员的迁升不表现在阶上；本官与实职相伴生。

首先要辨析一下“本官”这个概念。辽人所称的“官”，不是今人所理解的“官”那样有着宽泛的含义，即，“官”包括了一个人的品级、实职、阶、爵、勋等。辽代官员的“官”是官员身份的标示，包括官员在体制内的官位序列、名分、品级、文武资等内容。为了使辽人的“官”与现代意义的“官”有所区分，作者将辽“官”拟为“本官”。以期有利于对辽官结衔的辨识和对于官制的理解。辽官员结衔从表面上看，官越大结衔越长，结衔之最多字数有达 91 字者，50—70 字者常见。凡国家“编制内的”辽朝官员，在其官称结衔中必有标志其本人身份之“本官”。许多传统意义上的职事官阶官化了，用作了标示其官吏的本官。辽文官的情况较为明朗了，正如王曾瑜先生所论：辽代沿用唐朝的“省部监司”（三省、六部、二十四司、秘书省、殿中省、诸寺、监等）的职事官名作为其官的“虚衔”，这个虚衔，在笔者看来就是“本官”。

辽朝文官本官的标示：1. 以“试官”标示官员本官；2. 以唐文官职事官标示本官。辽武官本官的标示：1. 以唐、五代的“武资”标示武官、武职的“本官”。2. 以阶官化了的“节度使类”标示武官本官。分析石刻文中的辽官本官，可以推断出辽官本官约略有如下作用：1. 标志官吏的身份、名分、品级、地位（在官僚体制内的位置）；2. 以此享受有关待遇，如俸禄、门荫、致仕带属官佐等；3. 据此磨勘考课，决定转迁；4. 决定班序。

辽官的阶的内涵、序列。辽的阶来源于唐中晚期及五代乱世制度，此时散官、阶这个官的标志已经失去了它应有的标示和衡量官品的作用。辽的阶的运用，在继承唐制时，契丹辽方面对于职官滥授的延续跟北宋不同，主要是，对于文武散官部分继承沿用，对于阶的部分有所变化。辽朝对于阶的授予不是太严格，而是很随意的，所以对于低级官吏来说，阶的获得很容易，但是，“本官”是授予国家编制内官员的，是确认编制内官员身份的，朝廷要以之衡量其品级，决定转迁，磨勘考核，给予各种待遇等，所以，本官的授予是很严肃、很严格的。在石刻资料中，一些辽官的阶几十年不变，但是“本官”部分却循着一定序列转迁。渐渐地辽阶已经失去了对于全部官品“衡量”的作用，不能反映官员因积劳积功而升迁的过程。

辽阶的作用：1. 给低级官吏、需奖赏的特殊人士以一定的名分，比如捐粟者、技术官吏、僧侣等。2. 对于流外吏职、低级官吏有标示身份的作用。3. 用于低级官吏的转迁。

辽官本官、实职（使职）、阶的关系：通过对大量的辽碑志资料分析，对于辽官本官、实职（使职）、阶的关系，笔者以为可以得出初步的结论：1. 一位辽的官或吏，如果获得差遣，有了实掌，那么他就要带一种本官，即“使职（实职）必带本官”，本官却与使职（实职）紧紧相伴。2. 某官或吏如果他是“编制内”的，那么他就必然有本官，即使是一时没有被差遣，或者不再从事实务了，那么他也要带一种或两种本官来表示身份。笔者还认为当时官吏以本官领取俸禄。3. 辽官的本官有一个由高到低的序列，国家正式官员要在这个序列里转迁，辽官的迁升主要表现在本官的迁升上。4. 辽的阶，由于是承袭唐末、五代的滥授遗风，其受重视程度越来越低，许多官员的结衔中竟然看不到阶了。5. 有本官必然有阶；有阶者未必有本官。6. 初历官场的低级官员或吏职（多为门荫），本身并未获得本官，所以只带阶来标示身份。7. 在辽人看来，在本官、使职（实职）和阶三者之间，第一要紧的是使职（实职）。

辽朝一方面在南面官制系统承袭唐制；另一方面，在传习草原传统的基础上，采取“拿来主义”的方法，大量吸收汉官制度来对应北面官。这样，在整个国家境域内，所有的官员在本官上是统一的，不至于产生混乱，有利于辨识和操作，这不能不说是极具智慧的。同时，分析辽代官员结衔以及变化，我们同样也可以看出存在着“运作考虑”和“身份考虑”，安排使职（实职）就是在做运作考虑，是针对“事”的；安排本官就是在做身份考虑，是针对“人”的。

【辽代以上京为中心西辽河地带农业发展状况】

陈　健，《黑龙江科学》2016 年第 21 期

辽代政权是我国历史上重要的少数民族政权，以上京临潢府为中心的西辽河地带是其重要的农业区。中原汉族多由于战争被掠到辽国区域（以上京为中心的西辽河一带为主），他们开垦农田，形成聚居区。辽消灭渤海政权以后，相当多的原渤海居民被迫迁移到西辽河一代从事农耕生产，共同促进了以上京为中心的西辽河地带农业区域的形成。辽代统治者重视农业生产，设置专门机构，劝课农桑，还发布指导性意见，引导农民种植农作物品种和类别。朝廷官员和地方官吏采取积极政策，大力发展农业。

辽都上京周围出土了很多辽代农具，其中铁犁的种类比较多，表明当时铁制农具技术已非常进步。辽代中央政府主持修建了很多农田水利工程，改变了本地原始农业靠天吃饭的困境，改善了草原地区水资源缺乏的状况。加之西辽河地区的生态环境优越，农业种植品种丰富，是比较发达的农业灌溉区。窖藏或土埋技术已经引入西辽河一带。契丹人运用这种技术帮助果树过冬，对我国农产品储藏技术具有革命性意义，至今在我国东北地区延用。大批汉人移入带来了新的农作物品种。辽朝在上京地区已经开始种植“水稻”“高粱”“小麦”“桑”“麻”“黍”“粟”等。施肥技术也已掌握，形成精耕细作为特色的西辽河农业区，这种成就在我国边疆农业发展史上具有里程碑式的意义。

辽朝自圣宗以后的100多年间，国家多处于和平状态，为西辽河一带农业发展提供了良好的外部环境。粮食储备大量增加，政府得以设置义仓，平抑粮价。上京为核心的西辽河地带农业区是辽代前期重要的粮仓。优越的自然环境，良好的农业政策，促使农业生产者能够更好地从事生产。

【辽代“白霫”考】

齐 伟，《宋史研究论丛》2016年第十八辑

关于白霫的族属问题，自然想到霫，白鸟库吉和冯继钦等认为霫为东胡族系，白霫是突厥系，铁勒十五部之一。周伟洲等学者认为二者为同一族属，即东胡系。作者认为白霫与霫应同出自东胡族系，为同一族属。据两《唐书》《新五代史》《北史》《辽史》《宋史》《金史》等史书记载，在战争、纳贡、降附等活动中，霫与奚、契丹两族的行动往往趋于一致。丹、奚与霫的部落首领皆出自东胡族系，后契丹强大，奚与霫则作为别部依附于契丹。且《旧唐书》与《新唐书》关于霫族的情况记载大体相同。另外还有《萧义墓志》中的记载与之印证。

隋开皇三年，霫与奚、契丹等族一起内附，叛服不定。唐贞观三年内附，迁到潢水以南。至唐贞观二十年，唐太宗设置六府七州，其中白霫为寘颜州，以白霫别部为居延州。五代时期，霫又同奚一起依附于燕帅刘仁恭。辽建国前后，多次展开对奚、霫的征讨，霫与奚逐渐融入契丹族之中。最迟在辽代中期，白霫逐渐成为地域的代名词。隋唐以降，（白）霫便有一个逐渐南迁的过程，迁徙路线是由潢水以北迁到潢水以南，即唐末至五代初期，辽中期则迁到辽中京大定府。

辽金碑志中有关白霫的记载颇多，“白霫”作为地理名词的概念更加明显，其民族概念相对弱化。金朝建立后，白霫臣服于女真，金海陵时期（白）霫族向南迁徙，《元史·肖乃台传》《塔本传》都有线索。至迟元初时，白霫还活动在燕地的平、深二县（今河北卢龙、滦县）附近，因此金海陵时白霫族从辽时的中京之地南迁到幽燕地区的平、滦二县附近。到了元代，“白霫”作为地域名称一直被沿用。元以后，“白霫”则鲜见于史端，不断南迁的白霫族受到民族融合的影响而逐渐消失在民族融合之中。

【辽代耶律李胡与和鲁斡的封号】

张少珊，《民族研究》2016年第2期

《辽史》是在辽朝灭亡200多年之后修成的，由于供修史的资料短缺和时间仓促，致使讹误很多。辽太宗耶律德光的胞弟耶律李胡在太宗朝的封号，同一部《辽史》时而说成“皇太子”时而说成“皇太弟”。“皇太子”“皇太弟”二者必有一错。从史源学出发，不能说明李胡的封号为“皇太子”。从赵延寿谋求“皇太子”事可知辽太宗对“皇太子”的伦理观念是清楚的，可证封李胡为“皇太弟”之不误。辽代“皇太子”封号并不是唯一的皇储身份名号，李胡

不是必须有“皇太子”封号才有皇位继承权。从校勘学看，用陈垣先生提出的对校、本校、他校和理校的四种方法来看，李胡的“皇太子”封号应校改为“皇太弟”。

《辽史》中封号不合辈分的错误不止出现于李胡一人身上。和鲁斡为辽道宗的二弟，对天祚帝耶律延禧来说则是祖父辈的人，不应该封“皇太叔”应该理校为“皇太叔祖”。有汉字和契丹小字哀册和墓志，证明《辽史》中和鲁斡的封号“皇太叔”为“皇太叔祖”之误。

总之，辽代太宗朝没有“皇太子”，《辽史》相关部分所见“皇太子”均为“皇太弟”之误。辽代天祚帝朝没有“皇太叔”，《辽史》相关部分所见“皇太叔”均为“皇太叔祖”之误。

【辽代后族与头下军州浅析】

陶　莎　孙伟祥，《黑龙江民族丛刊》2016 年第 1 期

辽代后族势力与头下军州均是辽朝特有的政治现象，后族通过头下军州的设立得以同皇族分享政治特权，是联合执政的一种表现。头下军州本质上属于封建领主制，头下户是头下主的私人部曲。头下军州官员的任命，有非常大的自由度，另外有别于普通州县的重要特性是头下军州的世袭性质。头下军州享有非一般的经济特权。从地理位置看，这些头下军州主要都集中分布于辽的原始根据地，这种地理分布，主要是由于辽朝初期，契丹的势力范围大体仍在临潢地区。

后族不仅同皇族一样拥有设立头下军州的特权，更在景、圣之间由于娶得公主而得以设立由媵臣户构成的头下军州。后族所拥有的头下军州，其中绝大多数分布在上京道东南，相较于皇族诸头下军州，后族头下军州地理位置分布普遍偏西，更靠近龙化州的方向，可以看出辽朝中央通过后族制衡宗室的用意。朝廷在着意控制贵族私人部曲规模，试图将这部分人变为国家的编户齐民，国家有意遏制头下军州的涨速与规模，这是加强中央集权的一种表现。

头下军州也为后族提供了军事助力。后族成员不仅占有大量私兵，亦能统兵，其军事实力实在不容小觑。绝大多数后族成员的私兵大多充作以下三种用途：征讨平叛、镇守五京、戍卫边疆。

【辽代道学教育述论】

高福顺，《黑龙江社会科学》2016 年第 5 期

辽代道学教育虽远不及儒、释教育兴盛，但“三教并行”的政策为道学教育顺利开展提供了制度保障。辽代统治者对道教的支持是道学教育得以发展的根本原因。辽上京（西楼）在太宗、穆宗时代已有若干道士生活于此，传播道教，开展道学教育。辽代京府诸州可能多有流布，有道士活动的地方也就理应有道观的存在，只是文献未予著录罢了。

为了让更多的契丹人了解道教，东丹王耶律倍曾亲自将道教经典《阴符经》翻译成契丹文。辽世宗对道学教育亦相当重视，对真定道士苏澄的征召一事就可见一斑。辽圣宗对于三教更是兼

收并蓄。道学教育在圣宗朝有很大发展，辽代统治者对道教的认知与提倡，皆达到前所未有的高度。辽兴宗不仅崇信道学，还对道士封官加爵。辽代皇戚贵胄尊奉道教，接受道学教育，在墓葬出土文物中亦有所反映。

通过道观教育、侍讲陪读与民间活动等多种途径，道教思想文化逐渐深入辽朝人的心中，并使尊奉四方之神、门神以及长生不老、炼丹成仙、驾鹤升天等道教信仰的世俗化观念广泛流行于辽代社会生活中，进而丰富了我们对辽代道学教育的社会影响与意义的认知。

（付亚洲、胡惠超整理）

西夏部分

西夏佛王传统研究

陈　玮

在西夏史诗中，李继迁被塑造为文殊菩萨和转轮王的化身。克什米尔僧人和吐蕃僧人均称西夏皇帝为法王。西夏皇帝陵台为八角形塔式建筑昭示了西夏皇帝的转轮王身份。拜寺口西塔的影塑表明该塔为西夏时期的转轮王塔，西塔的西夏文题记与西夏权臣任得敬有密切关系，表明该塔乃任得敬利用西夏佛王传统取代夏仁宗仁孝统治的政治产物。在任得敬集团覆灭后，夏仁宗仁孝在西夏宫廷诗集中更是以佛的形象被广为赞颂。

中古时期，佛教与政治联系紧密，无论是西域古国还是中原王朝的统治者都利用佛教来治理国家，尤其是利用佛王传统来塑造王朝统治的合法性。佛王传统作为一种政治统治的手段，对一些崇奉佛教、地跨农耕与游牧世界的胡人王朝也深具影响，为这些胡人王朝借来统治本国的胡汉民众。西夏作为丝绸之路上的胡人王朝，佛教盛行一时，上至皇室下至普通民众都对佛教顶礼膜拜。西夏王朝统治者积极利用佛教来统治本国的胡汉民众。其以佛教治国，突出地表现为西夏皇帝视自己为佛，这与佛教的王权观具有密切联系。在藏文史籍中西夏皇帝通常被称为法王，而转轮王即是法王。

在藏文典籍中，西夏皇帝被克什米尔僧人和吐蕃僧人称为法王。来自克什米尔的西夏国师拶也阿难捺在《入中论颂注疏》藏译本扉页题词中写道："具足利乐，与天界相等的，法王世系延续不断的西夏国，在黄河的岸边和五台山的附近，国王的宫殿和军队一起存在，在被称为'殊胜王城'的大佛殿之中，由名叫贡噶扎的吐蕃译师，翻译了《入中论颂注疏》。"

在西夏立国前的公元10世纪，于阗、西州回鹘、敦煌归义军的统治者均以佛王面目示人，借此来标榜统治合法性。曹氏归义军节度使称王现象，受到了佛教转轮王思想的影响，这一现象也广泛出现于包括于阗、西州回鹘在内的整个西北地区。从归义军方面来看，张承奉在称帝时期，就被称为天王。西州回鹘可汗也被视为与菩萨同身的天王。于阗人甚至直接称李圣天及尉迟苏罗、尉迟达磨为佛。青唐吐蕃统治者唃厮啰一系亦以佛王传统来治国。《梦溪笔谈》云："唃厮，华言佛也；啰，华言男也。自称佛男，犹中国之称天子也。"

公元10世纪，于阗作为西域佛国，在宗教上对于西北各割据政权具有强烈的吸引力。在这一时期，于阗与党项存在着广泛而密切的交往。据敦煌所出于阗文文书，灵州党项贵族曾到于阗佛寺巡礼，于阗曾遣使于李继迁处。于阗的天王信仰对西夏的天王信仰有深刻影响。于阗的佛王传统当也被西夏统治者所模仿、借用。在西夏占领敦煌后，党项人会直接接触到归义军的佛王传统，而归义军的佛王传统正来源于于阗的佛王传统。与西夏同时代的青唐吐蕃的佛王传统当也为西夏人所了解。因此转轮王信仰在西夏社会广为流行。从各类佛经来看，转轮王的法宝为轮宝、象宝、马宝、珠宝、女宝、典兵宝、主藏宝，反映转轮王七宝的西夏艺术品多有存世。

由于李继迁兼具文殊菩萨和转轮王的双重身份，而文殊菩萨又是护佑转轮王的重要神祇，因此西夏皇帝极为崇拜文殊菩萨。李德明在位时，曾遣使臣前往文殊菩萨道场五台山朝拜。李元昊在贺兰山建一文殊殿，《宁夏志》云："文殊殿，在贺兰山中二十余里。闻之老僧，相传元昊僭居此土之时，梦文殊菩萨乘狮子现于山中，因见殿宇，绘塑其相。"文殊殿中有文殊乘狮子像，"元昊睹之甚喜，恭敬作礼，真梦中所见之相也，于是人皆崇敬"。西夏统治者甚至将北宋境内的五台山移于本国境内，将贺兰山中一处称为北五台山，并建北五台山寺。西夏统治者为争夺正统性而在贺兰山建北五台山寺也就不难想象。由于西夏皇帝自我标榜为转轮王，西夏帝陵的建筑也极具佛教特色。西夏帝陵的陵台均为八角形塔式建筑。

宁夏贺兰县金山乡拜寺口沟口山坡台地耸立着一对西夏佛塔，为西夏京畿地区留存的宝贵文物。拜寺口西夏双塔之西塔为十三层八角形密檐式空心砖塔，残高35.96米。双塔之西塔塑有转轮王七宝，此七宝位于西塔第十二层八个龛内。南龛内的象宝为一背驮火焰宝珠的大象。西南龛的典兵宝为立于五瓣莲座上的金刚杵。西龛内的女宝为一坐于五瓣莲座上的戴冠女。西北龛内的珠宝为一火焰宝珠。北龛内的马宝为立于五瓣莲座上、背驮宝珠的宝马。

拜寺口西塔确属转轮王塔，但是否表现的是西夏皇帝为转轮王，作者以为值得商榷。作者指出在西夏境内敢于向帝室争夺转轮王名号的任某某只能是任得敬一人。任得敬原为北宋西安州判，在西夏攻占西安州后降于西夏，又向夏崇宗乾顺献女，任静州防御使。任得敬女后为皇后，任得敬本人在平定契丹萧合达之乱后升任翔庆军都统军，被赐爵西平公。此后任得敬入朝担任尚书令、中书令，又由中书令升为国相，由西平公进爵至楚王，再由楚王进至秦晋国王。任得敬女成为任太后之后，任得敬图谋分国，自居兴灵而迁仁孝于河西。任得敬曾遣亲族出使金朝试探金世宗对西夏分国的态度，又逼迫夏仁宗仁孝向金朝上表分国。在被金世宗断然拒绝后，任得敬又暗通南宋。最后夏仁宗仁孝在金朝的支持下族诛任得敬。

拜寺口所在的贺兰山是西夏皇室的禁苑，西夏皇室在这里建有许多寺、塔，如北五台山寺、方塔、佛祖院、文殊殿、大度民寺、慈恩寺、奉天寺。任得敬在拜寺口修建转轮王塔不仅显示了其权势已凌驾于西夏皇室之上，还具有深刻的政治意义。任得敬借修转轮王塔首先表明自己在宗教上已取代西夏皇室，具有转轮圣王的神格。他把拜寺口西塔建造为转轮王塔，是通过自诩为转轮王而顺利取代夏仁宗仁孝的政治宣传。作为新转轮王的任得敬，自然有与旧转轮王西夏皇室分国的政治资格。另一方面，任得敬通过把自己塑造为转轮圣王，可以极大地争取民众支持自己与西夏皇室分国，同时也削弱西夏皇室的神圣性。为了在神域压过西夏皇室，任得敬大力修建西塔，使西塔在形制上超越东塔，成为任得敬的物化政治宣言。

相对于任得敬，夏仁宗仁孝最开始先称自己为佛子。仁孝对自己神性的塑造，旨在抵消汉族权臣任得敬图谋分国削弱西夏皇权的不良影响。在任得敬掌权前的天盛初年，吐蕃僧侣尚未在西夏活跃。但任得敬被诛杀后，吐蕃僧侣大量进入西夏，许多人被封为帝师、国师，其地位甚至在西夏番人僧侣、汉僧之上。任得敬图谋分国时，曾意欲将仁孝迁徙至河西走廊，而自己在灵夏一带称帝。

西夏的佛王传统是西夏皇室为塑造统治正统性而采用的政治策略，这一传统来源于10世纪的于阗。在公元10世纪的西北地区，于阗、高昌回鹘、归义军的统治者均以佛王传统治国，进而影响到西夏和青唐吐蕃。受于阗《华严经》佛王传统影响，李继迁被塑造为文殊菩萨与转轮王的同身，李德明、李元昊也极为崇拜文殊菩萨。西夏皇帝被尊称为法王，即转轮王。西夏帝陵的佛塔式陵台象征着西夏皇帝的转轮王身份。拜寺口西塔因其影塑中有转轮王七宝而为转轮王塔，从塔龛供养人坐像题名来看，拜寺口西塔为西夏权臣任得敬所建。任得敬建造转轮王塔，是向世人宣告自己为当世的转轮王，为佛法所护佑而取代夏仁宗仁孝。任得敬大力塑造自己的转轮王身份，是利用西夏的佛王传统将自己的政治权力扩展进佛教神域，同夏仁宗仁孝争夺统治西夏的政治合法性。夏仁宗仁孝既被认为是佛子，又被认为是菩萨、佛，他之后的夏襄宗安全、夏神宗遵顼、夏末帝也都被称为佛，体现了佛王传统对西夏皇室的深刻影响。

（原载《中央民族大学学报》2016年第4期，陈德洋、付亚洲整理）

2016 年西夏史论文论点摘要

【西夏“统军官”研究】

陈瑞青，《宁夏社会科学》2016 年第 1 期

西夏统军官分为常设和战时两个系统，常设统兵官在中央和地方均有设置，西夏中央统军司相当于翊卫司，主管掌藩卫、戍守及侍卫、扈从诸事，设有马步都指挥、副都指挥及诸卫上将军、大将军等武职。而在地方则为各监军司的长官都统军、副统军。凡是冠以“某州”（监军司所在地）、“某军”（监军司番号）的都统军、副统军，均为西夏监军司的常设主官。此外《贞观玉镜将》中还出现了“将军”和“察军”的记载，“将”于“统”为同一个字，“察军”就是西夏军队中的“监军”，它和“统军”共同构成西夏地方统兵体制。

西夏设置战时统军官，主要与西夏军队的点集制度有关。战时统军官是由各监军司点集兵马，组成统军司，其最高指挥将领为都统军，负责一路或某方面的将领则称统军。在史籍中出现的主管几路、几州或某方面的西夏统军官，这些都属于因战时需要而临时设置的军事职官。

西夏统军官的选任主要委以豪右，除党项族外，汉族、契丹族和沙陀族中有才能的将领加以擢任，体现了西夏对军事将领的用人特色，同时也增加了地方坐大，威胁中央政权的政治风险。

【从《天盛律令》看西夏转运司与地方财政制——兼与宋代地方财政制度比较】

骆详译　李天石，《中国经济史研究》2016 年第 3 期

《天盛改旧新定律令》（简称《天盛律令》）详载了西夏转运司与地方财政制度方面的内容。作者从西夏转运司与地方财权这一角度出发，重点以《天盛律令》中水利管理的律文为例证，探讨西夏地方财政制度，并将其与宋代地方财政制度相比较，从而管窥中国 11—13 世纪西北政权与汉政权在财政制度上的异同。

西夏水利管理制度的许多重要内容都与地方赋税制度息息相关，而西夏转运司在地方水利管理与赋税缴纳制度中发挥了重要的财政职权。在水利建设方面，对春天开渠日等事宜商议，先由下属水利部门上交提案，然后由转运司与伕事小监、监司、閤门、前宫侍及巡检前宫侍人等水利、财政官僚，在宰相面前开会定夺。在水利设施的修建上，转运司只有审议权，但有关开垦征税与开渠事务，转运司就有权负责。都转运司

虽然主管地方赋税征收，但在具体催租事宜中并不直接参与，而是指挥领导郡县部门进行，具体的赋税征收工作由所辖区的郡县负责。转运司在负责水利建设的同时，除了负责赋税征收的职权外，转运司还要负责与水利设施相关的道路修造工作、役夫的征发工作、水利设施附近租户种植树木的监察工作。

转运司不仅垂直管理地方郡县财政，还握有地方财政的审核权。如纳租簿册的管理权、赋税簿册的审核权、地方政府的年终赋税簿册审核。而且转运司不仅负责地区年终簿册的上交，并呈递中央进行审核，还要负责年后“遗尾数”地租的催促工作；上交审核和催促交租的过程中，转运司一方面行使州一级的地方财政职权，另一方面也受中央的领导和制约：簿册审核先上交中央部门的都磨勘司，最终呈递给国家最高行政部门———中书省审核，催促交租。

宋夏转运司的地方财权性质基本相同，但也存在一些差异，西夏从中央到地方的财政制度体系很大程度上效仿，甚至承袭了宋代的财政制度。从具体的财政系统运转来看，二者都有许多相似之处。但宋夏转运司在地方财政制度的具体方面也存在一些差异，从督征与亲临、财经监管等方面来看，西夏转运司职权较宋代呈现更加细化的趋势。

【汉文史料中的西夏番姓考辨】

佟建荣，《中央民族大学学报》2016年第4期

西夏姓氏尤其是其中的党项番姓是西夏社会历史文化的重要组成部分，受时代及资料所限，以往学界的辑录、订正主要依据各类汉文典籍资料的对比。但汉文典籍中的姓氏多由西夏语音译而来，据音给字，部分姓氏人名翻译出来后特征并不明显，相关记述又少，即使不同类史料放在一起仍无法肯定其为姓氏还是人名，抑或是官职、地名等其他名词术语。

近年来相继公布的西夏文献为我们提供了新的方向。本文从汉文典籍与出土的西夏史料两方面入手对汉文史料中的“部曲”“冬至”“令王”“拽厥”“令分”“母米”“拽臼”“威名”“星多”“耀密”“麻女”“穆纳”“悟儿”等西夏番姓做了甄别工作。

对汉文史料中西夏姓氏的甄别，既需要传统史料之间的仔细对比，又需要出土西夏（包括汉文与西夏文两类）文献的支撑。如果没有西夏文《义同》中的姓氏与其对应，将“冬至”定为姓氏是没有什么说服力的。同样，“耀密”“悟儿”如果没有点校讹误，仅凭传统汉文典籍就将它说成是西夏姓氏，也恐怕有失严谨。姓氏如此，汉文史料中的其他专有名词如职官、地名、动植物名也应该如此。所以，在此希望学界在对汉文史料中有关名词术语做解释时，要充分认识到出土西夏文献的作用，毕竟西夏文献是西夏人自己的记录，很多的名词术语可能是汉文典籍的源出。

【金诗中的金夏关系研究】

周　峰，《西夏学》2016年第2期

金夏关系的史料较为缺乏，《金史》中除了《西夏传》外，还可从本纪、列

传中爬梳一些，这些都被以往的研究者所充分利用，兹不赘述。碑刻中金夏关系史料，也得到了一定程度的整理与利用。但是在金诗中或多或少地存在一些金夏关系的史料。

金诗中反映了与西夏毗邻的金朝西陲边地风貌：金朝与西夏临近的路自东向西分别是西京路、河东北路、鄜延路、庆原路、凤翔路、临洮路。金诗中涉及与西夏相关的有河东北路、庆原路、临洮路，地名有保德军（州）、窟野河、景骨城、来同堡等。金代前期诗人蔡珪、金世宗、章宗时期的诗人萧贡、金哀宗正大二年（1125），时任翰林学士的金朝后期著名文人赵秉文、金宣宗时期的京兆路转运使庞铸、金章宗时期的西京路转运使赵鼎等都有诗文传世，从这些诗文中我们可以一窥金朝边陲之景。

金诗中也记叙并间接描绘了金夏战事：金诗中直接反映金夏战事的诗不多，宋九嘉的《捣金明寨作建除体》是较突出的一首。金朝后期与西夏交恶是在卫绍王时期，1209 年（金大安元年）成吉思汗率大军攻入西夏，围攻都城中兴府，西夏国王李安全派使向卫绍王求援，金不允，因此导致两国反目。1210 年 8 月，西夏进攻金葭州，双方爆发战争。宋九嘉的《捣金明寨作建除体》反映的正是这场战争。

此外，赵秉文的《皇武》一诗间接也反映了金夏战事；胥鼎留下来的唯一一首诗《送弟恒作州》也与西夏的战事相关；金代最杰出的诗人元好问的诗中虽然未直接描摹金夏战事，但多首诗中体现着此种意境，最为明显的一首诗为《征西壮士谣》。

【西夏时期的张掖】

史金波，《西夏学》2016 年第 2 期

张掖是历史名城，古称甘州，西夏时期也以甘州称之。西夏文为瞑成，为“甘州”二字的音译，是西夏沿用了历史上的传统的地名。

张掖自古以来即是多民族世居或往来之地。在夏、周时期为西戎和狄的住地，汉为月氏属地，再后为乌孙、匈奴势力范围。汉元鼎六年（前 111），置张掖郡。天圣六年（1028）李德明派儿子李元昊击败甘州回鹘，甘州归属西夏。西夏得甘州后有助于掌控河西，特别是加强了对回鹘和吐蕃的控御和钳制，起到了稳定西夏右厢的重要作用。

元昊立国前有十八州，其中有甘州；置十二监军司，其中有“右厢甘州路三万人，以备西蕃、回纥”。西夏时期甘州处于重要地位，甘州在西夏的地位与作为首都的中兴府以及大都督府、西凉府同为次等司，类似于直辖市。而且甘州在西夏的早中晚期均为监军司，中晚期时在《天盛律令》中称为北院，因此甘州又应有一个中等司的刺史衙署，至少有两个下等司机构：甘州城司、北院边工院。

自甘州纳入西夏的版图后，西夏时期的甘州在经济、文化、宗教方面都有自己的特色，对西夏做出了重要贡献。经济方面：甘州南枕祁连山，北依合黎山、龙首山，甘、凉交界处有焉支山，中间地势平坦。祁连山上流下的水汇聚成黑水，流贯全境，形成了特有的河西走廊绿洲。境

内土地肥沃，水草丰美，宜于农业和牧业。甘州不仅农牧业发达，手工业也很兴盛。有文献和文物可考的是酿酒业和制瓷业。文化方面：西夏文化事业兴盛，各郡县皆有学校。甘州也有郡学之设，并有总管郡学的学官教授，西夏时期的甘州文化应有较好的基础。西夏以佛教为主要宗教信仰，在境内大力推行。宗教方面：甘州位于河西走廊的中心，佛教早已流行，是"佛法所从入中国"之地。西夏时，佛教信仰形成了几个中心地区，其中有中兴府—贺兰山中心、凉州—甘州中心、沙州—瓜州中心、黑水城中心。甘州正处于处于凉州—甘州中心，佛教隆盛。甘州在西夏时期有较多的寺庙，如目前存留下来的西夏佛教遗址最负盛名的是张掖卧佛寺。

西夏时期，成吉思汗、意大利的马可·波罗都曾到过甘州。至元代甘州地区的民族构成除原有几个民族外，又增加了蒙古族。明代这里的党项族逐渐消亡，而甘州回鹘被称为撒里畏吾尔（黄头回鹘），演化成为今肃南裕固族。现在汉族、裕固族、藏族仍是当地的世居民族，而随着党项族渐渐融会、消失，他们的血液也逐渐流淌、混杂在当地的民族之中。

【西夏疆域三分：治国理路与佛寺地理的交互视角考量】

郝振宇　许美惠，《宁夏大学学报》2016 年第 3 期

西夏法典《天盛改旧新定律令》依古划为标准，将西夏国土划分为三大区域，即畿内、地中、地边。以西夏佛寺地理分布特点为基础，综合西夏自身的实际政治控力、军事战略部署以及区域经济特点等因素，作者将西夏疆域重新划为三区，即兴庆府—甘凉中心地区，瓜、沙中心地区和黑水城中心地区。

区域化的佛教中心在实际社会环境中担负着不同的社会职能。兴庆府和凉州分别是西夏的主要和次要政治中心所在地，此地的塔寺具有鲜明的御用性，相应的佛教凸显强大的政治影响力。瓜州、沙州位于西夏疆域最西部，统治者鞭长莫及。西夏时期修复了很多石窟，并绘有众多壁画，在这里佛寺维护着民族的稳定。黑水城是西夏北部重镇，孤悬漠北，粮食不能自给，家属未随军可能导致的忠孝未尽，商旅转运不便。战争的不可预测性以及旅途的艰辛使人们极度渴望得到神灵的护佑，黑水城佛寺起着慰藉人心的职能。

相应的三个佛寺中心还可以作为西夏国土三分的框架，西夏疆域或可划分为同样的三个区域，即兴庆府—贺兰山区域、瓜沙—甘凉区域、黑水城区域。这三个区域呈三足鼎立之势，以佛教作为依托，佛寺职能与政治控力强弱程度契合，西夏疆域也在此基础上保持着三分态势下的一体化模式，某种程度上凸显了西夏统治者治国的理性思考。

【西夏"权官"问题初探】

梁松涛　田晓霈，《敦煌学辑刊》2016 年第 4 期

权摄官是存行于唐末至宋的一种特殊官员选任制度，"权"即"代理"之意，由于官位缺员，由他官临时代理，

即为“权官”。西夏王朝，其制多承唐宋，“权官”也曾运用于其职官体系中。《天盛改旧新定律令》《亥年新法》《法则》《贞观玉镜》中记载了部分西夏中晚期的权官情况，主要有“权正”“权正统”“权小监”“权检校”“权都案”“权案头”“权正首领”“权首领”，八种。

西夏时期的权官有两个显著特点，第一，西夏“权官”涉及文武，但以武官体系为多。如“正”“正统”“小监”“案头”“都案”“检校”“正首领”等官职既有文官也有武职，武官体系居多。第二，西夏“权官”的选派须遵守严格的资序。西夏中晚期的“权官”虽属临时代理之职，但仍以国家法典的形式严格限定了各类“权官”的等级和职责，对违规行为的处罚也做出了明确规定。这对“权官”制度的合理运行以及整体西夏政体的正常运转起到了至关重要的作用。

【中国古代地图中的西夏】

沈一民　朱桂凤，《西夏学》2016年第2期

宋辽金时期，西夏作为一个重要的割据政权，备受各国的关注。出于军事目的的需要，宋辽金地图都详尽地罗列出西夏统治区域的地理情况，从自然地理直至人文地理，各种信息无所不包。两宋所绘的西夏地图为三类：第一类是专以西夏为考察对象的地图；第二类是既标注西夏国名，又标注西夏州名的地图；表明地图绘制者将西夏作为一个与宋朝平等的政权进行看待。第三类是仅标识西夏州名的地图。

辽金元所绘地图的西夏地图为三类：第一类是仅标记西夏国名的地图；第二类是既标记西夏国名，又标注州名的地图；第三类是未标记西夏国名，仅标记州名的地图。1227年西夏覆灭之后，军事目的丧失，地图上有关西夏的地理信息开始削减。但由于现存元代地图仍然接续两宋时期的地图传统，所以元代地图仍有一些关于西夏的地理信息。

明清地图以军事目的为主，地图主要采取今地名进行标注，大多在西夏统治区域内标注为“宁夏”，州县名称也采取了新的名称，如“宁夏”“宁夏中卫”等。这使得早已成为历史遗迹的西夏，很难出现在明清地图中。地图中的西夏从宋辽金时期的军事重心降至明清时期的微小历史尘埃。

【黑水城出土西夏文雇工契研究】

史金波，《中国经济史研究》2016年第4期

黑水城出土西夏文雇工契是目前所知11—13世纪唯一的一件雇工契，这件契约包括了立契时间、立契人、雇主、雇工时间、工价、雇工要求、违约和反悔处罚，以及立契人和证人的签名和画押，具有完整的契约形式。

契约中的雇工属西夏主体民族党项族，系由畜牧业转成农业的民族。该契约内容和形式趋于简化，雇主与雇工有明显的主从关系，雇工报酬较低、劳动强度较大，这可能与西夏晚期社会不稳定有关。从契约末尾立契者和证人的签字画押中，还可以看到黑水城地区农村

有不同民族杂居的现象。

与唐、宋雇工契约的比较，契约总的形制和内容基本类似：首记立契日期；再记立契者人名、雇工时限、工值、对雇工的要求、误工的补偿、违约的处罚；最后是当事人的签署画押。尽管西夏雇工契立契人属党项族，契约用记录党项语的西夏文书写，但仍然继承和仿效了中国传统契约的形式和内涵，表现出传统的农业经济生活对原来从事畜牧业的党项族的强大影响。同时从另一个侧面折射出西夏农业经济的部分运行特点，由此可以了解这一时期农业的一些基本面貌。

【西夏官粮窖藏】

潘　洁，《西夏学》2016 年第 2 期

西夏的官粮地上和地下两种存储方式并存，地上造屋，地下掘窖。大型官粮仓储如国官窖、御仓、七里平、御庄等多为地下窖藏，具有选址平沃、分布密集、建造系统、隐蔽性强等特点。

粮窖掘地修建，对地势和土质的要求很高，选择地势高、环境干燥，土质坚实的地方，充分考虑地下水和雨水的影响。地址选好在地表向下挖开井口大小，然后向纵深延伸，再向四周展开。这种形制窖壁不容易塌落，同时还可以增加粮窖的储存量。挖好后以火烤窖内，使窖内尽快干燥，同时也会在窖内形成质地坚硬的红烧土，是便于长久储存而作的防潮处理。绞草緪钉于四壁，目的是在窖壁钉挂草席。窖底潮湿处，粮食容易霉变，损耗加倍。为了防潮，窖底铺“垛屯、垫草”。粮食入窖后，最后一道工序就是要在顶上撒土，将窖内与外界完全隔绝，以粮食入库时的状态长期保存。

西夏官粮延续了我国古代地下储粮的方式，既适应土壤的特征，又符合隐蔽的需要，从最初的选址、窖内的修整到最后的密闭，每一个步骤都有防潮方面的考虑，这种密封式的贮藏方式，有效地使粮食处于隔离状态，利于更长久的保存。

【西夏档案保管制度再探索】

刘　晔　赵彦龙　孙小倩，《档案学通讯》2016 年第 2 期

西夏档案保管制度主要包括分类保管制度和保管制度的完善两方面内容。作者从西夏档案分类保管的法律规定、汉文史籍中记载的西夏档案分类保管事例、西夏档案分类保管之副本制三方面论证了西夏档案分类保管制度，对西夏中央和地方官府中的中书舍人、内管官、勾管人和主簿、局分人等兼管或专管档案的职官设置和具体职能等方面切入，探讨了西夏档案保管制度的完善，从而揭示出西夏档案保管制度的合理性和实用性。

西夏档案的分类保管既有法律规定，又有实践验证，同时有正副本分类保障的典范运用，如此，才保证了西夏档案得以留存下来。一是档案严格按照分类的原则进行保管；二是界定每类档案包含的范围和内容；三是档案大小类界限分明。可见，西夏档案分类保管有严格的法律规定。西夏档案不仅进行分类保管，而且还以隶属关系为依据。西夏档

案分类保管层次分明，即大类之下有小类。西夏档案分类保管还要注意典册清洁。西夏仿宋“每三年一检简”之制，明确了档案价值鉴定的期限和要求。西夏有系统的档案保管制度，而且采取分类、分级保管档案，这种科学合理的档案保管制度才保证了档案流传下来，不论这些档案流失到宋朝还是蒙古，只要能最后保存下来流传给后代，就是功不可没的大好事、大善事。西夏故地黑水城出土的大量汉文、西夏文文书档案就是最好的证明。

西夏档案保管制度的完善主要体现在建立健全档案管理机构和充实兼管和专管档案的官吏方面。通过汉文史籍和法典可知，中书舍人是中书省重要的文书官吏，具体负责皇帝诏令的草拟、宣布、分发以及奏章的收授、拆阅、登记、呈送等，同时兼管中书省的部分档案事务，只是因记载西夏官制的史籍不同而称谓各异。

综上所述，西夏从中央到地方都设置有性质相同、职掌相似、称谓不一、级别各异、专兼相配的档案管理官吏，可谓档案管理官吏体系健全和完备，从而保证了西夏档案保管的完整与安全，为后人留下了丰富而宝贵的文化遗产。

【儒学在西夏党项羌族文化中的地位、特征和局限】

杨翰卿，《西南民族大学学报》2016 年第 1 期

在党项族建立的西夏，儒学与佛教一直受到尊崇。西夏党项少数民族重儒崇儒，特点是通过官僚体制和政治文化、教育发展等，较多地融入儒家文化和思想观念。表现在官制、科举制、尊孔崇儒、仰慕仁德儒风。儒学对于西夏在教育方面的影响比较突出，而且具有明显的自因性质。主要是：置蕃学，兴汉学；积极输入儒典或儒学文献以供教育学习之需；培养儒士人才以为国用；阐释儒学，与蕃学文化相融合。

从学校教育到社会教化，儒学文化的思想观念至少说是逐渐全面地渗透到西夏文化中，儒学的文化结构已被移植于西夏的文化，以党项羌族为主体的文化生命中，儒学实际上占据着核心的主体的地位，具有蕃表儒里的鲜明特点。一定程度或意义上，西夏儒学代表着我国历史上党项羌少数民族的文化水准和所达到的精神高度，只是其儒学发展水平还远滞后于同时期的中原儒学，儒学文化精神未遑走向深入。

【西夏时期敦煌的行政建置及职官设置】

陈光文，《敦煌研究》2016 年第 5 期

西夏占据敦煌后，在瓜州、沙州建立了完备的行政体系，并委派豪酋大族实行统治。瓜州和沙州位于西夏边陲，军事作用突出，因此，西夏在二州分别设立监军司，负责当地的军事与行政事务。同时在二州分别设立刺史、转运司。沙州单独设立经制司。都统军、副统军、监军使、通判、习判、承旨、都案、案头等自上而下构成了瓜、沙二州的职官体系。

监军司是西夏时期设立的兼具军事与行政性质的地方建制。西夏建国初年元昊在全国设置十二监军司。西夏于

1097 年后重新加强了西陲对喀喇汗王朝的防范，将最西面的沙州升格为甲类的沙州监军司，同时将原来的甘州甘肃军司西移肃州设立乙类的肃州监军司，这样由西向东构筑了沙、瓜、肃三监军司的驻军体系。

统军司之名正式出现于乾祐年间（1170—1193）成书的《番汉合时掌中珠》中，但其作为一个机构成立应较早。作为统军司将领的正、副统军同时兼任监军司的最高官员，并且高于监军司之正职监军使。统军司与监军司既有紧密联系和交叉性，又有所区别。统军司与监军司在驻地和辖区范围上应一致，主要负责监军司范围内特别是边境地区的军事防御任务，正统军、副统军是监军司部队的最高统兵将领。沙州监军司、瓜州监军司的最高官员为正统军（或称都统军）和副统军，同时正统军、副统军也是统军司的正副将领。沙州、瓜州监军司的正职为监军使，职位次于正统军和副统军。

西夏汉文本《杂字》“司分部十八”中有“刺史”一职。沙州刺史、瓜州刺史俱属于中等司，并且享有与中等司平级传导的权利。经略司、刺史、监军司是相互独立的几个职设。沙州、瓜州监军司俱属于中等司，并且沙州、瓜州刺史还各配属一名都案，位于末等司，也表明刺史有某种职司的特点，具有相当的独立性。沙州刺史、瓜州刺史应与监军司有一定的独立性，其职责较多，但职能偏向于监察，监察内容包括民事、刑事乃至军事等。沙州刺史、瓜州刺史各配属一名都案，负责协助刺史行使职权。

西夏在瓜州、沙州还设立转运司。沙州转运司和瓜州转运司各设立两名承旨，沙州经制司也设立两名承旨，因此这名承旨可能是沙州、瓜州转运司之承旨，也可能是沙州经制司之承旨。

西夏设有经制司。西夏经制司应是仿宋制而设，作用应同宋朝经制边防财用司一样，其目的是加强边防而设置的理财机构。沙州位于西夏国境最西端，边防作用重要，故于此设立经制司。

瓜、沙二州应延续了乡的基层建制以及作为民间组织的“社”。榆林窟、东千佛洞中党项赵姓家族供养人像的集体出现，并且担任着各级官职，表明赵姓家族曾是瓜、沙二州的实际统治者。总体来看，西夏在瓜、沙二州建立了完备的行政体系，对敦煌实行有效的管辖和统治。

【西夏蕃、汉礼之争的本质——以“任得敬”为个案研究】

马旭俊　杨　军，《西北民族大学学报》2016 年第 4 期

“任得敬分国”是贯穿西夏历史进程的“蕃礼”与“汉礼”矛盾不可调和后的集中表现，而藩、汉礼之争的最深层次社会经济本质是：实现层级臣僚统治（以儒治国，加强皇权）与有限经济能力（半农半牧）之间的固有矛盾。

1137 年，任得敬将自己 17 岁的女儿“饰之以献，乾顺纳为妃”，并因此被擢升为静州防御使。任氏被纳为妃子之后，因“庄重寡言”，深受李乾顺喜

爱，与曹氏并居妃位。随后任得敬想让自己的女儿被立为皇后，开始经常贿赂朝贵成员。任得敬平定李合达叛乱之后，李仁孝最初想调任任得敬为“内职”，即内参机要的朝廷重臣。任得敬政治势力的崛起在 1143 年“镇压诸盗”事件中已露端倪；羽翼丰满、图谋干政发端于 1147 年“自请入朝”；与李仁孝在政治上彻底决裂，走向“胁主分国”道路应该是 1160 年十月“请废学校”事件之后。

“任得敬分国”为我们准确把握西夏蕃、汉礼之争这一历史现象的本质提供了独特的视角。首先，任得敬以汉臣身份反对“儒学”（反集权），说明蕃、汉礼之争的深层次原因当然是社会经济的原因；其次，李仁孝与任得敬关于“儒学”的争议，是有史籍记载的、西夏君臣最后一次公开的政治分歧，虽然最终以李仁孝为代表的“儒学派”（或“汉礼派”）取得了胜利，但西夏政权在李仁孝时期盛极而衰。所以推行“儒化”与西夏的衰败是否有必然的联系也是我们深刻认识蕃、汉礼之争的关键钥匙；最后，任得敬“分国”时期的西夏政权已由“臣宋”转为“臣金”，对于经济形态上半农半牧、无法实现自给自足、高度依赖外援的西夏来说，宗主国的改变意味着社会经济环境的巨大变迁。这种“变迁”对包括李仁孝和任得敬在内的西夏君臣政治思想和行动抉择上产生了很大影响。

（付亚洲、胡惠超整理）

金史部分

金朝前期的南北选问题

——兼论金代汉地统治方略及北族政治文化赓衍

赵 宇

北族王朝时代的科举制度，往往能够在较大程度上反映北方民族旧俗与中原汉地典制的杂糅融合，是以历来广受学界瞩目。自大唐帝国瓦解后相继入主汉地的辽、金、元王朝，皆行科举之法，而出现于金朝前期的“南北选”制度，因其鲜明特征，一向是金代乃至辽金元科举史研究中的著名论题。据《金史·选举志》记载，太宗天会五年（1127），甫定辽宋的金朝兼取两国科举旧法，以辽制设“北选”、以宋制置“南选”，使辽宋旧民分而应之，此即所谓“南北选”——这是一个辽金史学者大抵习知的概念，更经常被用来解析金朝的民族政策和派系党争。但笔者发现，该问题远比人们想象的要复杂：“南北选”并不始于太宗朝，亦与辽、宋两国之别全然无干；更为关键的是，“南北选”绝非单纯作为一项科举制度孤立存在，它事实上牵涉金代汉地统治方略以及北族政治文化基本走向等若干重大历史问题。

关于金代科举的“南北选”制度，最为人们所熟知的记载见于《金史·选举志》：（天会）五年，以河北、河东初降，职员多阙，以辽、宋之制不同，诏南北各因其素所习之业取士，号为南北选。熙宗天眷元年五月，诏南北选各以经义、词赋两科取士。……（天德）三年，并南北选为一，罢经义、策试两科，专以词赋取士。这段文字主要说明了“南北选”的兴废沿革及科目设置情况，指出太宗分置“南北选”是在灭宋之初的天会五年，后于海陵天德三年（1151）废止，改为南北通选。长期以来，学界对于金朝“南北选”制度的基本认识都建立在这条史料的基础之上。

作者注意到，在金朝前期的选官制度中，实际上也存在以黄河为界分别铨选的现象。据《金史·海陵纪》，天德四年，“有司请今岁河南、北选人并赴中京铨注”。《选举志》亦云：“天德四年，始以河南、北选人并赴中京，吏部各置局铨注。又命吏部尚书萧赜定河南、北官通注格。”上文说到，金朝下诏废止“南北选”是天德三年之事，而从这两条史料反映的情况来看，河南、北官实行分别铨注之制恰恰是在天德四年以前。宋人洪皓曾久羁金朝，他在提及熙宗朝铨选制度时也特别关注到“河南州县选人”的问题。所谓“河南、北选人”“河南、北官”云云，表明金前期在选官制度上同样曾以黄河为界区分南、北选人。金朝前期选官的南、北两分，在年代和地域上都与科举的南、北分选基本对应，这无疑进一步证明了《登科记序》的准确性。同时也说明金朝前期的所谓“南北选”，实应涵盖科举和选官两个层面。

南、北两选之间大致是以黄河为分界。然则尚需追问的是，天眷二年之后，金朝为何要以河为界分区取士选官？“南选”又为何交由汴京行台主持？这些问题得从汴京行台的创设缘由说起。《金史·熙宗纪》天会十五年十一月丙午云：“废齐国，降封刘豫为蜀王，诏中外。置行台尚书省于汴。”可知汴京行台的创置实因熙宗废除金初所立的伪齐国而起。金朝在废齐同时，于旧齐都城汴京建立行台尚书省，辖治齐国旧地。按伪齐建于天会八年，与金朝“以旧河为界”，疆域大体即旧河以南之地，主要包括山东、河南、陕西三大部分，而汴京行台辖境原本即由这些伪齐旧疆构成。可以说，汴京行台对旧河以南的统治很大程度上渊源自伪齐政权。由此看来，归属汴京行台管理的“南选”很可能原本就是出于针对旧齐地士人而设置的选举制度。按李玉年曾认为“南北选”在天眷年间之所以发生重大转变而扩展至黄河以南，即是因为金朝废除伪齐。“南北选”是否发生过变化，这个问题且容下文详论。而其论伪齐与“南北选”之因缘，从上文对汴京行台与伪齐政权关系的分析来看，似颇有道理。那么，究竟是否存在实例可以证明伪齐与“南选”之间存在特殊联系呢？金代文献虽相对匮乏，但笔者在碑传史料中查考到一份自齐入金进士的完整官职迁转履历，将之与“南北选”进士的官职除授制度相比照，能够证实以上推论。

金代“南北选”制度是自熙宗天会末年，金朝废除伪齐，于汴京创建行台尚书省治理旧齐地，即黄河旧道以南之地。同时，金廷并未即刻统一黄河南、北的选举制度。对旧河以南的新统治区，实行单独的科考和选官政策，称为“南选”；与此相对，在旧河以北的旧统治区实行的选举办法，则称“北选”。南北分选始于汴京行台创置后的首科，即天眷二年科，以原金、齐国界即黄河旧道为大致分界线；天德二年末，金朝废除汴京行台，次年下诏合并“南北选”，至下一举的贞元二年科，正式实行南北通选。《选举志》的记载将太宗朝就辽、宋国别区分“南北进士”的科考办法与熙宗朝以黄河为界的“南北选”制度混为一谈，殊不足训；后世学者又据之做出种种阐释，与历史真相相去弥远。

始于天眷、终于贞元的“南北选”制度实以黄河为分界。此制肇因于熙宗朝废除伪齐、再取河南地，其中“南选”就是针对齐地旧士所置。然则，我们要进一步追问的是，熙宗废齐后，旧河以南地区既已直接归属女真政权，则其取士选官理应被纳入金朝原有选举系统，为何历熙宗、海陵两朝，金廷却长期坚持黄河南、北分别选举的差别性政策呢？这个问题需要从辽金时代的整体政治文化背景中去找寻答案。

在女真之前，长期统治北中国的是同由北方民族所建的契丹王朝，而笔者通察辽代史事后发现，辽朝实也存在着类似“以河为界”的疆域构想，欲与中原王朝划黄河而治。统而言之，有辽一朝，其对汉地的长远领土意图大体均在“大河之北”或镇、定诸州，这与女真向北宋索要的黄河以北、三镇之地几乎完全对应。契丹、女真同属北方民族，笔者以为，对于辽金王朝共同存在的“以河为界”疆域构想，我们需要换一种眼光，从北方民族视角出发进行解析。

“以河为界”本是辽朝至金初北族王朝的一贯性疆界诉求。然而，经历太宗、熙宗皇位授受，金朝的政治体制逐渐发生了根本变革：熙宗皇帝及宗幹等重臣已高度汉化，不愿再保持太祖、太宗时期的北族本位体制，而力图使金朝成为一个真正的汉化王朝。熙宗基本废除勃极烈等一系列女真旧制，金王朝逐渐转向全面汉制，即“天眷新制”，金朝初叶的二元政治至此大体结束。与这一国家体制转型进程相伴，“以河为界”的北族本位疆域观也自然走向终结。熙宗即位后不久，便废除已存在数年的伪齐国，河南之地最后一个汉人傀儡政权于焉覆灭，稍后虽一度出现完颜昌等国初勋旧归宋河南地事件，但这场余波很快即为熙宗皇帝等汉化势力所止，金朝明显已开始谋求统治中原全境。金廷在天眷之际收河南地诏书中写道：“河南，中原之地，实惟天所授，天与不取，纵敌长寇，为患滋甚。”此时黄河以南已被金人标榜为“惟天所授”，对照其天会四年“中国岂吾所据”的言论，我们应能洞悉金朝收取河南地与其体制变革之间的互动关系。

“以河为界”原是辽金王朝立足于北族本位的疆域观念，熙宗改制虽使金朝渐从北族政权转向汉化王朝，但承旧有政治思维之余绪，金朝在一定时期内仍对黄河南、北汉地实行差别性政策。熙宗、海陵两朝推行的以黄河为界的“南北选”制度，正是这一北族政治文化背景下的重要产物。

金朝入主汉地后，在民族、货币、赋税及法律等诸多领域，都曾在一定时段内实行过类似“南北选”的黄河南、北分治政策。仔细分析各类政策，可以看出：一方面，金朝在黄河以北注重对汉族习俗与旧有制度的女真化，但在黄河以南却大量保留汉族旧俗旧制（如民族、法律）；另一方面，金朝黄河以北的多项政策明显较黄河以南为优待（如货币、赋税及选举）。这两方面互为表里，若以一言蔽之，则不妨将金朝这种汉地统治方略的核心特征总体概括为“内河北而外河南”——这显然是辽金王朝“以河为界”疆域观演变的结果。

金朝曾大体奉行“内河北而外河南”的汉地统治方略，并在熙宗朝以降的历史演进脉络中留下了深刻烙印：在整个金源一朝，北方汉地的国家认同及政治冲突均大略呈现出以黄河为界南、北两分的特殊格局。这种南北差异格局的形成缘由虽十分复杂，然追根溯源，辽金之际“以河为界”的北族本位疆域观实应是一种长远肇因。

在大一统的唐帝国瓦解之后，契丹、女真、蒙古相继崛兴，先后建立起辽、金、元王朝，三者均以北方民族身份入主人口繁多、文明先进的华夏汉地，面临着汉化命题的共同考验。契丹、蒙古皆为典型草原游牧民族，辽、元两朝大体奉行所谓“因俗而治”“内北国而外中国”的差别性统治，明显表现出有别于传统汉族王朝的北族特性。但是，与契丹、蒙古不同，通古斯语系的女真民族发源于渔猎与半农耕文明，进入汉地后即迅速走向高度汉化，在熙宗朝深度汉化改制后，除猛安谋克制度仍得明显保留外，金王朝的北族政治元素似乎消弭殆尽。所谓“金源一代文物，上掩辽而下轶元”，金朝往往被学界视为典型汉化王朝，即间或有关注其北族属性者，也多仅及于金初一时。介处辽、元之间的金朝，似属于辽金元时代北族政治脉络中的一种“塌陷”地带。

如果跨越朝代断限，同时适当调整传统汉化视角，以一种更为通贯、多元的研究思路厘析金代史事，或可在相当程度上重新认识金朝的政治特性。通过本文研究可以看出：肇始于契丹王朝“以河为界”的北族本位疆域观，历经辽金鼎革，依然为女真政权所承袭；即便在金熙宗朝汉化改制后，这一北族元素仍未消散，而是内渗于诸项汉式政策中，融合变异为一种大体以黄河为界的差别性统治方略，从而继续对熙宗朝以降的政治演进产生深远影响。“以河为界”的北族本位疆域观在金朝前期的内化转型，从一个侧面彰显出辽金两朝北族政治元素的长远赓衍轨迹。以是观之，易被高度汉化的外在形式遮蔽潜在北族属性的金朝，实是辽金元北族政治脉络中不可或缺的一环。

（原载《中国社会科学》2016 年第 4 期，陈德洋、胡慧超整理）

金朝致仕制度考述

武玉环

金代职官致仕制度经历了形成发展与完善的历史过程。金代官员的致仕年龄，基本上沿袭前代的制度，大约为70岁致仕，也有大于或者小于70岁致仕者。金代官员的致仕条件，包括正常致仕、超龄或年老致仕、主动申请提前致仕、因疾致仕、以罪致仕、不胜任者勒令致仕六方面。金代致仕官员的待遇，主要在俸禄与升迁官位两方面，凡致仕者都可得到朝廷给予的半俸，此外还根据政绩与致仕年龄，普遍给予迁官的待遇。

金朝官员的致仕年龄，目前学界有着不同的看法。作者认为，金初至金末，金朝女真、汉族官员的致仕年龄普遍高于60岁，大多为70岁致仕，有的甚至到78岁致仕。金代的致仕制度经历了形成发展与完善的历史阶段，各个历史阶段中致仕的年龄也各有不同，可以按历史时期分别加以论述。太祖、太宗时期，官员致仕年龄尚未见到具体的法律条文规定。从几个例子来看，都是未致仕而身先死，其年龄在65岁至73岁。熙宗至海陵时期是金王朝进行政治制度改革的时期，也是金代致仕制度的发展完善时期，在制度层面有了规定。如：规定了正常致仕年龄、对犯罪职官让其提前致仕、致仕后重新聘用、规定官员如果身患疾病或其他原因，可以申请提前致仕。章宗时期，女真官员65岁至69岁致仕。汉族官员致仕年龄为61岁至76岁。卫绍王至金哀宗时期时值金朝与蒙古战争，职官致仕制度遭到破坏，其致仕年龄提前。女真、汉族官员多没到致仕年龄而殉国难死，且多未记载年龄。这一时期职官致仕的特点为：一是致仕年龄提前，二是汉族官员致仕年龄比女真官员致仕年龄要高。

金朝官员致仕的条件有如下几种：到年龄正常致仕；超龄、年老致仕；主动申请提前致仕；以疾致仕；不胜任者勒令致仕；因罪致仕。其在致仕后，朝廷给予一定的待遇，金朝致仕官员的待遇主要在俸禄与升迁官位两方面。金朝初期，职官致仕，只给加官，但在太宗时已初设百官俸禄。熙宗时期，对退休的官员，按照官品，给予不同的待遇。世宗时期，致仕职官的待遇比熙宗时期有所提高，其一是规定无论官品高低，70岁以上者，给俸禄之半。其二是致仕官员除了给俸禄之半外，还晋升官职。章宗时期基本沿袭了熙宗时期的规定。此外，对德高望重的官员，皇帝还特赐住宅、钱物等。宣宗之后，内忧外患，灾害频发，金蒙战争尚在进行中。由于军需扩大，金朝廷在各方面节约开支，其中也包括对致仕职官减少俸禄，职官致仕后的待遇有所下降。而且，金朝官员致仕后，有的还可以被重新任用。如：出于政治、军事上的需要；经验丰富、能服众者；或者是皇帝念其旧功者，都会被再次任用。

金朝官员的致仕制度，对于保持官僚队伍的活力，吐故纳新，提高其执政能力和治国理民的水平，起到重要作用，因此受到金朝廷的重视，曾多次进行致仕年龄、致仕待遇的改订，使之适合社会的发展和统治的需要。金朝对致仕官员给予一定的待遇，体现了封建国家对致仕官员的体恤。金朝官员的致仕制度，上承唐宋，下启元明，对后来的官员致仕制度起到重要的借鉴作用。

（原载《吉林大学社会科学学报》2016 年第 1 期，付亚洲整理）

2016 年金史论文论点摘要

【《遗山文集》与金朝党狱研究】

王　峤，《史学集刊》2016 年第 1 期

元好问《遗山文集》中的碑志文涉及金朝的三次党狱———皇统年间的田瑴（又作田珏）党狱、明昌年间的完颜守贞党狱以及贞祐年间的高庭玉（又作廷玉）党狱。但元好问对皇统党狱和贞祐党狱记载详细，对明昌党狱并未明确点明，即使在相关人物的碑志中也只是寥寥数笔带过。作者即以《遗山文集》中的记载为切入点，对有详细记载两次党狱的相关史料进行比较研究，力图厘清皇统党狱和贞祐党狱的前因后果。并探寻元好问对明昌党狱讳莫如深的原因，力图弥补正史记载的不足，进而探讨金代统治者对汉族文人的统治政策。

关于皇统党狱的记载，《遗山文集》与《金史》相比，有不同，也有补充。关于涉案人数，金史记载为 42 人，其中 8 人被杀，34 人被流放。元好问的《遗山文集》中记载为 36 人。都兴智先生则认为，“被处死者的家属、遭贬的官员及其家属皆被流放，所以受株连的实际人数要远远超过 36 人或 42 人”。关于此次党狱的原因，我们认为皇统党狱的发生源于金朝统治者对汉族文人的不信任，尤其对文人“结为朋党”的行为极为敏感，甚至将其等同于造反，即为元氏所说的“敢为朋党，诳昧上下”。元好问认为这次党狱出于小人对于正人君子的敌视，将其视为“血仇骨怨”，必欲置之死地而后快。这是当时人对田瑴党狱发生原因的看法。关于此案的平反时间，认为是海陵、世宗时期主要为皇统党狱的主要人物进行了平反，党狱的其他成员，最后到章宗时才得以全部平反。

明昌党狱发生于金章宗明昌六年（1195）。这次党狱表面上看是由于赵秉文等人旗帜鲜明地支持完颜守贞，反对胥持国引起的，实质则为“章宗与宗室的斗争，以及朝廷大臣之间的权力斗争”。《遗山文集》中载有此次党狱的两个主要涉案人——赵秉文和王庭筠的墓志。但是在墓志中涉及明昌党狱时，元好问均含糊其词，一笔带过。究其原因，我们认为记载如此简略并非元好问的疏忽，而是由于此事由赵秉文引起，元氏此举是出于为赵秉文遮羞的目的。不过刘祁在《归潜志》卷 10 中，对明昌党狱做了详细记载。

贞祐党狱发生于贞祐元年（1213），元人所修《金史》只在《辛愿传》中有所提及，前后不到五十字。《遗山文集》中收录的元好问为孙伯英、雷渊两人所

做的墓志铭，是贞祐党狱记载最为详细的。另外，元好问所著的《中州集》“高庭玉小传”中，以及刘祁所著的《归潜志》也记载了贞祐党狱发生的始末。但是这三种文献记载中有互相抵牾之处，《遗山文集》与其他两份史料互有补正之处，如：高庭玉由中央官调任河南府治中的时间、高庭玉和温迪罕福兴发生冲突的原因、关于贞祐党狱涉案人员、关于贞祐党狱中温迪罕福兴诬陷高庭玉的借口、关于贞祐党狱的处理结果等三者都可互相补正。

经过三次党狱的打击，不仅金朝政府失去了数位学识渊博的优秀人才，更重要的是延缓甚至丧失了部分汉族文人对金政权的认同。

【金代品官命妇封赠制度考】

王　姝，《首都师范大学学报》（社会科学版）2016 年第 1 期

品官命妇封赠制度是金代职官制度的重要组成部分，主要指朝廷根据官员的爵级或官品封赠其母辈尊长和妻辈特定的封号。当品官的官品、勋级、爵位品级不同时，一般以参考爵位品级为主封赠品官命妇。金代一字王、亲王以下爵级正从三品以上官享有封赠三代尊长及妻辈资格，官至正从四品、五品一般仅封赠一代尊长及妻辈。纵向三代母辈尊长，横向母辈的嫡母、庶母、继母，妻辈的正室、次室、续弦，因官员品阶不同受封范围亦不相同。品官命妇制度通过对官僚系统里上层官员的推恩，达到激励品官忠实效命朝廷进而巩固统治的目的。

金代品官命妇封赠制度在金代职官制度以及金代社会生活中占有十分重要的地位，金代封赠妇女命妇封号始于熙宗朝，《金史》中有明确记载。具体封号与等级制度为：“亲王母妻，封一字王者旧封王妃，为正从一品，次室封王夫人。郡王母妻封郡王夫人，国公母妻封国公夫人，郡公母妻封郡公夫人，郡侯母妻封郡君。四品文散少中大夫、武散怀远大将军以上母妻封县君。五品文散朝列大夫、武散宣武将军以上母妻封乡君。”至章宗朝，品官命妇封号与等级制度有所调整，即承安二年（1197 年），亲王母妻敕王妃止封王夫人，次室封孺人。郡侯母妻更为郡侯夫人，四品文散少中大夫、武散怀远大将军以上母妻更为郡君，五品文散朝列大夫、武散宣武将军以上母妻更为县君。有金一代，除海陵朝中后期止封百官妻外，基本沿用此封赠制度。

金代品官命妇的封号、等级及对品官资格要求可归纳划分为以下三大类。第一类为获封亲王者。封一字王，其母妻获封王妃，承安二年（1197）以后更为王夫人，为正从一品；次室封王夫人，承安二年（1197）改为孺人。第二类为亲王以下获封爵者。正从一品郡王、国公母妻，分别获封郡王夫人、国公夫人；正从二品郡公母妻，获封郡公夫人；正从三品郡侯母妻，获封郡君，承安二年（1197）改为为郡侯夫人。第三类为文散官与武散官。正从四品文散少中大夫、武散怀远大将军以上母妻，获封县君，承安二年（1197）改为为郡君；正从五品文散朝列大夫、武散宣武将军以上母

妻，获封乡君，承安二年（1197）改为为县君。

金代官员品级与封赠母妻代数范围情况，史无明载，遍检《金史》及所有相关石刻资料，获知如下情况：1. 一字王、爵级正从三品以上官，享有封赠其曾祖母、祖母、母、妻辈资格。2. 正从四品少中大夫与怀远大将军、五品朝列大夫与宣武将军以上文散官、武散官，一般仅享有封赠其母辈、妻辈资格。这是品官家庭中代际封赠范围，即纵向封赠范围。从横向的角度考察，因品官之推恩，其曾祖母与祖母辈一般不细分嫡母、继母仅封赠一位，品官的母辈和妻辈则享有较品官曾祖母、祖母辈更为宽泛的封赠范围。品官母辈的封赠范围：无论是生封还是追赠，爵级正从三品以上官员嫡母与多位继母均可获封，庶母可有条件性获封；正从四品、五品以上文散官与武散官，仅封授一位母亲命妇封号。品官妻辈的封赠范围与品官母辈的封赠范围基本相符，即凡获封赠资格的品官，其正室、多位继室均可以获得生封或追赠，亲王及爵级正从一品的品官，可封赠其次室。

因同一品官受封赠为品官命妇的母辈尊长，其封号名称并不完全与品官命妇封赠制度名称相同。金代品官母辈尊长及妻辈受封赠命妇称号，因子、孙、曾孙辈贵而获封的，一般皆加“太”字于母辈尊长封号间；因夫获封的则直接封赠相应级别命妇封号，封号级别各视其夫、子之品阶。

对品官家庭中妇女推恩封赠品官命妇封号，因品官级别越高，相应的母辈尊长及妻辈所受封赠代数越多，受封赠品级越高，受封赠范围越大，这成为品官政治地位获得认可及光耀门楣动力之一。金代品官命妇封赠制度，通过对官僚系统里上层官员的推恩，达到激励品官忠实效命朝廷，最终巩固统治的目的。

【从金朝法制伦理化构建看儒家文化的向心力】

李玉君　何　博，《汉江论坛》2016年第3期

金朝立国前仅有简陋的不成文习惯法，在占据中原地区、政权趋于稳固后，通过数次法制改革，继承了中原王朝法律的伦理化特征。在金朝法律中，“孝”成为法制建构的“根基”，“礼”为法制建构确立“秩序”，而“仁”则为“冰冷”的刑罚增添一丝“温情”。金朝法律这种对儒家伦理文化内涵的体现和传达，本质上是对中华历史文化的认同，彰显了儒家文化的向心力。

要理解金朝法律的伦理化构建，先要理解“法律的伦理化”这一概念。法律伦理化意味着儒家的伦理纲常及其相关学说不仅仅是立法的指导思想和理论基础，而且将成为法律条文的具体内容和奖惩标准。至于中国传统法律的伦理化进程，目前学界一般认为经历了如下三个阶段：第一阶段是汉代，主要包括汉武帝到东汉末年这一时期，其间以“罢黜百家，独尊儒术”的实践开启了伦理化的进程；第二阶段为三国两晋南北朝时期，在此期间由于中央权威遭到破坏，地方豪强政权大量任用儒生立法，从而得以将儒家伦理杂糅到法律条文中；

第三阶段是隋唐时期，以《唐律》的诞生为标志，将儒家伦理奉为法律的最高评判标准。此后，从宋到清的历代王朝也都继承了这一特征。金朝虽然是少数民族政权，但政权稳固后迅速走上了汉化道路。生产上，女真族从渔猎为主转向农耕；政治上，金朝将儒家思想确立为统治思想，并仿效中原王朝建立典章制度；文化上，金朝大力倡导儒家文化，很多宗室成员具有相当高的儒学修养。这些都为儒家文化的广泛传播和金朝法律的伦理化提供了前提条件。

以“孝”“礼”“仁”等儒家伦理原则在金朝法律中的体现为例，来看金代法律构建当中的伦理化意蕴有如下几点：1. 孝——伦理化法律建构中的“根基”。由于统治者的大力提倡和身体力行，“孝”文化得到了金朝治下百姓的广泛认同。2. 礼——伦理化法律建构中的“秩序”。到了太宗时期，金朝社会秩序相对稳定，女真人与汉人之间往来密切、了解加深，中原“礼”制文化开始逐步在金朝确立起来。自熙宗将儒家思想奉为正统后，特别是从稍后的世宗朝起，统治者对于“礼”制“错位”者，施法不宥。3. 仁——伦理化法律建构中的“温情”。女真“旧俗”确实有残酷野蛮的特点，但随着女真人接触中原文化以及对历史文化认同的加深，“仁爱”思想也成为金朝统治者施政行法的重要出发点。

儒家思想具有维护社会秩序、安定民心的积极作用。由少数民族女真族建立的金朝，在政权稳固后迅速走上了汉化的道路——奉儒家思想为正统，政治上效仿中原王朝设立典章制度，标志着女真族脱离了“夷狄”之属。金朝的发展历史也是中华民族统一与融合历史进程的一个侧面，同时也是儒家文化向心力的体现。

【金代社稷之礼再探】

任文彪，《史学月刊》2016 年第 1 期

社稷在古代是国家政权的象征，故历代王朝多自开国之初就建坛崇祀。在国家祭祀体系中，社稷的重要性仅次于天地，而与宗庙不相上下，常常并称为宗社或庙社。此外，社稷又为天下通祀，除国家社稷也即太社、太稷之外，下至州县、乡里也莫不崇祀。

女真人建立的金朝，开国以后逐渐仿效中原王朝的传统建立起各项国家制度，社稷礼也是其中之一。金代自熙宗朝开始讲求社稷之礼，至世宗、章宗朝始修举完备。在这一发展过程中有几个关键问题值得讨论：一是社稷坛的建设，二是常祀之礼的举行，三是祭祀社稷的日期。金代社稷坛之建成、社稷礼之举行，有明确史料可稽者，始于大定七年秋季。金代自大定七年以后，社稷之祀始终奉行不辍。宣宗时迫于蒙古的压力，迁都汴京，国势衰弱，但贞祐四年（1216）二月，即命礼部尚书张行信提控修奉社稷；十月，又命张行信摄太尉奉安社稷。这既说明南迁君臣仍着意讲求其礼，又体现出由国事紧张而导致的权变。总体来说，社稷作为常祀之礼，其地位与实施情况是相当稳定的。

关于金代州县社稷之礼，《金史》中的记载寥寥无几。幸运的是，《永乐

大典》卷二四二四“稷”字目下所引元代《太常集礼》中尚保存了有关金代州郡社稷祭礼的详细资料。《太常集礼》全名《大元太常集礼稿》，共51卷，为李好文、孛术鲁等所撰，成书于元文宗天历二年（1329），载录了文宗以前的礼乐制度沿革情况。《太常集礼》保存的资料为深入考察金代州郡社稷祭礼，特别是与唐、宋之制的比较研究提供了关键的线索。《金史·礼志》关于金代州郡社稷之礼“一遵唐、宋旧仪”的概括是不准确的，金制与唐、宋之制皆有同有异。如斋戒、三献之位、烹牲时间。从这三项来看，相对于唐制而言，金制与宋制的发展方向是相同的，在一些环节消除初献与亚、终献的差异，将烹牲日期提前一天，都使得行礼仪节趋于简化易行。但宋制在另一些方面，如尊罍的设置上较唐制大为丰富，金代则仍袭唐制。综合来看，金制对于唐、宋之制皆有所继承，但与唐制的共同点更多一些。金制是以唐制为基础，吸收少量宋制，又结合实际情况损益而成的。

关于金代民间的社稷祭祀，由于其衰落的状况和金代史料的缺失，可以找到的相关记载很少。成化《潞州志》中保存了一篇《立义坊重修社坛记》，为我们研究这一问题提供了宝贵的资料。立义坊的社坛始建于何时，当时已不可知晓，且早已倾圮。大定二年六月、泰和二年（1202）夏，前后两次进行修复。从立义坊的情况推而论之，金代民间祀社稷的情况也可略窥一斑。当时的基层社会单位，也即坊里村社大概已经不再举行全部成员都参加的社稷之祀，即或偶然有人临时组织，也难以形成持久性的活动。可以说，金代民间社稷之祀已完全衰落，像立义坊这样能够两次复兴社祭的实属凤毛麟角，在金代整个统治区内应该算是一个特例。

金代社稷之礼的发展完善经历了一个长期的过程，这与其为少数民族入主中原的王朝有关，也与金代前中期的政治环境有关。至于民间社稷之祀，由于其自晚唐以来即渐行衰落，北宋政府采取了放任不管的政策，金代亦然，即使在最锐意于礼制建设的章宗朝也没有对民间社稷作出过制度性规定。与此相应，民间虽然仍以春秋二社为重要节日，但祭祀社稷的色彩则大为减弱，有的地方已迎祀西齐王之类其他有灵验的神，只有少数地方如襄垣县立义坊，仍有民众自发地倡行社稷之礼，然而这种自发的行为是偶然性的，缺乏制度保障，故不具有普遍意义，且很容易在不长的时间内再次衰微。

【女真移民与中原乡村社会控制研究】

陈德洋，《宋史研究论丛》第18辑，河北大学出版社2016年版

女真人生活在我国的东北地区，世代居住在黑龙江下游、松花江、乌苏里江流域和长白山地区。兴起后荡辽亡宋，控制和占领中原地区。为维系对北方地区乡村社会控制，女真人大批迁入中原，以图加强国家对乡村社会的控制。统治者把他们移民到中原地区，最重要的目的就是控制广大的中原地区，但对中原地区的乡村社会也带来了很大的社会问题，造成了猛安谋克户与中原乡村民众

的冲突，而这些冲突也削弱了金朝对于中原乡村社会的控制。除此之外，进入中原地区的猛安谋克户自身也出现了问题，金朝统治者不得不采取多种措施去解决。金朝政府又没有解决好女真移民带来的社会问题，反而削弱了国家对中原乡村社会的控制力量。

金朝的建立者女真族生活在我国东北地区，兴起后灭亡了辽和北宋，在灭亡北宋的战争过程中，大量的女真军队进入中原地区，并且驻守在当地，而后，金王朝又把大批的本民族猛安谋克户迁入中原地区，用以控制中原地区。金代中原地区大批猛安谋克户的南迁，成为整个中原乡村不可分割的一部分。金朝统治者的初衷是加强国家的统治力量，用以控制广袤的中原乡村。但是，进入中原地区的移民所带来的巨大的社会问题，也是金朝统治者不得不面对的。这些问题解决得得当与否，直接影响到金朝对中原乡村的控制好坏。因此，金朝对解决移民所带来的社会问题，从某种程度上说也是金朝对中原地区乡村控制的一部分。

金朝政府把生活在东北的女真族迁入中原，“自本部族徙居中土，与百姓杂处，计其户给官田，使自播种，以充口食”。而这种与百姓杂处的方式是“所居者皆不在州县，筑寨处村落间。千户、百户虽设官府，亦在其内”。说明猛安谋克户进入中原并非居住在城市内，而是居住在乡村，与汉民混居。不过到世宗时期，改变了猛安谋克户与中原乡村户的混居的状态，猛安谋克户聚族而居，“初猛安、谋克户屯田山东，各随所受土地，散处州县。世宗不欲猛安、谋克与民杂处，欲使相聚居之。”不管世宗如何改变，猛安谋克户毫无疑问直接面对生活在其周围的汉民。

进入中原的猛安谋克户生活在中原乡村，其目的是控制中原乡村，但是他们生活在中原的环境中，必然受其文化所影响。若是抛弃单纯的控制目的不谈，进入中原地区的女真人等民族在另一个层面也加剧了中国的民族融合。不过，以征服民族的姿态进入本来就已经是人口稠密的中原地区，又作为统治民族在政治和经济上拥有的特殊地位，给中原所带来的社会问题又是金朝政府不得不面对的。金朝政府加强对猛安谋克职官的约束和减少猛安谋克与汉民摩擦上有一定的效果。但是，猛安谋克是金朝的政治和军事支柱，统治者的政策一以贯之，既不能限制猛安谋克世官贵族兼并土地，也不能抑制猛安谋克平民奢靡之风和贫困化。开放族际通婚虽顺应历史潮流，但是限制女真族改汉姓和穿汉服的政策不利于民族融合，不利于其加强对汉族乡村社会的控制。世宗和章宗时期，屡次括地在猛安谋克民与汉民之间制造了尖锐的矛盾，给汉族乡村社会秩序的稳定带来了隐患。研究金代土地问题和农民起义的学者们经常引用的一条资料对于说明猛安谋克南下对汉族乡村社会控制的影响应是有所帮助的，即“武夫悍卒倚国威以为重，山东、河朔上腴之地，民有耕之数世者，亦以冒占夺之，兵日益骄，民日益困，养成痈疽，计日而溃。”结果，“贞祐之乱，盗贼满野”。女真移民引发的土地争端和与汉户的矛盾，贯穿金朝始终，金朝没有能从根本上解决这一问题。可以说，猛安谋克南下及其安置失当，给长城以南地区汉族乡村社会控制带来了严重的后果。

【洪迈屈金及其原因探究】

朱　洁，《社会科学战线》2016 年第 5 期

南宋著名文学家、政治家洪迈曾于绍兴三十二年（1162）奉命出使金朝，因未能完成使命，归国后遭到御史弹劾并被罢职。在洪迈是否屈服于金国的问题上，历史上一直存在较大争议。

作者认为从现有材料分析，洪迈“屈服”一说更接近事实真相。其一，《宋史》载：“迈初执不可，既而金锁使馆，自旦及暮水浆不通，三日乃得见。”史书多微言大义，且有为先哲讳的传统，所以《宋史》的这段文字并不明确，但一个“初”字说明了潜台词，若是始终如一何以言初？既有“初”，再有“后”，后来正是因为屈服才“三日乃得见”。其二，《续资治通鉴》中言及此事时说：“尝接伴金使，颇折之，旋为报聘使，以争朝见礼不屈，几被抑留，还朝又以使金辱命论。”其三，《宋史》和《续资治通鉴》都提到洪迈等归国后以使金辱命的罪名罢免官职。其四，洪迈父亲洪皓也曾出使金国，忠心不贰，不辱使命，甚至还赢得了金国统治者的敬佩，想将其收揽朝中，“金主闻其名，欲以为翰林直学士”。按情理而论，如果洪迈不屈，父子两代忠贞，该当大书特书，但当时并无此一方面父子并论的材料。其五，洪氏后人洪汝奎在修订《四洪年谱》时亦有考证。其六，历代持不屈论的观点均无可靠证据支持，多相互转抄。

洪迈屈服的心理原因从内情外势来分析，有以下几方面的原因。1. 金强宋弱的时局使然。首先，南宋虽取得采石之战的胜利，但金人主力并未遭到毁灭性打击。其次，金国军队的后撤是内乱所致的主动行为。再次，金国内部暂时混乱之后马上恢复了比较稳定的统治秩序。最后，采石战后宋军实际上已经没有了进一步扩大战果的能力。2. 金国强大的心理优势之挤压。3. 懦弱苟且的文人性格之缺陷所导致。4. 择福避祸的思想所驱使。

【金朝与北方游牧部落的羁縻关系】

程尼娜，《吉林大学社会科学学报》2016 年第 1 期

金朝与蒙古草原游牧部落的羁縻关系始于金太宗天会三年，其后逐步建构发展起北方游牧部落朝贡关系，直到金卫绍王大安三年蒙金全面开战为止，大约存续了 80 多年。金朝采用剿抚结合的手段经营对北方游牧部落的羁縻统辖关系，以北部缘边东北、西北、西南三路招讨司为主，管理游牧部落的朝贡活动，设立榷场进行互市，对蒙古、阻卜等部落酋长实行册封、宴赐制度，但不允许朝贡成员入内地朝贡，通常在界壕贡场对朝贡者进行回赐。金朝多次出动大军镇压草原游牧部落的反叛者，表现出具有强力色彩的羁縻关系。随着北方游牧部落日益强大，金朝直辖区与草原游牧部落朝贡区的分界线“界壕”一再向南

内缩。成吉思汗对金开战，结束了北方游牧部落与金朝的羁縻朝贡关系。

由辽入金，北方草原地带分布着众多的游牧部落，活跃于金前期和中期的主要有阻卜、萌古（蒙古）等部。金初，女真的势力范围曾扩展到北方草原鄂嫩河以南地区，自大兴安岭以北根河支流库力河西岸起，向西经额尔古纳河，延伸至克鲁伦河与乌勒吉河之间的草原上，直至肯特山东南、鄂嫩河之南、乌勒吉河以西有一道全长约 1400 里的长城。我国考古工作者于 20 世纪七八十年代对位于我国境内的长城（界壕）部分进行了多次调查。

关于金朝女真统治集团如何经营对蒙古草原东部阻卜、蒙古部落的羁縻统辖关系，中外史籍中相关记载极少，目前史籍关于金朝与北方草原游牧民族关系的记载，主要见于宋人撰写的《松漠纪闻》《建炎以来朝野杂记》《建炎以来系年要录》《三朝北盟会编》《大金国志》等。诸书保留的《行程录》与《征蒙记》相关记载，与史家在《金史》中保存不多的史料和以隐晦的笔法所记载的事迹以及金宋时期私人撰写的史书和出土的碑刻，为我们探讨金朝管理草原游牧部落朝贡活动提供了重要信息。

金太祖时期，女真很快从反辽转入灭辽战争，相继攻占辽东京、上京、中京，这对蒙古草原上的游牧民族不能不产生重要影响。太祖天辅六年，史籍上第一次出现草原游牧民向金朝朝贡的记载。然而，金朝与北方草原游牧部落的羁縻统辖关系并不稳固。金熙宗时期，草原游牧部落接连寇边不断，熙宗时至少有三次北征。海陵王迁都燕京后，曾命人北巡，贾敬颜认为，北巡即北征。金中期以后，北方草原游牧部落兴起，世宗朝一度出现草原游牧部落频繁寇边的现象，主要集中在大定七年到十一年之间（1167—1171）。世宗末章宗初，草原游牧部落彼此争长论短愈演愈烈，并经常入塞掠夺。为打击入塞骚扰边地的游牧部落，章宗朝从明昌六年到承安二年（1195—1197），历时三年，两次深入大漠北征，金军俘获的大量蒙古、阻卜部落民众沦为金人家奴。

金朝女真统治集团对北方游牧部落采取羁縻统治，在金朝直辖区与游牧民羁縻统辖区之间有明确的界限，即是金朝初年以来不断修筑的界壕。这道城墙的一端起自哈剌沐涟河，哈剌沐涟河是一条极大的难以渡过的河；另一端直到女真地区边界的海边。这道城墙近代以来经过多次考古调查，已经搞清楚其走向和基本结构，除了第一部分提到的“岭北长城”以外，在南部还发现线路多道、情况复杂的金界壕，被称为“岭南长城”。“岭南长城”主要有三道，最北一道由莫力达瓦旗后七家子起，进入蒙古国，止于贝尔湖（捕鱼儿海子）西南方，长约 1500 里。中间一道东起嫩江西岸的前七家子，东经今扎赉特旗额尔吐之北，向西南经东乌珠穆沁旗，进入蒙古国，复入我国阿巴嘎旗，止于今内蒙古武川县上庙沟。最南一道同样起于嫩江西岸的前七家子村，又分为外线和内线，外线皆在今内蒙古自治区境内；内线除在内蒙古段外还有部分在今河北省围场县、丰宁县境内。

金太宗天会三年，金朝开始建立与北方草原游牧民的朝贡关系以来，以设在边地的三路招讨司管理游牧民的朝贡、互市活动。互市是金朝管理北方草原游牧民朝贡活动的一项重要内容，一是在东北路招讨司辖区，二是在西南路招讨司辖区，三是在西北路招讨司辖区。金朝不允许北方草原游牧民入塞诣阙朝贡，朝贡活动通常在边地界壕处进行。设在界壕处的各个贡场，是金朝官员管理北方游牧部落朝贡活动的重要场所。在朝贡关系正常运转状况下，北方游牧部落每岁至界壕边贡场朝贡，章宗末年，蒙古部的铁木真曾诣关朝贡。从蒙古部酋长贡“岁币”来看，按金朝规定，蒙古草原朝贡成员应每年向金朝纳岁币，而且直到章宗末年，北方草原游牧部落羁縻统辖关系仍然存在。自海陵朝以来，宴赐受册封的游牧部落酋长，逐渐成为金朝北方游牧民羁縻统辖的重要内容之一。

金朝对于塞外朝贡成员具有保护的义务。此外，金朝对游牧部落的朝贡成员有征调军队的权力，同时朝贡成员对金朝有出兵助战的义务。金朝后期，蒙古草原游牧部落日益兴起，铁木真蒙古部迅速壮大，13 世纪初开始了大规模兼并草原游牧部落的战争。金卫绍王大安三年（1211）蒙古叛金，成吉思汗率军南下，从此结束了草原游牧部落对金朝的朝贡活动。

【金代渤海世家及其与金朝皇族的联姻】

孙炜冉，《博物馆研究》2016 年第 4 期

金代历史上有几个非常显赫的渤海世族，或多人身居朝廷要职，或为金皇室外戚，或为历史文化名人，代表世族便有张浩家族、李石家族、王庭筠家族以及几位高氏家族等。这些渤海世族皆为辽初迁徙至东京道地区的渤海贵族和右姓移民的后裔，在辽末投附于金，多出知名知识分子，不仅熟通汉文化，更通晓中原典章制度，这使他们在女真族的封建制改革中能够发挥比较重要的作用，所以没有被迁往中原地区。

这些世族基本仍居住在辽东地区内，形成了以辽阳、澄州及辰州为中心的渤海世族集团，是渤海移民后裔在金代以族群形式聚居的最后组织。它们保留了渤海人的宗族观念和民族意识，但从生活状况来看，已经完全融入当时的社会环境，是完全汉化的渤海人。但相比其他散落汉化的渤海人来看，还存留以渤海人的民族身份。因地缘关系，这些世族相互之间保存着很大的亲缘关系，多为联姻关系和官场世交，保证了渤海人最后族脉的延续。

与辽代皇室一样，金代中前期的皇室依然保持着与渤海移民上层的联姻传统，这种姻亲关系既有助于笼络渤海名门望族，又可以安抚渤海底层民众。直到明昌元年（1190）之后，渤海人与金朝皇室通婚传统才彻底终结。从此，渤海人的政治势力逐步瓦解。元代初期之渤海人已然不多，许多渤海人在辽金两代，尤其是金代施行的汉化政策中已经完成汉化，有些则女真化。很多渤海人已然成为北方汉人的一部分，此时他们已经完全丧失了本民族的特征，终于在元代完成了同化。随着其全民族汉化的

完成，其历史和文化，也便成为北方汉族人的一分子。

【华夏与夷狄：关于女真族形象的文化想象】

阮　怡，《中央民族大学学报》（哲学社会科学版）2016 年第 6 期

金与南宋政权并存多年，双方聘使往来频繁，使金文人常写作旅行记以记录见闻及感想。在宋金军事力量较量中，宋弱于金，当他们踏上金朝的土地，这种屈辱感尤其强烈，他们不自觉地以天朝上国的姿态来打量女真族的举止习俗。在尊华卑夷的观念和封建宗藩外交关系的双重影响下，使金文人对女真族形象的刻画充满否定性的描述，把他们描述成残暴狡猾贪婪、尚武少文、野蛮落后的形象。

在范成大之后，周辉、程卓等使金文人又提出关于女真族形象的新文本——奢侈劳民的形象。同样的宫殿与北宋统治者相联系时，它是圣贤的代称，而一旦将壮丽的宫殿与金朝统治者相联系时，这种象征意义便消失殆尽，金南京城华丽雄伟的宫阙成为金统治者奢侈劳民的象征。这也显示出宋人希望金朝因奢侈而亡国、北复中原的心理。

宋人自我形象与金国形象始终被设置在华夏与夷狄、文明与野蛮两端。对女真族的描述一方面是对女真族真实生活面貌的反映，一方面也是使金文人将自身的文化价值观投射到女真族身上而获得的意识形态化的形象，宋人不断地否定女真人以此来加强对自我文化大国身份的确认，在否定“他者”的同时言说了自我。

【浅析金代对北京路契丹、奚族的民族政策】

宁　波，《北方文物》2016 年第 2 期

金初社会矛盾异常尖锐，国家各项政策制度都很不完善。为稳定巩固金政权，对北京路契丹、奚人采取和平招抚与重用相结合的政策，在政治上对契丹、奚人较为信任和重用。一部分契丹、奚人成为女真坚定的同盟者。太祖时期即以女真猛安谋克制来对北京路内的契丹、奚人进行整编。北京路地区的契丹、奚人猛安谋克长官与女真猛安谋克一样集政权、军权于一身，且可世袭。以契丹官员出任猛安、谋克“部伍其人”，有利于减缓民族矛盾。太宗将辽朝彻底灭亡之后，面对契丹民族，也是笼络为主。

金中叶，女真统治者极力笼络，利用契丹、奚人为其统治服务，同时亦采取强硬手段镇压北京路内不服从其统治的契丹、奚人。金朝对北京路地区契丹、奚等游牧民族实行部族制、乣制。金熙宗时期在继续保留其部族制、乣制的基础上进行了调整：将部族与乣的各级官职纳入汉官系统，将部族、乣各级官吏任免权收归中央。卫绍王统治时期，蒙古诸部的崛起对金朝构成了巨大威胁，北京路内的契丹、奚人也出现了不稳定的迹象，女真统治者加强了对契丹、奚人的控制，高压政策加速了契丹的叛意，女真对契丹的政策始终未能达到目的。

【金代妇女丧葬礼俗考论——以夫妇合葬礼俗为研究中心**】**

王　姝，《社会科学战线》2016 年第 10 期

女真旧制风俗简朴，金建国前原始丧葬习俗中即有妇女亡故后与丈夫合葬的习俗，同时在丧葬仪式中又有送血泪与烧饭等礼俗。金朝皇后亡故后，除个别因宗教信仰与特殊遗命外，一般皆祔葬皇帝陵寝。皇后丧葬仪式分为葬礼和祭礼，国丧期间禁乐、部分官员暂停治事，下葬时奠哭，随即为皇后上尊谥号、行册礼、与先帝合葬、升祔太庙、行烧饭祭祀等仪式。皇帝妃嫔去世后则祔葬皇后陵寝。

金代宦门阶层妇女作为家庭中的正室夫人卒后有与丈夫合葬习俗。继室夫人，生前可受丈夫推恩封赠品官命妇封号，卒后同样可与丈夫合葬。宦门阶层家庭中正室夫人、一位或者多位继室夫人共同祔葬丈夫陵墓为金朝宦门阶层丧葬的最主要形式。

金朝平民阶层妇女亡故后一般亦与丈夫合葬，但葬具简朴且大多为墓主生前日用之物。作者认为金朝家庭中男性的“次室”，即“妾”一般不能与丈夫合葬。

对于主持夫妇合葬者的身份，亡故夫妇之子孙乃最为主要的合葬、迁葬主持者，且绝大部分所载合葬史例皆为夫妇之子孙主持。同样亡故男性的同辈血亲兄弟、续娶夫人、女儿甚至是其夫人娘家人皆有可能是合葬的主持者，但仍旧以子孙主持为主。

【金朝中叶科举经义、词赋之争与泽潞经学源流】

赵　宇，《史学月刊》2016 年第 4 期

元儒郝经记载，金代河东南路在北宋程颢牧晋之后一直保有理学遗脉，并促进该路在金朝取得诸路第一的科举成就。此说后人大多信从。

考察金朝诸路进士中第人数发现，以泽、潞两州为代表的河东南路在视为科举主流的词赋科上表现平平，但在非主流的经义科上确实一枝独秀。出自泽州高平县的李晏在金朝中叶大力促成经义复科，其子仲略亦坚持维系经义科之存续，李晏父子对金朝经义科的发展实具关键性影响。郝经《宋两先生祠堂记》所载金代河东南路经义中第优势确属历史实情，但这并非缘于远在北宋中期的程颢牧晋事件，更与在程颢之前出守泽州的吴中无干，而应主要归因于明昌经义复科这一由李晏推动的金代科举体制改革。

作者认为金朝经义科考以大义，主试义理而非注疏，从无本质变动。李森、晁会二人俱习学于北宋末年，且前后经义中举，可以想象二人传授给李晏的经学自是熙宁变法以降流行的北宋义理经学，而非旧式注疏经学。就金元相承的北方学术脉络而言，以泽潞地区为代表的金代经学实是元代科举理学化的北方思想渊源，而早前同由泽潞儒士推动的金朝明昌经义复科或许可以理解为元朝延祐复科之先声。

（胡惠超、付亚洲整理）

第十篇

重点课题研究报道

【国家社科基金重大招标项目“敦煌西夏石窟研究”】

据全国哲学社会科学规划办公室公布，由陕西师范大学历史文化学院沙武田教授担任首席专家的2016年度国家社科基金重大招标项目“敦煌西夏石窟研究”获批（项目编号：16ZDA116），该项目由陕西师范大学联合敦煌研究院作为合作单位共同承担。项目分五个子课题，子课题一“敦煌西夏石窟成立背景研究”，由沙武田教授承担；子课题二“艺术史与考古学视域下的敦煌西夏石窟”，由美国芝加哥大学东亚艺术中心巫鸿教授承担；子课题三“敦煌西夏石窟汉传洞窟与图像研究”，由敦煌研究院考古所所长张小刚研究员承担；子课题四“敦煌西夏石窟藏传洞窟与图像研究”，由浙江大学汉藏佛教美术研究中心谢继胜教授承担；子课题五“敦煌西夏石窟原创性洞窟个案研究”，由敦煌研究院赵晓星研究员承担。

就敦煌石窟研究学术史而言，由于西夏洞窟是敦煌晚期石窟，多不重修重绘洞窟，洞窟内容既有单一的一面，又有复杂的因素，加上神秘而复杂的藏传密教内容的传入，又无敦煌地方文献如藏经洞类文字文献资料的支持，在正史文献中也几乎没有相关的记载，以及受西夏历史和西夏佛教本身研究诸多谜团的困扰，故对敦煌西夏时期石窟的研究，比其他各时期洞窟的研究更具难度，研究本身也很难深入，整体不理想，因此有必要作专题研究。本课题研究是对一个相对较为集中的时代石窟群的整体性考察，但又不局限在简单的单窟和单幅图像梳理，亦非简单的内容说明和图像的解读，而是建立在强烈问题意识下的学术发现，在具体的研究中始终把握“见窟”“见人”的基本原则，充分运用“石窟皆史”的基本思路和学术理念，以洞窟和图像的具体呈现来阐释历史、宗教、艺术的问题，达到以图证史的目的。

在具体的研究过程中，要对每个洞窟或每幅壁画作全方位多视角的观察研究，以“超细读”的理念和方法，尽可能从洞窟与图像中发现问题所在，拟在如下问题点上把握总体思路：以洞窟基本历史和图像信息的考古学观察为出发点，在洞窟营建史的考察、“原创性”洞窟和图像信息的揭示中，对洞窟和图像的“历史性”作延伸研究；然后，以揭示洞窟及图像的功能与思想为宗旨，探讨洞窟与图像在敦煌石窟历史、中国佛教考古、中国绘画艺术史、中古佛教信仰等历史长河中的地位和意义。

本项目最终拟形成五卷左右针对敦煌西夏石窟研究的专著，其中第一卷属总论，属于前提研究，包括历史背景、宗教背景、艺术背景的研究，第二卷属于基础综合研究成果，第三卷是针对敦煌西夏汉传显教洞窟和图像的研究，第四卷是针对藏传洞窟和图像的研究，第五卷是针对西夏藏传密教图像代表窟如莫高窟榆林窟“秘密窟”第29窟、榆林窟第2窟等单窟或组窟的研究。每卷30万—40万字，200—300张图片。本项目最后的成果，在原有西夏佛教文献、石窟图像资料整理的基础上，争取有新的发现和释读，解决西夏独特的佛教文献、思想、义理、信仰对洞窟营建的影响，进而把西夏佛教文献资料推向石窟研究领域。探讨敦煌石窟群中与西夏历史、宗教、艺术密切相关的内容，考察洞窟壁画中带有西夏时期“原创性”的图像因素，在全面图像文献发现的基础上，为其后西夏学、石窟寺考古、敦煌学、绘画史、艺术史等领域的研究提供可资借鉴的资料。

（沙武田）

【国家社科基金重大招标项目“出土西夏文涉医文献整理与研究”】

据全国哲学社会科学规划办公室公布，由河北大学宋史研究中心梁松涛教授担任首席专家的2016年度国家社科基金重大招标项目“出土西夏文涉医文献整理与研究”获批（项目编号：16ZDA239），项目分四个子课题，子课题一“西夏文医方杂抄类文献整理与研究”由中国社会科学院史金波研究员承担；子课题二“西夏文医书类文献整理与研究”由上海中医药大学汤晓龙副教授承担；子课题三“西夏文非医学文献中涉医资料整理与研究”由宁夏医科大学惠宏教授承担；子课题四“西夏文医学词典”由宁夏大学彭向前教授承担。

西夏文涉医文献是中医学史中不可或缺的重要资料，涉及语言文字学、民族古文字学、中医文献学、考古学、中国古代史等多个学科。因出土西夏文涉医文献大多用西夏文草书抄写，释读困难，整理与研究难度大。本课题的核心内容是以出土西夏文文献中涉及的医学资料为研究对象，特别关注对新发现西夏文医学文献的整理与研究。主要从文字译释、底本考证、医学文化的交流与影响几个方面展开，具体有以下几点：一是对西夏文涉医文献的译释。对新发现西夏文涉医文献予以刊布、整理与研究；以出土西夏文文献中的涉医资料为核心内容，从医方杂抄类、医书类、非医学文献中的涉医资料三个方面展开研究，包括录文、注释。二是从西夏医学与周边民族医学的相互影响角度来探讨。以西夏文涉医文献为中心，就底本源流、文化传承等问题展开专题研究，厘清西夏医学文化与其他民族医药文化交流的脉络，明确西夏医学理论体系及其与中原医学理论之关系。三是从医学社会史的角度对出土西夏文涉医文献进行探讨。从医学社会史的角度对西夏地区疾病史、地方病史及其传播与防治等方面进行研究。四是在整理西夏文涉医资料的同时，对医药词汇进行归纳总结，建立西夏文涉医文献词汇语料库，编制西夏文医学词典。

此项目是典型的多学科交叉研究，在若干领域可推进西夏学的研究，并扩充新的研究领域。首先是对西夏语文学的发展和创新的影响。西夏语已成为死语言，其词汇学研究主要依据出土文献，此研究对西夏语词汇的准确释读、西夏语语音的研究都有推进作用。其次，可扩充新的医学史料，对民族文化研究也有新的拓展空间，对中华医史的研究也有一定程度的推进。

此研究将通过对出土西夏文涉医文献系统的整理与研究，进一步总结西夏医学的特点，进一步纠正以往学界对西夏医学发展水平的错误认识，对西夏医学在中国中医学史的地位给出恰当的评价。

（梁松涛）

【国家社科基金一般项目“辽金石刻经幢陀罗尼文字资料整理与研究”】

一 目的和意义

此课题为“辽金石刻经幢陀罗尼文字资料整理与研究”，主要内容是全面搜集辽金经幢资料，对经幢上陀罗尼（密教咒语）进行综合研究，特别关注其与辽金密教发展之间的互动关系。

学界历来对辽金佛教的研究以文献为主，辽金两朝本身传统史料较为不足，关于佛教的文献更加稀缺，从而使辽金佛教史研究成为中国佛教史上较为薄弱的一环。值得庆幸的是由于佛教在辽金社会各阶层广泛流行，寺院遍布疆域，很多寺院的建筑至今尚存，也留下了相当多的佛教内容的石刻，如经幢、碑刻、墓志、舍利函、塔铭等，房山石经更是举世闻名。这些石刻文献遍布于北方各省、地、县级的博物馆，以及寺院或者遗址中，受到了史学家越来越多的重视。

针对辽金佛教石刻的最大项——经幢而言，目前的研究主要存在两个问题：一是研究对象过于零散，资料收集严重不足。辽金经幢是辽金石刻中数量最多的一类，广泛分布于原辽金政权所辖的区域内，形制内容各异，多为普通民众所立，所以一直不太受到重视。二是忽略陀罗尼（咒语）的问题。前人的研究主要集中于经幢上的题记，也就是镌刻立幢缘由的那部分内容，对陀罗尼方面几乎无人关注，认为它们没有实在的意义，仅仅是宗教符号而已。但是经幢建立的主要目的是镌刻密教陀罗尼，它承载了密教的核心意义，对它的忽略会遗失掉大量关于佛教的历史信息。

此课题独到的学术价值将主要体现在几个方面：一是材料收集的全面性。由于辽金经幢的数量众多，被收录整理的仅仅占很少一部分。就初步的考察发现，河北、山西、内蒙古、辽宁几省区的省、地、县的博物馆、寺庙、遗址以及田野中均有相当多的辽金经幢没有被收录，极其丰富的信息有待发掘。但随着城建破坏、酸雨侵蚀和人为盗掘，很多材料已经岌岌可危，收集整理已是迫在眉睫。此课题将对每个经幢的地点、形制、题记和陀罗尼全文详细收录。二是研究角度的独特性。此课题首次致力于对经幢上密教陀罗尼的深入分析，对经幢的研究从社会学角度转向到佛教“内史”方向来，这是传统研究所忽略的，同时也可能揭示社会和宗教的互动关系，从而影响辽金佛教史研究。

二 此课题的研究对象和内容

此课题重点是辽金经幢陀罗尼的搜集工作。辽金经幢数量众多，除了一些形制比较高大精美的之外，更多的普通经幢都没有被收录，但就文字和宗教信息来说，后者蕴含的信息价值绝不逊色。因而课题重中之重就是尽快进行辽金经幢的普查和收录工作，通过参考各地地方志，辅以田野考古调查，尽可能全面展开收集工作。辽代经幢主要分布于北京、河北、山西、内蒙古、辽宁；金代经幢则分布于河北、山西、内蒙古、辽宁、山东、河南、陕西等省区的各市、县级博物馆、寺院和遗址中。由于目前现存辽金石刻汇编都仅录入题记，不录入陀罗尼正文，所以必须要进行田野调查，实地收集、整理。虽然工作量比较大，但仍是可以实现的。

相比较而言，此课题的难点在于陀罗尼版本识别对比工作。辽金经幢最常见的几大陀罗尼咒语有佛顶尊胜陀罗尼、大准提陀罗尼、大悲心陀罗尼等。但由于很多辽金经幢已经字迹不清，给识别工作带来很大困难，还需要研究者本身掌握悉昙梵字，才能对梵字陀罗尼进行识别，最终厘清密教陀罗尼在辽金各地的流传和演化，进而揭示辽金密教从辽代到整个金代的具体发展过程，并分析导致其变化的各种因素。这是辽金佛教史研究的一个新视角，期望能够产生重要的研究成果。

（张明悟）

【国家社科基金一般项目“金王朝辖域内墓葬综合研究”】

在考古学领域范围内，探索、研究古代社会的发展进程，墓葬遗存是一个重要的方面。尤其是对于文献资料相对较少、研究较为薄弱的金代来说，考古学研究尤显重要。迄今，在中国北方地区各省已经发现金代墓葬数百座，但缺乏较为系统的研究，诸多问题未及梳理和深入探讨。目前的研究，尚缺乏总体的宏观考量，仍存在若干个学术的空白点，基础研究亟待加强，多层面、多角度的专题研究和综合研究需要进一步拓展和提升。

一　研究目标

此项研究的主要目的：其一，系统梳理金墓研究的学术发展史，科学认识金墓的研究现状，进而使金墓的各项研究更具针对性和目标性。其二，深化对墓葬形制结构、随葬品等进行分型、分期、分区研究，形成对不同区域、不同阶段、不同墓葬类型的结构特征和内在演变规律的深层次认识。其三，拓展对墓葬的等级、族别的考古学考察，探索在金、宋长期对峙的特定历史背景下，区域文化及民族的构成、发展和交流，社会制度的传承演进及民族互动进程、融合的关系等情况。其四，加强对墓葬形制、结构及随葬器物的文化因素的分析，进一步考察金代在文化、政治制度、社会习俗等方面对宋、辽文化的承继和发展，以及对后续元代文化的影响。

二　研究思路

在以往研究的基础上对金墓进行一次较为全面系统的综合研究。首先，以时间和空间为坐标，对金墓的形制结构、随葬器物，进行分区和分期的分类研究，研究金墓的地域特点和时代变化脉络。其次，在分区、分期的基础上，对墓葬中出现的装饰题材、族别、葬俗等进行较为全面的研究，认识金代不同区域的丧葬习俗、观念变化和民族融合等历史背景。最后，结合文献记载和相关史学研究成果，对墓葬反映和折射出的金代社会组织结构、民族构成、社会阶层、等级差异等问题作深入探讨，进一步揭示宋金时期的政治制度、礼制变迁以及社会进程的演变等。

三　主要建树

目前，有关金墓的资料与日俱增，从而使较为全面地对金墓进行总结研究的条件臻于成熟。此项研究体现以下几个特点：1. 在学术思想方面。金朝是一个由多民族组成的王朝政权，此课题从多元一体的中华民族整体观出发，而不只是站在汉民族单一视角，来研究金代墓葬和金代考古文化。2. 在研究内容方面。墓葬作为古代社会现实生活的反映和缩影，聚集了大量的政治、经济、文化等各个方面的历史信息。对金墓的系统研究，将深化对金代社会制度层面的了解和认识，补历史文献记载的不足。3. 在学术观点方面。将金代墓葬文化置于宋、元之间的过渡时期这一大的历史背景下，充分认识过渡时期的区域文化和民族文化间的各自特征与交流互动，探讨宋金元时期各民族之间的融合与文化嬗变。4. 在研究方法方面。此课题全面、系统收集和吸收现有材料及其已有的研究成果，对金墓进行全面的梳理和整合研究；从考古发掘材料出发，初步构建了金墓的时空框架体系，为以后金墓的细化和深入研究搭建了一个较为坚实的基点和平台。

（赵永军）

【国家社科基金一般项目“宋金蒙鼎立时期南宋的北疆政策研究”】

与宋金蒙三边和战研究相关的主题，现有研究大多以断代政治史之片段的形式出现，另有少数成果以双方关系为研究对象，这些成果构成此研究的基础。但无论是就具体案例的研究，还是就整体性研究而言，都有推进和拓展的必要。首先是对具体问题的研究，尚有待于积累和加强，如对宋金蒙对峙时期宋方很多重要的政治行为、彼此政治关系亟待剖析；其次是将某政权的内政与外事密切结合的研究，尚有发展的余地；最后是就本研究所关注的1211—1234年这个转折的时代而言，具体研究尚成点状分布，有待于集点成面，在政局的形态和走向上，呈现基本的面相。此研究拟将这一时代的诸种政治要素，在空间上进行内外结合；而在研究对象的发展演变方面，则拟更多地从关系与过程的角度，纵向切入。两相结合，期以展现“转折”发生的概貌，这也就是此研究所强调的“整体史”观的实现路径。

这种“整体史”观，力求突破将同时期的不同政权分割为几个领域的研究习惯，将一国的内政置于复杂的“国际环境”与广阔的政治空间之中，着重于“关系”的研究，即对某一政权内外“关系”、各政权之间“关系”的考量，应当是此研究的最大特点和价值所在。这样的视野，将使我们捕捉到分属不同政权的多种政治因素的“连动”迹象，使本研究发掘出当时政治活动的更真实的信息。宋、金、蒙政权之间的利益争夺，使各方政事密切相关，任何改变“国际关系”现状的行为，如通过用兵改变现有边界，接纳、收容对方军队和百姓等，都涉及与其他政权关系的改变，政权之间持续发生“刺激”和“应激”，从而引发“连锁效应”。只有跳出孤立的观察方式，审视多方的动向，才可能对所研究时段的政治走向，有完整的把握，避免做出轻率的判断。从这个角度来看，“关系”的研究，同样也是一种“动态”的研究，这种研究方式对于揭示政治要素发展的复杂传动关系，具有深远的意义。

本研究的主要对象，是金蒙战争导致北方形势发生突变之时，南宋策划并从事“收复”事业，尽力将边疆向北推进，从而导致宋蒙关系发生变化的过程。研究将考虑四个层面的问题：南宋的政局演变以及由此导致的对外关系在进取与保守之间的摇摆；北疆经略的具体表现，即宋的对外政策与军事行动；宋如何通过外交与战争两个方面，努力达成其战略目标，亦即如何营造有利于其恢复故土的外部环境；最后，是北疆政策如何影响国家生活的基本走向。本研究将立足于“总体史观”，在多方互动的环境中把握宋政权对外政策的实施与变动。

具体而言，本课题的基本框架如下：

南宋北疆政策的转变于外交与军事方面的体现。由嘉定初宋金和议之后的固守边圉、不越雷池一步，转而利用他方力量，达成己方目的的间接拓地的姿态，复转为大举介入北方复杂局面的高昂态势，这个转折是南宋北疆政策转变的最重要表现，也是本研究中最能体现多边互动的内容。这一部分的核心内容，是接受、利用境外来归的“忠义军”，以及宋蒙于1233—1234年合兵，克蔡州、灭金国。灭金的行动，伴随着宋方在淮北展开的一系列军事行动，其意图和结果，是宋方重塑北界，以及重构与北方政权关系。对于行动本身及其意图的揭示，是展现宋方如何在大变局之下争取优势地位的必要工作。

朝中政局与南宋新的北疆政策之推出。在北方出现巨大动荡之时，作为南宋核心议题的“恢复”，再次激荡于朝野之间，形成必须有所收获的共识。但在这种共识之下，重要政治人物在目标和应对手段上有所分歧。对于诸种经验的不同认识，以及对当时的外部环境的不同解读和预测，促成了分歧的扩大。而后，随着不同出身、持不同观点的中枢和边帅的更替，朝中主流政见也因此更张，新的北疆政策遂发生变化。

金亡之后北境形势的突变及宋的应对方式的仓促转型。若说克蔡灭金是旧的“国际局势”的终结，则宋军突然发动“端平入洛”之行动，则是新局面的开始，即宋蒙对峙的局势自始便以明显对立的形势出现。这部分内容与上一部分相承，最需深入剖析的不是行动本身，而是导致这一事件的宋廷内部的大战略的转向。各支政治势力，对于未来宋蒙关系的展望、对边防形势的设计的分歧，最清晰地反映在这个转型过程中。

宋蒙对峙之局势形成以后，新的北疆经略态势及其成败。宋蒙直接相邻，原有的拓疆之举面临中断。在已得之地，如何将土地、人口资源进行整合，借助新得的人力来巩固新的防线，成为新的北疆战略的重要特征。从端平元年“入洛”的失败，到端平三年襄阳北军反叛，新防线发生局部崩塌。这个过程是检验宋的新战略成败的关键时期，期间一系列事件对宋的北疆形势造成怎样的新危机，也是本研究的重要内容。

宋、金、蒙三足鼎立到宋蒙对峙的转变，如何促成国家生活的转型。这一部分所要关注的问题，是资源的调动和边境的构造，发生了怎样的空间变化。高层的核心议题与关注焦点，所谓的“端平更化”“小元祐”，与北境动态有何种牵连。再往后，结束了史弥远专政的南宋政权走向贾似道专政，边情在这个转变过程中起了怎样的作用。这些更为全局性的问题牵涉内外局势的多个方面，能体现更多“关系”和“过程”方面的具体情节，研究的必要性与价值不言而喻。

通过上述途径，研究者期望对南宋后期宋金蒙鼎立及宋蒙对峙初期的基本史实、重要事件做出精确的考订与解释；解析事件之间的关联，寻找这一时期外部形势推动南宋政局发展的迹象，揭示其过程；并通过观察内政与外部环境的变化，检验南宋后期内部政治生活的转向与外部压力是否存在某种同步性。概而言之，期望能令10—13世纪中国的整体历史更为完整与充实。

（余　蔚）

【国家社科基金一般项目“西夏文《大宝积经》整理研究集成”】

2016年8月，经国家社会科学基金学科评审组评审、全国哲学社会科学规划领导小组批准，国家社科基金项目年度一般项目“西夏文《大宝积经》整理研究集成”（批准号：16BMZ026）获准立项。该项目由北方民族大学西夏研究所、中国社会科学院民族学与人类学研究所孙伯君研究员主持，由西夏学研究方向的20多位青年学者参与，首次对西夏文《大宝积经》进行全面整理、翻译和校释。此项目成果不仅可以为西夏学界提供基于佛教典籍的西夏语语料库，从而为确定西夏语词的用法和西夏语句法结构提供参考文本，还可以为进一步了解西夏仁宗时期校译经典的情况以及《大宝积经》等在河西地区的传播提供重要参考。

《大宝积经》，又称《宝积经》，是大乘佛教的一类经典总集，全书共49会，凡120卷，今有汉文、西夏文、藏文、满文、于阗文等多种译本存世，流传甚广。俄藏西夏文《大宝积经》，1909年出土于内蒙古额济纳旗的黑水城遗址，今藏俄罗斯科学院东方文献研究所。较之英藏与法藏，俄藏本内容最为齐全，存经折装、梵夹装等多种版本，各卷规格不等，约半数卷册保存完整。集合各种版式的写本与刻本，经卷总数达500余卷，是难得一见的佛经鸿篇巨著。西夏文《大宝积经》佚名译自唐菩提流志同名汉文本，全书迄今绝大部分未被解读。本课题拟对《大宝积经》全部文本加以对译与解读，遵循传统语文学考据的原则，引入敦煌学的研究方法，并对西夏文献所映射的西夏宗教面貌、姓氏、官名等加以考释，其成果堪为质量上乘的文献释读之范本。

由于西夏时期编订的字书只有《番汉合时掌中珠》存世，学界对西夏文的理解主要仰赖大量译自汉文的经典，而此前解读的西夏文文献颇为有限，大量的西夏字还无法确定其实际意义，尤其是大量的佛教术语，需要在理解佛教词义的基础上在有原本参照的佛经中加以确定。《大宝积经》所涉佛教术语丰富，整理后堪称一个基于汉译佛经的西夏文献数据库，不仅可为学界进一步确定西夏文的词义提供参考，同时也为深入认识西夏语语法提供宝贵的资料。

值得一提的是，《大宝积经》有惠宗时期（1067—1086 年在位）的初译本和仁宗时期（1139—1193 年在位）的校译本两个版本存世。从 12 世纪 40 年代开始，西夏仁宗皇帝曾组织人力对前代翻译的佛经进行过大规模的校译，校经活动经桓宗（1193—1206 年在位）、神宗（1211—1223 年在位）时期，一直持续到元代。在目前出土的西夏文献中，有些文本同时保存有初译本和校译本，对此类佛经新、旧两种译本进行解读和综合对勘，并结合施经发愿文，可进一步明确西夏校译佛经的具体细节，为了解当时的校经背景和总结校经原则提供方便。

西夏进占沙州后，敦煌藏经洞封闭，但这并没有终止佛教的传播，而是为佛教在西夏又开辟了另外一片生长的天地。西夏佛教上承敦煌、吐蕃，下启元代，可为中国佛教史、藏学、蒙古学等领域的研究提供至为宝贵的材料。《大宝积经》是西夏汉译佛经中的经典之作，同时也是西夏皇室御校之作，文献中出现的个别内容与现存文本有所出入，也可为佛教史界进一步了解和还原宋代流行文本提供依据。

2015 年底，项目主持人孙伯君研究员拟订了课题研究计划与《大宝积经》释读体例的草案，经与专家研讨后初步确定了《大宝积经》整理研究集成课题组人员的职责与分工。西夏文《大宝积经》文本录入工作逐步开展起来。至 2016 年 8 月课题立项时，项目组成员已经掌握全部 120 卷西夏文本，并且完成全部文本的录文工作。

2016 年 12 月 24—25 日，在中国社会科学院民族学与人类学研究所召开了“西夏文《大宝积经》整理研究集成”项目启动会，项目组成员及来自中国社会科学院民族学与人类学研究所、北方民族大学、宁夏大学等多名西夏学专家学者与会。本次会议研讨了《大宝积经》录入与释读过程中出现的问题，尤其对《大宝积经》注释和语法标注问题达成了一致意见。

在研讨中，进一步明确了西夏文录入的原则，即录文时凡遇原件乙正、删衍、补缺、删错的，只要确有符号标示，径依标示符号加以改正。字形误作他字的，录以正确字形，并于脚注中加以说明；单字难以辨认，可据字形或上下文拟补。《大宝积经》为经折装抄本，除个别抄本叶面混乱无法标示外，西夏文录文一律标注原版折面和行数之起讫，以便今后与原书对照阅读。同时细化了释读的体例：每件文献分为“对译”“译文”和“注释”三步加以解读。“对译”采用西夏录文和汉文对译两行对照。汉文对译尽量采用与汉文本对应的词义，不强行套用通行《夏汉字典》释义。汉文对译若遇西夏虚词，在汉文本或通行字书中有对应词语的以对应词语标示，没有对应词语的以“△”号标示。“译文”部分主要以汉文本为基础，其中西夏文本与汉文本有出入的地方，参照同类经典的传统译法对西夏语实词或文句语义加以翻译。为阅读方便，释读的各部分对西夏原文一律予以标点及分段。此外，此次会议还调整与细化项目组各成员的分工方案；进一步确定了夏、汉佛教词语索引词条收录格式、纂集体例；同时对《大宝积经》每会的分卷与最终形成的专著如何对应等事宜也展开了讨论。

本项目于 2016 年 8 月启动，拟于 2018 年 5 月结项。将按照统一的体例对《大宝积经》进行释读和研究，并将以 3 卷为一单元，最终成果总为专著 30 余册，最后 1 册为“夏、汉对照佛教词语索引”。相信这一成果完成后，必将会推进人们对西夏语文和宋、元时期河西佛教面貌的了解，也会对西夏历史和文明的重建，对宋史，辽、金、元历史文化，乃至对吐蕃和回鹘佛教的传播研究发挥其应有的重要作用。

（孙伯君）

【国家社科基金青年项目“丝绸之路与女真政治文明”】

中国社会科学院历史研究所孙昊博士的“丝绸之路与女真政治文明”获批 2016 年国家社科基金青年项目。

项目将女真社会的发展置于内陆欧亚区域发展的联动性视域下进行理解与阐释，重新解读相关历史资料，对已有成说的种种方法论误区进行证伪。主要研究内容包括探讨女真在联通丝绸之路中的重要历史作用，丝路政治秩序对女真政治组织发育的影响等方面的内容，最终结合对传统史料的扬弃，对于金朝历史的发展进行再阐释。

（孙　昊）

【国家社科基金青年项目“西夏驿传制度研究”】

西夏地处冲要，西控河西走廊，北连大漠草原，东南至宋朝，西南接吐蕃，控扼绿洲丝路二百年，并连接着草原丝路。因此，对西夏驿传制度的研究，不仅是西夏历史研究的范畴，也是丝绸之路研究的内容，这是该课题的基本依据。目前与西夏驿传相关的研究主要集中在以下三个方面：

（一）《西夏地形图》研究。正史中西夏地理内容非常简略，传世的《西夏地形图》弥足珍贵。目前所见的《西夏地形图》分别收于明万历刻本《宋文正范先生文集》（《范仲淹文集》）、清人张鉴《西夏纪事本末》和俄藏手稿本《西夏地图》册中。克恰诺夫、求实、陈炳应、黄盛璋、胡玉冰、杨浣等先生先后撰文对三幅《西夏地形图》的来源进行了讨论。其中，黄盛璋、汪前进《最早一幅西夏地图——〈西夏地形图〉新探》还论证了地形图涉及之政治军事、交通、经济地理。

这些成果主要从文献学的角度探讨《西夏地形图》的来源，还有较多进一步讨论的空间：一是未与驿传制度联系起来；二是未作实地勘察；三是未参照其他西夏地图。《西夏地形图》本身比例不一，里程、方位都欠准确。因此，要准确获取西夏至宋、辽、金、吐蕃、回鹘驿路，西夏各州、各监军司之间交通路线，驿站、黄河两岸渡口、山口等地理信息，必须进行综合研究，既要与史籍互证，实地勘察，又要参照俄藏手稿本《西夏地图》册中另外 12 幅西夏专题地图。克恰诺夫先生在《唐古特国家史纲》中完整地转录了其中《西夏疆域总图》《夏东与宋五路接界图》《夏东北与契丹接界图》3 幅。这 12 幅地图都采用了“计里画方”的方法标注西夏国和宋朝陕西五路以及契丹政权交界地区重要的州城堡寨，在图的右侧都大字标明图题，题下注明“每方多少里”，这些地图上都有双线勾画的大几字形黄河，黄河内外则使用黑点、圆圈、黑三角、白三角、白四方形和黑四方形等符号标注出西夏国重要的州城堡寨，这对于利用比例尺精确测量各地之间的距离是非常有帮助的。

（二）驿传制度研究。伴随着黑水城文献的公布，西夏学研究进入了新的阶段，尤其是《天盛律令》汉译本的出版，更是直接将西夏学研究推向了新的高度。《天盛律令》中除了有大量与西夏驿传制度相关的条文外，还专门列有《执符铁箭显贵言等失门》对西夏信牌、兵符、铁箭等派遣制度进行规定。尚世东、苏冠文、孙广文、陈旭等先生先后依据《天盛律令》驿传条文展开了对西夏驿传制度的研究。其中，陈旭先生《西夏驿路与驿传制度》讨论了夏宋、夏辽以及由西夏都城兴庆府经河西走廊至回鹘界的三条驿路，认为《天盛律令》驿传条文所规定的国家供给、无偿征用制解决了西夏驿乘问题。

西夏驿传制度研究虽基本上已勾勒出大体面貌，但也存在一定的局限性：首先，以汉译本为研究基础，一旦译文有问题，研究也会受到影响。如《西夏驿路与驿传制度》中就误将《天盛律令》驿传条文中“鍮符”“银符”理解为兵符，实际上均为信牌。其次，上述研究多是基于《天盛律令》中部分驿传条文，未对律令中所有驿传条文进行考证，对《亥年新法》等文献中的驿传条文也没有涉及。最后，地下出土文献尚未完全公布，特别是数千件俄藏西夏社会文书近年才公布，所利用的资料有限。如新公布的《黑水城守将告牒》直接揭示了西夏的驿站的功能、管理，这是西夏驿传研究中从未涉及的。因此，有必要在研究中重视西夏文原始材料，善于利用新材料，从西夏文资料的系统整理译释中发现问题。

（三）符牌研究。正如箭内亘先生所言：“考证中国历代牌符之制，本非易事。而其形式，尤当就实物研究之。”存世的 32 枚西夏符牌分别见于罗振玉先生的《增订历代符牌图录》，史金波、白滨、吴峰云先生的《西夏文物》，汤晓芳先生的《西夏艺术》及史金波、陈育宁先生主编的《中国藏西夏文献》。这些符牌为研究西夏驿传制度提供了重要的实物依据。伴随着这些符牌的公布，罗福成、王静如、陈炳应、杜建录、梁松涛等先生先后展开了对这些符牌的研究。其中，陈炳应先生《西夏文物研究》一书对其中七枚进行了考释，并通过与唐宋辽金信牌制度进行比较，认为西夏符牌继承前代之传统。

这些研究虽各有所长，但也存在一定的问题：其一，均为对当时所见符牌的考释与研究，或是对其中几枚符牌进行考释，或是对新见的一枚进行讨论，未全面系统地对存世的西夏符牌进行整理研究。其二，在研究中还经常出现录文、翻译错误。如乌审旗西夏文铜牌人名为姓氏“如定”被误译为“定如”，武威“地境沟证”牌实为“司吏都监行遣”牌。其三，未厘清不同类别符牌的用途。如《西夏文物研究》认为西夏“长牌主要用于皇宫等重要机构内部的宿卫；圆牌主要用于与外界的联系，如军事行动，使臣外住公干等等”，实际上根据《天盛律令》的记载，圆形符牌“防守待命”牌与长牌“内宿待命”牌一样，均用于内宫宿卫。因此，有必要在对西夏符牌全面系统整理的基础上，结合史籍文献进一步对这些符牌辨析考异。

总而言之，已有研究虽然在《西夏地形图》、驿传制度、符牌研究等方面取得了一定进展，但是还存在上述众多问题。造成这些问题的主要原因有两点：一是研究中可利用文献、实物的缺乏。如当时俄藏手稿本《西夏地图》册中还有9幅西夏专题地图未公布，这些新材料一旦收集到，将极大推动西夏驿传制度研究。二是西夏文献的误读。如前述“鍮符”“银符”误为兵符，再如《天盛律令》“交信牌兵符”条中赏赐的“上服”，汉译本误作“匹”。这就需要加强对资料的辨析。在此基础上，课题拟解决西夏驿传路线、驿站、驿传制度源流等问题，为构建辽宋西夏金时期驿传制度史，补上不可或缺的一环。

（张笑峰）

【国家社科基金青年项目“宏佛塔天宫装藏西夏文木雕版的整理与研究”】

西夏与两宋同时，正值中国古代雕版印刷的繁盛时期，20世纪曾两次出土木雕版。一是黑水城木雕版，共6块，其中4块为文字雕版，其他2块为佛教版画雕版。二是宁夏宏佛塔天宫装藏西夏文木雕版。宏佛塔，俗称“王澄塔”，位于宁夏回族自治区贺兰县潘昶乡王澄村，建于西夏晚期。1990年，文物部门在对该塔进行拆卸修缮时，在其天宫内发现了2000余西夏文木雕版残块。这批木雕版均为凸版，大多已炭化碎裂，但多数版面刻文仍很清晰，部分残版还可拼接。其中，残存两三个西夏字以上的木雕版残块有1000余块，已于《中国藏西夏文献》第13册中刊布。2016年，由北方民族大学西夏研究所王荣飞主持的《宏佛塔天宫装藏西夏文木雕版的整理与研究》获国家社科基金青年项目立项。

宏佛塔西夏文木雕版的学术价值突出表现在三个方面。其一，具有重要文物价值。木雕版是珍贵的印具文物，在宏佛塔木雕版发现以前，存世的中国早期木雕版十分稀少，宏佛塔木雕版的发现大大弥补了这一遗憾。宏佛塔现为全国重点文物保护单位，1990年，“宁夏宏佛塔天宫西夏文物”被评为“全国十大考古新发现”，出土文物中又以西夏木雕版最为珍贵，这些都是宏佛塔木雕版重要文物价值的体现。其二，具有重要文献价值。近代以来大批西夏文献的发现，为历史学、文献学、语言学的研究提供了弥足珍贵的资料。西夏未入正史，传统汉文史料较为缺乏，依靠传统史料的西夏研究曾取得不少成绩，但都受到了传统史料缺乏、语焉不详的局限。近年来，随着国内外西夏文献的大量刊布及相关研究的深入，西夏研究已悄然发生改变。新材料带来新视角，新问题取得新进展，应该说这些文献对西夏研究的推动是显而易见的。具体包括：（1）丰富西夏文献种类。宏佛塔西夏文木雕版均为佛经雕版，依据版面正文及版心书名简称等可以判定这些雕版属于六种不同佛经。但这几种佛经均未见于《西夏佛教文献叙录》等西夏文佛经目录，是新发现的文献，增进了我们对西夏文佛经种类的认识。（2）为西夏研究提供史料。宏佛塔木雕版的六种西夏文佛经，属于华严信仰及密教经典，为西夏佛教史研究提供了新材料。同时，《释摩诃衍论》木雕版是本论在西夏流传和翻译的直接例证，展示出辽、夏两国在佛教信仰上的紧密联系。此外，宏佛塔木雕版中记录有六位历史人物，这些人有沙门、有管勾、有御前笔受，还有刻工以及刻工的计数刻字。可见，这些雕版无论是对于西夏佛教史，还是对西夏社会的研究都具有很高的史料价值。其三，是早期印刷术研究的重要实物。（1）已出土的西夏印刷品中不乏精品之作以及别具特色的书籍，无论从数量还是工艺，都反映出西夏掌握有高超的雕版印刷技术。宏佛塔一次性集中发现多种西夏文佛经木雕版，正是西夏雕版印刷事业繁荣发展的缩影。（2）宏佛塔木雕版生动形象地展现出蝴蝶装和卷轴装两种木雕版的样式，其刻字、边栏、行格、版心等版式样貌都有较好体现。（3）宏佛塔木雕版制作细致精良，是早期木雕版中的精品，是雕版制作工艺研究方面难得的材料。

本课题立足材料、从实际出发、以实事求是的文献学理论为指导，注重逻辑与史论分析，对宏佛塔木雕版进行综合性、多层面、跨学科的研究。在木雕版残块的整理及西夏文释读的基础上，深入发掘其文献价值和历史价值，拓展对西夏文献、西夏佛教史研究的深度与视野，深化对中国古代雕版印刷术发展水平的认知。研究内容主要包括三方面。一是木雕版残块的整理。这是本课题的一个重点研究内容。这批木雕版出土时已炭化碎裂，之后又被宁夏回族自治区博物馆、西夏博物馆、国家博物馆等单位调拨共计200块左右，现在木雕版残块次序错乱，亟须整理。通过整理，达到残块拼接、分类的目标，这是本课题进一步深入研究的基础。二是西夏文的释读与校注。这既是本课题的一个研究重点也是难点。这批木雕版碎裂残损严重，给释读带来很大困难。通过西夏文的释读与校注，考证清楚文献内容，既为木雕版的整理提供依据，又为进一步的历史文化研究打下基础。三是相关问题的研究。主要包括西夏语文研究、西夏刻经与佛教活动研究、宏佛塔木雕版版式和技艺研究、11—13世纪东亚佛教的交流与互动研究，等等，是涉及西夏学、文献学、历史学等学科的交叉研究，是本课题的难点。通过以上问题的探析，可对这批木雕版所包含的诸多历史信息予以解读，并阐释其作为重要历史文物文献的学术价值。

（王荣飞）

【国家社科基金青年项目“宋辽夏金民族思想中的‘中国观’研究”】

宋辽夏金时期，中国民族的发展呈现出两大时代特征，一是各民族政权彼此分立，激烈对抗；二是中国民族一体化趋势日益增强，辽夏金三朝民族思想中的“中国”意识开始形成。目前学术界对宋辽夏金时期第一个时代特征的研究已经取得了十分丰硕的成果，相关论著可谓汗牛充栋。但是，关于这一时期中国民族一体化进程的研究成果并不多见，学术界对宋辽夏金时期的“中国观”研究相对薄弱，系统性、整体性不强，多集中于“北朝”，对宋人、夏人的“中国观”罕有论及，不能完整地还原当时“中国观”发展的全貌；同时这一时期“中国观”的研究还比较笼统，缺乏细致的个案研究，对一些思想出现的原因、历史渊源以及对后世的影响缺乏深刻系统的剖析。

出于政治方面的目的，国外学术界曾提出了一系列旨在分裂中国、否认中国历史的谬论，如“南北对立论”“满蒙非中国论”“长城边界论”“北亚历史世界论”“异民族王朝论”，等等。他们有一个共同的观点就是否认中国古代少数民族的历史是中国历史的一部分，而研究一个民族的历史是否属于哪个国家，不仅要从政治、经济、文化等方面进行研究，还要从民族思想的角度进行研究。习近平同志曾经指出：“坚持中国特色社会主义道路，是新形势下做好民族工作必须牢牢把握的正确政治方向。要全面贯彻落实党的民族政策，坚持和完善民族区域自治制度，不断增强各族人民对伟大祖国的认同、对中华民族的认同、对中华文化的认同、对中国特色社会主义道路的认同，更好维护民族团结、社会稳定、国家统一。”而我们通过对辽夏金“中国观”的研究，可以清晰地看到当时的少数民族已经在思想意识层面上认识到自己是中国的一分子，他们已经有了强烈的“中国”观念。因此，本课题具有维护祖国统一，增强各民族对伟大祖国的认同、对中华民族的认同、对中华文化的认同，增强中华民族凝聚力的现实意义。

此课题的主体部分拟分为七章，就中国古代民族思想的发展，“中国观”的概念，宋辽夏金时期“中国观”产生、发展的时代背景与理论渊源，这一时期“中国观”的主要观点与流派以及影响与意义展开研究，希望借此引起学术界对这一时期“中国观”发展的重视，填补这一领域研究的不足。同时，从民族思想的角度论证“中国”是我国各族人民共同的家园，“中国”的历史是汉族与少数民族共同缔造的。

（郑　炜）

【国家社科基金青年项目“宋金元伤寒著述版本研究与辑佚”】

屠呦呦从中医古籍中得到灵感发现青蒿素并以此获得诺贝尔奖，使中医古籍的重要性日益为人们所认识。在历代中医典籍中，本草与伤寒无疑是最具有现代科学研究价值的两类图书。本草类医籍记载药物的性状与主治，是现代药学研究的宝库。伤寒类医籍则具有独立的理论系统，在治疗一些急性传染性疾病上疗效显著。在民国废除中医的争论中，国学大师章太炎甚至将伤寒看作是中医能够与西医分庭抗衡的最后的壁垒，称颂道："中医之胜于西医者，大抵伤寒为独甚。"（章太炎《论中医剥复案与吴简斋书》）

张仲景的《伤寒论》自成书之后鲜有称引，一直"藏于书府，亦阙于雠校"（宋林亿《伤寒论序》），自宋代起才渐渐受到医家重视。民国著名医家谢观在《中国医学源流论》中说："自宋而后，论伤寒之书亦独多，成氏《明理论》而外，其著称者，有若庞安时之《伤寒总病论》，许叔微之《伤寒发微论》《百证歌》，朱肱之《南阳活人书》，韩祗和之《伤寒微旨》，杨士瀛之《伤寒活人总论》，郭雍之《伤寒补亡论》，或阐其义，或补其方"，形成了研究《伤寒论》的热潮。而金元时期则是中医流派分立、百家争鸣的繁荣时代，第一部注释《伤寒论》的著作就产生于这一时期。可以说，宋金元时期是伤寒学发展的第一个高峰。因此，考察这一时期伤寒医籍的情况在中医文献学上具有重要意义。而研究中医古籍，首先面对的便是版本问题。宋金元时期伤寒医籍的刊刻情况如何，这些医书现存哪些不同的版本，它们之间的源流关系又是怎样，在校勘上孰优孰劣，哪些版本值得深入探讨，这些问题对医学研究皆具有重要意义。

版本研究与辑佚是医学研究与历史研究的文献基础，惜乎目前尚未有从这一角度对宋金元时期的伤寒著述做出全面考察的著作。前人的研究中较为重要的成果如日人丹波元简所撰《医籍考》、冈西为人所撰《宋以前医籍考》、严世芸主编《中国医籍通考》、郭蔼春主编《中国分省医籍考》、李茂如主编《历代史志书目著录医籍汇考》、王瑞祥编写的《中国古医籍书目提要》等。这些成果或汇撮诸家书录，或纂辑序言跋文，或钩稽方志史料，但在版本的著录上皆较为简略，对版本源流也缺少详细的揭示与梳理。

本课题的研究对象是宋金元现存伤寒著述的版本与散佚伤寒著述的辑校。根据初步统计，宋金元时期的伤寒文献有记载可考者共计九十二种。这些著述按存佚情况可分三类。第一类是全书皆存的，共计三十一种；第二类是尚存部分佚文的，共计二十六种；第三类是皆已散佚。

本课题根据存佚情况，着重从以下三个方面对这些著述进行考察。第一，搜讨史料，重新检视成书时间。成书时间对于了解医书的撰著背景与探讨医家思想的变化具有重要意义。经过对现有研究成果的检索发现，宋金元时期部分伤寒医书的成书时间仍有待考订。本课题意欲发掘史料，解读文献，对此进行考察。对于不能确考其成书时间的伤寒著述，尝试通过史料的辨析缩小其成书时限。第二，对照印本，比勘字句，梳理各书版本源流。不同的印本之间或多或少皆有差异，重印本、修订本、翻刻本的存在更增加了版本鉴别的难度。针对全书皆存的伤寒著述，本课题在版本鉴别上通过文字的点划写法与位置关系、版片的断口与裂痕、装帧用纸的优劣等更加细微的形式特征上对不同印本做出比对判断，重新确定版刻年代。在版本源流的考察上，对每部医籍进行初步的文字校勘，在此基础上结合其他线索，呈现版本源流图示。第三，广罗文献，裒辑医书散佚文字。这一时期的医书由于时间久远，流散亡佚者不在少数。部分散佚文献被后世医书转引，或保存于各种类书中。随着新发现的《永乐大典》及许多国内外古籍珍本的影印出版，辑录医书的文献来源越来越广。针对有佚文存世的伤寒著述，本课题拟翻检遗珍，穷索碧泉，搜辑佚文。

该项目由山东师范大学图书馆逯铭昕博士主持，拟于2019年7月结项。立项两年以来，项目积极开展，稳步推进。按照研究计划，目前已完成伤寒医籍的版本调查，开始校勘各个不同版本，撰写版本源流考论与裒辑校证医书佚文。

（逯铭昕）

【国家社科基金后期资助项目“金元道教绘画考论”】

2016年国家社科基金后期资助项目“金元道教绘画考论”获准立项（批准号：16FZJ003）。该项目负责人为四川师范大学文学院申喜萍教授。

金元时期的道教由于全真教等新的道教派别的创立而被注入新的血液，从而呈现出新的文化特质和时代特点。加之当时都是少数民族建立的王朝，他们对待汉文化、汉人的态度始终都有着一层文化的隔阂。汉文化作为“他者”，这样的历史境况以及具有革新意义的新道派结合在一起，既有金朝全真教的山东、陕西等的低调传教，也有蒙元时期全真教的大发展、贵盛以及佛道论辩带来的沉重打击，这么短的时间内这么多元素交织在一起，对文化以及深受文化影响的绘画的影响都是非常独特的，因此，该项目选择金元道教绘画作为研究对象，试图对一些具有重要价值却未曾受到应有关注的道教绘画进行系统而深入的研究。

元代绘画存世作品较多，也有大量有助于元画研究的题跋作品，因此，元画被认为是了解整个中国绘画史的关键所在。在对中国绘画史进行研究的专著中，元代的绘画因其具有承前启后的重要作用而得到了充分的重视和研究。绘画艺术作为较为显性的社会意识形态之一，其变化和发展无疑和当时的社会思想具有密切的关系。

道教作品以及类书蕴含着丰富的绘画资料，但对其进行系统研究的成果则还没有。因此，对于中国绘画史来说，道教类书就是一个丰富的亟须整理的“新的”资料库；不管是文献汇编还是学理性研究，对道教与绘画进行交叉研究的成果还非常少。该项目选取最具有代表性的金元时期的道教绘画进行研究，力图对道教与绘画的深层次互动进行较为深入的研究。

该项目的主要研究对象为金元道士画家、与金元道士密切相关的绘画作品以及地域性、民间性的道教绘画等。

（申喜萍）

第十一篇

文物·考古新发现

辽上京宫城南门遗址考古

董新林　汪　盈*

辽上京遗址位于内蒙古自治区巴林左旗林东镇东南。城址由北部的皇城和南部的汉城两部分组成，平面略呈“日”字形，总面积约5平方千米。皇城城墙保存较好，平面呈不规则方形，宫城位于皇城的中部偏东。为了进一步认识辽上京遗址的布局和沿革，促进对辽上京遗址的有效保护，中国社会科学院考古研究所内蒙古第二工作队和内蒙古自治区文物考古研究所联合组成辽上京考古队，于2016年6—10月，对辽上京宫城南门遗址进行了考古发掘，取得了十分重要的收获。

辽上京宫城南门位于宫城南墙中部略偏西，2013年发掘的宫城南门大街（一号街道）贯穿其中。宫城南门遗址由东、西两侧的墩台、中间的单门道和登临墩台的内侧（北侧）马道三部分组成（见图1）。

图1　辽上京宫城南门俯视图（下为北）

* 董新林，男，辽宁绥中人，中国社会科学院考古研究所汉唐考古研究室主任，研究员，博士生导师，主要从事辽宋金元明时期的考古学发掘和研究。汪盈，女，北京人，中国社会科学院考古研究所助理研究员，主要从事辽宋金元明时期考古发掘和古建筑考古研究。

根据夯土遗迹和门道内外倒塌的砖瓦堆积，可判断城门之上建有木构门楼建筑。夯土墩台保存较好。其中已揭露的西墩台南北长11.8米，东西宽6.7米，残高2.1—3.3米。墩台各面边壁包砖，现仅存底部几层；包砖底部包边条石基础保存较好（见图2）。

图2 辽上京宫城南门遗址（下为南）

东、西夯土墩台中间设单门道，进深8.2米、宽约7.8米。原位保存有将军石、石门限和门砧石等设施。石门限被居中的将军石分隔为东、西两段，其中东段石门限上存有两道较深的沟槽，与门道内路土上的车辙痕迹相连。门道两侧的城门基础做法为，石柱础上铺木地栿、上立排叉柱。石柱础每侧6个，即城门门道进深5间。较为特殊的是，门道中央的将军石南侧路面下发现一埋藏坑，坑内发现两副基本完整的狗骨架和两个羊头骨。二犬侧卧，头部做交首状，身体沿坑边呈半蜷曲状，将两个羊头围合在中央。这应与城门营建时的祭祀有关。马道紧贴城墙北侧而建，东西长约10米、南北宽1.2—1.5米、残高1.2米。通过仔细清理，我们在西墩台残存的夯土台面上发现一列进深方向的柱洞，现共存3个。其中，南、北两侧的柱洞底面都有柱础石，柱础石底面约与墩台夯土地面相平。此二柱础之间还尚存一个较浅的柱洞，无柱础石。根据柱洞间距和墩台夯土的破坏程度判断，原应共有4个柱洞，即墩台上的木构门楼建筑可能为进深三开间的柱网布局。这是十分重要的考古发现。根据层位关系和遗迹解剖情况可知，宫城南门在辽代可大体分为四次营建。第一次营建，为东、西城墙之间内有立柱，未见凸出于城墙的墩台。第二次营建开始在城墙外扩建墩台，墩台四壁外抹灰泥。紧贴城墙内侧设有马道登临墩台。门道内开始使用石柱础、木地栿和排叉柱的基础做法。第三、四次营建是不同时期的修建，做法均是对旧有的夯土墩台进行削减修整，区别是第三次营建墩台各面边壁涂抹白灰皮，而第四次营建墩台各面边壁以条石为基础包砖，同时马道边壁亦做包砖。宫城南门第一次营建的时代应在辽代早期；第二次增设墩台，可能与《辽史·地理志》所载辽太宗“辟承天门”有关。城门及城墙在金代完全被小房址所叠压，宫城格局已彻底废弃，仅南门大街（一号街道）继续沿用。

2016年度对辽上京宫城南门遗址的考古发掘，取得了重要收获。宫城南门遗址是辽上京遗址已发掘门址中保存最好的门址，是辽代考古的重要发现。通过考古发掘，我们首次了解到辽上京宫城南门的建筑规模和形制结构。通过目标明确的关键解剖，我们确认了宫城南门营建次序和做法，掌握了南门墩台从无到有，从简单（壁面抹灰泥）到复杂（砖石包砌壁面）的沿用与改建情况。这为研究辽上京城址的布局、沿革和辽代城门建筑提供了重要的基础资料。值得注意的是，在宫城南门的将军石南侧路面下发现动物埋藏坑，其内放置二犬二羊头，应与营建时的祭祀活动相关。这是首次在辽代城门遗址发现这样的遗迹现象，在其他朝代城门发掘资料中鲜见报道，是重要的考古发现。

阴山塞外列城（西夏城址）考察报告

魏　坚[*]

2016 年 7 月上旬，由中国人民大学考古文博系魏坚教授、森谷一树老师等组成的 6 人考察团对阴山塞外列城（西夏城址）乌兰呼都格古城、哈那古城、宝音图古城、红旗古城、查干额日格古城、双城子古城、查干套海北城、查干套海南城、阿日古城、东乌兰古城进行了科学考察。乌拉特后旗文化局局长霍建国、文管所所长萨日娜全程陪同考察。

（一）乌兰呼都格古城

乌兰呼都格古城位于南线长城南侧，周边地势平坦，无河流经过。古城平面呈不规则长方形，西北角距离长城最近，直线距离约 40 米。古城地理坐标为东北角：北纬 41°40′52. 09″，东经 106°39 56. 57″；东南角：北纬 41°40′48. 94″，东经 106°39′53. 90″；西南角：北纬 41°40′51. 06″，东经 106°39′49. 69″；西北角：北纬 41°40′53. 96″，东经 106°39′52. 12″。东墙长约 116 米，南墙长约 122 米，西墙长约 107 米，北墙长约 124 米。东、西两墙合宋代 35 丈（宋代一尺约为 31. 6 厘米，35 丈约 111 米），南北两墙约合宋代 40 丈（宋代一尺约为 31. 6 厘米，宋尺 40 丈约 126 米）。

古城四周城墙保存较好，现存墙体高出地表 2—3 米。古城周边沙化较严重，且周边不见石块，故推测城墙可能全部为土筑。城墙四角现存高大的角台，高度略高于四周城墙。

北墙上有向外突起的土堆，由于形制不清，暂时不能断定是否为马面遗迹。城墙四周有环壕，壕沟向城外一侧起墙，起双重防护作用，壕沟宽约 10 米。东墙正中开城门，城门的地理坐标为北纬 41°40′50. 49″，东经 106°39′55. 32″，城门外有马蹄形瓮城，瓮城门向南开。

城内无明显建筑痕迹。城内几乎不见地表遗物，考察团未做采集。

---

* 魏坚，男，内蒙古呼和浩特人。中国人民大学考古文博系教授，博士生导师，主要从事中国古代北方民族文化的考古学研究。

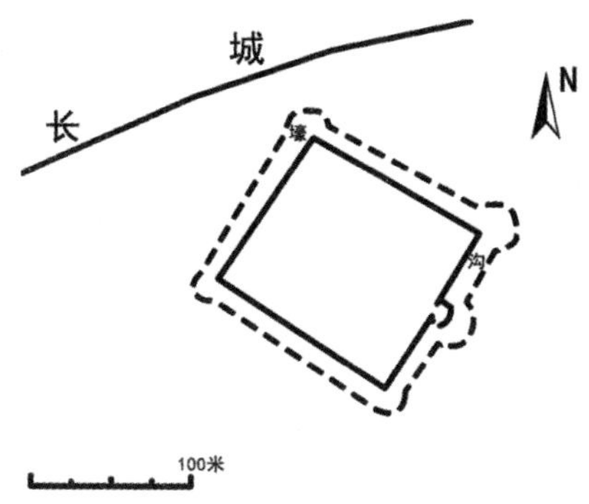

图1　乌兰呼都格古城平面

（二）哈那古城

哈那古城位于南线长城南侧，周边地势平坦，无河流经过。古城平面呈方形，西北角距离长城最近，直线距离约220米。古城地理坐标为东北角：北纬41°51′0.16″，东经107°11′7.38″；东南角：北纬41°50′55.89″，东经107°11′8.15″；西南角：北纬41°50′55.41″，东经107°11′2.48″；西北角：北纬41°50′59.58″，东经107°11′1.64″。东墙长约143米，南墙长约141米，西墙长约141米，北墙长约136米，北墙稍短，其他三墙长度约合宋代45丈（宋代一尺约为31.6厘米，45丈约142米）。

古城城墙中，北墙保存较好，东、西、南三墙保存较差。古城城墙根据所存夯土且不见散落石块可判断为土筑，无包石结构。

城墙外无壕沟遗迹。北墙西北段仍可见连绵的夯土城墙，现存夯土高约2米，夯层清晰，厚4—13厘米。东、西、南三面城墙保存较差，仅隐约可见地表痕迹。经测量，东墙墙基宽2.3米左右。南墙正中有城门，城门的地理坐标为北纬41°50′55.45″，东经107°11′5.34″，城门外有马蹄形瓮城。

城内无明显地表建筑。城内地表遗物较少，考察团仅在北墙西端的夯土墙基附近采集到青花瓷碗碎片一枚，推测可能为西夏遗物。

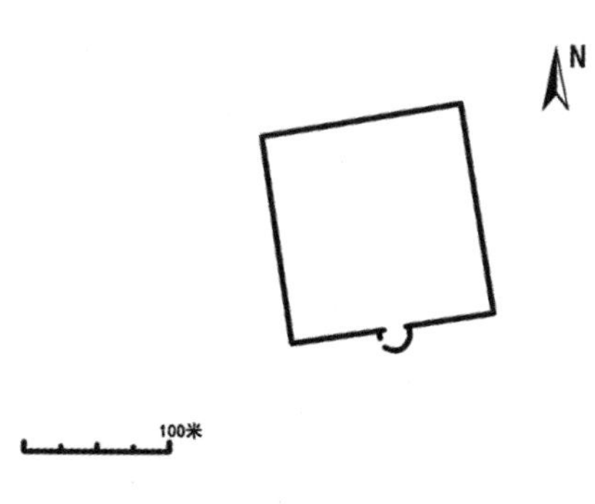

图2　哈那古城平面

（三）宝音图古城

宝音图古城位于南线长城南侧，周边地势平坦，城北500米处有河流经过，有现代公路南北向穿过古城。古城平面呈不规则长方形。古城地理坐标为东北角：北纬41°44′26.65″，东经107°0′12.34″；东南角：北纬41°44′22.75″，东经107°0′10.54″；西南角：北纬41°44′23.41″，东经107°0′5.19″；西北角：北纬41°44′27.39″，东经107°0′6.11″。东墙长约137米，南墙长约125米，西墙长约136米，北墙长约140米。

古城城墙保存较差，仅隐约可见地表痕迹。四周角台遗迹较明显，古城城墙周围无大量石块，故城墙应为土筑。城墙外无壕沟遗迹。南墙地表较清晰处，经测量距地表1米处，墙宽约4米，其他城墙无测量数据。西南角台现存有较明显的夯层，厚约13厘米。靠近西南角台的墙基经测量宽约7.2米。由于现代公路的破坏，东墙和南墙大部分已经完全看不到城墙遗迹，无法判断城门所在位置。

城内无明显建筑遗迹。城内地表遗物较少，考察团采集到少量酱釉陶片，推测为西夏遗物。

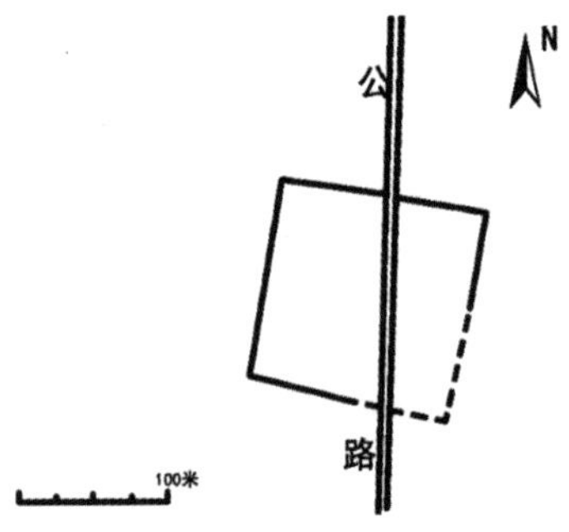

图3 宝音图古城平面

（四）红旗古城

红旗古城位于南线长城南侧，周边地势平坦，有冲沟从东墙贯穿古城，由西南角处流出。古城平面呈不规则长方形，四周有环壕。古城地理坐标为东北角：北纬41°38′54.33″，东经107°2′13.67″；东南角：北纬41°38′50.94″，东经107°2′12.72″；西南角：北纬41°38′52.08″，东经107°2′6.70″；西北角：北纬41°38′55.64″，东经107°2′7.51″。东墙长约124米，南墙长约140米，西墙长约124米，北墙长约135米。东西两墙约合汉代60丈（汉代一尺约为21.3厘米，汉代60丈约128米），南北两墙约合汉代65丈（汉代一尺约为21.3厘米，汉代 65 丈约 138 米）。

古城城墙保存较差，西墙和南墙地表现象较明显，但由于有河道冲过东墙和北墙，故两墙地表遗迹现象不清，但范围大致可见。古城四角有角台，略高于地表。城内散落大量石块，可能与城墙包石有关。城墙外无壕沟遗迹。城门具体位置不清，但可推测城门应位于东墙之上。

城内有建筑遗迹，可见大量散落的石块，但建筑的具体形制不清。城内曾经采集到汉代的陶片和西夏的瓷片。此次考察采集到酱釉陶片、白瓷碎片、白瓷碗底、灰陶碎片以及红陶口沿，灰陶与红陶可能为汉代遗物，酱釉陶碎片、白瓷碎片与白瓷碗底可能为西夏遗物。

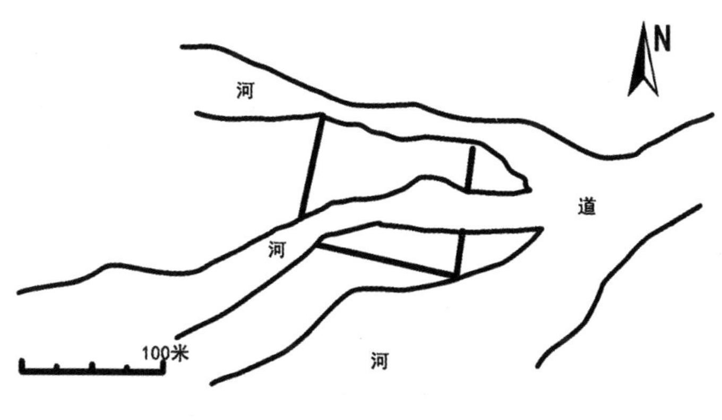

图 4　红旗古城平面

（五）查干额日格古城

查干额日格古城位于南线长城南侧，周边地势平坦，无河流经过。古城平面呈不规则长方形，四周有环壕。古城地理坐标为东北角：北纬 41°35′36.47″，东经 106°56′31.16″；东南角：北纬 41°35′32.60″，东经 106°56′31.77″；西南角：北纬 41°35′32.34″，东经 106°56′25.90″；西北角：北纬 41°35′36.28″，东经 106°56′25.36″。东墙长约 126 米，南墙长约 142 米，西墙长约 126 米，北墙长约 144 米。东西两墙合宋尺 40 丈（宋代一尺约 31.6 厘米，宋尺 40 丈约 126 米），南北两墙合宋尺 45 丈（宋代一尺约 31.6 厘米，宋尺 45 丈约 142 米）。

古城城墙在地表有明显的痕迹，现存不到 1 米，城墙上有整齐排列的石块，故推测该城城墙应为包石结构。城墙四角有高大的角台，高度略高于城墙。城墙三面有壕沟，东墙外无壕沟遗迹，壕沟向城外一侧起墙，为双重防护作用，壕沟宽约 10 米。东墙正中开城门，城门地理坐标为北纬 41°35′34.64″，东经 106°56′31.58″。城门外应有马蹄形瓮城，瓮城保存较差，隐约可辨认痕迹。

城内偏西北角处有院落遗址。城内地表遗物较多，考察团采集到酱釉釉陶碎片和厚5厘米左右的青砖残块，推测为西夏遗物。

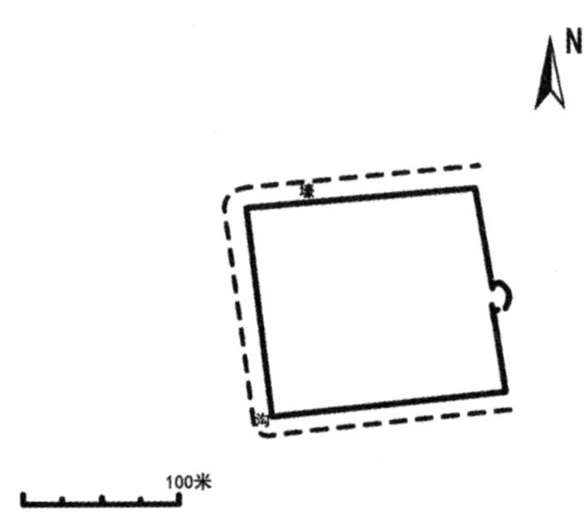

图5 查干额日格古城平面

（六）双城子古城

双城子古城，包括东西两座古城，两城均有环壕。东城西南角被西城打破。东城地理坐标为东北角：北纬41°39′56.52″，东经107°7′57.82″；东南角：北纬41°39′54.15″，东经107°7′53.28″；西南角：北纬41°39′57.16″，东经107°7′49.44″；西北角：北纬41°39′59.72″，东经107°7′53.81″。东墙长约134米，南墙长约133米，西墙长约133米，北墙长约135米。西城地理坐标为东北角：北纬41°39′56.19″，东经107°7′54.06″；东南角：北纬41°39′53.69″，东经107°7′49.82″；西南角：北纬41°39′56.66″，东经107°7′46.54″；西北角：北纬41°39′59.27″，东经107°7′50.59″。东墙长约134米，南墙长约132米，西墙长约134米，北墙长约132米。

两城城墙保存较差，地表隐约可辨认城墙遗迹。东城西南角被西城打破。两城周边不见散落石块，故推测两城应该都为土筑。两城均有角台，角台略高于地表。两城均有环壕，壕沟向城外一侧起墙，有双重保护作用，壕沟宽约10米。东城北墙紧贴长城，东城北墙和东墙仍保存完整，经测量，东墙墙基宽约3.5米。由于此城被西城打破，城门遗迹无法辨认。西城四周城墙保存较清晰，高出地表不足1米。此城城门应该位于东墙正中，但由于古城东侧地势低洼且有水流冲刷，城门遗迹地表现象模糊，无法判断是否有瓮城。

城内无明显建筑遗迹。城内地表遗物较少，考察团采集到少量酱釉陶碎片以及白瓷碎片，可能为西夏遗物。

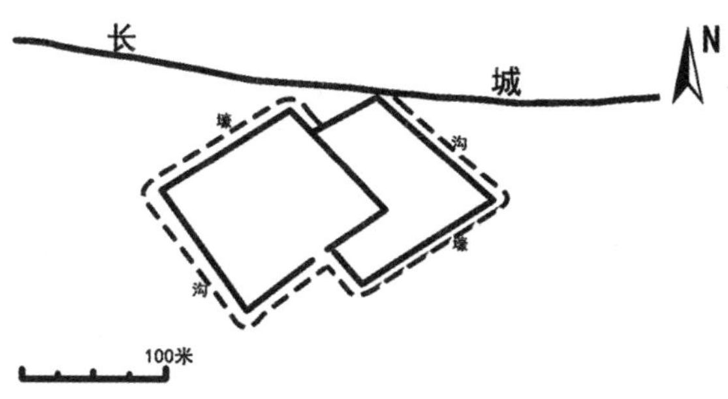

图6　双城子古城平面

（七）查干套海北城

查干套海北城位于南线长城南侧，周边地势平坦，北墙外有河流经过。古城平面呈不规则长方形，四周有环壕。古城地理坐标为东北角：北纬 41°46′42.22″，东经 107°31′45.96″；东南角：北纬 41°46′38.92″，东经 107°31′43.07″；西南角：北纬 41°46′41.24″，东经 107°31′37.98″；西北角：北纬 41°46′44.60″，东经 107°31′40.95″。东墙长约 125 米，南墙长约 140 米，西墙长约 127 米，北墙长约 140 米。东西两墙合宋尺 40 丈（宋代一尺约 31.6 厘米，宋代 40 丈约为 126 米），南北两墙约合宋尺 45 丈（宋代一尺约 31.6 厘米，宋代 45 丈约为 142 米）。

查干套海北城城墙保存较差，略高于地表约 60 厘米。城墙周边不见散落的石块，故推测该城城墙应该为土筑。城墙四角有角台，高度略高于地表。城墙四周有环壕，壕沟向城外一侧起墙，起双重防护作用，壕沟宽约 10 米。西墙墙体遗迹较清晰，经测量，高 60 厘米处墙宽 4 米。东墙开城门，城门较清晰，门宽约 4.5 米，地理坐标为北纬 41°46′40.59″，东经 107°31′44.68″，城门外无明显的瓮城遗迹。

城内无明显建筑遗迹。城内地表遗物较少，考察团采集到少量酱釉陶碎片，推测可能为西夏遗物。

（八）查干套海南城

查干套海南城位于南线长城南侧，周边地势平坦，北墙距查干套海北城的南墙约 20 米。古城平面呈不规则长方形，四周有环壕。古城地理坐标为东北角：北纬 41°46′39.09″，东经 107°31′40.05″；东南角：北纬 41°46′36.44″，东经 107°31′36.81″；西南角：北纬 41°46′38.67″，东经 107°31′32.44″；西北角：北纬 41°46′41.38″，东经 107°31′35.67″。东墙长约 115 米，南墙长约 125 米，西墙长约 115 米，北墙长约 130 米。东西两墙约合宋尺 35 丈（宋代一尺约 31.6 厘米，宋代 35 丈约 111 米），南北两墙约合宋尺 40 丈（宋代一尺约 31. 6 厘米，宋代 40 丈约 126 米）。

该城北墙与查干套海北城相距约 30 米，与北城相比，该城规模较小，城墙保存较差，仅地表可辨认痕迹。东墙中部和南部地势低洼，已经被水冲毁，因此城门遗迹具体位置不明，经测量，地表可辨认城墙约 3. 5 米宽。城墙四周有壕沟，壕沟向城外一侧起墙，起双重防护作用，壕沟宽约 10 米。东墙正中开门，城门地理坐标为北纬 41°46′37. 90″，东经 107°31′38. 41″，但东墙正中位置水流冲刷严重，故无明显的瓮城遗迹。

城内无明显建筑遗迹。城内地表遗物较少，考察团采集到少量酱釉陶碎片，推测可能为西夏遗物。

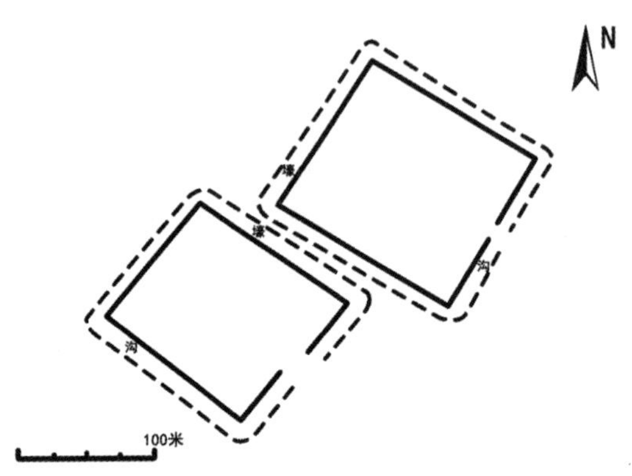

图 7　查干套海北城与南城平面

（九）阿日古城

阿日古城位于南线长城南侧，北墙距离长城约 70 米，周边地势平坦，无河流经过。古城平面呈不规则长方形，四周有环壕。古城地理坐标为东北角：北纬 41°50′11. 97″，东经 107°38′21. 94″；东南角：北纬 41°50′7. 71″，东经 107°38′21. 64″；西南角：北纬 41°50′8. 59″，东经 107°38′16. 04″；西北角：北纬 41°50′12. 89″，东经 107°38′16. 33″。东墙长约 137 米，南墙长约 137 米，西墙长约 138 米，北墙长约 132 米。四墙长度约合汉代 65 丈（汉代一尺为 21. 3 厘米，汉代 65 丈约 138 米）。

古城城墙保存较好，南北两墙仍然可见夯土城墙，夯层清晰，且城墙四角有高大的角台。古城城墙四周有环壕，壕沟向城外一侧起墙，起双重防护作用，壕沟宽约 10 米。南墙与北墙仍见连绵的夯土城墙，夯土墙残高约 2 米，距地表 3—4 米，夯层厚 4—13 厘米。东西两墙皆仅见土垄，但距地表仍有 2 米高左右，墙宽约 3 米。南墙正中开城门，城门的地理坐标为北纬 41°50′8. 17″，东经 107°38′18. 84″，门外有马蹄形瓮城，瓮城门向东。

城内无明显建筑遗迹。城内地表遗物较少，考察团未采集到地表遗物。

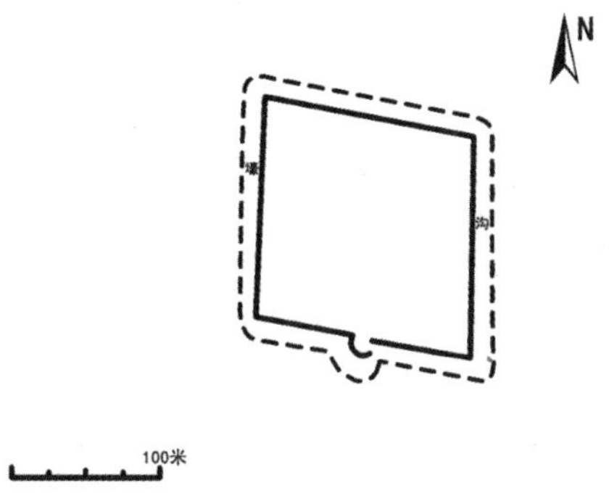

图8　阿日古城平面

（十）东乌兰古城

东乌兰古城位于南线长城南侧，北墙距长城直线距离 30 米，东墙外有河流经过，周边地势平坦。古城平面呈方形，四周有环壕。古城地理坐标为东北角：北纬 41°55′8.02″，东经 108°49′14.51″；东南角：北纬 41°55′4.27″，东经 108°49′11.94″；西南角：北纬 41°55′5.51″，东经 108°49′6.53″；西北角：北纬 41°55′9.40″，东经 108°49′9.00″。东墙长约 134 米，南墙长约 131 米，西墙长约 134 米，北墙长约 130 米。四墙长度约合汉代 65 丈（汉代一尺为 21.3 厘米，汉代 65 丈约 138 米）。

古城城墙保存较完整，现存墙体高 3 米左右，四角有高大的角台。长城在该城北约 30 米处，并在城西门角沿城墙墙体拐弯。长城城墙为土石混筑，底宽 3—4 米。城墙四周围绕壕沟，宽约 10 米。城门开在东墙正中，地理坐标为北纬 108°49′9.00″，东经 108°49′13.11″，门外有马蹄形瓮城，瓮城门向南开。

城内无明显建筑遗迹。城内采集到酱釉陶碎片。

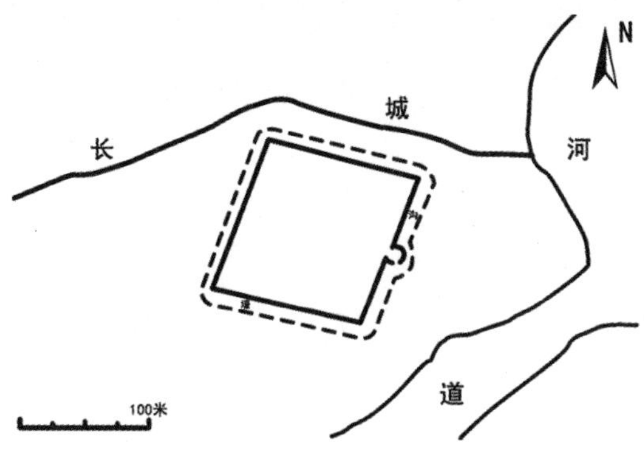

图9　东乌兰古城平面

2016 年金上京皇城考古发掘收获

赵永军　刘　阳*

金上京城遗址，位于黑龙江省哈尔滨市阿城区南 2000 米，阿什河的左岸。金上京城由毗连的南、北二城组成，平面略呈曲尺形，总面积约 6 平方千米。皇城位于南城的偏西部。通过初步调查勘探，大致了解到，皇城内分布三列建筑址遗存布局，中部为宫殿区，东西两侧各有建筑址依次分布。特别是宫殿区接近中心位置的西、东两侧（即右、左两侧）各有一高于地表的遗迹堆积分布，地面上可见有大量的残砖、碎瓦等遗物。学术界结合文献早年对其性质作过简单比附推测。

图 1　皇城东 1 号建筑址发掘区全景俯瞰（上北下南）

2016 年 8 月至 10 月，黑龙江省文物考古研究所对金上京皇城东侧中部区域的建筑址进行了局部勘探，通过勘察，皇城东部建筑址体量较大，大致位于宫殿区第四殿址以东位置。在其西北部，与其西侧紧密衔接的为一组相对独立的小型建筑址，编号为 2016TJ－1，2016 年度重点对此小型建筑址台基进行发掘，揭露面积 1200 余平方米。

---

* 赵永军，男，河北阳原人，黑龙江省文物考古研究所研究员，主要从事东北考古、金代考古研究。刘阳，男，吉林梨树人，黑龙江省文物考古研究所馆员，主要从事辽金考古研究。

该小型建筑址整体平面呈“T”形，由两部分夯土台基组成，北部夯土台基呈东西向，南部夯土台基呈南北向。

图2　皇城东1号建筑址南部火炕烟道俯瞰（上北下南）

北部夯土台基，即TJ1－1平面呈长方形，东西长33米，南北宽11.8米。东、西、北三面为漫坡状，至底部与砖砌路面衔接。台基边缘以长方形砖竖立砌筑。台基中部高于东、西两侧的砖路0.85米，高于北侧的砖铺路面0.65米；台基中部与南部的台基高度相同，中间以砖砌墙相隔。在台基上分布有3处不规则椭圆形坑状遗迹，结构相同。其中东北部发现2处，西北部发现1处。坑壁是以青砖砌筑，并涂抹白灰。但砖壁仅保存少许。坑底部有3个或2个小柱洞，柱洞较深。台基西南角接近路面底部，有一砖砌的排水槽（沟），编号SG3。SG3平面呈长方形，东西走向；东西长2.15米，南北宽0.52米。沟底用青砖纵向平铺，砖缝之间涂抹白灰。砖大小不等，顺向平铺。沟壁现残存两层砖，两侧砖中间的沟宽0.12米。SG3表层距地表0.8米。

南部夯土台基，即TJ1－2与北部台基垂直分布，平面呈长方形，南北揭露长度约25.2米，东西长21.6米，高0.5米。该部分台基的四周为环绕的墙基，墙基宽2.35—2.65米。其建筑方式是用碎砖瓦片夯筑一层，再用素土夯筑一层。同时沿墙基一周有磉墩分布。在墙基东、西两侧及北部有砖槽，槽内砌砖包筑。护墙砖槽宽0.6米，深1.05—1.15米。护墙砖槽破坏严重，仅存沟槽痕迹和少量砌砖。

在台基北部，东、西两侧，各有一道以砖砌筑的排水槽，分别编号为SG1、SG2。SG1平面为长条形，东西长2.64—2.8米，宽1.06—1.54米。内有砖砌的排水沟两条，北部已经被破坏殆尽；南部排水沟残长1.2米；外宽0.7米，内宽0.24米；深0.22—0.34米。排水沟底部用砖铺设，排水沟呈西高东低的坡状分布。SG2平面呈长条形，东西走向。东西长1—1.3米，宽1.1米，深0.3—0.5米。内有砖砌筑的小排水沟2条。北部的小水沟残长1—1.2米，内宽0.28米，残高0.11米。排水沟

图 3　皇城东 1 号建筑址北部露台台基（西一东）

中部的砌砖将排水沟一分为二。南部小排水沟残长 1. 2—1. 3 米，残高 0. 15 米。砖顺砌而成。排水沟东高西低坡状分布。

台基的边缘和中部分列 16 个柱础的磉墩，平面呈方形，大小略有差异。磉墩的表面层为碎小瓦砾层，上面覆盖一层黄沙，其上为大小不一的石块堆砌于中央，现仅存少量石块，上面的础石无存。

图 4　TJ1 南侧火炕烟道（北一南）

通过磉墩柱网的排列，可确认南部台基址为面阔三间，进深四间。在台基的中部位置偏南，东、西各有一个较大的磉墩分布，应是室内中央的中心柱础，两磉墩内侧间距为5.8米。这两个中心柱础将南部建筑基址空间分隔成两部分，两室相通，各进深两间，内部减柱造，为大开间。其中北部室内空间东西长约16.5米、南北宽约7米；南部室内空间，主体为数条烟道构成的取暖设施（火炕）。现存烟道共有9条，烟道两侧壁为黄土堆筑，表层铺砖，烟道口上覆盖方砖。火炕部分南北总体长约7.3米，东西宽约13.5米。烟道宽0.35—0.4米，深0.2—0.25米。烟道口大底小，剖面为“U”形。底部均有木炭。现存的砖大部分为碎块。砖的规格大小相同，有正方形条纹砖、长方形素面砖等。砖面为顺向齐缝砌筑而成，缝隙部位涂抹有白灰浆。在烟道的南端东西两侧，分布有3个灶址。其中东部1个，西部2个。灶址由操作间、火门、火道、火膛、烟道等部分组成。平面呈“凸”字形，系土圹砖室结构。Z1内填灰褐色土，内含有少许砖瓦块、木炭、白灰、烧土颗粒、白灰颗粒等；Z2内填灰黑色土，内含有少许砖瓦块、白灰、烧土颗粒等；Z3北部被Z2打破，内填为灰褐色土，内含少量的砖瓦块，根据二者打破关系及包含物，推测Z3使用时间很短或未经使用。

该建筑址台基的外侧地面，为用大小不同的青砖平铺而成的路面，路的边缘为顺向竖立砌筑的道沿，道沿高出地面0.03—0.05米。露台两侧的路面边缘还砌筑有方形的花池，花池的边沿为顺向竖立的青砖。

通过解剖，了解了台基各部分的构筑情况。南部建筑台基的底部先是挖槽，在槽内堆土夯筑。基本是一层夯土，一层瓦砾层，交替夯筑。北部露台的基础部分是用河流石和黄土交替夯筑形成的。柱础下磉墩的结构同样为一层夯土一层瓦砾，相互交替叠压夯筑而成。磉墩底部基础内收，并打破生土30厘米。

在1号台基（TJ-1）的东南部，与其相连的是又一座大型建筑台基址，编号为TJ-2。两座台基址中间以一道砖筑的墙相隔。2016年度未对TJ-2进行完整发掘，仅清理出一角。

发掘出土遗物以灰瓦、青砖等建筑构件为大宗。灰瓦有板瓦和筒瓦、滴水及瓦当。瓦当纹饰主要为龙纹，个别为兽面纹；滴水纹饰均为龙纹；其他还有凤鸟、人物塑像等；少量的带纹饰的砖。铁器中以各式钉的数量最多，其他为生活、生产用具；少量的瓷器、石器、铜器等；铜钱多为北宋钱币。

2016年发掘区位于金上京宫城内遗址第四殿址东侧，为皇城东区中部一组建筑遗存的一部分，属于中心宫殿区东侧的一处重要宫殿址的附属建筑。该建筑址整体呈“T”形，主体建筑台基为夯土筑，面阔三间，进深四间，内部减柱造。分隔成两部分，均为大开间。其中南部室内构筑有九条平行排列烟道，东西两侧有灶址相通；该部分为低矮火炕式的取暖设施。建筑址的北端，与之相连的是一呈东西向的露台建筑，为夯土筑。从叠压的层位关系看，露台是属于后期增筑的一部分建筑，年代略晚于主体建筑。2016年度发掘成果，为进一步了解上京城的布局、建筑的形制结构类型及构筑时序等增添了重要的考古资料。

安图县宝马城金代皇家神庙遗址

赵俊杰*

宝马城位于安图县二道白河镇西北 4000 米处的丘陵南坡上，平面呈长方形，周长约 465 米，20 世纪 80 年代的调查认为该城始建于渤海，辽金时期沿用，以往学术界普遍视其为渤海朝贡道上的重要驿站。为判明宝马城的年代与性质，经国家文物局批准，吉林省文物考古研究所、吉林大学边疆考古研究中心于 2014、2015 年连续对城内回廊院落中轴线上北部与居中的土台（JZ3、JZ2）进行了发掘，并依据建筑的严整性、遗物的高等级初步判定该城很可能是金代皇家修建的祭祀长白山的神庙。

为进一步解明城内建筑的结构与布局，经国家文物局批准，吉林省文物考古研究所、吉林大学边疆考古研究中心于 2016 年 7—11 月对宝马城遗址进行了第三次正式发掘，实际发掘面积 1210 平方米，全面揭露了城内回廊院落中轴线上最南侧的台基（编号 JZ1），连通台基两侧的南回廊东西两段、西回廊一段与回廊的西南转角，JZ1 西北疑似亭子的方形建筑址（JZ6），以及回廊内建筑址之间大片的石墁庭院遗迹，并清理出大片的砖瓦倒塌堆积，出土瓦当、滴水、脊兽、鸱吻等陶制建筑构件逾千件，各式铁钉、铜钉数百枚，以及少量陶器、瓷器、铁器、铜器。

JZ1 是一座典型的“分心槽”式山门建筑址。台基平面呈长方形，方向北偏东 5°，东西宽约 19.2 米，南北长约 13.9 米，夯土筑成，台明高出回廊内石墁庭院约 1 米，高出回廊外地面 1.8 米。台基上柱础石保存较好，柱网结构明确，建筑面阔三间，当中间进深两间，东西山墙进深三间。地面墁铺方砖，大体保存尚好。外墙厚约 1.3 米，大部保存有 6—7 层砌砖，有明显的向外倾斜倒塌的迹象，墙外台明宽约 1.7 米。门址位于台基正中间，门砧长方形，东西门础两侧各有隔墙与东西山墙相接，形成门外的闭合空间。门内东西两墙上各开一口，以踏步与南回廊的东西两段连接，回廊宽 6 米余，高出石墁庭院 20 厘米，除础石外，地面均不铺砖。JZ1 台基北侧有一踏步可以下至庭院内，JZ6 位于建筑组群中轴线西侧，东侧有形制相同的 JZ5。台基呈方形，边长约 6.3 米，残高约 0.4 米，外立面包砖。台明破坏严重，现存两块十字槽口础石。

---

* 赵俊杰，男，浙江兰溪人，吉林大学考古学院副教授，主要从事魏晋隋唐考古、东北亚地区历史时期考古的教学与研究。

2016 年度发掘中，在 JZ1 室内铺地砖上出土汉白玉材质的玉册残块若干，上有“癸丑”“金”“於”等字样，亦发现龙纹褾首残块。唐宋时期皇帝册封山岳多用玉册，泰山就曾出土过唐宋时期的禅地玉册。“癸丑”干支可能对应公元 1193 年，是年金章宗册封长白山为“开天宏圣帝”，出土玉册和文献两相印证，加之宝马城选址考究，建筑组群中轴线正对长白山主峰，因此可以确认宝马城为金代皇家祭祀长白山的神庙无疑。

宝马城金代神庙遗址的发掘，是中原地区以外首次通过考古发掘揭露的国家山祭遗存，是近年来东北地区辽金时期乃至全国考古工作中少见的高等级遗址；不仅是金代历史与考古的重要发现，也是边疆考古和北方民族考古的重大突破，对研究金王朝关于东北边疆的经略以及南北方文化的交流与互动，具有深远的历史与现实意义。

山西侯马发现金代家族墓地

杨及耘　王金平*

2016年8月，山西省侯马市文体委进行文体活动中心项目建设时，在北环路东庄村发现古墓葬，随即报告上级文物部门，经山西省文物局委托，由山西省考古研究所负责对该项目进行考古发掘。

经考古勘探，确定本次考古发掘面积为1200余平方米，在发掘范围内共发现墓葬14座。后经考古发掘，墓葬分为土洞墓和土洞砖室墓两种形制，其中砖室墓6座，3座保存完好、2座损毁较甚、1座完全被毁；8座土洞墓，6座保存较好、1座迁走、1座被毁。

保存完好的3座砖室墓编号为M9、M12、M14。

M9由墓道、墓门和墓室组成。墓道为竖穴直墓道，位于墓室南侧，底部与墓室平齐。墓门辟于墓室的东南角，用青色条砖封堵。墓室顶部为弧券顶，在北壁砌筑有格子门一合，东西壁无雕砖装饰，南壁留有壁龛，内放置白釉灯碗1个。墓室东边接墓门做出甬道，西边砌筑砖床。由于墓室内浸水严重，淤泥很厚，故葬具和随葬品情况不明。

M12由墓道、墓门和墓室三部分组成，墓向188°，此墓满室彩绘。

墓道位于墓室南边，为竖穴直墓道，底部与墓室平齐，北端用条砖将墓门封堵。

墓门辟于墓室东南角，下部青砖砌筑基座，上部砌门砧、立柱，上横门楣。门楣上雕圆形门簪，门砧窝内放青砖板门一合，板门发掘时呈闭合状，实际可开合。板门上雕门钉四路，每路四枚，上部两路门钉间雕圆形铺首衔六边弧形门环，板门外角处雕燕尾形籀头。在墓门上方砌筑的青砖上墨书“大吉利”。在墓门板门下的基座间以特制的大块青砖封堵。

墓室南北长1950厘米、东西宽1770厘米，平面呈南北略长的矩形，与墓门相接处有甬道抵北壁，其他部分砌筑砖床，砖床边沿有砖雕栏杆。墓室四隅立方形抹角倚柱，四壁均砌筑内容不同的雕砖。北壁铺作之下通间砌砖雕竹卷帘，并以帘勾相承。中间雕一合板门，中间板门上雕“妇人启门”图案。顶部为叠涩攒尖顶。板门两侧，

---

* 杨及耘，男，山西新绛人，山西省考古研究所副研究员，主要研究方向为辽金考古、建筑考古等。王金平，男，山西临猗人，山西省考古研究所研究员，主要研究方向为商周时期山西封国考古、山西金墓考古等。

男女墓主人手持念珠和经卷分坐东西，面前各置一小桌，桌上一盘，摆放有桃形水果或面点，两人身后各砌一破子棂窗。东壁和西壁形制相同，尺寸一致，铺作下砌横披，横披下砌筑两合格子门，唯格眼和壶门部分内容略有不同。东壁中间两块壶门内雕“王祥卧冰”和“孟宗哭竹”孝子故事，在两块雕砖上部分别有“第六孝，王祥者，陵川人”和“第十六孝，孟宗，字”的刻书文字。墓室南壁右侧上方雕破子棂窗，窗下砌筑一块“舞狮图”。南壁左侧则为墓门内侧，做拱门形式，桥型拱顶，系用九块雕砖砌筑，拱顶部分采用“童子戏莲图”，其余则用“童子戏牡丹”图案。墓室四壁之上为铺作层，有转角铺作四组和补件铺作八组，形制均为四铺作计心造。墓顶部分为八角叠涩攒尖顶。

在墓室的砖床上清理出人骨两具，头向北，皆为仰身直肢葬。发现的随葬器物有虎形瓷枕 1 个、白釉碗 1 个、白釉盘 1 个、白釉灯盏 2 个。

M12 是唯一一座带彩绘的墓葬，整体以白色为底，红、黄、黑作为涂彩的装饰用色。红色多用在板门、格子门等处，黑色多用在窗子处，黄色作为局部装饰，用处较少，仅在竹帘和倚柱处使用。铺作的饰彩以红黑相间处理，座斗均涂黑色，条栱皆饰红色，在突出的华栱、昂头和耍头立面用白色装饰。墓顶叠涩遍涂白。

M14 由墓道、墓门和墓室三部分组成，墓向 184°。

墓道位于墓室南边，为竖穴阶梯墓道，底部与墓室底平齐，墓道北端以条砖封门。

墓门辟于墓室的东南角，形制与 M12 相似，先筑基座，基座之上砌板门一合，门楣中间置一花形门簪，板门上雕门钉四路，每路四枚，门框上方做桥型拱顶。板门外的基座上对称放置一圆雕狮子，在近墓门的两侧墓道壁上各嵌筑狮子雕砖一块。

墓室平面呈方形，边长 18 米。东侧甬道接墓门至北壁，西侧砌筑砖床。墓室四角立方形抹角倚柱，柱上立普拍枋。北壁普拍枋下设帷帐和竹帘，竹帘以帘勾相承。竹帘之下雕砌三个吊灯图案，中间一组为方形抹角造型，灯下有吊饰；两侧的灯笼相同，为莲花造型，灯上以莲叶倒覆，灯下以莲花相托。三组灯饰间分挂一方胜图案和毬文图案的挂饰。吊灯之下为墓主人夫妇端坐图，二人之间置桌，桌上摆四棱瓶一个和四棱碗两个，夫妻二人分坐东西两侧的椅上，男主人双手揽拐杖于怀，女主人双手拢于袖。两人身后各挂一幅画卷，卷上图案为四棱瓶插花造型。东西壁的砌筑基本一致，为两合格子门，上为格眼、中为绦环板、下为裙板，板上雕壶门，内为花卉图案。南壁右侧雕一衣架，衣架上方为一块力士雕砖和两块孝子故事雕砖，力士雕砖上摆放有一白釉瓷灯盏，孝子故事内容为“曹娥哭江”和“孟宗哭竹”。南壁左侧为墓门内壁，桥型拱门边沿遍雕莲花缠枝图案。墓室四壁之上为铺作层，有转角铺作四组和补件铺作八组，形制形似四铺作，少了一层华拱。墓顶部分为八角叠涩攒尖顶。

M14 内的砖床上有人骨架两具，头向朝南，皆为仰身直肢葬，其中东侧人骨架，左侧上肢骨肱骨和桡骨、趾骨位置颠倒，应系二次葬入。该墓的随葬品仅为南壁力士雕砖上放置的 1 个白釉瓷灯盏。

残存的两座砖室墓为 M7 和 M10。

从残存情况来看，M7 由墓道、墓门和墓室三部分组成。墓道位于墓室南侧，为竖穴直墓道，近墓门处用条砖封门。墓门为券顶，墓室地面与墓道底平齐。在墓室西南角可见用条砖砌筑处的倚柱，柱头可见残存的铺作造型，但形制不明；倚柱下可见残存地面，地面铺方砖。仅存的南壁，左侧为墓门内侧，右侧雕砌一合板门。

M10 由墓道、墓门和墓室三部分组成，方向 190°。墓道位于墓室南侧，为竖穴直墓道，墓道北端残存封门条砖。墓门上半部被毁，仅存部分基座。墓室平面呈方形，边长 2280 厘米。墓室东面辟甬道，甬道做须弥座形式，西面砌砖床，砖床之上四角立倚柱，柱下带圆形柱础。北壁保存较好，中间雕砌板门一合，左侧板门上雕一半掩于另扇门后的“妇人启门”图案，妇人头梳高髻，身穿对襟窄袖上襦，下系褶裙。板门东西两侧分砌一男女侍者，男侍双手抬于胸前行“叉手礼”，女侍头戴高冠，右手拿一铜镜。东壁砌两合格子门，格眼部分全毁，西壁仅存一扇单独砌筑的格子门，中间部位似为门框。墓室北壁之上看见铺作堆砌，具体形制不详。该墓未见人骨架和随葬品。

M5 被毁，墓葬情况不明。

M1、M2、M3、M4、M6、M8、M11、M13 为土洞墓，皆由墓道和墓室组成，这 8 座土洞墓墓道皆位于墓室的南侧。根据墓道的具体位置又可分为两类，M1、M2、M4、M8、M13 的墓道位于墓室南壁中央，平面呈倒“凸”形布局；M3、M6、M11 的墓道位于墓室南壁的东南角，平面呈“刀”形布局。M8 和 M13 分别被毁和迁葬。剩余 6 座墓室内的人骨架在 2—4 具间，M4 和 M11 内发现铁钉，似有葬具，余墓皆未见，人骨直接置于墓室地面，头向皆北，仰身直肢葬，M11 内见一具烧过的人骸骨。随葬品多为一黑、白釉的灯盏。

在此次东庄墓地发掘的 14 座墓葬中，既有宋金时期的仿木构砖室结构墓，也有一定数量的土洞墓。其中几座砖室墓构造精美，建筑讲究，墓室内的人物刻画栩栩如生，内容题材丰富多彩。尤其是 M12，更是在墓室内遍涂彩绘，是不可多见的精品。在这 14 座墓葬中未发现任何有关纪年的记载，通过对比晋南地区已经发表的同类墓葬的资料，认为 M12 与《侯马大李金代墓》（1180）中的彩绘风格相近，M14 与侯马牛村董氏家族 102 号墓（1196）在人物刻画和挂件雕饰上相似度极高，因此其修建和使用年代也应是金代。此次考古发现的土洞墓丰富了我们对宋金时期此类墓葬的认识。

乌兰察布市金元时期城址调查

周雪乔*

乌兰察布市位于内蒙古自治区中部，阴山支脉大青山、灰腾梁横亘其中，其山间南北向沟谷是中原与北方的交通要道。公元 12、13 世纪，女真和蒙古相继崛起，令该地区先是成为金代统治者防御北方蒙古的重要防线，而后又在统一的蒙元时期成为沟通漠北边疆与南方汉地之间的交通要地。金代在此修筑了大量军事性城堡，伴随着蒙元时期阴山地区前所未有的经济繁荣，多数城堡从军事功能转向了经济功能。为了进一步认识这些城址的布局与建置沿革，加强对该地区城址遗迹的重视，2016 年 4 月底中国人民大学北方民族考古研究所联合乌兰察布博物馆，调查了两山以北的察哈尔右翼各旗、商都县和化德县地区。此次调查以金元时期修筑于该区域的城址为主要对象，以金界壕沿线遗迹为线索，采用卫星照片与实地勘察相结合的方式，踏查了 15 座金元城址。

这些城址大多地处地势较为平坦的河岸或谷地中，平面呈方形或长方形，以方形居多，方向为西北—东南向。其中规模较大的有广益隆、察汉不浪古城，单边长 700 米以上，推测为路府级行政单位，其中部分城址的建置沿革已有学者加以讨论；规模较小的则有杨家营子、大文古城等，单边长 400 米以下，推测这类城址是金界壕军事防御体系的一部分，其中若干座在元代转为民用。通过对城内外遗迹现象及地表遗物的分析，以金代修筑的城址为多，元代沿用和扩建了多数金代城址，同时也新筑了少数规模较大的城址。

大部分城址的保存情况较好，至今仍有较为完整的城墙遗迹，城墙均为分层夯筑而成，墙基宽 7—11 米，一般开东、南门，少数仅开南门，门外加筑马蹄形瓮城，门道宽 4—7 米。城址内部建筑遗迹比较清晰，可能为亭子、衙署、粮仓、民居等建筑，遗迹地表散见有大量建筑构件残件，包括手印纹砖、布纹瓦、滴水、石柱础等。地表采集到的遗物包括陶瓷器残片、砖、瓦以及其他建筑构件、钱币、动物骨骼和炼渣。瓷器中最常见白瓷，其次是黑釉瓷、酱釉瓷、青瓷，还有白釉黑褐彩瓷；天青、青白釉瓷，绿釉陶，琉璃等。白瓷可以分为细瓷和粗瓷两种，细瓷器形主要有碗、盘、

* 周雪乔，女，甘肃兰州人，中国人民大学考古文博系博士生，主要从事金元时期北方地区城址的研究。

钵、碟等，其中盘和碗最为常见；装饰有素面、刻花等。粗白瓷、黑釉瓷的数量最多，器形主要有碗、盏、钵、盆、罐、瓮等，上有印纹、堆塑等。瓷器常见的烧制工艺主要是垫饼叠烧、涩圈叠烧、托珠叠烧、覆烧等。

此次考古调查让我们了解到阴山以北地区金元时期城址的布局形制和建筑规模。通过地表采集遗物和城址遗迹的特征比对，我们认识到了金代与元代不同的城市营建规律及其可能的自然与人为影响因素，为阴山地区古代城址的研究补充了重要的一环。同时，在调查中发现城址附近村落的居民生活、自然环境改变等因素不断侵蚀着地表甚至地下的遗迹遗存，也提醒我们应当重视对该地区城址遗迹的抢救与保护。

附　录

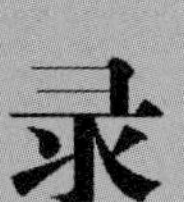

2016年辽金史论著目录

周　峰[*]

一　专著

1. 21世纪辽金史论著目录（2001—2010年）（上下），周峰著，（台湾）花木兰文化出版社，2016年。
2. 中国辽夏金研究年鉴2014，史金波、宋德金主编，中国社会科学出版社，2016年。
3. 中国监察通鉴（宋、辽、金、西夏卷），贺清龙著，人民出版社，2016年。
4. 辽史（点校本二十四史修订本），中华书局，2016年。
5. 10世纪契丹王朝构建进程的中原因素，郑毅著，东北大学出版社，2016年。
6. 契丹简史，苏伶著，民主与建设出版社，2016年。
7. 中国通史（第四卷·辽西夏金元），张国旺、刘晓著，华夏出版社，2016年。
8. 宋辽金夏元史，邓之诚著，北京理工大学出版社，2016年。
9. 宋辽金元史讲稿，柴德赓著，商务印书馆，2016年。
10. 黄金时代——图说两宋辽金，辛更儒著，商务印书馆，2016年。
11. 中华上下五千年·七·北宋辽金南宋元明：彩绘注音版，李燕改编，二十一世纪出版社集团，2016年。
12. 中华上下五千年·两宋辽金，龚勋著，黑龙江少年儿童出版社，2016年。
13. 阜新契丹史略，赖宝成、张志勇著，辽宁大学出版社，2016年。
14. 辽代商业研究，程嘉静著，内蒙古大学出版社，2016年。
15. 契丹寻踪：我的拓碑之路，刘凤翥著，商务印书馆，2016年。
16. 日本京都大学藏中国历代文字碑刻拓本·宋辽金碑刻，新疆美术摄影出版社，2016年。
17. 白城永平辽金遗址2009—2010年度发掘报告，吉林省文物考古研究所编著，科学出版社，2016年。

---

* 周峰，男，中国社会科学院民族学与人类学研究所研究员，主要研究方向为辽金史、西夏学。

18. 辽代墓葬的考古学研究，刘未著，科学出版社，2016 年。
19. 大同东风里辽代壁画墓，江伟伟主编，文物出版社，2016 年。
20. 西京印迹——大同辽金文物，北京辽金城垣博物馆编，北京联合出版公司，2016 年。
21. 奚族史略，周峰著，（台湾）花木兰文化出版社，2016 年。
22. 金代宗室研究，李玉君著，科学出版社，2016 年。
23. 金代女真语，孙伯君著，中国社会科学出版社，2016 年。
24. 辽金元时期北方汉人上层民族心理研究，符海朝著，中国社会科学出版社，2016 年。
25. 辽金元时期北京城市研究，诸葛净著，东南大学出版社，2016 年。
26. 金上京史话，王永年著，东北林业大学出版社，2016 年。
27. 辽金故地轶事：拾遗黄龙府文化，侯树槐编著，吉林文史出版社，2016 年。
28. 历代《舆服志》图释·辽金卷，李甍著，东华大学出版社，2016 年。
29. 中华茶史·宋辽金元卷，沈冬梅、黄纯艳、孙洪升著，陕西师范大学出版社，2016 年。
30. 《二十五史》故事系列·4·契丹战神耶律休哥，张俊红主编，新疆美术摄影出版社，2016 年。
31. 辽金史论集（第十四辑），韩世明、孔令海主编，中国社会科学出版社，2016 年。
32. 契丹辽文化论集（乙编），孙国军、雷德荣主编，内蒙古大学出版社，2016 年。
33. 日本学者中国法制史论著选·宋辽金元卷，杨一凡、寺田浩明主编，中华书局，2016 年。
34. 东亚都城和帝陵考古与契丹辽文化国际学术研讨会论文集，董新林主编，科学出版社，2016 年。
35. 华瓷吉彩：黄骅市海丰镇遗址出土文物，吉林大学边疆考古研究中心、河北省文物研究所、黄骅市博物馆编著，科学出版社，2016 年。
36. 闲闲老人滏水文集，（金）赵秉文著，孙德华点校，科学出版社，2016 年。
37. 唐宋词鉴赏词典：南宋辽金，上海辞书出版社文学鉴赏辞典编纂中心编，上海辞书出版社，2016 年。
38. 元好问词评析，姚奠中主编，商务印书馆，2016 年。
39. 中国文学史纲：宋辽金元文学，李修生编著，北京大学出版社，2016 年。
40. 巫山诗文·辽金元部分：诗词戏曲部（下），滕新才、张华林编注，重庆出版社，2016 年。
41. 渤海と藩鎮——遼代地方統治の研究，高井康典行著，［日］汲古書院，2016 年。

42. 契丹文字研究論集，豊田五郎著，武内康則編，［日］松香堂書店，2016 年。
43. 陕北历史文化暨宋代府州折家将历史文化学术研讨会论文集，折武彦、高建国主编，陕西人民出版社，2016 年。

二　总论

（一）研究综述

44. 契丹历史研究的现状与未来，孙国军，赤峰学院学报（汉文哲学社会科学版），2016 年第 2 期。
45. 辽代司法机构研究综述，李玉君、谢环环，吉林师范大学学报（人文社会科学版），2016 年第 3 期。
46. 关山初度路犹长——20 世纪以降辽朝礼制研究综述，王凯，黑龙江民族丛刊，2016 年第 6 期。
47. 20 世纪以来金代妇女研究综述，王姝，妇女研究论丛，2016 年第 2 期。
48. 金代货币制度与政策研究综述，王雷、赵少军，中国史研究动态，2016 年第 1 期。
49. 2013 年辽史研究综述，白刚，西部学刊，2016 年第 5 期。
50. 2014 年辽宋西夏金元经济史研究综述，李华瑞，中国史研究动态，2016 年第 1 期。
51. 2014 年辽史研究综述，杨军、陈俊达，中国辽夏金研究年鉴 2014，中国社会科学出版社，2016 年。
52. 2014 年金史研究综述，程妮娜、王晶，中国辽夏金研究年鉴 2014，中国社会科学出版社，2016 年。
53. 2015 年辽金西夏史研究综述，周峰，中国史研究动态，2016 年第 6 期。
54. 辽金时期廉政建设研究综述，林娜，学问，2016 年第 3 期。
55. 辽金文学研究前沿成果综述（2010—2015 年），王永、张晓东，江苏大学学报（社会科学版），2016 年第 3 期。
56. 辽宋西夏金元日常生活史研究概述，王善军，中国社会历史评论（第 17 卷下），天津古籍出版社，2016 年。
57. 徐文堪谈契丹语文的全球研究，单颖文，文汇报，2016 年 8 月 26 日第 T15 版。
58. 辽金元时期壁画研究综述概要，王天姿、王禹浪，满族研究，2016 年第 1 期。
59. 21 世纪以来台湾辽金史研究概况，曹文瀚，中国辽夏金研究年鉴 2014，中国社会科学出版社，2016 年。
60. 2000 年以来辽金考古发现综述，王慧，中国辽夏金研究年鉴 2014，中国社会科学出版社，2016 年。
61. 近八十年来契丹大字研究综述，张少珊，中国辽夏金研究年鉴 2014，中国社会科学出版社，2016 年。

62. 辽朝“因俗而治”研究述评，吴翔宇，中国辽夏金研究年鉴 2014，中国社会科学出版社，2016 年。
63. 21 世纪以来国内女真语言文字研究述略，张亭立，中国辽夏金研究年鉴 2014，中国社会科学出版社，2016 年。
64. 20 世纪美国学界女真研究概述，许桂红、霍明琨，中国辽夏金研究年鉴 2014，中国社会科学出版社，2016 年。
65. 波士顿美术博物馆辽朝银冠研究述论，刘银成，中国辽夏金研究年鉴 2014，中国社会科学出版社，2016 年。

（二）学术活动

66. 在“十至十二世纪东亚都城和帝陵考古与契丹辽文化国际学术研讨会”开幕式上的致辞，高希华，东亚都城和帝陵考古与契丹辽文化国际学术研讨会论文集，科学出版社，2016 年。
67. 在“十至十二世纪东亚都城和帝陵考古与契丹辽文化国际学术研讨会”开幕式上的致辞，白云翔，东亚都城和帝陵考古与契丹辽文化国际学术研讨会论文集，科学出版社，2016 年。
68. 在“十至十二世纪东亚都城和帝陵考古与契丹辽文化国际学术研讨会”开幕式上的致辞，佐川正敏，东亚都城和帝陵考古与契丹辽文化国际学术研讨会论文集，科学出版社，2016 年。
69. “十至十二世纪东亚都城和帝陵考古与契丹辽文化国际学术研讨会”纪要，董新林、汪盈，东亚都城和帝陵考古与契丹辽文化国际学术研讨会论文集，科学出版社，2016 年。
70. 第十二届辽金契丹女真史学术研讨会综述，韩世明，中国辽夏金研究年鉴 2014，中国社会科学出版社，2016 年。
71. 第二届契丹学国际学术研讨会综述，吕富华、孙永刚，中国辽夏金研究年鉴 2014，中国社会科学出版社，2016 年。
72. 陕北历史文化暨宋代府州折家将历史文化学术研讨会综述，高建国，陕北历史文化暨宋代府州折家将历史文化学术研讨会论文集，陕西人民出版社，2016 年。
73. “金毓黻与东北边疆史地研究”论坛召开，霍明琨，中国辽夏金研究年鉴 2014，中国社会科学出版社，2016 年。
74. 契丹辽文化研究不断推进，孙妙凝，中国社会科学报，2016 年 8 月 10 日第 2 版。

（三）学者介绍

75. 东北史坛名家金毓黻，宋德金，中国辽夏金研究年鉴 2014，中国社会科学出版社，2016 年。

76. 风度儒雅学问精深——缅怀著名学者金启孮先生，史金波，中国辽夏金研究年鉴 2014，中国社会科学出版社，2016 年。
77. 怀念和学习金启孮先生，刘凤翥，中国辽夏金研究年鉴 2014，中国社会科学出版社，2016 年。
78. 著名民族历史语言学家金启孮先生（下），凯和，东北史地，2016 年第 1 期。
79. 刘凤翥：不使绝学成绝响，林琳，中华文化画报，2016 年第 6 期。

（四）书评、序、出版信息

80. 《凌源小喇嘛沟辽墓》简介，甘净，考古，2016 年第 7 期。
81. 金毓黻《宋辽金史》校勘拾零，白丽杰、郑春颖，长春师范大学学报，2016 年第 11 期。
82. 寻契丹探绝学——评刘凤翥及其《契丹寻踪——我的拓碑之路》，郭玉春，博览群书，2016 年第 10 期。
83. 肖爱民《辽朝政治中心研究》评介，刚巴图，中国辽夏金研究年鉴 2014，中国社会科学出版社，2016 年。
84. 五十余年写一书，甘苦欣慰谁人知——刘凤翥与《契丹文字研究类编》的半世缘，张少珊，中国辽夏金研究年鉴 2014，中国社会科学出版社，2016 年。
85. 辨证与求实：《辽金黄龙府丛考》评介，高福顺，中国辽夏金研究年鉴 2014，中国社会科学出版社，2016 年。
86. “忠贞”视域下的 10 世纪中国——《忠贞不贰?：辽代的越境之举》译介，张博，中国辽夏金研究年鉴 2014，中国社会科学出版社，2016 年。
87. 《辽代女真族群与社会研究·序》，杨军，中国辽夏金研究年鉴 2014，中国社会科学出版社，2016 年。
88. 《辽代女真族群与社会研究·后记》，孙昊，中国辽夏金研究年鉴 2014，中国社会科学出版社，2016 年。
89. 《金代图书出版研究》评介，杨卫东，长春师范大学学报，2016 年第 5 期。
90. 《历代茶诗集成·唐代卷、宋金卷》出版，竺济法，中国茶叶，2016 年第 3 期。
91. 整合力量打通界限推进研究——《辽金西夏研究年鉴》读后，史地，东北史地，2016 年第 3 期。
92. 学识与理论相交织涵养与研究互表里——读《中国金代书法研究》有感，张改琴，政协之友，2016 增刊·金代书法研讨会论文集。
93. 珍珠还须红线穿——读《中国金代书法研究》，李庶民，政协之友，2016 增刊·金代书法研讨会论文集。
94. 煮海为盐炼石补天——《中国金代书法研究》探，傅伯庚，政协之友，2016 增刊·金代书法研讨会论文集。

95. 书史新篇刀笔风流——读《王凯霞书法刻字文集》有感，张丹非，政协之友，2016 增刊·金代书法研讨会论文集。
96. 書評藤原崇人契丹佛教史の研究，古松崇志，東洋史研究（75—3），2016 年。
97. Book Review 古代文字への情熱：希代の碩学豊田五郎［豊田五郎·武内康則著武内康則編豊田五郎契丹文字研究論集］，荒川慎太郎，東方（425），2016 年。

（五）目录索引

98. 2014 年辽金史论著目录，周峰，中国辽夏金研究年鉴 2014，中国社会科学出版社，2016 年。

三 史料与文献

（一）《辽史》《金史》

99. 论冯家昇的《辽史》校勘，戴磊，史学史研究，2016 年第 4 期。
100.《辽史·兵卫志》“属珊军”条辨析，吴飞，读天下，2016 年第 21 期。
101.《金史·交聘表》夏金交聘史实勘误，王耀彬，新西部（理论版），2016 年第 13 期。

（二）其他史料与文献

102. 南图所藏《永乐大典》残页文献考——兼述现存《永乐大典》所载已佚金元《易》学著作四种，张雪丹，古籍整理研究学刊，2016 年第 4 期。
103. 晓山老人《太乙统宗宝鑑》所见金朝史料辑考，邱靖嘉，文史，2016 年第 2 期。

四 政治

（一）政治

104. 辽朝国号再考释，陈晓伟，文史，2016 年第 4 辑。
105. 东丹国迁都时间新探，耿涛，中国与域外（创刊号），韩国学术情报，2016 年。
106. 契丹巫术与辽朝政治研究，马驰原，河北大学硕士学位论文，2016 年。
107. 辽帝国的政治抉择——以中京的建立及其与捺钵之关系为例，康鹏，东亚都城和帝陵考古与契丹辽文化国际学术研讨会论文集，科学出版社，2016 年。
108. 辽朝废后问题考述，高福顺、孙伟祥，辽金史论集（第十四辑），中国社会科学出版社，2016 年。
109. 辽太宗继位考，林鹄，北方文物，2016 年第 3 期。

110. 辽穆宗草原本位政策辨——兼评宋太祖“先南后北”战略，林鹄，中国史研究，2016 年第 1 期。
111. 再论奚人在“重元之乱”中扮演的重要角色，尤李，国际汉学研究通讯（第十二期），北京大学出版社，2016 年。
112. 辽“逆臣”与“奸臣”考略，鞠贺，宁夏大学学报（人文社会科学版），2016 年第 5 期。
113. 《辽史》所记贪官及其社会危害，崔莎莎，辽宁工程技术大学学报（社会科学版），2016 年第 5 期。
114. 辽西夏金“天使”考，王震，齐齐哈尔大学学报（哲学社会科学版），2016 年第 8 期。
115. 《契丹国志》中渤海史料一则钩沉——兼论辽太祖结援高丽，陶莎，学术交流，2016 年第 11 期。
116. 白山黑水金戈铁马——女真建立的金朝政权，关切，黑龙江史志，2016 年第 3 期。
117. 渤海遗民集团与金朝宫廷社会，苗霖霖，辽金史论集（第十四辑），中国社会科学出版社，2016 年。
118. 金朝“诛首恶”历史演变探析，王家乐、于冬萃，赤峰学院学报（汉文哲学社会科学版），2016 年第 6 期。
119. 金初德运刍议——兼论金军的旗帜与服装，曾震宇，研宋三集，香港研宋学会，2016 年。
120. 宋金对河州的经略——以买地券为中心的考察，他维宏、康兆庆，青海民族大学学报（社会科学版），2016 年第 3 期。
121. 金世宗大定年间的华北社会动乱，曹文瀚，辽金史论集（第十四辑），中国社会科学出版社，2016 年。
122. 《遗山文集》与金朝党狱研究，王峤，史学集刊，2016 年第 1 期。

（二）制度

123. 辽朝自居为正统的理据，郭康松，辽金史论集（第十四辑），中国社会科学出版社，2016 年。
124. 辽朝官员的本官、实职与阶及其关系——以辽代碑志文为中心，王玉亭，辽金史论集（第十四辑），中国社会科学出版社，2016 年。
125. 辽代大惕隐司探讨，何天明，朔方论丛（第五辑），内蒙古大学出版社，2016 年。
126. 刍议辽朝后宫品级制度，鞠贺，辽宁工程技术大学学报（社会科学版），2016 年第 6 期。

127. 辽代封爵制度研究，李忠芝，吉林大学博士学位论文，2016 年。
128. 辽代郡王封授初探，李忠芝，黑龙江社会科学，2016 年第 3 期。
129. 辽代驸马群体研究，张功远，吉林大学硕士学位论文，2016 年。
130. 辽朝西南面招讨使研究，彭文慧，赤峰学院学报（汉文哲学社会科学版），2016 年第 4 期。
131. 辽代锦州临海军节度使研究，陈天宇，渤海大学硕士学位论文，2016 年。
132. 辽代平州节度使的选任及其特点，吴凤霞、武文君，内蒙古社会科学（汉文版），2016 年第 1 期。
133. 金代职官致仕制度考述，武玉环，吉林大学社会科学学报，2016 年第 1 期。
134. 金代汉制封爵的爵称与爵序——《金史·百官志》“封爵”条的勘误与补遗，孙红梅，北方文物，2016 年第 1 期。
135. 论金代宣抚使与金末时局，赵鉴鸿，佳木斯大学社会科学学报，2016 年第 2 期。
136. 金代护卫述论，王峤，河北师范大学学报（哲学社会科学版），2016 年第 2 期。
137. 金代东京留守司初探，姜宇，商丘师范学院学报，2016 年第 1 期。
138. 金代曷苏馆路与乌古敌烈统军司设置沿革及其记在上京路之下的原因，孙文政、宛文君，理论观察，2016 年第 1 期。
139. 金代节度使研究综述，何雪娜，博物馆研究，2016 年第 3 期。
140. 金代许州昌武军节度使的用人及任期研究，李浩楠，北方文物，2016 年第 2 期。
141. 金代品官命妇封赠制度考，王姝，首都师范大学学报（社会科学版），2016 年第 1 期。
142. 辽金元的警巡院制与巡警的组织建设，陈鸿彝，中国法治文化，2016 年第 11 期。
143. 利益分配与制度选择——金元转运制度比较分析，陈志英，阴山学刊，2016 年第 1 期。
144. 文化认同视域下的辽代立法与司法实践，孙海虹、李玉君，辽金史论集（第十四辑），中国社会科学出版社，2016 年。
145. 辽朝藩汉分治法制模式略论，冀明武，北方文物，2016 年第 3 期。
146. 浅议辽代司法中“南北面官”制度对高丽的影响，马天，赤峰学院学报（汉文哲学社会科学版），2016 年第 10 期。
147. 辽朝的录囚制度，朱蕾，辽金史论集（第十四辑），中国社会科学出版社，2016 年。
148. 辽代官吏赃罪考，邓齐滨、李冲，北方文物，2016 年第 3 期。
149. 辽金元的警巡院制与巡警的组织建设，陈鸿彝，中国法治文化，2016 年第 11 期。
150. 碑刻资料所见金代法律制度及其特色，周鲲，鸡西大学学报，2016 年第 1 期。

151. 从金朝法制伦理化构建看儒家文化的向心力，李玉君、何博，江汉论坛，2016年第3期。
152. 金代法制变革与民族文化认同，李玉君、崔健，第四届海峡两岸“宋代社会文化”学术研讨会论文集，（台湾）中国文化大学华冈出版部，2016年。
153. 金朝の立法・刑罰・裁判，［日］佐立治人，関西大学法学論集（65—6），2016年。
154. 金代“天眷新制”对高丽王朝司法体系的影响，马天、姜德鑫，北华大学学报（社会科学版），2016年第6期。
155. 辽代国家祭祀礼俗研究，靳运洁，天津师范大学硕士学位论文，2016年。
156. 辽代告庙仪与谒庙仪探微，朱丹丹，辽宁工程技术大学学报（社会科学版），2016年第6期。
157. 契丹礼仪中的祭天现象，杨钊、赵敏艳，赤峰学院学报（汉文哲学社会科学版），2016年第11期。
158. 契丹民族再生仪浅析，石森、姜维东，长春师范大学学报，2016年第11期。
159. 辽朝的黑山祭祀探析，李月新，赤峰学院学报（汉文哲学社会科学版），2016年第10期。
160. 辽朝“入閤礼”考论，李月新，史学集刊，2016年第4期。
161. 辽朝旌表制度研究，葛志娇，吉林大学硕士学位论文，2016年。
162. 契丹古老政治礼俗在辽代长期留存原因，郭晓东，辽宁工程技术大学学报（社会科学版），2016年第5期。
163. “礼治”在金朝社会秩序的确立，郭海霞，北方文物，2016年第1期。
164. 金代社稷之礼再探，任文彪，史学月刊，2016年第1期。

（三）对外关系

165. 朝贡活动中的唐朝契丹互动，辛时代，辽金史论集（第十四辑），中国社会科学出版社，2016年。
166. 和议之前契丹、女真对宋政策对比研究，李志勇，丝绸之路，2016年第20期。
167. 和议之前契丹、女真对宋政策对比研究，李志勇，黑龙江史志，2016年第10期。
168. 辽朝“使臣”“驿馆”史事杂考——以石刻文字所见为主，张国庆，浙江学刊，2016年第3期。
169. 《涑水记闻》中的宋辽关系，崔士岚，辽宁工程技术大学学报（社会科学版），2016年第2期。
170. 从杂剧看宋辽两国的外交交锋，李东静，人民论坛，2016年第24期。
171. 包拯使辽事迹的探讨，蒋武雄，第四届海峡两岸“宋代社会文化”学术研讨会论文集，（台湾）中国文化大学华冈出版部，2006年。

172. 辽、宋、金册封西夏“皇帝”始末考，赵坤，河北北方学院学报（社会科学版），2016年第3期。

173. 辽金承认西夏帝位的原因分析，张少珊，赤峰学院学报（汉文哲学社会科学版），2016年第1期。

174. 辽夏和亲中的地缘安全因素考察，方天建，民族学刊，2016年第6期。

175. 从葭芦寨到晋宁军——宋金河东堡寨典型个案研究，邓文韬，保定学院学报，2016年第2期。

176. 王伦与宋金外交，周立志，辽金史论集（第十四辑），中国社会科学出版社，2016年。

177. 忠勇尚义的南宋外交官王伦，晏建怀，天津日报，2016年5月30日第10版。

178. 洪迈屈金及其原因探究，朱洁，社会科学战线，2016年第5期。

179. 关于北宋二帝在金国流亡囚禁生涯的几个问题，都兴智，东北史研究，2016年第3期。

180. 楼钥《北行日录》的文体、空间与记忆，李贵，文学遗产，2016年第4期。

181. 安康南宋王诚夫妇墓碑考略，张树军，文博，2016年第2期。

182. 府州城郭考略，张育丰，陕北历史文化暨宋代府州折家将历史文化学术研讨会论文集，陕西人民出版社，2016年。

183. 折氏世袭府州的原因探析，闫洞宾，陕北历史文化暨宋代府州折家将历史文化学术研讨会论文集，陕西人民出版社，2016年。

184. 北宋绥州高氏蕃官将门研究，何冠环，陕北历史文化暨宋代府州折家将历史文化学术研讨会论文集，陕西人民出版社，2016年。

185. 种世衡及种家将西北事迹考略，高锦花、马沈阳，陕北历史文化暨宋代府州折家将历史文化学术研讨会论文集，陕西人民出版社，2016年。

186. 陕西郭氏将门的形成和发展，袁璠，陕北历史文化暨宋代府州折家将历史文化学术研讨会论文集，陕西人民出版社，2016年。

187. 元祐年间宋廷对四寨问题的讨论，闫建飞，陕北历史文化暨宋代府州折家将历史文化学术研讨会论文集，陕西人民出版社，2016年。

188. 试论南宋初年延安失陷与“王庶被拘”事件，王军营、陈峰，陕北历史文化暨宋代府州折家将历史文化学术研讨会论文集，陕西人民出版社，2016年。

189. 北宋麟府丰三州及其周围交通路线考述，曹家齐，陕北历史文化暨宋代府州折家将历史文化学术研讨会论文集，陕西人民出版社，2016年。

190. 北宋麟府路的设置及其归治河东路原因探析，晁辽科，陕北历史文化暨宋代府州折家将历史文化学术研讨会论文集，陕西人民出版社，2016年。

191. 宋代府州折家将爱国主义精神研究，杨志忠，陕北历史文化暨宋代府州折家将历史文化学术研讨会论文集，陕西人民出版社，2016 年。

192. 折家将精神新论，张春海，陕北历史文化暨宋代府州折家将历史文化学术研讨会论文集，陕西人民出版社，2016 年。
193. 折家将文化内涵及其现实意义，折武彦、赵存年、杨旺荣，陕北历史文化暨宋代府州折家将历史文化学术研讨会论文集，陕西人民出版社，2016 年。
194. 因势利导、殊途同归：辽初对高丽政策探，陶莎，宋史研究论丛（第十八辑），河北大学出版社，2016 年。
195. 辽朝对高丽政策研究，陶莎，吉林大学博士学位论文，2016 年。
196. 高丽遣使辽朝研究，陈俊达，吉林大学硕士学位论文，2016 年。
197. 辽朝遣使高丽考补，陈俊达，绥化学院学报，2016 年第 11 期。
198. 高丽使辽使者类型及其派遣考论，陈俊达，西北民族大学学报（哲学社会科学版），2016 年第 5 期。
199. 金朝与北方游牧部落的羁縻关系，程尼娜，吉林大学社会科学学报，2016 年第 1 期。
200. 金朝对北方草原部族防御策略研究，孙田，哈尔滨师范大学硕士学位论文，2016 年。

（四）军事

201. 契丹骑兵的界定及分类考，丛密林，北方论丛，2016 年第 2 期。
202. 辽朝边铺探微，张国庆，中国边疆史地研究，2016 年第 2 期。
203. 宋太宗朝军功虚报现象钩沉——以土墱寨、唐河、徐河三次战斗为考察中心，丁建军、赵寅达，河北学刊，2016 年第 4 期。
204. 辽末沈州之战及其对辽方的影响，汪妮，赤峰学院学报（汉文哲学社会科学版），2016 年第 1 期。
205. 石刻文字所见辽朝战事考补，张国庆，辽宁工程技术大学学报（社会科学版），2016 年第 4 期。
206. 《大金得胜陀颂碑》与出河店之战，李秀莲，北方文物，2016 年第 1 期。
207. 辽金之际医巫闾地区争夺战及其原因，汪妮，辽宁工程技术大学学报（社会科学版），2016 年第 6 期。
208. 金军威迫下的开封守御——流寇集团、东京留守与南宋朝廷的博弈，胡文宁、赵强，陕西历史博物馆馆刊（第 23 辑），三秦出版社，2016 年。
209. 岳家军第四次北伐主要战役论析，史泠歌，历史文献研究（第 36 辑），华东师范大学出版社 2016 年。
210. 宣哀时期金代军事危机研究，范海堃，辽宁大学硕士学位论文，2016 年。
211. 南宋柘皋与濠州之战及张俊战绩的论析，史泠歌，宋史研究论丛（第十八辑），河北大学出版社，2016 年。

212. 南宋史弥远为相的北方政策：从谨守边备道联蒙灭金，杨宇勋，中国中古史研究（第十六期），（台湾）兰台出版社，2016 年。
213. 五代北宋时期折家将作战对象考，王善军、杨培艳，陕北历史文化暨宋代府州折家将历史文化学术研讨会论文集，陕西人民出版社，2016 年。
214. 宋金冲突下的折可求及折氏家族研究，周立志，陕北历史文化暨宋代府州折家将历史文化学术研讨会论文集，陕西人民出版社，2016 年。
215. 折可求降金之辨，折茂德，陕北历史文化暨宋代府州折家将历史文化学术研讨会论文集，陕西人民出版社，2016 年。
216. 试探两次绍兴议和前后的府州折氏与麟府路，吴同，陕北历史文化暨宋代府州折家将历史文化学术研讨会论文集，陕西人民出版社，2016 年。

五 经济

（一）概论

217. 辽朝的资源、环境与区域经济特色，王德忠，辽金史论集（第十四辑），中国社会科学出版社，2016 年。
218. 辽代中晚期契丹部落生业模式探析，李月新，绥化学院学报，2016 年第 3 期。
219. 考古资料反映的辽代沈北地区经济类型，张国庆，朔方论丛（第五辑），内蒙古大学出版社，2016 年。
220. 简谈辽北地区的契丹经济，平启，新西部（理论版），2016 年第 13 期。
221. 辽代盐业经济与州县城市发展，彭文慧，赤峰学院学报（汉文哲学社会科学版），2016 年第 9 期。
222. 辽朝“仓”“库”功能探略，张国庆，北方文物，2016 年第 3 期。
223. 辽代不动产制度，赵俊杰、赵鹏宇，中国不动产，2016 年第 2 期。
224. 辽代社会保障救助事业研究，朱蕾，东北史研究，2016 年第 1 期。
225. 金朝上京路生业环境考略，苗霖霖，兰台世界，2016 年第 1 期。
226. 金朝国家经济统一体的形成与解体，王明前，河北民族师范学院学报，2016 年第 2 期。
227. 金朝经济制度转型与政权兴衰，周辰，赤峰学院学报（汉文哲学社会科学版），2016 年第 2 期。
228. 周至金代满族经济史研究，余娜，中央民族大学硕士学位论文，2016 年。

（二）人口、户籍与移民

229. 辽朝统治区内汉人的来源与重要作用，刘羽佳，内蒙古大学硕士学位论文，

2016年。

230. 五代辽初平州人口的北奔南迁，吴凤霞，北方文物，2016年第4期。

231. 辽代“斡鲁朵”内的渤海人移民，孙炜冉、袁华，通化师范学院学报，2016年第11期。

232. 金朝女真移民与中原乡村社会控制研究，陈德洋，宋史研究论丛（第十八辑），河北大学出版社，2016年。

233. 高丽时期女真人迁居朝鲜半岛及其影响，孙泓，暨南学报（哲学社会科学版），2016年第10期。

（三）自然灾害、救灾及环境保护

234. 金代社会灾后的赈济特点，彭传怀，北方文物，2016年第1期。

（四）农牧业

235. 辽朝契丹统治集团的重农思想与成效，赖宝成，辽宁工程技术大学学报（社会科学版），2016年第1期。

236. 辽代以上京为中心西辽河地带农业发展状况，陈健，黑龙江科学，2016年第21期。

237. 辽代上京地区农业发展评介，陈健，农技服务，2016年第14期。

（五）货币

238. 辽钱重熙通宝，魏咏柏，收藏，2016年第13期。

239. 摩羯鱼镂空花钱，尹钊、李根、张继超，收藏，2016年第21期。

240. 浅议金代货币流通，王启龙，世纪桥，2016年第1期。

241. 河北金代窖藏钱币之探究，张晓峥，赤峰学院学报（汉文哲学社会科学版），2016年第5期。

242. 宋金时期的银铤“行人”铭文，李合群，北京社会科学，2016年第2期。

六　民族

（一）契丹族

243. 辽朝民族意识探究——以汉人契丹人为中心，洪嘉璐，渤海大学硕士学位论文，2016年。

244. 契丹人的人类学研究，［蒙古］图门·达什策维格著，丁晓雷译，王明辉校，东亚都城和帝陵考古与契丹辽文化国际学术研讨会论文集，科学出版社，2016年。

245. 契丹人都去哪儿了，莫志信，呼伦贝尔日报，2016年8月19日第3版。

（二）女真族

246. 试探十至十二世纪朝鲜半岛女真人的分布，周爽，辽金史论集（第十四辑），中国社会科学出版社，2016 年。
247. 试探 13 至 14 世纪朝鲜半岛女真人的分布，宫兰一、周爽，北方文物，2016 年第 4 期。
248. 华夏与夷狄：关于女真族形象的文化想象，阮怡，中央民族大学学报（哲学社会科学版），2016 年第 6 期。

（三）渤海

249. 渤海族形成与发展研究，孙倩，东北师范大学博士学位论文，2016 年。
250. 金代渤海世家及其与金朝皇族的联姻，孙炜冉，博物馆研究，2016 年第 4 期。

（四）其他民族和部族

251. 霫族考，李荣辉，西北民族大学学报（哲学社会科学版），2016 年第 1 期。
252. 辽代“白霫”考，齐伟，宋史研究论丛（第十八辑），河北大学出版社，2016 年。

（五）民族关系

253. 宋辽夏金时期的民族和文化，史金波，中国辽夏金研究年鉴 2014，中国社会科学出版社，2016 年。
254. 辽代西京地区民族分布与民族交流，彭文慧，辽宁工程技术大学学报（社会科学版）2016 年第 3 期。

（六）民族政策

255. 试论辽代早期对待汉人的政治政策，刘惟，长江丛刊，2016 年第 9 期。
256. 辽代对渤海人的统治政策及民族同化，孙炜冉，博物馆研究，2016 年第 2 期。
257. 浅析金代对北京路契丹、奚族的民族政策，宁波，北方文物，2016 年第 2 期。

（七）民族融合

258. 北宋辽西夏时期的民族交融与词曲流变，陈平、黄志浩，社会科学家，2016 年第 9 期。
259. 金元之际女真、汉人族际通婚研究，闫兴潘，宋史研究论丛（第十八辑），河北大学出版社，2016 年。
260. 从民族融合视角看儒家文化对契丹族墓葬壁画的影响，李玉君、张新朝，渤海大学学报（哲学社会科学版），2016 年第 1 期。

261. 金元民族政权的汉化差异史鉴，曾小武，档案天地，2016 年第 3 期。

七　人物

（一）帝后

262. 辽朝开国皇帝耶律阿保机，麻铃，中外企业家，2016 年第 29 期。
263. 辽太宗耶律德光的尊号与谥号探析，肖爱民，内蒙古社会科学（汉文版），2016 年第 5 期。
264. 辽世宗皇后研究，李月新，河北北方学院学报（社会科学版），2016 年第 2 期。
265. 大辽皇后萧观音冤狱的多维视角研究，张志勇，辽宁工程技术大学学报（社会科学版），2016 年第 2 期。
266. 试论金朝开国皇帝太祖完颜阿骨打，麻铃，现代交际，2016 年第 22 期。
267. 完颜亮“无道主”形象的形成与流传，马驰原，哈尔滨学院学报，2016 年第 2 期。
268. 完颜亮生平与其述志诗词，刘肃勇，社会科学战线，2016 年第 3 期。
269. 金世宗燕人上层“诡随”论探析，符海朝，兰州学刊，2016 年第 7 期。

（二）其他人物

270. 失意的皇子，得意的画家——“让国皇帝”耶律倍，于博，文史知识，2016 年第 4 期。
271. 辽代耶律李胡与和鲁斡的封号，张少珊，民族研究，2016 年第 2 期。
272. 析“尔与后有父母之尊”，史风春，辽金史论集（第十四辑），中国社会科学出版社，2016 年。
273. 萧徒姑撒考，史风春，北方文物，2016 年第 2 期。
274. 辽代张琳初考，王志钢，文化学刊，2016 年第 6 期。
275. 金世宗下诏粘罕改葬金陵旁，陈士平，黑龙江史志，2016 年第 9 期。
276. 纥石烈阿疏与辽、金战争，王峤，黑河学院学报，2016 年第 1 期。
277. 高永昌与“大渤海国”的历史影响，史话，东北史地，2016 年第 2 期。
278. 从郭药师看宋金的降将政策，周志琪，青春岁月，2016 年第 3 期。
279. 王庭筠与米芾关系考，刘超，文史杂志，2016 年第 1 期。
280. 金代诗人王元粹研究心得，张矢的，语文教学通讯 · D 刊（学术刊），2016 年第 1 期。
281. 金代诗人雷琯研究心得，张矢的，现代语文（学术综合版），2016 年第 5 期。
282. 金末文坛领袖李纯甫研究综述，郭雅楠，忻州师范学院学报，2016 年第 3 期。

283. 金末文坛领袖赵秉文研究综述，常小兰，忻州师范学院学报，2016 年第 3 期。
284. 杨妙真新论——研究现状、基本事迹和评价问题，姜锡东，文史哲，2016 年第 1 期。
285. 论耶律履对陶渊明和苏轼的接受，和谈，徐州工程学院学报（社会科学版），2016 年第 4 期。

八　元好问

（一）生平

286. 金代少数民族藏书家元好问，黄桂凤，河南图书馆学刊，2016 年第 2 期。
287. “吾道”与文统：元好问的重要身分还原，刘成群，福建师范大学学报（哲学社会科学版），2016 年第 4 期。

（二）作品

288. 元好问诗述沁州出土隋薛收撰《文中子墓志》，邓小军，学术交流，2016 年第 1 期。
289. 元好问对传统丧乱诗的突破，王素美，扬葩振藻集——陕西师范大学中国古代文学博士点建立三十周年毕业博士代表论文集（下），陕西师范大学出版社，2016 年。
290. 浅谈元好问纪梦词，王瑞珊，现代语文（学术综合版），2016 年第 2 期。
291. 元好问《中州集》作者小传之诗论意义，李春丽、张福勋，忻州师范学院学报，2016 年第 3 期。
292. 《中州集》题识考论，张静，阅江学刊，2016 年第 6 期。

九　社会

（一）社会性质、社会阶层

293. 辽代医巫闾地区社会发展探究，付智健，渤海大学硕士学位论文，2016 年。
294. 金代奴婢来源与地位，王姝，辽宁工程技术大学学报（社会科学版），2016 年第 2 期。

（二）社会习俗

295. 契丹民俗——中华文化独特的风韵，刘桂馨，辽宁省社会主义学院学报，2016 年第 4 期。
296. 金代社会习俗研究，王姝，吉林化工学院学报，2016 年第 10 期。

297. 辽代凿冰捕鱼考述，沙大禹，文物鉴定与鉴赏，2016 年第 3 期。
298. 小议辽代髡发——以辽墓壁画为线索，侯妍文，工业设计，2016 年第 6 期。
299. 辽代契丹妇女的“佛妆”，秦博，内蒙古民族大学学报（社会科学版），2016 年第 2 期。
300. 辽朝契丹族丧葬习俗探析，张懿燚，才智，2016 年第 26 期。
301. 金代妇女丧葬礼俗考论——以夫妇合葬礼俗为研究中心，王姝，社会科学战线，2016 年第 10 期。
302. 当契丹风尚遇上大汉气象——内蒙古辽代葬具与扬州地区汉代葬具对比赏析，宗苏琴，中国文物报，2016 年 5 月 3 日第 5 版。
303. 源于契丹的达斡尔族民俗，康健、傅惟光，理论观察，2016 年第 1 期。
304. 辽金时的休闲活动：双陆，林航，文史天地，2016 年第 9 期。

（三）姓氏、婚姻、家庭、家族与宗族

305. 辽代的婚姻习俗及文化内涵探析，张敏，学理论，2016 年第 2 期。
306. 辽代契丹家庭浅论——以汉文石刻资料为中心，陈鹏、高云松，黑龙江民族丛刊，2016 年第 4 期。
307. 辽朝的夫妇之道，张敏，辽宁工程技术大学学报（社会科学版），2016 年第 1 期。
308. 辽代后族与头下军州浅析，陶莎、孙伟祥，黑龙江民族丛刊，2016 年第 1 期。
309. 耶律倍家族及其文化对辽海地区的影响，李宇明，辽宁工程技术大学学报（社会科学版），2016 年第 1 期。
310. 辽代兴中府的世家大族——以朝阳地区纪年墓葬为中心，汪妮，辽宁工程技术大学学报（社会科学版），2016 年第 2 期。
311. 皇权支配下辽代汉人权贵家族的命运演变——以韩知古家族为例，洪嘉璐，赤峰学院学报（汉文哲学社会科学版），2016 年第 4 期。
312. 契丹早期军功世家的考察——以王郁家族为例，徐世康，历史教学问题，2016 年第 6 期。
313. 金代渤海世家及其与金朝皇族的联姻，孙炜冉，博物馆研究，2016 年第 4 期。
314. 金代与南宋府州折氏后裔汇考，邓文韬，陕北历史文化暨宋代府州折家将历史文化学术研讨会论文集，陕西人民出版社，2016 年。
315. 金代与南宋府州折氏后裔汇考，邓文韬，西夏学（第十二辑），甘肃文化出版社，2016 年。

（四）妇女

316. 辽代女性的犯罪问题研究，张敏，赤峰学院学报（汉文哲学社会科学版），2016

年第 8 期。

317. 从石刻看辽代平民阶级女性崇佛情况，吴琼，赤峰学院学报（汉文哲学社会科学版），2016 年第 7 期。
318. 契丹文化中的母性崇拜探析，张敏，兰台世界，2016 年第 3 期。
319. 论辽代契丹族后妃、公主的婚恋观，鞠贺，白城师范学院学报，2016 年第 7 期。
320. 契丹后妃参政原因探析，鞠贺，黑河学院学报，2016 年第 4 期。

（五）捺钵

321. 辽代捺钵三题，杨军，史学集刊，2016 年第 3 期。
322. 辽代的春捺钵，孔令海、王可航、韩世明，吉林画报，2016 年第 12 期。
323. 捺钵与行国政治中心论——辽初“四楼”问题真相发覆，陈晓伟，历史研究，2016 年第 6 期。
324. 回望白城史讲述“春捺钵”，宋德辉、毕玮琳、戈驰川、于凝，吉林日报，2016 年 12 月 10 日第 4 版。
325. 春捺钵与辽朝政治——以长春州、鱼儿泊位视角的考察，武玉环，辽金史论集（第十四辑），中国社会科学出版社，2016 年。
326. 捺钵文化传承与发展——以金中都行宫建设试析捺钵文化的传承与发展，齐心，辽金史论集（第十四辑），中国社会科学出版社，2016 年。
327. 辽朝的春捺钵与“贵主”借贷，肖爱民，辽金史论集（第十四辑），中国社会科学出版社，2016 年。
328. 地理环境与契丹人四时捺钵，夏宇旭，辽金史论集（第十四辑），中国社会科学出版社，2016 年。
329. 辽代皇帝春捺钵与鳇鱼，都兴智，辽金史论集（第十四辑），中国社会科学出版社，2016 年。
330. 辽代春捺钵遗迹调查与思考，张富有，辽金史论集（第十四辑），中国社会科学出版社，2016 年。
331. 吉林省白城境内辽代春捺钵地理位置考，宋德辉，辽金史论集（第十四辑），中国社会科学出版社，2016 年。
332. 文化的迁徙：在辽代墓室壁画中体悟捺钵文化，岳佳楠，东北师范大学硕士学位论文，2016 年。
333. 莫力街，是金朝皇帝春捺钵之地吗？陈士平，东北史研究，2016 年第 1 期。
334. 金世宗、章宗唐山地区“春水”小考，刘永海、武善忠，唐山师范学院学报，2016 年第 1 期。

（六）衣食住行

335. 辽代服饰研究：以东北地区辽墓壁画为中心，孙娟娟，东北师范大学硕士学位论文，2016 年。
336. 辽代服饰制度下的契丹服饰，李艾琳，哈尔滨师范大学硕士学位论文，2016 年。
337. 浅析辽代军戎服饰，林丽群，长江丛刊·文学理论，2016 年第 10 期。
338. 辽代带具研究——以陈国公主墓出土带具为中心，孙兵，中央美术学院硕士学位论文，2016 年。
339. 辽朝帝王的宴饮活动，周洁，朔方论丛（第五辑），内蒙古大学出版社，2016 年。
340. 金代饮食生活研究，黄甜，西北大学博士学位论文，2016 年。
341. 金代墓葬壁画中的饮食文化研究，黄甜，宁夏大学学报（人文社会科学版），2016 年第 5 期。
342. 辽代茶具初探，张睿龙，内蒙古大学硕士学位论文，2016 年。
343. 辽代家具设计的特点及其对后世的影响，汤超、曾分良，艺术工作，2016 年第 6 期。
344. 契丹车舆史考论，刘炜珏，云南大学硕士学位论文，2016 年。
345. 辽代契丹车制研究，张海艳，赤峰学院学报（汉文哲学社会科学版），2016 年第 10 期。

十　文化

（一）概论

346. 试析辽夏金元时期文化发展的价值取向，林丽群，中国民族博览，2016 年第 11 期。
347. 略论辽代兴中府地域文化多元性，汪妮，赤峰学院学报（汉文哲学社会科学版），2016 年第 9 期。
348. 契丹文化的独特魅力，张立平、吕富华，赤峰日报，2016 年 10 月 6 日第 6 版。
349. 契丹文化旅游产品线的战略构建与设想，赵丽丽，赤峰学院学报（自然科学版），2016 年第 19 期。
350. 将契丹辽文化资源打造成草原文化旅游的品牌，郭俊楼，内蒙古日报，2016 年 11 月 19 日第 1 版。
351. 巴林左旗旅游文化品牌的创建——以大辽文化为例，曹雅洁，现代商贸工业，2016 年第 31 期。

（二）儒学

352. 试论金代士人李纯甫的三教观及理学观，李浩楠，辽金史论集（第十四辑），中国社会科学出版社，2016 年。

（三）教育与科举

353. 辽代伦理教化的方式及作用探析，孙凌晨、罗丹丹，学术交流，2016 年第 11 期。
354. 辽代道学教育述论，高福顺，黑龙江社会科学，2016 年第 5 期。
355. 论辽的礼部贡院及科举，杨惠玲，社会科学战线，2016 年第 11 期。
356. 《畿辅通志》辽进士考辨与辑补，王昕，河北师范大学学报（哲学社会科学版），2016 年第 4 期。
357. 辽金科举试赋考述，孙福轩、王士利，广东第二师范学院学报，2016 年第 1 期。
358. 金朝中叶科举经义、词赋之争与泽潞经学源流，赵宇，史学月刊，2016 年第 4 期。
359. 金代汉科举与汉族教育，兰婷、宫兰一，黑龙江民族丛刊，2016 年第 5 期。

（四）语言文字

360. 从契丹文墓志看辽代汉语“儿”字的音值，傅林，保定学院学报，2016 年第 1 期。
361. “行国”“城国”兼备的契丹与“汉儿言语”，杨春宇，辽金史论集（第十四辑），中国社会科学出版社，2016 年。
362. 从《四声篇海》引“俗字背篇”看俗字产生的方式，朱晓琳，语文学刊，2016 年第 4 期。
363. 全金文韵，刘云憬，宁夏大学学报（人文社会科学版），2016 年第 3 期。
364. 契丹語の複数接尾辞について，武内康泽，*Journal of the Linguistic Society of Japan*（149），2016 年。
365. 契丹語形容詞の性・数標示体系について，大竹昌巳，京都大学言語学研究（35），2016 年。
366. 契丹小字文献における「母音間のg」，大竹昌巳，日本モンゴル学会紀要（46），2016 年。
367. 赝品契丹文字墓志的“死穴”，刘凤翥，辽金史论集（第十四辑），中国社会科学出版社，2016 年。
368. 乣音义新探，苏航，中国边疆史地研究，2016 年第 4 期。
369. 契丹大字《耶律特免郎君墓志碑》研究，乌仁朝鲁门，内蒙古大学硕士学位论文，2016 年。
370. 萧查剌相公契丹文遗言，吴英喆，内蒙古社会科学（汉文版），2016 年第 2 期。
371. 黑龙江省宁安市出土女真文残碑考释，刁丽伟、赵哲夫，北方文物，2016 年第 1 期。
372. 永宁寺记碑的女真碑文——兼谈明代女真语与满语的关系，綦岩，北方文物，2016 年第 1 期。

（五）艺术

373. 辽代美术史研究与草原丝绸之路，张鹏，文汇报，2016 年 8 月 26 日 T16 版。
374. 女真文字的书法艺术，金适，东北史研究，2016 年第 1 期。
375. 中国金代书法史论，王凯霞，政协之友，2016 增刊·金代书法研讨会论文集。
376. 金代书法是中国书法史链中不可短缺的环节，王凯霞，政协之友，2016 增刊·金代书法研讨会论文集。
377. 从金国书法家的好尚看金国书风，杨克炎，政协之友，2016 增刊·金代书法研讨会论文集。
378. 从“金”、“清”两代“书风”看书法的价值，杨平，政协之友，2016 增刊·金代书法研讨会论文集。
379. 浅谈金代书法在中国书法发展中的地位，马秋实，政协之友，2016 增刊·金代书法研讨会论文集。
380. 浅谈金代书法艺术地位，许丽澄，政协之友，2016 增刊·金代书法研讨会论文集。
381. 浅谈金代书法及其审美特征，李吉辰，政协之友，2016 增刊·金代书法研讨会论文集。
382. 宋、金书法散论，王惠民，政协之友，2016 增刊·金代书法研讨会论文集。
383. 金代曹道士碑勘误及其书法研究，李克民，政协之友，2016 增刊·金代书法研讨会论文集。
384. 金章宗《瘦金书体》书法艺术是金代各民族文化融汇的典范，刘新民 政协之友，2016 增刊·金代书法研讨会论文集。
385. 瘦金体抒情尚义探源，佟为韬，政协之友，2016 增刊·金代书法研讨会论文集。
386. 金代章宗书法及其书画收藏，王冰，政协之友，2016 增刊·金代书法研讨会论文集。
387. 金代《吕君墓表》及其书法价值，王凯霞，政协之友，2016 增刊·金代书法研讨会论文集。
388. 王庭筠行书墨迹研究——从《李山画风雪杉松图卷跋》《题幽竹枯槎图卷》《跋米芾〈研山铭〉》来谈，王丰华，政协之友，2016 增刊·金代书法研讨会论文集。

389. 金代女儿城都提控所铸印赏析，杨中宇，政协之友，2016 增刊·金代书法研讨会论文集。

390. 金代官印形制及文字风格审美探析，王宏昌，政协之友，2016 增刊·金代书法研讨会论文集。

391. 金代铭文铜镜书法文化研究，王凯霞，政协之友，2016 增刊·金代书法研讨会论文集。

392. 金代钱币书法艺术研究，王凯霞，政协之友，2016 增刊·金代书法研讨会论文集。

393. 金代咏书法诗解析，王凯霞，政协之友，2016 增刊·金代书法研讨会论文集。

394. 试析辽金番骑画在情节性表现上对汉文化的吸收与变异，刘宁，丝绸之路，2016 年第 2 期。

395. 论番族画风的艺术流变与文化特征，陈晓伟，西北民族论丛（第十四辑），社会科学文献出版社，2016 年。

396. 古代游牧民族绘画对中国画的贡献——以契丹辽文化为例论述，王春艳、付军，美与时代（中旬刊），2016 年第 9 期。

397. 写实性与装饰性并存——辽《竹雀双兔图》赏析，雨竹，老年教育（书画艺术），2016 年第 9 期。

398. 叶茂台辽墓中《深山会棋图》的风格、意义及功能探析——以景中人为中心，刘乐乐，南京艺术学院学报（美术与设计），2016 年第 1 期。

399. 浅析五代、宋辽时期独幅雕版佛画的意义，张晓东，艺术教育，2016 年第 8 期。

400. 三幅《文姬归汉图》，慧绘，文史杂志，2016 年第 1 期。

401. 宋辽金墓室壁画的发展阶段，汪小洋，艺苑，2016 年第 6 期。

402. 辽代佛教与墓室壁画艺术研究，王兴也，沈阳师范大学硕士学位论文，2016 年。

403. 试析辽代墓葬壁画中表现的汉化与契丹化并行现象，孙俊峰，内蒙古大学硕士学位论文，2016 年。

404. 辽金元时期的春水秋山图研究，张春旭、万雄飞，艺术工作，2016 年第 2 期。

405. 千年辽墓壁画里隐藏的“一国两制”，路卫兵，文史天地，2016 年第 11 期。

406. 锦州地区出土的部分辽代墓志书法研究，孔令颖，青年文学家，2016 年第 3 期。

407. 义县出土的辽代墓志书法研究，孔令颖，艺术品鉴，2016 年第 10 期。

408. 大同下华严寺佛教彩塑艺术研究，雷琳，法音，2016 年第 2 期。

409. 大同下华严寺薄伽教藏殿辽代彩塑艺术赏析，马巍、李宁、杨宝，文物世界，2016 年第 6 期。

410. 下华严寺辽代佛教造像艺术——薄伽教藏殿佛菩萨造像研究，王素云，内蒙古大学硕士学位论文，2016 年。

411. 大同观音堂菩萨雕像考，武建亭，美术大观，2016 年第 4 期。
412. 辽国佛像雕塑的艺术特色和社会影响，马婷，文史月刊，2016 年第 12 期。
413. 皇帝痴迷是辽国音乐繁荣的主因，王岩頔，辽宁日报，2016 年 9 月 1 日第 11 版。
414. 契丹——辽音乐文化二题，王珺，音乐生活，2016 年第 2 期。
415. 契丹——辽宫廷教坊源流探究，陈璐，北方音乐，2016 年第 18 期。
416. 契丹——辽毛员鼓（细腰鼓）探微，王珺，天津音乐学院学报，2016 年第 1 期。
417. 辽代墓葬音乐类壁画所见杖鼓浅析，郭雯，戏剧之家，2016 年第 6 期。
418. 金代乐律尺长度考议，王晓静，东北史研究，2016 年第 3 期。
419. 关于辽代舞蹈之形象，高娟，艺术品鉴，2016 年第 11 期。
420. 《山西八大套》对金元散曲的吸收运用，张璞，山西青年，2016 年第 21 期。
421. 山西金代戏曲多繁荣？砖雕告诉你，安瑞军，收藏·拍卖，2016 年增刊第 1 期。
422. 宋金“画像二十四孝”——中国最早、最成熟的二十四孝，后晓荣，西部考古（第十二辑），科学出版社，2016 年。
423. 内蒙古地区北魏至辽金元时期瓦当纹饰造型艺术研究，白洁，内蒙古大学硕士学位论文，2016 年。
424. 辽代摩竭纹图案及其文化意义，吴迪，赤峰学院学报（汉文哲学社会科学版），2016 年第 10 期。
425. 上京地区金代艺术中的纹样研究，潘巧雅，哈尔滨师范大学硕士学位论文，2016 年。

（六）体育

426. 辽朝统治者体育参与行为，张斌，辽宁工程技术大学学报（社会科学版），2016 年第 6 期。
427. 辽代骑射体育活动探析，闫玲萍，山西档案，2016 年第 5 期。
428. 射柳运动变迁研究，张元锋、李真真，体育文化导刊，2016 年第 2 期。
429. 辽代击鞠考略，丛密林，体育文化导刊，2016 年第 1 期。
430. 从契丹“击鞠”到达斡尔“贝阔”演变的历史考察，丛密林，中华文化论坛，2016 年第 2 期。

（七）图书、印刷

431. 金代河北籍学者编纂的字书和韵书，张社列，宋史研究论丛（第十八辑），河北大学出版社，2016 年。
432. 谈山西地区发现的几件早期雕版印刷弥勒经典，李际宁，新世纪图书馆，2016

第 11 期。
433. 宋朝对辽金出版物禁令及政策分析，刘潇，出版广角，2016 年第 23 期。
434. 金代山西平阳地区出版业兴盛的原因，顾文若，编辑之友，2016 年第 12 期。

十一 文学

（一）综论

435. 关于辽金时期汉文学与少数民族文学关系的探讨，王海萍，安徽文学（下半月），2016 年第 1 期。
436. 北方民族对辽金元文艺思想贡献刍议，胡传志，文学遗产，2016 年第 6 期。
437. 宋金元时期的陇中文学综述，汪海峰，甘肃高师学报，2016 年第 10 期。
438. 辽代摩羯的兴起及构成，陈伟庆，中国社会科学报，2016 年 9 月 5 日第 5 版
439. 论辽代契丹作家汉语创作的特色，和谈，新疆大学学报（哲学・人文社会科学版），2016 年第 3 期。
440. 关于文学史上宋、辽、金、元界定的再审视，何跞，兰台世界，2016 年第 2 期。
441. 辽金元时期巫山文学撷要（上），滕新才，重庆三峡学院学报，2016 年第 1 期。
442. 辽金元时期巫山文学撷要（下），滕新才，重庆三峡学院学报，2016 年第 2 期。
443. 宋金对峙时期南北文学与文化地理，沈文雪，社会科学战线，2016 年第 3 期。
444. 金元时期内蒙古的文学地理与文人分布，张建伟、宋亚文，辽宁工程技术大学学报（社会科学版），2016 年第 4 期。
445. 辽代骈文述略，谭家健，首都师范大学学报（社会科学版），2016 年第 6 期。

（二）诗

446. 先秦至金元时期“情性”说述评，周和军，海南师范大学学报（社会科学版），2016 年第 12 期。
447. 论金代的贡院唱和诗，裴兴荣、冯喜梅，山西大同大学学报（社会科学版），2016 年第 1 期。
448. 金代题画诗探析，李翔，内蒙古师范大学学报（哲学社会科学版），2016 年第 1 期。
449. 北宋绘画观赏与金代中后期题画诗的审美倾向，陈博涵，故宫博物院院刊，2016 年第 6 期。
450. 金代女性作家及其诗作考略，王姝，通化师范学院学报，2016 年第 11 期。
451. 从完颜亮的诗词看女真族文化的审美特质，贺利，赤峰学院学报（汉文哲学社会科学版），2016 年第 12 期。
452. 刘迎的现实主义诗歌赏析，周彤，参花（上），2016 年第 4 期。

453. 密国公璹诗歌研究心得，张慧，现代语文（学术综合版），2016 年第 7 期。
454. 宗主国的外交文学——论金与高丽交聘类诗词，胡传志，中国诗学研究（第十二辑），安徽师范大学出版社，2016 年。
455. 无名才子多佳作——近年考古出土宋金元瓷器中的诗文辑录，后晓荣、杨炎锋，切偲集——首都师范大学历史学院史学沙龙论文集（第一辑），上海古籍出版社，2016 年。
456. 论金代诗学批评形式的新变，胡传志，安徽师范大学学报（人文社会科学版），2016 年第 2 期。
457. 清人顾奎光、陶玉禾的金诗选评，张静，忻州师范学院学报，2016 年第 3 期。
458. 论贞祐南渡视域下之诗风丕变，刘福燕，扬葩振藻集——陕西师范大学中国古代文学博士点建立三十周年毕业博士代表论文集（下），陕西师范大学出版社，2016 年。

（三）词

459. 辽代唯一传世的“辽词”考证——《三盆山崇圣院碑记》上的“西江月”，张丹、姜维东，学问，2016 年第 5 期。
460. 北宋辽西夏时期的民族交融与词曲流变，陈平、黄志浩，社会科学家，2016 年第 9 期。
461. 浅析蔡松年隐逸词，杨晋芳，语文学刊，2016 年第 8 期。
462. 在金生活经历对辛弃疾词创作的影响，郭帅，山西广播电视大学学报，2016 年第 4 期。
463. 金元全真词中的唱“哩啰”——兼谈“啰哩嗹”起源问题，倪博洋，文化遗产，2016 年第 4 期。

（四）散文

464. 金代前中期赋钩沉与探析，牛海蓉，扬葩振藻集——陕西师范大学中国古代文学博士点建立三十周年毕业博士代表论文集（下），陕西师范大学出版社，2016 年。

（五）戏剧

465. 辽代戏剧漫谈，李东静，新西部（理论版），2016 年第 35 期。
466. 壁画“刘三取钱”漫谈兼论辽代戏剧题材，李东静，赤峰学院学报（汉文哲学社会科学版），2016 年第 11 期。
467. 试析金代墓葬中的戏曲图像，夏天，南方文物，2016 年第 3 期。

（六）文体、诗文集

468. 辽代汉文实用文若干问题研究，杨培艳，西北大学硕士学位论文，2016 年。

十二 宗教

（一）萨满教

469. 契丹萨满信仰的基本形态及特点，邱冬梅，内蒙古民族大学学报（社会科学版），2016 年第 2 期。
470. 辽代契丹人萨满信仰研究述评，邱冬梅，黑龙江民族丛刊，2016 年第 1 期。

（二）佛教

471. 辽代佛教的基本情况和特点，张帆，山西青年，2016 年第 12 期。
472. 从现存辽代佛教古迹看辽代佛教信仰，王贺，辽宁工程技术大学学报（社会科学版），2016 年第 5 期。
473. 唐代・遼代を中心とした縁起法頌の受容と変容：造塔供養の観点から（2），那須真裕美，密教学（52），2016 年。
474. 辽代白衣观音造像考察，成叙永，东亚都城和帝陵考古与契丹辽文化国际学术研讨会论文集，科学出版社，2016 年。
475. 俄藏黑水城《显密圆通成佛心要集》考论，崔红芬、文志勇，辽金史论集（第十四辑），中国社会科学出版社，2016 年。
476. 《显密圆通成佛心要集》里的梵语言，聂鸿音，宁夏社会科学，2016 年第 3 期。
477. 北京旧城弘法寺新考，侯海洋，北京文博文丛，2016 年第 2 辑。
478. 辽代俗界佛事活动研究，范双，辽宁大学硕士学位论文，2016 年。
479. 辽代圆寂道场述论，常峥嵘，宗教学研究，2016 年第 3 期。
480. 晚唐至金国初期五台山地区的佛教状况，［美］罗伯特・M. 詹密罗著，冀培然编译，世界宗教文化，2016 年第 2 期。
481. 五代时期继颙大师的身世、出家及与辽朝关系，齐子通，五台山研究，2016 年第 1 期。
482. 辽代印经院考，杜成晖，北方文物，2016 年第 1 期。
483. 金代佛教寺院经济生活探析，王德朋，中国农史，2016 年第 5 期。
484. 吉县挂甲山金代浅浮雕佛教图像分析，李秋红，文物世界，2016 年第 3 期。

（三）道教

485. 太一教二代教主嗣教及教派分合考证，宋福利，新乡学院学报，2016 年第 1 期。

（四）伊斯兰教

486. 辽、金、元时期伊斯兰教在蒙古地区传播初探，马宁，内蒙古统战理论研究，2016 年第 4 期。

十三　科学技术

487. 辽代宫廷医事活动研究，李浩楠，衡水学院学报，2016 年第 6 期。
488. 《辽史》所记“善医”官员及其仕进，李进欣，辽宁工程技术大学学报（社会科学版），2016 年第 4 期。
489. 《素问玄机原病式》“亢害承制”理论的临床意义，张业、陈霞波、周开、唐可伟、王晖，浙江中医杂志，2016 年第 4 期。
490. 马丹阳及天星十二穴，张永臣、张学成、韩涛、汤继芹，山东中医药大学学报，2016 年第 4 期。
491. 宋金元时期头痛诊疗思想分析，滕飞、石岩，中国中医基础医学杂志，2016 年第 12 期。

十四　历史地理

（一）地方行政建置

492. 辽代道级行政区划研究，张韬，吉林大学博士学位论文，2016 年。
493. 略述辽代上京地道区州县城规模，王明荪，辽金史论集（第十四辑），中国社会科学出版社，2016 年。
494. “辽兴府”存废钩沉，孙建权，中国边疆史地研究，2016 年第 3 期。
495. 辽代白川州沿革及其经济文化发展，任仲书，辽金史论集（第十四辑），中国社会科学出版社，2016 年。
496. 辽代宜州建置与其特殊地位，任仲书、洪嘉璐，渤海大学学报（哲学社会科学版），2016 年第 3 期。
497. 辽代城市的类型、特征与变迁，康建国、张敏，辽宁工程技术大学学报（社会科学版），2016 年第 4 期。
498. 金代蒲与路的路属性质研究，綦岩，东北史研究，2016 年第 2 期。

（二）都城

499. “四时捺钵”制度之下的辽朝五京研究，宋筱静，商业故事，2016 年第 2 期。
500. 在“十至十二世纪东亚都城和帝陵考古与契丹辽文化国际学术研讨会”开幕式

上的讲话——辽上京和祖陵是中国古代都城帝陵的重要组成部分，徐光冀，东亚都城和帝陵考古与契丹辽文化国际学术研讨会论文集，科学出版社，2016 年。

501. 辽上京和辽中京之政治地位，刘凤翥，东亚都城和帝陵考古与契丹辽文化国际学术研讨会论文集，科学出版社，2016 年。
502. 寻访辽上京，本期独家报道小组，中国社会科学报，2016 年 9 月 23 日第 4 版。
503. 三京遗韵今犹存——探访辽南京西京东京遗迹，本期独家报道小组，中国社会科学报，2016 年 9 月 23 日第 6 版。
504. 辽五京：理解辽朝地方制度关键——访中国社会科学院历史研究所副研究员康鹏，本期独家报道小组整理，中国社会科学报，2016 年 9 月 23 日第 6 版。
505. 辽都城上京兴建的背景和历史地位，李政，学理论，2016 年第 2 期。
506. 辽上京遗址城墙夯土成分及性能研究，水碧纹、张韵、殷志媛，内蒙古农业大学学报（自然科学版），2016 年第 2 期。
507. 辽中京建立原因探析，孙危、戎天佑，史志学刊，2016 年第 2 期。
508. 金上京的考古学研究——历程・现状与思考，赵永军，东亚都城和帝陵考古与契丹辽文化国际学术研讨会论文集，科学出版社，2016 年。
509. 金上京城历史沿革及形制特点，刘冠缨，学问，2016 年第 5 期。
510. 关于哈尔滨城建起点问题的思考，齐心、高凯军，东北史研究，2016 年第 2 期。
511. 金中都北京城建都之始，谢环环，百科知识，2016 年第 2 期。
512. 汴京与燕京：南宋使金文人笔下的“双城记”，王昊，中国高校社会科学，2016 年第 2 期。

（三）城址

513. 浅谈历史时期地方性城市遗址的规划利用问题——以吉林省辽金时期城址为例，吴敬，学问，2016 年第 6 期。
514. 辽朝奉陵邑初探，孙伟祥、高福顺，古代文明，2016 年第 1 期。
515. 辽代中京道城市群发展特点评析，王淑兰，人民论坛，2016 年第 26 期。
516. 内蒙古通辽市科左中旗苏尼吐城址调查报告，李鹏，东北史地，2016 年第 1 期。
517. 辽代永州、王子城、龙化州与木叶山通考，李鹏，内蒙古民族大学学报（社会科学版），2016 年第 6 期。
518. 辽代荣州考，周向永、胡荣繁，辽金史论集（第十四辑），中国社会科学出版社，2016 年。
519. 哈尔滨城史纪元的再研究（上），王禹浪、王天姿，哈尔滨学院学报，2016 年第 1 期。
520. 哈尔滨城史纪元的再研究（下），王禹浪、王天姿，哈尔滨学院学报，2016 年第 2 期。

521. 半拉城考——兼论半拉城与春捺钵的关系，孔令海，辽金史论集（第十四辑），中国社会科学出版社，2016 年。
522. 金泰州建制沿革简考，孙文政，东北史地，2016 年第 2 期。
523. 金泰州建制沿革考，孙文政，辽金史论集（第十四辑），中国社会科学出版社，2016 年。
524. 黑龙江省汤原县双河古城历史学研究与考古学观察，孙文政、祁丽，理论观察，2016 年第 12 期。
525. “五国头城”略考，李莹，知识文库，2016 年第 11 期。

（四）长城

526. 辽代古北口的功能，魏帅朋，辽宁工程技术大学学报（社会科学版），2016 第 4 期。
527. 金界壕，遗落在草原上的文化印记——内蒙古境内长城系列之二，邓玉霞，内蒙古日报（汉），2016 年 12 月 2 日第 11 版。

（五）山川

528. 辽宗室郡望漆水郡之“漆水”考，葛华廷，辽金史论集（第十四辑），中国社会科学出版社，2016 年。
529. 百余年来关于洮、霍两河注入查干湖遗迹松嫩两江与查干湖沟通的文献与图舆，李旭光，辽金史论集（第十四辑），中国社会科学出版社，2016 年。
530. 《安广县乡土志》洮儿河南注查干湖记载之价值，李旭光，学问，2016 年第 5 期。
531. 徒笼古水有新说，景文玺，东北史研究，2016 年第 2 期。

（六）交通

532. 辽朝南京地区的海疆、海口与港口，田广林、陈晓菲，辽宁师范大学学报（社会科学版），2016 年第 6 期。
533. 辽金元时期的草原丝绸之路——兼谈内蒙古在当代丝绸之路经济带建设中的地位，翟禹，西部发展研究（2015），四川大学出版社，2016 年。
534. 辽蕃交通路线变迁简论，王小杰，学理论，2016。
535. 辽代鹰路起点考辨，吴树国，北方文物，2016 年第 3 期。
536. 辽金时期辽西傍海道地位提升的原因，吴凤霞，辽金史论集（第十四辑），中国社会科学出版社，2016 年。
537. 辽代医巫闾地区交通路线，武文君，渤海大学学报（哲学社会科学版），2016 年第 4 期。

538. 关于金代肇州海西西陆路部分驿站的考证，颜祥林，大庆社会科学，2016 年第 4 期。

十五 考古

（一）综述

539. 在“十至十二世纪东亚都城和帝陵考古与契丹辽文化国际学术研讨会”开幕式上的讲话——契丹辽文化研究与考古，宋德金，东亚都城和帝陵考古与契丹辽文化国际学术研讨会论文集，科学出版社，2016 年。
540. 北京地区辽金时期佛教考古发现与初步研究，高连东，首都师范大学硕士学位论文，2016 年。
541. 山西省辽代考古发现与研究，刘辉，宋史研究论丛（第十八辑），河北大学出版社，2016 年。
542. 契丹辽代考古发现与契丹文化（四则），王大方，东亚都城和帝陵考古与契丹辽文化国际学术研讨会论文集，科学出版社，2016 年。
543. 辽金燕京城研究史——城市考古方法论的思考，刘未，故宫博物院院刊，2016 年第 3 期。

（二）帝陵

544. 辽代皇陵制度的影响，刘毅，东亚都城和帝陵考古与契丹辽文化国际学术研讨会论文集，科学出版社，2016 年。
545. 赤峰辽陵及奉陵邑现状调查（2007～2009）述略，永昕群，东亚都城和帝陵考古与契丹辽文化国际学术研讨会论文集，科学出版社，2016 年。
546. 简论辽代祖陵遗址考古发掘及其学术意义，董新林，东亚都城和帝陵考古与契丹辽文化国际学术研讨会论文集，科学出版社，2016 年。
547. 内蒙古巴林左旗辽祖陵一号陪葬墓，中国社会科学院考古研究所内蒙古第二工作队、内蒙古自治区文物考古研究所，考古，2016 年第 10 期。
548. 从考古新发现看辽祖陵龟趺山基址的形制与营造，汪盈、董新林，考古，2016 年第 10 期。
549. 医巫闾考古记，郭大顺，文化学刊，2016 年第 7 期。
550. 医巫闾山辽代帝陵现踪，王妍，辽宁日报，2016 年 1 月 26 日第 4 版。
551. 辽宁医巫闾山辽代遗址考古取得初步成果，毕玉才、刘勇，光明日报，2016 年 2 月 16 日第 9 版。
552. 辽宁北镇市辽代帝陵 2012～2013 年考古调查与试掘，辽宁省文物考古研究所，考古，2016 年第 10 期。

553. 北京金陵遗址的考古发现简述，郭京宁，东亚都城和帝陵考古与契丹辽文化国际学术研讨会论文集，科学出版社，2016 年。

（三）墓葬

554. 契丹早期墓葬研究，毕德广、魏坚，考古学报，2016 年第 2 期。
555. 再论辽代墓葬的棺尸床，林栋，东北史地，2016 年第 2 期。
556. 北京地区辽金时期火葬墓的考古发现与研究综述，彭媛，文物春秋，2016 年第 6 期。
557. 北京晏家堡村壁画墓年代探讨，张利芳，中国国家博物馆馆刊，2016 年第 10 期。
558. 創業五五周年：『中国の文明』発刊記念出土遺物から見た中国（第 7 回）宣化遼代壁画墓（せんかりようだいへきがぼ），稲畑耕一郎，潮（685），2016 年 3 月。
559. 乌兰察布市卓资县忽洞坝辽代墓葬，赵杰、谢芳，草原文物，2016 年第 1 期。
560. 内蒙古多伦县辽代贵族墓葬的发掘，盖之庸，文汇报，2016 年 8 月 26 日第 13 版。
561. 内蒙古多伦县小王力沟辽代墓葬，内蒙古自治区文物考古研究所、锡林郭勒盟文物保护管理站、多伦县文物局，考古，2016 年第 10 期。
562. 内蒙古开鲁发现辽代琉璃砖皇族墓葬——确认为耶律蒲古之墓，墓中题记基本确定辽太祖“私城”龙化州城址位置，连吉林、长海，中国文物报，2016 年 9 月 27 日第 8 版。
563. 内蒙古林西县刘家大院辽代墓地发掘简报，内蒙古自治区文物考古研究所，内蒙古博物院，考古，2016 年第 2 期。
564. 内蒙古巴林左旗盘羊沟辽代墓葬，赤峰市博物馆、巴林左旗辽上京博物馆、巴林左旗文物管理所，考古，2016 年第 3 期。
565. 山西阳泉古城金墓发掘简报，阳泉市文物管理处，文物，2016 年第 10 期。
566. 辽宁朝阳马场村辽墓发掘简报，朝阳市文物考古研究所，文物春秋，2016 年第 6 期。
567. 阜新腰衙门平顶山辽墓，郭添刚、崔嵩、王义，辽宁工程技术大学学报（社会科学版），2016 年第 3 期。
568. 济源市龙潭宋金墓葬发掘简报，河南省文物考古研究院、济源市文物工作队，中国国家博物馆馆刊，2016 年第 2 期。
569. 太原市王家庄金元壁画墓发掘简报，太原市文物考古研究所，文物世界，2016 年第 6 期。
570. 郝家沟发现金元明清墓葬 172 座，孟苗，山西日报，2016 年 10 月 17 日第5 版。

571. 陕西甘泉柳河渠湾金代壁画墓发掘简报，西北大学文化遗产学院、甘泉县博物馆，文物，2016 年第 10 期。

（四）遗址

572. GIS 在北京延庆大庄科辽代冶铁遗址群景观考古研究中的初步应用，李潘、刘海峰、潜伟、李延祥、陈建立，文物保护与考古科学，2016 年第 3 期。
573. 辽上京遗址考古现场探访记，单颖文，文汇报，2016 年 8 月 26 日第 11 版。
574. 辽上京考古发掘新成果和新认识，董新林、汪盈，中国社会科学报，2016 年 9 月 23 日第 5 版。
575. 2011～2012 年辽上京城址的考古发掘和初步认识，汪盈，东亚都城和帝陵考古与契丹辽文化国际学术研讨会论文集，科学出版社，2016 年。
576. 2014 年度辽上京宫城遗址考古取得新进展，董新林、汪盈，中国辽夏金研究年鉴 2014，中国社会科学出版社，2016 年。
577. 随刘凤翥先生在巴林左旗寻访辽代遗存，单颖文，文汇报，2016 年 8 月 26 日 T9 版。
578. 江官屯窑址还原千年前东北窑业盛景，张昕，辽宁日报，2016 年 1 月 26 日第 10 版。
579. 辽河东部地区金代遗址探析，王晶，辽宁工程技术大学学报（社会科学版），2016 年第 4 期。
580. 吉林白城城四家子城址建筑台基发掘简报，吉林省文物考古研究所、白城市文物保护管理所、白城市博物馆，文物，2016 年第 9 期。
581. 吉林安图宝马城遗址又获发现，张梦纳、石玉冰、赵俊杰，中国文物报，2016 年 1 月 15 日第 8 版。
582. 吉林省农安县库尔金堆古城址西南角“点将台”的发掘，吉林省文物考古研究所，北方文物，2016 年第 1 期
583. 黑龙江省抚远县黑瞎子岛考古调查收获，黑龙江省文物考古研究所，北方文物，2016 年第 2 期
584. 蒙古国和日门登吉古城的考古调查收获，［俄］A. Л. 伊夫里耶夫、［俄］H. H. 克拉丁著，［俄］A. Л. 伊夫里耶夫译，东亚都城和帝陵考古与契丹辽文化国际学术研讨会论文集，科学出版社，2016 年。
585. 蒙古国境内的契丹都城遗址及其文化问题研究，［蒙古］阿·敖其尔著，萨仁毕力格、丹达尔译，东亚都城和帝陵考古与契丹辽文化国际学术研讨会论文集，科学出版社，2016 年。

十六　文物

（一）建筑、寺院、佛塔

586. 9—12 世纪七铺作双栿制探析，周淼，古建园林技术，2016 年第 1 期。
587. 唐宋时期华北地区木构建筑转角结构研究，周淼、朱光亚，建筑史（第 38 辑），中国建筑工业出版社，2016 年。
588. 北京天宁寺塔阅尽千年沧桑，水天，工会信息，2016 年第 32 期。
589. 千年古刹独乐寺，沈伟青，开卷有益（求医问药），2016 年第 3 期。
590. 独乐寺观音阁旧料及其所见观音阁辽代以前的修建史，孙立娜、丁垚，建筑史（第 38 辑），中国建筑工业出版社，2016 年。
591. 潭柘寺塔林分类解读，方子琪、许政，建筑与文化，2016 年第 3 期。
592. 大同善化寺，张兵、白雪峰，文史月刊，2016 年第 7 期。
593. 被遗忘的白塔：辽上京南塔，成叙永，中国社会科学报，2016 年 9 月 23 日第 5 版。
594. 奉国寺的千年气魄，马福春，中国地名，2016 年第 2 期。
595. 辽宁义县奉国寺旅游开发研究，胡湛东，辽宁农业职业技术学院学报，2016 年第 5 期。
596. 辽西地区辽代佛塔艺术考古研究，兰中英，沈阳师范大学硕士学位论文，2016 年。
597. 再现无垢净光舍利塔，侯妍文，工业设计，2016 年第 9 期。
598. 辽宁兴城磨石沟塔形制浅议，马雪峰，大众文艺，2016 年第 22 期。
599. 金代戏场建筑特征探究，吴寄斯，城市建筑，2016 年第 18 期。

（二）碑刻、墓志

600. 唐代奚・契丹史研究と石刻史料，森部豊，関西大学東西学術研究所紀要（49），2016 年。
601. 唐代契丹人墓誌に関する一考察：遼寧省朝陽市博物館所蔵新出墓誌の紹介を兼ねて，森部豊，関西大学アジア文化研究センターディスカッションペーパー（13），2016 年。
602. 奉国寺明昌碑后的故事，王占国，东北史研究，2016 年第 1 期。
603. 《东相王村董家庄双堠碑》考释，陈晓伟，辽宁工程技术大学学报（社会科学版），2016 年第 4 期。
604. 《辽萧德顺墓志铭》考释，李俊义、张梦雪，中国国家博物馆馆刊，2016 年第 1 期。

605. 北京密云大唐庄出土辽代墓志考释，孙勐，中国国家博物馆馆刊，2016 年第 2 期。
606. 辽梁国太妃墓志相关问题考，韩世明、都兴智，黑龙江社会科学，2016 年第 5 期。
607. 刘六符墓志简述，王策、周宇，北京文博文丛，2016 年第 2 辑。
608. 辽代《姚企晖墓志铭》与蒙元姚枢、姚燧家族，陈晓伟、刘宪祯，中央民族大学学报（哲学社会科学版），2016 年第 5 期。
609. 北京出土辽代李熙墓志考释，孙勐、胡传耸，北方文物，2016 年第 1 期。
610. 辽代《陈□妻曹氏墓志》所见汉名“弘孝”驳议，齐香钧，北方文物，2016 年第 1 期。
611. 金代墓葬、墓志与陕西社会考述，党斌，古籍整理研究学刊，2016 年第 5 期。
612. 金代《李抟墓志铭》考释，王新英，学问，2016 年第 5 期。
613. 金代时立爱家族成员《时昌国墓志铭》考释，王新英，北方文物，2016 年第 1 期。
614. 伪齐《孟邦雄墓志铭》考释，王新英，吉林师范大学学报（人文社会科学版），2016 年第 2 期。
615. 金代神庙舞台碑记，薛瑞兆，江苏大学学报（社会科学版），2016 年第 3 期。
616. 曲阳县八会寺发现宋金《敕赐利民侯》碑，刘占利、吕兴娟、张建锁，文物春秋，2016 年第 3 期。
617. 《四耶耶骨棺盖墨书墓记》新考，何山，重庆第二师范学院学报，2016 年第 4 期。
618. 金《孙即康坟祭文》暨辽《孙克构墓志铭》考释，孙建权，中国国家博物馆馆刊，2016 年第 6 期。
619. 辽代经幢的类型、内容及其对人生的终极关怀，朱满良，西夏研究，2016 年第 4 期。
620. 金天眷元年《谷积山院建佛顶尊胜陀罗尼幢》考，马垒，文物春秋，2016 年第 2 期。
621. 顶幢补识，谢鸿权，文物，2016 年第 11 期。
622. 《全金石刻文辑校》佚文七则，李俊义，辽金史论集（第十四辑），中国社会科学出版社，2016 年。

（三）官印、印章

623. 辽代“女真鹿官户太保印”铜印补议，李智裕，北方文物，2016 年第 3 期。
624. 熟坑传世的辽代“顺州刺史印”，孙家潭，天津日报，2016 年 5 月 13 日第 11 版。

625. 生坑锈美的金代“完州司侯司印”，孙家潭，天津日报，2016 年 5 月 27 日第 11 版。

（四）铜镜

626. 辽代铜镜探析，李阳，内蒙古大学硕士学位论文，2016 年。
627. 辽代铜镜上的佛教艺术，付崇、许忆，东方收藏，2016 年第 7 期。
628. 辽代铜镜中龙纹样式初探，芦博文、刘威、方建军，艺术科技，2016 年第 10 期。
629. 馆藏人物故事题材类铜镜赏析，陈新宇，文物鉴定与鉴赏，2016 年第 1 期。
630. 金代人物故事镜探微，赫歆，中央民族大学硕士学位论文，2016 年。
631. 金代铜镜中的人物故事（下），付崇、许忆，东方收藏，2016 年第 11 期。
632. 天水市博物馆藏 Z0933 清白连弧纹铜镜初探天水——“清白”铭文释读及“大定十年成纪黑洪字号□（花押）”题记考释，陈红波，文物鉴定与鉴赏，2016 年第 11 期。
633. 北京龙泉务窑与内蒙古赤峰缸瓦窑之比较研究，王睿，东亚都城和帝陵考古与契丹辽文化国际学术研讨会论文集，科学出版社，2016 年。

（五）陶瓷

634. 契丹国（遼朝）時代の陶枕について：陶磁器における唐宋時代の継承と断絶，町田吉隆，神戸市立工業高等専門学校研究紀要（54），2016 年。
635. 辽瓷的艺术发展脉络研究，陈仲琛，艺术工作，2016 年第 3 期。
636. 辽瓷特色器型产生的原因，陈仲琛、陈盈君，美术大观，2016 年第 3 期。
637. 宋金瓷器池塘水禽纹初探，隋璐，北方文物，2016 年第 4 期。
638. 辽三彩的艺术特征，陈仲琛，美术大观，2016 年第 4 期。
639. 内蒙古馆藏辽三彩，赵晓峰，收藏，2016 年第 7 期。
640. 赤峰缸瓦窑陶瓷器赏析，关善明，收藏界，2016 年第 10 期。
641. 通辽馆藏辽代陶瓷精品，李铁军，收藏，2016 第 19 期。
642. 试析辽陶瓷折肩罐，彭善国，装饰，2016 年第 8 期。
643. 金代瓷器的初步探索，潘丽，赤子（上中旬），2016 年第 1 期。
644. 诗酒相伴金代李居柔墓出土瓷器、石砚与铜镜，于春雷、苗轶飞，收藏，2016 年第 11 期。
645. 巧如范金精比琢玉——试论耀州窑的工艺特征，施泳峰，文物鉴定与鉴赏，2016 年第 2 期。
646. 从南越王博物馆藏枕看山西金代陶瓷枕，陈馨，收藏，2016 年第 3 期。
647. 金代大官屯窑始末，刘立丽，北方文物，2016 年第 1 期。

（六）玉器

648. “春水玉”的考古学观察，宋佳、冯恩学，东亚都城和帝陵考古与契丹辽文化国际学术研讨会论文集，科学出版社，2016 年。

（七）石雕、石棺、石函

649. “蒋四耶耶”石棺的年代及相关问题研究，郝军军，文物，2016 年第 11 期。

（八）木器

650. 大同地区的辽金家具探析，郝俊琦，文物世界，2016 年第 6 期。

（九）丝绸

651. 遼代染織品に見られる鳥襷形式の文様に関する一考察，福本有寿子，美術史（65—2），2016 年 3 月。
652. 五代宋金元时期回鹘对中原丝绸织金的影响，李晓瑜，艺术设计研究，2016 年第 4 期。

（十）金属器物

653. 试论辽代青铜莲花形熏香炉的形制特点，赵晓峰，赤峰学院学报（汉文哲学社会科学版），2016 年第 1 期。
654. 巴林左旗出土辽代青铜佛板图像分析，李静杰，敦煌研究，2016 年第 6 期。
655. 江官屯遗址出土的铁锁，肖新琦，学问，2016 年第 6 期。

（十一）其他文物

656. 辽宁省博物馆藏辽庆陵出土文物综述，刘宁、孙力，东亚都城和帝陵考古与契丹辽文化国际学术研讨会论文集，科学出版社，2016 年。
657. 吉林农安辽代遗存中的渤海文化因素辨析，杨海鹏、徐景华，北方文物，2016 年第 3 期。

（十二）文物保护

658. 我市四处遗址入选国家大遗址“十三五”保护规划，李富，赤峰日报，2016 年 12 月 20 日第 3 版。
659. 赤峰地区辽代皇陵的保护研究，马晓丽，新西部（理论版），2016 年第 22 期。
660. 辽祖陵太祖纪功碑及碑楼遗址保护，永昕群，建筑学报，2016 年第 8 期。
661. 天宁寺塔的保护，朱祖希、袁家方，北京观察，2016 年第 3 期。

662. 浅谈玉煌塔及其抢险加固工程概况，林颖，科学大众（科学教育），2016 年第 3 期。
663. 辽代鎏金银马鞍的修复，潘炼，文物修复与研究（2015—2016），中国文联出版社，2016 年。
664. 浅谈辽金时期出土陶器的考古修复，于丽群、张丽晶，文物修复与研究（2015—2016），中国文联出版社，2016 年。

2016年西夏学论著目录

周　峰*

一　著作

1. 俄藏黑水城文献（25：西夏文佛教部分），俄罗斯科学院东方文献研究所、中国社会科学院民族学与人类学研究所、上海古籍出版社编，上海古籍出版社，2016年。
2. 中国藏黑水城汉文文献的整理与研究（上中下），孙继民、宋坤、陈瑞青、杜立晖著，中国社会科学出版社，2016年。
3. 中国藏黑水城汉文文献整理研究，杜建录著，人民出版社，2016年。
4. 瘠土耕耘——史金波论文选集，史金波著，中国社会科学出版社，2016年。
5. 西夏史论集，杜建录著，上海古籍出版社，2016年。
6. 宋夏史探研集，李华瑞著，科学出版社，2016年。
7. 西夏佛经序跋译注，聂鸿音著，上海古籍出版社，2016年。
8. 牧歌流韵：中国古代游牧民族文化遗珍（党项卷），刘秀文著，甘肃人民出版社，2016年。
9. 西夏建筑研究，陈育宁、汤晓芳、雷润泽著，社会科学文献出版社，2016年。
10. 武威地区西夏遗址调查与研究，黎大祥、张振华、黎树科著，社会科学文献出版社，2016年。
11. 西夏文的造字模式，韩小忙著，中国社会科学出版社，2016年。
12. 西夏司法制度研究，姜歆著，凤凰出版社，2016年。
13. 西夏法制的多元文化属性：地理和民族特影响初探，于熠著，中国政法大学出版社，2016年。
14. 西夏盐业史论，任长幸著，中国经济出版社，2016年。
15. 西夏史，唐荣尧著，陕西师范大学出版社，2016年。
16. 西夏简史，陈海波著，民主与建设出版社，2016年。
17. 西夏文《亥年新法·第三》译释与研究，周峰著，（台湾）花木兰文化出版社，

---

* 周峰，男，中国社会科学院民族学与人类学研究所研究员，主要研究方向为辽金史、西夏学。

2016年。

18.《天盛律令》农业整理门研究，潘洁著，上海古籍出版社，2016年。

19. 西夏瓷，李进兴著，宁夏人民教育出版社，2016年。

20. 西夏文明，吴峰云、杨秀山著，宁夏人民出版社，2016年。

21. 还原西夏，杜建录主编，宁夏人民出版社，2016年。

22. 话说西夏，杜建录主编，宁夏人民出版社，2016年。

23. 神秘西夏，杜建录主编，宁夏人民出版社，2016年。

24. 解密西夏，杜建录主编，宁夏人民出版社，2016年。

25. 中国通史（第四卷·辽西夏金元），张国旺、刘晓著，华夏出版社，2016年。

26. 宋辽金夏元史，邓之诚著，北京理工大学出版社，2016年。

27. 中国监察通鉴（宋、辽、金、西夏卷），贺清龙著，人民出版社，2016年。

二　研究综述、学术信息

28. 2014年辽宋西夏金元经济史研究综述，李华瑞，中国史研究动态，2016年第1期。

29. 2014年西夏史研究综述，问王刚、杨浣，中国辽夏金研究年鉴2014，中国社会科学出版社，2016年。

30. 2014年西夏文物考古研究综述，卜凯悦，西夏研究，2016年第1期。

31. 2015年辽金西夏史研究综述，周峰，中国史研究动态，2016年第6期。

32. 辽宋西夏金元日常生活史研究概述，王善军，中国社会历史评论（第17卷下），天津古籍出版社，2016年。

33. 21世纪以来西夏陵研究述要，杨弋，中国辽夏金研究年鉴2014，中国社会科学出版社，2016年。

34. 21世纪以来西夏音乐舞蹈研究综述，吴珩，中国辽夏金研究年鉴2014，中国社会科学出版社，2016年。

35. 20世纪70年代以来西夏遗民研究述评，郑晓培，中国辽夏金研究年鉴2014，中国社会科学出版社，2016年。

36. 近年来有关黑水城出土汉文版刻文献断代研究综述，佟建荣，中国辽夏金研究年鉴2014，中国社会科学出版社，2016年。

37. 西夏塔寺研究述评，魏淑霞、胡明，西夏研究，2016年第1期。

38. 河西回鹘与西夏关系研究综述，郑玲，西夏研究，2016年第2期。

39. “北方民族文字数字化与西夏文献研究国际研讨会”综述，魏淑霞，西夏研究，2016年第4期。

40. “第四届西夏学国际学术论坛暨河西历史文化研讨会”综述，安北江，中国史研究动态　2016年第4期。

41. “第四届西夏学国际学术论坛暨河西历史文化研讨会”会议综述，安北江，河西学院学报，2016 年第 4 期。
42. “西夏陵突出普遍价值”学术研讨会综述，孔德翊、马建军，宁夏师范学院学报，2016 年第 4 期。
43. 西夏文物学术研讨会召开，中国社会科学院西夏文化研究中心，中国辽夏金研究年鉴 2014，中国社会科学出版社，2016 年。
44. 西夏语言研究国际学术会议召开，中国社会科学院西夏文化研究中心，中国辽夏金研究年鉴 2014，中国社会科学出版社，2016 年。
45. “黑水城文献与西夏学”博士后学术论坛综述，王龙，中国辽夏金研究年鉴 2014，中国社会科学出版社，2016 年。
46. “元代夏汉文合璧墓志铭研讨会”会议简述，刘广瑞，中国辽夏金研究年鉴 2014，中国社会科学出版社，2016 年。
47. 第三届西夏文研修班暨西夏文献研讨会召开，中国社会科学院西夏文化研究中心，中国辽夏金研究年鉴 2014，中国社会科学出版社，2016 年。
48. 国家社科基金特别委托项目“西夏文献文物研究”召开 2014 年第一次专家委员会，中国社会科学院西夏文化研究中心，中国辽夏金研究年鉴 2014，中国社会科学出版社，2016 年。
49. 重大子课题《西夏文物》编纂工作会议召开，中国社会科学院西夏文化研究中心，中国辽夏金研究年鉴 2014，中国社会科学出版社，2016 年。
50. 陕北历史文化暨宋代府州折家将历史文化学术研讨会研究综述，高建国，榆林学院学报，2016 年第 5 期。
51. 王静如的征稿表，高山杉，南方都市报，2016 年 5 月 8 日第 7 版。
52. 《通玄记》西夏文注疏之发现，高山杉，南方都市报，2016 年 5 月 22 日第 7 版。
53. 中俄西夏学研究合作成果丰硕，张春海，中国社会科学报，2016 年 12 月 19 日第 1 版。
54. 复原一部弥足珍贵的西夏历书，张春海，中国社会科学报，2016 年 12 月 7 日第 2 版。
55. 其言已逝 其学不绝——西夏学的传承与创新，庄电一，光明日报，2016 年 6 月 14 日第 9 版。
56. 2014 年西夏学论著目录，周峰，中国辽夏金研究年鉴 2014，中国社会科学出版社，2016 年。

三　书评、序、跋

57. 姓名学视域下的西夏学研究——《西夏姓名研究》述评，李晓凤，西夏研究，2016 年第 4 期。

58. 西夏文献目录学的鼎力之作——《西夏文献解题目录》评介，张永富、安北江，西夏研究，2016 年第 3 期。
59. 《西夏文金刚经の研究》读后，孙伯君，宁夏社会科学，2016 年第 4 期。
60. 《党项语历史音韵和形态论纲》述评，聂鸿音，当代语言学，2016 年第 4 期。
61. 河陇文明　西夏之花——《神秘的河陇西夏文化》评介，蒋超年，西夏研究，2016 年第 3 期。
62. 《黑水城出土西夏文医药文献整理与研究》读后，赵天英，西夏研究，2016 年第 3 期。
63. 整合力量 打通界限 推进研究——《辽金西夏研究年鉴》读后，史地，东北史地，2016 年第 3 期。
64. 《西夏文物・序》，史金波，中国辽夏金研究年鉴 2014，中国社会科学出版社，2016 年。
65. 《西夏文物・甘肃编》概述，俄军，中国辽夏金研究年鉴 2014，中国社会科学出版社，2016 年。
66. 《西夏文物・内蒙古编》概述，塔拉，中国辽夏金研究年鉴 2014，中国社会科学出版社，2016 年。
67. 走进神秘西夏王朝的关钥，杨莲霞，博览群书，2016 年第 9 期。
68. 研究西夏历史的珍贵资料——《西夏文物》，杨莲霞，西夏学（第十二辑），甘肃文化出版社，2016 年。
69. 《西夏姓氏研究》成果简介，佟建荣，中国辽夏金研究年鉴 2014，中国社会科学出版社，2016 年。
70. 《他者的视野——蒙藏史籍中的西夏》成果简介，杨浣，中国辽夏金研究年鉴 2014，中国社会科学出版社，2016 年。
71. 《西夏文〈经律异相〉整理研究》评介，杨浣、吴珩，中国辽夏金研究年鉴 2014，中国社会科学出版社，2016 年。
72. 《党项西夏碑石整理研究》评介，邓文韬，西夏学（第十二辑），甘肃文化出版社，2016 年。
73. 《西夏佛经序跋译注》读后，刘红军、孙伯君，宁夏社会科学，2016 年第 6 期。
74. 在西夏历史里看见中国，黄秀芳，新华书目报，2016 年 9 月 9 日第 22 版。
75. 黑水城文献研究的又一力作——《黑水城宋代军政文书研究》评介，张春兰，宁夏社会科学，2016 年第 4 期。

四　文献介绍与考释

76. 出土西夏文献编目回顾及相关问题讨论，段玉泉，图书馆理论与实践，2016 年第

4 期。

77. 西夏档案保管制度再探索，刘晔、赵彦龙、孙小倩，档案学通讯，2016 年第 2 期。
78. 西夏谱牒档案探析，赵彦龙、孙小倩，西夏学（第十二辑），甘肃文化出版社，2016 年。
79. 对编写《西夏文献提要》的几点浅见，彭向前，中国辽夏金研究年鉴 2014，中国社会科学出版社，2016 年。
80. 中国藏黑水城汉文文献刻本研究述论，卜凯悦，西夏学（第十二辑），甘肃文化出版社，2016 年。
81. 俄藏黑水城西夏汉文 No. 2150 号文书再探讨，赵彦龙，西夏研究，2016 年第 3 期。
82. 读《中国藏黑水城汉文文献》中所收柬帖文书札记，倪彬，西夏学（第十二辑），甘肃文化出版社，2016 年。
83. 甘肃武威所出一组西夏汉文乐官文书考释，孙继民，西夏学（第十三辑），甘肃文化出版社，2016 年。
84. 黑水城汉文占卜文书研究的回顾与前瞻，赵小明，昌吉学院学报，2016 年第 1 期。
85. 纳甲筮法源流考——兼论黑水城易占文献的学术价值，赵坤，宁夏大学硕士学位论文，2016 年。
86. 俄藏黑水城文书《卜筮要诀》考释，王巍，西夏学（第十二辑），甘肃文化出版社，2016 年。
87. 俄藏黑水城所出汉文《六壬课秘诀》版本辨正，宋坤，西夏学（第十二辑），甘肃文化出版社，2016 年。
88. 俄藏《孙真人千金方》残页与新雕本比较研究，王雅平、沈澍农，西部中医药，2016 年第 4 期。
89. 英藏西夏文《孙子兵法》残页考释，李晓明，西夏研究，2016 年第 4 期。
90. 西夏文刊本《三才杂字》残页考，佟建荣，西夏学（第十二辑），甘肃文化出版社，2016 年。
91. 西夏文《同音》版本问题综考，景永时，宁夏社会科学，2016 年第 5 期。
92. 黑水城出土《佛说竺兰陀心文经》题记相关问题考释——以人物生平与疑伪经出版传播为中心，崔玉谦、崔玉静，宋史研究论丛（第十八辑），河北大学出版社，2016 年。
93. 西夏文獻拾遺（5）スタイン將來西夏語譯『貞觀政要』斷簡を中心として，松澤博，東洋史苑（86・87），2016 年 3 月。
94. 英藏黑水城文献《周易十二钱卜法》初探，赵坤，西夏研究，2016 年第 1 期。

95. 俄藏黑水城 2822 号文书《杂集时要用字》疑难字词校补，辛睿龙，宋史研究论丛（第十八辑），河北大学出版社，2016 年。
96. 西夏文“十二钱”卜卦书《掷卦本》考释，孙伯君、王龙，北方民族大学学报（哲学社会科学版），2016 年第 1 期。
97. 从《父母恩重经》看儒释融合——兼及敦煌、黑水城残本的比较，崔红芬，西夏学（第十二辑），甘肃文化出版社，2016 年。
98. 黑水城出土《新集藏经音义随函录》探微，赵阳，吐鲁番学研究，2016 年第 1 期。
99. 英藏黑水城文献《天地八阳神咒经》拼接及研究，马振颖、郑炳林，敦煌学辑刊，2016 年第 2 期。
100. 俄藏黑水城《显密圆通成佛心要集》考论，崔红芬、文志勇，辽金史论集（第十四辑），中国社会科学出版社，2016 年。
101. 《显密圆通成佛心要集》里的梵语言，聂鸿音，宁夏社会科学，2016 年第 3 期。
102. 夏汉文本华严经典考略，崔红芬，宁夏社会科学，2016 年第 3 期。
103. 西夏文《佛说避瘟经》考释，王龙，宁夏师范学院学报，2016 年第 1 期。
104. 黑水城出土西夏文《佛说大方广善巧方便经》考补，王龙，图书馆理论与实践，2016 年第 7 期。
105. 西夏文《佛说佛母出生三法藏般若波罗蜜多经》（卷十六）研究，任红婷，陕西师范大学硕士学位论文，2016 年。
106. 俄藏 Инв. No. 6761 西夏文题记的归属——兼及西夏文献《极乐净土求生念定》的复原，阎成红，西夏研究，2016 年第 2 期。
107. 西夏文“五部经”考略，安娅，西夏学（第十二辑），甘肃文化出版社，2016 年。
108. 英藏汉文《佛说天地八阳神咒经》考释，王培培，西夏学（第十二辑），甘肃文化出版社，2016 年。
109. 西夏文“地藏三经”综考，王龙，西夏学（第十二辑），甘肃文化出版社，2016 年。
110. 一件宏佛塔天宫装藏西夏文双面木雕版考释，王荣飞，西夏学（第十二辑），甘肃文化出版社，2016 年。
111. 英藏西夏文《华严经》（八十卷本）残片整理及校勘研究，孙飞鹏、林玉萍，西夏学（第十二辑），甘肃文化出版社，2016 年。
112. 英藏黑水城文献中的西夏文新现佛经考释，林玉萍、孙飞鹏，西夏学（第十二辑），甘肃文化出版社，2016 年。
113. 西夏文《十二缘生祥瑞经》初释，许鹏，西夏学（第十二辑），甘肃文化出版社，2016 年。

114. 甘肃省博物馆藏西夏文《妙法莲华经心》考释，何金兰，西夏学（第十二辑），甘肃文化出版社，2016 年。
115. *The Examination of the Tangut Garland Sutra（Avatamsaka Sūtra）Volume 41 in the C. V. Starr East Asian Library at University of California*，Berkeley，Kaiqi Hu，西夏学（第十二辑），甘肃文化出版社，2016 年。
116. 《增壹阿含经》的西夏摘译本，汤君，宁夏社会科学，2016 年第 2 期。
117. 西夏《大威德炽盛光陀罗尼经》考释，安娅，民族论坛，2016 年第 6 期。
118. 西夏文《白伞盖佛母总持发愿文》考释，段玉泉，宁夏社会科学，2016 年第 2 期。
119. 黑水城出土西夏文《十二缘生祥瑞经（卷上）》考释，王龙，西夏研究，2016 年第 1 期。
120. 黑水城出土西夏文《十二缘生祥瑞经（卷下）》考释，王龙，西夏研究，2016 年第 2 期。
121. 西夏文藏传密续《广义文》所见印度大成就者黑行师事迹译注，孙昌盛，西夏研究，2016 年第 3 期。
122. 西夏大手印法与禅宗关系考——以《大乘要道密集》为中心，袁志伟，陕西师范大学学报（哲学社会科学版），2016 年第 6 期。
123. 《喜金刚现证如意宝》：元帝师八思巴著作的西夏译本，李若愚，宁夏社会科学，2016 年第 5 期。
124. 西夏文《诸法一心定慧圆满不可思议要门》考释，孙颖新，宁夏社会科学，2016 年第 5 期。
125. 黑水城出土西夏文《八种粗重犯堕》考释，孙伯君，西夏研究，2016 年第 2 期。
126. 西夏文《善住意天子会・破魔品》考释，麻晓芳，西夏研究，2016 年第 3 期。
127. 大英図書館所蔵西夏文「礼賛文」断片について：黑水城出土チベット語文献中の資料 K. K. Ⅱ. 0303. a，荒川慎太郎，［日］京都大学言語学研究（35），2016 年。

五　黑水城其他朝代文献及黑水城地区研究

128. 《俄藏黑水城文献》所见宋代鄜延武阶官研究，陈玮，陕北历史文化暨宋代府州折家将历史文化学术研讨会论文集，陕西人民出版社，2016 年。
129. 《宋西北边境军政文书》印记考释三则，赵生泉，西夏学（第十二辑），甘肃文化出版社，2016 年。
130. 黑水城出土宋代汉文社会文献词语选释，邵天松，常熟理工学院学报，2016 年第 5 期。

131. 黑水城出土宋刻《初学记》残页版本考——兼论宋元时期江南至塞外的“书籍之路”，秦桦林，浙江大学学报（人文社会科学版），2016 年第 2 期。

132. 黑水城文献所见元代付身考——兼论宋元付身制度的承袭与变化，杜立晖，内蒙古社会科学（汉文版），2016 年第 2 期。

133. 黑水城所出《大德十一年税粮文卷》整理与复原，张淮智，西夏学（第十二辑），甘肃文化出版社，2016 年。

134. 黑水城所出元代劄子考，杜立晖，西夏学（第十二辑），甘肃文化出版社，2016 年。

135. 黑水城所出元代词讼文书中的法制术语考释与研究，侯爱梅，西夏研究，2016 年第 4 期。

136. 黑水城文书中的别（柏）奇帖木儿大王，陈柳晶、陈广恩，西域研究，2016 年第 3 期。

137. 黑水城出土《属相方术》考——兼论唐代以来的合婚习俗，赵小明，青海师范大学学报（哲学社会科学版），2016 年第 3 期。

138. 一杯凉水——黑水城出土突厥语景教文献，［德］茨默著，杨富学、彭晓静译，西夏研究，2016 年第 2 期。

139. 黑水城文书所见元代亦集乃路物价，李春园，中国经济史研究，2016 年第 2 期。

140. 元代亦集乃路的物价——以黑城出土文书为中心，周永杰，西夏学（第十二辑），甘肃文化出版社，2016 年。

141. 黑水城文书所见元代亦集乃路居民活动空间，孔德翊、张红英，宁夏社会科学，2016 年第 5 期。

142. 从黑水城文献看元代的阴阳学教育，赵小明，衡阳师范学院学报，2016 年第 1 期。

六　政治、对外关系

143. 唐末至宋初定难军节度使及其僚属的兼官与带职，邓文韬，西夏研究，2016 年第 4 期。

144. 西夏建国的历史动因考察，马旭俊，宋史研究论丛（第十八辑），河北大学出版社，2016 年。

145. 辽金承认西夏帝位的原因分析，张少珊，赤峰学院学报（汉文哲学社会科学版），2016 年第 1 期。

146. 西夏皇帝的“戏话”考，刘景云，（台湾）志莲文化集刊（第 12 卷），2016 年。

147. 论西夏蕃、汉礼之争的本质——以“任得敬”为个案研究，马旭俊、杨军，西北民族大学学报（哲学社会科学版），2016 年第 4 期。
148. “任得敬”史事二则再认识，马旭俊，西夏研究，2016 年第 2 期。
149. 西夏六个方位监军司的治所在哪里？——读张多勇《西夏京畿镇守体系蠡测》有感，于光建，西夏研究，2016 年第 4 期。
150. 西夏绥州——石州监军司治所与防御系统考察研究，张多勇、杨蕤，西夏研究，2016 年第 3 期。
151. 西夏佛经所见官职名人名述考，张玉海，西夏研究，2016 年第 4 期。
152. 西夏“统军官”研究，陈瑞青，宁夏社会科学，2016 年第 1 期。
153. 西夏“权官”问题初探，梁松涛、田晓霈，敦煌学辑刊，2016 年第 6 期。
154. 西夏晚期库局分磨勘、迁转及恩荫禁约制度，梁松涛、李灵均，宁夏社会科学，2016 年第 5 期。
155. 辽西夏金“天使”考，王震，齐齐哈尔大学学报（哲学社会科学版），2016 年第 8 期。
156. 西夏符牌考校，张笑峰，西夏学（第十三辑），甘肃文化出版社，2016 年。
157. 西夏文银牌“内宿首领”考释，朱浒，宁夏社会科学，2016 年第 3 期。
158. 论西夏将兵的装备，姜歆，西夏研究，2016 年第 4 期。
159. 西夏铁箭制度初探，张笑峰，西夏学（第十二辑），甘肃文化出版社，2016 年。
160. 党项人创制的神臂弓，彭向前，文史知识，2016 年第 6 期。
161. 辽、宋、金册封西夏“皇帝”始末考，赵坤，河北北方学院学报（社会科学版），2016 年第 3 期。
162. 苏轼论宋夏关系，陈伟庆，西夏研究，2016 年第 2 期。
163. 范仲淹边防思想与实践述论，魏鸿，军事历史，2016 年第 1 期。
164. 北宋时期的黄河御夏战略，郭志安、王晓薇，北方论丛，2016 年第 3 期。
165. 浅攻进筑：范仲淹在北宋对西夏作战中的战略思想，李昌宪，河南大学学报（社会科学版），2016 年第 4 期。
166. 夏竦的西疆经略思想——兼与韩琦、范仲淹比较，郝旭东，天中学刊，2016 年第 5 期。
167. 《郭遘墓志》所见元丰年间宋夏战争相关事情，马立群、孔德翊，兰台世界，2016 年第 8 期。
168. 宋哲宗亲政后对西北蕃官换授汉官差遣的调整，刘永刚，西夏学（第十二辑），甘肃文化出版社，2016 年。
169. 论延州在宋夏和战中的战略地位，陈朔，石家庄学院学报，2016 年第 2 期。
170. 论清远军在宋夏战争中的有限作用及其原因，赵坤，西夏学（第十三辑），甘肃文化出版社，2016 年。
171. 从葭芦寨到晋宁军——宋金河东堡寨典型个案研究，邓文韬，保定学院学报，

2016年第2期。
172. 北宋府州折氏的忠诚与世袭制，姜锡东，社会科学战线，2016年第10期。
173. 将门良驹：折克俭与宋夏战争，高建国，宋史研究论丛（第十八辑），河北大学出版社，2016年。
174. 宋代宁夏边塞诗中的"真"与"幻"，刘金凤、丁佳楠、雷雨婷、张晓阳，现代语文（学术综合版），2016年第3期。
175. 宋夏休战与柳永词的"盛世"之音，郭艳华，北方民族大学学报（哲学社会科学版），2016年第6期。
176. 五代北宋时期折家将作战对象考，王善军、杨培艳，陕北历史文化暨宋代府州折家将历史文化学术研讨会论文集，陕西人民出版社，2016年。
177. 辽夏和亲中的地缘安全因素考察，方天建，民族学刊，2016年第6期。
178. 金诗中的金夏关系，周峰，西夏学（第十三辑），甘肃文化出版社，2016年。
179. 浅析夏金交聘中西夏遣使特点，王耀彬，商，2016年第13期。
180. 敦煌莫高窟题记所见西夏归义人研究，陈玮，西夏学（第十二辑），甘肃文化出版社，2016年。
181. チベット語史料における西夏の記述の展開：チベット・モンゴル関係樹立期の記述変化を中心に（彙報 早稲田大学東洋史懇話会事歴 第四一回大会），浜中沙椰，［日本］史滴（38），2016年。

七　法律

182. 论唐宋司法制度对西夏司法制度的影响，姜歆，西夏研究，2016年第2期。
183. 西夏武器装备法律条文与唐宋法律条文比较研究，尤桦，西夏学（第十三辑），甘肃文化出版社，2016年。
184. 俄藏 Инв. №8084ё 和 8084ж 号《天盛律令》残片考释，许鹏，宁夏社会科学，2016年第6期。
185. 西夏《天盛改旧新定律令》研究，李彤，内蒙古大学硕士学位论文，2016年。
186. 西夏《天盛律令》研究的几个问题，杜建录，西夏学（第十三辑），甘肃文化出版社，2016年。
187. 再论《天盛律令》的修纂，李华瑞，西夏学（第十三辑），甘肃文化出版社，2016年。
188. 《天盛律令》对买卖借典"中间人"的规制，于光建，西夏学（第十三辑），甘肃文化出版社，2016年。
189. 西夏《天盛律令》中的头子考，张笑峰，宁夏师范学院学报，2016年第1期。
190. 英藏《天盛律令》残卷西夏制船条款考，许生根，宁夏社会科学，2016年第

2 期。

191. 英藏《天盛律令》残片的整理，韩小忙、孔祥辉，西夏研究，2016 年第 4 期。
192. 近二十年来《天盛律令》研究综述，孙效武、杨蕤，西夏研究，2016 年第 4 期。
193. 西夏法典的演变及缘由综论，安北江，西夏研究，2016 年第 4 期。
194. 西夏赏赐制度述略——以律令为中心，戴羽、胡梦聿，西夏研究，2016 年第 1 期。
195. 西夏土地典卖中的亲邻权，潘洁、陈朝辉，西夏研究，2016 年第 2 期。
196. 西夏换刑制度考述戴羽，西夏学（第十三辑），甘肃文化出版社，2016 年。
197. 西夏刑具考，李炜忠，西夏学（第十三辑），甘肃文化出版社，2016 年。

八　社会、经济

198. 汉文史料中的西夏番姓考辨，佟建荣，中央民族大学学报（哲学社会科学版），2016 年第 4 期。
199. 社会经济文书中的西夏文人名综考，佟建荣，宁夏社会科学，2016 年第 3 期。
200. 府州折氏家族析论，薛正昌，西夏研究，2016 年第 1 期。
201. 府州折家将析论，薛正昌，陕北历史文化暨宋代府州折家将历史文化学术研讨会论文集，陕西人民出版社，2016 年。
202. 历史上的榆林与折氏家族的贡献，陈峰，陕北历史文化暨宋代府州折家将历史文化学术研讨会论文集，陕西人民出版社，2016 年。
203. 折家将与杨家将比较研究，李裕民，陕北历史文化暨宋代府州折家将历史文化学术研讨会论文集，陕西人民出版社，2016 年。
204. 北宋府州家族析论，姜锡东，陕北历史文化暨宋代府州折家将历史文化学术研讨会论文集，陕西人民出版社，2016 年。
205. 世代守边御敌的折氏家族，张志江，陕北历史文化暨宋代府州折家将历史文化学术研讨会论文集，陕西人民出版社，2016 年。
206. 金代与南宋府州折氏后裔汇考，邓文韬，西夏学（第十二辑），甘肃文化出版社，2016 年。
207. 金代与南宋府州折氏后裔汇考，邓文韬，陕北历史文化暨宋代府州折家将历史文化学术研讨会论文集，陕西人民出版社，2016 年。
208. 从墓志看北宋府州折氏之婚姻和丧葬习俗，孙昌盛，陕北历史文化暨宋代府州折家将历史文化学术研讨会论文集，陕西人民出版社，2016 年。
209. 折家将文献考论，高建国，陕北历史文化暨宋代府州折家将历史文化学术研讨会论文集，陕西人民出版社，2016 年。

210. 西夏武职服饰再议，任怀晟、魏雅丽，北方文物，2016 年第 2 期。
211. 西夏贵族妇女冠式研究，魏亚丽，西夏学（第十三辑），甘肃文化出版社，2016 年。
212. 从《天盛律令》看西夏转运司与地方财政制度——兼与宋代地方财政制度比较，骆详译、李天石，中国经济史研究，2016 年第 3 期。
213. 西夏寺院经济研究述论，安北江，山西大同大学学报（社会科学版），2016 年第 5 期。
214. 西夏官粮窖藏，潘洁，西夏学（第十三辑），甘肃文化出版社，2016 年。
215. 西夏粮食加工工具考，李玉峰，西夏学（第十三辑），甘肃文化出版社，2016 年。
216. 再考西夏的马，高仁，西夏学（第十三辑），甘肃文化出版社，2016 年。
217. 西夏时期的甘州马场，孔祥辉，宁夏大学学报（人文社会科学版），2016 年第 4 期。
218. 西夏税户家主考，潘洁，宁夏社会科学，2016 年第 2 期。
219. 论宋夏贸易对西夏的影响，马洋，科学中国人，2016 年第 9 期。
220. 从黑水城文献看西夏榷场税率，陈瑞青，西夏学（第十二辑），甘肃文化出版社，2016 年。
221. 西夏汉文榷场贸易档案中计量单位再研究，赵彦龙，宁夏师范学院学报，2016 年第 5 期。
222. 黑水城出土西夏文雇工契研究，史金波，中国经济史研究，2016 年第 4 期。
223. 黑水城契约：我国古代契约的重要组成，杜建录，光明日报，2016 年 9 月 8 日第 16 版。
224. 莫高窟北区 B59 窟出土《西夏嵬名法宝达卖地帐》研究——兼论西夏土地买卖中的优先权，刘志月，河西学院学报，2016 年第 4 期。
225. 西夏典当借贷经济研究述评，于光建，西夏研究，2016 年第 3 期。
226. 西夏典当借贷中的中间人职责述论，于光建，宁夏社会科学，2016 年第 4 期。
227. 西夏民间“会款”现象探析，孙小倩、赵彦龙，山西档案，2016 年第 2 期。
228. 西夏钱币的考古发现与类别，韩学斌，陕西历史博物馆馆刊（第 23 辑），三秦出版社，2016 年。
229. 宁夏首次出土篆书乾祐元宝，朱浒，中国钱币，2016 年第 1 期。
230. 不法分子盗掘西夏古城遗址钱币论斤卖，申东，法制日报，2016 年 8 月 23 日第 8 版。

九 民族、西夏遗民

231. 隋唐民族政策与北宋“积弱”局面的形成——以陕北党项为中心，刘翠萍，西夏研究，2016 年第 2 期。
232. 七至九世纪中叶唐代党项的内迁及管制探析，梁潇文，中国边疆民族研究（第十辑），中央民族大学出版社，2016 年。
233. 试析唐代内迁党项的社会经济，杜维民，西夏学（第十三辑），甘肃文化出版社，2016 年。
234. 北宋辽西夏时期的民族交融与词曲流变，陈平、黄志浩，社会科学家，2016 年第 9 期。
235. 府州氏族源认定及后裔分布考证，折旺礼，陕北历史文化暨宋代府州折家将历史文化学术研讨会论文集，陕西人民出版社，2016 年。
236. 宋代府州折家将与党项关系研究，赵海霞，陕北历史文化暨宋代府州折家将历史文化学术研讨会论文集，陕西人民出版社，2016 年。
237. 《宋史・折可适传》校勘补正，仝相卿，陕北历史文化暨宋代府州折家将历史文化学术研讨会论文集，陕西人民出版社，2016 年。
238. 昔李钤部家族研究述论，张琰玲，西夏研究，2016 年第 4 期。
239. 元代唐兀人李爱鲁墓志释补，朱建路，宁夏社会科学，2016 年第 1 期。
240. 元代西夏遗裔三旦八事迹考，邓文韬，宁夏社会科学，2016 年第 4 期。
241. 元代西夏遗民著述篇目考，刘志月、邓文韬，西夏研究，2016 年第 4 期。

十 语言文字

242. 西夏与羌——兼论西夏语在羌语支中的历史地位，孙宏开，阿坝师范学院学报，2016 年第 2 期。
243. 12 世纪河西方音中的党项式汉语成分，孙伯君，中国语文，2016 年第 1 期。
244. 西夏语声母系统拟测，孙宏开，语言科学，2016 年第 1 期。
245. 西夏语声调问题再探，孙伯君，语言科学，2016 年第 1 期。
246. 西夏语的施受格问题，唐均，西夏学（第十二辑），甘肃文化出版社，2016 年。
247. 西夏语和缅甸语天气方面的词语比较，朱旭东，西夏学（第十二辑），甘肃文化出版社，2016 年。
248. 夏译汉籍中的汉夏对音字研究，王培培，宁夏社会科学，2016 年第 1 期。
249. 西夏语“＊・ja”的用法及与之相关的惯用型，孙伯君，宁夏社会科学，2016 年第 1 期。

250. On some uses of the Tangut affix[1]kI：，*ARAKAWA Shintaro*，西夏学（第十二辑），甘肃文化出版社，2016 年。
251. 西夏语中的对比连词 mji[1] djij[2]，彭向前，西夏学（第十二辑），甘肃文化出版社，2016 年。
252. 西夏语文献阅读札记，段玉泉，西夏学（第十二辑），甘肃文化出版社，2016 年。
253. 浅析西夏文《宫廷诗集》对修辞的运用，梁松涛，西夏学（第十二辑），甘肃文化出版社，2016 年。
254. “擦擦”的西夏译法小考，麻晓芳，宁夏社会科学，2016 年第 5 期。
255. 《音同》中的异体字与讹体字，贾常业，西夏研究，2016 年第 1 期。
256. 西夏文献《圣胜慧到彼岸功德宝集偈》中的两组程度副词，段玉泉，西夏研究，2016 年第 4 期。
257. 西夏语词汇研究述论，许鹏、韩小忙，西夏研究，2016 年第 3 期。
258. 《凉州重修护国寺感通塔碑》西夏文碑铭互文见义修辞法举隅，彭向前、侯爱梅，宁夏社会科学，2016 年第 6 期。
259. 西夏文献中的音译原则，王培培，西夏研究，2016 年第 3 期。
260. 夏译《论语》与宋代西北方音，王培培，西夏研究，2016 年第 2 期。
261. 劳费尔中亚古代语言文字研究浅介——以吐火罗语、藏语、西夏语为例，陈继宏，江西科技师范大学学报，2016 年第 2 期。

十一　文化、宗教

262. 试析辽夏金元时期文化发展的价值取向，林丽群，中国民族博览，2016 年第 11 期。
263. 西夏王国に於ける文化の継承問題について：『聖立義海』に見られるタングート人の祖先の名と祖先説話をもとに，大西啓司，［日］立命館東洋史學(39)，2016 年。
264. 论宋代文学对西夏文学的影响，赵阳，兰州学刊，2016 年第 8 期。
265. 北宋辽西夏时期的民族交融与词曲流变，陈平、黄志浩，社会科学家，2016 年第 9 期。
266. 党项诗歌的形式及其起源，聂鸿音，西夏研究，2016 年第 4 期。
267. 西夏佚名诗集再探，汤君，西夏学（第十二辑），甘肃文化出版社，2016 年。
268. 俄藏与中国藏两种西夏文曲辞《五更转》之探讨，徐希平、彭超，民族文学研究，2016 年第 6 期。
269. 西夏档案在文化旅游中的价值研究，武玲娥，旅游纵览（下半月），2016 年第

11 期。

270. 西夏图像中的童子形象，吴珩，西夏研究，2016 年第 1 期。
271. 西夏水月观音画像与敦煌文书观音崇拜及其传承，高国藩，西夏研究，2016 年第 3 期。
272. 历史留恋与粉本传承——敦煌石窟西夏千佛图像研究，张世奇、沙武田，西夏学（第十三辑），甘肃文化出版社，2016 年。
273. 文殊山石窟西夏《水月观音图》与《摩利支天图》考释，张小刚、郭俊叶，敦煌研究，2016 年第 2 期。
274. 瓜州东千佛洞的图像源流与历史价值——兼谈东千佛洞的初创年代，刘永增，故宫博物院院刊，2016 年第 4 期。
275. 东千佛洞石窟中《玄奘取经图》与古人颜料使用评析，李徽、罗明、罗丹舒，美术学报，2016 年第 6 期。
276. 东千佛洞第二窟壁画艺术探究，卯芳，西夏研究，2016 年第 3 期。
277. 西夏壁画艺术的本土化——以瓜州东千佛洞第二窟为例，卯芳，大众文艺，2016 年第 17 期。
278. 榆林窟第 3 窟不空羂索五尊组像研究，贾维维，中国藏学，2016 年第 3 期。
279. 文殊山万佛洞西夏壁画布袋和尚，王胜泽，民族艺林，2016 年第 4 期。
280. 西夏灶神像探疑，任怀晟，西夏学（第十三辑），甘肃文化出版社，2016 年。
281. 西夏刻本中小装饰的类别及流变，王艳云，西夏学（第十三辑），甘肃文化出版社，2016 年。
282. 西夏版画对当代宁夏地区版画的影响和作用，石雅琼，宁夏大学硕士学位论文，2016。
283. 西夏文书法的形成和演变，保宏彪，宁夏人大，2016 年第 1 期。
284. 西夏文楷书书法略论，胡进杉，西夏学（第十二辑），甘肃文化出版社，2016 年。
285. 壁画音乐图像与社会文化变迁——榆林窟和东千佛洞壁画上的拉弦乐器再研究，郑炳林、朱晓峰，东北师大学报（哲学社会科学版），2016 年第 1 期。
286. 党项民族与宋音乐文化关系新探——以俄藏黑水城文献 Дx02822 所见“水盏”乐器为考据，刘文荣，民族艺术，2016 年第 4 期。
287. 俄藏西夏汉文本《杂字》所见龙笛乐器考，刘文荣，西夏学（第十三辑），甘肃文化出版社，2016 年。
288. 党项西夏音乐文化述略，杨满忠，西夏学（第十三辑），甘肃文化出版社，2016 年。
289. 西夏“踏歌舞”源流考，吴珩、杨浣，民族艺林，2016 年第 3 期。
290. 敦煌舞蹈的民族性研究——以西夏党项羌族为例，李婷婷、冯光、洛毛措，戏剧之家，2016 年第 19 期。

291. 历史视角下党项人（7—13 世纪）的宗教信仰渐变述论，郝振宇，西北民族大学学报（哲学社会科学版），2016 年第 6 期。
292. 西夏原始宗教的发展及其意义，母雅妮，新西部（理论版），2016 年第 8 期。
293. 西夏龙信仰研究，陈玮，西夏学（第十三辑），甘肃文化出版社，2016 年。
294. 浅谈佛教在我国西夏时期的传播，多杰才让，青年文学家，2016 年第 6 期。
295. 西夏佛王传统研究，陈玮，中央民族大学学报（哲学社会科学版），2016 年第 4 期。
296. 张掖大佛寺相关问题辨析，崔云胜，西夏学（第十三辑），甘肃文化出版社，2016 年。
297. 武威西夏亥母洞石窟寺与金刚亥母鎏金铜造像，黎大祥，西夏学（第十三辑），甘肃文化出版社，2016 年。
298. 藏传佛教是夏仁宗时期传入西夏的——《西夏佛教三论》之三，牛达生，西夏学（第十三辑），甘肃文化出版社，2016 年。
299. 滂汀巴昆仲与上乐教法在藏地和西夏的早期弘传，魏文，中国藏学，2016 年第 2 期。
300. 探究西夏时期藏传佛教在凉州传播的原因及其影响，多杰才让，智富时代，2016 年第 4 期。
301. 凉州会盟与西夏藏传佛教——兼释新见西夏文《大白伞盖陀罗尼经》发愿文残叶，史金波，中国藏学，2016 年第 2 期。
302. 西夏文《大白伞盖陀罗尼经》及发愿文考释，史金波，西夏学（第十二辑），甘肃文化出版社，2016 年。
303. 《金刚般若经颂科次纂要义解略记》序及西夏汉藏佛教的一面，索罗宁，中国藏学，2016 年第 2 期。
304. 从两种西夏文卦书看河西地区“大唐三藏”形象的神化和占卜与佛教的交融，孙伯君，民族研究，2016 年第 4 期。
305. 西夏佛教灵验记探微——以黑水城出土《高王观世音经》为例，赵阳，敦煌学辑刊，2016 年第 3 期。
306. 从西夏文《守护大千国土经》看西夏人译藏传佛经，安娅，宁夏社会科学，2016 年第 4 期。
307. 甘肃永昌圣容寺　千年古寺　丝路名刹，丁军年、丁得天，中国宗教，2016 年第 2 期。
308. 西夏佛教文学作品的特点与价值，赵阳，甘肃社会科学，2016 年第 1 期。

十二　科学技术

309. 基于图像配准的古代西夏文活字印刷术鉴别方法，林玉萍、毕泊、孙飞鹏、李策，兰州理工大学学报，2016 年第 4 期。
310. 甘肃新见瓜州县博物馆藏西夏藏文药方考，赵天英，中国藏学，2016 年第 2 期。
311. 从几组医方谈西夏文医药文献的来源，宋满平，西夏学（第十二辑），甘肃文化出版社，2016 年。

十三　历史地理

312. 西夏疆域三分：治国理路与佛寺地理的交互视角考量，郝振宇、许美惠，宁夏大学学报（人文社会科学版），2016 年第 3 期。
313. 中国古代地图中的西夏，沈一民、朱桂凤，西夏学（第十三辑），甘肃文化出版社，2016 年。
314. 西夏地图和出土文献所见北宋时期陕北历史相关问题考述，王使臻，陕北历史文化暨宋代府州折家将历史文化学术研讨会论文集，陕西人民出版社，2016 年。
315. 北宋东西陆路交通之经营，李华瑞，求索，2016 年第 2 期。
316. 西夏的都城、帝陵和寺庙建筑，史金波，东亚都城和帝陵考古与契丹辽文化国际学术研讨会论文集，科学出版社，2016 年。
317. 西夏时期敦煌的行政建制与职官设置，陈光文，敦煌研究，2016 年第 5 期。
318. 西夏时期的张掖，史金波，西夏学（第十三辑），甘肃文化出版社，2016 年。
319. 地斤泽在何处？陈育宁，西夏学（第十三辑），甘肃文化出版社，2016 年。
320. 西夏宥州——东院监军司考察研究，张多勇，西夏学（第十三辑），甘肃文化出版社，2016 年。
321. 出土西夏文献所见“宁星”相关地理位置考述，王使臻，西夏研究，2016 年第 2 期。
322. 西夏骆驼巷考，安北江，天水师范学院学报，2016 年第 3 期。
323. 西夏在马啣山设置的两个军事关隘考察，张多勇、庞家伟、李振华、魏建斌，石河子大学学报（哲学社会科学版），2016 年第 4 期。

十四　文物考古

324. 西夏陵相关问题新考，岳键，宁夏师范学院学报，2016 年第 1 期。
325. 西夏王陵的现状综述及实行大遗址保护的可行性，吴悦，智能城市，2016 年第

7 期。

326. 宁夏西夏王陵、贺兰山岩画、靖边统万城考察纪行，王禹浪、王文轶、王俊铮，黑河学院学报，2016 年第 4 期。

327. 西夏陵区北端建筑遗址出土文物研究，何晓燕、金宁，西夏学（第十三辑），甘肃文化出版社，2016 年。

328. 阿拉善的西夏建筑遗址，汤晓芳，西夏学（第十三辑），甘肃文化出版社，2016 年。

329. 1908 年科兹洛夫在丝路上发现的湮灭的古国遗址——黑水城，张惠明，中国美术报，2016 年 12 月 26 日第 30 版。

330. 鄂尔多斯地区的西夏窖藏，甄自明，西夏学（第十三辑），甘肃文化出版社，2016 年。

331. 宁夏、内蒙古、甘肃陇东石窟考察记，刘永增，西夏学（第十三辑），甘肃文化出版社，2016 年。

332. 敦煌与瓜州西夏时期石窟艺术的比较研究，何卯平、宁强，敦煌研究，2016 年第 6 期。

333. 武威亥母洞　西夏文化的天然博物馆，李林山，甘肃日报，2016 年 6 月 7 日第 9 版。

334. 宁夏出土西夏瓦当初步研究，朱存世，东亚都城和帝陵考古与契丹辽文化国际学术研讨会论文集，科学出版社，2016 年。

335. 琉璃鸱吻：承载西夏建筑文化的“避邪物”，丁延辉，中国民族报，2016 年 5 月 20 日第 10 版。

336. 器形粗豪放　纹饰灵动饱满　西夏（瓷）扁壶鉴赏，收藏界，2016 年第 3 期。

337. 西夏瓷器纹饰刍议，于孟卉，东方收藏，2016 年第 9 期。

338. 西夏瓷的纹饰图案研究，刘文静，陕西师范大学硕士学位论文，2016 年。

339. 略述西夏广口瓶的类型，李进兴，东方收藏，2016 年第 9 期。

340. 西夏瓷器胎釉原料与窑温关系探析，李进兴，西夏学（第十三辑），甘肃文化出版社，2016 年。

341. 西夏寿陵残碑龙纹复原研究，岳键，西夏学（第十三辑），甘肃文化出版社，2016 年。

342. 大宋摄夏州观察支使何公墓志研究，陈玮，西夏研究，2016 年第 1 期。

343. 开封宋代繁塔夏州李光文题刻考述，于光建、邓文韬，石河子大学学报（哲学社会科学版），2016 年第 3 期。

344. 神木县北宋徐德墓志铭补释，高建国，北方文物，2016 年第 4 期。

345. 《折克行神道碑》补释——兼论《府谷县志・两种》墓志点校错讹，高建国，中国地方志，2016 年第 9 期。

346. 武威所出西夏买地券再探，李桥，西夏学（第十三辑），甘肃文化出版社，2016 年。
347. 武威出土元代至元二十六年蒲法先买地券研究，杜玉奇，西夏学（第十三辑），甘肃文化出版社，2016 年。
348. 西夏金银器研究，程丽君、赵天英，西夏研究，2016 年第 4 期。
349. 西夏银洗除锈保护，王艳玲，文物修复与研究（2015—2016），中国文联出版社，2016 年。
350. 内蒙黑水城遗址出土纺织品的测试分析与古代纹样的重现，赵婧，北京服装学院硕士学位论文，2016 年。
351. 宁夏宏佛塔天宫装藏西夏文木雕版考述，景永时、王荣飞，敦煌学辑刊，2016 年第 2 期。
352. 俄藏武威西夏文灵骨匣题记解诂，赵生泉，宁夏社会科学，2016 年第 6 期。
353. 内蒙古出土的西夏擦擦及其特点，蔡彤华，西夏学（第十三辑），甘肃文化出版社，2016 年。
354. 西夏包装器物试探，李亚兰，教育现代化，2016 年第 40 期。

索　引

A

B

C

D

E

F

G

H

J

K

L

M

N

O

P

Q

R

S

T

W

X

Y

Z